OBRAS DE
CÉSAR VIDAL

Más que un rabino

Apóstol para las naciones

LOS PRIMEROS CRISTIANOS

CÉSAR VIDAL

LOS PRIMEROS CRISTIANOS

Un recuento bíblico e histórico

ESPAÑOL
BRENTWOOD, TENNESSEE

Los primeros cristianos: Un recuento bíblico e histórico

B&H Publishing Group
Brentwood, TN 37027

Diseño de portada: B&H Español

Director editorial: Giancarlo Montemayor
Editor de proyectos: Joel Rosario
Coordinadora de proyectos: Cristina O'Shee

Clasificación Decimal Dewey: 270.1
Clasifíquese: HISTORIA DE LA IGLESIA—30-600, IGLESIA PRIMITIVA / APÓSTOLES / PRIMEROS CRISTIANOS

ISBN: 978-1-0877-3816-1

Impreso en EE. UU.
2 3 4 5 6 7 * 27 26 25 24 23

ÍNDICE

PRÓLOGO
O «QUE TREINTA AÑOS NO SON NADA...»

Hace treinta años, mes arriba, mes abajo, yo era un joven orientalista sumergido en la redacción de su tesis doctoral en Historia bajo la dirección de Pilar Fernández Uriel. Trataba yo con ella indagar en las razones de la ruptura entre el judaísmo y el cristianismo, un hecho que había marcado con sangre y lágrimas la historia universal y que, en apariencia, debía haber resultado totalmente absurdo en la medida en que Jesús había sido un judío que se había presentado como el Mesías esperado por Israel durante siglos.

Sostenía yo en aquel entonces que las creencias religiosas y, en general, las manifestaciones espirituales —contra lo que pensaban los añosos y rancios marxistas que habían ido copando la enseñanza en la universidad española— habían tenido una importancia esencial en la historia de la humanidad y, lo que era más importante, que, lejos de estar eclipsándose su influencia, ésta, presumiblemente, iba a ir en aumento en las décadas siguientes. Basta leer el periódico del día para percatarse de que aquellos añosos y rancios docentes se equivocaban de plano y que el autor de estas líneas acertaba más de lo que me hubiera gustado o incluso hubiera resultado prudente para permanecer en la universidad, especialmente, cuando la institución llevaba años desarrollando una endogamia perezosa intelectualmente, sectaria ideológicamente y corrupta selectivamente. Sin embargo, nada de aquello me importaba porque estaba yo tan convencido de la veracidad de mi planteamiento que tanto mis primeros estudios históricos como mi primera obra de ficción estuvieron relacionados con ese tipo de tema. En buena medida, ese enfoque ha marcado toda mi obra de más de tres décadas, incluidos aquellos estudios que parecían alejados de este tema.

Se mire como se mire, la verdad es que el denominado ateísmo científico recibió un golpe de muerte con la caída del Muro de Berlín; que los antiguos agentes del KGB rinden honores a los patriarcas de la iglesia ortodoxa rusa; que las iglesias evangélicas han seguido creciendo espectacularmente en Hispanoamérica hasta el punto de acercarse al momento en que se convertirán en la religión mayoritaria en quizás todas sus naciones, que el islam se ha convertido en una inquietante presencia en Occidente o que la agenda globalista pretende controlar el planeta con un nuevo y pavoroso totalitarismo. Desde luego, si alguien piensa que los fenómenos espirituales han dejado de tener importancia es porque se limita a mirarse el ombligo y ha llegado a la conclusión de que en tan minúsculo lugar se halla el centro del mundo. Así lo veía yo hace más de treinta años y lo sigo viendo ahora, pero regresemos a aquellos primeros momentos.

El resultado de mi trabajo de investigación fue una tesis doctoral que recibió la máxima calificación académica por unanimidad por parte de un tribunal que presidía José María Blázquez, decano de los historiadores españoles de la antigüedad. Por añadidura, fue objeto del Premio extraordinario de fin de carrera, premio que monopolizaba desde tiempo inmemorial el departamento de Historia contemporánea de aquella universidad, pero cuyo monopolio quebró para satisfacción de no pocos mi tesis doctoral.

En el curso de los siguientes años, seguí trabajando en distintas obras dedicadas al estudio de la historia del mundo del espíritu. Junto a textos de síntesis y conjunto como la *Enciclopedia de las religiones* o el *Diccionario de las tres religiones monoteístas*, se fueron editando obras relacionadas con la cultura judía que intentaban, a título de ejemplo y sin pretender ser exhaustivos, compendiarla,[1] que se centraban en aspectos concretos como el Holocausto[2] o que intentaban acercar su pensamiento religioso al gran público.[3] En

---

[1] C. Vidal, *Textos para la historia del pueblo judío*, Madrid.

[2] C. Vidal, *La revisión del Holocausto*, Madrid, 1994; Idem, *El Holocausto*, Madrid, 1995 e Idem, *Los incubadores de la serpiente*, Madrid, 1996.

[3] C. Vidal, *El Talmud*, Madrid.

paralelo, me acercaba novelísticamente a la andadura histórica del pueblo judío tomando como punto de referencia personajes históricos como Maimónides[4] y Gabirol[5] o legendarios como el judío errante.[6]

Algo semejante ha sucedido con los inicios del cristianismo como puede desprenderse de mis obras sobre los orígenes de los Evangelios,[7] su contenido,[8] la relación con fenómenos de la época como los sectarios de Qumrán,[9] la figura de Judas[10] o la vida de Pablo de Tarso[11] a los que he dedicado dos de mis obras más acabadas. Por supuesto, también he abordado esos temas desde una óptica de ficción tanto al referirme a los orígenes del Evangelio de Marcos[12] como a la investigación de Lucas para redactar su Evangelio.[13]

Finalmente, he abordado otras religiones en obras como *España frente al Islam* o *Buda*. En buen número de casos, se trató de libros que saltaron a la lista de mejor vendidos desde el primer día de su aparición, lo que indica hasta qué punto el gran público está interesado en esta temática y no rehúye las obras especializadas... si son legibles, claro está.

Toda esa fecunda trayectoria se había iniciado con aquella tesis dedicada a los primeros cristianos y a su separación del pueblo de Israel al que pertenecían. Aquella tesis fue publicada en forma resumida en 1991 con el título de *De Pentecostés a Jamnia*, pero no tardó en agotarse, en no reeditarse y en quedar descatalogada. Casi una década después, se publicó de nuevo con el título mucho más apropiado de *Los primeros cristianos*. Ahora aparece de forma actualizada, ampliada y mucho más decantada. De hecho, puede decirse

---

4 C. Vidal, *El médico de Sefarad*, Barcelona e Idem, *El médico del sultán*, Barcelona.

5 C. Vidal, *El poeta que huyó de Al-Andalus*, Madrid.

6 C. Vidal, *El judío errante*, Barcelona, 2008.

7 C. Vidal, *El primer Evangelio*, Barcelona, 1991 e Idem, *El Documento Q*, Barcelona, 2005.

8 C. Vidal, *Diccionario de Jesús y los Evangelios*, Estella, 1995.

9 C. Vidal, *Jesús y los documentos del Mar Muerto*, Barcelona, 2006.

10 C. Vidal, *Más que un rabino*, Nashville, 2020 y *Jesús y Judas*, Barcelona, 2007.

11 C. Vidal, *Apóstol para las naciones*, Nashville, 2021 y *Pablo, el judío de Tarso*, Madrid, 2006.

12 C. Vidal, *El testamento del pescador*, Barcelona, 2003.

13 C. Vidal, *El Hijo del Hombre*, Madrid.

que es un aporte nuevo y sin paralelos de la historia del cristianismo del siglo I.

La obra pretende examinar tres aspectos muy concretos relacionados con los primeros cristianos, aquellos que procedían del pueblo de Israel y que incluso habían visto al Mesías en Jesús. El primero es un relato a partir de las fuentes de la historia de ese judeocristianismo desde la crucifixión de Jesús hasta Su expulsión del pueblo de Israel. Una vez más, la obra cuenta con escasos, a decir verdad escasísimos, paralelos en todo el mundo. A continuación, el texto analiza la composición social y la teología de los judeocristianos, aspectos ambos examinados con anterioridad sólo muy parcialmente en la bibliografía internacional. Finalmente, la tercera parte —destinada a los que deseen profundizar— constituye un examen de las fuentes históricas que nos permiten reconstruir los orígenes del cristianismo. El libro resulta muy original en la medida en que incluye no sólo un examen de las fuentes rabínicas sino también de las arqueológicas que tuve ocasión de examinar *in situ* en Israel y que han merecido nula atención en España y muy escasa en otras naciones. La obra concluye con sendos apéndices sobre el valor de los Hechos de los apóstoles como fuente histórica o el significado del término *minim*.

Comparada esta versión con la redactada hace más de treinta años, debo decir que las tesis más relevantes contenidas en aquella obra me parecen igual de indiscutibles. Mi opinión sólo ha cambiado en algunos aspectos puntuales como la interpretación de figuras del Apocalipsis como Babilonia la Grande o la existencia de Q que entonces me parecía segura —llegué a dedicarle una monografía— y ahora veo sólo como una hipótesis poco posible. La presente obra lleva incorporados los avances realizados durante estos años y, por esos y otros aspectos, es más amplia, completa y útil que aquella.

Me consta de sobra que ésta es una obra densa, compacta, rezumante de documentación. De ello dan fe sus casi mil notas a pie de página. Por eso me atrevo a recomendar a los lectores que se acercan a ella que seleccionen los capítulos que más llaman su atención y procedan a su lectura sin respetar ningún orden concreto. Pueden así, por ejemplo, saltar los capítulos dedicados a las fuentes y centrarse en los de carácter histórico o teológico, para abordar, finalmente, los apéndices. Sin duda, esa lectura resultará para la mayoría mucho más provechosa y fácil de seguir. El que la lea y la relea comprenderá que encierra un auténtico torrente de materiales e información sobre el primer cristianismo que serán de utilidad para profesores y pastores, para académicos y laicos, para estudiantes de teología e historia y para simples lectores del gran público. Precisamente por ello, podrán volver a sus páginas una y otra y otra vez para una simple lectura, para el estudio, para la consulta y para el crecimiento intelectual, académico y espiritual.

Llego al final de este prólogo. Han pasado más de treinta años como si nada y desearía contar al menos con otros tantos para seguir profundizando en los fenómenos del espíritu que tanto peso han tenido, tienen y tendrán en el desarrollo de la historia, a la par que van marchitándose y desapareciendo las visiones ideológicas que los niegan. No es raro. De todos es sabido que Nerón creyó acabar con los cristianos, pero, siglos después, llamamos Nerón a nuestro perro y reservamos los nombres de Pedro y Pablo para nuestros hijos. Pero dejémonos ya de prolegómenos. Los primeros, primerísimos, cristianos los están esperando.

Madrid —Jerusalén— Miami, 2021

INTRODUCCIÓN

Los orígenes del cristianismo constituyen, sin lugar a duda, un tema de investigación histórica en situación de perpetua actualidad prácticamente desde el siglo II. Ya en esa fecha, nos encontramos con informaciones transmitidas por historiadores clásicos que manifestaban su interés por la forma en que este movimiento se había originado en un lejano lugar del Imperio romano. Incluso prescindiendo de sus prolongaciones posteriores, el fenómeno tiene un enorme interés por cuanto las situaciones históricas paralelas son, cuando menos, limitadísimas. Como bien señalaba F. F. Bruce en una obra ya clásica sobre el tema,[14] la aparición en los últimos años de dominio británico en la India de un autoproclamado «campeón del islam» llamado Haji Mirza Ali Jan, fakir de Ipi, sólo vino acompañada de alguna nota esporádica en la prensa, ligada a la mención de sus intentos por acabar con la «pax britannica» en la zona. Cuando murió en abril de 1960, su muerte fue anunciada brevemente en algún medio de comunicación,[15] para que el personaje cayera poco después en el olvido. Dado que Judea estaba situada en la periferia del imperio —posiblemente más que la India en relación con Gran Bretaña— la comparación sugerida por F. F. Bruce no deja de ser adecuada y más cuando tenemos en cuenta la perdurabilidad de los movimientos que arrancaron de otros pretendientes mesiánicos judíos como fue el caso de Bar Kojba o de Shabattai Zevi.

Por lo tanto, y en primerísimo lugar, el estudio del judeo-cristianismo en la tierra de Israel reviste una importancia primordial

[14] F. F. Bruce, *New Testament History*, Nueva York, 1980, pág. 163.

[15] "Ilustrated London News", 30 de abril de 1960.

en la medida en que nos permite acercarnos al origen, «ipsissimus origo» podríamos decir, del cristianismo. Este se halla localizado en el Israel del siglo I y en los seguidores inmediatos de Jesús, los judeocristianos. Con todo, se convertirá en apenas unos años en una fe de pretensiones universales. Tal situación sólo puede ser entendida desde la perspectiva de lo que fue, «in nuce», el movimiento.

En segundo lugar, resulta relevante porque constituye, para bien y para mal, el análisis del nexo principal de unión entre Jesús y la historia. Aquel no dejó nada escrito y nuestro conocimiento del mismo deriva de aquellos que lo conocieron personalmente y/o fueron captados por su mensaje. Ya hemos analizado en otras obras hasta qué punto las categorías con que describieron a Jesús son históricas y se pueden retrotraer al mismo.[16] Desde luego, resulta innegable que las mismas marcaron un modelado del personaje que se perpetuaría durante siglos —a ellas nos acercaremos, de manera especial, en la tercera parte de este estudio— y que se hallan sustancialmente inmersas en los enunciados de una religión salvífica ya de ámbito universal, una fe cuyo primer estadio histórico es precisamente el judeocristianismo cuyo análisis abordamos.

En tercer lugar, el estudio del judeocristianismo en Israel durante el siglo I d. C. resulta indispensable a la hora de elaborar una redefinición ajustada histórica e ideológicamente del judaísmo del Segundo Templo. Hoy en día, especialmente tras el descubrimiento de los Documentos del Mar Muerto, pocos siguen sosteniendo la visión de un judaísmo monolítico al estilo del contemplado en el Talmud. Sabemos, sin lugar a dudas, que aquel judaísmo fue multiforme y que resulta más que dudoso que podamos extrapolar sobre el mismo un concepto de ortodoxia farisaica. Pero su conocimiento cabal exige la inclusión, entre otros extremos, de todas las corrientes mesiánicas de la época sin descartar al judeocristianismo, es decir, aquellos judíos que creyeron que Jesús era el Mesías. En este sentido, obras como las de los eruditos judíos Gedaliah Alon[17] o

---

[16] Sobre el tema, léase C. Vidal, *Más que un rabino*, Nashville, 2019.

[17] G. Alon, *The Jews in their Land in the Talmudic Age*, Cambridge y Londres, 1989, págs. 288 y ss.

M. Stern,[18] que dedican apartados concretos al judeocristianismo dentro del marco del judaísmo vienen a poner de manifiesto lo exacto de la tesis que exponemos. Finalmente, debemos señalar que si el estudio del judeocristianismo en la tierra de Israel resulta de especial importancia para comprender cómo se originó una fe salvífica universal —el cristianismo— y cómo se configuraba otra —el judaísmo— no lo es menos a la hora de intentar comprender cómo se efectuó la separación del judaísmo y del cristianismo. Las relaciones entre ambas religiones no pueden ser descritas precisamente como históricamente plácidas, pero, aún así, no puede negarse que Jesús fue un judío, que lo fueron Sus apóstoles y primeros seguidores durante décadas, que tanto el uno como los otros utilizaron categorías de pensamiento eminentemente judías y que dirigieron, inicialmente, su predicación al pueblo de Israel. El origen de la ruptura y el desarrollo de la misma no se produjo —como veremos en el presente estudio— a partir de unas coordenadas gentiles sino, por el contrario, en un marco judío, entorno que es imposible conocer sin referirnos al judeocristianismo que existió en Israel durante el siglo I d. C., puesto que con el mismo es con quien estuvo relacionado.

El término «judeocristianos en Israel»

El primer escollo con el que choca el análisis del judeocristianismo es la misma exactitud del término «judeocristiano». ¿Resulta correcto su empleo? En caso afirmativo, ¿qué significa exactamente? Para empezar, tenemos que señalar que los primeros cristianos no parecen haber tenido un término uniforme con el que designarse a sí mismos. El de «cristiano» surgió fuera del ámbito judío y provino posiblemente de adversarios que le daban un tono peyorativo (Hech. 11:26; 26:28). De hecho, ese mismo tono no parece haber desaparecido cuando el movimiento ya parece dispuesto a aceptar el nombre (1 Ped. 4:16). Como sucedería con los valdenses medievales o con los menonitas del siglo XVI, el nombre del fundador fue

[18] M. Stern, "The Period of the Second Temple" en H. H. Ben-Sasson (ed.), *History of the Jewish People*, Cambridge, Mass, 1976.

utilizado por los ajenos al grupo para denominar a éste que acabó, finalmente, por aceptarlo como propio.

Los mismos cristianos no parecen haber utilizado —como sucedía con los sectarios de Qumrán— una denominación sola. Acostumbraban a autodenominarse el «Camino» (Hech. 9:2; 19:9; 19:23; 22:4; 24:14,22); los «santos» (Hech. 9:13; 26:10; etc.) y a utilizar imágenes relacionadas con Israel (Sant. 1:1; 1 Ped. 1:1; etc.). Las fuentes posteriores al periodo que tratamos recogen además los apelativos de «nazarenos» y «ebionitas». Partiendo de esta base, calificarlos de «cristianos» es aceptar una convención universal, más que reproducir un término contemporáneo del fenómeno, pero tal paso tiene la ventaja de permitir una comprensión más clara. Cristiano era el que creía que el Mesías había llegado ya y que lo identificaba con Jesús de Nazaret. Pero ¿qué implica el término «judeocristiano»? Por definición, el mismo se refiere a aquellos judíos que aceptaron la fe cristiana. No es mucho delimitar por cuanto, ése fue el caso de Pablo al que, por regla general, suele distanciarse del judeocristianismo, cuando no se le opone al mismo. Por otro lado, identificar «judeocristiano» con ebionita es incorrecto como tendremos ocasión de ver a lo largo del presente estudio. Precisamente, ésa es una de las razones por las que resulta imprescindible apostillar «en Israel». Por exclusión, podría decirse que se trata de un judeocristianismo que no es el de la Diáspora —representando por las obras atribuidas a Pedro o la carta a los Hebreos— ni el de Pablo centrado en extender la obra no sólo entre los judíos sino también entre los gentiles. Como veremos, tal diferenciación no implica oposición, pero es indispensable a la hora de realizar un análisis pormenorizado y concreto del fenómeno. Por otro lado, nos permite delimitar, siquiera «grosso modo», aquel de forma geográfica, incluyendo Judea, Perea, Galilea y, por razones fácilmente comprensibles, en menor medida, Samaria. Hechas estas aclaraciones indispensables podemos pasar a examinar el estado de la cuestión.

Estado de la cuestión

La diferenciación, perseguida enconadamente por ambas partes, entre judaísmo y cristianismo es un fenómeno que se inició apenas unas décadas después de la muerte de Jesús, y que, precisamente por ello, fue aceptada como verdad establecida por ambas creencias. No podía existir algo a lo que denominar «judeocristianismo» porque si era «cristianismo» debía rechazar lo judío y si era «judaísmo» no podía relacionarse con lo cristiano. Esta circunstancia explica que, pese a las noticias rabínicas y patrísticas que nos han llegado, el estudio del judeocristianismo no se aborde como tal hasta llegar al siglo XIX. Fue mérito de la Escuela de Tubinga, y muy especialmente de Baur, el poner sobre la mesa de discusión la existencia de un judeocristianismo. Sabido es que Baur partía de un esquema hegeliano de tesis, antítesis y síntesis, esquema que, puntillosamente, se extrapoló sobre la historia del cristianismo primitivo. Así, Baur inicialmente sostuvo, supuestamente a partir de 1 Corintios 1:11-12, la división del cristianismo primitivo en partidarios de Pablo y judeocristianos que sólo se diferenciaban del judaísmo en reconocer a Jesús como Mesías.[19] De la tesis (judeocristianos) y la antítesis (Pablo) surgiría la síntesis (iglesia de Roma) que pretende estar bajo el patrocinio de ambas corrientes —Pedro y Pablo— y cuya base, en realidad, debe más al helenismo que al judaísmo. Con esta visión, iba Baur a marcar un camino que, tras él, transitarían muchos otros. Primero, porque supo ver la conexión entre judaísmo y cristianismo encarnada en los judeocristianos y después, porque captó que el cuadro monolítico del cristianismo primitivo expuesto hasta entonces obedecía más a motivos metahistóricos que históricos. No obstante, los errores de partida venían a invalidar de raíz sus conclusiones. En primer lugar, éstas se hallaban predeterminadas —y, por ello, viciadas— por el esquema filosófico hegeliano. Forzosamente, de acuerdo a Baur, el cristianismo primitivo tenía

[19] F. C. Baur, "Die Christuspartei in der Korinthischen Gemeinde, der Gegensatz des petrinischen und paulinischen Christenthums in der altesten KircHE, der Apostel Paulus in Rom" en Tübinger Zeitschrift für Theologie, 4, 1831, págs. 61-206.

que haber experimentado una dialéctica de tesis, antítesis y síntesis, y, aceptado tal extremo, la misma podía ser descubierta. A tal punto de arranque se sumaba asimismo un serio desconocimiento de las fuentes. Baur pasó por alto, por un lado, todas las fuentes judías —que, difícilmente, hubieran sostenido su enfoque— y, por otro, negó autenticidad a aquellas que podían poner en cuestión sus conclusiones. A lo anterior hay que añadir que Baur, y esto hasta cierto punto es comprensible, tuvo una visión uniforme del judaísmo del Segundo Templo y en la misma encajó al judeocristianismo. Tal perspectiva es, hoy por hoy, empero inaceptable. Pertenecer al judaísmo del Segundo Templo no implica, y lo sabemos bien, amoldarse a un esquema posterior al concilio rabínico de Jamnia. Con posterioridad Baur volvió sobre el tema[20] afirmando esta vez que Pablo era universalista y se oponía al particularismo judeocristianismo. La síntesis de ambas tendencias se daría dentro de la Iglesia Católico Romana. La obra, en términos generales, manifestaba los mismos defectos que el estudio anterior.

El siguiente estudio de importancia vino de la mano de A. Ritschl.[21] Este era discípulo de Baur y se centró en los textos pseudoclementinos como fuente principal para conocer la iglesia primitiva. Aunque, inicialmente, siguió el esquema hegeliano de su maestro, lo cierto es que, en la edición de 1857 de su obra, se alejó de aquel y reconoció una pluralidad de judeocristianismos, así como la existencia de un número importante de matices entre los judaizantes —a los que no consideraba que se pudiera identificar con los judeocristianos— y Pablo. Con ello, venía a cuestionar, siquiera indirectamente, el esquema hegeliano. Sí sostuvo, no obstante, que la Iglesia Católica Romana procedía de la gentilidad —aunque influida por los apóstoles, y no sólo por Pablo— y que la destrucción del templo había implicado una fisonomía distinta en el cristianismo. Este esquema, con ligeros retoques, sería seguido posteriormente por A. Harnack y H. Lietzmann.

En un sentido crítico similar, G. V. Lechler[22] se opuso a Baur señalando que, como indican las fuentes relativas al concilio de

[20] F. C. Baur, "Paulus, der Apostel Jesu Christi", Tubinga, 1846.

[21] A. Ritschl, *Die Entstehung der altkatholische KircHE*, Bonn, 1850.

[22] G. V. Lechler, *Apostolic and Post-Apostolic Times*, Londres, 1887.

Jerusalén, no existió oposición entre Pablo y los apóstoles judeocristianos. Ciertamente, el primero había tenido conflictos con los judaizantes, pero éstos no eran lo mismo que los judeocristianos. En una línea parecida discurrió también la obra de A. Hausrath[23] quien señaló que el mismo Pablo era un judeocristiano, y que Pedro fue más moderado que Jacobo.

Los estudios de C. Holsten[24] implicaron, nuevamente, una especie de retorno a la «ortodoxia bauriana» con el aditamento de admitir diversos matices dentro del judeocristianismo. Así C. Holsten se refiere a la existencia de tres Evangelios: el petrino (judeocristiano moderado), el jacobeo (judeocristiano extremo y antipaulino) y el paulino. El concilio de Jerusalén habría sido una victoria de Jacobo, cuya influencia concluiría en el 70 d. C. En Roma se habría producido la síntesis de las tres tendencias. Aunque más moderado que su antecesor, C. Holsten pecaba, sin lugar a dudas, de los vicios de la tesis bauriana.

Quizás, no es por ello de extrañar que, por las mismas fechas, hiciera su aparición una obra de J. C. K. von Hofmann[25] que llegaba a conclusiones opuestas. J. C. K. Hofmann rechazaba a Baur porque creía que el cristianismo primitivo no podía encajarse en una dialéctica preestablecida. Prueba de ello era que los apóstoles habían aceptado la conversión de los paganos, en lugar de oponerse a ella.

A partir de este momento, da la impresión de que el debate científico habría llegado a un punto muerto. De hecho, tanto C. Weizsaecker[26] —que intentó conciliar las tesis de Baur y de Ritschl— como O. Pfeiderer[27] —que volvió a insistir en que los judeocristianos estaban apegados a la ley y eran contrarios a Pablo, señalando el incidente de Antioquía[28] como el hecho que marcó la separación de ambos— no añaden nada sustancialmente nuevo al mismo.

---

[23] A. Hausrath, Neutestamentliche Zeitgeschichte, I-IV, Leipzig, 1868-73.

[24] C. Holsten, "Die drei ursprünglichen, noch ungeschrieben Evangelien", Berlín, 1883.

[25] J. C. K. von Hofmann, "Die Heilige Schrift neuen Testament", t. 10, 1883.

[26] C. Weizsaecker, "Das apostolicsche Zeitalter der christlichen Kirche", Friburgo, 1886.

[27] O. Pfeiderer, Das Urchristenthum, Berlín, 1887.

[28] Sobre el mismo, véase más adelante.

Un nuevo ímpetu es el que se deriva del aporte de F. J. A. Hort.[29] Este rechazó las tesis de Baur a partir del estudio de las fuentes y, más concretamente, de los escritos de Pablo, Santiago, Pedro, Hebreos, el Apocalipsis, Eusebio, Ignacio de Antioquía y Justino. Para F. J. A. Hort los doctrinarios de Tubinga pecaban de excesivo sistematismo y de una servil sumisión a un esquema rígido. Por el contrario, el judeocristianismo debía ser definido como un judaísmo cristiano, cuya nota característica era, fundamentalmente, no la Cristología o la eclesiología sino el seguir considerando vigente la ley de Moisés.

Sin duda, uno de los estudios más sugestivos acerca del cristianismo primitivo fue el realizado por W. Bauer[30] acerca de la ortodoxia y la herejía en el seno del mismo. W. Bauer llegó a la conclusión, sustancialmente correcta, de que el cristianismo primitivo distó mucho de ser un conjunto monolítico pero, a la vez, rechazó la tesis bauriana de tesis, antítesis y síntesis. Con todo, W. Bauer apenas prestó atención al fenómeno judeocristiano y la obra tendría que esperar a su edición norteamericana para que G. Strecker dedicara un apéndice al tema.

De no pequeño interés resultó asimismo el conjunto de estudios realizados en los años treinta del presente siglo por H. J. Schonfield.[31] Este autor insistió en identificar a los judeocristianos Jacobo y Pedro con el mensaje de Jesús, al que vieron simplemente como Mesías sufriente que se entregaba voluntariamente a la muerte por Su pueblo. Este, muy pronto, habría de regresar para juzgar a vivos y muertos e instaurar Su reino. Su visión teológica, en buena medida desprovista de peso tras la caída de Jerusalén en el año 70 d. C., sería continuada por los ebionitas. Pablo, sin enfrentarse frontalmente con esta corriente del cristianismo, abrió camino a la misión entre los no judíos y, con su absorción de las tesis sobre el Hombre prototípico, sentaría las bases de la creencia en la Deidad del Hijo, algo que ni él ni los judeocristianos creyeron.

---

29 F. J. A. Hort, "Judaistic Christianity", Cambridge, 1894.

30 W. Bauer, "Rechtglaubigkeit und Ketzerei im altesten Christentum", Tubinga, 1934 (la versión inglesa, "Orthodoxy and Heresy in Earliest Christianity", Filadelfia, 1971, incluía un apéndice sobre el judeocristianismo).

31 H. J. Schonfield, "The History of Jewish Christianity", Londres, 1936.

Sería en buena medida la iglesia de Roma la que realizaría la fusión entre los elementos judíos del cristianismo y ciertas corrientes paganas. Prescindiendo de lo que pueda pensarse de esta exposición, lo cierto es que Schonfield, de origen judío y pasajeramente convertido al cristianismo, acabaría en sus últimos años por caer en un sensacionalismo lamentable cuya muestra más evidente fue *El Complot de Pascua*,[32] obra más cercana a la novela que al rigor del estudio histórico. Tal actitud hurtaría del ámbito científico a un autor que realizó aportaciones no del todo desechables al estudio del judeocristianismo.

En relación con el judeocristianismo, otros autores, como H. J. Schoeps,[33] llegaron a conclusiones muy similares a las de H. J. Schonfield e igualmente identificaron a los judeocristianos con los ebionitas. De hecho, H. J. Schoeps fue incluso aún más lejos al afirmar que para ellos, Jesús era el profeta elegido, aunque los acontecimientos escatológicos no se realizaron. La ley conservaba su vigencia y la oposición a la misma vino de Pablo. Con todo, Schoeps reconocía que el ebionismo fue originalmente heterodoxo en el marco del judaísmo palestino. En el 70 huirá hacia Pella y se mantendrá hasta el siglo IV d. C. Posteriormente Schoeps,[34] limitándose prácticamente a las pseudoclementinas, intentaría abordar el estudio de la teología judeocristiana centrándose en cuestiones como la demonología, la destrucción del templo o la elección de Israel.

L. Goppelt[35] proporcionó una orientación nueva a la investigación. Así, incluyó en el judeocristianismo no sólo al sector ortodoxo caracterizado por Mateo, la Didajé, Santiago, Judas y 2 Pedro, sino también a otro heterodoxo relacionado con la gnosis judía y que apareció en Corinto, Filipos y Colosas, dando lugar al elkasaismo. Sería precisamente a este último grupo al que pertenecerían los escritos clementinos. Tras el 70, el judaísmo experimentará una mutación de signo más jurídico que llevará a la ruptura con el cristianismo.

---

[32] H. J. Schonfield, "Passover Plot", Nueva York, 1965.

[33] H. J. Schoeps, "Theologie und Geschichte des Judenchristentums", Tubinga, 1949.

[34] H. J. Schoeps, "Aus frühchristlicher Zeit", Tubinga, 1950.

[35] L. Goppelt, "Christentum und Judentum im ersten und zweiten Jahrhundert", Güttersloh, 1950.

La obra de G. Dix[36] significa en varios aspectos un hito en el estudio del judeocristianismo. Partiendo del concilio de Jerusalén, Dix llegó a la conclusión de que la oposición entre judíos y gentiles estuvo ausente del seno del cristianismo primitivo. Ahora bien, aquel evento significó, a fin de cuentas, la ruptura con el judaísmo. Para entender este hecho hay que tener en cuenta, fundamentalmente, el trasfondo político de la época, en que el construir puentes con los gentiles sólo podía contribuir a enajenarse las simpatías de los nacionalistas judíos. Tras el 70 d. C., el judeocristianismo subsistió, pero ya dividido en los ebionitas y en los nazarenos, a los que conocemos por las fuentes patrísticas.

Si la obra de G. Dix reabrió el estudio histórico del judeocristianismo y ayudó a emanciparlo de las secuelas de las tesis de Baur, fue la del P. Daniélou la que incidió en su reevaluación teológica.[37] Ampliando el estudio de las fuentes hasta la mitad del siglo II d. C., Daniélou rechazó las tesis de Schoeps en relación con una supuesta filiación de los escritos pseudoclementinos en relación con el cristianismo jerosolimitano. Así, el «judeocristianismo» viene a ser todo el cristianismo de expresión esencialmente judía que va desde los orígenes hasta el 150 d. C. aproximadamente. La mayor influencia experimentada por este cristianismo habría sido la de la apocalíptica judía.[38]

Muy cercana cronológicamente a esta aportación hay que situar lo que podríamos denominar la trilogía de S. G. F. Brandon sobre Jesús y el judeocristianismo.[39] Pese a su escasa originalidad (S. G. F. Brandon fundamentalmente sigue las tesis de R. Eisler, como veremos en el presente estudio) y al defectuoso

---

36 G. Dix, "Jew and Greek: A Study in the Primitive Church", Londres, 1953.

37 J. Daniélou, "La théologie du judéo-christianisme", París, 1958.

38 Excluimos de esta exposición los trabajos de O. Cullmann y M. Simon sobre el tema por considerarlo tangenciales al objeto de nuestro estudio. El primero se centró especialmente en afirmar, correctamente, la pluralidad de judeocristianismos ("Le probleme littéraire et historique du roman pseudo-clémentin", París, 1930). El segundo se mostró más interesado por estudiar las relaciones entre judaísmo y cristianismo con especial referencia a la ciudad de Roma ("Verus Israel: Ètudes sur les relations entre Chrétiens et Juifs dans l'empire romain", París, 1964).

39 S. G. F. Brandon, "The Fall of Jerusalem and the Christian Church", Londres, 1951; Idem, "Jesus and the Zealots", Manchester, 1967; e Idem, "The Trial of Jesus", Londres, 1968.

análisis de las fuentes, las obras de S. G. F. Brandon obtuvieron un amplio eco —que no consenso— que quizás cabría más atribuir a su carácter provocador que a su valor intrínseco. Para el autor citado, Jesús fue un zelote y como tal fue ejecutado por los romanos. Sus seguidores judíos, asimismo zelotes, perecerían durante el asedio de Jerusalén —la noticia sobre la huida a Pella sería considerada así como falsa— rompiendo así todo vínculo entre Jesús y el cristianismo posterior que ya remodeló la visión de Jesús adaptándola a unas coordenadas espirituales más aceptables para los no judíos.

Un acercamiento de primer orden, nuevamente en relación con el terreno teológico, relacionado con el judeocristianismo fue el de R. Longenecker.[40] Aunque este autor norteamericano se limita en su análisis al estudio de los títulos Cristológicos que aparecen en el Nuevo Testamento, y no profundiza excesivamente en sus relaciones con el judaísmo de la época, lo cierto es que la obra constituye un auténtico hito, al poner de manifiesto la inexistencia de un enfrentamiento entre las Cristologías judeocristiana y paulina, como han dado por supuesto los autores de la Escuela de Tubinga o influidos por sus tesis. De hecho, buen número de los pasajes relacionados con una Cristología «alta» aparecen, precisamente, en escritos judeocristianos. Hasta la fecha, la obra de R. N. Longenecker es única en su género y resulta de consulta obligatoria a la hora de abordar el estudio de la ideología propia del judeocristianismo.

Algo similar sucede con «The Jewish People and Jesus Christ: The Relationship between Church and Synagogue», de Jacob Jocz (Grand Rapids, 1.ª ed. 1949, 3.ª ed. 1979). Aunque la obra, un auténtico clásico, no se centra exclusivamente en el estudio del judeocristianismo, contiene sin lugar a dudas uno de los enfoques más equilibrados y documentados históricamente del contexto judío de Jesús y de los judeocristianos, así como de la expulsión de éstos del seno del judaísmo y su posterior división en ebionitas y nazarenos.

---

[40] R. Longenecker, "The Christology of Early Jewish Christianity", Grand Rapids, 1970.

De un valor excepcional para el estudio de la arqueología y la simbología judeocristianas, como tendremos ocasión de ver al analizar las fuentes de este tipo, han sido los aportes de lo que podríamos denominar la «Escuela franciscana de Jerusalén», aunque, uno de sus miembros, precisamente no italiano, prefiera denominarla «Escuela italiana».[41] Centrada en torno a algunos de los miembros del «Studium Biblicum Franciscanum» de Jerusalén, a la misma se deben, entre otras, las excavaciones realizadas en el cementerio de «Dominus Flevit» y Getsemaní en Jerusalén, en Nazaret, en Betfagé, y en Cafarnaum a las que nos referimos en la primera parte de nuestro estudio. Se cuentan asimismo entre sus aportes al estudio del judeocristianismo, la elaboración de la primera bibliografía específica sobre el tema,[42] la obra enciclopédica de E. Testa sobre el simbolismo judeocristiano,[43] una historia del judeocristianismo,[44] y diversos estudios publicados en volúmenes específicos[45] o en diversos números del Liber Annus u otras revistas especializadas. Aunque pueden formularse matizaciones a muchas de las conclusiones de los diversos autores de esta escuela, creemos no equivocarnos al decir que, hoy por hoy, con todos los matices oportunos, el «Studium Biblicum Franciscanum» de Jerusalén es la institución académica que más ha hecho, en cuanto tal, por el estudio del judeocristianismo.

Finalmente, y antes de pasar al campo de aportes más limitados, debe hacerse mención de dos obras posteriores de especial interés debidas a D. H. Stern[46] y a R. A. Pritz.[47] La primera, debida precisamente a un autor judeocristiano, no constituye, propiamente, un análisis histórico del judeocristianismo, pero, al analizar, las relaciones de judíos y gentiles en el seno de la iglesia primitiva, así como el carácter judío del evangelio («The Jewishness of the Gospel») partiendo fundamentalmente de las fuentes neotestamentarias,

---

41 F. Manns, "Bibliographie du Judeo-Christianisme", Jerusalén, 1979, pág. 14.

42 F. Manns, "Bibliographie...".

43 E. Testa, "Il Simbolismo dei Giudeo-Cristiani", Jerusalén, 1962.

44 B. Bagatti, "L'Èglise de la Circoncision", Jerusalén, 1964.

45 F. Manns, "Essais sur le Judéo-Christianisme", Jerusalén, 1977.

46 D. H. Stern, "Messianic Jewish Manifesto", Jerusalén, 1991, e Idem, "Jewish New Testament Commentary", Jerusalén, 1992.

47 R. A. Pritz, "Nazarene Jewish Christianity", Jerusalén y Leiden, 1988.

resulta especialmente clarificadora en algunos aspectos. La segunda intenta trazar, siquiera en líneas generales, la historia del judeocristianismo desde el siglo I hasta el siglo IV d. C. Aunque se trata de un escrito breve en lo que a extensión se refiere (153 págs.) resulta muy equilibrado en lo que al estudio de las fuentes escritas —que, en buena medida, da por conocidas— y a la exposición se refiere. No hace referencia, sin embargo, ni a las fuentes arqueológicas, ni al aspecto ideológico ni institucional del fenómeno, obviando asimismo la cuestión de las relaciones del judeocristianismo con otras corrientes del cristianismo primitivo. Con todo, algunos aportes como la discusión sobre la historicidad de la huida a Pella (tema de la tesis doctoral del mismo R. A. Pritz) resultan de especial rigor e interés.

En los últimos años, han aparecido obras como la de Julie Galambush[48] —una judía que ha enfocado el estudio del Nuevo Testamento como un campo de batalla entre judeocristianos de diferentes planteamientos teológicos— o la colección de artículos publicados por Oskar Skarsaune y Reidar Hvalvik sobre los primeros judeocristianos.[49] Todo ello ha transcurrido en paralelo a uno de los fenómenos espirituales más peculiares de las últimas décadas, el de los judíos que pretenden seguir siéndolo a la vez que reconocen que Jesús es el Mesías. Al respecto, no deja de ser significativo que el rabino Dan Cohn-Sherbok haya abogado recientemente por considerarlos parte del pueblo de Israel a pesar de su fe en Jesús.[50]

A lo anterior, hay que añadir, finalmente, algunos aportes de tono más sectorial. Los mismos han resultado muy variados en las últimas décadas concentrándose tanto en temas como alguna fuente medieval supuestamente relacionada con el judeocristianismo (S. Pines),[51] como en la elaboración de una forma de narración

---

[48] J. Galambush, *The Reluctant Parting*, San Francisco, 2005.

[49] O. Skarsaune y R. Hvalvik, *Jewish Believers in Jesus*. The Early Centuries, Peabody, 2007.

[50] D. Cohn-Sherbok, *Messianic Judaism*, Londres y Nueva York, 2000.

[51] S. Pines, "The Jewish-Christians of the Early Centuries of Christianity according to a New Source" en "Proceedings of the Israel Academy of Sciences and Humanities", 2, 1966, págs. 1-73; e Idem, "Un texte judéo-chrétien adapté par un théologien musulman" en "Nouvelles chrétiennes d'Israël", 2-3, 1966, págs. 12-20.

teológica propia del judeocristianismo (W. R. Stegner),[52] así como en el intento de síntesis histórica del judeocristianismo palestino durante el siglo I (Pilar Fernández Uriel y César Vidal)[53] o en el análisis de los aportes específicos del judeocristianismo a la mariología realizado por el autor de estas líneas.[54] Otros de menor interés los iremos mencionando en el curso de la presente obra.

La presente obra

Partiendo de este panorama resulta obligatorio preguntarse qué aporta en concreto el presente estudio al campo de la investigación sobre el judeocristianismo palestino. Inicialmente, hay que señalar que hemos intentado realizar, por primera vez, un análisis de la totalidad de las fuentes de que disponemos. Las escritas, que hemos clasificado en clásicas, judías, neotestamentarias, apócrifas y patrísticas, han sido estudiadas a partir de las lenguas originales (latín, griego, hebreo y arameo). En cuanto a las arqueológicas fueron examinadas «in situ» en Israel durante el otoño de 1991 y revisadas en años posteriores. Tal estudio global resulta, a nuestro juicio, de especial relevancia no sólo porque, hasta la fecha, no se había abordado en ninguna otra obra uno similar, sino también porque ha supuesto una clasificación y análisis que facilitará estudios posteriores sobre el tema.

El presente estudio debe ser entendido asimismo como un análisis propio en clave de lo que se ha dado en denominar «historia global». Esto ha tenido como consecuencia el que no se haya obviado ni orillado ninguno de los aspectos relacionados con el tema en

---

52 W. R. Stegner, "Narrative Theology in Early Jewish Christianity", Louisville, 1989.

53 P. Fernández Uriel y C. Vidal Manzanares, "Anavim, apocalípticos y helenistas: Una introducción a la composición social de las comunidades judeocristianas de los años 30 a 70 del siglo I d. C." en "Homenaje a J.M. Blázquez", Madrid, v. IV, (en prensa).

54 C. Vidal Manzanares, "La figura de María en la literatura apócrifa judeocristiana de los dos primeros siglos" en "Ephemerides Mariologicae", 41, 1991, págs. 191-205; Idem, "María en la arqueología judeocristiana de los tres primeros siglos" en "Ibidem", 41, 1991, págs. 353-64; e Idem, "La influencia del judeocristianismo en la liturgia mariana" en "Ibidem", 42, 1992, págs. 115-126.

cuestión. Por el contrario, en el curso del mismo, se ha analizado la relación del judeocristianismo con el contexto histórico de la época, incluidas las interrelaciones entre ambas corrientes de sucesos; la conexión del fenómeno con el entramado teológico del judaísmo de la época, en la medida en que se producen influencias, reacciones e interpenetraciones de ambas áreas; los puntos de contacto entre el judeocristianismo de Israel y de la Diáspora y paulino; el contexto social e ideológico del movimiento —algo que no había sido realizado de manera similar hasta la fecha— esclareciendo no sólo la composición del movimiento, sino también la forma en que el mismo respondió a situaciones como las de la pobreza en épocas de escasez, la violencia revolucionaria, el enfrentamiento con las fuerzas romanas, etc.; y el papel del movimiento en el desarrollo y expansión del cristianismo contemporáneo y posterior en el ámbito gentil, especialmente, en lo que a su paso a fe universal y a su peso en la creación ideológica del mismo se refiere.

Pretende, por lo tanto, la presente obra ser un estudio de síntesis cuya finalidad es realizar un análisis crítico de la totalidad de las fuentes encuadrándolas en su contexto cronológico e ideológico específico, partiendo de un análisis directo de las mismas; reconstruir la historia, las instituciones y la composición social del judeocristianismo de Pentecostés a Jamnia incardinándolos especialmente en el judaísmo de la época y prestando especial atención a los aspectos controvertidos (entrada de los gentiles en el cristianismo, concilio de Jerusalén, huida de Pella, identidad de los minim, etc.) con referencia a los principales aportes realizados hasta la fecha; delimitar el esquema ideológico del movimiento en relación asimismo con el contexto específico del judaísmo del Segundo Templo, señalando hasta qué punto implicó una ruptura con éste o una derivación legítima dentro del mismo, y establecer su importancia y relación con el cristianismo extra palestino coetáneo y el cristianismo como fenómeno posterior, especialmente en lo que a expansión y vertebración ideológica se refiere. Si hemos logrado o no nuestros objetivos es algo que queda al arbitrio de los lectores.

Zaragoza-Jerusalén-Nazaret-Madrid-Miami

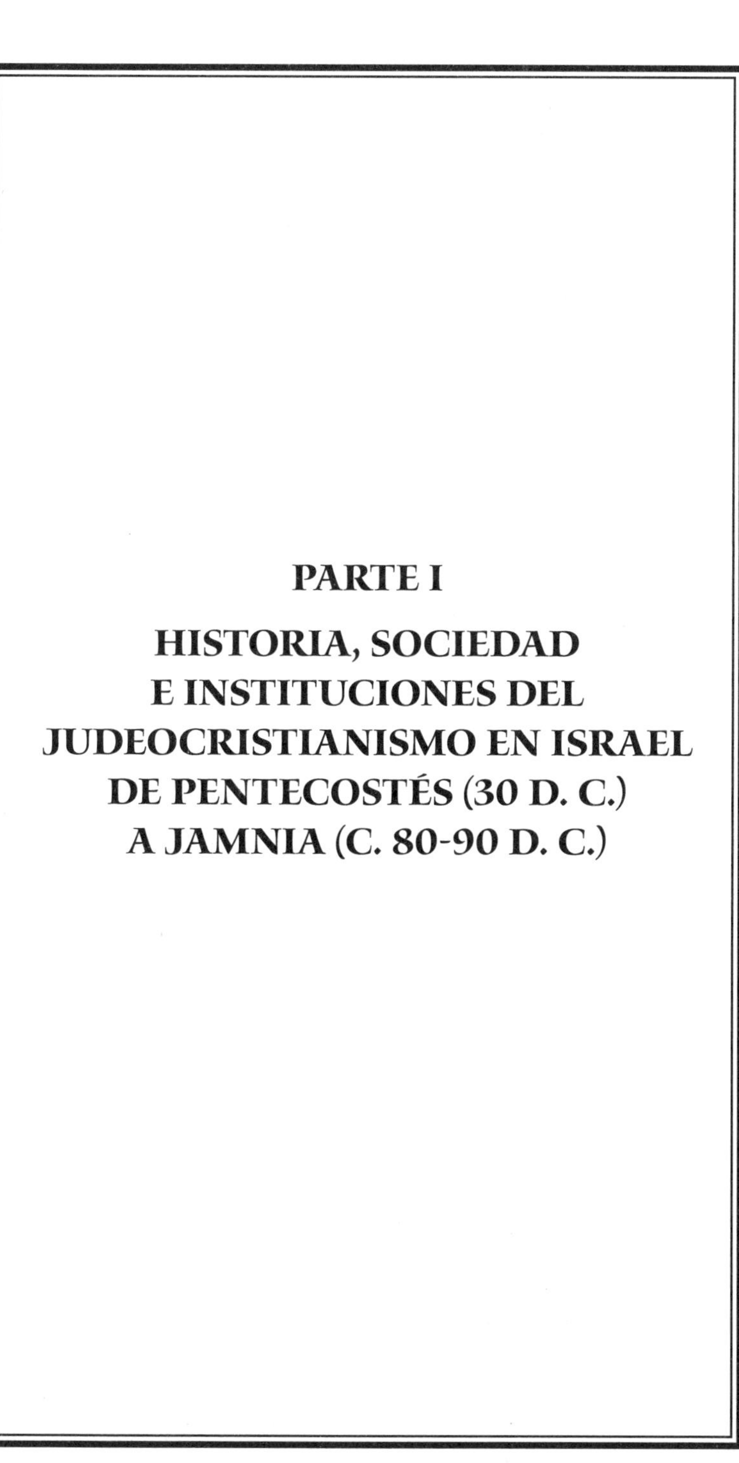

PARTE I

HISTORIA, SOCIEDAD E INSTITUCIONES DEL JUDEOCRISTIANISMO EN ISRAEL DE PENTECOSTÉS (30 D. C.) A JAMNIA (C. 80-90 D. C.)

CAPÍTULO I

LA COMUNIDAD DE LOS DOCE EN JERUSALÉN (30-40 D. C. APROX.): DE LA CRUCIFIXIÓN DE JESÚS (30 D. C.) A LA CORONACIÓN DE AGRIPA (40 D. C.)

Las experiencias de la resurrección de Jesús y de Pentecostés.[55]

El proceso y posterior muerte de Jesús, facilitados ambos, según las fuentes, por la acción de uno de Sus discípulos, asestaron, sin duda, un enorme golpe emocional y espiritual en Sus seguidores. Parece establecido que, en el momento de Su prendimiento, la práctica totalidad de los mismos optaron por ocultarse y que incluso uno de ellos había renegado de Él para ponerse a salvo en una comprometida situación.[56] Algunos días después de la ejecución las fuentes hacen referencia a que los discípulos se ocultaban en casas de conocidos por miedo a que la reacción que había causado la muerte de su Maestro se extendiera a ellos también (Juan 20:19 y ss.).

Lo cierto es, sin embargo, que, en un espacio brevísimo de tiempo, se produjo un cambio radical en Sus seguidores y que la comunidad de fieles, con centro en Jerusalén, cobró unos bríos y una capacidad de expansión que, quizás, no llegó a conocer ni siquiera en los días del Galileo.[57] La clave para entender la transformación total de los discípulos del ejecutado es referida en las fuentes

---

[55] La una discusión relativa al problema de las apariciones de Jesús, las posibles explicaciones del fenómeno y las fuentes relacionadas con las mismas, ver capítulo XI, apartado A).

[56] Sobre el tema, remitimos al lector a C. Vidal, "Jesús y Judas", Barcelona, 2008, donde se analiza además el denominado Evangelio de Judas.

[57] Para este tema, remitimos a C. Vidal, "Más que un rabino", Nashville, 2020, págs. 289 y ss.

neotestamentarias de manera unánime a las apariciones de Jesús como resucitado de entre los muertos. La fuente, posiblemente, más antigua de que disponemos al respecto (1 Cor. 15:1 y ss.)[58] hace referencia a apariciones en ocasiones colectivas (los apóstoles, más de quinientos hermanos) y en ocasiones individuales (Jacobo, Pedro y, con posterioridad, Pablo).

Los relatos de los Evangelios y de los Hechos recogen diversos relatos (Mat. 28; Mar. 16; Luc. 24; Juan 20–21) de las mencionadas apariciones que, unas veces se localizan en la cercanía de Jerusalén, y otras en Galilea, así como, en el caso de Pablo, camino de Damasco. Por otro lado, todas las fuentes coinciden en que el hecho fue rechazado inicialmente por los discípulos (Mat. 28:16-7; Mar. 16:11; Luc. 24:13 y ss.; Juan 20:24 y ss.), y en que sólo el peso de la realidad repetida los hizo cambiar de parecer.

El fenómeno descrito no puede atribuirse razonablemente a fingimiento de los discípulos y constituye, prácticamente, lo único que explica su transformación de atemorizados seguidores en denodados predicadores de Su doctrina. La fe de los discípulos en la resurrección resulta un hecho indiscutible desde el punto de vista histórico, pero, como ha señalado certeramente, F. F. Bruce[59] no puede ser confundido con el hecho de la resurrección porque equivaldría a confundir la causa con el efecto. Fueron las apariciones las que crearon la fe y no la fe —por cierto, muy herida por la crucifixión y que no esperaba la resurrección— la que creó las apariciones.

A todo lo anterior se unió la convicción de que con la muerte y resurrección de Jesús había tenido lugar el inicio de la era del Espíritu, un concepto asociado en la fuente lucana con el pasaje de Joel 2:28 y ss. Existen paralelos de esta creencia en el caso de los sectarios de Qumrán (1QH VII, 6 y ss.; IX, 32; XII, 11 y ss.; CD V, 11; VII, 3 y ss.; 1QS IV, 20-3), pero, en el caso de los judeocristianos, el origen de la idea puede retrotraerse a supuestas profecías que las fuentes evangélicas atribuyen a Juan el Bautista

---

[58] Una discusión sobre las tradiciones contenidas en esta fuente en C. Rowland, "Christian Origins", Londres, 1989, págs. 189 y ss.

[59] F. F. Bruce, Oc, 1980, pág. 205 y ss.

(Luc. 4:18; 7:22) y que se vieron confirmadas por la experiencia acaecida en Pentecostés del año 30.

Esta fiesta estaba conectada en el judaísmo posterior al Exilio con la entrega de la Torá y la confirmación del pacto en el Sinaí. Puede ser incluso que la ceremonia de renovación del pacto que tenía lugar en Qumrán se celebrara en Pentecostés.[60] De hecho, Jub VI, 17 ya identifica Pentecostés con el aniversario de la entrega de la Torá e incluso con el del pacto con Noé. No podemos adentrarnos a fondo en el tipo de experiencia espiritual que tuvo lugar en Pentecostés pero, poco puede dudarse de su historicidad[61] como ha señalado buen número de autores.[62] Partiendo de los datos suministrados por la fuente lucana, parece que en el curso de una reunión de oración —concebida quizás como renovación del pacto establecido por Jesús en Su última cena— se produjo un estallido de entusiasmo espiritual que vino acompañado por un fenómeno de glosolalia y seguido de una predicación pública del mensaje de Jesús (Hech. 2:1-41). Según la misma fuente, parece posible que Pentecostés fuera representado como una renovación del pacto con los seguidores judíos de Jesús y además como una apertura a todas las demás naciones. Sin embargo, aún aceptando los elementos teológicos del relato, no existe razón para descartar la base fáctica del mismo que cuenta por otra parte con paralelos históricos.[63] En todos ellos vuelve a repetirse el trinomio de oración fervorosa, glosolalia y predicación multitudinaria. Lejos de presentársenos como un relato de contenido ficticio, la perspectiva histórica nos obliga a ver la

---

60 A. R. C. Leaney, "The Rule of Qumran and its Meaning", Londres, 1966, págs. 95 y ss.

61 En ese sentido, ver J. Munck, Oc, 1967, págs. 14-15; E. M. Blaiclock, Oc, 1979, págs. 49 y ss.; F. F. Bruce, Acts, 1990, págs. 49 y ss.; I. H. Marshall, Oc, 1991, págs. 67 y ss.

62 En este sentido ver también C. S. Mann, "Pentecost in Acts" en "Ibidem", págs. 271-5.

63 Hacemos referencia a los mismos en el capítulo IX del presente estudio al analizar la pneumatología. Ejemplos paralelos son, entre muchos otros, y sólo dentro del cristianismo, los casos de John y Charles Wesley, George Whitefield y Charles Finney, George Fox y los cuáqueros, y, por supuesto, en los movimientos carismáticos contemporáneos.

experiencia pentecostal como, quizás la primera, dentro de una serie similar de eventos pneumáticos acontecida desde entonces en diversos contextos históricos y religiosos.

El conocimiento que tenemos del judeocristianismo en los primeros años se encuentra circunscrito prácticamente a la comunidad jerosolimitana.[64] Es muy posible que siguieran existiendo grupos de seguidores de Jesús en Galilea,[65] aunque no se puede descartar la emigración de algunos —como los apóstoles— a Jerusalén. Trataremos más adelante el tema de su organización interna y de su composición social, pero resulta obligatorio señalar ya aquí que el colectivo parece haber estado dirigido por los apóstoles designados por Jesús para juzgar a las doce tribus de Israel (Mat. 19:28; Luc. 22:30).[66] El hecho de que el grupo se hubiera visto reducido a once por la traición de Judas obligó a los restantes a cooptar mediante sorteo a otro apóstol al que se llama Matías en la fuente lucana (Hech. 1:21 y ss.). Con todo, no parece que existiera la creencia en una sucesión apostólica y así, no se nos dice que a la muerte de Jacobo, el hijo de Zebedeo, años más tarde se produjera ninguna elección para cubrir su vacante (Hech. 12:2).

La comunidad judeocristiana de Jerusalén practicaba una comunidad de bienes,[67] quizás como continuación de la costumbre desarrollada entre Jesús y los doce (Juan 12:6; 13:29). El dinero reunido así parece haber servido para mantener a los más pobres (Hech. 2:44 y ss.; 4:32 y ss.). En cualquier caso, y a diferencia de Qumrán (1QS VI, 24 y ss.), tal régimen no parece haber estado sometido a ningún reglamento estructurado ni tampoco haber sido general ni obligatorio para pertenecer al colectivo. Con todo, el

[64] E. Lohmeyer, "Galilaa und Jerusalem", Gotinga, 1936; R. H. Lightfoot, "Locality and Doctrine in the Gospels", Londres, 1938, págs. 78 y ss.; H. Conzelmann, "The Theology of Saint Luke", Londres, 1960, págs. 18 y ss.

[65] Acerca de esta cuestión, ver: R. L. Niswonger, "New Testament History", Grand Rapids, 1988, págs. 181 y ss.

[66] Se ha discutido, sin mucha base a nuestro juicio, la historicidad de esa designación en Vida de Jesús. En favor de aceptar la misma, ver: M. Hengel, "The Charismatic Leader and His Followers", Edimburgo, 1981, págs. 68 y ss.; E. P. Sanders, "Jesus and Judaism", Filadelfia, 1985, págs. 98 y ss.

[67] Sobre este tema, ver capítulo VII de esta misma parte.

engaño en esta práctica concreta era contemplado como una falta gravísima susceptible de terribles castigos (Hech. 5:1 y ss.).

Ceñida inicialmente a una vida centrada en la práctica de sus ritos[68] y en la predicación orientada a los judíos exclusivamente, las fuentes parecen apuntar a un éxito notable derivado en parte del celo de sus predicadores, en parte de su vida de caridad y en parte de sus argumentos teológicos. La idea de un Mesías sufriente podía no ser agradable a muchos judíos, pero resultaba relativamente fácil de defender a partir de pasajes como el capítulo 53 de Isaías donde se nos habla de un «Siervo» sufriente que entrega Su vida de manera expiatoria.[69] Tal enfoque debió ser necesariamente muy primitivo y datos como los suministrados por los discursos petrinos contenidos en Hechos 2:14-39 o 3:12-26 presentan por ello notables visos de verosimilitud. Jesús era el Mesías sufriente y Dios lo había rehabilitado tras Su muerte mediante la resurrección (Hech. 2:32; 3:15). Su ejecución se había producido en virtud de una letal conjunción de las fuerzas paganas hostiles a Israel y de las fuerzas judías infieles a Dios (Hech. 2:23; 3:17 y ss.). Con todo, a través de aquella tragedia Dios había realizado Su propósito encaminado a ofrecer la salvación mediante la fe en el Mesías (Hech. 2:38; 3:16, 19; 4:11-12). Israel tenía abiertas las puertas para volverse al Mesías que había rechazado poco antes y, finalmente, Jesús regresaría procediendo a una renovación cósmica (Hech. 3:19 y ss.). Hasta entonces, era posible verificar la realidad de aquella proclamación en la sucesión de hechos taumatúrgicos (Hech. 2:33; 3:16), así como en el escrutinio de los pasajes de la Escritura que lo profetizaban detalladamente (Hech. 2:30; 3:18), a fin de proceder a la única posibilidad coherente: creer en Cristo y simbolizar esa fe mediante el bautismo en agua (Hech. 2:38; 3:19; 4:11-12).

Semejante predicación, preñada de esperanza, ligada a la realización de curaciones (Hech. 3:1; 5:14 y ss.) y a la práctica,

---

[68] Estos parecen haber sido el bautismo de agua (Hech. 2:41), el partimiento del pan seguramente en el contexto de una comida comunitaria y las oraciones (Hech. 2:42). Volveremos más adelante a este tema.

[69] Sobre esta cuestión ver el capítulo de este estudio dedicado a la Cristología judeocristiana, así como C. H. Dodd, "According to the Scriptures", Londres, 1952 y B. Lindars, "New Testament Apologetic", Londres, 1961.

no siempre exenta de dificultades,[70] de la beneficencia, parece haber tenido un eco en segmentos relativamente importantes de la población (Hech. 2:41; 5:12 y ss., etc), lo suficiente como para que las autoridades religiosas volvieran sus ojos una vez más hacia el movimiento y terminaran tomando medidas dirigidas contra el mismo (Hech. 4:1 y ss.).

El enfrentamiento con las autoridades religiosas judías

Enclavada geográficamente en Jerusalén, aunque muchos de sus componentes parecen haber pertenecido originalmente a otros enclaves,[71] la comunidad judeocristiana de Jerusalén mantuvo vínculos con el templo y con todo lo que éste pudiera implicar en la vida de la nación de Israel.[72] A diferencia de la postura sostenida por los sectarios del Mar Muerto, la primera comunidad —al menos antes del nombramiento de los diáconos y de la primera persecución, si atendemos al testimonio lucano— no rechazó el culto diario del templo. Por el contrario, parece haber sido la práctica habitual el participar en el mismo (Hech. 2:46; 3:1 y ss.), e incluso utilizar alguna de las áreas del templo como sitio de reunión (Hech. 5:12).

A pesar de todo lo anterior, el libro de los Hechos recoge tradiciones relativas a enfrentamientos entre el Sanedrín y la comunidad

---

[70] Según las fuentes, generalmente internas como se desprende del caso de Ananías y Safira (Hech. 5:1 y ss.) y de la disputa entre judeocristianos helenistas y Hebreos (Hech. 6:1 y ss.) que desembocó en el nombramiento de los diáconos. Sobre este último tema ver la tercera parte de esta obra.

[71] Resulta innegable una preponderancia galilea, si no numérica al menos moral, entre los primeros componentes de la comunidad mesiánica, comp. Hechos 1:13 y ss. De hecho, tanto la fuente joánica como la mateana señalan que antes de asentarse de manera específica en Jerusalén, los seguidores de Jesús tendieron a volver a su tierra natal comp. Juan 21, Mateo 28:16 y ss. La mencionada secuencia es omitida por las tradiciones de Lucas y Marcos, pero parece existir un eco de la misma en la narración de las apariciones del resucitado recogida en I Corintios 15:1 y ss.

[72] Sobre el papel del Templo, ver C. Vidal, *Más que un rabino*, Nashville, 2020, págs. 205 y ss.; Idem, "Templo" en Diccionario de Jesús y los Evangelios e Idem, El Documento Q, Barcelona, 2006; A. Edersheim, "The Temple", Grand Rapids, 1987; J. Jeremias, "Jerusalén...", 38 y ss.; E. Schürer, "Histor"y, v.II, págs. 237 y ss.; F. J. Murphy, "The Religious World of Jesus", Nashville, 1991, págs. 76 y ss.

de Jerusalén incluso en estos primeros tiempos (Hech. 4:1-22; 5:17 y ss.). La noticia tiene considerables visos de verosimilitud si tenemos en cuenta el recuerdo aún fresco de la persona que había dado origen al movimiento y la manera en que Sus seguidores culpaban de la ejecución a algunos de los dirigentes de la nación judía (Hech. 2:23; 4:27).[73]

La contenida especialmente en el relato de Hechos 4, referente a una comparecencia de dos de los apóstoles ante el Sanedrín parece estar basada en datos considerablemente fidedignos. El versículo 5 nombra tres grupos determinados (sacerdotes jefes, ancianos y escribas) que formaban la generalidad del Sanedrín. Entre los sacerdotes jefes, el grupo más importante, se nombra a Anás (en funciones del 6 al 15 d. C.), al que se hace referencia en primer lugar por su edad e influencia; a Caifás, sumo sacerdote en esos momentos; a Jonatán, hijo de Anás, que sucedería a Caifás como sumo sacerdote (37 d. C.) y que, quizás, en aquella época era jefe supremo del templo;[74] a Alejandro al que señalan otras fuentes y a otros miembros de familias sacerdotales. En su conjunto, esta referencia de Hechos, por lo demás totalmente aséptica, confirma los datos del Talmud relativos al nepotismo de la jerarquía sacerdotal, un sistema de corruptelas encaminado a lograr que sus miembros ocupasen los puestos influyentes de sacerdotes jefes en el templo. No sólo el yerno de Anás era sumo sacerdote en funciones y uno de sus hijos, como jefe del templo, ya estaba encaminado en la misma dirección, sino que es más que probable que la familia de Anás ocupara el resto de los puestos de sacerdotes jefes.

Para el año 66 d. C., aquella jerarquía, marcada por la corrupción familiar más evidente, tenía en su poder el templo, el culto, la jurisdicción sobre el clero, buena parte de los escaños del Sanedrín e incluso la dirección política de la asamblea del pueblo.[75]

---

[73] El pasaje presenta paralelos en los Evangelios, ver Mateo 27:35; Marcos 15:24; Lucas 23:33; Juan 19:18.

[74] J. Yoma III 8, 41ª 5 (III-2, 197) señala que el sumo sacerdote no era nombrado si con anterioridad no había sido jefe supremo del templo.

[75] Comp. en este sentido Josefo, Ant. XX 8, 11 y ss., en lo relativo a las embajadas en las que, por regla general, son sacerdotes dirigentes los que las componen.

Con todo, y pese a que era más que dudosa su legitimidad espiritual,[76] de acuerdo con los baremos judíos, no nos consta que existiera una agresividad personal del judeocristianismo hacia el clero alto, mayor, por ejemplo, al que nos ha sido recogido en las páginas del Talmud, donde no sólo se les acusa de nepotismo, sino también de extrema violencia física (b. Pes. 57ª bar; Tos. Men XIII, 21 [533, 33]).

Ciertamente los judeocristianos atribuían una autoridad mayor a Jesús que a las autoridades religiosas de Israel y al templo (Hech. 5:28-29), en armonía con las propias palabras de aquel (Mat. 12:6,41-42; Luc. 11:31-32), pero no tenemos datos que apunten tampoco a un rechazo directo de las mismas, ni siquiera a una negación directa de su autoridad. Tal parece incluso haber sido la postura de Pablo varias décadas después (Hech. 23:2-5). Muy posiblemente, la comunidad mesiánica las consideraba como parte de un sistema cuya extinción estaba cerca y al que no merecía la pena oponerse de manera directa, como, por ejemplo, se ve en Hebreos 8:13. Como tendremos ocasión de ver la sucesión de acontecimientos históricos se mostraría similar a lo previsto por la visión cristiana, en cuanto a ese aspecto concreto se refiere.

Por otro lado, y en lo referente a la responsabilidad de la muerte de Jesús, las fuentes indican que la comunidad judeocristiana la hizo bascular también sobre la nación como colectivo y no sólo sobre los saduceos (Hech. 2:22 y ss.), aunque se acentuara el papel jugado por Herodes, el tetrarca de Galilea y por Pilato (Hech. 4:27 y ss.) como elementos decisivos en la condena y ejecución. La comunidad judeocristiana esperaba el final del sistema presente (Hech. 1:6 y ss.; 3:20 y ss.), pero colocaba dicha responsabilidad sobre las espaldas de la Deidad (Hech. 3:20 y ss.) y no sobre las suyas, en contraposición, por ejemplo, a como sucedería con posterioridad con los zelotes.

A primera vista, y observado desde un enfoque meramente espiritual, la presencia de los judeocristianos era, sin duda, molesta y muy especialmente para los saduceos. Pero, inicialmente, para algunos, desde un punto de vista político y social, el movimiento

[76] Ver, en este sentido, J. Jeremias, "Jerusalén..", págs. 209 y ss.

debía resultar inocuo y, precisamente por ello, es comprensible la mediación de Gamaliel,[77] el fariseo, en el sentido de evitar un ataque frontal al mismo, tal y como se nos refiere en la fuente lucana (Hech. 5:34 y ss.). Los precedentes apuntaban a la escasa vida de ciertos conatos levantiscos[78] que, incluso, parecían más robustos que el judeocristianismo inicial. La actitud de Gamaliel no parece, sin embargo, haber sido generalizada. La casta sacerdotal distaba mucho de contemplar de esa manera al grupo inspirado en la enseñanza de Jesús. Desde su punto de vista, tenían buenas razones para ello. En primer lugar, estaba su visión —políticamente muy exacta— que temía cada posibilidad de revuelta en Palestina a causa de los peligros inherentes a una intervención enérgica por parte de Roma para sofocarla. Aquel fue, seguramente, uno de los factores determinantes en la condena de Jesús (Juan 11:47-53).

Si aquel grupo —que creía en un Mesías— captaba adeptos sobre todo entre elementos sociales inestables como podrían ser los menos favorecidos o los sacerdotes humildes,[79] lo más lógico era pensar que la amenaza no había quedado conjurada con la muerte de su fundador. Mejor sofocarla cuando sólo se hallaba en ciernes que esperar a que se convirtiera en algo demasiado difícil de controlar.

A lo anterior se unía un factor teológico de cierta trascendencia, factor del que se sabrían aprovechar los primeros cristianos. La comunidad de Jerusalén creía en la resurrección, doctrina rechazada

---

77 Sobre Gamaliel, ver W. Bacher, "Die Agada der Tannaiten", Estrasburgo, 1884-90, t. I, págs. 73-95; F. Manns, "Pour lire la Mishna", Jerusalén, 1984, págs. 78 y ss.; G. Alon, "The Jews in their land in the Talmudic Age", Cambridge y Londres, 1989, págs. 188 y ss., 239 y ss.

78 Coincidimos plenamente con H. Guevara, "Ambiente político del pueblo judío en tiempos de Jesús", Madrid, 1985, págs. 216 y ss., en considerar el episodio de Gamaliel de Hechos 5:36-37 como plenamente histórico. De no ser así no sólo no hubiera actuado en favor de la propaganda cristiana sino en su contra. Naturalmente, el Teudas (Teodoro) mencionado por el citado fariseo debe ser entonces identificado con Matías, hijo de Margalo, que, junto con Judas, poco antes de la muerte de Herodes I, se sublevó contra el monarca para derribar un águila de oro colocada en el templo. Los dos rebeldes fueron quemados vivos (Flavio Josefo, Guerra I, 648-655; Ant XVII, 149-167).

79 Sobre la situación del clero inferior debe recordarse que mayoritariamente hizo causa común con los elementos populares en el año 66 d. C., en oposición al alto clero comp. Flavio Josefo, Guerra II 17, 2 y ss.

por los saduceos, lo que ahondaba aún más las diferencias entre ambos colectivos. No obstante, a nuestro juicio, la razón para el choque, al menos en lo relativo a la clase sacerdotal y los saduceos, vino más vinculada a razones políticas y sociales que meramente religiosas.

La tolerancia duró poco tiempo. Si inicialmente el movimiento se vio sometido sólo a una reprensión verbal, en parte gracias a la mediación de Gamaliel (Hech. 4:21-22), pronto resultó obvio que si se deseaba tener unas perspectivas mínimas de frenarlo habría que recurrir a la violencia física. Esta fue descargada sobre la persona de dos de sus dirigentes, Pedro y Juan, y no parece que nadie mediara en esta ocasión en favor suyo (Hech. 5:40 y ss.). El fracaso de esta medida (Hech. 6:1-7), así como la conversión de algunos sacerdotes a la fe del colectivo terminó por desencadenar una persecución, cuyas consecuencias no eran entonces previsibles (Hech. 6:7 y ss.) ni para los judeocristianos ni para sus adversarios.

La muerte de Esteban (c. 33 d. C.)[80]

El pretexto para la persecución contra el judeocristianismo parece haberlo proporcionado Esteban (Hech. 6:8–8:1), un judeocristiano, posiblemente helenista,[81] que había sido elegido como diácono por la comunidad cuando se produjo el conflicto entre sus componentes palestinos y helenistas. Supuestamente, éste había entrado en una discusión de tipo evangelizador con miembros de la sinagoga de los libertos.[82] Es más que posible que esperara hallar un eco

---

[80] Acerca de Esteban, ver C. K. Barrett, "Stephen and the Son of Man" en "BZNW", 30, Berlín, 1964, págs. 32-8; F. Mussner, "Wohnung Gottes und Menschensohn nach der Stephanusperikope" en R. Pesch (ed.), "Jesus und der Menschensohn", Friburgo, 1975, págs. 283-99; J. Kilgallen, "The Stephen Speech" en "AnBib" 67, 1976; C. Scobie, "The Use of Source Material in the Speeches of Acts III and VII" en "NTS", 25, 1978-9, págs. 399-421.

[81] En favor de identificar a Esteban con un samaritano, ver W. F. Albright y C. S. Mann, "Stephen's Samaritan Background" en J. Munck, "The Acts of the Apostles", Nueva York, 1967, págs. 285-304.

[82] Estos libertos procedían en su mayor parte de Roma. Capturados en la Guerra de Pompeyo y libertados posteriormente, según indica Filón, Leg. ad Caium, 155, parecen haber estado especialmente ligados a la sinagoga a la que se refiere Hechos 6:1. Con toda seguridad, los judíos de Roma que acudían a

favorable a su predicación habida cuenta del origen de los mismos. Sin embargo, el resultado fue muy otro. De hecho, el joven judeocristiano fue conducido ante el Sanedrín como presunto culpable de blasfemia (Hech. 6:10-14).

La base de la acusación descansaba no sólo en la interpretación de la Torá que hacía Esteban (probablemente similar a la del propio Jesús), sino también en el hecho de que Esteban había relativizado el valor del templo hasta el punto de afirmar que el mismo sería demolido por el Mesías al que confesaba (Hech. 6:13-14). Aunque resulta difícil no aceptar la idea de que las acusaciones contra él fueran expuestas con un cierto grado de tendenciosidad, no puede desecharse la existencia de una base real para las mismas.[83] Es más, a nuestro juicio, reproducían en buena medida el pensamiento de Esteban, pero presentado con una carga subversiva que, seguramente, no poseía. La disidencia religiosa de las minorías ha sido retratada por sus oponentes a lo largo de la historia en multitud de ocasiones como un peligro político y resulta muy posible que sucediera lo mismo en el caso de Esteban. Ahora bien, como ha señalado acertadamente F. F. Bruce,[84] la muerte de Esteban contaba con una base legal por cuanto, en su predicación, había atacado la institución del templo.

Para los creyentes en la Torá oral transmitida por tradición, ésta se había originado en Moisés y una postura relativizadora como la de Jesús era considerada como una provocación inadmisible (Mat. 15:1-20; Mar. 7:1-23). Si los fariseos estaban en el mismo terreno que los judeocristianos en lo relativo a la resurrección, seguramente no estaban dispuestos a transigir en lo relativo a la Torá oral, una cuestión en torno a la que habían chocado con Jesús en multitud de ocasiones. En cuanto a las profecías sobre la destrucción del templo de Jerusalén ciertamente contaban con una

---

Jerusalén para las fiestas religiosas se aposentaban en la hospedería contigua a esta sinagoga.

[83] Gooding, "An Unshakeable Kingdom", Toronto, 1976, ha señalado que el esquema teológico subyacente en la epístola a los Hebreos —obra asimismo de un judeocristiano helenista— viene a ser el mismo, aunque más elaborado, que el del discurso de Esteban.

[84] F. F. Bruce, *Paul,* 1990, pág. 68.

larga historia de precedentes que se remontaba al primer templo (Jer. 7-11; 26:1-19; Isa. 1:16-17; Ezeq. 6:4-5, etc.), y conocemos ejemplos posteriores (Guerra 300-309), pero la mayor o menor frecuencia con que se produjeron estos incidentes no logró que ese tipo de anuncios resultara tolerable a los oídos de los que, en buena medida, o vivían de la ciudad santa como la casta sacerdotal o la tenían en altísima estima como era también el caso de los fariseos.

La defensa de Esteban, tal y como nos ha sido transmitida en los Hechos (7:1-53), no podía contribuir a mejorar la situación. Partiendo de una hábil relación de pasajes del Antiguo Testamento, que encontrará paralelos en el Nuevo Testamento y en otros escritos paleo-cristianos, el diácono parece haber subrayado la sempiterna dureza de Israel frente a los propósitos de Dios así como los antecedentes de una adoración espiritual separada de la idea de templo. Dios no hacía acepción de personas o naciones y, desde luego, de esa conducta no excluía a Israel. Cuando Israel se había comportado con desobediencia, ceguera y dureza de corazón, Dios había ejecutado sobre él Sus juicios. Por si todo lo anterior fuera poco —innegable, era innegable— Esteban anunciaba que la era mesiánica se había iniciado con Jesús y, por lo tanto, la era de la Torá veía su fin próximo.

La idea no era en sí novedosa y, de hecho, encontramos paralelos también en la literatura rabínica,[85] pero, en el caso judeocristiano, implicaba no sólo el tener que aceptar la mesianidad de Jesús sino también el carácter precario de las instituciones religiosas judías del presente. Ambos extremos de la controversia resultaban excesivos e intolerables para los oyentes y más si tenemos en cuenta la reciente ejecución de Jesús.

El tono del discurso de Esteban resulta indiscutiblemente judeocristiano —desde luego, no hubiera podido ser captado por un gentil[86]— lo que aboga en favor de una transmisión auténtica

---

[85] TB Sanedrín 97a; Shabbat 151b. Apoyando esta misma conclusión, ver desde una perspectiva judía, L. Baeck, "The faith of Paul", "Journal of Jewish Studies", 3, 1952, págs. 93 y ss. y, desde una cristiana, W. D. Davies, "The Setting of the Sermon on the Mount", Cambridge, 1964, págs. 446 y ss.

[86] En el mismo sentido F. F. Bruce, "New Testament History", Nueva York, 1980, págs. 224 y ss. Bruce insiste en el hecho de que el discurso de Esteban es

subyacente. De hecho, los datos recogidos por Epifanio en su Panarion 30, 16 relativos a una secta judeocristiana que pretendía que Jesús había predicado la desaparición de los sacrificios del templo presentan un claro paralelo con la acusación contra Esteban y su discurso. Pronunciada ante un auditorio lógicamente hostil (Hech. 7:54 y ss.) por las razones ya apuntadas, la defensa de Esteban terminó en un linchamiento pese a la tenue apariencia previa de diligencias judiciales (Hech. 7:54–8:1).

J. Klausner,[87] que consideró indiscutible la veracidad histórica del relato, sugirió que la muerte de Esteban debía atribuirse a un grupo de incontrolados en lugar de a las autoridades judías de la época. Creemos más posible que tal acción hallara su origen en sectores de mayor amplitud. Las autoridades judías carecían de jurisdicción para imponer la pena de muerte según nos informan las fuentes talmúdicas (TJ Sanedrín 1:1; 7:2) y evangélicas (Juan 18:31),[88] pero tal hecho no nos permite excluirlas de haber contado con un papel relevante en el asesinato de Esteban. De hecho, su intervención hubiera contribuido a que la muerte adquiriera visos de legalidad no sólo en cuanto a la «ratio iuris» sino también en lo relativo a los ejecutores de aquella.

En cuanto al contexto concreto caben dos posibilidades:

- De acuerdo con la primera,[89] la marcha de Pilato hacia Roma a inicios del 37 d. C., marcó un vacío suficiente de poder como para permitir que Caifás o su sucesor, aprovechándolo, ejecutaran a Esteban. Tal hecho vendría así a contar con un paralelo histórico posterior en la muerte de Jacobo, el hermano de Jesús. Con todo, tal tesis choca con la cronología de las fuentes —piénsese que la muerte de Esteban fue previa a la conversión de Pablo y que ésta

---

el único lugar aparte de los Evangelios donde aparece el título «Hijo de hombre» aplicado a Jesús. Esto indicaría un trasfondo arameo, ausente en los escritos neotestamentarios no palestinos ya que en un ambiente externo al de Palestina tal alocución carecería de sentido.

[87] J. Klausner, Oc, 1944, pág. 292.

[88] En el mismo sentido F. F. Bruce, "New Testament History", New York, 1980, págs. 199 y ss., y J. Jeremias, "Zur Geschichtlichkeit des Verhors Jesu vor dem Hohen Rat" en "Zeitschrift für die Neutestamentliche Wissenschaft", 43, 1950-1, págs. 145 y ss.

[89] Ver B. Reicke, "The New Testament Era", Filadelfia, 1968, págs. 191 y ss.

tuvo lugar con seguridad antes del 37 d. C.— y abusa, a nuestro juicio, del mencionado paralelismo.

- El profesor F. F. Bruce[90] ha señalado otra posibilidad y es la de que el hecho tuviera lugar antes de la marcha de Pilato, pero después de la caída en desgracia de su valedor Sejano en el 31 d. C. El carácter, cuando menos incómodo, de sus relaciones con Tiberio le habría convertido en un personaje temeroso de la confrontación con las autoridades judías. Enterado de la muerte de Esteban, habría preferido cerrar los ojos ante el hecho consumado y más teniendo en cuenta el papel desempeñado por las autoridades religiosas judías en el mismo. La tesis de F. F. Bruce es, desde nuestro punto de vista, muy probable ya que permite encajar los datos de las fuentes con la cronología indiscutible de las mismas, da respuesta al hecho de que tal crimen no fuera perseguido y armoniza con lo que sabemos de Pilato a través de diversas fuentes. Finalmente, además el destino de Pilato sería la destitución en virtud precisamente de una confrontación con las autoridades religiosas judías.[91]

La muerte tuvo lugar mediante lapidación, la pena habitual en el caso de blasfemia (Deut. 17:7; Sanedrín 6:1-4).[92] De acuerdo a la fuente lucana, entre los presentes se hallaba un joven de Tarso, Cilicia, llamado Saulo. Cabe la posibilidad, derivada de su lugar de nacimiento, de que Saulo fuera miembro de la sinagoga donde se había desarrollado la controversia con Esteban, pero, en cualquier

---

[90] F. F. Bruce, Oc. 1980, págs. 225 y ss.

[91] Acerca de Pilato, ver F. Morison, “And Pilate Said”, Nueva York, 1940; J. Blinzler, “The Trial of Jesus”, Westminster, 1959, págs. 177-84; A. H. M. Jones, “Procurators and Prefects in the Early Principate” en “Studies in Roman Government and Law”, Oxford, 1960, págs. 115-25; E. Schürer, “History...”, I, págs. 357 y ss.; J. P. Lémonon, “Pilate et le gouvernement de la Judée”, París, 1981.

[92] No deja de ser interesante la mención del nombre de Jesús en la oración final de Esteban, ya que tal circunstancia implica la existencia de una alta Cristología en un momento muy temprano de la historia del cristianismo. En este mismo sentido, se ha manifestado M. Hengel, “Christologie und neutestamentliche Chronologie” en H. Baltensweiler y B. Reicke, “Neues Testament und Geschichte”, Zurich y Tubinga, 1972, págs. 43-67, e Idem, “Between Jesus and Paul”, Londres, 1983, págs. 30-47, quien ha señalado que el desarrollo Cristológico había ya llegado a su fase crucial en los cinco primeros años posteriores a la muerte de Jesús. Sobre esta cuestión volveremos al estudiar la Cristología del judeocristianismo.

caso, lo cierto es que abominaba la visión teológica de éste y consideraba su muerte como algo justo.

A partir de ahí (Hech. 8:1 y ss.) se desencadenó una persecución contra los judeocristianos de la que no estuvo ausente una violencia a la que no cabe atribuir otra finalidad que la pura y simple erradicación de un movimiento que estaba demostrando una capacidad de resistencia considerablemente mayor de la esperada.

A través de Clemente (Rec 53-71) nos ha llegado otra versión que confirma, en las líneas generales, lo relatado en los Hechos. La fuente presenta un cierto interés adicional ya que cabe la posibilidad de que recoja una tradición judeocristiana. Aunque en ella hay elementos de carácter que sólo podemos calificar de legendario (la convicción del sumo sacerdote tras siete días de debate con Jacobo acerca de la veracidad del cristianismo hasta el punto de estar dispuesto a recibir el bautismo, el papel sobresaliente de Jacobo el hermano de Jesús ya en este periodo, etc.), lo cierto es que también encontramos datos que arrojan luz sobre la controversia judeocristiana confirmando en buena medida la fuente lucana.

En primer lugar, el enfrentamiento se centra fundamentalmente entre los saduceos y los judeocristianos. Es lógicamente la secta más ligada al templo (en todos los sentidos) la que se siente más afectada por el nuevo movimiento, a la ejecución de cuyo fundador contribuyó activamente. Aunque los judeocristianos no se oponen al templo directamente, creen, sin embargo, (y así lo expresan por boca de Pedro) que los días de éste se hallan contados, una actitud que, como veremos, encontramos repetidas veces en otros escritos judeocristianos del Nuevo Testamento anteriores a la destrucción del 70 d. C. Los fariseos aparecen divididos entre una actitud, más de compás de espera que de tolerancia, similar a la mostrada por Gamaliel en los Hechos, y otra, la de Saulo, que ha descubierto ya que el nuevo movimiento implica un ataque frontal al judaísmo tradicional. Esteban no es mencionado si bien el peso inicial de la controversia recae en un judeocristiano cuyo nombre, Felipe, parece denotar filiación helenista. Finalmente, se nos señala cómo las autoridades judías no tuvieron ningún inconveniente en recurrir a la fuerza en el enfrentamiento con el judeocristianismo, mientras éste optaba por una actitud que podríamos denominar de no violencia.[93] Los escritos de Pablo son más parcos en cuanto al desencadenamiento de la persecución contra los judeocristianos, pero igualmente parecen confirmar los datos que poseemos. La persecución en la que él intervino tenía como finalidad clara la aniquilación del judeocristianismo, al que contemplaba como un ataque contra las tradiciones judías,[94] circunstancia ésta más que comprensible si partimos de su militancia farisea (Fil. 3:5-6).

Frente a aquel movimiento se unían —como posiblemente sucedió con la muerte de Jesús— dos grupos, saduceos y fariseos, a los que separaban entre si multitud de aspectos. Para el primero de ellos, el judeocristianismo implicaba una amenaza a su «statu quo»; para el segundo, un ataque vergonzoso a la Torá de Moisés tal y como ellos pensaban que debía ser interpretada. Es más que posible que después de la muerte de Esteban, alguien que se había manifestado muy claramente sobre el templo y la nación de Israel en su conjunto, los mismos fariseos moderados prefirieran mantenerse, en la medida de lo posible y como mínimo, a distancia. Desde luego parece desprenderse de las fuentes que esta vez nadie se atrevió a optar por su defensa.

Desencadenada la persecución con una rapidez inesperada, al estilo de otros pogromos religiosos del pasado y del presente, el mismo Esteban no pudo siquiera ser enterrado, a diferencia de otros judíos ejecutados en el pasado como Juan el Bautista (Mat. 14:12; Mar. 6:29) o Jesús (Mat. 27:57-61; Mar. 15:42-47; Luc. 23:50-56; Juan 19:38-42), por las personas cercanas a él. De su sepelio se ocupó un grupo de hombres «piadosos».[95] Con todo,

---

93 Sobre los antecedentes de la visión de no violencia en la enseñanza de Jesús comp. Mateo 5:9; 5:21-26; 5:43-48; 26:52; Juan 18:36. Ha sido precisamente un autor judio, D. Flusser, "Jesús en sus palabras y su tiempo", Madrid, 1975, págs. 81 y ss., el que ha apuntado al hecho de que este radicalismo es una aportación original de Jesús sin antecedentes en el judaísmo. Sobre el carácter pacifista de Jesús, ver M. Wilcox, "Jesus in the Light of His Jewish Environment" en "ANRW", II, 25, 1, 1984, págs. 131-95.

94 Gálatas 1:13-14, 22 y ss. dejan de manifiesto que el objetivo de la persecución no sólo fueron los helenistas sino también los demás judeocristianos.

95 Comp. Hech. 8:2. Sobre el tema, comentando diversas alternativas, ver J. Munck, "O. c", págs. 70 y ss. I. H. Marshall, "Acts", Leicester y Grand Rapids,

lo que quizás fue contemplado como una medida eficaz contra la comunidad de Jerusalén por parte de sus perseguidores, se iba a revelar, indirectamente, como una circunstancia que propiciaría su expansión ulterior.

La expansión misionera en la tierra de Israel

Desconocemos la duración de la persecución, pero, aunque fue lo suficientemente intensa como para provocar un éxodo de buen número de los judeocristianos de Jerusalén, debió de resultar breve. Lucas conecta el final de las tensiones con el episodio de la conversión de Pablo[96] y por ello cabe deducir que, muy posiblemente, ambos acontecimientos estuvieron muy cercanos en el tiempo.[97] Por otro lado, sabemos que la misma, si bien se inició en Jerusalén, tuvo posibilidades de extenderse a otros lugares, ya que Pablo logró mandamientos judiciales contrarios a los cristianos cuya ejecución debía llevarse a cabo en Siria (Hech. 9:1 y ss.). El dato, avalado por diversas fuentes, presenta todos los visos de ser fidedigno.[98] De hecho, ya hemos señalado con anterioridad los estrechos lazos entre Israel y Siria. Para cuando se produjo el final de la persecución, la nueva fe había conseguido penetrar en Samaria, extenderse en Judea y, posiblemente, mantener, al menos, su influencia en Galilea.

1991, págs. 151 y ss., ha sugerido que Esteban fue sepultado en su calidad de criminal ejecutado y que, si la prohibición de luto público por los criminales (Sanedrín 6, 6) estaba en vigor en el siglo I d. C., aquellos que lo lloraron realizaron con tal acto una acción de protesta contra la ejecución.

96 Hechos 8:26-31. La causa de la misma es, según Pablo, la aparición de Jesús resucitado (1 Cor. 9:1; 15:7; Gál. 1:12,15-16; 1 Tim. 1:12-16. En la fuente lucana ver Hech. 9:1-19; 22:5-11; 26:12-20).

97 La computación de la fecha parece ser relativamente fácil. De acuerdo a los datos proporcionados por Gálatas 1:18; 2:1, la conversión de Saulo tuvo lugar diecisiete años (quince según nuestra manera moderna de datar) antes del Concilio de Jerusalén del 48 d. C., por lo tanto, debió producirse hacia el 33 d. C. Si, realmente, el movimiento mesiánico disfrutaba de la vitalidad que nos describe Lucas en los Hechos durante los tres primeros años de su existencia, resulta difícil negar que las medidas tomadas en contra suya por el Sanedrín estaban revestidas de una oportunidad política considerable.

98 En este sentido se pronuncia J. Jeremias, "Jerusalén...", págs. 85 (n. 70) y 91.

La intensidad de la proscripción no debió ser pequeña: con la excepción de los Doce, la práctica totalidad de los miembros buscó amparo fuera de Jerusalén (Hech. 8:1b), pero no todos reaccionaron de la misma forma al concluir aquella. El exilio parece haber sido perpetuo para buen número de los helenistas. De ellos no consta que regresaran a Jerusalén, aunque la mención de Mnasón en Hechos 21:16 (más de veinte años después) lleva a pensar que tal postura no fue generalizada. Se ha señalado la posibilidad de que en tal actitud influyera[99] la creencia en que la ciudad había incurrido en una conducta que la condenaba a la destrucción y que lo mejor era abandonarla. Tal extremo, sin embargo, no parece totalmente documentado. La marcha de los helenistas, el retorno de los «hebreos» y la permanencia de los Doce contribuyeron a configurar la comunidad de Jerusalén como un colectivo formado casi exclusivamente por «hebreos» y así permanecería, casi con toda seguridad, hasta la Guerra de Bar Kojba ya en el siglo II.

Los datos referentes al periodo posterior a la persecución que nos vienen proporcionados por la fuente lucana son muy limitados y van referidos casi de manera exclusiva a la expansión geográfica del movimiento. En primer lugar, nos hallamos con referencias al inicio de la misión samaritana.[100] Algunas fuentes parecen indicar algún contacto previo de Jesús con los samaritanos (comp. Juan 4:1-2). En cualquiera de los casos, poco debió quedar de aquel paso fugaz por territorio impuro para un judío y lo más seguro es atribuir los inicios del movimiento a los intentos evangelizadores realizados con ocasión de la persecución. Resulta claramente significativo que la nueva fe entrara en Samaria de manos de los helenistas de la comunidad jerosolimitana[101] aunque, con posterioridad, la obra de

---

[99] En ese mismo sentido, M. Hengel, Oc, 1979, págs. 74-5.

[100] Hechos 8:4-25. Sobre la misión samaritana, ver O. Cullmann, "Samaria and the Origins of the Christian Mission" en "The Early Church", Londres, 1956, págs. 183-92; C. H. H. Scobie, "The Origins and Development of Samaritan Christianity" en "NTS", 19, 1972-3, págs. 390-414; R. J. Coggins, "The Samaritans and Acts" en "NTS", 28, 1981-2, págs. 423-34 y M. Hengel, "Between Jesus...", Londres, 1983, págs. 121-26.

[101] Hechos 8:5-13 parece indicar a otro helenista, Felipe, como uno de los artífices de la expansión misionera. El dato presenta rasgos notables de verosimilitud

expansión recibiera el visto bueno de Pedro y de Juan, en nombre de los apóstoles (Hech. 8:14-25). Aunque el nuevo movimiento chocó con algunas manifestaciones de tipo gnóstico,[102] lo cierto es que el final de la confrontación parece haber sido muy favorable para los judeocristianos.

Dentro de esta misma dinámica de expansión misionera —y muy posiblemente de supervisión de obras no iniciadas personalmente por apóstoles— habría que encuadrar asimismo los viajes de Pedro posteriores a la persecución, por lugares como Lida (Hech. 9:32-35), la llanura de Sarón y Jope (Hech. 9:36 y ss.).[103]

Los datos que poseemos sobre estos enclaves nos inducen a pensar que la elección de los mismos como centros misioneros distó mucho de ser casual. Lida, más tarde conocida como Diópolis, era una ciudad situada en el camino de Jope a Jerusalén. Aparece mencionada en Josefo (Guerra II, 20, 1) como una de las toparquías de Judea y, muy probablemente, suponía un lugar de contacto entre los miembros de la comunidad que habían permanecido en Jerusalén y los que se habían desplazado a Jope.

Esta ciudad resultaba aún de mayor importancia estratégica para la expansión de la nueva fe. Conocida hoy como Jafa o Yafo y situada junto a Tel Aviv, ya aparece citada en las tablillas de Amarna como Iapu.[104] Dado que la ciudad poseía el mejor puerto de toda la costa palestina, auténtica boca del comercio hacia el interior de Judea, presentaba unas posibilidades de evangelización y

---

y volvemos a encontrar referencias al mismo (Hech. 21:8) siempre en ambientes no estrictamente judíos.

[102] Hechos 8:9 y ss. Sobre Simón el Mago, ver G. Salmon, "Simon Magus" en "DCB", 4, Londres, 1887, págs. 681-8; A. Ehrhardt, "The Framework of the New Testament Stories", Manchester, 1964, págs. 161-4; M. Smith, "The Account of Simon Magus in Acts 8" en "H. A. Wolfson Jubilee Volume", II, Jerusalén, 1965, págs. 735-49; J. W. Drane, "Simon the Samaritan and the Lucan Concept of Salvation History" en "EQ", 47, 1975, págs. 131-37; C. K. Barrett, "Light on the Holy Spirit from Simon Magus (Acts 8:4-25)" en J. Kremer (ed.), "Les Actes des Apôtres: Traditions, Rédaction, Théologie", Leuven, 1979, págs. 281-295; y C. Vidal, "En los orígenes de la Nueva Era", Nashville, 2009.

[103] Acerca de estos enclaves, con bibliografía, ver E. Schürer, "History...", II, págs. 85 y ss.

[104] Comp. "The Tell el-Amarna Tablets" II, 1939, págs. 457, 893.

comunicación verdaderamente notables. Su población parece haber sido con anterioridad a la Guerra del 66 d. C. predominantemente judía lo que explica su conversión durante la misma en un centro rebelde (Guerra, 18, 10 y III, 9, 2-4). En este último lugar el nuevo movimiento dio de nuevo señal de su apertura hacia los parias de la sociedad ya que, según se nos informa en Hechos 9:43, un curtidor, es decir, una persona que desempeñaba un trabajo odioso, formaba parte de la comunidad y Pedro incluso se alojó en su casa.[105]

Las características del crecimiento apuntan al hecho de que éste podría haber resultado demasiado descontrolado. Desde luego, en el mismo no habían intervenido los apóstoles, por regla general. Debió por lo tanto considerarse lógico que éstos (tal fue, al parecer, la tarea de Pedro) se ocuparan de supervisar la nueva situación.

La expansión misionera fuera de la tierra de Israel

El crecimiento del colectivo no se limitó empero a la tierra de Israel y, en virtud de esta circunstancia, la muerte de Esteban y la subsiguiente persecución iban a tener dimensiones universales que no sólo no implicaron el final del movimiento, sino que además originaron su proyección en el ámbito gentil.[106] Quizás en un intento de hallar refugio entre sus familiares en la Diáspora, un cierto número de judeocristianos llegó hasta Fenicia, Chipre y Antioquía. Esa área trasciende de los límites de nuestro estudio y, por lo tanto, no nos vamos a adentrar en su análisis, pero sí nos parece importante señalar que aquella salida de los ámbitos

---

[105] Sobre el oficio de curtidor pesaban no sólo sospechas de ser repugnante sino también inmoral comp. Ket. VII 10; Tos. Ket. VII 11 (269, 27); j. Ket. VII 11, 31d 22 (V-1, 102); b. Ket. 77ª. Como exclamaba Rabbí (m. 217 d. C.) "Desdichado del que es curtidor" comp. b. Quid.82b bar., par.b. Pes. 65ª bar.

[106] Sobre la penetración del helenismo entre los judíos, ver E. R. Goodenough, "Jewish Symbols in the Greco-Roman Period", vols. I-XI, Nueva York, 1953 y ss.; T. F. Glasson, "Greek Influence in Jewish Eschatology", Londres, 1961; M. Hengel, "The 'Hellenization' of Judaea in the First Century after Christ", Londres y Filadelfia, 1989; Idem, "Judaism and Hellenism", Minneapolis, 1991.

palestinos iba a sentar las bases del cristianismo como una fe de alcance universal.[107]

En Antioquía (Hech. 11:19-24) fue donde, por primera vez que sepamos, se anunció el mensaje a gentiles no de forma esporádica sino como norma general de actuación. Cabe la posibilidad de que tal decisión arrancara de algún precedente de aceptación de los mismos en el seno de la nueva fe, que la fuente lucana atribuye a Pedro.[108] Lo cierto es, sin embargo, que tal hecho fue también posterior a la muerte de Esteban y además, hasta ese momento, tal posibilidad no había pasado de ser, hecha la salvedad de los samaritanos, algo excepcional. Lógicamente sería en ese mismo medio, como más adelante veremos, donde primero se pensó en hallar un «modus vivendi» relacionado con aquellas personas de extracción no judía que habían abrazado la fe en Jesús.

Resulta difícil saber si todas aquellas consecuencias fueron provocadas conscientemente por el judeocristianismo en Israel como tal o si, por el contrario, surgieron sobre la marcha desbordando los planes y la visión iniciales del movimiento. El papel de creyentes anónimos (Hech. 11:20), miembros helenistas de la comunidad jerosolimitana, huídos de Jerusalén tras la muerte de Esteban, parece, desde luego haber sido muy relevante.

A la vez, los itinerarios de inspección desarrollados por Pedro así como el envío de Bernabé a Antioquía por parte de la iglesia de Jerusalén (Hech. 11:22) parecen indicar que ésta no sólo no condenó tal postura sino que buscó como integrarla en la visión y la acción del colectivo.

Atribuir, pues, toda la expansión en el mundo gentil a los helenistas resulta claramente inexacto. Si de ellos partió la idea —¿salvando

---

107 Hemos abordado el tema en C. Vidal, *Apóstol a las naciones*, Nashville, 2020.

108 Comp. Hechos 10:1-11:18 donde se relata la historia de la conversión de un centurión de Cesarea llamado Cornelio. Para una amplia discusión, citando a buen número de autores, sobre si el relato de Cornelio llegó al autor de los Hechos de una fuente previa (por ej. Dibelius) o si tenía un núcleo histórico, ver: E. Haenchen, "The Acts of the Apostles", Philadelphia, 1971, págs. 355-63. J. Jervell, "Luke and the people of God", Minneapolis, 1972, págs. 19-39 ha sugerido (y coincidimos en ello con él) que algunos de los relatos relativos a la misión evangelizadora de los Doce fueron transmitidos antes de que quedaran recogidos por escrito en Hechos.

el precedente petrino o tomando pie de él?— los judeocristianos de Jerusalén que no eran helenistas la recibieron bien y la aceptaron como propia. El hecho no deja de ser destacado si tenemos en cuenta que, desde la muerte de Esteban, la iglesia de Jerusalén no contaba ya con helenistas[109] en su seno y, por lo tanto, podía haber sido susceptible de un mayor nacionalismo espiritual.

Desde luego, es dudoso el hecho de que sin una «canonización» posterior de aquellas posturas (canonización en la que pesó decisivamente la figura de Pedro, en particular, y la de todos los apóstoles, en general, por ej. Hech. 8:14 y ss.), el cristianismo hubiera podido convertirse en una fe universal. Tal paso de considerable trascendencia en la historia del cristianismo, en concreto, y de la humanidad, en general, no derivó pues, como suele insistirse de manera continua y no desinteresada, de la acción de Pablo, sino de las del judeocristianismo y sus principales dirigentes.

El periodo de tiempo a cuyo estudio hemos dedicado esta parte del presente trabajo fue, a nuestro juicio, de importancia trascendental no sólo para el judeocristianismo naciente sino también para la iglesia posterior. Superviviente del trauma emocional que implicó la condena y muerte de Jesús, la comunidad mesiánica no sólo no desapareció, como se hubiera podido esperar, sino que se vio dotada de una vitalidad realmente sorprendente. Dotado de una clara originalidad en cuanto a su organización y funcionamiento, originalidad en la que no estaba ausente una notable flexibilidad a la hora de afrontar nuevas situaciones, en un lapso breve de tiempo que cubre un periodo de unos tres años aproximadamente, el movimiento gozó de un éxito, al parecer considerable, en medio de la misma ciudad de Jerusalén que había sido testigo de la ejecución de Jesús.

No puede dudarse de que la creencia en la resurrección de Jesús —que llevaría incluso a antiguos enemigos del grupo (como fue Pablo) a integrarse celosamente en el mismo— y una intensa experiencia espiritual ligada con la fiesta de Pentecostés, quizás vivida en un contexto de renovación del pacto con Dios, influyeron no sólo

---

[109] La única excepción aparece en Hechos 21:16 al mencionar a Mnasón de Chipre, pero éste no es seguro que sea un miembro de la iglesia de Jerusalén.

en el vigor inicial del grupo sino también en la transformación personal de muchos de sus componentes y en la captación de nuevos creyentes.

Como tendremos ocasión de ver, es más que posible que el citado éxito no transcurriera tanto entre la flor y nata de los jerosolimitanos propiamente dichos como entre sectores bien diversos de la población. En cualquier caso debió ser de cierta magnitud.

Las capacidades potenciales de expansión de la comunidad así como su relativización (sería excesivo hablar de oposición frontal) de las autoridades espirituales de la nación y de instituciones como el templo no tardaron en provocar una persecución legalmente instigada por un Sanedrín controlado mayoritariamente por los saduceos, pero que se vio apoyada también por la acción directa de algunos de los fariseos como Saulo, y el silencio, si es que no aquiescencia, de los demás.

Sin duda, contrariamente a lo que esperaban sus promotores, aquella proscripción, breve, pero intensa e incluso trasplantada fuera de Palestina, no eliminó al reciente movimiento. Por el contrario, contribuyó a su expansión no sólo en Judea y Samaria (aparte de Galilea), sino también a su penetración en Siria y en tierra de gentiles. De este periodo poseemos muy escasos datos salvo en lo relativo a su extensión temporal —que debió situarse entre el año 33 (conversión de Pablo y posible fin de la persecución) y el 41 d. C.— en que la subida de Agripa al poder volvió a colocar a la comunidad en una situación de dificultad a la que haremos referencia al tratar el periodo siguiente— y a la ubicación en algunos centros urbanos de importancia estratégica para el proselitismo.

En buena medida, en medio de la vida aparentemente tranquila («un periodo de paz», Hech. 9:31) correspondiente a ese periodo de ocho-nueve años posterior a la proscripción empezaron a producirse circunstancias de enorme relevancia posterior. Así, comenzó a verse como natural (aunque no sin ciertas resistencias iniciales) la entrada de gentiles en la comunidad y el hecho de que comunidades filiales de la de Jerusalén acometieran la predicación entre éstos del mensaje que, hasta entonces, se había limitado a los judíos. El nuevo movimiento se colocaba así, al menos una década antes de que Pablo contara en el mismo con cierta relevancia, en la recta que lo llevaría de ser una secta judía a convertirse en un movimiento espiritual de alcance universal.

No fue menor la influencia de estos años en la organización del cristianismo posterior. Aunque resultaría un evidente anacronismo retrotraer formas eclesiales posteriores a la primitiva comunidad de Jerusalén, ciertamente algunas instituciones nacieron en aquel medio y el modelo de organización apostólica —inspecciones incluidas— recibió su impulso en aquella fase de la historia del cristianismo. Más adelante, tendremos ocasión de examinar con más detalle estos aspectos. Aquellas aportaciones iniciales, prescindiendo de las modificaciones (a veces, sustanciales) que experimentarían con el paso del tiempo, resultan decisivas para comprender el cristianismo posterior.

CAPÍTULO II

LA IGLESIA UNIVERSAL: DE LA CORONACIÓN DE AGRIPA AL CONCILIO DE JERUSALÉN (37-49 D. C. APROX.).

Si hacia la mitad de los años treinta el judeocristianismo en la tierra de Israel se hallaba inmerso en un periodo de expansión que no sólo trascendió de Judea sino que también sentó las bases de la penetración en el mundo gentil, el final de esa misma década y el inicio de la siguiente marcarían una época señalada por la aparición de conflictos de no poca trascendencia. Esta misma intranquilidad iba a tener sus paralelos en el judaísmo de la época pero, como tendremos ocasión de ver, las razones resultarían muy distintas.

Bajo Calígula y Herodes (37-40 d. C.)[110]

La subida al poder de Cayo Calígula (Suetonio, Calígula IX), se produjo bajo unas expectativas muy favorables que no se vieron defraudados en los seis primeros meses de su gobierno. En octubre del 37 d. C., Calígula cayó gravemente enfermo y, al recuperarse de la dolencia, pudo ya apreciarse en él un cambio notable de carácter que Josefo describe como un paso de la moderación a la autodeificación (Ant XVIII, 256). Al inicio de su principado, Calígula había

[110] Acerca de Judea y los julio-claudios, ver H. G. Pflaum, "Les carrières procuratoriennes équestres sous le Haut-Empire romain", 4 vols., París, 1960-1; P. W. Barnett, "Under Tiberius all was Quiet" en "NTS", 21, 1975, págs. 564-571; D. M. Rhoads, "Israel in Revolution: 6-74 C. E.", Filadelfia, 1976; E. M. Smallwood, "The Jews under Roman Rule", Leiden, 1976; H. Guevara, "Ambiente político del pueblo judío en tiempos de Jesús", Madrid, 1985; E. Schürer, "The History of the Jewish people in the Age of Jesus Christ", (rev. y ed. G. Vermes, F. Millar y M. Black), Edimburgo, 1987, 4 vols.; C. Vidal, "El Documento Q", Barcelona, 2004 e Idem, "Los esenios y los rollos del mar Muerto", Barcelona, 1993.

liberado a Herodes Agripa de su prisión —donde se hallaba por ofender a Tiberio (Guerra II, 178)— otorgándole además grandes honores y asignándole el gobierno del territorio que su tío Felipe había gobernado como tetrarca hasta su fallecimiento, unos tres años antes, al igual que la zona norteña de Abilene, que anteriormente había formado parte de la tetrarquía de Lisanias. Asimismo le concedió el título de rey (Guerra II, 181; Ant XVIII, 236 y ss.), a lo que se unió la satisfacción que le brindó la caída en desgracia de Herodes Antipas y el ulterior paso de la tetrarquía de Galilea y de Perea, que éste detentaba, a su propio reino (39 d. C.) (Guerra II, 182 y ss.; Ant XVIII, 240 y ss.).

El cambio en la actitud de Calígula se produjo, aproximadamente, al año y medio de dar comienzo su reinado (Ant XVIII, 7, 2). En el otoño del 38 d. C., tuvo lugar una sangrienta algarada contra los judíos de Alejandría aparentemente debida al populacho, pero incitada realmente por el emperador que creía firmemente en su propia divinidad (Filón, Legatio 11; 13-16; 43; Ant XVIII, 7, 2; XIX, 1, 1; 1, 2; Dión LIX, 26, 28; Suetonio, Calígula XXII). El saqueo de las propiedades judías, el asesinato de judíos y la profanación y destrucción de sus sinagogas no se hicieron esperar (Contra Flaco 6-7, 8, 9 y 20; Legación 18). La situación sin embargo debió de suavizarse un tanto cuando Flaco fue llevado a Roma como prisionero y desterrado inmediatamente a la isla de Andros en el Egeo donde fue ejecutado (Contra Flaco 12-21).

Todavía en el 40 d. C. seguía existiendo una considerable tensión entre judíos y gentiles alejandrinos que motivó el envió a Roma de una legación, encabezada por Filón, para presentar el caso ante el emperador. Éste, tras recibirlos de manera humillante, los despidió sin que lograran su objetivo (Ant XVIII, 8, 1). Cronológicamente en paralelo con el viaje de la legación se produjo un incidente en Palestina que hubiera podido tener gravísimas consecuencias. Nos referimos, claro está, al archiconocido episodio de la estatua imperial que Calígula ordenó que fuera levantada en el templo de Jerusalén (invierno del 39-40 d. C.) (Legación 30). Al correr la noticia, una multitud espontánea de judíos dividida en seis grupos diferentes (ancianos, hombres, niños, ancianas, mujeres y niñas) se presentó ante el gobernador romano Petronio quien les prometió posponer el cumplimiento de la orden (Legación 32; Guerra II, 10, 3-5; Ant XVIII, 8, 2-3), si bien silenció al emperador lo que estaba sucediendo.

Calígula accedió a un aplazamiento por razones de tipo práctico como eran el tiempo necesario para cumplir sus deseos y la cercanía del tiempo de la cosecha, que podía ser arruinada por los judíos. Pese a todo envió una carta a Petronio ordenándole finalizar lo antes posible su misión (Legación 33; 34-5). Nuevas discusiones con los judíos y la intercesión de Aristóbulo, el hermano de Agripa, llevaron finalmente a Petronio a solicitar del emperador la revocación de la orden (Ant XVIII 8, 5-6; Guerra II, 10, 3-5). Agripa había suplicado lo mismo de Calígula en Putéoli, al regreso de éste de su campaña germánica (Legación 29 y 35-41) obteniendo que ordenara no profanar el templo. Pese a todo, el emperador dejó bien sentado que si alguien deseaba erigirle un templo o una estatua fuera de Jerusalén, no se le podría impedir. La concesión del emperador tuvo una corta vigencia, puesto que al poco tiempo ordenó fabricar una estatua en Roma que debía ser erigida en Jerusalén. Finalmente, sólo el asesinato del emperador (24 de enero del 41 d. C.), que aconteció poco después, concluyó de manera definitiva con el conflicto. Aquella muerte salvó también a Petronio al que Calígula había enviado la orden de suicidarse (Meg Taan 26; TJ Sot 24 b; TB Sot 33a).

De las fuentes no se desprende que los diversos enfrentamientos con Calígula turbasen de manera especial a los judeocristianos. El episodio no aparece recogido en las fuentes cristianas del siglo I y, en cierta medida, resulta lógico si tenemos en cuenta que la caída del templo, antes o después, formaba parte de sus creencias. Así había sido anunciado por Jesús mediante Hechos simbólicos como la limpieza del recinto[111] y a través de discursos de carácter

[111] En este mismo sentido y con discusión de otras interpretaciones, ver E. P. Sanders, "Jesus and Judaism", Filadelfia, 1985, págs. 61 y ss. En favor de la historicidad del anuncio pronunciado por Jesús acerca de la destrucción del templo, ver R. J. McKelvey, "The New Temple", Oxford, 1969, págs. 58 y ss.; L. Gaston, "No Stone on Another", Leiden, 1970; D. Flusser, "Jesús", Madrid, 1975, págs. 127 y ss.; G. Theissen, "Studien zur Soziologie des Urchristentums", Tubinga,

apocalíptico.[112] Por otro lado, ya hemos visto como tal punto de vista era compartido por los helenistas —como Esteban— y, en general, por la comunidad jerosolimitana. Tampoco en la diáspora cristiana parece que el episodio despertara mayor interés. En la II carta a los Tesalonicenses capítulo 2 y versículos del 1 al 4, se recoge una referencia paulina al Hombre de pecado que, ocasionalmente, se ha considerado inspirada en el episodio de Calígula.[113] Sin embargo, la II carta a los Tesalonicenses es posterior al evento y, difícilmente, podría estar refiriéndose a un suceso ya pasado como si se tratara de una profecía futura. A lo sumo —y tampoco es seguro— podría tomar pie de lo ya acontecido para apuntar, tipológicamente, hacia el porvenir.

Se ha formulado también la hipótesis de que durante estos azarosos días del año 40 d. C. hubieran podido ponerse en circulación por escrito algunos discursos de Jesús que, aparentemente, pudieran interpretarse como textos relacionados con el episodio protagonizado por Calígula.[114] Serían éstos los denominados posteriormente Apocalipsis sinópticos (Mat. 24; Mar. 13; Luc. 21). Su lectura permite, efectivamente, trazar paralelos entre los dos relatos:

> Pero cuando veáis la abominación desoladora de que habló el profeta Daniel, colocada donde no debe estar —entienda el lector— entonces los que estén en Judea huyan a los montes. El que esté en la azotea, no descienda a la casa, ni entre para tomar

1979, I. 3; C. Rowland, "Christian Origins", Londres, 1989, págs. 162 y ss; R. A. Guelich, "Destruction of Jerusalem" en "DJG", Leicester, 1992, págs. 172 y ss; C. Vidal Manzanares, "Jesús" en "Diccionario de las Tres religiones monoteístas", Madrid, 1993.

112 Ver: los Apocalipsis sinópticos de Mateo 24, Marcos 13 y Lucas 21. De especial importancia, en cuanto a su valor primitivo es el dicho contenido en Q 13, 34. He estudiado este tema en C. Vidal Manzanares, "El Primer Evangelio: el Documento Q", Barcelona, 1993.

113 Discusión sobre el origen de la terminología del pasaje en: L. Morris, "The Epistles to the Thessalonians", Grand Rapids, 1979; F. F. Bruce, "1 and 2 Thessalonians", Waco, 1982; I. H. Marshall, "1 and 2 Thessalonians", Londres, 1983.

114 Al respecto ver G. R. Beasley-Murray, "Jesus and the Future", Londres, 1954, págs. 172 y y ss. e Idem, "A Commentary on Mark Thirteen", Londres, 1957, págs. 54 y ss. La tesis ha sido seguida en buena medida por F. F. Bruce, "New Testament History", Nueva York, 1980.

> algo de la casa, y el que se halle en el campo, no regrese para tomar la capa. Pero ¡ay de las que estén encintas, y de las que se hallen criando en aquellos días! Orad, por lo tanto, para que vuestra huida no tenga lugar en invierno; porque aquellos días serán de tribulación como no la ha habido nunca desde el principio de la creación que Dios creó hasta este tiempo, ni la habrá (Mar. 13:14-19).

Según esa tesis, la abominación de la desolación podría ser una referencia a la estatua de Calígula y esto explicaría que, en el texto recogido por Marcos 13:14, el participio esté en género masculino aunque se refiera a un sustantivo neutro facilitando así la interpretación que convierte la abominación en algo personal. Tal visión no deja de ser sugestiva pero difícilmente puede ser considerada convincente. La «abominación de la desolación» mencionada en los Apocalipsis sinópticos es indiscutiblemente una cita del libro de Daniel y como tal es reconocida en términos generales.[115] Puesto que el pasaje de Daniel va referido a la profanación efectuada por Antíoco IV Epífanes en el templo de Jerusalén, parece más razonable pensar que no resultó difícil para la apocalíptica posterior —incluida la propia de Jesús— remitirse a la mencionada cita del profeta en relación con eventos futuros de contaminación del templo a manos de potencias paganas.

Ahora bien, ¿implica esto que los judeocristianos identificaron durante el año 40 d. C. a Calígula con la «abominación de la desolación»; que tal conexión llevó a recoger por escrito los dichos apocalípticos de Jesús relacionados con el tema y que la expresión «entienda el lector» es una velada referencia aconsejando identificar al emperador con la «abominación»? La verdad es que tenemos que reconocer que nada sólido nos impulsa a creerlo así. Sin embargo, sí cabe la posibilidad de que ya algunos dichos de Jesús, incluidos los apocalípticos, estuvieran recogidos por escrito en torno al año 40 d. C.[116] También es posible que algún judeocristiano

---

115 Para un estudio sobre este tema, remitimos a las obras sobre los sinópticos mencionadas en la parte destinada al estudio de las fuentes escritas.

116 C. Vidal, *El Primer Evangelio*, págs. 7 y ss.

identificara a la «abominación» con Calígula, pero el movimiento, en su conjunto, no parece haberse visto especialmente impresionado por estos acontecimientos. Desde luego, no lo suficiente como para poner en práctica el consejo de Jesús y huir a los montes distanciándose de Jerusalén. Unas décadas después la reacción judeocristiana resultaría, como tendremos ocasión de ver, radicalmente distinta.

Bajo Claudio y Herodes Agripa

Una de las primeras acciones de gobierno de Claudio, el sucesor de Calígula, consistió en añadir Judea al reino de Agripa, que llegaba así a regir un territorio casi similar al de su abuelo (Guerra II, 214; Ant XIX, 274). Además, Claudio otorgó a Agripa el rango consular y entregó el reino de Calcia, en el valle del Líbano, a Herodes, hermano de Agripa. Claudio posiblemente actuaba así movido por los últimos disturbios acontecidos en Judea que aconsejaban gobernar esta área mediante un monarca interpuesto mejor que de manera directa. La Mishnáh da cuenta de la popularidad de Herodes Agripa (Sotah 7:8).[117] Durante la fiesta de Sukkot debía leerse en alto la ley a la gente reunida en el santuario central (Deuteronomio 31). En octubre del año 41 d. C., durante la celebración de esta fiesta —unos quince días después del final del año sabático del 40-41 d. C.— Agripa, en su calidad de rey de los judíos, compareció según el ritual prescrito. Agripa recibió de pie el rollo del libro del Deuteronomio que le entregó el sumo sacerdote, pero en lugar de sentarse para leer las secciones concretas del mismo —algo que le estaba permitido como rey— permaneció de pie mientras las leía. Al llegar al versículo 15 del capítulo 17 de Deuteronomio («Pondrás como rey sobre ti a uno de tus hermanos; no pondrás a un extranjero —que no es hermano tuyo— sobre ti»), Herodes rompió a llorar recordando su estirpe edomita. Ante aquel gesto, el pueblo prorrumpió en gritos de «No temas; tu eres nuestro hermano, tu eres nuestro hermano», recordando su parentesco con Mariamme.

[117] Sobre algunos aspectos lingüísticos de este pasaje que vienen a resaltar su valor histórico, ver M. Pérez Fernández, 1992, págs. 184 y 208.

Herodes Agripa no defraudó aquella confianza de la población y procuró manifestar un celo por la religión judía que aparece reflejado de manera insistente en las fuentes.

La Mishnah (Bikkurim 3:4),[118] aparte del suceso ya citado, señala como, en la fiesta de las primicias, el rey llevaba su cesta sobre el hombro al patio del templo como un judío cualquiera. También dedicó al templo la cadena de oro que le había regalado Calígula con motivo de su liberación (Ant XIX, 294 y ss.) y, al entrar como rey en Jerusalén, ofreció sacrificios de acción de gracias en el templo, pagando los gastos de varios nazireos cuyos votos estaban a punto de expirar y cuyo rapado de cabello debía ir vinculado a las correspondientes ofrendas (Ant XIX, 294). Asimismo, alivió la presión fiscal que pesaba sobre algunos de los habitantes de Jerusalén (Ant XIX, 299).

Seguramente hubo mucho de frio cálculo político por parte de Herodes Agripa en toda su piedad judía. Prueba de ello es que no mostró ningún tipo de escrúpulo religioso fuera de las zonas estrictamente judías de su reino. Así, por ejemplo, las monedas acuñadas en Cesarea y otros lugares no judíos de su reino llevan efigies de él o del emperador.[119] Igualmente ordenó la colocación de estatuas de él y de su familia en Cesarea (Ant XIX, 357), y en la dedicación de los baños públicos, las columnatas, el teatro y el anfiteatro de Beryto (Beirut) dio muestra de andar muy lejos de la piedad judía (Ant XIX, 335 y ss.). Con todo, Herodes no parece haber tenido demasiado éxito con sus súbditos no judíos y buena prueba de ello son las manifestaciones de júbilo en Cesarea y Sebaste que siguieron a su muerte en el 44 d. C. (Ant XIX, 356 y ss.). En cuanto a los judíos, supo ganárselos con la suficiente astucia como para que no protestaran por el trato que mantenía con los súbditos gentiles ni tampoco por la forma en que destituyó durante su breve reinado a tres sumos sacerdotes y nombró otros tantos: Simón Kanzeras, Matías y Elioenai (Ant XIX, 297 y ss., 313 y ss., 342).

---

[118] Para algunas observaciones lingüísticas relacionadas con este texto, subrayando su importancia como fuente histórica, ver M. Pérez Fernández, 1992, pág. 184.

[119] J. Meyshan, "The coinage of Agrippa the First" en Israel Exploration Journal, 4, 1954, págs. 186 y ss.

Herodes Agripa emprendió acciones directas contra el judeocristianismo, motivadas, de acuerdo con el libro de los Hechos por un mero cálculo político. Según Hechos 12:1 y ss., el rey ejecutó a Santiago, uno de los componentes del grupo original de los Doce y del trío más restringido y más cercano a Jesús, y procedió a encarcelar a Pedro, presumiblemente con las mismas intenciones. Se ha sugerido igualmente la posibilidad de que Juan, el hermano de Santiago, hubiera sido martirizado durante la persecución herodiana, pero la supuesta base para llegar a esa conclusión es muy discutible.[120] Aparte de una interpretación peculiar de Marcos 10:39, en el sentido de un martirio conjunto —lo que implica forzar el texto, a nuestro juicio— la prueba en favor de tal teoría deriva del fragmento De Boor del *Epítome de la Historia* de Felipe de Side (circa 450 d. C.), según el cual «Papías en su segundo libro dice que Juan el divino y Santiago su hermano fueron asesinados por los judíos». La referencia a Papías en Jorge Hamartolos (s. IX d. C.) recogida en el Codex Coislinianus 305 concuerda con esta noticia, pero, aún aceptando su veracidad, sólo nos indicaría que ambos hermanos sufrieron el martirio a manos de adversarios judíos y no que éste fuera conjunto, ni siquiera en la misma época.

La acción de Herodes Agripa no pudo estar mejor pensada. Santiago era uno de los miembros del grupo de los tres y lo mismo puede señalarse de Pedro. Este ataque selectivo aparentemente pretendía descabezar a un movimiento que no sólo no había desaparecido a más de una década de la ejecución de su fundador sino que además se estaba extendiendo entre los judíos de la Diáspora y los gentiles.

Posiblemente, este último hecho podía haber enajenado al movimiento incluso buena parte de las simpatías de que disfrutaba entre el resto de los judíos. La fuente lucana señala que Pedro no se había limitado a legitimar la entrada de gentiles en el grupo sino que además había pasado por alto ciertas normas rituales

---

120 E. Schwartz, "Uber den Tod der Sohne Zebedaei", "Abh. d. kgl. Gesellschaft d. Wissenschaften zu Gottingen" Bd. 7, n.5, 1904 e Idem, "Noch Einmal der Tod der Sohne Zebedaei" en "Zeitschrift für die Neutestamentliche Wissenschaft", 11, 1910, págs. 89 y ss.

(Hech. 10) y que los demás miembros del colectivo habían consentido en ello (Hech. 11), algo que tuvo que ser muy mal visto por otros judíos.

Si Pedro salvó la Vida en medio de aquella conflictiva situación, se debió al hecho de que Agripa pospuso su ejecución hasta después de la fiesta de los panes sin levadura. Antes de que la semana de fiesta concluyera, Pedro escapó de la prisión en circunstancias extrañas que Agripa interpretó como debidas a la connivencia de algún funcionario y que le llevaron a ejecutar a algunos de los sospechosos (Hech. 12:18-19). Pedro no corrió el riesgo de ser apresado de nuevo. Según la fuente lucana, se apresuró a huir a un lugar sin determinar y, con anterioridad, parece haber ordenado que se avisara de su decisión a Santiago, uno de los hermanos de Jesús (Hech. 12:17).

Las fuentes cristianas apuntan sin discusión a una incredulidad de los hermanos de Jesús en vida de éste (Juan 7:5; también Mat. 13:55 y Mar. 6:3) que se había transformado en fe tras los sucesos pascuales hasta el punto de que se integraron en la comunidad jerosolimitana (Hech. 1:14). En el caso concreto de Santiago, parece que el factor determinante fue una aparición de Jesús tras su muerte (1 Cor. 15:7). Diez años después de ésta, su papel en el seno del judeocristianismo en la tierra de Israel tenía la suficiente importancia como para que Pedro considerara que debía asumir el cuidado de la comunidad y Pablo lo considerara algún tiempo después como una «columna de la iglesia» (Gál. 2:9) junto a Pedro y a Juan.

Sin duda la decisión de que estuviera a la cabeza de la comunidad jerosolimitana resultó apropiada. Santiago era un hombre celoso en el cumplimiento de la Torá y tal circunstancia podía facilitar el limado de asperezas entre el movimiento judeocristiano y el resto de sus compatriotas. Si Pedro podía parecer un dirigente descuidado y heterodoxo en su actitud hacia los gentiles (lo que repercutía negativamente en la imagen pública del movimiento al que pertenecía), Santiago era contemplado como un fiel observante susceptible de detener el proceso de creciente impopularidad al que se veía abocado el judeocristianismo y con ello, quizás, la persecución desencadenada por Herodes. De hecho, desde ese momento hasta su muerte, el hermano de Jesús fue el dirigente reconocido de la iglesia en Jerusalén.

La estrategia de Herodes en contra del judeocristianismo llegó a su conclusión a causa de su inesperado y rápido fallecimiento. Acerca del mismo nos informan Josefo y los Hechos de manera coincidente en cuanto a los Hechos principales (Hech. 12:20 y ss.; Ant XIX, 343 y ss.). Los habitantes de Tiro y Sidón habían experimentado fuertes tensiones con Agripa[121] pero, dado que dependían de los distritos de Galilea para su suministro de alimentos, pronto intentaron reconciliarse con el rey, lo que lograron sobornando a Blasto, un camarero o chambelán de Herodes. Los fenicios, a fin de dar testimonio público de la reconciliación con el rey, descendieron a Cesarea con ocasión de un festival celebrado en honor de Claudio, posiblemente[122] el 1 de agosto que era la fecha de su cumpleaños (Suetonio, Claudio 2, 1). Según Josefo (Ant XIX, 343 y ss.), el rey tomó asiento en el teatro al amanecer del segundo día de los juegos, llevando una túnica que, tejida con hilo de plata, reflejaba los rayos del sol, de manera que el público —formado por gentiles, por supuesto— comenzó a invocarlo como dios. Según Hechos 12, el origen de las loas fueron los términos en que habló a los delegados fenicios, que fueron definidos como «voz de dios y no de un hombre» (Hech. 12:21), un aspecto éste que encaja a la perfección con lo que conocemos del trasfondo político en que se movían ambas partes. Lucas y Josefo coinciden en señalar que fue durante ese instante cuando Herodes cayó víctima de un dolor mortal, que es interpretado como un castigo divino por no haber honrado a Dios ni haber rechazado el culto que le tributaba la multitud. La muerte se produjo cinco días más tarde, quizás de una perforación

[121] Posiblemente habría que atribuir ésta al hecho de que Petronio, escuchando las protestas de los judíos, hubiera retirado la estatua de Claudio que los habitantes de Dora habían colocado en la sinagoga de esta ciudad (Josefo, Ant. XIX, 300 y ss.).

[122] La otra posibilidad, señalada por E. Meyer, "Ursprung und Anfange des Christentums", III, Stuttgart, 1923, pág. 167, es que se tratara de los juegos quinquenales instituidos por Herodes el Grande en Cesarea en honor del emperador con ocasión de la fundación de la ciudad el 5 de marzo del 9 a. C. Esta tesis tropieza con la dificultad de que el año 44 no era quinquenal según el cómputo de Cesarea.

de apéndice,[123] aunque se ha atribuido asimismo a un envenenamiento por arsénico,[124] una obstrucción intestinal aguda[125] e incluso un quiste hidatídico.[126] Fuera cual fuera el diagnóstico exacto, la raíz espiritual de aquella muerte resultaba difícil de negar.

Para los judíos, el episodio constituyó un auténtico desastre nacional. Muy posiblemente, de no haberse producido la muerte de Agripa —que, a la sazón, contaba sólo cuarenta y cuatro años de edad— se hubiera evitado la catástrofe del año 70 y hubiera seguido existiendo un rey judío, posibilidad que se truncó desde el momento en que Claudio, siguiendo el consejo de sus asesores, no entregó el reino de Agripa a su hijo de diecisiete años de edad argumentando para ello su juventud.

Por el contrario, para los judeocristianos la muerte de Herodes Agripa significó la desaparición de un peligroso oponente que había causado la muerte al menos de uno de sus dirigentes principales y el exilio de otro. A diferencia de lo que pudieran los judíos, para ellos la muerte de Herodes Agripa no constituía un mal sino todo lo contrario. De hecho, incluso podían pensar que el poder romano, al ocuparse sólo de cuestiones civiles, fuera incluso más objetivo a la hora de abordar los posibles conflictos que un rey inclinado a satisfacer a los poderes fácticos judíos. Eliminado su perseguidor y dirigida por Jacobo, una figura irreprochable desde la perspectiva judía más amplia, la comunidad judeocristiana de Jerusalén iba a experimentar durante algunos años un crecimiento espontáneo y sin conflictos. Quizás el mejor resumen de este periodo sea el que proporciona la fuente lucana al indicar que «la palabra de Dios crecía y se multiplicaba» (Hech. 12:24a). El siguiente reto con el que se enfrentaría el judeocristianismo procedería no de fuera sino de su propio interior.

---

[123] E. M. Merrins, "The Death of Antiochus IV, Herod the Great, and Herod Agrippa I" en "Bibliotheca Sacra", 61, 1904, págs. 561 y ss.

[124] J. Meyshan, en "The Coinage of Agrippa the First", en "Israel Exploration Journal", 4, 1954, pág. 187, n. 2.

[125] A. R. Short, "The Bible and modern medicine", Londres, 1953, págs. 66 y ss.

[126] F. F. Bruce menciona el caso de un médico de la universidad de Sheffield que mantenía esta tesis en "New Testament History", Nueva York, 1980, pág. 263.

El inicio de la era de los procuradores[127]

El periodo iniciado con la muerte de Herodes Agripa iba a caracterizarse por un progresivo deterioro. Cuspio Fado, el primer procurador romano que gobernaba Judea desde la muerte de Herodes Agripa, extendía su poder ahora sobre la totalidad del reino de éste y, por vez primera, desde los tiempos de Herodes el Grande, Galilea fue integrada en la provincia de Judea. La primera misión de Fado consistió en desencadenar la represión contra los habitantes de Cesarea y Sebaste que habían manifestado su alegría por la muerte de Agripa (Ant XIX, 364). A este episodio siguieron una disputa fronteriza entre los habitantes de Filadelfia (Ammán), una de las ciudades gentiles de la Decápolis, y los judíos de Zia, un villorrio situado al oeste de aquella, a unos 25 kilómetros (15 millas) de distancia, que concluyó con derramamiento de sangre; el enfrentamiento con un tal Ptolomeo, al que capturó y dio muerte (Ant XX, 5); la lucha contra Teudas, al que Josefo califica de charlatán (Ant XX, 97 y ss.) y al que no debe confundirse con el Teudas mencionado en Hech. 5:36);[128] y la conversión del romano en custodio de las vestiduras del sumo sacerdote, una medida de una peligrosidad potencial realmente explosiva que no llegó a estar en vigor sólo porque Claudio —quizás persuadido

---

[127] Hemos optado por utilizar el término «procurador» que el más unitario de «gobernador». En términos generales, esta figura jurídica recibió durante los gobiernos de Augusto y Tiberio el nombre de «prefecto» (praefectus-eparjos) y desde Claudio, al menos, el de «procurador» (procurator-epítropos). En este sentido, aparte de las obras ya citadas, ver A. Frova, "L'iscrizione di Ponzio Pilato a Cesarea" en "Rediconti dell'Istituto Lombardo", 95, 1961, págs. 419-34 (inscripción en la que Poncio Pilato es descrito como "praefectus iudaeae"); A. N. Sherwin-White, "Procurator Augusti" en "PBSR", 15, n. 2, 1939, págs. 11-26; P. A. Brunt, "Procuratorial Jurisdiction" en "Latomus", 25, 1966, págs. 461-89; E. Schürer, "History...", I, págs. 357 y ss.

[128] El Teudas de Hechos 5 debe identificarse con Teodoro o Matías de Margalo que fue quemado vivo pocos meses antes de la muerte de Herodes, según nos relata Josefo, Guerra I, 648-655 y Ant. XVII, 149-67. Una defensa magnífica de este punto de vista —que compartimos— en H. Guevara, "Ambiente político del pueblo judío en tiempos de Jesús", Madrid, 1985, págs. 214 y ss. Ver también L. H. Feldman, "Josephus and Modern Scholarship", Berlín-Nueva York, 1984, págs. 717 y ss.

por el hijo de Agripa y su primo Aristóbulo— se opuso a ello (Ant XX, 6-14).

En torno al año 46, Fado fue sucedido como procurador por Tiberio Julio Alejandro —que no sólo era un apóstata del judaísmo, sino que además aprovechaba cualquier oportunidad para ponerlo de manifiesto— y que tomó posesión de su cargo, cuando Judea se hallaba bajo los efectos de una de las hambrunas que se produjeron bajo Claudio (Suetonio, Claudio XVIII, 2). Izates, rey de Adiabene y prosélito del judaísmo, envió a Jerusalén ayuda para aliviar la miseria de los pobres y lo mismo se refiere de su madre Elena de Adiabene, también prosélita, que ordenó adquirir en Alejandría, grano y en Chipre, higos, haciéndolo luego llegar a Judea para que fuera repartida entre los necesitados (Ant III, 320 y ss.; XX, 51-3, 101; quizás Nazir 3, 6).[129] Según la fuente lucana, esta desgracia había sido anunciada por uno de los profetas de la comunidad antioquena, de nombre Agabo, y, como consecuencia de su proclamación, aquella optó por enviar ayuda a los judeocristianos a través de Pablo y Bernabé (Hech. 11:27-30), así como posiblemente también de Tito (Gál. 2:1 y ss.). La penuria iba a coadyuvar a la rebelión de Jacobo y Simón, dos hijos de Judas el galileo (Ant XX, 102), que concluyó con su derrota y ejecución a manos del ocupante romano.

La situación se deterioró incluso más durante el periodo en que Cumano (48-52 d. C.) fue gobernador. En el curso del mismo se produjeron repetidas injurias de los soldados romanos a la religión judía (Guerra II, 224 y 229; Ant XX, 108 y 115), asesinatos de peregrinos judíos (Guerra II, 232; Ant XX, 118), un incremento del bandidismo (Guerra II, 228 y Ant XX, 113) e incluso el estallido de un conflicto armado entre los judíos y los samaritanos (Guerra II, 232-246; Ant XX, 118-136). La visión de los gentiles —ya de por sí no precisamente bien considerados por el judaísmo— debió asimismo de experimentar un empeoramiento de no pequeñas dimensiones que llegaría a repercutir incluso en la historia del judeocristianismo.

---

[129] Para aspectos lingüísticos relacionados con este pasaje, ver M. Pérez Fernández, 1992, págs. 179-80.

El problema gentil

La expansión del movimiento cristiano por Asia Menor —y, muy especialmente, su crecimiento entre los gentiles— tuvo consecuencias inmediatas sobre el judeocristianismo en Israel.[130] Rebasa el objeto del presente estudio abordar las fases de la penetración de la fe en Jesús en ese ámbito, pero resulta de importancia fundamental abordar como aquella influyó en el seno del judeocristianismo confinado a esa región concreta.

Muy posiblemente, en la década de los cuarenta todavía el número de cristianos que procedían de estirpe judía era superior al de los de ascendencia gentil. Con todo, la posibilidad de que, a medio plazo, las proporciones se invirtieran ya no resultaba descabellada. Pedro parece haber estado conectado ya con la obra entre la Diáspora (Gál. 1:18; 2:11-14; 1 Cor. 1:10 y ss.; 3:4 y ss.) y los gentiles por esta fecha (aunque no sepamos los detalles exactos) y, quizás, cabría señalar lo mismo de Juan. Por lo que sabemos, su ministerio —al que se uniría significativamente el de Bernabé y Pablo— tuvo éxito. Sin embargo, la situación mencionada debió ser abordada de manera prudente.

El peligro mayor que representaba la entrada de gentiles era, obviamente, el del sincretismo. Resulta innegable que para los gentiles desconocedores del trasfondo judío, la nueva fe carecía de significado comprensible. Jesús podía ser predicado como el Mesías de Israel, pero resulta dudoso que semejante enunciado pudiera atraer a alguien que ni era judío ni sabía qué ni quién era el Mesías. La misma traducción de esta palabra al griego como «Jristós» —el término del que procede el castellano Cristo— no resultaba tampoco especialmente reveladora porque carecía de connotación religiosa en un ámbito gentil. No tardaría, por lo tanto, en identificarse con un nombre personal —y así sigue siendo hasta el día de hoy— e incluso con el nombre Jrestos, típico de los esclavos. Otros títulos utilizados por los judeocristianos, como veremos en la tercera parte

130 Un resumen de esa primera expansión partiendo de manera primordial de la iglesia madre de Antioquía se halla recogido en los capítulos 13 y 14 del libro de los Hechos.

de este mismo estudio, del tipo de Señor o Hijo de Dios podían ser más sugestivos para los gentiles, pero con un contenido semántico radicalmente distinto.

Las dificultades de comprensión en el terreno teológico no se limitaban a lo que podríamos denominar Cristología. Términos como el de «reino de Dios» o «reino de los cielos» de nuevo carecían prácticamente de significado para un gentil. Otros, como «vida eterna», eran susceptibles de ser interpretados en un sentido diferente al judío.

Si, en términos estrictamente teológicos, se planteaba esta problemática, el choque resultaba aún mayor cuando se abordaba la cuestión ética. Los judíos que recibían a Jesús como Mesías y Señor partían de una fe dotada de una carga ética muy elevada, la de la Torá, que les proporcionaba patrones de conducta moral y digna muy por encima del mundo gentil que los rodeaba. De hecho, muchos de los gentiles que se integraban en la asistencia a las sinagogas en calidad de «temerosos de Dios», lo hacían, en multitud de ocasiones, atraídos por la categoría moral de la Torá seguida por los judíos. Para éstos, caso de convertirse a Jesús el Mesías, el mensaje de Sus discípulos implicaba sólo una reinterpretación de esa ética a la luz de las enseñanzas del Maestro. Todo esto hacía presagiar que el nuevo movimiento mantendría un envidiable nivel moral y seguramente así hubiera sido de no ser por la entrada masiva de conversos gentiles procedentes de la obra misionera entre los gentiles.

Pasajes como el escrito por Pablo en Romanos 1:18 y siguientes, o los contenidos en Sab 13, 1 y siguientes, y 14, 12 o la carta de Aristeas 134-8 dejan de manifiesto que los judíos en general sentían auténtico horror ante la relajación moral propia del mundo gentil. En el caso de algunos judeocristianos ubicados en la tierra de Israel, la preocupación ante tal posibilidad llegó a ser lo suficientemente acuciante como para que algunos se desplazaran hasta Antioquía e intentaran imponer lo que consideraban que sería una solución óptima para el problema. Al parecer, los mencionados judeocristianos eran de origen fariseo (Hech. 15:5) y cabe al menos la posibilidad de que aún siguieran formando parte de alguna hermandad de esta secta. Su entrada en el movimiento judeocristiano no debería resultarnos extraña. Los judeocristianos admitían como ellos la resurrección de los muertos —incluso pretendían contar con la prueba definitiva de la misma en virtud de la resurrección de Jesús (Hech. 2:29 y ss.; 4:10 y ss.; 1 Cor. 15:1 y ss.)— y eran críticos hacia los saduceos que controlaban el servicio del templo. Por otro lado, la figura de Jacobo —un riguroso cumplidor de la Torá— no debía de carecer de atractivo para muchos fariseos. Ciertamente, la halajáh judeocristiana era distinta de la farisea, pero nada llevaba a suponer que la Torá careciera de vigencia en sus aspectos morales para los judeocristianos. A fin de cuentas, el propio Jesús había anunciado que no iba a abolir la Torá sino a cumplirla lo que podía ser interpretado —erróneamente— como la persistencia de la ley mosaica (Mat. 5:17-18).

Por si fuera poco, al problema teológico se sumaba el político. El control romano sobre Judea estaba despertando, como ya hemos visto, brotes de rebelde nacionalismo. Los denominados por Josefo «bandidos» comenzaban a enfrentarse directamente al poder invasor empuñando las armas. Los rebeldes contra el poder romano estaban pagando su osadía con la muerte de manera generalizada y aquellas ejecuciones servían para soliviantar más los ánimos judíos en contra de los gentiles.

Todo este entramado social e ideológico, siquiera indirectamente, iba a plantear serios problemas a los judeocristianos. A partir de entonces, el ser sospechoso de simpatizar mínimamente con los romanos iba a implicar hacerse acreedor a los ataques de los nacionalistas partidarios de la subversión (Guerra II, 254 y ss. y Ant XX, 186 y ss.). Si la iglesia de Jerusalén tendía puentes hacia el mundo gentil —y era difícil no interpretar así la postura de Pedro o la evangelización de los gentiles fuera de Palestina— no tardaría en verse atacada por aquellos, lo que hacía que el marcar distancias resultara prudente y la solución propuesta por estos judeocristianos resultara tentadora. Por un lado, serviría de barrera de contención frente al problema de un posible deterioro moral causado por la entrada de los gentiles en el movimiento. De hecho, su circuncisión y el cumplimiento subsiguiente de los preceptos de la Torá constituirían garantía suficiente de ello. Acostumbrados a la visión multisecular de un cristianismo meramente gentil tal propuesta pude resultar chocante para el hombre moderno, pero partía de bases muy sólidas. Si se deseaba dotar de una vertebración moral a los conversos gentiles procedentes del paganismo poca duda podía haber de que lo mejor sería educarlos en una ley que Dios mismo había entregado a Moisés en el Sinaí. Si se pretendía anteceder la entrada de los gentiles por un periodo de aprendizaje espiritual, no parecía que pudiera haber mejor norma de enseñanza que la Torá. Por añadidura, esa conducta permitiría además alejar la amenaza de un ataque nacionalista. No parecía posible que ningún judío —por muy nacionalista que pudiera ser— fuera a objetar en contra de las relaciones con un gentil que, a fin de cuentas, se había convertido al judaísmo circuncidándose y comprometiéndose a guardar meticulosamente la Torá.

La propuesta de aquellos jerosolimitanos resultaba tan lógica, al menos en apariencia, que cabe la posibilidad de que incluso hubiera sido prevista —y ulteriormente defendida— también por algunos miembros de la iglesia de Antioquía. De hecho, eso explicaría la acogida, siquiera parcial, que prestaron a los judeocristianos procedentes de Jerusalén que la propugnaban.

Tal rigorismo en relación con la circuncisión no parece haber tenido precedentes en el judeocristianismo ni tampoco era generalizado en el judaísmo. Ciertamente de las fuentes se desprende que la insistencia en la circuncisión dentro del judeocristianismo era nueva y no existe ningún dato en el sentido de que el tema fuera discutido al inicio de la misión entre los gentiles. De hecho, incluso algunos maestros judíos se habían mostrado con anterioridad partidarios de dispensar a aquellos de semejante rito, siempre que cumplieran moralmente con su nueva fe. La misma escuela de Hillel mantenía que el bautismo de los prosélitos gentiles era válido sin necesidad de verse acompañado por la circuncisión (TB Yebamot 46a). Ananías, el maestro judío del rey Izates de Adiabene, recomendó a este último que no se circuncidara pese a adorar al Dios de Israel (Ant XX, 34 y ss.) y cabe la posibilidad de que Juan mantuviera un punto de vista paralelo al insistir en el bautismo como señal de arrepentimiento.[131] Indudablemente, no era ésa la

---

131 Una comparación entre ese bautismo hillelita y el de Juan en H. H. Rowley, "Jewish Proselyte Baptism and the Baptism of John" en "From Moses to Qumran", Londres, 1963, págs. 211 y ss.

visión de los judeocristianos que visitaron Antioquía, procedentes de Jerusalén. De hecho, su comportamiento, lejos de facilitar que los gentiles abrazaran la nueva fe, podía dificultar para éstos el acceso al seno del movimiento.

La disputa de Antioquía

En relación con esta visita de los judeocristianos partidarios de la circuncisión a Antioquía, descrita en Hechos 15:1, es con lo que, muy posiblemente, debemos conectar el episodio que Pablo narra en Gálatas 2:11-14, referente a un enfrentamiento con Pedro. Al parecer, éste último había visitado Antioquía con anterioridad y había compartido con los miembros de la comunidad en esta ciudad su punto de vista favorable a no imponer el yugo de la Torá a los gentiles. La información proporcionada por Pablo encaja, de hecho, con los datos que la fuente lucana recoge en el episodio descrito en Hechos 10 y 11 relativo a Cornelio, así como con lo referido a Simón, el curtidor de Jope (Hech. 10:28), y pone de manifiesto que, sustancialmente, Pablo y Pedro tenían el mismo punto de vista en relación con el tema. Este último, de hecho, «no tenía ningún reparo en comer con los gentiles» (Gál. 2:12).

La situación cambió cuando se produjo la llegada de algunos judeocristianos cercanos a Jacobo (Gál. 2:12). Atemorizado, Pedro optó por desviarse de su línea de conducta inicial, lo que provocó —bastante lógicamente dado su peso en el movimiento— una postura similar en los demás judeocristianos de Antioquía e incluso en alguien tan comprometido con la misión entre los gentiles como Bernabé (Gál. 2:13). No sabemos cuál fue exactamente el mensaje que entregaron aquellos judeocristianos a Pedro, pero posiblemente vendría referido al escándalo que tal conducta podría estar causando entre los judíos que no eran cristianos.[132] Para un judío que se tomara la ley en serio, no era posible

---

[132] T. W. Manson —en "Studies in the Gospels and Epistles", Manchester, 1962, págs. 178 y ss.— ha sugerido que el origen del mensaje era el propio Jacobo y que éste fue entregado a Pedro por medio de una persona. Sin embargo, tal tesis parece atribuir a las fuentes más de lo que hay en ellas, puesto que atribuye a Jacobo directamente lo que éstas hacen proceder sólo de alguno de sus partidarios.

sentarse a una mesa en que el alimento no fuera «kasher» y el judío que actuara así distaba mucho ante sus ojos de ser observante.[133] Cabe también la posibilidad de que hicieran asimismo referencia a la revuelta situación política de Palestina y la manera en que esto creaba tensiones relacionadas con los gentiles.

La reacción de Pablo fue inmediata por cuanto una conducta de ese tipo no sólo amenazaba con dividir drásticamente la comunidad antioqueña sino que además implicaba un retroceso en la postura de Pedro susceptible de influir en el resto del judeocristianismo y de limitar la misión entre los gentiles. Existía asimismo el riesgo de que una insistencia meticulosa en relación con este tipo de normas de cara a los gentiles llevara a los mismos a captar el cristianismo no como un camino en el que la salvación era obtenida mediante la fe en Jesús sino a través de la práctica de una serie de ritos, algo que tampoco sostenían los judeocristianos de Jerusalén.

Lugar aparte debieron de merecer también las posibles consecuencias comunitarias de la actitud de Pedro. Si un cristiano judío y otro gentil no podían sentarse juntos a comer, tampoco podrían hacerlo para celebrar el partimiento del pan[134] y si ésa —que era la señal de unión de los creyentes en Jesús— desaparecía, ¿cuánto tiempo pasaría antes de que el movimiento acabara incluso cerrando sus puertas a los gentiles?

Para terminar de empeorar la situación, Pablo parece haber estado convencido —y seguramente no estaba equivocado— de que ni Pedro ni Bernabé creían en lo que ahora estaban haciendo, por lo que, a su juicio, las semillas de la hipocresía y de la conveniencia podían germinar con facilidad en el seno de la comunidad cristiana a menos que se atajara la situación de raíz. El enfrentamiento resultaba inevitable.[135]

---

[133] Ver R. Jewett, "The Agitators and the Galatian Congregation" en "New Testament Studies", 17, 1970-1, págs. 198 y ss.

[134] Recordemos que este rito estuvo unido en las primeras décadas de existencia del cristianismo a la celebración de una comida tanto en el ámbito judeocristiano (Hech. 2:42-47), como en el gentil (Hech. 20:7 y ss.; 1 Cor. 11:17 y ss.).

[135] Sin embargo, es posible que Pedro quizás sólo intentara contemporizar y no causar escándalo como Pablo mismo recomendaría en alguno de sus escritos posteriores (Rom. 14:13-21). En favor de esta interpretación, ver F. F. Bruce, "Paul, Apostle of the Heart set Free", Grand Rapids, 1990, págs. 176 y ss.

Pablo se enfrentó directamente con Pedro, ante toda la asamblea e insistiendo en el hecho de que si él mismo como judío no cumplía con las normas alimenticias del judaísmo, no tenía ningún derecho a obligar a los gentiles a actuar de esa manera (Gál. 2:14). No sabemos empero el resultado final de la controversia porque la misma no es referida en Hechos y en la carta a los Gálatas, Pablo pasa a continuación a otro tema sin indicarnos el desenlace del conflicto. Tampoco sabemos el efecto final de la carta de Pablo sobre los gálatas a los que se dirigía,[136] pero lo que sí resulta obvio es que la cuestión no quedó en absoluto zanjada.

De acuerdo con la fuente lucana, la ulterior insistencia del partido de la circuncisión en favor de su postura terminó por crear tal malestar en la comunidad antioquena que ésta optó por enviar una delegación a Jerusalén —en la que Pablo y Bernabé parecen haber tenido un papel relevante— para solventar el conflicto. Lo que allí se decidiría resultaría esencial en el desarrollo posterior del judeocristianismo, en particular, y del cristianismo, en general. Pero antes de entrar en esa cuestión, debemos pasar a analizar la figura del que entonces era cabeza de la comunidad jerosolimitana.

Jacobo, el «hermano del Señor»

Contamos con pocos datos relativos a la persona de Jacobo con anterioridad a que desempeñara un papel dirigente en el seno de la comunidad judeocristiana de Jerusalén. Tanto Mateo como Marcos (Mat. 13:55 y ss.; Mar. 6:3 y ss.) lo presentan como uno de los hermanos de Jesús —los otros se llamarían José, Simón y Judas— y Juan, sin citarlo explícitamente, indica de ellos que no creyeron en Jesús en vida del mismo (Juan 7:5). Lo cierto, sin embargo, es que tanto la madre de Jesús como Sus hermanos aparecen tempranamente integrados en la comunidad jerosolimitana, incluso con anterioridad a Pentecostés (Hech. 1:14). La razón de esta conversión —que casi podríamos denominar súbita— es atribuida por las fuentes cristianas al hecho de que, siquiera Jacobo, fue objeto

136 Sobre la relación entre Gálatas y el relato de los Hechos ver el apéndice dedicado al estudio histórico de esta última fuente.

de, al menos, una aparición del Jesús resucitado. Desde luego, los datos al respecto deben ser muy tempranos y cuentan con muchas posibilidades de resultar fidedignos porque Pablo (1 Cor. 15:7), a mediados de los años cincuenta del siglo I, ya la señala como antigua y procedente de cristianos anteriores a él.

Es muy posible asimismo que la relación de parentesco entre Jesús y Jacobo influyera, siquiera indirectamente, en el peso que el segundo disfrutó en el interior de la comunidad jerosolimitana. Sin embargo, establecer exactamente el tipo de parentesco entre ambos ha provocado polémicas cuya base y punto de partida son —reconozcámoslo— más teológicos y dogmáticos que propiamente históricos. Josefo[137] parece haber entendido que eran hermanos carnales y en el mismo sentido ha sido comprendido el término «adelfós» con el que se califica a Jacobo por los autores judíos posteriores.[138] De esa misma opinión fueron también algunos de los Padres de la Iglesia, como Hegesipo (que nos ha llegado a través de Eusebio de Cesarea), Tertuliano (De carne Christi VII; Adv Marc IV, 19; De monog VIII; De virg vel VI) o Juan Crisóstomo (Homilia 44 sobre Mateo 1) —este último además no parece haber tenido un concepto muy elevado de la madre de Jesús— que consideraban a Jacobo como hermano de Jesús e hijo de María.[139]

En general, los autores católicos[140] —persiguiendo, sin duda, no colisionar con la doctrina de la virginidad perpetua de María— han señalado que la palabra «hermano» en hebreo y arameo tiene un sentido más amplio que en español y que precisamente con ese campo semántico habría que aplicarla a Jacobo y a los demás

---

137 Para una discusión completa sobre el tema ver en la primera parte del presente estudio el apartado de las fuentes escritas relativo a Josefo.

138 Entre ellos, pueden citarse: (J. Klausner, Oc, 1971, p. 368; H. Schonfield, Oc, 1988, p. 134; D. Flusser, Oc, 1975, pág. 136 y ss.

139 Referencias completas a todos estos autores en C. Vidal Manzanares, "Diccionario de Patrística", Estella, 1992.

140 Una exposición brillante de la tesis católica en M. J. Lagrange, "Evangile selon Marc", 1929, págs. 79-93. En el mismo sentido es interesante la aportación de G. M. de la Garenne, "Le problème des Frères du Seigneur", París, 1928, que fue respondida por M. Goguel ese mismo año en "Revue de l'histoire des religions", 98, 1928, págs. 120-5. Una interpretación más reciente —y mucho más desapasionada— por un autor católico en R. Brown, "El nacimiento del Mesías", Madrid, 1982, págs. 527 y 531 y ss.

hermanos de Jesús. Ciertamente tal tesis es posible, pero resulta difícil creer que Pablo, el autor de los Hechos, Marcos y Juan, escribiendo en griego y para un público en buena medida helénico, utilizaran la palabra «adelfós» para referirse a Jacobo y los demás hermanos de Jesús proporcionándole un significado distinto del que tiene en esa lengua y más cuando contaban con términos específicos para «primos»[141] o «parientes».[142]

Tan poco consistente puede resultar este argumento lingüístico que Jerónimo —y en eso sería seguido posteriormente por algunas iglesias orientales— aceptó que, efectivamente, los hermanos de Jesús —incluido Jacobo— eran realmente hermanos de Él, pero los adscribió a un matrimonio anterior de José salvando así la creencia en la virginidad perpetua de María. Hemos estudiado con anterioridad este aspecto[143] mostrando cómo la tesis de Jerónimo es muy tardía aunque cuenta en su favor con el hecho de arrancar de algún apócrifo judeocristiano en el que, no obstante, pesó sin duda más el elemento apologético —librar a Jesús de la acusación de ilegitimidad— que el deseo de conservar una tradición histórica fidedigna.

Para el historiador que no se halle preocupado por defender un dogma asumido previamente, la solución más natural es la de aceptar que Jacobo fue hermano de Jesús e hijo de María, aunque no cabe duda de que las otras posibilidades —«hermano» = «pariente» o «hermano» = «hijo anterior de José»— no son del todo improbables si bien deberíamos preguntarnos con P. Bonnard si «se habrían derrochado tales tesoros de erudición para probarlo si no lo hubiese exigido el dogma posterior».[144]

Pocos años después de Pentecostés, Jacobo ya parece haber contado con un papel de relevancia en Jerusalén. Pese a no haber pertenecido al grupo de los Doce, Pablo le asigna categoría apostólica en una época que se puede fechar unos tres años después de

---

141 "Anepsios" en Colosenses 4:10.

142 "Synguenes" o "synguenys" en Marcos 6:4; Lucas 1:58; 2:44; 14:12; 21:16; Juan 18:26; Hechos 10:24; Romanos 9:3; 16:7, 11 y 21.

143 César Vidal, "La figura de María en la literatura apócrifa judeocristiana de los dos primeros siglos", en "Ephemerides Mariologicae", 41, Madrid, 1991, págs. 191-205.

144 P. Bonnard, "El Evangelio según san Mateo", Madrid, 1983, pág. 287.

su conversión camino de Damasco (Gál. 1:18-19). Otros catorce años más tarde de aquel momento, lo describe como una de las «columnas» de la comunidad jerosolimitana (Gál. 2:1-10) siendo las otras dos Pedro y Juan.

La huida de Pedro, a la que hemos hecho referencia en el capítulo anterior, ligada a su recomendación —o reconocimiento— de la dirección de Jacobo y la desaparición de Juan[145] contribuyeron a establecer un gobierno centrado en el hermano de Jesús. Esta asunción de funciones iba a producirse en un periodo especialmente turbulento en el terreno social, político y económico, lo que además vendría vinculado al problema que ahora representaba la admisión de los gentiles en el seno del colectivo así como la solicitud de la comunidad de Antioquía para que se procediera desde Jerusalén a solventarlo.

El concilio de Jerusalén[146] (I): cuestiones previas

El denominado concilio de Jerusalén es un suceso al que la fuente lucana dota de un significado absolutamente

145 Para aquellos que, como vimos en el capítulo anterior, creen que fue martirizado junto a su hermano Jacobo durante el reinado de Herodes Agripa la respuesta a este interrogante resulta evidente aunque, como ya indicamos, dista de estar claramente establecida. Otra posibilidad sería la de atribuirle una obra misionera (¿en Asia Menor?) similar a la de Pedro en la Diáspora occidental. Esa sería una posible explicación para la salida de escena de Juan en relación con la comunidad de Jerusalén.

146 Para un estudio del tema ver H. Lietzmann, "Der Sinn des Aposteldekretes und seine Textwandlung" en "Amicitiae Corolla presented to J. R. Harris", ed. H. G. Wood, Londres, 1933, págs. 203-1; K. Lake, "The Apostolic Council of Jerusalem" en "Beginnings", I, 5, Londres, 1933, págs. 195-212; M. Dibelius, "The Apostolic Council" en "Studies in the Acts of the Apostles", Londres, 1955, págs. 93-111; B. Reicke, "Der geschichtliche Hintergrund des Apostelkonzils und der Antiocheia-Episode", en "Studia Paulina in honorem J. de Zwaan", ed. J. N. Sevenster y W. C. van Unnik, Haarlem, 1953, págs. 172-87; E. Haenchen, "Quellenanalyse und Kompositionsanalyse in Act 15" en "Judentum, Urchristentum, Kirche: Festschrift für J. Jeremias", ed. W. Eltester, Berlín, 1964, págs. 153-64; M. Simon, "The Apostolic Decree and its settingg in the Ancient Church" en "Bulletin of John Rylands Library", Manchester, 52, 1969-70, págs. 437-60; G. Zuntz, "An Analysis of the Report about the Apostolic Council" in "Opuscula Selecta", Manchester, 1972, págs. 216-49; T. Holtz, "Die Bedeutung des Apostelkonzils für Paulus", en "Novum Testamentum", 16, 1974, págs. 110-48; D. R. Catchpole, "Paul, James and the Apostolic Decree" en "New Testament Studies", 23, 1976-7, págs. 428-44; E. Bammel, "Der Text von

esencial.[147] El mismo aparece descrito como una reunión de apóstoles— sin determinar cuántos de ellos estaban presentes y citando sólo alguno de los nombres— y ancianos de la comunidad jerosolimitana cuya finalidad era zanjar de manera definitiva la cuestión de los términos en que un gentil podía ser admitido en el seno de la comunidad (lo que implicaba una referencia al tema de la circuncisión), así como el grado de contacto social que podía existir entre judeocristianos y gentil-cristianos. De acuerdo a la fuente lucana, el concilio fue precedido por un informe de Pablo y Bernabé acerca de la misión entre los gentiles en Chipre y Asia Menor, aunque ninguno de los dos pudo participar de manera activa en la reunión subsiguiente.

La fuente —o fuentes— reflejada en el libro de los Hechos parece dotada de una notable claridad y precisión a la hora de describir el evento y, de hecho, los problemas de comprensión surgen sólo cuando se pretende identificar lo narrado en Hechos con lo relatado por Pablo en Gálatas 2:1-10, donde se habla de un encuentro de éste y Bernabé con los tres pilares de la iglesia jerosolimitana: Santiago, Pedro y Juan. En el apéndice relativo a los Hechos de los apóstoles hemos recogido y discutido las diferentes posturas en relación con este tema, pero, de manera más sucinta, podemos indicar aquí que, a nuestro juicio, la única interpretación que hace justicia a las fuentes es aquella que interpreta los sucesos recogidos en Gálatas 2:1-10 y Hechos 15 como dos acontecimientos distintos e independientes.

Apostelgeschichte 15" en "Les Actes des Apôtres, Bibliotheca Ephemeridum Theologicarum Lovaniensium", 48, ed. J. Cremer, Gembloux-Lovaina, 1979, págs. 439-46; A. Strobel, "Das Aposteldekret als Folge des antiochenischen Streites" en "Kontinuitat und einheit: Festschrift für F. Mussner", ed. P.G. Müller y W. Stenger, Friburgo, 1981, págs. 81-104; R. Kiefer, "Foi et justification a Antioche. Interpretation d'un conflit", París, 1982; C. K. Barrett, "Apostles in Council and in Conflict" en "Freedom and Obligation", Londres, 1985, págs. 91-108; P. J. Achtemeier, "The Quest for unity in the New Testament Church", Filadelfia, 1987; R. Aguirre, "La iglesia de Antioquía de Siria", Bilbao, 1988, págs. 33 y ss. En relación con las posturas "clásicas" acerca del tema y su descripción puede verse en esta misma obra el apéndice a las fuentes dedicado a la interpretación histórica de los Hechos de los apóstoles.

[147] Según F. F. Bruce, "The Acts of the apostles", Grand Rapids, 1990, pág. 282, similar a la que otorga a la visita de Pedro a la casa de Cornelio y a la conversión de Pablo. Sustancialmente coincidimos con ese punto de vista.

Las razones para esta interpretación pueden resumirse de la siguiente manera:

a) El tema de discusión.

Mientras que en Gálatas 2:1-10 el objeto del encuentro fue la delimitación de zonas de misión —Pablo y Bernabé entre los gentiles, Pedro entre los judíos— y parece dudoso que se llegara a hablar de la circuncisión;[148] Hechos 15 relata, por el contrario, una reunión relacionada de manera casi exclusiva con este tema y en la que no se abordó la discusión sobre la adscripción de competencias en la misión.

b) Los protagonistas.

Mientras que en Gálatas 2:1-10 se nos habla de una reunión privada (Gál. 2:2) en la que habrían estado sólo Pablo y Bernabé, por un lado, y los dirigentes jerosolimitanos por otro; en Hechos 15 nos hallamos con una conferencia pública (Hech. 15:12,22) en la que ni Pablo ni Bernabé participan de manera directa.

c) El momento.

Finalmente, Pablo menciona en Gálatas 1 y 2 varias visitas a Jerusalén que excluyen la posibilidad de que los dos relatos se refieran al mismo episodio. La primera visita fue tres años después de su conversión y corresponde con el episodio narrado en Hechos 9:26-30. En el curso de la misma estuvo con Pedro quince días (Gál. 1:18-19) pero no vio a ningún otro apóstol salvo a Jacobo, «el hermano del Señor». La segunda visita se produjo catorce años después acompañado de Bernabé y Tito (Gál. 2:1 y ss.). Corresponde al relato recogido en Hechos 11:30 y es en el curso de la misma cuando se produjo una división del área de misión,

---

[148] En el mismo sentido, ver T. W. Manson, "Studies in the Gospels and Epistles", Manchester, 1962, págs. 175-6; B. Orchard, "A new solution of the Galatians problem" en "Bulletin of John Rylands library", 28, 1944, págs. 154-74; Idem, "The ellipsis between Galatians 2:3 and 2:4" en "Biblica", 54, 1973, págs. 469-81; M. Hengel, "Acts and the History of Earliest Christianity", Filadelfia, 1980, pág. 117.

pero, en absoluto, se nos menciona nada similar a lo narrado en Hechos 15.

d) La conclusión.

Mientras que el episodio de Gálatas no hace referencia a ninguna solución dispositiva final, el de Hechos 15 sí contiene la misma —como veremos más adelante— y ésta se halla bien atestiguada históricamente por otras fuentes como el Apocalipsis (2:14 y 20), Tertuliano (Apologia IX, 13) y Eusebio (HE, V, 1, 26),[149] lo suficiente como para atribuirle un origen muy antiguo y, dada su aparente ambigüedad, apostólico. Tales notas encajan perfectamente con la aceptación de un concilio como el descrito en Hechos 15 pero son imposibles de admitir si pensamos que la entrevista de Gálatas y Hechos 15 se refieren al mismo episodio.

De las enormes diferencias entre los dos episodios algunos han desprendido o que Hechos recoge el mismo suceso, pero lo narra peor —lo que como hemos visto es imposible dadas las enormes diferencias entre los dos y la imposibilidad de armonizarlas— o que el episodio de Hechos es falso y, en realidad, sólo aconteció lo narrado en Gálatas 2:1 y ss. —lo que colisiona con la universalidad de aceptación de los mandatos de Hechos 15 que describiremos más adelante en este capítulo. Lo cierto es que ambos puntos de vista parecen partir de una presuposición bien discutible —o la falsedad del relato lucano o la necesidad de identificar éste con lo mencionado en Gálatas, una fuente paulina escrita antes del episodio de Hechos 15— que ni es cuidadosa en la crítica de fuentes ni hace justicia a las mismas, porque éstas resultan armónicas.

De hecho, Pablo coincide totalmente con la fuente lucana en todas las visitas realizadas a Jerusalén con anterioridad a la mencionada en

---

[149] No parece que el mismo fuera ya entendido correctamente por los mencionados Padres —por ejemplo, en relación con los mandatos del pacto con Noé— pero la referencia al mismo indica que venía de antiguo y que su origen tenía la suficiente autoridad como para que no se considerara abrogado. Razones muy similares, sin duda, debieron llevar al autor de Hechos a recogerlo en su texto.

Hechos 15. Esta última, sin embargo, no es mencionada en Gálatas porque todavía no había tenido lugar. Tal circunstancia cronológica explica asimismo que el episodio sobre la comunión con los gentiles —disputa con Pedro, etc.[150]— tenga ese aspecto de indefinición que presenta en la epístola.[151]

Precisamente por ello, la carta a los Gálatas reconoce la tensión con Pedro —pese a los frutos de la entrevista recogida en Hechos 11— y no menciona el concilio de Jerusalén sino que recurre a la elaboración teológica para abogar en favor de la justificación por la fe, que excluye la idea de una salvación por obras y exime a los gentiles de la circuncisión.

Con posterioridad a la redacción de Gálatas, el problema no sólo no se solventó sino que incluso se agudizó con la visita de los jerosolimitanos partidarios de la circuncisión (Hech. 15:5). Tal episodio obligó, finalmente, a pedir ayuda a Jerusalén en la resolución del conflicto y fruto de ello es precisamente el concilio que tuvo lugar en esta ciudad.

El concilio de Jerusalén (II): el concilio

Según la fuente lucana, la solución del problema no debió de resultar fácil ni se decidió de manera inmediata. Tras una prolongada

---

150 Se han propuesto otras alternativas a las de esta secuencia cronológica y así algunos han fechado la discusión de Gálatas 2:11-14 antes de la conferencia de 2:1-10, ver T. Zahn, "Der Brief des Paulus an die Galater", Leipzig, 1922, pág. 110; H. M. Feret, "Pierre et Paul à Antioche et à Jérusalem", Paris, 1955; J. Munck, "Paul and the Salvation of Mankind", Londres, 1959, págs. 100-3. W. L. Knox considera por el contrario que la controversia de Antioquía entre Pedro y Pablo es anterior al primer viaje misionero de éste y que, de hecho, fue causa del mismo, ver "The Acts of the Apostles", Cambridge, 1948, pág. 49. Aunque ésta es una cuestión en la que resulta difícil dogmatizar, creemos que el orden expuesto por nosotros armoniza mucho mejor con lo expuesto en las fuentes.

151 Otra tercera opción es la de admitir que ambos episodios son distintos pero que la entrevista de Gálatas tuvo lugar en privado inmediatamente antes de la reunión pública de Hechos 15 ver J. B. Lightfoot, "St. Paul's Epistle to the Galatians", Londres, 1865, págs. 125-6; H. N. Ridderbos, "The Epistle of Paul to the Churches of Galatia", Grand Rapids, 1953, págs. 78-82. Tal posibilidad choca con la seria objeción de que de haber sido así Pablo hubiera utilizado tal argumento al escribir a los gálatas, ver F. F. Bruce, "The Acts of the Apostles", Nueva York, 1990, pág. 283.

discusión —en la que parece que no se llegó a una solución definitiva (Hech. 15:7)— Pedro optó por volcar su autoridad en favor de una postura que afirmaba la idea de la salvación por la fe (Hech. 15:9,11) y que insistía no sólo en la inutilidad de obligar a los gentiles a guardar la Torá y ser circuncidados sino también en la imposibilidad de guardar ésta de una manera total (Hech. 15:10). La intervención de Pedro debió resultar decisiva. Buena prueba de ello sería que el texto occidental señala en la variante de Hechos 15:12 que «todos los ancianos consintieron a las palabras de Pedro». La fuente lucana no vuelve a mencionar a este personaje[152] pero, como ha señalado M. Hengel,[153] «la legitimación de la misión a los gentiles es virtualmente la última obra de Pedro». La intervención petrina incluso es muy posible que también diera pie para que Pablo y Bernabé relataran los éxitos del primer viaje misionero entre los gentiles (Hech. 15:12).

Con todo, lo que zanjó la discusión fue, sin duda, la intervención final de Jacobo (Hech. 15:13 y ss.). El hecho de que él concluyera con el debate indica que, ya en esa época, era el jefe indiscutible de la comunidad de Jerusalén y que podía imponer su criterio sin discusión. El texto de su discurso recogido en la fuente lucana presenta además, como ya demostró en el pasado J. B. Mayor, notables paralelismos con las expresiones contenidas en la carta del Nuevo Testamento que lleva su nombre.[154] Jacobo respaldó el argumento emanado de la experiencia personal de Pedro y además estableció la manera en que la misma podría armonizar con la Escritura. Lo hizo a través de un «pesher» —una forma de interpretación bíblica que hemos llegado a conocer mejor en las últimas décadas gracias a los documentos del Mar Muerto— a partir del texto de Amós 9:11 y ss.

---

[152] O. Cullmann, "Peter: Disciple-Apostle-Martyr", Londres, 1953, pág. 50, ha señalado la posibilidad de que Pedro hubiera interrumpido momentáneamente su actividad misionera entre la Diáspora para intervenir en el concilio. C. P. Thiede, "Simon Peter", Grand Rapids, 1988, págs. 158 y ss., ha señalado incluso que Pedro podría haberse enterado de la situación a través de Marcos que ya habría abandonado a Pablo y Bernabé (Hech. 13:13). Ambas tesis cuentan con bastante posibilidad de ser ciertas, pero no puede afirmarse de manera categórica.

[153] M. Hengel, Oc, 1979, pág. 125.

[154] J. B. Mayor, "The Epistle of St. James", Londres, 1897, págs. III-IV.

La forma en que el mismo nos ha sido transmitido por Lucas indica o bien una fuente semítica o un testimonio directo sin referencia a los cuales no se puede entender el argumento de Jacobo. Este universaliza la profecía vocalizando «adam» (humanidad) en lugar de «edom» (Edom) y leyendo «yidreshu» (para que el resto de la humanidad busque al Señor) en lugar de «yireshu» (para que posean al resto de Edom).[155] Igualmente parece que Jacobo ignora la partícula «et», propia del complemento directo, antes de «sheerit». Viene a recurrir así al modelo de respuesta rabínica conocido como «yelammedenu» (que nuestro maestro responda)[156] consistente en apelar a la Escritura para confirmar lo que ya se ha dicho o hecho y lo que se va a decidir. De manera bien reveladora, Jacobo considera que la reedificación del tabernáculo de David no es un hecho que se dará en el futuro o que implicará el establecimiento de un estado judío, tal y como señalan algunas interpretaciones recientes. Por el contrario, la restauración del tabernáculo de David es la entrada de los gentiles en el pueblo de Dios (Hech. 15:15-18). Sin duda, se puede tratar de una interpretación que desagradaría a los nacionalistas judíos, pero que resulta más que reveladora teniendo en cuenta que un judeocristiano de la autoridad de Jacobo fue quien la formuló.

La solución del problema propuesta por el hermano de Jesús quizás podría considerarse de compromiso, pero, en realidad, salvaba la entrada de los gentiles en el seno del movimiento sin obligarlos a ser circuncidados ni a guardar la Torá, al mismo tiempo que limaba las posibilidades de escándalo en relación con los judíos, algo que, en aquel periodo concreto de la historia de Israel, no sólo tenía una trascendencia evangelizadora sino también social.

---

155 Naturalmente también podría darse el caso de que Jacobo hiciera referencia a un texto más antiguo y fidedigno que el transmitido por el TM. Con todo, como ha indicado C. Rabin, "el TM habría apoyado de hecho la exégesis ofrecida aquí" ("The Zadokite Documents"), Oxford, 1958, pág. 29.

156 En el mismo sentido J. W. Bowker, "Speeches in Acts: A Study in Proem and Yelammedenu Form" en "New Testament Studies", 14, 1967-8, págs. 96-111.

El Concilio de Jerusalén (III): la decisión

El contenido concreto del denominado decreto apostólico —que, en realidad, sería más apropiado denominar «decreto jacobeo»— ha planteado alguna dificultad para ciertos autores que se han detenido en las variantes textuales de la fuente lucana. Así, en el texto occidental, a los gentiles se les prohíbe la idolatría, la *porneia* y la sangre, a la vez que se añade la fórmula negativa de la Regla de oro: «No hagáis a los demás las cosas que no queréis que os hagan a vosotros». Esta última formulación aparece igualmente en la literatura del periodo intertestamentario (Tobit 4, 15), rabínica (TB Shabbat 31a; Abot de R. Nathan 2:26) y paleocristiana (Didajé 1, 2).

Es bastante probable que el texto occidental represente, sin embargo, una revisión de los mandatos originales surgida en una época en que los mismos carecían ya de la relevancia primigenia y en que se buscaba, posiblemente, armonizarlos con posturas más extremas de rechazo de la Torá en el seno del cristianismo.[157] Así, en otros textos se prohíbe la carne de animales sacrificados a los ídolos, así como la sangre lo que constituye una referencia al precepto noáquico de no comer de un animal que no estuviera muerto, es decir, que aún tuviera su vida o sangre en el interior.[158] Posiblemente, a estas dos prohibiciones se añadió la de abstenerse de «porneia» entendiendo por la misma no tanto «fornicación» —la práctica de la misma estaba prohibida para cristianos judíos y gentiles por igual y no se discutía[159]— cuanto la violación de los grados

---

157 P. H. Menoud, "The Western Text and the Theology of Acts" en "Studiorum Novi Testamenti Societas Bulletin", 2, 1951, págs. 19 y ss. piensa que el decreto originalmente sólo prohibía la carne con sangre y la sacrificada a los ídolos, pero que estas dos prohibiciones fueron ampliadas posteriormente. En un sentido similar, ver C.S.C. Williams, "Alterations to the Text of the Synoptic Gospels and Acts", Oxford, 1951, págs. 72 y ss.

158 En el mismo sentido, ver C. Clorfene y Y. Rogalsky, "The Path of the Righteous Gentile: An Introduction to the Seven Laws of the Children of Noah", Jerusalén, 1987, págs. 96 y ss.

159 Ver al respecto Gálatas 6:19, como ejemplo de la enseñanza paulina anterior al concilio de Jerusalén en relación con la fornicación. Ejemplos cercanamente posteriores en 1 Corintios 5 y 1 Tesalonicenses 4:3 y ss.

de consanguinidad y afinidad prohibidos en Levítico 18:6-18. Vendría así a traducir el término hebreo «zenut» y presentaría paralelos con lo recogido, por ejemplo, en el Documento de Damasco IV, 17 y ss. Estas normas relativas al matrimonio resultaban esenciales en el judaísmo y no puede negarse su influencia en la ley canónica posterior. Con ello, se evitaba, fundamentalmente, el escándalo de los judíos.[160]

La disposición articulada por Jacobo venía a resultar una respuesta clara al problema. Por un lado, era evidente que no podía ponerse cortapisas a la entrada de los gentiles en el movimiento. Tal conducta hubiera chocado con lo establecido en la Biblia y con muestras de lo que se consideraba bendecido por Dios a través de testimonios como el de Pedro. Por otro lado, no tenía ningún sentido obligar a los gentiles a circuncidarse y a guardar una ley reservada para Israel y más teniendo en cuenta que la salvación se obtenía por la fe en Jesús y no por las obras de la ley.

En cuanto al problema de las comidas comunes entre judíos y gentiles, también se articulaba una inteligente solución de compromiso. Ciertamente los gentiles no estaban obligados a someterse a la normativa mosaica sobre alimentos, pero deberían abstenerse de aquellos alimentos sacrificados a los ídolos o de comer animales vivos (prohibición de la sangre).[161] Asimismo —y para evitar conflictos en relación con posibles matrimonios mixtos o escándalo de los judeocristianos en relación con otros contraídos sólo entre cristianos gentiles— no debería permitirse un grado de consanguinidad y afinidad matrimonial distinto del contemplado en la Torá.

Dado que además Jacobo había optado por imponer unas normas muy similares a las exigidas a los «temerosos de Dios» gentiles, su solución no podía ser tachada de antijudía ni de relajada. De hecho, venía a corresponder, «grosso modo», con los preceptos del pacto de Noé que son aplicables por igual, según la Biblia y la ley oral, a todos los pueblos de la tierra que descienden del citado personaje.

---

[160] En tal sentido creemos que debe interpretarse la referencia a los mismos de Hechos 15:21. Un punto de vista similar en R. B. Rackham, "The Acts of the Apostles", Londres, 1912, pág. 254.

[161] En el mismo sentido en la literatura rabínica Sanh 56a.

La tesis de Jacobo obligaba ciertamente a aceptar un compromiso a las dos partes. Por un lado, los partidarios de imponer la circuncisión y la práctica de la Torá a los gentiles se veían obligados a renunciar a su punto de vista, aunque se aceptaba una conducta encaminada a no causar escándalo a los judíos. Por el otro, Pablo, Bernabé y los defensores del punto de vista que señalaba que los gentiles no estaban obligados a la circuncisión ni al cumplimiento de la Torá veían reconocido el mismo como correcto pero, a cambio, se veían sometidos a aceptar concesiones encaminadas a no provocar escándalo. Tal transacción asentaba, no obstante, como correctos los puntos de vista defendidos previamente por Pedro, la comunidad de Antioquía, Bernabé y Pablo. Este último entregaría en el futuro el texto del decreto a otras iglesias gentiles como un modelo de convivencia.[162]

La veracidad de lo consignado en la fuente lucana aparece, siquiera indirectamente, confirmada por la universalidad que alcanzó la medida. El texto de la misma aparece como vinculante en fuente tan temprana como es el libro de Apocalipsis (2:14 y 20) dirigido a las iglesias de Asia Menor. En el siglo II, era observado por las iglesias del valle del Ródano —y más concretamente por los mártires de Viena y Lyon (HE, V, 1, 26)— y por las del norte de África (Tertuliano, Apología IX, 13); y todavía en el siglo IX, el rey inglés Alfredo lo citó en el preámbulo de su código de leyes.

Con todo, y pese a la aceptación universal posterior, Pablo no se vería libre en el futuro de tener que realizar concesiones puntuales de cara a la misión entre los seguidores de la Torá,[163] pero ni siquiera ese comportamiento le evitó ser objeto de la maledicencia de algunos judíos (Hech. 21:21) (maledicencia que, como tendremos ocasión de ver, no fue compartida por Jacobo ni por los

---

[162] Hechos 15:23 y 16:4. Ver A. S. Geyser, "Paul, the Apostolic Decree and the Liberals in Corinth" en "Studia Paulina in honorem J. de Zwaan", ed. J. N. Sevenster y W. C. van Unnik, Haarlem, 1953, págs. 124 y ss.

[163] Como la circuncisión de Timoteo (Hech. 16:1 y ss.). Al respecto ver D. W. B. Robinson, "The Circumcision of Titus and Paul's Liberty" en "Australian Biblical Review", 12, 1964, págs. 40-1. No debe olvidarse, sin embargo, que Timoteo era hijo de judía convertida a tal cristianismo. En cuanto al principio evangelizador de Pablo en relación con este tema, ver Romanos 14 y 1 Corintios 10:23 y ss.

judeocristianos jerosolimitanos). El «decreto jacobeo» había abierto el camino de expansión de la fe en Jesús entre los gentiles de una manera que se revelaría ya irreversible, lo que convierte al judeocristiano Jacobo en uno de los artífices decisivos del paso de la fe en Jesús de creencia judía a fe universal.

CAPÍTULO III

EL GOBIERNO DE JACOBO SOBRE LA COMUNIDAD JEROSOLIMITANA TRAS EL CONCILIO DE JERUSALÉN (C. 50-62 D. C.)

Como tuvimos ocasión de ver en el capítulo anterior, el concilio de Jerusalén zanjó no sólo la cuestión del terreno sobre el que se aceptaría la entrada de los gentiles en el movimiento cristiano y su relación con la Torá, sino también la manera en que quedaría articulada su conducta en la mesa común con los judíos. Aunque el papel de Pedro resultó de enorme importancia para hacer bascular la decisión en favor de las tesis de apertura previamente sostenidas por él y, posteriormente, defendidas por la iglesia de Antioquía, Bernabé y Pablo, lo cierto es que el artífice final de la solución fue Jacobo, «el hermano del Señor», que, por aquella época, parece haber ejercido el gobierno sobre la comunidad judeocristiana de Jerusalén. Jacobo se alzó durante algo más de doce años —hasta su muerte— como el jefe indiscutido del judeocristianismo en Jerusalén. Fue aquella una época convulsa, cuyas líneas maestras señalaremos antes de ocuparnos, de nuevo, del judeocristianismo en la tierra de Israel.

Bajo Félix (52-60 d. C.) y Festo (60-62 d. C.)

La corrupción de Félix, quien, según Tácito (Historias V, 9), ejercía los poderes de rey con alma de esclavo, tuvo como consecuencia directa la de arrastrar a los judíos a un clima aún más proclive a la búsqueda de soluciones violentas. Enfrentado con aquellos a los que Josefo denomina «engañadores e impostores» (Guerra II, 259) o «bandoleros y charlatanes» (Ant XX, 160), tuvo que combatir al llamado «charlatán» egipcio (Guerra II, 261; Ant XX, 169 y ss.) —quizás un judío de origen egipcio— que, tras labrarse una reputación como profeta, reunió varios millares de seguidores en el desierto, e intentó tomar Jerusalén. Félix lo venció con relativa facilidad y parece que para muchos judíos aquella experiencia dejó un amargo regusto a decepción. Prueba de ello podría ser el que, años después, cuando un oficial romano vio cómo la multitud de Jerusalén golpeaba a Pablo pensara que era el egipcio del que se vengaban sus antiguos fieles y adversarios.[164] Josefo señala que el egipcio contaba con un ejército de 30 000 hombres, pero creemos que se halla más cerca de la verdad el libro de los Hechos (21:38) que reduce su cuantía a 4000. Con todo, es posible que ambas cantidades fueran la misma originalmente y que el error de Josefo no se deba sino a un copista posterior.[165]

El gobierno de Félix fue tan desafortunado y cruel (Guerra II, 253; Ant XX, 160-1) que acabó ocasionando la protesta del sumo sacerdote Jonatán. Cuando como represalia el romano ordenó su muerte sólo estaba actuando de manera consecuente con su visión del gobierno de la zona (Guerra II, 254-7; Ant XX, 162-6). Entre los resultados de aquella miopía política se contarían la rebelión abierta contra Roma (Guerra II, 264-5; Ant XX, 172), el aumento de los partidarios de una solución armada (Guerra II, 258-263) y el enfrentamiento en Cesarea entre judíos y griegos en relación con la igualdad de derechos civiles (Guerra II, 266-270; Ant XX, 173-8). Ciertamente, la fuente lucana (Hech. 24) confirma el retrato de Félix que aparece en Josefo. El libro de los Hechos nos lo presenta como alguien corrompido, aprovechado, esclavo de los placeres e internamente consciente de su degradación hasta el punto de asustarle escuchar la predicación de Pablo sobre el dominio propio y el juicio final.

No fue Félix, sin embargo, el único responsable de la crisis hacia la que se encaminaban los judíos. Sus propias clases dirigentes dejaron de manifiesto una especial torpeza a la hora de enfrentarse con la situación. El mismo clero no contribuyó en nada a dar ejemplo de conducta moral. Los sumos sacerdotes peleaban públicamente entre ellos y se robaba desvergonzadamente a los sacerdotes más

---

164 Como sabrá el lector, el hombre era Pablo, ver Hechos 21:38.

165 En ese mismo sentido, ver F. F. Bruce, Oc, 1980, pág. 340, n. 15.

pobres el diezmo, con lo que este sector del clero se vio abocado incluso al hambre (Ant XX, 179-81).

Festo, si bien no parece haber sido tan venal, no se mostró empero más capacitado para corregir la situación. De hecho, Félix salió impune de sus fechorías (Ant XX, 182), y el citado conflicto de Cesarea concluyó con un fallo contrario a los judíos en virtud de un soborno (Ant XX, 183-4). Paralelamente, Agripa II y las autoridades de Jerusalén demostraron ser incapaces de hallar una solución a sus tensiones recíprocas y ésta tuvo que proceder del mismo Nerón (Ant XX, 189-96). A la opresión romana se sumaba así la judía, y el hecho de que las dos se alimentaran recíprocamente sirve para explicar el resentimiento que sobre ambas iban a volcar los sublevados del año 66 d. C.

El judeocristianismo de Jerusalén hasta la muerte de Jacobo (I): el contexto

Las noticias que poseemos acerca del judeocristianismo en la tierra de Israel durante este conflictivo periodo son muy reducidas. Debido a esta circunstancia, sólo podemos reconstruir algunos de los Hechos de la época. Algunos autores, como S. G. F. Brandon,[166] han aprovechado tal circunstancia para sostener la identificación de la comunidad judeocristiana con las tendencias zelotas, identificación que habría tenido su origen en el mismo Jesús. La tesis —poco original ya que prácticamente se limita a repetir, aunque con menos brillantez, las teorías de R. Eisler[167]— ha sido rechazada, en general, por los especialistas. Esta actitud no es extraña si pensamos que es muy discutible que pueda hacerse referencia a los zelotes antes de la revuelta del 66 d. C.[168] En las páginas siguientes, intentaremos mostrar como, pese a su escasez, las fuentes permiten que nos acerquemos a la historia de la comunidad judeocristiana en este periodo histórico y cómo las líneas maestras de su ideología ponen

---

166 S. G. F. Brandon, Oc, Londres 1951 y 1957 y Oc, Manchester, 1957.

167 R. Eisler, Oc, Heidelberg, 1929-30.

168 H. Guevara, Oc, 1985; C. Vidal, El Documento Q... e Idem, Jesús, el judío (en prensa).

de manifiesto una postura que no puede, en absoluto, configurarse como zelote. No olvidemos tampoco que para los judeocristianos, que creían que Jesús era el Mesías y que eran regidos por un hermano de éste, resultaba imposible aceptar las pretensiones mesiánicas de otros judíos. Prescindiendo de la fecha de redacción del Apocalipsis sinóptico contenido en Mateo 24:23-26, así como de su origen, lo cierto es que las afirmaciones recogidas en el mismo encajan a la perfección con lo que sucedió en este periodo histórico y dejan bien a las claras la actitud judeocristiana al respecto:

> Entonces, si alguno os dice: mirad, aquí está el Mesías, o está allí, no lo creáis. Porque se levantarán falsos mesías, y falsos profetas, y realizarán grandes señales y prodigios, con la finalidad de engañar, si fuera posible, hasta a los mismos elegidos. Mirad que os lo he dicho antes de que suceda. Así que, si os dicen que está en el desierto, no vayáis; y si os dicen que está en un lugar secreto, no lo creáis.

La existencia de falsos mesías y profetas con anterioridad a la destrucción del templo es algo atestiguado en las fuentes antiguas como ya hemos dejado señalado antes. Ahora bien, la respuesta a estas pretensiones sólo podía ser la de incredulidad y rechazo. En ese sentido no deja de ser revelador que Josefo, como veremos más adelante, manifieste su simpatía por Jacobo, a la vez que rechaza calurosamente las acciones de los zelotes a los que califica comúnmente de bandidos, charlatanes y ladrones.

Pero, por otro lado, contamos además con un documento de primera mano para este periodo en el que se recogen las actitudes, inquietudes y soluciones que el judeocristianismo brindaba a los problemas de tan difícil periodo. Me estoy refiriendo a la carta de Jacobo a la que dedicaremos el apartado siguiente.

El judeocristianismo de Jerusalén hasta la muerte de Jacobo (II): la carta de Santiago

Ya hemos estudiado en la primera parte de esta obra los aspectos relacionados con la datación y autoría de la epístola universal o católica que recibe el nombre de Santiago. Como ya indicamos en su momento, tanto el análisis interno como el externo apuntan, en nuestra opinión, a una autoría jacobea y, por ello, a una datación previa a la muerte de Jacobo en el 62 d. C. No obstante, nos centraremos ahora en los aspectos de la carta que son susceptibles de mostrarnos la manera en que la máxima autoridad del judeocristianismo en la tierra de Israel contempló el periodo de Félix y, posiblemente, Festo, y las soluciones que propugnó de cara a aquella crisis nacional.

En primer lugar, resulta evidente que el contexto histórico de la carta es de claro malestar social. En ella se nos habla de una evidente explotación de los campesinos (Sant. 5:1-6) a los que no se les abonan los jornales debidamente; de la situación de las viudas y de los huérfanos —y sin duda debieron de existir por millares en una época de semejante represión violenta— que resulta lo suficientemente omnipresente como para convertirse en piedra de toque de la genuinidad de la fe (Sant. 1:27) y de los ricos cuya presencia, como siempre en época de escasez, resulta más evidente y a los que se responsabiliza de la situación, siquiera de manera indirecta (Sant. 2:6).

Naturalmente, en una época como aquella, los fieles judeocristianos podían sentirse inclinados a caer en posturas de violencia —como los zelotes— o de especial complacencia hacia las clases dominantes. Si la nación judía atravesaba por un proceso creciente de polarización, era lógico que tal peligro no se hallara tampoco ausente del seno del judeocristianismo. Partiendo del énfasis judeocristiano de que la salvación se debía a la gracia de Dios y no a las propias obras,[169] existía un riesgo palpable de terminar profesando una fe externa y «ortodoxa» que excluyera una vivencia de compasión hacia el prójimo y, especialmente, hacia los más desamparados. Ésa sería una fe que Jacobo asemeja con la que tienen los demonios (Sant. 2:19), y que reduciría a nada las notas más distintivas del judeocristianismo.

[169] Como ya vimos ésa fue la postura petrina en el concilio de Jerusalén según la fuente lucana y es conocida la defensa que Pablo hizo de la misma, especialmente en las cartas dirigidas a los Gálatas y a los Romanos.

Jacobo no cayó en el error —propio de los nacionalismos— de culpar de la situación a las influencias extranjeras sobre Judea. Para él —como para los profetas de Israel (Amós 2:6-3; Isa. 5:1 y ss.; Jer. 7:1 y ss., etc.) y, en parte, para Josefo y algunos rabinos— la principal responsabilidad recaía sobre aquellos que se jactaban de conocer mejor a Dios, pero que no vivían en consecuencia. La culpa recaía, sobre todo, en aquellos que sabiendo hacer el bien, no lo hacían (Sant. 4:17), una afirmación que por su contenido y por ir formulada en segunda persona no puede estar referida a los gentiles.

Precisamente porque para Jacobo la raíz del mal había que buscarla más en la incapacidad de los «buenos» que en la perversidad de los «malos» es lógico que en todo el escrito no exista ni la más mínima referencia a una acción violenta o revolucionaria. Por el contrario, se afirma que la solución verdadera de la lamentable situación presente sólo se producirá con la venida del Mesías (Sant. 5:7). La actitud, pues, de los creyentes ha de ser de paciencia frente al mal y la explotación (Sant. 5:7 y ss.), de obediencia a toda la Torá (no deja de ser significativo que se haga una referencia explícita a que ésta incluye el precepto de «no matarás» (Sant. 2:10-12), algo que encontraba clara contradicción con la violencia zelote y de demostrar mediante sus obras que la fe que profesan no es sólo algo formal (Sant. 2:14-26). Su sabiduría, lejos de la sabiduría diabólica que está cargada de odio y recurre a la violencia (Sant. 3:13-16) (quizás un nuevo rechazo del empleo de la fuerza propio de los zelotes), debería caracterizarse por el pacifismo ya que ninguna justicia puede surgir de algo que no es pacífico (Sant. 3:17-18). Como algunas fuentes rabínicas posteriores, Jacobo creía que el uso de la fuerza sólo revertiría en perjuicio de los que la utilizaran y que la paciencia era una virtud divina.[170] Había que apartarse de la ira y de la violencia porque éstas jamás realizarían la justicia de Dios (Sant. 1:19-20), una afirmación que, de nuevo, es difícil no comprender como una advertencia contra el zelotismo.

---

[170] Gittim 55b-57a culpa, por ejemplo, de la destrucción de Adriano a los judíos que recurrieron a la violencia. En Baba Kama 93a se enseña como no hay que devolver las injurias, las ofensas o los daños físicos que se reciban sino soportarlos con paciencia.

El judeocristianismo se nos aparece así —y no es extraño si vemos los paralelos evangélicos y los datos de las fuentes lucana, paulinas y rabínica— como un movimiento espiritual piadoso y pacífico, que mostraba una especial preocupación por el cumplimiento riguroso de la Torá, que dedicaba, como veremos más adelante, buena parte de sus esfuerzos a paliar las penas de los más necesitados mediante la práctica de la beneficencia y la taumaturgia (especialmente la relacionada con la sanidad física), que se sentía como un foco de luz para una nación de Israel extraviada y que esperaba el retorno de Jesús como el Hijo del Hombre glorificado en virtud del cual se instauraría un nuevo orden divino sobre la tierra.

Es por todo ello lógico que la conclusión de la carta haga énfasis en tener fe no en los propios medios humanos (como los zelotes, como la aristocracia sacerdotal), sino en el Dios que provee materialmente, y que incluso sana físicamente a sus fieles (Sant. 5:17-20). El judeocristianismo es equiparado así con una especie de Elías colectivo que, como el histórico, profetiza en medio de una nación herida por la apostasía y aquejada de graves conflictos económicos, sociales y políticos. Como Elías, la comunidad judeocristiana era débil y humana, pero si tenía fe podía esperar con confianza recibir las bendiciones de Dios.

El judeocristianismo de Jerusalén hasta la muerte de Jacobo (III): el último encuentro con Pablo

En un periodo cercano a la redacción de la carta —las fuentes no nos permiten precisarlo con más exactitud— los judeocristianos iban a recibir una muestra de aprecio fraternal que, dados los tiempos que corrían, seguramente fue interpretada de manera providencial. Tal muestra de solidaridad provenía de aquellos que, en virtud del decreto jacobeo emanado del concilio de Jerusalén, formaban parte de la fe en Jesús. Nos estamos refiriendo a la ofrenda económica[171] que las iglesias gentiles enviaron, por mano de Pablo, a los

[171] La obra clásica en relación con el tema sigue siendo K. F. Nickle, "The Collection: A Study in Paul's Strategy", Londres, 1966. Ver también D. Georgi, "Die Geschichte der Kollekte des Paulus für Jerusalem", Hamburgo, 1965.

judeocristianos afincados en Israel y que sería la ocasión del último encuentro entre éste y Jacobo.

La fuente lucana es muy escueta en relación con este episodio que conocemos mucho mejor gracias a las diversas fuentes paulinas. A partir del libro de los Hechos (19:21), podemos deducir que Pablo llegó a la conclusión durante su ministerio en Éfeso de que su trabajo en el Egeo estaba virtualmente concluido, de que sería interesante acometer la evangelización de España —pasando por Roma— y de que, previamente a esa etapa final de su misión, debía descender a Jerusalén con la ofrenda de las iglesias gentiles, pero son los datos de sus epístolas realmente los que nos permiten conocer el tema con mayor profundidad.

La primera referencia a la ofrenda para los judeocristianos se encuentra en 1 Corintios 16:1 y permite suponer que el origen de la idea fueron los propios gentiles de Corinto que habían oído acerca de cómo Pablo estaba recogiendo una colecta destinada a Jerusalén entre los gálatas.[172] El consejo de Pablo había sido que apartaran algo de dinero cada domingo para entregárselo a él cuando los visitara tras pasar por Macedonia, puesto que se proponía quedarse en Éfeso hasta Pentecostés. Sabemos que, efectivamente, las iglesias paulinas se reunían en domingo en lugar de en sábado[173] —día pues ideal para recoger la ofrenda— y, por otro lado, la fuente lucana confirma el itinerario al que se refiere Pablo (Hech. 19:21). En cuanto a la fiesta de Pentecostés a la que se refiere el apóstol, podría ser la del año 55 d. C. (unas siete semanas después de que escribiera Pablo). De hecho, la referencia a las primicias y a la cosecha que se menciona en 1 Corintios 15:20 y 5:7 resultaría especialmente apropiada en relación con esta fiesta judía.

Con todo, lo más seguro es que se produjera un cambio de planes. Por aquellas fechas posteriores a Pentecostés del 55 d. C.,

---

[172] En este mismo sentido J. C. Hurd, "The origin of I Corinthians", Londres, 1965, págs. 200 y ss. y F. F. Bruce, "New Testament History", Nueva York, 1980, pág. 351.

[173] Hechos 20:7. En este mismo sentido, pero ampliando tal costumbre al conjunto total del cristianismo y atribuyéndole un origen no paulino sino judeocristiano, ver D. Flusser, "Tensions Between Sabbath and Sunday", en E. J. Fisher (ed.), "The Jewish Roots of Christian Liturgy", Nueva York, 1990.

puede haber realizado la lamentable visita a que se hace referencia en 2 Corintios 2:1 y, finalmente, se produjo una modificación de lo planeado, tal y como se desprende de 2 Corintios 1:15 y ss. El tema de la colecta deja entonces de mencionarse, lo que es lógico si las relaciones entre el apóstol y los corintios se habían deteriorado.

Volvemos a encontrarnos con esta misma cuestión al final de la carta de la reconciliación con los corintios (2 Cor. 1-9). La misma fue enviada desde Macedonia y el apóstol se refiere al tema de paso que alaba la generosidad de las iglesias de ese mismo lugar. Al parecer, éstas, sin tener en cuenta su propia pobreza, habían tomado la iniciativa de la colecta y la habían entregado a Pablo para que se la hiciera llegar a los pobres de Jerusalén. Posiblemente los cristianos gentiles de Macedonia habían preguntado acerca de la manera en que la colecta se iba desarrollando en otros lugares y Pablo había mencionado cómo desde el año anterior estaba siendo llevada a cabo en Corinto y otras partes de Acaya. La carta dirigida a los corintios es una súplica del apóstol para que no lo dejen en mal lugar ante los cristianos gentiles de Macedonia. En la misiva se señala asimismo que Pablo envía a Tito y a otros dos[174] para ayudarlos a terminar de recoger la ofrenda de forma que cuando él llegase a Corinto acompañado por algunos macedonios ni los corintios ni él mismo tuvieran que avergonzarse.

Aunque Pablo procura expresarse con el mayor tacto posible insistiendo en que se trata de una muestra de generosidad de los corintios y no de una exigencia propia (2 Cor. 9:5), lo cierto es que algunos de los corintios no debieron sentir mucha simpatía por la idea. Buena prueba de ello son las referencias repetidas que aparecen en los capítulos finales de 2 Corintios en relación con la honradez de Pablo en lo que a cuestiones monetarias se refería así

[174] Desconocemos la identidad de los dos acompañantes de Tito pero existe una cierta probabilidad de que uno de ellos fuera Lucas. Así lo identificó —aunque no sobre base muy firme— Orígenes en el pasado (Eusebio, Hist. Eclesiástica, VI, 25, 6). A favor de esta misma tesis, defendida de manera brillante, se ha mostrado ya en nuestro siglo A. Souter, "A Suggested Relationship between Titus and Luke" en "Expository Times", 18, 1906-7, pág. 285 e Idem, "The Relationship between Titus and Luke" en "Ibidem", págs. 335 y ss.

como en cuanto a la escrupulosidad de Tito en el mismo tipo de asuntos (2 Cor. 12:16).

No sabemos cuál fue el resultado exacto de las gestiones de Pablo ante los corintios relativas a la colecta. Sí está establecido que pasó en la ciudad unos tres meses a finales del año 56 d. C. Con todo, es muy posible que no fuera defraudado del todo en sus expectativas porque en la carta a los Romanos, que escribió durante aquella estancia en Corinto, señala que tiene consigo la ayuda económica proporcionada por Macedonia y Acaya y que la llevará a Jerusalén antes de emprender su viaje a España (Rom. 15:25-27).

Que Pablo pretendía fortalecer los vínculos de unión entre los gentiles cristianos y los judeocristianos con aquella colecta es seguro; que en la realización de la misma posiblemente vio un cumplimiento de lo acordado con las tres columnas de la comunidad de Jerusalén años antes (Gál. 2:6-10) cabe asimismo dentro de lo posible, pero no puede descartarse tampoco que Pablo contemplara aquel viaje provisto de un contenido escatológico relacionado con las ofrendas que en los últimos tiempos las naciones gentiles subirían a Jerusalén (Isa. 66:20; Sof. 3:10; Salmos de Salomón 17:34, etc.). En su caso concreto, el apóstol creía que los gentiles eran parte de ese pueblo de Dios. Esto explicaría el hecho de que los acompañantes de Pablo, tal y como aparecen mencionados en Hechos 20:4, fueran miembros de las diversas iglesias asentadas en las zonas donde el apóstol había predicado. La lista contiene nombres de las comunidades de Macedonia (Berea y Tesalonica), Galacia (Derbe) y Asia. Si Lucas acompañó al apóstol —lo que nos parece muy posible— posiblemente representaría a las comunidades de Filipos y no deja de ser significativa la ausencia de nombres de Corinto.

El viaje hacia Jerusalén fue contemplado por Pablo como algo peligroso tiempo antes de que comenzara (Rom. 15:31) y aquella impresión resultó confirmada, según la fuente lucana, a través de los mensajes proféticos que recibió durante su viaje en el seno de varias iglesias (Hech. 20:23; 21:4,10-14). Nada, sin embargo, disuadió a Pablo de su propósito[175] y, finalmente, hizo su entrada en Jerusalén

---

[175] En este sentido el dato reflejado en Hechos 20:22 respecto a la convicción de Pablo presenta visos de una autenticidad notable.

donde fue recibido por Jacobo y los ancianos de la comunidad judeocristiana (Hech. 21:17 y ss.).

La fuente lucana pone de manifiesto que la visita de Pablo obtuvo una buena acogida y no tenemos motivo para dudar de que fuera así. La época era especialmente conflictiva, los necesitados —a juzgar por la epístola de Santiago— debían ser numerosos y la colecta, cuya cuantía desconocemos, aunque no debió ser insignificante, seguramente fue bien recibida. Por otra parte, las noticias del crecimiento misionero posiblemente fueron acogidas también con alegría puesto que indicaban hasta qué punto las decisiones del «decreto jacobeo» habían sido acertadas (Hech. 21:19-20). Con todo, no todo iba a resultar igual de armonioso. En Jerusalén —y es fácil de creer que también en la Diáspora— corrían rumores contrarios a Pablo, difundidos por algunos judíos, en el sentido de que enseñaba que éstos no tenían que circuncidar a sus hijos ni obedecer la Torá. Ni Jacobo ni sus compañeros creían en tales acusaciones y además se manifestaban satisfechos con el «decreto jacobeo» como regla de aplicación a los gentiles.[176] Era impensable retroceder de aquella postura para imponer a los gentiles el cumplimiento de la Torá. No obstante, a su juicio, resultaba imperativo aclarar tal situación porque el movimiento había crecido considerablemente y los nuevos fieles de origen judío eran celosos cumplidores de la Torá.

La noticia, contenida en la fuente lucana, tiene todo el aspecto de ser fidedigna. Efectivamente, Pablo no enseñó jamás que los judíos convertidos a la fe de Jesús tuvieran que dejar de circuncidarse o de obedecer la Torá y el mismo parece haber estado dispuesto a obedecer la Torá siquiera para ganar judíos a Cristo (1 Cor. 9:20-22). Hoy en día, tales aspectos parecen fuera de duda.[177] Por supuesto, su enseñanza —como la petrina— insistía en que el cumplimiento de la Torá no era lo que llevaba al hombre a obtener la salvación, sino la fe en Jesús, e indicó con claridad que los creyentes en Jesús ya no estaban bajo la misma (Gál. 3:23-25), pero tampoco rechazó

---

[176] Hechos 21:25. En un sentido similar, ver H. Conzelmann, "Die Apostelgeschichte", Tubinga, 1963, p. 123 y E. Haenchen, "The Acts of the Apostles", Oxford, 1971, pág. 610.

[177] Ver E. P. Sanders, Oc, 1977, págs. 474 y ss., e Idem, Oc, 1989, págs. 143 y ss.).

su obediencia entre los judíos. Entre los judíos porque, en relación con los gentiles, hay que insistir en que Pablo mantuvo una postura —por otro lado, con paralelos en el judaísmo de la época y, en cualquier caso, sancionada por la comunidad de Jerusalén— en el sentido de que no estaban sujetos ni a la circuncisión ni al cumplimiento de la Torá.

Los enemigos judíos del judeocristianismo se veían ante la imposibilidad de acusar a Pablo de antinomianismo. Los judeocristianos eran celosos de la ley y Jacobo constituía un paradigma al respecto. Pero el mensaje de Pablo podía ser tergiversado en el sentido de que no sólo eximía de la Torá y de la circuncisión a los gentiles sino también a los judíos, y a través de esta argucia, agredir la credibilidad de los judeocristianos de Judea. Estos, que en armonía con todas las fuentes no dieron crédito a la acusación, sin embargo, necesitaban mostrar que Pablo era inocente de la misma y, con tal finalidad, le recomendaron la ejecución de un gesto que pusiera de manifiesto que él también era un fiel cumplidor de la Torá. La ocasión la proporcionó el hecho de que cuatro jóvenes tuvieran que raparse la cabeza como señal de un voto y que, por ello, necesitaran presentar ofrendas (Hech. 21:23 y ss.).

El voto en buen número de casos se cumplía tras experimentar la curación de una enfermedad y puede haber sido el caso de estos jóvenes porque los Hechos taumatúrgicos están muy bien documentados en el seno del judeocristianismo, incluso en las fuentes hostiles al mismo. En cualquier caso, el costear este tipo de votos era considerado una acción especialmente digna de alabanza y sabemos que el mismo Herodes Agripa realizó un acto similar presumiblemente también con fines propagandísticos (Ant XIX, 294). Pablo aceptó la sugerencia de Jacobo[178] y no es de extrañar en absoluto. Por un lado, era un fiel cumplidor de la Torá y el acto encajaba perfectamente dentro de la misma; por otro, él mismo lo había realizado en el pasado al menos en una ocasión, muy

---

[178] J. D. G. Dunn, "Unity and Diversity in the New Testament", Londres, 1977, pág. 257, ha especulado con la posibilidad de que el cumplimiento de la ceremonia fuera la condición previa impuesta por la comunidad jerosolimitana para aceptar la colecta. Francamente, no existe en las fuentes ningún apoyo para tal punto de vista.

probablemente tras sanar de una enfermedad (Hech. 18:18). A esto han añadido algunos autores el hecho de que, de alguna manera, la visita al templo le permitiría consumar el contenido escatológico de la ofrenda de los gentiles llevada a Jerusalén.[179]

Si no se especificaba otra duración, el voto de nazireato duraba treinta días (Mishnah, Nazir 6:3). Durante ese periodo, se producía una abstención total del consumo de vino y bebidas alcohólicas, se evitaba el contacto susceptible de crear un estado de contaminación ritual (por ej. con un cadáver), y no se cortaba el cabello. Al final de ese periodo se presentaba una ofrenda en el templo y el cabello, ya cortado, era consumido en un fuego sacrificial junto con un cordero y una cordera de un año y un carnero sin defecto (Núm. 6:13-14. También Mishnah, Nazir 6:5-6). Cualquier israelita podía asociarse con el nazireo asumiendo el coste de la ofrenda. Ésa era la sugerencia que se hacía a Pablo. Para que éste mismo pudiera participar debía asimismo someterse a una ceremonia de purificación puesto que regresaba de tierra de gentiles.

Por desgracia para los judeocristianos (y no digamos para Pablo) el plan no obtuvo éxito. El apóstol fue acusado de haber introducido a gentiles en el templo produciéndose una revuelta en el mismo. La gravedad de la acusación puede comprenderse si tenemos en cuenta que acciones como aquella estaban penadas con la muerte, según

---

[179] Este último aspecto es claramente especulativo y no puede apuntarse sino como una posibilidad apuntada también por otros autores. En ese sentido, ver F. F. Bruce, "New Testament History", 1980, Nueva York, pág. 355. Este mismo autor (F. F. Bruce, "The Book of Acts", Grand Rapids, 1990, págs. 406 y ss. e Idem, "Paul: Apostle of the heart set free", Grand Rapids, 1990) ha expresado sus dudas acerca de que Pablo creyera en la efectividad de la medida arbitrada por Jacobo y los judeocristianos pero creemos que tal punto de vista arranca más que de una lectura de las fuentes de una consideración sobre los hechos posteriores. En cuanto a la visión de A. J. Mattill, "The Purpose of Acts: Schneckenburger reconsidered" en "Apostolic History and the Gospel", ed. W. W. Gasque y R. P. Martin, Exeter, 1970, en el sentido de que la comunidad de Jerusalén rechazó la ofrenda gentil (pág. 116) y de que la sugerencia del pago de los votos fue una trampa de los judaizantes para que fuera capturado en el templo (pág. 115) —trampa descubierta por el autor de la fuente lucana en el mismo momento de la captura de Pablo— parece, a nuestro juicio, más digna de una novela que de un estudio serio de las fuentes. Desde luego, si el autor del libro de los Hechos pensó alguna vez en que la sugerencia de Jacobo era una trampa para Pablo se ocupó de ocultar su pensamiento a conciencia.

se desprende de dos fuentes epigráficas descubiertas una en 1871 y otra en 1935.[180] A las acusaciones (falsas, como hemos visto) de enseñar a los judíos que no debían circuncidar a sus hijos y que no estaban sujetos a la Torá, acababa de añadir ahora la de profanar el templo, algo que recordaba en parte los cargos que habían costado la vida a Esteban. Es muy posible que su final hubiera sido similar de no intervenir la guarnición romana que estaba acuartelada en la fortaleza Antonia (Hech. 21:27 y ss.). Por otro lado, los intentos paulinos de dar una explicación a su conducta —que, quizás con muy poco tacto, fueron encaminados a convencer a sus compatriotas de sus ideas— sólo consiguieron soliviantar más los ánimos y, finalmente, Pablo fue trasladado de Jerusalén a Cesarea por las autoridades romanas que, muy posiblemente, le salvaron la vida con tal acción.

Las fuentes no nos informan de lo que sucedió con los compañeros de Pablo. Cabe pensar que debieron apresurarse a abandonar Jerusalén. Especialmente Trófimo se hallaba en una situación delicada por cuanto era acusado de haber entrado en el recinto prohibido del templo (Hech. 21:29). Lucas es posible que permaneciera en Cesarea,[181] cerca de Pablo, al igual que lo hizo quizás Aristarco de Tesalónica. Desde luego la fuente lucana señala que ambos acompañaron a Pablo en el viaje de Cesarea a Italia (Hech. 27:2).

Las fuentes no nos informan de la reacción de la comunidad judeocristiana de Jerusalén en relación con la detención de Pablo, sin embargo, parece evidente que no pudieron —si es que lo desearon, lo cual es dudoso— distanciarse de éste. En la vista de Pablo ante Félix, el abogado del Sanedrín, un tal Tértulo, acusó a Pablo de ser uno de los dirigentes nazarenos y, desde luego, no parece que viera ninguna diferencia entre él y sus correligionarios de Jerusalén (Hech. 24:5). Pero si el hombre de Tarso pudo verse a salvo de las autoridades judías, por su condición de ciudadano

---

[180] Sobre la inscripción situada en el mismo que anunciaba la prohibición de entrada a los gentiles, ver C. S. Clermont-Ganneau, "Discovery of a Tablet from Herod's Temple" en "Palestine Exploration Quarterly", 3, 1871, págs. 132-3 y J. H. Iliffe, "The ZANATOS Inscription from Herod's Temple" en "Quarter of the Department of Antiquities of Palestine", 6, 1936, págs. 1-3.

[181] Hemos sostenido esa tesis en C. Vidal, *El Hijo del Hombre*, Madrid, 2007.

romano,[182] (y ser enviado a Roma para ser juzgado allí), no sucedió lo mismo con los judeocristianos en tierra de Israel.

El martirio de Jacobo

Prácticamente nada sabemos de lo acontecido con los judeocristianos de Israel desde el incidente relacionado con Pablo (primavera del 57) hasta el año 62 d. C. Esta última fecha resultaría sombría en la historia del movimiento. Aquel año, el procurador Festo falleció de manera repentina estando todavía en el ejercicio de su función. Aquel vacío de poder fue aprovechado por el sumo sacerdote Anano (Annás) para atacar de manera directa a los judeocristianos. Las razones no son difíciles de imaginar. En buena medida, el judeocristianismo constituía una oposición difícil de abatir por medios indirectos. Por un lado, abominaba de las soluciones violentas lo que dificultaba la posibilidad de calificarlos como «bandoleros» —la conducta que se estaba siguiendo con los zelotes— y encomendar su eliminación física al ocupante romano. Por otro, y basta leer la carta de Jacobo para percatarse de ello, sus ataques directos a una clase que, no en todo, pero sí en parte, podía identificarse con el alto clero, contribuían a ver al movimiento como un claro enemigo al que debía eliminarse de la misma manera que se había hecho con su fundador e inspirador.

Anano convocó un concilio de jueces y ordenó comparecer ante el mismo a «Jacobo, el hermano de Jesús, llamado Mesías», y a algunos otros. En lo que podemos suponer que fue un simulacro de proceso, se les condenó a ser apedreados por haber quebrantado la ley (Ant XX, 200). Podemos suponer asimismo que el veredicto estaba dado de antemano. ¿Cuál fue la acusación concreta que se formuló contra Jacobo y los demás judeocristianos que fueron ejecutados con él? A juzgar por los datos que nos proporciona Josefo en relación con el pesar que tales muertes ocasionaron en muchos judíos, resulta difícil creer que haya existido realmente un

182 Acerca de la ciudadanía romana de Pablo, ver A. N. Sherwin-White, “Roman Society and Roman Law in the New Testament”, Oxford, 1963, págs. 57 y ss.; F. F. Bruce, “Paul...”, págs. 37 y ss.

quebrantamiento de la Torá por parte de Jacobo y sus compañeros. Por otra parte, resulta inadmisible especular con la posibilidad de que Jacobo y los demás fueran culpables —incluso acusados— de zelotismo. De haber sido ése el caso, Josefo nos hubiera transmitido una noticia menos favorable de los ejecutados y, por otra parte, los autores del simulacro de proceso no hubieran temido la llegada del procurador Albino como, efectivamente, sucedió. De hecho, Agripa II destituyó a Annás de su cargo (Ant XX, 201-3) (había aplicado una pena de muerte cuando no tenía tal derecho legal), buscando de nuevo colocar a los judíos en una posición que no resultara opuesta a la de Roma.

El relato de la muerte de Jacobo, consignado en Josefo, no aparece en la fuente lucana, lo que es, a nuestro juicio, una de las pruebas de que la misma fue redactada en su forma final antes del 62 d. C. Sin embargo, nos ha llegado a través de otras fuentes que lo confirman, aunque añadiendo datos cuya veracidad no puede ser establecida de manera indubitable. Clemente de Alejandría (Hypotyposes VII. Ver también HE, II, 1, 5) señala que Jacobo fue arrojado desde el pináculo del templo y rematado, tras la caída, por el mazazo de un batanero. Tal relato puede ser un resumen del proporcionado por Hegesipo (HE, II, 23, 8-18) en el que se menciona una confrontación teológica entre Jacobo y los «escribas y fariseos» de la que salió ganador el primero. Según Hegesipo, la respuesta favorable a Jacobo por parte de la multitud habría provocado que sus adversarios comenzaran a apedrearlo, dándole el golpe de gracia un batanero con su maza. Lo cierto, sin embargo, es que las coincidencias entre el relato de Hegesipo y el de la muerte de Esteban son notables y podrían implicar que el fondo del primero es más hagiográfico que histórico.[183] Desde luego, la finalidad teológica de la fuente es clara porque Hegesipo hace depender la destrucción de Jerusalén de la muerte de Jacobo.[184]

---

[183] Con todo, no deberían obviarse los juegos de palabras del relato de Hegesipo que son incomprensibles sin proceder de una fuente semítica que, necesariamente, sería antigua.

[184] Ver Eusebio, Hist. Ecles. II, 23. 18. Según Orígenes, Contra Celso I, 47, y Eusebio, Hist. Ecles. II, 23. 30, Josefo habría sido de la misma opinión, pero no nos ha llegado tal afirmación en ninguno de los manuscritos que se conservan del

En cualquier caso, la desaparición de Jacobo debió ser un duro golpe para la comunidad judeocristiana de Jerusalén. El personaje no sólo había sabido manejar con brillantez y resolución problemas como el relacionado con la cuestión de la admisión de los gentiles en la comunión de la fe, sino que además había sabido proporcionar una inspiración al movimiento que se apartaba de la solución violenta de los zelotes sin caer tampoco en el colaboracionismo explotador del alto clero. En momentos de especial crispación, había sabido mantener una visión de la realidad, pacífica y compasiva, que, de haber sido seguida en pleno por todo el pueblo judío (y muchos dentro del mismo abogaban por uno similar), hubiera evitado el final de éste como nación y la destrucción de la ciudad santa y del templo. Por ello, puede decirse que su desaparición se produjo quizás en el momento en que su presencia resultaba más necesaria tanto para el pueblo judío, en general, como para el judeocristianismo, en particular.

historiador judío y el cómo llegaron a esa conclusión los dos padres mencionados continúa siendo un enigma.

CAPÍTULO IV

DE LA MUERTE DE JACOBO A LA GUERRA CON ROMA Y LA DESTRUCCIÓN DEL TEMPLO (62-70 D. C.)

Bajo Albino (62-64 d. C.) y Floro (64-66 d. C.)

El periodo en funciones de Albino comenzó con gestos —recordemos la forma en cómo influyó sobre Herodes para que destituyera como sumo sacerdote a Annas que había ejecutado a Jacobo y a otros judeocristianos (Ant XX, 197-203)— que hubiera hecho esperar una actitud tendente a restablecer la ley, el orden y la justicia en el territorio judío. Decidido a apoyarse en el sumo sacerdote, se dejó convencer por éste para poner en libertad a algunos sicarios a cambio de que los compañeros de éstos liberaran al secretario del general (o capitán del templo) Eleazar.[185] Tal acción se tradujo inmediatamente en un incremento de la violencia en una zona, que padecía, a la vez, la pérdida de popularidad de Agripa II con ocasión de sus derroches en Berito (Beirut) (Ant XX, 211 y ss.) y la constitución de bandas de matones al servicio del sumo sacerdote (Ant XX, 213 y ss.). Supuestas medidas de magnanimidad como la de Albino de decretar la puesta en libertad de multitud de presos comunes en vísperas de la llegada de Floro sólo sirvieron para agravar la situación (Ant XX, 215). Ésta aún se deterioró más al finalizar los trabajos de construcción del templo —que proporcionaban ocupación a más de 18 000 personas (Ant XX, 219 y ss.).

---

185 Eleazar es descrito en Guerra II, 409 como un joven que contribuyó al estallido del conflicto con Roma al convencer a los sacerdotes para que no realizaran los sacrificios en nombre del emperador y de la nación romana. Es dudoso que pueda identificársele con el Eleazar que fue sumo sacerdote con Grato, ver Ant. XVIII, 34.

Con todo, es imposible saber si la tensión hubiera podido ceder de no haberse hecho cargo Floro del gobierno en aquellos momentos. El mismo Tácito reconoce que la paciencia de los judíos duró hasta que Gesio Floro fue procurador (Hist V, 10). Venal y codicioso, permitió a los bandidos realizar sus correrías sin ningún tipo de obstáculos siempre que aceptaran dividir sus rapiñas con él (Guerra II, 14, 2; Ant XX, 11, 1).

La guerra con Roma (66 a 73-74 d. C.)

La rebelión contra Roma dio comienzo con un acto no más grave que otros anteriores, (como, por ejemplo, el intento de Calígula de colocar su estatua en el templo), pero que tuvo lugar en un contexto religioso, social y económico especialmente tenso. Floro se había hecho con diecisiete talentos procedentes del tesoro del templo. Ante las burlas de algunos judíos, Floro marchó a Jerusalén con la intención de entregar al saqueo parte de la ciudad. El 16 de Artemisión (Iyyar, abril-mayo) del 66 d. C. (Guerra II, 15, 2), muchos de los habitantes de la ciudad —incluyendo algunos caballeros romanos de estirpe judía— fueron capturados, azotados y crucificados. Se iniciaba así una espiral que llevó a las pocas horas a los judíos a apoderarse del monte del templo y cortar las comunicaciones entre éste y la fortaleza Antonia. Mientras fracasaban los intentos de Agripa —que regresó apresuradamente de Alejandría— por restaurar la paz (Guerra II, 16, 1-5), los sublevados tomaban la fortaleza de Masada e interrumpían el sacrificio diario por el emperador, a la vez que decidían no aceptar ningún sacrificio de los gentiles. La decisión implicaba una declaración formal de guerra contra Roma (Guerra II, 17, 2-4).

En apenas unos días, los rebeldes incendiaron los palacios del sumo sacerdote, y de Agripa y Berenice (Guerra II, 17, 4-6), se apoderaron de la fortaleza Antonia y sitiaron el palacio superior (el de Herodes). El 7 de Gorpieo (Elul: agosto-septiembre) el sumo sacerdote Ananías fue capturado y asesinado (Guerra II, 17, 9). El gobernador de Siria, Cestio Galo, decidió marchar contra Jerusalén, pero el resultado fue muy diferente de lo esperado. La ciudad, en contra de lo esperado, resistió frente al ataque de las legiones y el romano optó por una retirada que se revelaría calamitosa para su ejército (Guerra II, 19, 5 y ss.). Mientras tanto una asamblea popular elegía los mandos provinciales.

Roma no estaba dispuesta a dejar sin castigo aquel revés y pronto el mando de la guerra fue encomendado a Vespasiano que no perdió tiempo a la hora de entrar en acción. La rendición a petición propia de Séforis permitió a los romanos controlar un enclave esencial (Guerra II, 2, 4). Cuando se produjo la victoria romana cerca de Garis (Vida LXXI), Galilea cayó ante las legiones como una fruta madura. Tiberíades, Tariquea, Gamala (Guerra IV, 1, 8) y Giscala fueron ocupadas una tras otra, de forma tal que, a finales del año 67 d. C., todo el norte de Palestina se había perdido para los rebeldes.

Mientras tanto Jerusalén era el escenario de una «guerra dentro de la guerra», esta vez entre los zelotes y sus enemigos. El triunfo de los primeros capitaneados por Juan de Giscala tuvo, entre otras consecuencias, el asesinato de buen número de notables (Guerra IV, 3, 4-5) y la elección por sorteo de un nuevo sacerdote de origen popular (un tal Fanías, o Fani, Fanaso o Pinjás) (Guerra IV, 3, 6-8). La llegada de los idumeos a Jerusalén, a instancias del partido zelote, desató —aún más si cabe— el terror revolucionario (Guerra IV, 5, 1 y ss.). Los no afectos a los zelotes fueron asesinados aunque se tratara de sumos sacerdotes (como fue el caso de Anás y Jesús) o hubieran sido absueltos en un proceso previo (como aconteció con Zacarías ben Baruc).

Los generales de Vespasiano pensaban que aquel era el momento adecuado para atacar la ciudad, pero él prefirió hacerse antes (mediados del 68 d. C.) con el control de Perea (Guerra IV, 7, 4-6), Antípatris, Lidia, Jamnia, Siquem y Jericó. Cuando finalmente iba a desencadenar el ataque contra Jerusalén sucedió algo que no sólo cambió sus planes sino también la historia de Roma.

El 9 de junio del 68 d. C., tuvo lugar el suicidio del emperador Nerón, pero cuando llegó la noticia hasta Vespasiano, que se encontraba dispuesto a asaltar Jerusalén, optó el general por detener el curso de las operaciones. Finalmente, cuando supo, en el invierno del 68-69, que Galba era el nuevo emperador, envió a su hijo Tito a Roma para rendirle homenaje y recibir órdenes.

Al llegar Tito a Corinto, supo del asesinato de Galba (15 de enero del 69 d. C.) y decidió regresar junto a su padre. Para entonces, Vespasiano se había visto obligado a reiniciar las operaciones esta vez contra una banda de zelotes que, capitaneada por Simón Bar Giora, combatía en Galilea (Guerra IV, 9, 3-8). En una notable sucesión de operaciones, Vespasiano sometió Gofna, Acrabata, Betel y Efraim, marchando a continuación contra Jerusalén. Con la excepción de esta ciudad —el tribuno Cereal había conquistado en el ínterin la rebelde Hebrón— sólo Herodio, Masada y Maqueronte escapaban todavía del dominio romano.

A esas alturas, un nuevo cambio se había producido en lo referente a la persona que regía los destinos de Roma. Vitelio era ahora el nuevo emperador, pero no iba a ser el suyo un gobierno prolongado. De hecho, el encargado de sofocar la rebelión judía estaba llamado a sucederlo. Aunque no hay coincidencia en las fuentes sobre qué legiones proclamaron primero emperador a Vespasiano —según Tácito (Hist II, 79-91) y Suetonio (Vespasiano VI) fueron las egipcias; según Josefo, las propias legiones de aquel (Guerra IV, 10, 2-6)— ni tampoco acerca de cuándo tuvo lugar tal hecho —Tácito indica «quintum Nonas Iulias» y Suetonio «Idus Iul»— lo cierto es que el general romano se vio convertido, merced al apoyo del ejército, en nuevo emperador de Roma, ciudad a la que llegó en la segunda mitad del 70 d. C.[186] Sobre su hijo Tito iba a recaer la responsabilidad de proceder a la toma de Jerusalén (Guerra IV, 11, 5).

La ciudad se encontraba en aquellos momentos dividida en tres zonas controladas por otros tantos partidos enfrentados sañudamente entre sí. En su irresponsable odio, habían llegado incluso a destruir los almacenes de grano de la ciudad para impedir que cayeran en manos de fuerzas rivales.[187] Tito llegó ante Jerusalén

---

[186] Tácito atribuye el motivo de la demora a la espera de que hubiera vientos veraniegos que garantizaran la bonanza del viaje, ver Hist. IV, 81.

[187] Josefo, Guerra V, 1, 1-5; Tácito, Hist. V, 12. La noticia ha sido transmitida también en la literatura rabínica, ver bGit. 56a; Eccl. R. 7, 11.

unos días antes de la Pascua del 70 d. C. pudiendo comprobar enseguida que el enclave ofrecería una encarnizada resistencia. De hecho, la llegada del enemigo produjo como reacción inmediata la unión de las fuerzas zelotes.

Dos semanas les costó a los romanos conseguir penetrar en la ciudad. El 7 de Artemisión (Iyyar: abril-mayo) controlaban todo el primer recinto amurallado y nueve días después el segundo (Guerra V, 7 y ss.). En esos momentos, Tito, valiéndose de Josefo, ofreció a los zelotes la posibilidad de capitular (Guerra V, 9, 3 y ss.). Cuando los judíos rechazaron la oferta de rendición, Tito radicalizó la severidad del asedio. En adelante, todo el que cayera en manos romanas, sería o crucificado a la vista de los habitantes de Jerusalén o devuelto a la ciudad con los miembros mutilados (Guerra V, 10, 2-5). A tan horrenda perspectiva, se unió el espectro terrible del hambre. Tito rodeó Jerusalén con un muro de piedra —¡en tan sólo tres días!— y apostó guardianes destinados a impedir las fugas (Guerra V, 12, 1-32).

El 17 de Panemo, los judíos tuvieron que suspender los sacrificios de la mañana y de la tarde, que se habían venido celebrando hasta entonces. Aquello debió significar un severo mazazo sobre la moral de los asediados[188] y Tito quiso aprovecharlo volviendo a ofrecer la capitulación de la ciudad nuevamente a través de Josefo. El nuevo fracaso de la oferta llevó definitivamente al romano a plantearse la necesidad de llevar a cabo el asalto final. Con tal finalidad, Tito hizo construir cuatro plataformas ascendentes (Guerra VI, 2, 1 y ss.) que, terminadas el 8 de Lous (Ab: julio-agosto), permitieron pasar a una fase de asedio formal.

Ante la imposibilidad de derribar las murallas, se procedió a incendiar las puertas para así lograr el acceso al atrio exterior del templo (Guerra VI, 4, 1-2). Naturalmente, resultaba obligado decidir cómo se desarrollarían las operaciones en torno al templo. El 9 de Ab, un consejo del estado mayor romano decidió salvar el santuario (Guerra VI, 4, 3) pero, al día siguiente,[189] los judíos

[188] Taa. 4, 6, presenta el cese del sacrificio perpetuo como uno de los cinco desastres acontecidos el 17 de Tammuz.

[189] Las fuentes rabínicas difieren de Josefo en la datación de la toma del templo. Taa. 4, 6 fija el día de la destrucción el 9 de Ab y bTaa. 29a la retrocede incluso

lanzaron dos ataques desde el atrio interior. Según Josefo, en el acto de rechazar el segundo ataque, un soldado romano lanzó un tizón en el interior del recinto del templo. Ésa y no otra habría sido la causa del incendio. Con todo, existe asimismo la posibilidad de que el fuego fuera causado inicialmente por los judíos para impedir el avance romano (Dión LXVI, 6, 1). Sea como fuere, lo cierto es que, a partir de ese momento, los soldados romanos siguieron lanzando antorchas sobre el lugar, que, convertido en pasto de las llamas, acabó viniéndose abajo (Guerra VI, 4, 4-7).

Los autores posteriores han variado en su juicio a la hora de señalar al responsable del desastre. Josefo exculpó claramente a Tito y a sus colaboradores más cercanos. Por el contrario, Sulpicio Severo[190] sostuvo que Tito había arrasado voluntariamente el templo, aunque las razones que adujo, y que incluyen el odio a los cristianos, son dudosamente verosímiles. Con él coincidieron, no obstante, Orosio (VII, 9, 5-6) e indirectamente Dión (LXVI, 6, 1-3), al menos en cuanto a la responsabilidad de haber decidido la destrucción del templo.

La entrada de las tropas romanas en la ciudad estuvo caracterizada por un uso indiscriminado de la violencia. En manos de los hombres de Tito cayeron ancianos, mujeres, niños y, en general, toda clase de población civil. Mientras las legiones alzaban sus estandartes en el atrio exterior del templo y proclamaban a Tito como Imperator, Juan de Giscala y sus seguidores consiguieron escapar hasta la ciudad alta.[191] Era la suya una resistencia inútil.

El día 8 de Gipieo, toda Jerusalén se encontraba ya bajo el control de los romanos (Guerra VI, 8, 5). Los judíos supervivientes fueron ejecutados, enviados a trabajar en las minas o destinados a los combates de gladiadores. Aunque todavía quedaban por tomar algunos enclaves zelotes como el de Masada, Roma había deshecho a Judea como nación siquiera formalmente independiente y le había privado

---

al 8 de Ab, quizás por hacerla coincidir con el momento en que Tito quemó las puertas.

190 Crón. II, 30, 6-7. Sobre el mismo ver H. W. Montefiore, "Sulpicius Severus and Titus' Council of War" en Historia, 11, 1962, págs. 156 y ss.

191 Josefo, Guerra VI, 6, 1 y ss.; Suetonio, Tito V; Dión LXVI, 7, 2; Orosio, VII, 9, 6.

de todo el valor espiritual y simbólico que representaba el templo de Jerusalén.

La huida a Pella

Los datos que disponemos en relación con la comunidad judeocristiana de Jerusalén durante este periodo, que va desde la muerte de Jacobo en el 62 d. C. hasta la destrucción de Jerusalén y la toma del templo en el año 70 d. C., son muy fragmentarios, aunque de notable interés. Sabemos que como sucesor de Jacobo la comunidad judeocristiana de Jerusalén optó por elegir a otro miembro de la familia de Jesús, Simeón o Simón, el hijo de Cleofas, muy posiblemente un tío de Jesús. La noticia nos ha sido transmitida por Eusebio que, a su vez, se inspira seguramente en Hegesipo.[192]

Con todo, el hecho más importante de este periodo en relación con los judeocristianos de Jerusalén fue, sin lugar a dudas, el que pudieran sobrevivir como colectivo en virtud de su huida hacia Pella, en la Decápolis.[193] La veracidad o no de esta noticia permite saber si existió alguna vinculación histórica entre la comunidad judeocristiana de Jerusalén de Hechos 24:5 y los judeocristianos posteriores que nos son conocidos por las fuentes patrísticas y a los que no nos referiremos específicamente en esta obra.

Según Eusebio (HE, III, 5, 3), en algún momento situado entre la muerte de Jacobo en el 62 d. C., y el estallido de la rebelión

[192] Eusebio, Hist. Ecles III, 11. Eusebio cita a Hegesipo para afirmar que Cleofas era hermano de José, el esposo de María. El peso que la familia de Jesús tenía en el movimiento es mencionado asimismo por Julio Africano, del que también cita Eusebio, Hist. Ecles, I, 7. 14.

[193] Estudios al respecto en B. C. Gray, "Journal of Ecclesiastical History", 24, 1973, págs. 1-7; J. J. Gunther, "Theologische Zeitschrift", 29, 1973, págs. 81-94; M. Simon, "Revue de Science Religieuse", 60, 1972, págs. 37-54; S. Sowers, "Theologische Zeitschrift", 26, 1970, págs. 305-20; B. Bagatti, "Revista de Cultura bíblica", 9, 1972, págs. 170-9; G. Lüdemann en "Jewish and Christian self-definition", ed. E. P. Sanders, Filadelfia, 1980, págs. 161-173; y, muy especialmente, R. A. Pritz, "Nazarene Jewish Christianity", Jerusalén-Leiden, 1988; Idem, "The Flight of the Jerusalem Church to Pella of the Decapolis" (tesis doctoral sin publicar, defendida en 1977 ante la Universidad hebrea de Jerusalén) y F. Manns, "L'histoire du judéo-christianisme" en "Tantur Papers on Christianity in the Holy Land", Jerusalén, 1981, págs. 131-46.

judía en el 66 d. C., la comunidad judeocristiana de Jerusalén recibió un oráculo en el que se le indicaba que debía abandonar la ciudad y establecerse en Pella, una de las ciudades de la Decápolis, al este del Jordán. Parece establecido fuera de duda que hubo cristianos que se establecieron en Pella como fue el caso de Aristón, un apologista contra los judíos del siglo II, al que Eusebio (HE IV, 6, 3) reconoce haber utilizado como fuente para su *Historia* y, de hecho, el relato de la mencionada huida fue aceptado prácticamente sin excepción por todos los historiadores hasta la mitad del presente siglo. No obstante, a partir de la publicación de *The Fall of Jerusalem and the Christian Church* de S. G. F. Brandon en 1951, tal visión de los hechos se enfrentó con un serio cuestionamiento. Para S. G. F. Brandon, la iglesia de Jerusalén había desaparecido en el curso de la guerra contra Roma y sus componentes se habían visto sumidos en un destino fatal de muerte, esclavitud o dispersión. Había desaparecido así la comunidad judeocristiana primitiva y con ella nuestra posibilidad de conocer de primera mano lo que había sido ésta. En apoyo de su relativamente novedosa teoría, S. G. F. Brandon alegaba tres objeciones en contra de la historicidad de la huida hacia Pella. La primera era la pérdida de autoridad de la comunidad jerosolimitana. Antes del 70 d. C., parece que su autoridad era suprema, pero la misma desaparece con posterioridad. Si sus dirigentes habían sobrevivido huyendo a Pella —y quizás incluso habían regresado a Jerusalén— ¿cómo podía explicarse su pérdida de autoridad? En segundo lugar, S. G. F. Brandon encontraba poco verosímil la idea de un refugio en Pella. Si este enclave había sido atacado por los rebeldes en el año 66 d. C.— tal y como señala Josefo en Guerra II, 457-460— los judeocristianos o bien fueron exterminados durante el ataque por traidores o, caso de haber llegado después del ataque, los griegos de Pella habrían sido hostiles a los mismos. Finalmente, S. G. F. Brandon insistía en la enorme dificultad de abandonar Jerusalén —custodiada por los zelotes— y flanquear las líneas romanas.

Los argumentos de S. G. F. Brandon resultaron convincentes para algunos autores que los adoptaron calificando la noticia eusebiana de ficción,[194] pero otros ignoraron a Brandon[195] —lo que quizás no es tan extraño dado el carácter de sus obras relacionadas con el cristianismo primitivo y el manejo de las fuentes que se contempla en las mismas— o se opusieron a su punto de vista defendiendo la tesis clásica.[196] En 1967, S. G. F. Brandon volvió a repetir sus teorías en *Jesus and the Zealots*, insistiendo en que, hasta entonces, nadie había refutado sus tres argumentos en contra de la historicidad de la huida a Pella.

A continuación vamos a examinarlos detalladamente y expondremos finalmente nuestro punto de vista al respecto.

1. La pérdida de autoridad de la comunidad de Jerusalén.

Resulta indiscutible que Jerusalén no recuperó la autoridad que tenía entre los cristianos tras la Guerra del 66-73 d. C. Negar este hecho equivale a enfrentarse a un testimonio unánime de las fuentes. No obstante, según Eusebio (HE IV, 5, 1-3), siguieron existiendo obispos judíos tras la huida a Pella, algo que, lejos de ser contradictorio como pretende Brandon[197] muestra que un número relativamente importante de judeocristianos sobrevivió al desastre que para la nación judía en bloque implicó la guerra con Roma.

Las fuentes arqueológicas[198] indican igualmente que el peso de la comunidad judeocristiana en la ciudad era suficientemente grande

---

194 En este sentido, ver G. Strecker, "Das Judenchristentum in den Pseudoklementinen", Berlín, 1958, págs. 229 y ss.; L. Gaston, "No Stone on Another" en "Supplement to NovTest", 23, pág. 142, n. 3; W. R. Farmer, "Maccabees, Zealots and Josephus", Nueva York, 1957, pág. 125, n. 2; R. Furneaux, "The Roman Siege of Jerusalem", Londres, 1973, págs. 121 y ss. y G. Lüdemann en "Jewish and Christian Self-Definition", ed. E. P. Sanders, Filadelfia, 1980, págs. 161-73.

195 El mismo se refiere a algunos de los que optaron por esa postura en S. G. F. Brandon, "Jesus and the Zealots", Nueva York, 1967.

196 En ese sentido, ver L. E. Elliot-Binns, Oc, 1956, págs. 67 y ss.

197 S. G. F. Brandon, Oc, 1967, pág. 213, n. 2.

198 En este mismo sentido ver E. Testa, "Le Grotte dei Misteri giudeo-cristiane" en "LA", 14, 1963-4, págs. 65-114; C. Katsimbinis, "The uncovering of the Eastern Side of the hill of the Calvary and its new layout of the area of the canon's refectory by the Greek Orthodox Patriarchate" en "LA", 27, 1977, págs. 197-208; C. Vidal Manzanares, "María en la arqueología judeocristiana

como para que Adriano ordenara la profanación de algunos de sus lugares sagrados a inicios del siglo II, lugares que sólo hubieran contado con una continuidad de identificación sobre la base de la existencia ininterrumpida de una comunidad judeocristiana en Jerusalén y de la supervivencia de algunos de los judeocristianos contemporáneos a la guerra del 66 d. C. Tales hechos encajan, siquiera indirectamente, con el relato de la huida a Pella y la preservación de la comunidad judeocristiana jerosolimitana. De hecho, como intuyeron, entre otros, E. Gibbon[199] y P. Carrington,[200] todo apunta a que en Pella existió un episcopado de Jerusalén en el exilio no diferente al de los obispos de Roma en Avignon durante la Edad Media o al de los patriarcas de Alejandría en el Cairo en la actualidad.

Por otro lado, no debería sorprendernos tampoco que, pese a la supervivencia de judeocristianos, Jerusalén no recuperara nunca su importancia primigenia. Pese a que la ciudad tenía una relevancia propia, su importancia no radicaba para los judeocristianos tanto en sí misma como en la gente que desempeñaba funciones directivas en ella. Jacobo no era tan importante por ser el obispo de Jerusalén, como por ser el «hermano del Señor» y lo mismo puede decirse de los otros apóstoles y de su sucesor, Simón. Cuando los apóstoles comenzaron a desaparecer de la tierra de Israel —por muerte o marcha a otros lugares— ésta perdió también su relevancia. Este fenómeno experimentó paralelos también en el judaísmo posterior a la guerra con Roma. Su peso espiritual comenzó a bascular hacia los sabios de Jamnia, pese a que Jerusalén aún estuvo habitada sesenta y cinco años más.[201] La pérdida de importancia no indica pues necesariamente que la comunidad judeocristiana de Jerusalén pereciera durante la

---

de los tres primeros siglos" en "Ephemerides Mariologicae", 41, Madrid, 1991, págs. 353-364.

199 E. Gibbon, "Decline and Fall of the Roman Empire", II, Londres, 1909, pág. 9, n. 1.

200 P. Carrington, "The Early Christian Church", I, Cambridge, 1957, pág. 250. Este autor llega a denominar a Simón "el obispo de la iglesia en el exilio de Jerusalén en Pella".

201 Ver K. W. Clark, "Worship in the Jerusalem Temple after A. d. 70" en "New Testament Studies", 6, 1960-1, págs. 269-80.

guerra contra Roma porque tal hecho puede explicarse convincentemente desde diversos ángulos que además presentan semejanzas con el judaísmo de la época.

Además, S. G. F. Brandon da a entender con su argumento que cree en una especie de sucesión apostólica ligada además de manera exclusiva a la ciudad de Jerusalén. Tal visión es, desde nuestro punto de vista, totalmente inverosímil. El mismo Eusebio, escribiendo ya en el siglo IV, no acepta todavía la idea de una sucesión apostólica restringida a un solo lugar y señala diversas sucesiones entre las que la de Jerusalén habría sido una más. De todo lo anterior parece pues desprenderse que la fuerza de la objeción de Brandon descansa en una presuposición que carece realmente de base.

La seguridad de Pella

No menos inconsistente que la objeción anterior es la relativa a la supuesta inseguridad de Pella. Para empezar, Brandon es, al respecto, contradictorio. Dado que las razones para creer en la persistencia de una comunidad judeocristiana en Jerusalén tras la guerra son considerablemente sólidas y que el relato en relación con la huida a Pella es antiguo y presenta visos de verosimilitud, Brandon recurre a la pirueta de atribuir el origen del mismo a judeocristianos de Galilea y Samaria que se refugiaron... ¡en Pella! Y que, posteriormente, dijeron proceder de Jerusalén. Lo que no hace el autor británico es explicarnos por qué Pella resultaba un lugar seguro para los judeocristianos de Galilea y Samaria y no lo era para los procedentes de Jerusalén.

Por si esto fuera poco, el problema de la inseguridad de Pella parece proceder de una sola referencia de Josefo (Guerra II, 457-460) donde se nos relata cómo tras el asesinato de más de 20 000 judíos a manos de los habitantes de Cesarea, aquellos, en represalia saquearon las ciudades sirias y las ciudades vecinas de Filadelfia, Heshbon y su distrito, Gerasa, Pella y Escitópolis, y algunas fueron quemadas y destruidas. El principal problema para aceptar la tesis de Brandon —aparte de la contradicción ya señalada— consiste en que Josefo no llega a describir lo que sucedió con los judíos de Pella. Que la misma no fue quemada ni destruida se desprende del trabajo arqueológico de Smith, McNicoll y Hennessey,[202] pero no sabemos más de su suerte concreta. En Escitópolis, los judíos ayudaron a los gentiles a repeler a sus compatriotas, siendo posteriormente asesinados a traición por aquellos (Guerra II, 466-8). En Gerasa, los gentiles ayudaron y protegieron a los judíos (Guerra II, 480). En ninguno de los casos parece que la destrucción señalada por Josefo implicara el arrasamiento total de la ciudad y en el segundo no implicó el deterioro en absoluto de las relaciones entre judíos y gentiles.

De todo lo anterior se desprende que la objeción de Brandon carece realmente del peso que aparenta tener. Por otro lado, como ha sugerido R. A. Pritz,[203] aunque unos refugiados judíos no hubieran podido esperar una buena acogida por parte de gentiles, tal consideración pierde su fuerza cuando contemplamos la posibilidad de que fueran cristianos gentiles, similares a los que recogieron una ofrenda para ellos en el pasado, los que pudieran haber brindado su ayuda a los judeocristianos de Jerusalén. De hecho, esto contribuiría a explicar la elección de Pella, que habría sido escogida por los judeocristianos precisamente porque en ella habitaban correligionarios suyos, presumiblemente gentiles, de los que podrían esperar refugio y apoyo.

3. La huida de Jerusalén

No mayor solidez que las anteriores objeciones de Brandon a la historicidad de la huida a Pella presenta la relacionada con la supuesta dificultad para abandonar la ciudad de Jerusalén por parte de los sitiados. Una lectura cuidadosa de Josefo muestra en realidad que las fugas de judíos que se hallaban en el interior de

[202] Ver "Bulletin of the American Schools of Oriental Research", 240, 1980, págs. 63-84; Idem, 243, 1981, págs. 1-30 e "Idem", 249, 1983, págs. 45-78. La tesis de L. E. Elliot-Binns, "Galilean Christianity", Londres, 1956, pág. 67 que sostenía que quizás todos los gentiles de Pella murieron y, por lo tanto, no hubo obstáculo para el establecimiento de los judeocristianos de Jerusalén resulta, por lo tanto, difícil de sostener.

[203] R. A. Pritz, Oc, 1988, pág. 125.

la ciudad de Jerusalén fueron continuas hasta casi el mismo final del asedio. Hubo fugas en noviembre del 66 (Guerra II, 538 y 556), en el invierno del 67-68 (Guerra IV, 353, 377 y ss., 397 y 410), en junio del 70 (Guerra V, 420 y ss., 446-50 y 551 y ss.) e incluso en agosto del 70 (Guerra VI, 113-5). El número de huidos fue asimismo importante en algunas ocasiones. En un caso sabemos que llegaron a escaparse unas 2 000 personas (Guerra IV, 353) y en otro que lo hicieron los miembros del alto clero José y Jesús, algunos hijos de miembros del alto clero y muchos miembros de la aristocracia (Guerra VI, 113-5), todos ellos personas que ni los zelotes ni los romanos hubieran dejado huir de buen grado, aunque poco pudieron hacer para evitarlo. Los resultados obtenidos por los primeros, que tuvieron incluso que propalar informes falsos sobre la muerte de los huidos (Guerra VI, 116-7), fueron, desde luego, peores de lo deseado por ellos. Pero, incluso tras la destrucción del templo, al menos 40 000 judíos consiguieron escapar de un destino aciago a manos de los romanos (Guerra VI, 383-6).

Resumiendo, pues, todo lo anterior podemos decir que no existen objeciones definitivas que invaliden la noticia de la huida hacia Pella por parte de los judeocristianos de Jerusalén. Por el contrario, aceptar su veracidad no sólo encaja con lo referido en las fuentes, sino que además explicaría la supervivencia de una comunidad judeocristiana en Jerusalén tras la destrucción de la ciudad, la conservación de sus lugares sagrados atestiguada arqueológicamente y el origen de la noticia al respecto conservada desde muy antiguo.

El hecho en sí vendría además a poner de manifiesto una prudencia política que, en términos generales, caracterizó al judeocristianismo. Ante la disyuntiva de ser eliminados por los zelotes, cuyos postulados violentos no compartían, o de ser presa más que posible de los ejércitos romanos, los judeocristianos de Jerusalén marcharon a un lugar relativamente aislado desde el que esperar el desenlace de un conflicto cuyo fin, más que posiblemente, intuyeron.

A todo lo anterior hay que unir, en nuestra opinión, la consideración sobre el momento en que tuvo lugar la huida. Emil

Schürer[204] señaló que la misma debió de tener lugar en el momento posterior a la marcha de los idumeos aliados con los zelotes, cuando Juan de Giscala era el amo absoluto de la ciudad o quizás poco antes. Dado el silencio de las fuentes la opción es absolutamente posible. No obstante, desde nuestro punto de vista, un momento más verosímil hubiera sido tras la inmediata retirada de Cestio Galo. Haber actuado entonces hubiera encontrado escasas dificultades puesto que todavía las diferentes posiciones no habían llegado a su grado máximo de radicalismo y la salida de la ciudad se presentaba expedita en el clima de victoria que sucedió al desastre romano. Por otro lado, un análisis medianamente realista del momento —cosa relativamente fácil para los judeocristianos ya que no se hallaban implicados en el conflicto— habría dejado de manifiesto que Roma volvería a enviar tropas que ya no se retirarían de la tierra de Israel hasta haber obtenido la victoria.

Finalmente, hay un argumento que, sin ser definitivo, parece respaldar nuestro punto de vista. Nos estamos refiriendo a la profecía sobre la destrucción del templo que aparece contenida en los Apocalipsis sinópticos de Marcos 13, Mateo 24 y Lucas 21. Su lectura parece indicar que la huida de los cristianos que estuvieran en Jerusalén tendría que aprovechar un momento de calma entre la llegada de las tropas atacantes y el desencadenamiento del embate final de las mismas,[205] algo que encaja con el momento puntual que indicamos nosotros mejor que con cualquier otro periodo del asedio.

En el mismo sentido cabría interpretar, suponiendo que el pasaje reflejara un hecho pasado, Apocalipsis 12:14 donde la comunidad huye a refugiarse al desierto justo después del primer embate enemigo (¿Cestio Galo?). Esta última posibilidad nos parece más especulativa aunque no puede rechazarse del todo. En cualquier caso, nos lleva a entrar en el siguiente apartado de esta parte de nuestro estudio.

---

[204] Oc, 1987, págs. 147-8.

[205] Mateo 22:15 y ss.; Marcos 13:14 y ss.; y Lucas 21:20 y ss.

La Diáspora judeocristiana

La guerra con Roma no sólo tuvo como consecuencia el exilio para los judeocristianos de Jerusalén que huyeron a Pella. Otros núcleos judeocristianos afincados en la tierra de Israel parecen haber optado por esta salida. Aparte de las consideraciones de seguridad personal, hay que ver en ello un intento por parte de sus miembros de no encontrarse involucrados en un conflicto armado contrario a sus principios morales. El judeocristianismo estaba poseído de una vena pacifista incompatible con la guerra y, seguramente, prefirió la emigración y el exilio a la idea de luchar y matar. Tal conducta sería seguida décadas después durante la guerra contra Adriano y fue la misma que llevó a muchos cristianos gentiles en los siglos posteriores a preferir el martirio antes que servir en el ejército. Se trataba de una clara manifestación de una negativa a toda forma de violencia que resultó connatural al cristianismo durante sus tres primeros siglos, y que tendría paralelos en movimientos postcriores como, por ejemplo, los valdenses, los hermanos checos —que tanto influyeron en la valoración positiva del cristianismo que tuvo el erudito judío David Flusser— los menonitas (estos últimos emigraron desde Alemania a Rusia durante el siglo XVIII también para evitar el servir en el ejército)[206] o los cuáqueros.

Uno de los lugares de destino de los judeocristianos fue indiscutiblemente Asia Menor, donde se establecieron algunos de los más brillantes supervivientes del movimiento (HE, III, 31, 2 y ss.). La mayoría de ellos parecen haber sido helenistas. Tal sería el caso de Felipe y sus hijas, cuyas tumbas presumiblemente se hallarían en Hiérapolis de Frigia. Si este Felipe es el mencionado en Hechos 21:8,[207] podría ser indicio de que también los judeocristianos de Cesarea habían emigrado a Asia. La posibilidad se

[206] Sobre el tema de una primitiva "objeción de conciencia" cristiana ver J. Lasserre, "War and the Gospel", Londres, 1962; J. M. Hornus, "It is not Lawful for me to Fight", Scottdale, 1980.

[207] Otra identificación es la de Polícrates, obispo de Éfeso en torno al 190 d. C., que lo identificaba con uno de los apóstoles. La noticia nos ha llegado a través de Eusebio, Hist. Ecles, III, 31, 3; V, 24, 2, pero este padre parece compartir el punto de vista que señalamos supra.

nos antoja real porque Cesarea no debió ser un lugar agradable para los judeocristianos en el periodo posterior al estallido de la Guerra en el 66 d. C.

Con todo, la diáspora hacia Asia no se limitó a los helenistas. Entre los judeocristianos de Palestina que no pueden clasificarse bajo esa etiqueta y que se dirigieron hacia Asia Menor buscando refugio se encontraba también el autor del Apocalipsis. Este, llamado «Juan el discípulo del Señor», cuya tumba sería venerada en Éfeso (HE, III, 1, 1; 31, 3; V, 24, 3), parece haberse sentido contrariado por la manera en que las iglesias gentiles de Asia Menor interpretaban de una manera laxa el cristianismo, pasando incluso por alto las disposiciones contenidas en el «decreto jacobeo» del concilio de Jerusalén (Apoc. 2:6,14 y ss.,20 y ss.).

El estudio del libro de Apocalipsis trasciende, siquiera geográficamente, del ámbito de nuestro estudio y, por otra parte, ya hemos tratado las cuestiones relacionadas con su autor y datación en la primera parte de la obra. Con todo, debe hacerse referencia al hecho de que la obra deja traslucir la confianza del judeocristianismo en que ningún suceso desastroso —como la guerra con Roma y el exilio— podría frenar los planes históricos de Dios. La Bestia podría dar la impresión de ser vencedora (Apoc. 13:7 y ss.), pero su fin estaba decretado y se produciría indefectiblemente. Al final de los tiempos, Jesús el Mesías regresaría (Apoc. 19:11 y ss.) y vencería a Sus adversarios (Apoc. 19:20-21). Aunque Satanás sería liberado por un periodo corto de tiempo y congregaría a los gentiles en contra del campamento de los santos y la ciudad amada (Apoc. 20:7-10), ese episodio sólo sería el preludio de su derrota final y del juicio ante el gran trono blanco (Apoc. 20:10 y ss.). Los que fueran fieles compartirían el reino con Jesús (Apoc. 21:1 y ss., especialmente v. 7), los nuevos cielos y la nueva tierra (Apoc. 21:1 y ss.) y el establecimiento de la Nueva Jerusalén (Apoc. 21:9 y ss.). En resumen, Jesús, como rey de Reyes, sin lugar a dudas, volvería y había que estar preparados para su retorno como Alfa y Omega, principio y fin, primero y último.[208]

---

[208] Apocalipsis 22:6 y ss. En cuanto a los títulos aplicados a Jesús (vv. 13 y 16) implican una clara confesión de su divinidad como veremos más detalladamente en la tercera parte de este trabajo.

Reducido al exilio, a la huida, a la dispersión, el judeocristianismo, al igual que el tronco judío del que procedía, hubiera dado la impresión de estar abocado a un final rápido bajo el dominio gentil. No sería así. Sus mayores problemas surgirían precisamente del judaísmo posterior a la destrucción al templo de Jerusalén y de sus propias filas. Pero ése es un tema que abordaremos en el próximo capítulo.

CAPÍTULO V

DE LA DESTRUCCIÓN DEL TEMPLO (70 D. C.) AL CONCILIO DE JAMNIA (C. 80-90 D. C.)

La reconstrucción espiritual del judaísmo.

Apenas puede exagerarse el efecto traumático que la toma de Jerusalén por las legiones de Tito causó en los judíos de la época. Con ella tuvieron lugar a la vez la destrucción del templo, la desaparición del Sanedrín y la interrupción del sistema sacrificial judío. Arrasado el único lugar donde se podían ofrecer sacrificios al Altísimo, aniquilado el centro unificador de la fe, sobre todo en lo que a las relaciones entre las distintas facciones del judaísmo se refiere, Israel yacía en una situación de postración cuyas características son incluso difíciles de imaginar. Josefo, II Baruc y IV Esdras[209] han dejado constancia de lo que fue aquella terrible catástrofe y no menos desolador es el panorama recogido en las fuentes tanaíticas.

Las referencias rabínicas más primitivas se hallan en el tratado Abot de R. Nathan, que viene a ser una especie de Tosefta del tratado Abot.[210] El texto nos ha llegado en dos versiones, la A y la B. De acuerdo con la primera, Yohanan ben Zakkay habría

---

[209] Ver II Baruc 1-9 (representado, no obstante, como una referencia a la destrucción de la ciudad por Nabucodonosor) y IV Esdras 10, 19-23. Un estudio sobre el tema en J. Neusner, "Judaism in a Time of Crisis: Four Responses to the Destruction of the Second Temple", en "Judaism", 21, 1972, págs. 313-327. Ver también P. Prigent, "La fin de Jérusalem", Neuchâtel, 1969 y L. Gry, "La ruine du Temple par Titus", "Revue Biblique", 1948, págs. 215-226. Según este último autor, el Midrash Pesiqta Rabbati 26 contendría una tradición antigua relativa a la destrucción del templo.

[210] Un estudio sobre estas fuentes en G. Alon, The Jews in their Land in the Talmudic Age, Cambridge y Londres, 1989, págs. 96 y ss. para las referencias contenidas en el TB Git 56 ab.

mediado entre Tito y los judíos para que éstos últimos depusieran las armas. El consejo fue desoído por los resistentes judíos que se convirtieron así en los responsables, siquiera indirectos, de la ruina experimentada por el lugar santo. Con todo, el pasaje deja brillar un rayo de esperanza: Yohanan ben Zakkay sería el medio a través del cual sobreviviría el judaísmo y puesto que los sacerdotes saduceos no habían desempeñado correctamente su misión, el cielo los descalificaba para seguir guiando espiritualmente a la nación.

La versión B presenta los Hechos de manera similar, pero le añade algunas notas de no poca trascendencia. El énfasis se sitúa ahora sobre todo en el carácter terrible de la destrucción del santo lugar. El velo del templo es desgarrado y una ramera es introducida en el lugar santísimo. Lo primero se considera como un cumplimiento del texto de Job 15:26; lo segundo es posible que quiera hacer referencia a un Israel prostituido y entregado en las manos de los romanos.[211] Git 56 ab y Lam R 1, 31 añadirán además algunos detalles dolorosos como el de que, al ser desgarrado el velo del Santísimo por Tito, brotó sangre o el de que la prostituta se acueste sobre un rollo de la Torá. No resulta extraño que no sólo los rabinos lamentaron la destrucción del templo, sino que también las clases populares se sintieron sobrecogidas por el pesar (Tos, Sotah, fín).

La reacción farisea y el concilio de Jamnia

En términos generales, no parece que la nación contara con muchas alternativas que les permitieran interpretar la catástrofe y sobrevivirla espiritualmente. Los saduceos, desaparecido el templo y diezmados durante la guerra, no disponían de muchas posibilidades de recuperar el peso espiritual que habían disfrutado antes del conflicto con Roma. Los sectarios de Qumrán se hallaban en una situación aún peor. Su monasterio había desaparecido en el curso del conflicto y puede que ya durante el mismo, algunos hubieran hecho causa común con los zelotes derrotados posteriormente. Estos, que aún resistían en enclaves aislados como Masada, mantenían una

[211] F. Manns, Oc, 1984, págs. 69 y ss.

carrera contra reloj en la que el final, muy próximo cronológicamente, implicaría su desaparición como alternativa. Por otro lado, y salvo en lo que se refiere su recurso a la violencia armada, no parece que contaran con una teología mínimamente articulada susceptible de ser recibida por la nación. Sólo los fariseos y los judeocristianos, aún estando ambos en una situación duramente afectada por la guerra, tenían la posibilidad de ofrecer al pueblo judío una respuesta espiritual a la situación de postración, en todos los órdenes, emanada del conflicto con Roma. Pero, casi por definición, ambos colectivos tendían al exclusivismo y no parecía fácil que pudieran convivir armónicamente en el seno del judaísmo.

No vamos a describir la labor de los sabios de Jamnia[212] (reestablecimiento del Sanedrín, utilización de la institución del Nasí, fijación de una jurisprudencia específica y del canon del Antiguo Testamento, etc.) ya que excede del objeto del presente estudio, pero sí resulta indispensable señalar la manera en que aquellos procedieron a uniformizar el judaísmo de acuerdo a su ideología y cómo esto implicó el final de la influencia de todos aquellos que no comulgaran con sus puntos de vista concretos. Tal proceso de exclusión comenzó con el mismo Yohanan ben Zakkay.[213] Este marchó a Jamnia, merced a la clemencia del invasor romano, y allí se dispuso a reconstruir el judaísmo sobre unas bases religiosas específicas. En primer lugar, abogó prudentemente por la creación de un clima de paz que permitiera recrear, por supuesto siguiendo sus propias directrices, lo aniquilado por el conflicto (Mekilta de R. Ismael, Ex 20, 25). Es lógico por eso que aconsejara a sus seguidores mantener una actitud de astucia hacia el ocupante (Abot de R. Nathan, B, 31).

---

[212] Sobre la misma, ver: E. Schürer, "The History...", I, págs. 521 y ss.; G. Alon, "The Jews...", págs. 96-131; J. Neusner, "Judaism in the Beginning of Christianity", Londres, 1984, págs. 89 y ss.; M. Holder, "From Yavneh to Pumbedisa", Nueva York, 1989, págs. 16 y ss.

[213] Sobre este, ver J. Neusner, "A Life of Yohanan ben Zakkai", Leiden, 1962 (2ª ed. 1970); Idem, "Development of a Legend. Studies on the Traditions Concerning Yohanan ben Zakkai", Leiden, 1970; G. Alon, "The Jews...", págs. 86 y ss.; M. Holder, "From Yavneh...", págs. 11 y ss.; H. G. Perelmutther, "Siblings: Rabbinic Judaism and Early Christianity at Their Beginnings", Mahwah, 1989, págs. 55 y ss.

Es muy posible, tal y como señalan las fuentes, que R. Yohanan hubiera previsto el desastroso final que tendría la Guerra (Sifré Deuteronomio 31:23) y por eso ahora se centró en reunir a los dispersos (Abot de R. Nathan A, 4). Con todo, tal movimiento de restauración no estuvo dotado de la suficiente generosidad como para comprender a todos los segmentos de la nación y primó en él de forma decisiva el deseo de salvaguardarla gracias a una interpretación muy concreta —y excluyente— de la Torá. El judaísmo emanado de las enseñanzas de R. Yohanan tomaba como base una interpretación propia[214] que venía a descalificar de manera prácticamente absoluta a los que no la compartían. Así, sucedía, por ejemplo, con los saduceos y por ello no debería extrañarnos que se produjera resistencia por parte de éstos a aceptar la visión específica del fariseísmo de R. Yohanan.[215] Como señal de su oposición, decidieron no seguirlo a Jamnia y se establecieron de manera independiente en Jifna (Ber 44a; Josefo, Guerra VI, 2, 2). Dado que se esperaba la reconstrucción del templo para un futuro próximo (Tos, Rosh Hashana 4, 9), aquellos sacerdotes no estaban dispuestos a subordinarse a una visión espiritual que buscaba imponer la hegemonía religiosa y procedía incluso a reorganizar las fiestas judías de peregrinación en torno a Jamnia (Mishnah, Rosh Hashana 4, 1-4). De hecho, haber procedido de esa manera hubiera equivalido a su suicidio como poder espiritual en Israel.

El exclusivismo, que se vinculó a la labor de reconstrucción encabezada por Yohanan ben Zakkay, no sólo privó a los saduceos de la posibilidad de intervenir en ella (salvo que hubieran optado por una inaceptable posición subordinada), sino que privó de la misma incluso a aquellos fariseos que sostenían un enfoque distinto. Un ejemplo de ello lo tenemos en el caso de R. Eliezer ben Hyrcanos.[216]

---

[214] La expresión "Desde la destrucción del templo, R. Yohanan ben Zakkay instituyó" aparece repetidas veces en la Mishnah, ver Suk 3, 13; Men 10, 5; Eduyot 8, 3.

[215] Sheq 1, 4; Ket 13, 1-2; Eduyot 8, 3; Yadaim 4, 6; Men 65 b. Los mencionados pasajes son estudiados a fondo en J. Le Moyne, "Les Sadducéens", París, 1972.

[216] Sobre éste, ver J. Neusner, "Eliezer ben Hyrcanus. The Tradition and the Man", Leiden, 1973, 2 vols; H. G. Perelmutther, "Siblings...", págs. 70 y ss.

Antiguo discípulo de Yohanan ben Zakkay,[217] sus discípulos lo consideraron como poseedor del conocimiento más completo de la Torá (Tos, Sotah 15, 3). Su interpretación de la misma lo situaba dentro de la escuela de Shammay y precisamente por la tendencia literalista de ésta se encontraba en buen número de cuestiones en armonía con las tesis saduceas (Sanh 106a; Shebuot 35b; Baba Batra 15a). Incluso parece haber sido dialogante con los judeocristianos y las fuentes señalan que llegó a manifestar su aprecio por una enseñanza de Jesús (Tos, Julin 2, 24). Todas estas peculiaridades, que vienen a indicar una mente independiente respecto a los dictados del grupo de Jamnia, le fueron colocando en una situación cada vez más comprometida en relación con el mismo. Progresivamente el clima se fue enrareciendo en torno suyo, se le alejó de las discusiones y, finalmente, se procedió a su excomunión (Baba Mesia 59b). Excluido de aquel proyecto de reconstrucción espiritual de la nación, en el que sólo tenían cabida los que manifestaban su sumisión a cierto segmento de los fariseos, R. Eliezer se retiró a Lyda donde dirigió hasta su muerte una escuela rabínica (TalPal, Ber 3, 1, 5d; Mo'ed Qaton 27a). La disyuntiva parecía claramente perfilada y pasaba por la sumisión o, en su defecto, el aislamiento.

El proceso de uniformización, lógicamente, ha sido objeto de lecturas diversas. Para muchos de los autores judíos que, a fin de cuentas, proceden de una tradición religiosa surgida de Jamnia y cuyo máximo monumento es la redacción de la Mishnah, primero, y de los dos Talmudes, después, el mismo tiende a ser contemplado de manera positiva. En algunos casos, se ha pretendido que los sabios de Jamnia estaban realizando una labor de poda que sólo contribuiría a sanear la planta de la nación.[218] En otros, se ha hecho énfasis en los aspectos positivos, por otro lado innegables, de la obra de Jamnia,

---

[217] Abot de R. Nathan A 6; B 19. No obstante, TJ Meg 1, 11, 71 b, señala que durante su infancia estudió con R. Joshua ben Hananyah. Un estudio completo del personaje en W. Bacher, "Die Agada der Tannaiten", I, Estrasburgo, 1884-90, págs. 96-155.

[218] Este es, por ejemplo, el punto de vista defendido por Meir Holder en "From Yavneh to Pumbedisa", Nueva York, 1989, págs. 26 y ss.; o por H. Maccoby, "Judaism in the First century", Londres, 1989, págs. 38 y ss. Mucho más moderados en sus opiniones resultan G. Alon, "The Jews...", págs. 288 y ss., y, especialmente, H. G. Perelmuter, "Siblings...", págs. 2 y ss., que considera Jamnia

pero obviando de manera casi total sus repercusiones negativas[219] e incluso aún reconociendo que los sabios rompían totalmente con el judaísmo anterior al colocar sobre los hombros del pueblo cargas rituales que estaban limitadas al estamento sacerdotal.[220] Desde luego, resulta dudoso que esa visión, fundamentalmente optimista, de los sabios fuera compartida en su momento por aquellos sectores del pueblo judío (saduceos, judeocristianos, etc.) que se veían, en virtud de la misma, desarraigados de un terreno espiritual que amaban y del que formaban parte.

La reacción contra los judeocristianos y la *birkat ha-minim*

Igual que el fariseísmo triunfante en Jamnia había eliminado de la vida espiritual de la nación a saduceos y fariseos que no compartían su punto de vista, no tardó mucho tiempo en dirigir su mirada hacia los judeocristianos. Estos no sólo habían sobrevivido a la guerra con Roma sino que además, en poco tiempo, se alzaron como la única alternativa dentro del judaísmo a los sabios de Jamnia. La reacción farisaica contra ellos se desarrolló a lo largo de un periodo que concluiría hacia el año 80-90 d. C. con la «birkat ha-minim», pero que, en los siglos posteriores, continuaría de manera sostenida. Sus raíces podrían retrotraerse con facilidad al enfrentamiento de las autoridades judías con Jesús y a las relaciones del judeocristianismo con las mismas. Es muy posible que tal enfrentamiento se desarrollara de manera generalmente espontánea y que, salvo el caso de la «birkat ha-minim», no surgiera tanto de decisiones meditadas largamente cuanto de la suma cotidiana de polémicas teológicas entre las dos partes. Tal choque alteraría de manera decisiva, como veremos, no sólo el futuro del judaísmo —que ya sería distinto del existente durante el período del segundo templo— sino también el del cristianismo.

---

y la redacción de los Evangelios como intentos paralelos de reconstrucción del judaísmo.

[219] J. Neusner, "Judaism in the beginning of Christianity", Filadelfia, 1984, págs. 89 y ss.

[220] J. Neusner, "Invitation to the Talmud", Nueva York, 1989, págs. 7 y ss.

Las modificaciones operadas en el judaísmo por parte de los sabios a fin de enfrentarse con el judeocristianismo y terminar por expulsarlo del seno de la nación pueden agruparse en cinco áreas concretas.

1. Exclusión de la sinagoga.

El deseo de monopolizar la vida espiritual de Israel pronto llevó a los sabios de Jamnia a intentar arrojar a los judeocristianos de la sinagoga. Esta era considerada por éstos últimos como casa propia y sus cultos como parte natural de su fe. La presencia de los judeocristianos —que era contemplada como un cuerpo extraño por los rabinos y que se presentaba además como la única oposición articulada dentro del pueblo judío a su teología— debía ser eliminada y con tal fin se concibió quizás el ataque más directo que, hasta entonces, había tenido lugar en el seno del judaísmo contra el judeocristianismo. Nos estamos refiriendo a la denominada «birkat ha-minim» o «bendición de los minim».

Esta forma parte de las dieciocho decisiones esenciales que, según la Mishnah (Shab 1, 4), fueron tomadas por los sabios el día en que R. Eleazar ben Azaría fue designado como príncipe. Según el Talmud de Jerusalén (Ber 1, 7, 3b), el entorno en que se tomaron las mencionadas decisiones fue no sólo de tensión sino incluso de violencia física.

Los discípulos de Shammay golpearon a aquellos que se oponían a sus puntos de vista e incluso recurrieron a las armas blancas. El Talmud de Babilonia (Shab 17a) no refiere todos estos detalles, pero señala que este día fue tan desgraciado como aquel otro en que se forjó el becerro de oro. Según la fuente talmúdica referida, en ese día se pudo ver a Hillel humildemente sentado, como un discípulo, delante de Shammay.

En su mayor parte, las dieciocho decisiones son disposiciones relacionadas con la pureza e impureza rituales, pero incluyen también la referencia a la bendición de los minim o «birkat ha-minim». Con todo, para la época en que discurre el episodio arriba señalado, la bendición contra los minim ya contaba con décadas de existencia. El origen de la misma se encuentra en el mismo siglo I ya que bajo

R. Gamaliel (75-c. 102 d. C.) se había ya insertado en la oración conocida como «Shemoné Esré».[221] El texto de esta bendición, tal y como lo reproduce la Genizah del Cairo, es el siguiente:

> Que los apóstatas no tengan esperanza y que el reino de la maldad sea desarraigado en nuestros días. Que los Notsrim (nazarenos) y los minim desaparezcan en un abrir y cerrar de ojos. Que sean borrados del libro de los vivos y no sean inscritos con los justos. Bendito seas tú, Adonai, que abates a los orgullosos.

La «bendición» (una maldición, en realidad) iba pues dirigida contra los judíos que colaboraron con Roma (los apóstatas), contra el Imperio romano (el reino de la maldad) y contra los judeocristianos (Notsrim y Minim).[222]

El tratado Ber 28b, 29 a indica cómo la institución tuvo su origen en Jamnia y como pretendía desarraigar del seno del judaísmo a los judeocristianos:

> Las dieciocho bendiciones son de hecho diecinueve. R. Leví dijo: la bendición contra los minim fue ordenada en Jamnia... Nuestros maestros nos enseñaron: Simón el algodonero compuso las dieciocho bendiciones en Jamnia en el orden tradicional, en presencia de R. Gamaliel. R. Gamaliel dijo a los sabios: ¿Hay alguien que sea capaz de componer una bendición contra los minim? Entonces se levantó Samuel el pequeño y lo hizo. Al año siguiente olvidó la bendición y tuvo que pensar durante dos o tres horas sin que se le ordenara retirarse. ¿Por qué no se le ordenó retirarse? R. Judá B. Ezequiel dice en nombre de R. Abba Areka: al que se equivoca en una bendición, no se le exige que vuelva a empezar la oración, salvo que se trate de

[221] Sobre esta oración, ver K. Kohler, "The Origin and Composition of the Eighteen Benedictions" en "HUCA", 1, 1924, págs. 387-425; L. Finkelstein, "The Development of the Amidah" en "JQR", 16, 1925-26, págs. 142-169; F. Manns, "La prière d'Israel à l'heure de Jésus", Jerusalén, 1986, págs. 141 y ss.

[222] D. Flusser, "Das Schism zwischen Judentum und Christentum" en "EvTh", 40, 1980, pág. 232, mantiene que la versión más antigua de la Birkat se refería a los «perushim» a los que definía como separatistas, quedando así englobados todos los que habían roto sus lazos con el judaísmo oficial.

la bendición contra los minim. Se teme que lo haya hecho a propósito, por ser él mismo un Min.

El pasaje nos señala que las dieciocho bendiciones fueron dispuestas en su orden por Simón el algodonero, en Jamnia, en presencia de R. Gamaliel. Este Gamaliel es, obviamente, Gamaliel II que fue nasi. Samuel el pequeño es, según el pasaje, el autor de la bendición, aunque quizás se limitara a adaptar alguna fórmula anterior relacionada con los minim. En cualquier caso, la misma hizo fortuna.

El incidente aparece sólo recogido en la Guemará babilónica, donde es citado como una «baraita». La Mishnah no recoge expresamente la bendición y en la Toseftá se la menciona indirectamente (Ber 3, 25). Una discusión similar se encuentra en la Guemará palestinense (Ber 4,3). El relato tiene todo el aspecto de reflejar un suceso histórico y, gracias a la mención que hace de Samuel el pequeño, nos permite intentar situarlo en el tiempo. La muerte de Samuel el pequeño —forzoso término «ad quem» de la redacción de la fórmula— es mencionada repetidamente en el Talmud y Midrash (Tos, Sot 13, 4; TalPal Sot 24 b; TalBab, Sot 48b; TB Sanh 11a) y se la relaciona con unos tales Simón e Ismael, una referencia clara a Simón ben Gamaliel e Ismael ben Eliseo,[223] ejecutados tras la captura de Jerusalén en el 70 d. C. (Abot de R. Nathan 38). Por otro lado, debía ser un hombre anciano en la época de Gamaliel II[224] y eso explicaría que un año después de idear la bendición contra los minim la olvidara sin que se lo tachara por ello de ser un «Min». Dado que Samuel el pequeño es asociado con Hillel —que murió hacia el 4 d. C.— y que pudo ser su discípulo,[225] su edad superaría

[223] H. Graetz, "Geschichte der Juden von den altesten Zeiten bis zur Gegenwart", Leipzig, 1908-9, IV, pág. 175; I. H. Weiss, "Zur Geschichte der jüdischen Tradition", Viena, II, pág. 102; W. Bacher, "Agada der Tannaiten", Estrasburgo, 1884-90, I, pág. 243, identifican sin embargo a Ismael ben Eliseo con el nieto del mencionado por nosotros, un contemporáneo de Akiba. Tal posibilidad es a nuestro juicio inaceptable por cuanto Ismael el joven y Simón ben Gamaliel el joven murieron de muerte natural, ver TB Nedar 66b y TB Baba Batra 60b.

[224] TJ Sanh 18 c muestra que precisamente esta característica llevó a Gamaliel a perdonarle desobediencias que no hubieran sido admisibles en un hombre joven.

[225] Así lo afirma R. Yehoshua ben Leví, citado por R. Yakob bar Idi en TJ Sot 24 c.

los noventa años cuando Gamaliel comenzó a presidir en Jamnia. Su muerte y la redacción de la fórmula contra los minim debería pues rondar la fecha del 80 d. C.

La bendición era un golpe dirigido al corazón de las relaciones entre el judeocristianismo y el resto del pueblo judío. Obligados a maldecirse a sí mismos en la oración que todo judío recitaba tres veces al día, los judeocristianos sólo podían o apostatar de su fe en Jesús o aceptar la expulsión de las sinagogas. Puede ser que, como ha señalado algún autor,[226] se tratara de un mero asunto de disciplina interna dentro del judaísmo, pero eso no puede ocultar la realidad de que la bendición contra los minim arrojaba a los judeocristianos fuera del seno de un pueblo que era el suyo propio y de una fe que era también la suya, aunque los fariseos estuvieran modelándola de manera creciente según su visión, acentuando así las diferencias.

2. Reinterpretación de la Escritura.

Con todo, la temprana bendición contra los minim no tuvo todo el éxito esperado porque los rabinos tuvieron que recurrir a articular otras medidas que extirparan la influencia judeocristiana del seno del pueblo judío. La noticia que tenemos de éstas es posterior al siglo I, pero resulta altamente posible que ya se articularan durante este siglo.

Desde el primer momento, el judeocristianismo apeló a la Escritura como base legitimadora de la pretensión de mesianidad de Jesús y de las creencias de Sus seguidores. Volveremos más detalladamente sobre este aspecto en la tercera parte del presente estudio al tratar la teología del judeocristianismo, pero ya ahora podemos indicar cómo la misma llevó al judaísmo forjado en Jamnia a abandonar puntos de vista específicos para no proporcionar armas bíblicas al adversario judeocristiano. Uno de estos puntos fue el referido al Mesías como Siervo Sufriente. El canto del Siervo recogido en Isaías 52:13 a 53:12 había sido interpretado desde

---

226 P. Schaeffer, "Studien zur Geschichte und Theologie des Rabbinischen Judentums", Leiden, 1978, págs. 45 y ss.

tiempo inmemorial como una profecía mesiánica. El hecho de que el pasaje presente considerables similitudes con la pasión y muerte de Jesús lo convertía en instrumento privilegiado de apologética judeocristiana. La reacción rabínica consistió en negar primero que los versículos referidos al Mesías fueran aquellos que hablaban de sufrimiento (algo que se refleja en el texto actual del Tg de Isaías[227] o en diferentes referencias rabínicas[228]) pese a que las referencias en los midrashim al Siervo de Isaías 53 como Mesías eran muy abundantes.[229] De ahí a buscar otro personaje diferente del Mesías con el que identificar al Siervo de Isaías 53 sólo mediaba un paso y éste fue dado cuando la profecía se asoció con el pueblo de Israel.

Con todo, la tradición hermenéutica judía que identificaba al Siervo de Isaías 53 con el Mesías era lo suficientemente genuina como para conservarse en algún pasaje del Talmud (Sanh 93b y 98b) y para que se la conociera todavía en la Edad Media. Así Rashi si bien en su exposición de Isaías 53 refiere el pasaje a Israel, en su comentario talmúdico lo aplica al Mesías (Sanh 93, 1). Y su ejemplo sería seguido por otros rabinos posteriores que encontraban que la interpretación tradicional (la misma que pretendían los judeocristianos) era la correcta. Así, R. Moshe Cohen Iben Crispin (siglo XIV), R. Elías de Vidas, R. Moshe el sheij e Isaac Abrabanel coincidieron en identificar al Siervo de Isaías 53 con el Mesías.[230]

Algo similar sucedió con todas aquellas referencias bíblicas que resultaban susceptibles de ser vistas como una prefiguración de la muerte de Jesús. Por ejemplo, Zacarías 12:10 habla de «aquel al que traspasaron» y tal pasaje podía referirse con facilidad a la lanzada recibida por Jesús en la cruz, tal y como lo interpretó el autor del cuarto Evangelio (Juan 19:37). El texto además había sido interpretado históricamente como una referencia mesiánica. Como en

---

[227] Existe traducción castellana de Josep Ribera Florit, “El Targum de Isaías”, Valencia, 1988.

[228] Yalkut Shimoni, 2, 53, 3.

[229] Sin pretender ser exhaustivos hallaMos referencias de este tipo en Midrash Rut 2, 14 y 5:6; Midras Tehillim sobre el Salmo 2 y Midrash Samuel 19 y Pesiqta Rabbati 36.

[230] Un estudio en profundidad de estas fuentes rabínicas en D. Baron, “The Servant of Jehovah”, Londres, 1922, págs. 12 y ss.

el caso de Isaías 53, el rabinismo buscó otra interpretación distinta (de nuevo una referencia a Israel) pero, todavía durante el Medievo, Rashi recordaba la interpretación más antigua. Así, en su exposición talmúdica refiere el pasaje al Mesías.[231]

Lo mismo podía decirse del sacrificio de Isaac. Las fuentes dan a su muerte un significado expiatorio (Tanjuma 30, 23; Gn Rab 56, 15), lo que, fácilmente, podía ser aplicado a la muerte sacrificial de Jesús dotándola de un valor expiatorio. Tal visión sería rechazada posteriormente, aunque se conserven, una vez más, retazos de la misma en la literatura rabínica (Rosh Hashanah 16a).

El enfrentamiento del rabinismo con el judeocristianismo en el terreno de la hermenéutica no se limitó a hacer tabla rasa, en la medida de lo posible, de interpretaciones consagradas que podían ser utilizadas favorablemente por este último. También incluyó la diferente valoración de aspectos concretos de la fe. Uno de ellos fue la subordinación de los libros proféticos a la Torá, una especie de canon dentro del canon. El judeocristianismo —y es lógico— tomaba muchos de sus argumentos apologéticos de los profetas con preferencia a la Torá, en la que, dicho sea de paso, resultan escasísimas las posibles referencias al Mesías. En el futuro tal proceder sería prácticamente imposible en el seno del judaísmo. No se podrá aplicar la analogía más que entre dos textos de la Torá (Hag 10b), se afirmará que si Israel posee más que la Torá y el libro de Josué lo debe sólo a su pecado (Ned 22b) e incluso se señalará que la Mishnah es superior a los profetas (Baba Batra 12a).[232]

No todo concluyó aquí. La noción de milagro, algo que, como veremos en la tercera parte, tuvo enorme importancia para el judeocristianismo, irá perdiendo su importancia en el seno del rabinismo;[233] la derasha se rechazará —salvo que sea la de Hillel (Pes 66a)— cerrando el camino a una derasha cristiana; y

[231] Suk 52, 1. En su comentario a Zacarías, por el contrario, interpreta el texto como una referencia a Israel.

[232] Baba Batra 12a. Estos textos son, sin duda, posteriores al siglo I pero, a nuestro juicio, indican un estado de ánimo que ya está presente en los sabios de Jamnia.

[233] En este mismo sentido ver A. Guttmann, "The Significance of Miracles for Talmudic Judaism", en "Hebrew Union College Annual", 20, 1948, págs. 364-406.

determinados personajes bíblicos, como Melquisedec o Enoc, perderán su importancia precisamente por la que poseen en el seno del judeocristianismo.[234]

Se estaban, pues, sentando las bases de una revolución teológica («mutación» la ha denominado H. G. Perelmutter[235]) que, en buena medida, aunque no exclusivamente, buscaba excluir al judeocristianismo y sus interpretaciones teológicas del seno del pueblo judío. Se puede decir, por lo tanto, que no eran los judeocristianos los que estaban abandonando la enseñanza de siglos del pueblo judío, sino sus adversarios teológicos. Sus interpretaciones eran todas legítimas y de rancia antigüedad, pero el hecho de que pudieran ser utilizadas por ellos para defender sus puntos de vista, llevó al rabinismo, de manera paulatina y no siempre efectiva, a eliminarlas para privar de argumentos a los seguidores judíos de Jesús.

En un intento final de arrancar autoridad y precedentes al judeocristianismo (y al cristianismo gentil) se llegó a cuestionar el uso de los targumim (y de la Septuaginta) en la medida en que favorecían las interpretaciones judeocristianas con preferencia a las rabínicas.[236]

3. Reformas litúrgicas.

No menos que en el campo de la interpretación de la Escritura, podemos apreciar una reacción rabínica contraria al judeocristianismo

---

[234] Al respecto ver J. Bowker, "The Targums and the Rabbinic literature", Cambridge, 1969, pág. 143 y ss.

[235] H. G. Perelmuter, "Siblings...", pág. 2. Perelmuter excluye, sin embargo, de su apreciación el aspecto de enfrentamiento y refiere el término «mutación», fundamentalmente, a la finalidad de supervivencia del judaísmo tras la destrucción del templo.

[236] Un estudio en profundidad del tema en S. H. Levey, "The Messiah: An Aramaic Interpretation", Nueva York, 1974. En ocasiones, la utilización del Targum recurría a la gematría. Así el Targum en relación con Génesis 14:1 decía que Abraham en lugar de llevar 318 siervos (como indica el TM) sólo fue acompañado por uno. Los judeocristianos identificaban a este uno con Jesús en la cruz ya que el valor númerico de T (la cruz) era 300 y el de IH (Jesús) era 18, dando así una cifra similar a la del TM. Tal método de interpretación parece demasiado alambicado para nuestra sensibilidad actual, pero era muy común en la época. Sobre el cuestionamiento rabínico de los targumim ver Meg 3a.

en el terreno de la liturgia lo que, siquiera indirectamente, señala que la bendición contra los minim no tuvo durante algún tiempo todo el efecto deseado. Según la Mishnah (Tamid 5, 1), el Decálogo era leído en la Shemá. De hecho, hay pasajes en los Evangelios que parecen indicar la veracidad de tal dato (Mar. 10:9; 12:29). El temor a que el judeocristianismo utilizara tal circunstancia como un argumento en favor de la tesis de que sólo el Decálogo era obligatorio —y no los 613 preceptos de la ley oral— llevó a eliminar la recitación de los Diez Mandamientos de la Shemá.

De hecho, las mismas fuentes talmúdicas señalan que la causa de tal reforma litúrgica era que los minim[237] (judeocristianos) no dijeran que sólo se le habían entregado a Moisés en el Sinaí los Diez Mandamientos (TalPal Ber 1, 5, 3b). Sólo en aquellos lugares donde no existía peligro de enfrentamiento con los minim se planteó volver a la usanza antigua (Ber 12a).

4. Relectura de los datos históricos sobre el judeocristianismo.[238]

No resultó mejor que todo lo anterior la forma en que los datos sobre el judeocristianismo y su fundador fueron recogidos en las fuentes rabínicas. Jesús fue descrito en términos claramente negativos. Se lo acusó de ser un bastardo, hijo de una adúltera (M. Yeb IV, 13; b. Guemarah Yeb 49b).[239] Se hizo Dios y anunció que regresaría (Yalkut Shimeoni 725 sobre Núm. 23:7 con paralelos neotestamentarios en Juan 5:18-19; 14:1 y ss.; y los Apocalipsis sinópticos de Mat. 24-25; Mar. 13; Luc. 21). Sin duda, había realizado milagros y prodigios pero sólo se debían a su dominio de la brujería (ver los paralelos neotestamentarios en Mat. 9:34; 12:24; Mar. 3:22). Por todo ello, las autoridades judías (no las romanas) habían llevado a

---

237 Sobre los minim ver apéndice II: ¿Quiénes eran los minim?

238 Un estudio sobre las referencias rabínicas acerca de Jesús en J. Klausner, "Jesús de Nazaret", Buenos Aires, 1971, págs. 18 y ss., y en C. Vidal Manzanares, "Jesús" en "Diccionario de las Tres Religiones monoteístas", Madrid, 1993. La reproducción de todos los pasajes originales en R. Travers Herford, "Christianity in Talmud and Midrash", Londres, 1903, págs. 401 y ss.

239 El TalPal no menciona el pasaje. Ver también como posible paralelo neotestamentario, Juan 8:41.

cabo Su muerte (Sanh 43a. con paralelo en Juan 19:44), pero nada podía haber de raro en ello. Su ejecución estuvo más que justificada desde el momento en que había seducido al pueblo y era un hechicero y un blasfemo (Sanh 107b; Sotah 47b. con paralelos neotestamentarios en Mar. 11:62; Juan 5:18-19; 19:7). Habiendo llevado una vida así, no era de extrañar que actualmente padeciera tormento en medio de excrementos en ebullición (Guit 56b-57a). Cuando se reflexiona sobre estos pasajes, no puede negarse que los paralelos con las creencias y los datos recogidos en las fuentes judeocristianas resultan evidentes. Sin embargo, aparecen expuestos bajo la luz de la polémica y de la descalificación más ofensivas.

El retrato de los judeocristianos apenas resultó más amable. Eran venales (Shab 116a y b) y cometían la aberración de practicar curaciones en el nombre de Jesús (Tos, Julin 2, 22-23; TalBab, Av. Zar 27b; TalPal, Shab 14, 3, 14d; TalPal, Av. Zar 2, 2, 40d y 41a). Por otro lado, aparecen descritos en multitud de ocasiones enfrentándose teológicamente con los rabinos.

De todo lo anterior, resulta evidente que, al menos, cierto sector del rabinismo desde una fecha muy temprana, que se puede retrotraer al mismo periodo de la vida de Jesús, optó por la denigración del personaje y de Sus seguidores a los que consideraba incompatibles con su visión de Israel[240] y que no se abstuvo de utilizar ataques personales —en algunos casos de extrema grosería— para desacreditar al movimiento y a su fundador a los ojos del pueblo judío.

5. Medidas disciplinarias.

No menores fueron las medidas de tipo disciplinario que se articularon contra aquellos judíos que mantenían una comunicación estrecha con los judeocristianos. Tal contacto podía derivar —y, de hecho, así fue en ocasiones— en la captación de algunos judíos para la fe del Mesías Jesús. Por ello, resultaba imperativo marcar distancias

[240] H. Schonfield, "According to the Hebrews", Oxford, 1937, pretendió fijar incluso en fecha muy temprana la primera redacción del tratado anticristiano conocido como Toledot Ieshu, al que convirtió en un alegato dirigido especialmente contra los judeocristianos. Su tesis no recibió ninguna aceptación, pero, a nuestro juicio, merecería ser reexaminada en algunos de sus aspectos.

entre los judeocristianos y el resto del pueblo judío. Aunque los judeocristianos practicaran la circuncisión (Shemot Rabbah 19, 4, 36) (prueba indiscutible de que seguían viéndose como judíos), a tal circunstancia se podía oponer la de que rechazaban la autoridad de los rabinos (Sifr 115 a Números 15, 39). Además anteponían el evangelio a la Torá (TalBab, Shab 116a, b), guardaban el shabat de manera diversa a la rabínica (e incluso parece que celebraban el domingo) (TalBab Av. Zar 6a, 7b; TalBab Taan 27b) y no aceptaban las normas alimenticias típicas de los rabinos (TalBab Av. Zar 26a, b; Tos, Jul 2, 20-1). Eso justificaba el que su pan fuera calificado de pan samaritano, su vino de vino ofrecido a los ídolos, sus libros de libros de brujería y sus hijos de bastardos (Tos, Jul 2, 20-1). Venían a ser, según esta última referencia, peor aún que los gentiles y resultaba, por lo tanto, intolerable acudir a ellos en busca de curación —¡que practicaban invocando el nombre de Jesús!— y, ciertamente, semejante actitud fue condenada y penada (Tos Jul, 2, 22-3; TalPal Shab 14; TalPal Av. Zar 40d, 41a; TalBab Av. Zar 27b. También Midrash Qohelet Rab 1, 8). Incluso era mejor morir a ser curado por un judeocristiano que invocara el nombre de Jesús (TalPal, Shab 14d. También Midrash Qoh. Rabbah sobre 10, 5). De hecho, el mismo R. Eliezer pudo haber sido sancionado por mostrarse meramente dialogante con los judeocristianos, aunque no parece que perteneciera a los mismos (Tos, Jul 2, 24). No es de extrañar que con una visión así del judeocristianismo se llegara a la conclusión de que el destino escatológico de sus componentes no podía ser otro que el tormento eterno en el Guehinnon o Gehenna (Tos, Sanh 13, 4, 5).[241]

Afrentados en lo que era más sagrado para ellos, rodeados por un ambiente de hostilidad, obligados a maldecir de sí mismos en la triple oración diaria, desarraigados de la sagrada comunión con su pueblo, no es extraño que algunos decidieran permanecer en la

---

[241] El que algunos de los textos estén relacionados con acontecimientos considerablemente posteriores al periodo que estamos tratando muestra, siquiera indirectamente, como la controversia se fue dilatando de una manera continuada sin decantarse por una rápida victoria en favor de la línea establecida en Jamnia. Por otro lado, resulta obvio, a tenor de los materiales que hemos examinado, que los aspectos en torno a los que giraba la disputa eran muy anteriores cronológicamente.

sinagoga aunque eso implicara romper con la fe en Jesús. Es cierto que algunos sólo exteriormente se acomodaron al triunfo de los fariseos mientras que internamente seguían profesando la fe en Jesús.[242] Otros puede que hayan desaparecido mediante matrimonios mixtos que los sumergieron en familias de cristianos gentiles. Tal pudo ser el caso de la familia de Hegesipo (HE 4, 22, 8) y quizás de Papías y Melitón de Sardis.[243] Finalmente, algunos intentaron llegar a una síntesis de dos teologías distanciadas de manera creciente mediante una disminución de la consideración que merecía la figura de Jesús. Tal fue el caso de los ebionitas, cuyo origen se sitúa cronológicamente fuera del ámbito del presente estudio.

Dieran el paso que dieran, lo cierto es que habían sido desarraigados del suelo espiritual que les había dado el ser y su existencia independiente transcurriría ya en el terreno de una precariedad progresivamente angustiosa. Al menos hasta el siglo IV parecen haber disfrutado de cierta vitalidad lo que no deja de ser prodigioso. Pero sobre su destino final hablaremos en la conclusión. Ahora debemos volver nuestra mirada hacia los elementos ideológicos, organizativos y sociales del judeocristianismo en el Israel del siglo I.

---

[242] Mishnah Meg 4, 8, 9 quizás puede referirse a judeocristianos que se colocaban las filacterias de manera distinta a la prescrita por los rabinos y que recordaba sospechosamente a la forma en que había muerto Jesús. Midrash Salmo 31, 23 parece estar también referido a los creyentes secretos en Jesús.

[243] En este sentido ver G. Hoennicke, "Das Judenchristentum im ersten um zweiten Jahrhundert", Berlín, 1908, pág. 141, n. 1.

CAPÍTULO VI

LA COMPOSICIÓN ECONÓMICO-SOCIAL DEL JUDEOCRISTIANISMO EN EL ISRAEL DEL SIGLO I

Carecemos de los datos suficientes como para poder establecer un esquema exhaustivo de lo que fue la composición económico-social del judeocristianismo en Israel durante el siglo I.[244] Con todo, no deja de ser cierto que poseemos un cierto número de referencias en relación con esta cuestión y que éstas mismas nos permiten esbozarla al menos en cuanto a sus líneas generales se refiere. En las páginas siguientes, abordaremos primero el tema del encuadre de los distintos componentes de la comunidad desde una perspectiva económica y, posteriormente, pasaremos a referirnos a los distintos grupos sociales representados. Como tendremos ocasión de ver, tales clasificaciones se entrecruzan no pocas veces con factores de división religiosa. Este aspecto es propio del judaísmo del segundo templo —aunque no sólo de él— y contribuye a aumentar el factor conjetural de cualquier intento de reconstrucción, algo, por otra parte, inevitable si tenemos en cuenta el carácter fragmentario de las fuentes.

La composición económica (I):[245] las clases altas

Las fuentes han dejado constancia diversa de que el panorama de las clases altas era relativamente diversificado en el periodo sobre

[244] Hemos tratado en parte este tema con anterioridad en Pilar Fernández Uriel y César Vidal Manzanares, "Anavim, apocalípticos y helenistas (Una introducción a la composición social de las comunidades judeocristianas de los años 30 a 70 del siglo I d. C.)" en "Homenaje a J. M. Blázquez", Madrid, 1991.

[245] Sobre este aspecto, ver J. Jeremias, "Jerusalén en tiempos de Jesús", Madrid, 1985, págs. 105 y ss.; H. Guevara, "Ambiente...", págs. 251 y ss.; F. J. Murphy,

el que discurrieron los primeros tiempos del judeocristianismo del siglo I en Israel. En el primer lugar se hallaba la corte. La forma de gobierno iniciada por la dinastía de Herodes tuvo como consecuencia el desarrollo de un tren de vida auténticamente fastuoso, tanto que ni Herodes ni Agripa I fueron realmente capaces de sufragar sus propios gastos.

Tras los miembros de la corte, se hallaba situada una clase a la que podríamos denominar ricos en un sentido general. Sus ingresos, en buena medida, procedían de la tenencia de tierras a las que, no pocas veces, azotaba un absentismo total.[246] Constituían signos externos claros de pertenecer a este segmento social tanto la pompa relacionada con la celebración de fiestas (Lam. Rab. sobre 4, 2) como la práctica de la poligamia.[247] No obstante, el último aspecto distó de estar generalizado, muy posiblemente porque las exigencias económicas de las mujeres de la clase alta resultaban fabulosas. Los ejemplos que nos proporcionan las fuentes acerca de este último extremo son realmente impresionantes. Sabemos, por ejemplo, que había un canon establecido, el diezmo de la dote (Ket 66b), destinado a gastos de tipo suntuario como los perfumes (Yoma 39b), los aderezos (Yoma 25), las dentaduras postizas cuyo refuerzo consistía en hilos de oro y plata (Shab 6, 5), etc. Hasta qué punto esto era considerado como un derecho y no como un lujo, lo podemos ver en casos como el de la hija de Naqdemón (¿el Nicodemo del cuarto Evangelio?) que maldijo a los doctores porque, cuando fijaron su pensión de viudedad, sólo destinaron cuatrocientos denarios de oro a gastos de este tipo (Ket 66b; Lam. Rab. 1, 51 sobre 1, 16).

A esta clase adinerada pertenecían no sólo los terratenientes, sino también los grandes hombres de negocios, los grandes recaudadores de impuestos, los rentistas y la nobleza sacerdotal. El oficio de sumo sacerdote, por ejemplo, ya exigía contar de por sí con un caudal considerable. En no pocas ocasiones, el puesto se obtenía simoníacamente (2 Mac 4, 7-10, 24, 32; Yeb 61a), pero, en cualquier

---

"The Religious World...", pág. 277 y ss.; C. Vidal, "El Documento Q", parte I, Barcelona, 2005.

246 Un ejemplo de este tipo lo constituiría Ptolomeo, el ministro de finanzas de Herodes (Ant. XVII, 10, 9).

247 J. Leipoldt, Jesus und die Frauen, Leipzig, 1921, págs. 44-49.

caso, algunas de sus obligaciones —como la de pagar las víctimas del Yom Kippur— resultaban considerablemente caras (Ant III, 10, 3; Lv 16, 3). Ciertamente, no sorprende que el gasto y la opulencia desembocaran irremisiblemente en la corrupción y el nepotismo. Así, fue común que se aprovecharan de ser administradores del tesoro del templo para cubrir las plazas de tesoreros con parientes (Pes 57a bar; Tos Men 13, 21). Era común asimismo que contaran con propiedades (bar.Yoma 35b; Lam R. 2, 5). Capítulo especial en esta cadena de corruptelas era el constituido por la venta de animales para los sacrificios en el templo de Jerusalén. Por si fuera poco, llegado el caso de engrosar sus beneficios, tampoco se echaron atrás en la utilización de la violencia más opresiva (Pes 57a bar; Josefo, Vida XXXIX; Ant XX, 8, 8).

La penetración del judeocristianismo en este sector social debió ser muy limitada. Nicodemo fue discípulo de Jesús (Juan 3:1; 7:50) y proporcionó para su enterramiento cien libras romanas de mirra y áloe (Juan 19:39). No sabemos, sin embargo, que después siguiera unido al grupo de los discípulos. Desde luego, las fuentes no vuelven a mencionarlo. Casos parecidos son los de Zaqueo y José de Arimatea. El primero fue un jefe de publicanos (Luc. 19:2) que no gozaba de especial popularidad (Luc. 19:3) y al que el contacto con Jesús produjo un considerable impacto (Luc. 19:8). El segundo es presentado por Marcos 15:43 como *eysjemon*, un término que los papiros usan para designar a los hacendados ricos.[248] Al parecer, se trataba de un personaje acaudalado (Mat. 27:57), propietario de un huerto con un panteón familiar excavado en la roca al norte de Jerusalén (Juan 19:41; 20:15). Dado que había sido excavado recientemente, es muy posible que su familia llevara poco tiempo en Jerusalén y que entonces sus propiedades se encontraran en otro lugar. Como sucede con Nicodemo, no tenemos noticia de que siguiera posteriormente vinculado al judeocristianismo.

Un caso más difícil de encuadrar es el del «discípulo amado» al que se refiere el cuarto Evangelio. Si identificamos al mismo con

---

248 Al respeto, sigue siendo de utilidad consultar la crítica de J. Leipoldt en "Theolog. Literaturblatt", 39, 1918, Col. 180 y ss. a los papiros de la Biblioteca de la universidad de Basilea publicados por E. Rabel en "Abhandlungen der koniglichen Gesellschaft der Wissenschaften zu Gottingen", 16, 3, Berlín, 1917.

Juan el de Zebedeo resulta obvio que no se trataba de una persona rica aunque sí perteneciente a una clase media de ciertos recursos. Pero si se rechaza tal identificación, cabría la posibilidad de que nos encontráramos ante un miembro de la clase rica —quizás incluso de la familia de los altos sacerdotes (Juan 18:10)— que sí perteneció posteriormente al grupo de seguidores de Jesús. Por desgracia, el material que ha llegado hasta nosotros no nos permite, si rechazamos identificarlo con Juan el de Zebedeo, sino hacer conjeturas acerca de su personalidad.

Terreno más seguro es el que pisamos al referirnos a otros personajes como las mujeres (Luc. 8:1-3) que seguían a Jesús. Al parecer, habían sido objeto de alguna curación física o liberación demoníaca por parte de aquel. Entre ellas, se hallaban tanto Juana, la mujer de Juza o Chuza, intendente de Herodes; María Magdalena, Susana y «otras muchas que le servían de sus bienes». De esta descripción se desprende que algunas pertenecían a una clase acomodada, pero desconocemos la vinculación posterior con el movimiento. Pudiera ser también que María, la madre de Juan Marcos, perteneciera a este grupo de mujeres, así como al estrato superior de la sociedad. Sabemos que tenía una casa en Jerusalén (Hech. 12:12) y los datos sobre ella hacen pensar que se trataba de un edificio espacioso (Hech. 1:13 y ss.).

Existe, finalmente, otro dato relacionado con la presencia de miembros de las clases altas en el seno del judeocristianismo. Nos referimos a Santiago 2:1 y ss. donde se habla de cómo hay gente provista de ropa suntuosa y de anillo de oro que visita las reuniones de los judeocristianos. La llegada de personajes de ese tipo provocaba al parecer una atracción que Santiago juzgaba insana y que ataca con rotunda firmeza. Pasajes como el de 4:13 y ss. parecen poner de manifiesto que, muy posiblemente, había también hombres de negocios en el seno del movimiento, pero que Santiago temía su comportamiento soberbio demasiado seguros en su visión del día de mañana.

En conjunto podemos señalar que existen datos relacionados con tres hombres (y un número indeterminado de mujeres) que pertenecían a la clase alta y que mantuvieron cierta relación con Jesús. No obstante, no tenemos referencias que nos permitan colegir si, con posterioridad a la muerte de aquel, todos se mantuvieron ligados al judeocristianismo. Otros dos personajes —María, la madre de Juan Marcos, y el discípulo amado si no era Juan el de Zebedeo— pudieron quizá pertenecer a la clase alta y, desde luego, siguieron vinculados al grupo de los discípulos. Finalmente, hubo personas ricas —más específicamente parece que se trataba de hombres de negocios— que asistieron a reuniones de la comunidad judeocristiana palestina. Con todo, no sabemos si llegaron a integrarse en la misma. De hecho, la carta de Santiago indica que su presencia ocasionaba algunas tensiones, entre las que destaca el pecado de parcialidad al que se veían tentados algunos miembros.

La composición económica (II): las clases medias

Aunque algunos enfoques —no pocas veces ideológicamente interesados— han pretendido dividir la sociedad judía de esta época en sólo dos clases, lo cierto es que está muy bien documentada la existencia de diversas clases medias en el seno de la misma. Su composición era multiforme. Así nos encontramos con pequeños comerciantes, poseedores de alguna tienda en un bazar; artesanos, propietarios de sus talleres; personas dedicadas al hospedaje o relacionadas con el mismo; empleados y obreros del templo —que, en términos generales y partiendo de un nivel comparativo, estaban bien remunerados— y sacerdotes no pertenecientes a las clases altas.

Todo lleva a concluir que buen número de los judeocristianos en el Israel del siglo I procedían de este segmento de la sociedad. Los sacerdotes a los que se hace referencia en Hechos 6:7 corresponden, desde luego, a este entorno, al igual que el levita Bernabé (Hech. 4:36-37), los fariseos conversos (Hech. 15:5; 26:5) y también el «discípulo amado» si se lo identifica con Juan el de Zebedeo. Los primeros discípulos de Jesús, sin duda, pertenecían también a este sector de clases medias. Los hijos de Zebedeo contaban, según las fuentes, con asalariados (Mar. 1:19-20); Leví había pertenecido al grupo de los publicanos (Mar. 2:13 y ss.); y Pedro tenía un negocio de pesca que explotaba a medias con su hermano y que le permitía tener una casa (Mar. 1:16; 1:29-31) y, por lo que sabemos, entre la muerte de Jesús y Pentecostés volvió a ocuparse de esta actividad (Juan 21:1 y ss.).

Quizás también a esta clase media pertenecieron —si no era de la alta— la madre de Juan Marcos (Hech. 12:12), Ananías y Safira (Hech. 5:1 y ss.), los que enajenaron sus bienes para entregar el producto al fondo de la comunidad (Hech. 2:45; 4:34) y los que los conservaron, por ejemplo, las casas donde tenían lugar las reuniones (Hech. 5:42). La misma familia de Jesús podría encuadrarse en este sector medio, aunque legalmente se les considerara pobres a efectos del cumplimiento de ciertos preceptos de la Torá. Prueba de ello es que un pariente de Jesús, seguidor de él y del que nos habla Eusebio (HE III, 20, 2), poseyó en un periodo situado entre los años setenta y los noventa del siglo I propiedades censables en 9000 denarios. De la misma manera, parece razonable incluir en este sector a algunos de los helenistas, sobre los que trataremos algo más adelante.

La composición económica (III): los pobres

Aunque buena parte de la población de Israel pertenecía a las clases medias a las que hemos hecho referencia, eso no implica que el número de pobres resultara reducido. Entre los que lo eran, pero se ganaban la vida mediante su trabajo y aquellos que subsistían, total o parcialmente, gracias a las ayudas que percibían de los demás, el número no debía ser pequeño. En primer lugar estaban los jornaleros. Su salario venía a rondar el denario diario (Mat. 20:2,9; Tob 5, 15), comida incluida (B. M, 7, 1). Carentes de cualquier tipo de protección y siendo el soporte económico de la familia el hecho de que no encontraran trabajo —como le pasó a Hillel en Jerusalén— implicaba un drama humano de dimensiones incalculables (Yoma 35b bar.).

Viviendo de la ayuda que les proporcionaban los demás se hallaban, en primer lugar, los escribas (Eclo 38, 24; 39, 11; P. A. 4, 5; 1, 13; Yoma 35b bar; Mat. 10:8-10; Mar. 6:8; Luc. 8:1-3; 9:3; 1 Cor. 9:14). Sin embargo, conocemos numerosos casos de rabinos que trabajaban para ganarse el sustento pudiendo encuadrarse incluso en las clases medias. Tales habían sido los ejemplos de Shammay (Shab 31a), Hillel (Yoma 35b bar), Yojanan ben Zakkay (Sanh 41 a; Sifré Deut 34, 7; Gn. Rab 100, 11 sobre 50, 14), R. Eleazar ben Sadoc (Tos. Besa 3, 8), Abbá Shaul ben Batnit (Tos. Besa 3, 8; Besa 29a bar) o Pablo (Hech. 18:3), aunque este último caso no deberíamos forzarlo. Posiblemente en la decisión de trabajar debió pesar no poco el deseo de salvaguardarse de la mendicidad, así como el de mantener sus acciones a salvo de la presión de la necesidad. En esta dirección parece apuntar el hecho de que sepamos que algunos fariseos aceptaron sobornos (Guerra I, 29, 2) o que se los acuse ocasionalmente de avaricia (Luc. 16:14) e incluso de rapacidad (Mar. 12:40; Luc. 20:47).

Con todo, el sector que vivía de los demás de manera más dramática fue el formado por los mendigos. Su número debió de ser muy alto, especialmente en Jerusalén.[249] Como ha sucedido en otras épocas, se daban casos de personas que se fingían inválidas para obtener limosna (Pea 8, 9; Ket 67b-68a). Sin embargo, los enfermos auténticos —por ejemplo, leprosos o ciegos— que mendigaban en sus inmediaciones o en la misma ciudad eran considerablemente numerosos (Pes 85b; San 98a). Debe tenerse en cuenta que buen número de curaciones de Jesús y de sus discípulos aparecen relacionadas con Jerusalén y con lugares típicos de mendicidad (Mat. 21:14; Juan 5:2-3; 8:58-59; 9:1,8). Por último, en esta sección de personas que vivían de los demás, habría que hacer referencia a aquellos aprovechados que se mantenían de colarse en las bodas y las circuncisiones (Sem 12; Tos Meg 4, 15), una práctica picaresca a la que eran aficionados no pocos. Cuando se tiene en cuenta este panorama— especialmente en un medio urbano como Jerusalén— se comprende que durante la Guerra del 66 d. C. se formaran con facilidad bandas de saqueadores, para cuyos componentes Josefo sólo tiene términos durísimos (Guerra 5, 10, 5). Muchos de ellos debían proceder del hampa y la hez de la sociedad, pero no pocos tuvieron también que surgir de segmentos sociales desamparados y desesperados en medio de la tormenta.

---

[249] Pes 113a indica como, de hecho, las gentes de Jerusalén se sentían orgullosas de su pobreza.

Finalmente nos encontramos con los esclavos, aunque desempeñaran escaso papel, por ejemplo, en las áreas rurales. Mejor tratados que sus compañeros del mundo no judío, su origen podía ser judío o gentil (B.M. 1, 5; M. Sh 4, 4). No era desacostumbrado que estos últimos fueran circuncidados, tras un año de reflexión, convirtiéndose así en judíos.[250] Por esta razón era muy común que los libertos fueran generalmente prosélitos salvo quizá en el caso de la corte.

De estos sectores de la población debió haber abundantes muestras en el judeocristianismo. El mismo Jesús procedía de una familia legalmente pobre[251] (aunque posiblemente se acercaba más a la clase media como artesano), carecía de recursos (Mat. 8:20; Luc. 9:58), no llevaba dinero encima (Mat. 17:24-27; Mar. 12:13-17; Mat. 22:15-22; Luc. 20:24) y vivía de ayudas (Luc. 8:1-3). Los paralelos, pues, con algunos escribas de su tiempo resultan notables al menos en este aspecto. Esa pobreza, libremente elegida, no se limitó a Jesús sino que se dio también en relación con miembros del judeocristianismo, según se desprende de algunos otros datos consignados en las fuentes.[252] Prueba de ello son las medidas económicas de la comunidad de Jerusalén, a las que dedicamos la parte final del capítulo siguiente, de las que parece desprenderse que, al menos, una parte de sus componentes eran de condición económica muy humilde[253] y que resultaba excepcional que alguno poseyera inmuebles o bienes de cierto valor. De hecho, sólo nos consta la existencia de dos casos —el de Bernabé y el de Ananías y Safira— en que la venta tuviera cierta relevancia y en ambos el bien no pasó de ser un campo (Hech. 4:36-37; 5:1-2). De ahí podría desprenderse que las referencias a la enajenación de casas quizás no tuvo como resultado un gran producto (Hech. 4:34). Finalmente, aboga en favor de la

250 Generalmente en caso de negarse, eran vendidos a amos gentiles. Al respecto, ver E. Riehm, "Handworterbuch des biblischen Altertums", v. II, Leipzig, 1894, pág. 1524 a.

251 Tengamos en cuenta que el sacrificio de purificación de su madre es el de los pobres (Lev. 12:8; Luc. 2:24).

252 Para un estudio de la relación entre pobreza y ubicación del ministerio jerosolimitano en Jesús, ver P. Fernández Uriel y C. Vidal, "O.c".

253 De hecho, la insistencia que encontramos en las fuentes acerca de la pobreza entre los fieles de Jerusalén parece indicar que la misma se produjo de manera prácticamente endémica (Rom. 15:26; 1 Cor. 16:1; Gál. 2:10).

precariedad económica de buen número de los miembros el que la «asistencia económica» se centrara en la mera entrega de alimentos (Hech. 6:1 y ss.) y que el frágil sistema de distribución pudiera verse desequilibrado por la entrada de nuevos conversos hasta el punto de provocar variaciones en la estructura ministerial de la comunidad de Jerusalén, como tendremos ocasión de ver más adelante. Cuando Jacobo escribió la carta que lleva su nombre (Santiago) parece que el número de pobres era si no elevado, por lo menos sí suficiente como para resultar inquietante. Algunos atravesaban una angustiosa situación de opresión económica (1:6 y ss.) y otros no llegaban a percibir los jornales que se les adeudaban como pobres braceros (5:4 y ss.). De hecho, la carga pudo ser tan grande para las limitadas fuerzas de la comunidad que en su seno se había despertado la insolidaridad incluso hacia los que pasaban hambre o frío (2:15 y ss.). En este contexto, como ya indicamos, para muchos resultaba seductora la visita de algún personaje acaudalado a la comunidad (2:1 y ss.) y los que poseían negocios mostraban una clara tendencia a autovalorarse en exceso perdiendo de vista el papel de la providencia en su vida (4:13 y ss.). Es lógico —y admirable— que, en un trasfondo de ese tipo, Jacobo intentara mantener la cohesión de la comunidad desechando las alternativas violentas (2:10 y ss.), proyectando la esperanza en la venida de Jesús (5:7 y ss.) y enfocando la vida comunitaria hacia aspectos pneumáticos (5:13 y ss.).

Excursus: pobres materiales y pobres espirituales[254]

La carta de Santiago parece indicar que, junto a la pobreza de tipo material que caracterizaba a un cierto número de los que integraban el judeocristianismo jerosolimitano, también existía otro tipo de pobreza que podríamos encuadrar en términos más espirituales y que, quizás, podría ser traducida más correctamente como

[254] Aparte de la bibliografía sobre clases sociales mencionada al principio del capítulo, sobre este tema, ver E. Jenni y C. Westermann, "'Aebyon" y "Dal" en "Diccionario Teológico manual del Antiguo Testamento", Madrid, 1978, I, e Idem, "Nh" en "Ibidem", II; W. E. Vine, "Poor" en "Expository Dictionary of Old and New Testament Words", Old Tappan, 1981; C. Vidal, "Riqueza"en "Diccionario de las Tres Religiones monoteístas", Madrid, 1993.

«humildad». Bernabé, que vendió su propiedad (4:36-37), parece haber sido una persona que renunció voluntariamente a una parte de sus bienes y lo mismo cabe decir al menos de otros antiguos seguidores de Jesús. Ya hemos hablado de la situación de desahogo en relación con Pedro y los hijos de Zebedeo. No es menos cierto que la misma fue sustituida por una especie de pobreza voluntaria al seguir a Jesús.[255] El círculo de los más cercanos a éste, desde luego, parece haber tenido una bolsa común (Juan 13:29) cuyos fondos no sólo se empleaban para cubrir los gastos del grupo sino que también se destinaban a dar limosnas a los pobres y, como veremos en el capítulo siguiente, es muy posible que ahí estuviera el núcleo inicial del sistema de comunidad de bienes de Jerusalén.

Esta pobreza no era algo identificable con la miseria, sino más bien con una sencillez de vida y una humildad de espíritu, que no cuestionaba necesariamente las posesiones de cada uno aunque sí alimentaba la solidaridad y la ayuda a los demás, y ponía toda su fe en la intervención de Dios. Un ejemplo de ese tipo lo encontramos en la carta de Santiago así como en Jesús, aunque este último tema excede los límites de nuestro estudio.

La comunidad no estaba tanto formada por «pobres» en un sentido material, cuanto por «humildes», entendiendo los mismos más como un concepto ideológico que como una categoría económica y social. Pero si el origen existencial de tal estructura arrancaba del tiempo que los primeros discípulos habían pasado con Jesús, no es menos cierto que la idea contaba con un rancio abolengo dentro del desarrollo teológico del pueblo judío.[256]

---

255 Mat. 8:20; 10:5 y ss. (posiblemente una especie de manual de instrucciones para misioneros judeocristianos); 19:16-30 y paralelos.

256 Específicamente Isaías 61:1 (los de corazón abatido), que buscan a Dios (Sal. 22:27; 69:33, etc.), cuyo derecho es violentado (Amós 2:7) pero a los que Dios escucha (Sal. 10:17), enseña el camino (Sal. 25:9), salva (Sal. 76:10), etc. Todo ello provoca el que los «anavim» alaben a Dios (Sal. 22:27), se alegren en Él (Isa. 29:19; Sal. 34:3; 69:33), reciban sus dones (Sal. 22:27; 37:11), etc. Los anavim pues no son los pobres sin más, sino los pobres de Dios (Sof. 2:3 y ss.). Ver en este sentido: R. Martin-Achard, Yahwé et les ^anawim: ThZ 21, 1965, págs. 349-357. En los LXX, esta interpretación aparece tan asumida que pobre es traducido no sólo como «ptojós» y «pénes», sino también por «tapeinós» (humilde) y «prays» (manso) o sus derivaciones. De hecho, el termino «anav» en el Antiguo Testamento tiene un significado ambivalente. Mientras en algunos

Dentro de ese marco de referencia, los «pobres anavim» no eran sino el colectivo que espera la liberación de Dios porque no cabía esperarla de ningún otro.

Gerd Theissen ha estudiado[257] precisamente hasta qué punto se producía en la mentalidad judeocristiana una fusión entre la pobreza material y la pobreza considerada como un valor escatológico. Indirectamente esto nos sirve de explicación acerca de por qué no pueden considerarse aceptables la tesis de F. Engels,[258] K. Kautsky,[259] Rosa Luxemburgo[260] y, más modernamente, Y. A. Lientsman[261] o Gonzalo Puente Ojea,[262] en el sentido de contemplar el cristianismo como un movimiento cuyo contenido ideológico, en buena medida, es sólo una supra estructura falsa superpuesta a una situación de opresión social y que estaba formado fundamentalmente por los desposeídos de la sociedad. Ciertamente tal tesis ha gozado durante décadas de un considerable predicamento por razones que, más que históricas, habría que denominar metahistóricas, pero la misma no puede ser sostenida a la luz de las fuentes con que contamos a menos que accedamos a violentarlas injustificadamente o a eludir su examen.[263]

---

casos, sólo se refiere al necesitado (Isa. 29:19; 61:1; Amós 2:7; etc.), en otros es equivalente de «humilde» (Núm. 12:3; Sal. 25:9; 34:3; 37:11; 69:32, etc.). Lo mismo puede decirse de «ebion» (Jer. 20:13) o de «dal» (Sof. 3:12) cuyo significado puede ser tanto el de necesitado como el de humilde en algunos pasajes.

[257] G. Theissen, "O. c.", c. 2.

[258] C. Marx y F. Engels, "Sobre la religión", Salamanca, 1979, en especial págs. 313 y ss., 323 y ss., y 403 y ss.

[259] K. Kautsky, "Orígenes y fundamentos del cristianismo primitivo", Salamanca, 1974.

[260] R. Luxemburgo, "El socialismo y las iglesias" en "Obras escogidas", vol. I. Bogotá, 1976, págs. 167 y ss.

[261] Y. A. Lientsman, "Proisjodjdieniye jristyanstba", Academia de Ciencias de la URSS, Moscú, 1958.

[262] G. Puente Ojea, "Ideología e historia: La formación del cristianismo como fenómeno ideológico", Madrid, 1984. Este autor, que adolece de un desconocimiento grave de las fuentes coetáneas, ha caído con posterioridad en la formulación de hipótesis que, como mínimo, han de ser calificadas de novelescas, como la de atribuir al cristianismo, desde sus inicios, la práctica de una conspiración destinada a dominar el mundo. Ver en este sentido: G. Puente Ojea, "Imperium Crucis", Madrid, 1989, págs. 41 y ss.

[263] Críticas similares a la que aquí esbozamos en A. J. Malherbe, "Social Aspects of Early Christianity", Filadelfia, 1983; D. J. Kyrtatas, "The social structure of the

La comunidad judeocristiana de Jerusalén contaba con miembros que podían ser calificados ciertamente de pobres en un sentido material, y es posible que tal fuera la suerte de no pocos de sus miembros. Parece incluso que en algún momento tal circunstancia llegó a provocar situaciones casi desesperadas, pero, no obstante, sus componentes no dan la sensación de haber otorgado valor a la pobreza material en sí, sino más bien a una cosmovisión que indicaba su pertenencia a la categoría escatológica de los «anavim», aquellos pobres-humildes que esperaban la liberación procedente de Dios y únicamente de Dios y, por añadidura, el papel de los judeocristianos procedentes de clases medias parece haber sido muy relevante.

Esto explica quizás que el movimiento no se atribuyera —aunque su carga ideológica en este sentido es evidente— el título de pobres («anavim» o «ebionim»)[264] y que tampoco quedara circunscrito —ni parece haber tenido ningún interés por ello— a los indigentes. También contribuye a ver por qué permitió a sus miembros entregar o no sus pertenencias (Hech. 5:1 y ss.). Si alguien pretendía identificarlos con un simple movimiento social de clases oprimidas estaba equivocando totalmente su perspectiva. Ciertamente el colectivo parece haber contado con un cierto poder de atracción sobre los indigentes, pero, como veremos en la última parte de nuestro estudio, no bastaba con ser pobre para pertenecer al grupo y tampoco parece que tal circunstancia se considerara una recomendación especial. La integración en el mismo dependía más bien, como veremos, de una decisión vital no conectada directamente con el estatus social.

La composición social (I): antiguos discípulos de Jesús

Junto con los factores de encuadramiento económico —bastante amplios dentro del espectro correspondiente a la época— resulta

---

Early Christian communities", Londres, 1987; W. A. Meeks, "Los primeros cristianos urbanos", Salamanca, 1988.

264 Tal denominación sólo la llevarían —quizás deseando reivindicar la justicia de su postura— los ebionitas, un grupo heterodoxo desgajado del mismo. En este sentido, ver J. Jocz, "The Jewish people and Jesus Christ", Grand Rapids, 1979, págs. 194 y ss.

de examen obligado comprender cuál era la extracción social de los componentes del judeocristianismo en el Israel del siglo I. Como ya indicábamos al principio, las categorías de este tipo se solapan en no poca medida con las de tipo religioso, lo que, por otra parte, resulta lógico en una sociedad como la judía del segundo templo. Como además tendremos ocasión de ver, todas estas categorías se caracterizan asimismo por una considerable heterogeneidad.

El primer segmento social que tuvo un peso decisivo en la configuración del judeocristianismo lo constituyeron, sin lugar a duda, los antiguos discípulos de Jesús. Hechos 1:14 y ss. incluye entre este primer núcleo a los hermanos de Jesús que, al menos inicialmente, no creyeron en Él (Juan 7:5), igual que a Su madre. En conjunto parece que superaron en poco el número de cien (Hech. 1:15) en la comunidad de Jerusalén, aunque contando los de otras partes del territorio de Israel podrían situarse entre los 500 y los 1000 en el momento de la muerte de Jesús (1 Cor. 15:6).

De este colectivo procedía el grupo de los Doce (Hech. 1:21) y a él pertenecieron todos los dirigentes judeocristianos de Jerusalén en el siglo I. Muy posiblemente, sucedió lo mismo con las comunidades de algunas zonas de Galilea como Nazaret.[265] Por lo tanto, más que hablar de un «califato» de los parientes de Jesús en la comunidad de Jerusalén, como se ha hecho,[266] habría que referirse a un monopolio casi total de los puestos dirigentes por parte de los primeros discípulos, algo lógico si, como veremos en el capítulo siguiente, tenemos en cuenta el papel de conexión que éstos representaban en relación con el Jesús del ministerio público.

Cuál pueda haber sido el origen de estos discípulos es algo que, al menos en parte, se nos escapa. Algunos, sin duda, tuvieron relación con Juan el Bautista (Juan 1), pero sabemos que no todos los discípulos de éste siguieron a Jesús. En cuanto al resto —que es la inmensa mayoría— desconocemos su filiación religiosa si es que tenían alguna en particular.[267]

---

[265] J. Briand, Oc, 1981, págs. 18 y ss.

[266] E. Stauffer, "Zum Khalifat des Jacobus" en "Zitschrift für Religionsund Geistesgeschichte", 4, Marburgo, 1952, págs. 193-214.

[267] O. Cullmann, "Jesús y los revolucionarios de su tiempo", Madrid, 1971 y "El estado en el Nuevo Testamento", Madrid, 1966 ha intentado mostrar la presencia

La composición social (II): los helenistas

Otro grupo que ha despertado un enorme interés desde hace años es el de los helenistas a los que se menciona en Hechos 6 de manera muy específica y formando aparentemente un grupo concreto, en el que destaca Esteban (Hech. 7).[268] Puede que tal insistencia derive del hecho de que, históricamente, se ha tendido a trazar una línea de separación tajante entre el helenismo y el judaísmo, o entre el judaísmo de la Diáspora y el judaísmo palestino. Hoy por hoy, tal tesis es imposible de mantener. El judaísmo palestino no fue un compartimento estanco ni, mucho menos, escapó al influjo del helenismo.[269]

La presencia de helenistas en Palestina aparece ya documentada en los papiros de Zenón en la época de Ptolomeo Filadelfo (285-246 a. C.).[270] Mucho antes del establecimiento de los imperios helenistas de Egipto y Asia Menor existían enclaves judíos en esos territorios (Jer. 44:1; Abd. 20), que se hicieron más numerosos tras el reinado de Alejandro. Según Josefo (Apologia II, 44;

---

de antiguos zelotes en el grupo de los Doce aunque rechaza claramente la posibilidad de que lo fuera Jesús. Por otro lado, desde R. Eisler se ha intentado demostrar —de manera absolutamente infructuosa, por otra parte— que el mismo Jesús sostenía tesis zelotes. Ambas posibilidades nos resultan inaceptables, en primer lugar, porque parece muy improbable que hubiera zelotes en la época de Jesús, pero además porque las circunstancias de vida de los discípulos como Simón (casado, con suegra, con una casa en Cafaraum, etc.) hacen muy difícil dar por buena la hipótesis arriba señalada. En el mismo sentido, ver "H. Guevara, Ambiente político del pueblo judío en tiempos de Jesús", Madrid, 1985, págs. 239 y ss., y M. Hengel, "The Zealots", Edimburgo, 1989, págs. 300 y ss.

268 Sobre el tema, ver K. Kilgallen, "The Stephen Speech", en "AnBib", 67, 1976; R. Pesch, "Die Vision des Stephanus", Stuttgart, 1966; M. Scharlemann, "Stephen, a singular saint" en "AnBib", 34, 1968; C. Scobie, "The use of source material in the speeches of Acts III y VII" en "NTS", 25, 1978-9, págs. 399-421; M. Simon, "St. Stephen and the Hellenist in the Primitive Church", Londres, 1958. Bibliografía adicional en O. Cullmann, "Del Evangelio a la formación de la teología cristiana", Salamanca, 1972 y J. Stevenson, "A New Eusebius", Cambridge, 1987.

269 Un estudio en profundidad de la enorme influencia del helenismo sobre el judaísmo palestino en M. Hengel, "Judaism and Hellenism", Filadelfia, 1991 y, para este periodo concreto, M. Hengel, "The Hellenization of Judaea in the First century after Christ", Filadelfia, 1989.

270 V. Tcherikover, "Hellenistic Civilization and the Jews", Filadelfia, 1959, págs. 60, 427 y ss. para la bibliografía.

Ant XII, 147 y ss.), hubo judíos instalados en Cirenaica y en Frigia por Ptolomeo I y Antioco III respectivamente a fin de asegurar la lealtad de estas áreas. Sabemos de la existencia de judíos residentes en Roma durante el siglo II a. C. así como que su número se incrementó a raíz de la conquista de Judea por Pompeyo en el 63 a. C.[271] La misma Mishnah (Guit 9:6, 8) distingue entre los «edim ibrim» cuya lengua es el arameo (o el hebreo) y los «edim yevanim», cuya lengua es el griego.

Por ello, y tal circunstancia es de enorme importancia, no puede ya aceptarse por sistema la tesis de un enfrentamiento teológico entre judíos de la tierra de Israel y los helenistas, algo que, en el cristianismo, tendría su paralelo en un supuesto choque entre los judeocristianos y Pablo. Ni existió el primero ni, como hemos tenido ocasión de ver en la segunda parte de este estudio, se produjo el segundo, entre otras razones, porque el judaísmo estaba incluso en Palestina intensamente helenizado. Por ello no es de extrañar, por ejemplo, que en fecha tan tardía como la de la sublevación de Bar Kojba (132-5 d. C.) se utilizara el arameo, el griego y el hebreo con igual facilidad entre los rebeldes.[272]

Los helenistas de Jerusalén, al parecer, se caracterizaron fundamentalmente por su uso de la lengua griega, pero su extracción racial y social seguramente fue variada y en cuanto a su mensaje concreto, si tomamos como paradigma del mismo el discurso de Esteban, no parece que se enfrentara con el del núcleo arameo-parlante tal y como aparece en las fuentes. Alguno de sus componentes era obviamente de origen gentil (el Nicolás de Hechos 6:5), aunque ya había pasado por la ceremonia de la circuncisión y entrado en el judaísmo. En otros casos, quizás nos encontramos ante judíos de la Diáspora —como sería el caso de Bernabé, nacido en Chipre— quizás unidos al grupo durante la experiencia pentecostal e incluso se han apuntado diversas razones para creer que el mismo Esteban era un prosélito de origen samaritano.[273]

---

[271] H. J. Leon, "The Jews of Ancient Rome", Filadelfia, 1960.

[272] P. Benoit, J.T. Milik, R. de Vaux (ed.), "Discoveries in the Judaean Desert II: Les grottes de Murabba'at", Oxford, 1961.

[273] En este sentido, ver A. Spiro, "Stephen's Samaritan background" en J. Munck, "The Acts of the Apostles", N. York, 1967, págs. 285 y ss. Se han opuesto a este

Económicamente, su extracción debió ser muy amplia. Cabe la posibilidad de que el prosélito fuera incluso un liberto por las razones que hemos señalado antes, pero aunque no fuera tal el caso, parecen existir indicios de que hubo libertos en el grupo de los helenistas a juzgar por el auditorio al que se dirigió principalmente Esteban (Hech. 6:9). En cuanto a Bernabé parece haber pertenecido a un estrato más acomodado (Hech. 4:36).

Los helenistas no permanecieron mucho tiempo en Jerusalén. El martirio de Esteban desencadenó la persecución contra la comunidad judeocristiana de esta ciudad y los helenistas optaron por iniciar una obra de expansión misionera que tendría una enorme importancia en el seno del cristianismo posterior (Hech. 8:1 y ss.). En buena medida, aunque no en exclusiva, iban a convertirse en nexo de unión entre el judeocristianismo en Israel y el mundo gentil. Con el primero, desde luego, no parecen haber nunca interrumpido las buenas relaciones tanto económicas (Hech. 11:27 y ss.) como disciplinarias (Hech. 15).

La composición social (III): los celosos por la Torá

Una tercera categoría social dentro del judeocristianismo palestino parece ser la formada por los «celosos por la Torá». No sabemos a ciencia cierta con quien se corresponde este grupo, pero parece que entró en el seno del colectivo de manera coincidente en el tiempo con el gobierno de Jacobo (Hech. 21:20). Es posible que los mismos fueran engrosando las filas del movimiento dado el carácter piadoso del mismo y su negativa a involucrarse en los conflictos sociales de la época. En cualquiera de los casos, su origen parece haber sido diverso uniéndolos únicamente el deseo de cumplir la Torá hasta sus últimas consecuencias, aunque, se supone, siguiendo la «halajah» específica del judeocristianismo palestino. Aunque este sector no parece haberse inquietado por la entrada de gentiles en el colectivo, ya a finales de los sesenta,[274] sí les preocupaba sobrema-

punto de vista, R. Pummer, "The Samaritan Pentateuch and the New Testament" en "NTS", 22, 1975-6, págs. 441-3 y I. H. Marshall, "The Acts of the Apostles", Grand Rapids, 1991, págs. 133 y ss.

[274] Pero sí hay posibilidades de que puedan, al menos en parte, identificarse con los que deseaban la circuncisión de los gentiles en Hechos 15:1 y 5, y que

nera el que los judeocristianos pudieran perder su identidad judía. Entre ellos, puede que se encontraran miembros de los fariseos (Hech. 15:5) y de los sacerdotes (Hech. 6:7), pero, seguramente, también habría judíos piadosos no necesariamente adscritos a ninguno de estos dos grupos.

La composición social (IV): la población situada fuera de Judea[275]

Por último, el judeocristianismo en el Israel del siglo I parece haber contado en su seno con personas que no pueden encuadrarse de manera satisfactoria en ninguno de los colectivos arriba señalados. El primero de estos grupos incluiría a judeocristianos de la llanura costera y Galilea (Hech. 9:31 y ss.) de los que sabemos muy poco porque los datos son escasos.

En cuanto a Galilea, ya hemos mencionado a un familiar de Jesús que disponía de una mediana fortuna, pero, seguramente, no debió de ser ésa la regla general. En relación con la llanura, hay referencias a algún miembro que, dada su situación de parálisis física, debía ser de condición humilde (Hech. 9:32 y ss.); a otro posiblemente acomodado (Hech. 9:36 y ss.) puesto que se permitía abundar en limosnas y confeccionar vestidos que luego donaba; y a otro que pertenecía a un oficio absolutamente marginal como era el de curtidor (Hech. 10.6 y ss.).

Un panorama igual de diversificado es el que nos encontramos en relación con las comunidades de Samaria. La evangelización allí fue iniciada por helenistas (Hech. 8:5 y ss.) y sancionada favorablemente por los Doce (Hech. 8:14 y ss.), pero apenas podemos saber

---

procedían del grupo de los fariseos. Compárese al respecto el uso de «celoso» en Hechos 26:5 y Filipenses 3:6.

275 En relación con este tema, ver B. Bagatti, "Antichi villaggi cristiani di Galilea", Jerusalén, 1971; Idem, "Antichi villaggi cristiani di Samaria", Jerusalén, 1979; Idem, "Antichi villaggi cristiani di Giudea e Neghev", Jerusalén, 1983. Los estudios arqueológicos realizados por B. Bagatti limitan los vestigios de judeocristianismo extra-jerosolimitano a un periodo comprendido entre el siglo II y el siglo IV, con las excepciones que ya señalamos al tratar el tema de las fuentes arqueológicas, en algunos casos, sin embargo, nos encontramos con tradiciones escritas que retrotraen la presencia judeocristiana en algunos lugares al siglo I d. C.

nada de la composición social de estas comunidades que, desde luego, contaron en su seno con gente de extracción muy modesta (Hech. 8:6 y ss.).

Finalmente, poseemos datos que indican que también hubo gentiles en el seno del judeocristianismo. No obstante, no parece que los mismos fueran numerosos ni que su peso resultara medianamente relevante. El mencionado en Hechos 6:5 era ya prosélito (por lo tanto, judío) y no permaneció mucho tiempo en Jerusalén. En cuanto al descrito en Hechos 10-11, no sabemos si por la época en que se produjo su conversión fue circuncidado o no, pero tal posibilidad no es desdeñable. Si hubo comunidades gentiles específicas —como, por ejemplo, en Pella— lo más posible es que mantuvieran buenas relaciones con las judías pero, seguramente, gobernándose y funcionando aparte de las mismas. En este terreno, sin embargo, no podemos pasar de lo conjetural.

Como señalábamos al inicio de este capítulo, nuestros datos en relación con las áreas concretas que abordamos en él son muy fragmentarios. Fundamentalmente van referidos a la comunidad de Jerusalén y, sólo de manera secundaria, a otras áreas de la tierra de Israel. Pero incluso en el caso de Jerusalén, no existe una continuidad histórica por lo que nos encontramos con lagunas de importancia. Con todo, y hechas las salvedades previas, parece posible esbozar algunas características relacionadas con la extracción social y la situación económica de los judeocristianos en la Palestina del siglo I.

En primer lugar, el retrato que obtenemos de la situación social de sus componentes podría ser definido como «interclasista». Buen número de sus miembros parece haber pertenecido a las clases menesterosas, pero el peso de las clases medias no debió ser menos relevante. Aún más, parece que el porcentaje de éstas entre los primeros discípulos fue considerable tanto dentro como fuera del grupo de los Doce y eso a pesar de que Jesús pertenecía con casi total seguridad a una familia de clase modesta. En cuanto a miembros de las clases altas, hubo algunos antes de la ejecución de Jesús y, seguramente, también después, pero los testimonios no resultan muy claros y, al menos en el caso de Jacobo, su presencia parece que produjo cierta inquietud en el colectivo especialmente en algún periodo de tensión económica.

La idea, pues, de que el judeocristianismo era un movimiento de clases oprimidas debe desecharse por cuanto parece obedecer más a una postura apriorística filosófica o teológica que al resultado de un análisis desapasionado de las fuentes. Si hubo una visión espiritual de la pobreza —y éste es un extremo que exigiría matización cuidadosa— la misma ha de identificarse más con la humildad de los «anavim» veterotestamentarios que con una imagen revolucionaria y pauperista al estilo de, por ejemplo, los derviches o los movimientos de corte monástico o relacionados con la teología de la liberación.

En segundo lugar, la comunidad judeocristiana en la tierra de Israel parece haber tenido una considerable flexibilidad en lo relativo a la admisión de miembros en su seno, por lo que a su extracción social se refiere. Sabemos que hubo personas que practicaban oficios infamantes como el de curtidor, a la vez que fariseos y sacerdotes. También hay noticia de que en la misma hallaron cabida antiguos discípulos de Juan, aunque lo más seguro es que éstos también hubieran seguido a Jesús. Al igual que sucedía con Jesús, el colectivo no parece haber sido rígido a la hora de llamar a los demás a incorporarse en el mismo siempre que se dieran unos mínimos presupuestos a los que nos referiremos en la parte siguiente de esta obra. Da la sensación de que la clave para encuadrarse en el colectivo no era tanto el «de dónde» se venía cuanto el «hacia dónde» se deseaba ir. El llamado era para todo Israel —independientemente de su situación actual— y con el tiempo se abriría a todas las naciones.

Finalmente, el judeocristianismo en el Israel del siglo I parece haber contemplado desde muy pronto la posibilidad de incorporar en su seno a personas que no eran judías. Absorbió sin especial dificultad a samaritanos en su interior y no parece haber tenido problemas con los gentiles prosélitos del judaísmo. En cuanto a los que no estaban circuncidados ya vimos en la segunda parte como arbitró una inteligente solución que salvó la libertad de aquellos y la peculiaridad de los judeocristianos. Si hubo, y tal posibilidad no puede rechazarse, comunidades de cristianos gentiles en el territorio de Israel, posiblemente las relaciones con ellas fueran cordiales, pero, muy posiblemente, también existió una independencia a la hora de vertebrar su gobierno y administración.

En buena medida, y precisamente por su flexibilidad, el judeocristianismo supo articular su llamado de una manera que, aparte de sus elementos ideológicos concretos que estudiaremos, resultaba poderosamente atractiva para ciertos sectores de las clases medias y bajas que componían la inmensa mayoría de la población, pero sin dejar fuera de su foco de atención a los miembros de las clases altas. Con una visión así sus posibilidades de atracción sólo hallaban competencia real dentro del judaísmo en la secta de los fariseos (que, desde luego, era más estricta en cuanto a la admisión de sus miembros y a los requisitos que éstos debían cumplimentar) y no es extraño, como vimos en la segunda parte, que el enfrentamiento entre ambos colectivos terminara por producirse.

CAPÍTULO VII

LA ORGANIZACIÓN Y LAS INSTITUCIONES COMUNITARIAS EN EL JUDEOCRISTIANISMO PALESTINO DEL SIGLO I. (I): EL MODELO ORGANIZATIVO

La permanencia del grupo que confesaba a Jesús como Mesías y Señor, y el afincamiento de buen número de sus miembros en Jerusalén desde los primeros tiempos posteriores a la muerte de aquel, así como el crecimiento casi inmediato que disfrutó, obligaron al movimiento a generar unas estructuras de gobierno y administración que pudieran enfrentarse con los retos organizativos propios de tal clase de colectivo. Las mismas fueron apareciendo de manera escalonada, aunque en un tiempo breve según las fuentes, y presentaban una originalidad que, no obstante, evoca paralelos con otros grupos coetáneos. En este capítulo, estudiaremos los paralelos y diferencias entre la organización y las instituciones judeocristianas, comparándolas, muy especialmente, con las de los sectarios de Qumrán y, a continuación, analizaremos las instituciones de las que tenemos una noticia concreta en las fuentes: los apóstoles, los diáconos, los ancianos, los profetas y el sistema de comunidad de bienes en la iglesia jerosolimitana.

El modelo organizativo en comparación con otros grupos judíos

Prescindiendo de los posibles puntos de contacto que pudieran existir teológicamente entre el judeocristianismo y las sectas judías de la época, lo cierto es que el primero de estos movimientos parece considerablemente distanciado de los saduceos, hasta el punto de que no existen, prácticamente, puntos de contacto entre ambos. En relación con los fariseos, las mayores coincidencias son de tipo teológico y serán examinadas en su lugar. En cuanto a las organizativas, serán mencionadas en este apartado.

Un caso, aparentemente, muy distinto es el de los sectarios de Qumrán y ésa es la razón por la que los consideramos como cañamazo en torno al cual vertebrar la exposición de este aspecto de nuestro estudio. Los paralelismos entre la comunidad de Qumrán y el judeocristianismo comenzaron a ser señalados prácticamente desde que se produjeron las primeras publicaciones de textos relacionados con el primer movimiento.[276]

J. Danielou, que realizó un estudio comparativo sobre la organización de ambos colectivos,[277] había sugerido el año anterior a ese trabajo la influencia de Qumrán en el pensamiento cristiano[278] y, en obras posteriores, abordaría los paralelos en lo tocante a la escatología,[279] de nuevo la organización[280] y la relación entre los manuscritos del Mar Muerto y los orígenes del cristianismo.[281] También de especial fecundidad resultaron los aportes de O. Cullmann que

[276] Conocida es la, hoy desprestigiada, tesis de A. Dupont Sommer que calificó a Jesús como «sorprendente reencarnación del Maestro de Justicia» (A. Dupont Sommer, "Aperçus préliminaires sur les manuscrits de la Mer Morte", París, 1950, pág. 121, o la novelesca reconstrucción de J. Allegro que hablaba de una crucifixión del Maestro de Justicia y de cómo sus discípulos esperaban su resurrección y retorno ("Times", N. York, 6 de febrero de 1956, pág. 37). Con todo, la identificación del cristianismo con los esenios viene de lejos. Federico II escribiendo a D'Alembert el 17 de octubre de 1770 decía «Jesús era propiamente un esenio» y es conocida la frase de E. Renan: «El cristianismo es un esenismo que alcanzó éxito y difusión». En el mismo sentido, se definieron D. F. Strauss y H. Graetz (ver: M. Black, "The Dead Sea Scrolls and Christian Origins" en M. Black (ed), "The Scrolls and Christianity", Londres, 1969, pág. 98.

[277] J. Danielou, "La communauté de Qumran et l'organisation de l'Eglise ancienne" en "La Bible et l'Orient. Congrès d'archéologie et d'orientalisme biblique de Saint-Cloud", París, 1954, págs. 104-117.

[278] J. Danielou, "Une source de la spiritualité chrétienne dans les manuscrits de la Mer Morte: la doctrine des deux esprits" en "Dieu vivant", 25, 1953, págs. 127-136.

[279] J. Danielou, "Eschatologie sadocite et eschatologie chrétienne" en "Les Manuscrits de la Mer Morte, Coloquio de Estrasburgo de 25-27 Mayo de 1955", París, 1957, págs. 111-126.

[280] J. Danielou, "Eglise primitive et communauté de Qumrân" en "Etudes", 293, 1957, págs. 216-235.

[281] J. Danielou, "Les Manuscrits de la mer Morte et les origines du christianisme", París, 1957.

comparó el trasfondo de los manuscritos del Mar Muerto con las pseudo-clementinas[282] y señaló la relevancia de los mismos para comprender el inicio del cristianismo.[283]

Desde entonces, los estudios se han multiplicado destacando, entre otros, los aportes realizados por Y. Yadin,[284] C. Colpe,[285] D. Flusser,[286] J. Jeremias,[287] F. F. Bruce,[288] W. F. Albright,[289] G. Vermes[290] y el propio autor de estas páginas,[291] si bien no puede señalarse que exista, hoy por hoy, un consenso generalizado sobre la relación entre los modelos organizativos de ambos colectivos. En las próximas páginas, examinaremos las posibles similitudes.

Los nombres de la comunidad

La secta de Qumrán parece haber optado para denominarse por una pluralidad de nombres como «los pobres» (1QpHab 12, 3, 6, 10; 1QM 11,9, 13; 14, 7; 1QH 5, 21; 18, 14, etc.), los «hijos de la luz» (1QS 1, 9; 2, 16, etc.), los «hijos del beneplácito divino» (1QH 4,

---

282 O. Cullmann, "Die enuentdeckten Qumrantexte und das Judenchristentum der Pseudoklementinen" en "BZNW", 21, 1954, págs. 35 y ss.

283 O. Cullmann, "The Significance of the Qumran Texts for research into the beginnings of Christianity" en "JBL", 74, 1955, págs. 213-226.

284 Y. Tadin, "The Dead Sea Scrolls and the Epistle to the Hebrews" en "Scripta Hierosolymitana", 4, Jérusalem, 1958, págs. 45-8.

285 C. Colpe, "Die Essener und das Judenchristentum. Zu den Handschriftenfunden am Toten Meer" en "Deutsche Universitatszeitung", 12, 1957, págs. 20-23 y 10-15.

286 D. Flusser, "The Dead Sea sect and Pre-Pauline Christianity" en "Scripta Hierosolymitana", 4, Jerusalén, 1958, págs. 215-266 e Idem, "The Last Supper and the Essenes" en "Immanuel", 2, 1973, págs. 23-27.

287 J. Jeremias, "The Qumran Texts and the New Testament" en "ExpT", 70, 1958-59, págs. 68 y ss. e Idem, "Die Funde am Toten Meer und das Neue Testament" en "Evangelische Unterweisung", 13, 1958, págs. 65-7.

288 F. F. Bruce, "Second Thoughts on the Dead Sea Scrolls", Grand Rapids, 1961 e Idem, "The Dead Sea scrolls and Early Christianity" en "BJRL", 49, 1966, págs. 69-90.

289 W. F. Albright, "The organization and institutions of the Jerusalem church in Acts" en J. Munck, "The Acts of the Apostles", N. York, 1967, págs. 276 y ss.

290 G. Vermes, "The impact of the Dead Sea scrolls on the study of the New Testament" en "JJS", 27, 1976, págs. 107-116.

291 C. Vidal, "Los esenios y los rollos del mar Muerto", Barcelona, 1993 e Idem, "Jesús y los manuscritos del Mar Muerto", Barcelona, 2006.

32-33; 11, 9), «templo de Dios» (1QS 8, 5, etc.), «nuevo pacto» (CD 6, 19; 8, 21, etc.); el «resto» (CD 1, 4-5, etc.) y los «muchos» (1QS 6, 7 y ss.). De estos apelativos sólo está presente, de manera indiscutible, en el judeocristianismo en el Israel del siglo I el de los «santos» (Apoc. 5:8; 8:3; 13:7-10; etc.) pero sólo aparece en Apocalipsis. En cuanto a la referencia a «la luz» se limita al Evangelio según Juan (12:35-36; etc.).

Sí existen paralelos de estas denominaciones, por el contrario, en otras corrientes cristianas, pero la explicación más sencilla es la de ver su origen en expresiones veterotestamentarias consagradas como las del nuevo pacto (Jer. 31:31); el resto (Isa. 1:9; Jer. 44:12; Miq. 5:3; etc.), los hijos (Isa. 63:8; Os. 1:10; etc.), etc.

La idea de la pobreza con un contenido posiblemente escatológico aparece en Lucas 6:20, pero la cita de Gálatas 2:10 parece referirse sólo a los pobres en términos materiales. Es muy posible, como ya vimos, que el judeocristianismo otorgara cierta relevancia a la idea de los «pobres-anavim» y existen indicios de que sintió un llamamiento para incluir en la predicación de su mensaje a los desposeídos (Sant. 2:5) pero, desde luego, no se denominó de esa forma hasta la aparición de los ebionitas.

De igual manera, el término «hijos de la luz» aparece en escritos paulinos (1 Tes. 5:4-5; Ef. 5:6-7; etc.), pero está ausente de las fuentes judeocristianas palestinas, al igual que sucede con «hijos del beneplácito divino».[292] Y lo mismo puede decirse de expresiones como los «santos»[293] (1 Cor. 1:2; 2 Cor. 1:1; etc.), «templo de Dios» (1 Cor. 3:16-17; 2 Cor. 6:14-7:1; etc.) o «nuevo pacto» (2 Cor. 2:6; Heb. 8–9) que aparecen en los escritos paulinos y, ocasionalmente, en otros pero no en las fuentes relacionadas con el judeocristianismo, salvo las excepciones ya señaladas. Por otro lado,

[292] Se ha querido ver un eco de esta expresión en Lucas 2:14, pero no resulta del todo segura tal conclusión. Al respecto ver C. H. Hunzinger, "Neues Licht auf Lk 2, 14 ánthropoi eudokías" en "ZNW", 1953, págs. 85-90; Idem, Ein weiter Beleg zu Lk 2, 14 en "ZNW", 49, 1958, págs. 129-30.

[293] Posiblemente, habría que ver el origen de la expresión «santos» en pasajes veterotestamentarios del estilo de Levítico 11:44; 19:2; 20:26; Deuteronomio 7:6; 14:2,21; Salmos 30:4; 34:9; etc., donde se señala la obligación de los israelitas de ser santos porque Dios es santo y donde se les aplica este calificativo como denominación.

no parece que la expresión «muchos» en Hechos 6:25 o 15:30 pueda ser considerada como una denominación del judeocristianismo palestino.

En términos generales, puede decirse que el análisis comparativo de la denominación de los dos movimientos si acaso lo que marca es una clara diferenciación de los mismos y el hecho de que existan algunas coincidencias —más en la forma que en el fondo— entre otras corrientes del cristianismo primitivo parecen indicar o bien que en ellas pudiera haber algún vestigio del grupo de Qumrán (algo muy dudoso en Pablo que era fariseo, quizá más posible en Juan), o que se trata de términos comunes a otras corrientes del judaísmo («pobres», «nuevo pacto», «resto», etc, como evidentemente lo eran) o que, en la Diáspora, no existía el peligro de confusión entre los dos movimientos —algo que sí podría haber sucedido en la tierra de Israel— y podían utilizarse los mismos con más libertad. En términos generales, nos inclinamos por la segunda posibilidad.

El enfoque comunitario

Se han señalado igualmente parecidos entre los dos colectivos al analizar su planteamiento comunitario. En tal sentido, se indican los siguientes paralelos: la comunidad de bienes que aparece en Hechos 2:44-45 y en 1QS I, II; la entrega de los bienes a los superiores (Hech. 4:32 y ss.; 1 QS 5, 2; 6, 19; CD 14, 13 y ss.); el castigo de los que defraudaban en lo relativo a la entrega de bienes a la comunidad (Hech. 5:1 y ss. y 1QS 6, 24-5); la comida en común (Hech. 2:41-42 y 1 QS 6, 2 y ss.); el empleo de suertes (Hech. 1:26 y 1 QS 6, 21-2) y las discusiones comunes (Hech. 15; 1 QS 6, 16, 19).

En términos generales, podemos señalar nuevamente que los parecidos han sido exagerados y que se ven superados por las hondas diferencias existentes entre ambos grupos. Ciertamente, la comunidad de bienes se dio en ambos movimientos, pero mientras en Qumrán fue esencial y además permanente disfrutando de una minuciosa regulación, en el judeo cristianismo afincado en Jerusalén —como veremos al final del capítulo— fue temporal, no generalizada y fruto principal de la espontaneidad. Por otro lado, carecía del carácter obligatorio y compulsivo de Qumrán.

Es verdad que los bienes se entregaban a los superiores (cosa lógica por otra parte) pero, de nuevo, el factor de voluntariedad y de falta de institucionalización es evidente. Como también lo es que, mientras en Qumrán existía una codificación muy específica de tipo sancionador por mentir en relación con los bienes, en Jerusalén sólo conocemos de un caso en que se produjera tal eventualidad (Hech. 5), si bien la sanción no fue aplicada por la comunidad y el mismo no se asocia más que con el hecho de haber aprovechado la discrecionalidad en el uso de sus bienes de forma incorrecta.

Algo muy similar podemos decir en cuanto al sistema de deliberaciones o el uso de suertes. Este último era generalizado en Qumrán en relación con la entrada de miembros, en Jerusalén la entrada no exigía tal requisito y, por lo demás, sólo conocemos la utilización de ese método en un caso, concretamente, en relación con la elección del sustituto de Judas. Por otro lado, existen paralelos en el Antiguo Testamento (Lev. 16:8; Núm. 26:55; Jos. 13:6; 1 Sam. 14:42; etc.) lo que debilita mucho la tesis de una dependencia. En cuanto a las deliberaciones en común, nos encontramos una vez más frente a diferencias considerables pues, de nuevo, en Qumrán existía un protocolo muy elaborado del que no tenemos noticia en Jerusalén.

El bautismo y el partimiento del pan

Algo similar sucede con las celebraciones del bautismo y el partimiento del pan. En relación con el primero,[294] resulta obvio que en Qumrán asistimos a una serie de baños rituales como actos repetitivos, siendo precedido el primero por un noviciado de dos

[294] Acerca del bautismo, ver H. Mentz, "Taufe und Kirche", Munich, 1960; G. R. Beasley-Murray, "Baptism in the New Testament", Grand Rapids, 1962; J. Jeremias, "InfAnt Baptism in the First Four Centuries", Filadelfia, 1962; R. E. Averbeck, "The Focus of Baptism in the New Testament" en "GJT", 1, 1980, págs. 265-301; L. F. Badia, "The Qumran Baptism and John the Baptist's Baptism", Lanham, 1980; G. Barth, "El bautismo en el tiempo del cristianismo primitivo", Salamanca, 1986; D. S. Dockery, "Baptism" en "DJG", Leicester, 1992; C. Vidal, "Bautismo" en "Diccionario de las Tres religiones monoteístas", Madrid, 1993.

años y contando con un cierto contenido iniciático. En el judeocristianismo de Jerusalén, por el contrario, nos encontramos con un acto, único e irrepetible, que se produce al principio de la entrada en la comunidad (Hech. 2:38-41). Su administración parece haber sido inmediata y sobre la base de una confesión de fe en Jesús, sin necesidad de un prolongado noviciado previo (Hech. 2:38; 8:36-38; 9:18; 16:15, 33; 18:8; etc.).

En ambos casos, la práctica fue por inmersión,[295] según se deduce tanto de las albercas de Qumrán como de los primeros bautisterios judeocristianos como queda de manifiesto en las excavaciones de Nazareth. Con todo, el judeocristianismo parece haber conocido la práctica de un bautismo por aspersión que se limitaba, no obstante, a casos de absoluta necesidad (Didajé 7, 1 y ss.).

También existe una coincidencia en el hecho de que en ambos colectivos el bautismo quedaba limitado a los adultos —que, previamente, han recibido una mínima instrucción y han tomado una decisión vital— y carecemos de noticias de su aplicación a los niños. Tal circunstancia no resulta extraña por cuanto los varones recibían al octavo día de su nacimiento una señal de su pertenencia al pueblo de Israel mediante el rito de la circuncisión. Sólo llegados al estado adulto, y previa una cierta instrucción, cuya duración ya hemos visto que difería, recibían tanto los judeocristianos como los sectarios de Qumrán los bautismos correspondientes.[296]

---

[295] No puede deducirse la práctica de la inmersión meramente del significado del verbo «baptizo» ya que éste entrañaba un campo semántico mucho más amplio que el de «sumergir». Para un estudio sobre el tema, ver J. W. Dale, "Baptizo: an Inquiry into the Meaning of the Word as Determined by the Usage of Jewish and Patristic Writers", Filadelfia, 1991.

[296] Las referencias neotestamentarias al bautismo de «X y su casa» no invalidan esta afirmación. Ya P. Weigandt, "Zur sogenannten Oikosformel" en NT, 6, 1963, págs. 49-74, dejó establecido que no es cierto los pasajes veterotestamentarios donde se hace referencia a «X y su casa» incluyan a los niños y, especialmente, a los niños pequeños. G. Delling, "Zur Taufe von Hausern im Urchristentum" en "NT", 7, 1964, págs. 285-311, mostró asimismo que la expresión «X y su casa» aparece también en el ámbito lingüístico greco-romano y que por ello no puede hablarse de expresión típicamente bíblica. De hecho, como ya puso de manifiesto A. Strobel, "Der Begriff des Hauses im griechischen und romischen Privatrecht" en "ZNW", 56, 1965, págs. 91-100, el término «casa» en el derecho romano hace referencia a los familiares con capacidad jurídica pero no a los niños sin uso de razón y menos a los recién nacidos. Lo mismo puede señalarse del derecho privado griego.

La práctica de alguna forma de bautismo cuenta con otros paralelos en el judaísmo de la época. Sin embargo, el bautismo de Juan parecer ser el paralelo más cercano al bautismo cristiano. Como este último, era realizado por un bautista, resultaba un acto singular y único, implicaba la inmersión del bautizando, estaba conectado con la idea de conversión en una hora escatológica y constituía no un acto de mérito personal sino la recepción de un don.

Con todo, y aunque haya que buscar el origen del bautismo cristiano en el de Juan, no cabe duda de que los judeocristianos veían ya tal rito dotado de unas características que lo convertían en algo radicalmente nuevo. Así, aparece vinculado a la conversión —como en el de Juan— pero ésta se halla relacionada con la persona de Jesús (en cuyo nombre se bautizaba), con el perdón de los pecados (obtenido por la fe en Él); y con la recepción del Espíritu Santo (Hech. 2:38). Cabe pues decir que, pese a los posibles paralelos, el bautismo cristiano aparece cargado de un significado claramente original, al menos en lo que a la vinculación con Jesús y con la recepción del Espíritu Santo se refiere.

En cuanto al partimiento del pan,[297] una vez más, las presuntas coincidencias entre el judeocristianismo y los sectarios de Qumrán parecen estar referidas más a la forma que al fondo. En ambas comunidades se utilizaban el pan y el vino en una comida ritual dotada de significado escatológico. Ahora bien, en Qumrán resultaba obligatoria la presencia de un sacerdote pronunciando la bendición y no parece que la celebración tuviera relación con la Pascua.

En el judeocristianismo jerosolimitano, por el contrario, no existe presencia sacerdotal, el origen de la ceremonia es eminentemente

---

[297] Acerca del tema, ver M. J. Nicolas, "L'Eucharistie", París, 1959; M. Thurian, "L'Eucharistie", París, 1959; J. De Baciochi, "L'Eucharistie", París, 1964; L. Bouyer, "Eucharistie", París, 1966; H. Schürmann, "Le récit de la dernière Cène (Lc. 22:7-38)", Lyon, 1966; W. Barclay, "The Lord's Supper", Nashville, 1967; W. Rordorf, G. Blond, R. Johanny et al., "L'Eucharistie des premiers siècles", París, 1976; J. Jeremías, "La Última Cena", Madrid, 1980; I. H. Marshall, "Last Supper and Lord's Supper", Grand Rapids, 1980; G. Wainwright, "Eucharist and Eschatology", Nueva York, 1981; J. Reumann, "The Supper of the Lord", Filadelfia, 1985; M. Barth, "Rediscovering the Lord's Supper", Atlanta, 1988; L. Deiss, "La Cena del Señor", Bilbao, 1989; C. Vidal, "Eucaristía" en "Diccionario de las Tres Religiones", Madrid, 1993.

pascual y el punto de referencia es la muerte de Jesús y Su regreso. De hecho, la tradición judeocristiana consignada por Pablo en 1 Corintios 11:23-26, recoge todos esos aspectos, al igual que la contenida en los Sinópticos (Mat. 26:26-29; Mar. 14:22-25; Luc. 22:14-20) y parece que los mismos pueden retrotraerse al mismo Jesús.

Por otro lado, las comidas con contenido sagrado eran demasiado comunes en el judaísmo como para intentar forzar los paralelismos entre los judeocristianos y los sectarios de Qumrán. Aparte de las relacionadas con las festividades, también tenemos referencia de las sacerdotales en el templo (Lev. 24:5-9) y de las relacionadas con los terapeutas y las *haburot* o hermandades judías.[298] Los judeocristianos tenían una comida comunitaria —como otros grupos judíos contemporáneos— precedida de una «acción de gracias» (eucaristía) pero el significado, el origen y la ocasión fueron totalmente originales.

La organización

Los paralelos organizativos de Qumrán y del judeocristianismo jerosolimitano resultan también limitados. En ambos casos, existe al frente del colectivo un grupo formado por doce personas, pero la referencia a las doce tribus de Israel es tan palpable (Mat. 19:28) que, difícilmente, se puede hablar de dependencia, sino de coincidencia. Ambos colectivos parecen, desde luego, haberse considerado como el verdadero Israel.

Algo similar sucede con el consejo de ancianos que aparece tanto en Qumrán (1 QS 6, 8; 1 QM 13, 1) como en Jerusalén (Hech. 11:30; 15:4; etc.) ya que la institución cuenta con raíces

298 M. Delcor, "Repas cultuels esséniens et thérapeutes. Thiases et Haburoth" en "RQ", 6, 1968, págs. 401-425. Un punto de vista contrario, pero poco convincente, en K. G. Kuhn, "The Lord's Supper and the Communal Meal at Qumran" en K. Stendhal (ed), "The Scrolls and the New Testament", N. York, 1957, págs. 65-93. Tampoco nos parecen muy felices los intentos de relacionar la fecha de celebración de la última cena de Jesús con la de la Pascua de Qumrán. En este sentido, ver A. Jaubert, "La date de la dernière Cène" en "RHR", 146, 1954, págs. 140-73; Idem, "Jésus et le calendrier de Qumran" en "NTS", 7, 1960, págs. 1-30.

veterotestamentarias que son comunes a ambos grupos (Ex. 3:16; 24:1; Núm. 11:16; 1 Sam. 15:30; 1 Rey. 12:8; 2 Crón. 10:8; etc.). Mayor similitud puede quizás apuntarse entre el «mebaqqer» de Qumrán y el «epískopos» cristiano. Con todo, en este caso concreto la institución —que, posiblemente, en sus primeros tiempos no se diferenciaba del anciano— aparece no en la tierra de Israel sino en el cristianismo paulino (Hech. 20:28; Fil. 1:1; 1 Tim. 3:2; Tito 1:7).[299] El punto de contacto resulta, pues, un tanto forzado. No es menos significativo que los sacerdotes no cuenten con un papel de importancia en el seno del judeocristianismo. Una vez más, pues, parece que las diferencias son mayores que los posibles paralelos.

La ética

Diferencias aún más considerables entre los dos grupos se producen en el terreno de la ética. Aunque este es un aspecto que trataremos en la tercera parte del presente estudio, podemos señalar ya que, mientras la halajáh de Qumrán mantiene un cuidado puntilloso en todo lo relativo a las normas de pureza, tal preocupación parece ausente del judeocristianismo hasta el punto de llegar a admitir a la mesa común con gentiles no circuncidados; o que mientras el celibato ocupa un lugar importantísimo en Qumrán, este papel relevante es desarrollado de manera parcial en el paulinismo (1 Cor. 7:25 y ss.) pero no en el judeocristianismo. De hecho, es el mismo Pablo el que señala que tanto los apóstoles como los hermanos de Jesús estaban casados y eran acompañados por sus esposas (1 Cor. 9:5). No existen tampoco en el judeocristianismo reglas relativas a abstenerse de las relaciones sexuales al estar en Jerusalén, como sucede en Qumrán (CD 12, 1-2).

En cuanto a las normas de Qumrán que establecen el amor hacia los miembros de la comunidad y el odio hacia los «hijos de las

---

[299] El término «episkopé» se relaciona una vez con el ministerio apostólico (Hech. 1:20) pero no parece que se utilice en este caso en un sentido técnico. En cuanto al judeocristianismo extra-palestino sólo utiliza en un caso la palabra «epískopos» y es para referirla a Jesús (1 Ped. 2:25).

tinieblas» (1 QS 1, 9) contrastan de nuevo poderosamente con lo que sabemos del judeocristianismo afincado en la tierra de Israel.

El acercamiento a la Escritura

La biblioteca de Qumrán ha puesto a nuestro alcance un conjunto de comentarios bíblicos (*pesharim*) donde queda de manifiesto la peculiar exégesis del colectivo. La misma tendía fundamentalmente a leer en los escritos sagrados la historia presente del movimiento. El sistema si no iniciado por el Maestro de Justicia parece haber sido propiciado por Él (1QpHab 6, 15-7, 4).

También los judeocristianos aplicaron textos del pasado a su situación presente, pero las coincidencias interpretativas son mayores con la literatura targúmica, por ejemplo, que con los sectarios de Qumrán. De hecho, éstas resultan realmente escasas.[300]

En términos generales, pues, podemos señalar que las supuestas coincidencias entre judeocristianismo y Qumrán resultan limitadas, y que parecen más resaltadas sólo por un análisis superficial de los aspectos formales. Por el contrario, las diferencias son muy profundas y, de hecho, el judeocristianismo afincado en la tierra de Israel, como tendremos ocasión de ver en la III parte, presenta muchos más puntos de contacto con otras corrientes judías de pensamiento que con los sectarios de Qumrán. Pasemos ahora a examinar las instituciones típicas del judeocristianismo.

---

[300] H. Braun, "Qumran und das Neue Testament", vol. II, Tubinga, 1966, págs. 310-23, analiza veinte pasajes veterotestamentarios citados en el Nuevo Testamento y en los documentos de Qumrán, pero las interpretaciones son, por lo general, divergentes.

CAPÍTULO VIII

LA ORGANIZACIÓN Y LAS INSTITUCIONES COMUNITARIAS EN EL JUDEOCRISTIANISMO EN EL ISRAEL DEL SIGLO I (II): LAS INSTITUCIONES

Los apóstoles[301]

Las fuentes apuntan a un gobierno de un grupo conocido como los Doce desde los primeros momentos de la comunidad judeocristiana. Estos aparecen en cuatro listas diferentes recogidas en Mateo 10:2-4, Marcos 3:16-19, Lucas 6:14-16 y Hechos 1:13, omitiéndose en este último caso a Judas Iscariote. Juan no da ninguna lista, pero menciona a los «Doce» como grupo (Juan 6:67; 20:24) y en el mismo sentido se perfilan los datos que conocía Pablo (1 Cor. 15:5).

Convencionalmente, se han solido dividir las listas en tres grupos de cuatro y ése es el sistema que seguiremos en nuestra exposición. En ella primaremos el elemento relativo a su papel en el judeocristianismo afincado en Israel desde una perspectiva institucional, obviando el relacionado con su vida anterior, salvo que la referencia a la misma resulte indispensable.

---

[301] Sobre el tema, ver C. K. Barrett, "The Signs of an Apostle", Filadelfia, 1972; F. Hahn, "Der Apostolat in Urchristentum" en "KD", 20, 1974, págs. 56-77; R. D. Culver, "Apostles and Apostolate in the New Testament" en "BSac", 134, 1977, págs. 131-43; R. W. Herron, "The origin of the New Testament Apostolate" en "WJT", 45, 1983, págs. 101-31; K. Giles, "Apostles before and after Paul" en "Churchman", 99, 1985, pgas. 241-56; F. H. Agnew, "On the origin of the term Apostolos" en "CBQ", 38, 1976, págs. 49-53; Idem, "The origin of the NT Apostle-Concept" en "JBL", 105, 1986, págs. 75-96; B. Villegas, "Peter, Philip and James of Alphaeus" en "NTS", 33, 1987, págs. 292-4; César Vidal, "Apóstol" en "Diccionario de las Tres Religiones monoteístas", Madrid, 1993.

1. Primer grupo de cuatro.

El apóstol mencionado en primer lugar es siempre Simón, cuyo nombre fue sustituido por el sobrenombre «Petrós» (piedra), seguramente una traducción del arameo «Kefas». Este cambio debe ser muy antiguo —los Evangelios lo retrotraen de hecho al periodo de la vida de Jesús— dado que Pablo ya lo conoce con ese sobrenombre. A juzgar por los datos que nos proporcionan las fuentes primitivas, parece ser que fue uno de los tres discípulos del grupo más íntimo de Jesús y disfrutó de cierta preeminencia, no claramente definida, dentro del grupo originario. De ser ciertas las tradiciones que le atribuyen el haber negado a Jesús durante la detención y condena posterior de éste (Mat. 26:57-58,69-75; Mar. 14:53-54,66-72; Luc. 22:54-62; Juan 18:12-18,25-27), y todo parece apuntar en un sentido afirmativo, resulta difícil negar la tesis de que los primeros fieles lo consideraban investido de esa autoridad por el crucificado y restaurado en ella después de la Pascua.[302]

Son varios los aspectos que favorecen la visión que le atribuye esta preeminencia, aunque ésta parece más moral y espiritual que jurídica. En primer lugar, en Hechos 1:13, su nombre es citado el primero en la lista post-pascual de los Once.[303] Pedro desempeña también un papel significativo en la elección de Matías para ocupar el cargo dejado vacante por Judas (Hech. 1:20).[304] Se puede apuntar asimismo en favor de esta tesis su papel de portavoz que señalan los primeros discursos de Hechos[305] así como la manera en

---

[302] En este sentido apunta el pasaje de Juan 21:15-19. Otro eco de esta tradición en Lucas 22:31-32.

[303] Esto concuerda con Lucas 6:14. No obstante, no está claro si ha influido en Lucas 24:34 donde Pedro es retratado como el primer discípulo que vio a Jesús resucitado.

[304] K. H. Rengstorf se ha pronunciado muy favorablemente en el sentido del núcleo histórico del relato en "Current Issues in New Testament Interpretation", ed. por W. Klassen y G. F. Snyder (Festschrift O. Piper, Nueva York, 1962, págs. 178-92. Un punto de vista opuesto, en el sentido de considerar el material de Lucas como «comparativamente pobre», en E. Haenchen, "The Acts of the Apostles", Filadelfia, 1971, págs. 164-75.

[305] Discurso de Pentecostés en Hechos 2:14-42; discurso en el pórtico de Salomón en Hechos 3:11-26; discurso ante el Sanedrín en Hechos 4:8-12, etc.

que parece haberse ocupado de cuestiones disciplinarias como en el caso del incidente de Ananías y Safira (Hech. 5:1-10). Con todo, deberíamos ser muy cuidadosos para no superponer sobre la figura de Pedro construcciones teológicas que son muy posteriores.

Pese a lo anterior, resulta claro en las fuentes que su función se hallaba subordinada a la del resto de los apóstoles (Hech. 8:14), que tenía que rendir cuentas no sólo a éstos sino también al resto de los hermanos (Hech. 11:1 y ss.) y que en alguna ocasión se enfrentó con una evidente y frontal oposición procedente de otros dirigentes del cristianismo (Gál. 2:11 y ss.). En relación con el concilio de Jerusalén, su intervención fue, sin duda, relevante (Hech. 15:7 y ss.), pero el dictamen final no le correspondió a él sino a Jacobo (Hech. 15:13 y ss.), precisamente la persona que parece haberlo sustituido —si es que no gozaba previamente de tal posición— al huir de Herodes (Hech. 12:17).[306] Asociada muy de cerca a la figura de Pedro se halla la de su hermano Andrés (Juan 1:40-41; Mar. 1:16), aunque desconocemos su papel en el judeocristianismo afincado en Israel.[307]

Jacobo y Juan eran, como los dos hermanos anteriormente citados, pescadores en Galilea (Mar. 1:19). Se ha especulado con la posibilidad de que su madre (Mat. 27:56) fuera la Salomé, hermana de la madre de Jesús (Mar. 15:40; Juan 19:25). Tal hecho convertiría a Jacobo y Juan en primos de Jesús. No obstante, la hipótesis no resulta del todo segura. Jacobo fue ejecutado por Herodes Agripa entre el 41 y el 44 d. C. (Hech. 12:1-2) y, como ya vimos, se ha apuntado, sin mucho fundamento, a la posibilidad de que sucediera lo mismo con su hermano Juan. Se discute si éste es el Juan de Apocalipsis y si puede ser identificado con el «discípulo amado» del cuarto Evangelio. En cualquier caso, parece haber desempeñado un papel de considerable relevancia en compañía

[306] El estudio de la figura de Pedro ha tendido a verse empañado históricamente por consideraciones que poco tienen que ver con la investigación histórica y sí mucho con las tesis teológicas. Un acercamiento a las fuentes desprovisto de tales apasionamientos en R. Pesch, "Simon-Petrus" en "TAG", 1980, págs. 112-24; R. E. Brown, K. P. Donfried y J. Reumann, "Pedro en el Nuevo Testamento", Santander, 1976; C. P. Thiede, "Simon Peter", Grand Rapids, 1988.

[307] P. M. Peterson, "Andrew, brother of Simon Peter", Leiden, 1958.

de Pedro durante los primeros años del judeocristianismo jerosolimitano (Hech. 3:1; 4:13; 8:14). De hecho, Pablo lo describe como una de las columnas de la iglesia de Jerusalén junto a Pedro y Jacobo (Gál. 2:9). Este grupo de tres, según el testimonio de las fuentes, parece haber mantenido una relación muy estrecha con Jesús durante Su ministerio (Mar. 9:2; 5:37; 14:33). Ocasionalmente, se menciona un grupo de cuatro en el cual se incluye a Andrés (Mar. 1:29; 13:3).

Segundo grupo de cuatro.

Felipe era de Betsaida y parece haber sido un amigo íntimo de Andrés (Juan 1:44; 6:5-8; 12:22). En cuanto a Bartolomé, carecemos de datos, aunque se ha intentado identificarlo con Natanael (Juan 1:45-46; 21:2). Los padres mismos manifiestan posturas encontradas sobre el tema y no se puede rechazar la posibilidad de que se trate de dos personas distintas, siendo Natanael alguien ajeno al grupo de los Doce.

Por lo que se refiere a Tomás, denominado «el gemelo» en Juan 11:16 y 20:24, carecemos también de datos. Mateo, muy posiblemente, debe ser identificado con el Leví de otras listas, aunque no hay unanimidad sobre este tema. En términos generales, podemos decir que carecemos absolutamente de noticias relativas al papel particular de todos y cada uno de los integrantes de este segundo grupo de cuatro, si hacemos excepción de la atribución a Mateo de la redacción del primer Evangelio.

Ciertamente, los Hechos hablan de un Felipe, pero éste no puede ser identificado con el apóstol, ya que fue elegido para formar parte del grupo de los diáconos y luego desempeñó tareas de evangelización (Hech. 6:5; 8:5-40; 21:8).

Tercer grupo de cuatro.

Tanto Judas Iscariote (supuestamente muerto poco después de la ejecución de Jesús) como Simón el zelote o Jacobo de Alfeo no parecen ocasionar problemas en cuanto a su identidad histórica —aunque ciertamente desconocemos el papel de los dos últimos en el judeocristianismo afincado en Israel— pero no puede decirse lo mismo del personaje situado en décimo lugar en Mateo y Marcos y en undécimo en Lucas y Hechos. De hecho, aparecen tres nombres (Lebeo, Tadeo y Judas). Resulta difícil solventar —carecemos de referencias alternativas— estas discrepancias, aunque se ha recurrido a diversas posibilidades que van desde la falta de memoria,[308] a la de identificar a Tadeo con Judas el hermano de Jacobo, siendo Lebeo sólo una variante textual del mismo,[309] una tesis armonizadora que entra, por otra parte, muy dentro de lo posible. En cualquiera de los casos, ignoramos todo sobre el papel que los mencionados personajes pudieron tener individualmente en el seno del judeocristianismo asentado en Israel.

El origen del grupo de los Doce ha sido discutido desde los trabajos de F. Schleiermacher y F. C. Baur en relación con el cristianismo primitivo, negándose su vinculación con una decisión de Jesús.[310] Que el grupo existía ya en un tiempo muy primitivo resulta imposible de negar y hoy en día así se admite en general, aunque persiste la discusión relativa al origen del mismo en conexión con una decisión específica de Jesús. Pablo menciona ya al grupo en 1 Corintios 15:5, precisamente con esa denominación, como receptor de las apariciones de Jesús resucitado, precisamente cuando aquel sólo estaba ya formado por once. Tal circunstancia abona, desde luego, la posibilidad de que el grupo como tal existiera en vida de Jesús. Por otro lado, la premura en completar su número a que se hace referencia en Hechos 1:15-26 va, desde luego, en la misma dirección.[311] Desde nuestro punto de vista, creemos que los

---

[308] R. E. Brown, "The twelve and the apostolate" en "NJBC", Englewood Cliffs, 1990, pág. 1379.

[309] A. T. Robertson, "Una armonía de los cuatro Evangelios", El Paso, 1975, págs. 224-6. En el mismo sentido, M. J. Wilkins, "Disciples" en "DJG", pág. 181, alegando, principalmente, la existencia de una coincidencia total en el resto de los nombres.

[310] Por supuesto las fuentes evangélicas conectan a Jesús con la formación del grupo (Mar. 3:14-15; Juan 20:19 y ss.; etc.) y referencias como la de Mateo 19:28 y Lucas 22:30 donde se relaciona tal institución con el número de las tribus de Israel y el papel escatológico del Hijo del hombre revisten, a nuestro juicio, visos de ser históricamente ciertas.

[311] Recientemente el tema ha vuelto a ser discutido en profundidad por E. P. Sanders, "Jesus and Judaism", Filadelfia, 1985, págs. 91 y ss., en una obra que ha

materiales históricos de que disponemos apuntan a situar el origen del grupo en una decisión explícita de Jesús,[312] pero el tema en si es ajeno al de nuestro estudio. Basta con saber que aquel ya existía en el seno del judeocristianismo en una época muy temprana.

Otra cuestión relacionada con este tema es exactamente lo que implicaba el apostolado. El gran revulsivo moderno para entregarse al estudio de este tema fue, sin duda, la obra de Lighfoot sobre la epístola a los gálatas.[313] El término deriva del infinitivo griego *apostellein* (enviar), pero no era muy común en griego. En la Septuaginta, sólo aparece una vez (1 Rey. 14:6) como traducción del participio pasado *shaluaj* de *shlj* (enviar). Precisamente tomando como punto de partida esta circunstancia, H. Vogelstein[314] y K. Rengstorf[315] conectaron la institución de los apóstoles con los *sheluhim* rabínicos. Esta tuvo una especial importancia a finales del siglo I e inicios del siglo II d. C. y consistía en comisionados rabínicos enviados por las autoridades asentadas en la tierra de Israel para representarlas con plenos poderes. Los *sheluhim* recibían una ordenación simbolizada por la imposición de manos y sus tareas —que, muchas veces, eran meramente civiles— incluían ocasionalmente la autoridad religiosa y la proclamación de verdades religiosas. La tesis resulta muy atractiva incluso hoy en día, pero tiene el inconveniente de que no poseemos referencias a los *sheluhim* paralelas

---

sido galardonada con el Louisville Grawemeyer award in religion de 1990. Sanders examina todos los argumentos sobre el tema y concluye que, efectivamente, la existencia del grupo debe situarse en una decisión de Jesús cuyo contenido es evidentemente escatológico. En contra de la posibilidad de retrotraer la institución de los Doce a Jesús, ver P. Vielhauer, "Gottesreich und Menschensohn in der Verkündigung Jesu" en Wilhelm Schneemelcher (ed), "Festschrift für Gunther Dehn", Neukirchen, 1957, págs. 51-79; R. Meye, "Jesus and the Twelve", Grand Rapids, 1968, págs. 206 y ss. A favor de tal posibilidad, ver L. Gaston, "No Stone on another", Leiden, 1970; F. F. Bruce, "New Testament History", N. York, 1980, págs. 210 y ss.; M. Hengel, "The Charismatic Leader and His Followers", Nueva York, 1981; C. F. D. Moule, "The birth of the New Testament", Londres y San Francisco, 1981, pág. 54; C. Vidal Manzanares, "Apóstol" en "Diccionario de las Tres Religiones", Madrid, 1993.

312 Al respecto, ver C. Vidal, *Más que un rabino*, Nashville, 2020.

313 J. B. Lightfoot, "Saint Paul's Epistle to the Galatians", Londres, 1865.

314 H. Vogelstein, "The Development of the Apostolate in Judaism and Its Transformation in Christianity" en "HUCA", 2, 1925, págs. 99-123.

315 K. Rengstorf, "Apostolos" en "TDNT", vol. I, págs. 407-47.

cronológicamente a los primeros tiempos del judeocristianismo. Esta circunstancia provocó que la citada interpretación fuera objeto de fuertes ataques ya desde mediados del siglo xx.

G. Klein[316] pretendió —muy discutiblemente— trazar el origen del apostolado en la figura de Pablo, considerando que la institución de los Doce había sido posterior, y W. Schmithals, por el contrario, conectó el origen de la institución con grupos gnósticos de origen sirio.[317] Ambas teorías tienen en su contra el testimonio claro de las fuentes ya que Pablo reconoce la existencia del grupo de los Doce cuando se produjeron las apariciones del Resucitado (1 Cor. 15:7) y habla de apóstoles anteriores a él (Gál. 1:17) en Palestina y no en Siria. De hecho, Pablo no sólo no se atribuye la creación del término —mucho menos el haberlo tomado prestado de grupos gnósticos— sino que pretende que se le considere apóstol igual que antes se ha hecho con otros personajes como Pedro que le antecedieron en tal función (Gál. 2:2-10).

Hoy en día, se tiende a conectar nuevamente la figura del apóstol con la raíz verbal «shlj» que es vertida en la Septuaginta unas setecientas veces por «apostollein» o «exapostollein». El término generalmente hace referencia a alguien enviado por Dios para una misión concreta como es el caso de Moisés, los profetas, etc., algo que coincide con los datos neotestamentarios relacionados con la misión de los apóstoles (Mat. 28:19-20; Mar. 16:15; Luc. 24:47-48; Juan 20:21; Hech. 1:8). Desde luego, parece obvio que el término era muy amplio —como ya señaló en su día Lighfoot— yendo más allá del grupo de los Doce aunque manteniendo un carácter excepcional. De hecho, la referencia a los falsos apóstoles es lo que sugiere (Apoc. 2:2; 2 Cor. 11:13). Entre los apóstoles que no pertenecían a este grupo restringido se hallaban Jacobo, el «hermano del Señor» (Gál. 1:9); Pablo (1 Cor. 1:1; etc.); y Bernabé (Hech. 14:14; 1 Cor. 9:6 con 4:9; Gál. 2:9). En cuanto a Andrónico y Junia (Rom. 16:7) —correspondiendo, posiblemente, este último nombre a una mujer[318]— no resulta claro si los dos personajes eran

[316] G. Klein, "Die Zwolf Apostel" en "FRLANT", 59, 1961.

[317] W. Schmithals, "The Office of Apostle in the Early Church", Nashville, 1969.

[318] L. y A. Swidler (ed), "Women priests", Nueva York, 1977, págs. 141-4.

apóstoles o, lo que parece más posible, eran simplemente objeto de aprecio entre los apóstoles. Es más que dudoso que tuvieran categoría de tales Silvano y Timoteo (1 Tes. 2:6 con Hech. 17:4,14), y Apolos (1 Cor. 4:6,9). Tal uso resultaba claro cuando se redactó la Didajé (11, 3-6) y se recoge en otras obras como el Pastor de Hermas (IX, 15, 4) o el Adversus Haer. (II, 21, 1) de Ireneo.

Los apóstoles ligados al judeocristianismo de los primeros tiempos parecen haber sido un colectivo con características muy específicas e irrepetibles. Entre ellas destacaban, de manera primordial, las siguientes:

1. haber visto a Jesús resucitado (1 Cor. 15:5) y,
2. haber vivido con Él desde la época del bautismo de Juan hasta su ascensión (Hech. 1:22).

Esta cercanía a Jesús —antes y después de Su muerte— los convertía en personajes especialmente importantes a la hora de autenticar la enseñanza como relacionada con Jesús y de tomar decisiones sobre la marcha de la comunidad (Gál. 1:18-2:10; Hech. 6:2-6; 15:2 y ss.). Como tales, no parece que fueran reemplazables. De hecho, sabemos que la muerte de Judas determinó la elección de Matías en su lugar para completar el número (Hech. 1:26), pero no se volvió a tomar esa medida con posterioridad, por ejemplo, cuando Jacobo fue ejecutado por Herodes Agripa (Hech. 12:2). La idea de una sucesión apostólica o de la aparición de apóstoles con posterioridad no cuenta, desde luego, con ninguna base en el cristianismo primitivo.

Centrados inicialmente en Jerusalén (Hech. 1-11), las fuentes relacionan con ellos:

1. la evangelización primitiva (Hech. 2:1–4:22),
2. las decisiones disciplinarias (Hech. 5:1 y ss.),
3. la ordenación de ministerios menores a propuesta de la comunidad (Hech. 6:1-6),
4. la enseñanza y la oración (Hech. 6:4),
5. la supervisión de las misiones dependientes de miembros de la comunidad jerosolimitana (Hech. 8:14 y ss.; 9:32 y ss.), y,
6. las medidas relativas a la entrada de los gentiles (Hech. 11:1 y ss.) y a los términos de su permanencia en el seno del movimiento

(Hech. 15), aunque en estos últimos casos parece clara la intervención del resto de la comunidad (Hech. 11:1,18; 15:22).

Finalmente, tanto H. Riesenfeld[319] como B. Gerhardsson[320] han estudiado la posibilidad de que los Doce fueran el receptáculo de la enseñanza de Jesús de acuerdo a una metodología de enseñanza similar a la rabínica y que, a partir de los mismos, se fuera formado un depósito de tradiciones relacionadas con la predicación de Jesús.

En cuanto al área externa al judeocristianismo asentado en Israel, Pedro parece haber desempeñado un ministerio itinerante ya a mediados de los años 40 y durante los 50 (Hech. 12:17; 1 Cor. 1:12; 1 Ped. 1:1), pero las noticias sobre los otros no son tan claras (1 Cor. 9:5), aunque no pueden descartarse las noticias sobre un ministerio de Juan en Asia Menor, ni tampoco las pretensiones de Jacobo en relación con la misma (Sant. 1:1). Muy posiblemente, los Doce limitaron su ministerio a los judíos —fueran de la Diáspora o de Israel— según los datos consignados en Mateo 19:28 o Gálatas 2:7-9 —sin excluir al propio Pedro. Desde luego, sí parece altamente probable que, a la luz del mencionado pasaje, se vieran y fueran vistos por la comunidad como el germen o núcleo de un Israel renovado bajo Jesús, el Mesías y Señor.

Su importancia resultó, no cabe duda, fundamental y buena prueba de ello la tenemos en testimonios como el de Apocalipsis 21:14 donde se los considera como fundamento de la iglesia. Eran el vínculo claro entre el Jesús anterior a la cruz y la comunidad presente y, en tal sentido, implicaban para el judeocristianismo una conexión sin precedentes con la Deidad que no se podría repetir en el futuro.

Los ancianos

Mucho menos relevante fue, sin duda, el papel de los ancianos en el seno del judeocristianismo afincado en Israel, aunque su valor

---

319 H. Riesenfeld, "The Gospel Traditions and Its Begínings", Londres, 1957.

320 B. Gerhardsson, "Memory and Manuscript: oral tradition and written transmission in the Rabbinic Judaism and Early Christianity", Uppsala, 1961.

práctico debió corresponder al de auténticos pastores de las comunidades. Como ya hemos señalado arriba, el origen del término es veterotestamentario y presenta paralelos entre los sectarios de Qumrán y en el judaísmo contemporáneo (Hech. 4:5,8,23; 6:12; 23:14; 24:1; 25:15).

La primera referencia que tenemos del mismo aparece en relación con la iglesia de Antioquía cuyo gobierno no era apostólico sino presbiterial (Hech. 11:30). Este dato podría quizás indicar que, originalmente, no formaban parte de la organización comunitaria y que aparecieron a medida que los Doce no pudieron ocuparse de tareas no sólo administrativas sino también relacionadas con el gobierno y la enseñanza. La noticia conservada en Hechos 14:23 apoyaría tal punto de vista, y lo mismo sucedería con las referencias que encontramos en Hechos 15:2,4,6,22-23; 16:4 y 21:18, que ya corresponden a un periodo posterior en que la comunidad se había extendido lo suficiente como para que resultara imposible atenderla sólo con doce personas. De hecho, la referencia en Santiago 5:14 apunta en esa dirección y además los conecta específicamente con el ministerio de sanidad desempeñado en el seno del judeocristianismo primitivo.

La institución aparece igualmente en el judeocristianismo de la Diáspora (1 Ped. 5:1,5; 2 Jn. 1; 3 Jn. 1) y en el paulino que parece haber derivado su uso del antioqueno o, quizás, del judeo-palestino (Hech. 20:17 y ss.). De hecho, es en los escritos paulinos donde hallamos un número mayor de referencias en relación con las funciones que los mismos desempeñaban en las comunidades (1 Tim. 3:2-4; 5:17 y ss.; Tito 1:5).

Los diáconos

La institución de los diáconos estuvo presente desde una etapa muy primitiva en la comunidad jerosolimitana y se conecta con la misma con el episodio referido en Hechos 6. Según éste, se produjo en el seno de la comunidad citada un conflicto entre judíos greco y arameo-parlantes en relación con la distribución diaria de alimentos. La solución propuesta por los Doce fue la de que la comunidad eligiera a personas que se ocuparan de este tipo de tareas, descargándoles a ellos de su realización (Hech. 6:3-4). Su labor estaba conectada pues, como etimológicamente puede deducirse, con áreas de servicio, no cultuales. La elección —quizás como prueba de buena voluntad— recayó sobre helenistas que fueron reconocidos en su función por los Doce mediante la imposición de manos (6:6).

Esta interpretación choca, no obstante, con algunos inconvenientes. El primero es que el mismo término *diákonos* está ausente del pasaje en cuestión en relación con un ministerio específico y, de hecho, el verbo *diakoneo* no parece tener un contenido que vaya más allá que el propio de «servir». Por otro lado, *diakonía* se aplica, pero a los Doce (Hech. 6:1,4) y no a los elegidos en esta ocasión. Estos, finalmente, reciben la imposición de manos de los apóstoles, pero no parece que eso implique la creación de una categoría nueva de servicio o ministerio de nivel institucional sino más bien una sanción de la decisión adoptada por la comunidad.

A esto hay que añadir que la visión de un ministerio específico de *diakonía* parece posterior en las fuentes y, aunque aceptemos la historicidad de lo relatado en Hechos 6, no resulta claro que su origen estuviera en el judeocristianismo afincado en Israel.

Desde un punto de vista filológico, debe señalarse que el verbo *diakoneo* tiene el significado propio de «servir» en Hechos 19:22 (donde parece referido a colaboradores evangelísticos de Pablo) y en 2 Corintios 8:19-20 (relacionado con Pablo y sus ayudantes), y sólo parece vinculado a una misión específica en 1 Timoteo 3:10 y ss. y 1 Pedro 4:10-11, escritos ambos que, como mínimo, hay que datar en los sesenta, si se admite su autenticidad, y que no pertenecen al judeocristianismo afincado en Israel.

El sustantivo *diakonía* parece asimismo tener el significado general de «servicio» o «ministerio» y así aparece incluso referido a los apóstoles en Hechos 1:17-25; 6:1-4; o 20:24. El mismo sentido se encuentra en 1 Corintios 12:5; 16:15; 2 Corintios 5:18; 6:3; Efesios 4:12; Colosenses 4:17; 1 Timoteo 1:12; 2 Timoteo 4:5,11; Hebreos 1:14 y, quizás, Apocalipsis 2:19.

En cuanto a *diákonos*, conserva el significado de «ministro» o «siervo», por regla general, en pasajes como Romanos 15:8;

1 Corintios 3:5; 2 Corintios 3:6; 6:4; Efesios 3:7; 6:21; Colosenses 1:23-25; 1 Tesalonicenses 3:2 y 1 Timoteo 4:6. Pero ya posee características específicas en textos como Romanos 16:1; Filipenses 1:1 y 1 Timoteo 3:8 y ss., que podrían datarse, al menos en parte, durante la década de los cincuenta, pero que no pertenecen al judeocristianismo afincado en Israel.

De lo anterior, parece desprenderse que éste no conoció propiamente la institución del diaconado. Ciertamente, en un momento primitivo de su historia, procedió a la elección de algunos hermanos para que desempeñaran un servicio concreto, pero tal idea no parece que se prolongara y, quizás, desapareció junto con el régimen de comunidad de bienes que le había dado origen. Lo mismo parece haber sucedido en el judeocristianismo de la Diáspora y en el paulino. En este, sin embargo, ya hay datos de un ministerio específico de diaconado cuando se escriben las cartas a los Romanos (c. 57) y a los Filipenses (c. 60-62). De hecho, las Pastorales y 1 Pedro confirman estos datos.

¿Surgió tal visión del diaconado de la experiencia relatada en Hechos 6? No es imposible, pero tampoco resulta muy probable, si tenemos en cuenta que tal institución no contó con prolongación conocida en el seno del judeocristianismo afincado en Israel. Más verosímil nos parece que su origen se debiera espontáneamente a necesidades del funcionamiento de las primeras comunidades fueran éstas de origen judeocristiano (como Roma)[321] o paulino (como Filipos).

Los profetas

Un papel muy relevante en cuanto a su permanencia ulterior como institución y a su influencia en la marcha del judeocristianismo parecen haber tenido los profetas. El estudio de esta institución lo hemos situado por razones de sistematicidad en la III parte, al

[321] Sobre el origen judeocristiano de la comunidad de Roma, ver G. Edmunson, "The Church in Rome in the First century", Londres, 1913; C. P. Thiede, "Simon Peter", Grand Rapids, 1988, págs. 135 y ss.; R. E. Brown y J. P. Meier, "Antioch and Rome", N. York, 1983, págs. 92 y ss.

referirnos a las manifestaciones pneumáticas.[322] De esa ubicación puede desprenderse hasta qué punto los ministerios en el judeocristianismo aparecieron más vinculados a elementos de tipo carismático que institucional.[323]

La imposición de manos

Hemos hecho referencia al referirnos al episodio relatado en Hechos 6 a la imposición de manos. Las referencias en relación con el judeocristianismo a este tipo de práctica se pueden dividir en tres grupos concretos. En primer lugar, nos encontramos con lo que podríamos considerar como dotado de un posible contenido ministerial que cuenta con paralelos en el judaísmo. Tal sería el caso de la noticia que aparece en Hechos 6. La práctica la hallamos asimismo en el judeocristianismo de la Diáspora (Hech. 13:3), así como en el cristianismo paulino (1 Tim. 2:8; 2 Tim. 1:6). En este caso, la imposición de manos confiere formalmente un reconocimiento de un ministerio. Los orígenes de tal visión, muy posiblemente, podemos hallarlos en la «semijah» o imposición de manos judía, que, en el Antiguo Testamento, aparece vinculada con la figura de Moisés (Núm. 27:18-23; Deut. 34:9) y la de los ancianos y jueces de Israel (Núm. 11:16-17; 24–25).

En el rabinismo, tal ceremonia era un equivalente a la ordenación ministerial, en la medida en que sólo los que hubieran pasado por ella podían formar parte del Sanedrín y de un *bet din* (Sanh 5b). El procedimiento debía ser realizado por un sabio ordenado, ante la presencia de otros dos sabios como testigos (Mishnah, Sanh 1, 3). Muy posiblemente, desde luego en el caso del paulinismo resulta evidente, ése fue el enfoque judeocristiano. La imposición de manos vendría así a simbolizar el reconocimiento autorizado de un ministerio comunitario.

---

[322] Ver más adelante.

[323] Tal juicio, sin embargo, no debería limitarse a sólo esta corriente del cristianismo primitivo. En 1 Timoteo 1:18 y 4:14 la ordenación de Timoteo aparece nuevamente relacionado con un elemento claramente carismático. En cuanto a los requisitos de ancianos y diáconos en las Pastorales también parecen más encauzados en patrones espirituales que institucionales.

En segundo lugar, la imposición de manos aparece conectada con una idea no desprovista de originalidad como es la de la transmisión del Espíritu Santo (Hech. 8:17-19). Pablo (Hech. 19:6) parece haber seguido también esta práctica que, según la fuente, aparece relacionada con una experiencia pneumática ligada al don de lenguas, como veremos en la tercera parte del presente estudio.

Por último, la imposición de manos, como en Hechos 9:12-17, parece hacer referencia a un rito encaminado a otorgar la salud en el receptor. Las fuentes (Hech. 28:8) relacionan también esta práctica con Pablo y, muy posiblemente, en ambos casos obedece a una tradición común, que cuenta con antecedentes en Jesús (Mat. 8:15; Mar. 1:41; Luc. 13:13; etc.). Una vez más, en el terreno institucional, hallamos que el judeocristianismo arrancaba de un origen judío que, no obstante, modificó para hacerlo encajar en su peculiar cosmovisión.

El sistema de comunidad de bienes en la comunidad jerosolimitana[324]

La práctica de una comunidad de bienes en el seno de la comunidad de Jerusalén ha sido, desde hace tiempo, una de las características más sugestivas de este colectivo. Parece difícil discutir la historicidad de las dos referencias a esta institución que aparecen en el libro de los Hechos (2:44 y ss.; 4:32 y ss.). Para abordar su análisis estudiaremos, primero, el posible origen de tal institución y, posteriormente, las características y la duración de la misma.

1. El origen de la comunidad de bienes jerosolimitana

No tenemos datos seguros acerca del origen de esta institución en el seno de la comunidad judeocristiana de Jerusalén.

---

[324] Sobre este tema, ver R. Gnuse, “Comunidad y propiedad en la tradición bíblica”, Estella, 1987, págs. 219 y ss.; Ch. Avila, “Ownership: Early Christian teaching”, N. York, 1983; M. Hengel, “Property and Riches in the Early Church”, Filadelfia, 1974; J. P. Miranda, “Communism in the Bible”, N. York, 1981; L. T. Johnson, “Sharing Possessions: mandate and symbol of faith”, Filadelfia, 1981.

Precisamente por ello, cualquier solución que se pretenda dar al tema contendrá siempre un cierto grado de especulación. No obstante, vamos a exponer el proceso que, a nuestro juicio, pudo ser el más verosímil. El primer modelo de propiedad comunitaria pudo muy bien partir del mismo grupo de los Doce. Consta que la existencia de una bolsa común era la práctica habitual en el grupo cercano a Jesús (Mat. 19:29; Juan 13:29; 12:6) y, posiblemente, la misma ya se había extendido a otro grupo más amplio antes de la muerte de aquel (Luc. 8:1 y ss.; 10:1 y ss.). Con todo, la tesis comunitaria pudo deberse en un primer momento al deseo de solucionar el problema que se le planteaba a una comunidad repentinamente trasplantada a Jerusalén. Si, inmediatamente después de la muerte de Jesús, los discípulos más cercanos se trasladaron a Galilea, su bajada a Jerusalén habría tenido lugar unas semanas después, con ocasión de la fiesta de Pentecostés. En el curso de la misma, se produjo una experiencia de masas que iba a resultar decisiva para el futuro del colectivo (Hech. 2:1 y ss.). Por un lado, parece que muchos de los asistentes fueron captados para la nueva fe (Hech. 2:37 y ss.); por otro, es indudable que algunos de los antiguos discípulos, entre los que se encontraban los familiares de Jesús y los Doce, decidieron afincarse definitivamente en Jerusalén.

Aquel cúmulo de circunstancias planteaba, y esto es lógico, problemas de mantenimiento que se intentaron solucionar compartiendo lo que poseían entre todos, bajo la dirección de los Doce (Hech. 2:43 y ss.). Que a ello contribuyó de manera decisiva el entusiasmo de aquellos primeros momentos es algo que se desprende claramente de la misma fuente lucana. Por tanto, nos encontraríamos no ante un fenómeno minuciosamente regulado y articulado —como en el caso de los sectarios de Qumrán— sino, más bien, ante un producto del entusiasmo espiritual de los primeros momentos que contaba ya con antecedentes en el grupo de discípulos más cercanos a Jesús. El evaluar de esta manera el origen de la institución nos permite precisamente comprender con exactitud no sólo sus características concretas sino también su duración.

2. Las características de la comunidad de bienes jerosolimitana

Ciertamente, ese carácter espontáneo que acompañó al nacimiento de la institución permite explicar su configuración tan distinta de la de otros movimientos contemporáneos (como Qumrán) o posteriores (como el monacato). Las notas definitorias del modelo jerosolimitano son las siguientes:

A. Carácter voluntario y no obligatorio. Contra lo que ha sucedido en otros movimientos que practican la comunidad de bienes, la de Jerusalén permitió la voluntariedad de la misma, en el seno del colectivo. Ése es el núcleo central del reproche dirigido por Pedro a Ananías y Safira (Hech. 5:3 y ss.). Pertenecer al colectivo no exigía, en absoluto, compartir los bienes en régimen de comunidad. Sólo si se asumía ese paso, era lógico esperar que se hiciera con sinceridad y de corazón y no fingiendo.

B. Preservación de bienes privados. Parece bastante claro que el número de bienes de cierto valor enajenados y entregados a los apóstoles no debió ser muy alto ni siquiera en los momentos de mayor entusiasmo. María, la madre de Juan Marcos, no se desprendió de su casa (Hech. 12:12) y sólo tenemos noticia concreta de la venta de dos inmuebles, los pertenecientes a Ananías (Hech. 5:1) y Bernabé (situado quizás en Chipre) (Hech. 4:36-37),[325] aunque, posiblemente, hubo más casos (Hech. 2:45; 4:34). Por otro lado, parece ser que muchos optaron por permitir un uso común sin por ello proceder a la enajenación del bien o, dicho en palabras del autor de Hechos, «ninguno decía ser suyo propio nada de lo que poseía, sino que tenían todas las cosas en común» (Hech. 4:32).

---

325 Naturalmente, esta circunstancia se podría interpretar como una referencia a la escasez de los miembros de la comunidad. Como se desprenderá del resto de la exposición, tal punto de vista nos parece sólo fundamentado en parte.

C. Carencia de sistematicidad. A lo anterior se unió una clara ausencia de sistema en cuanto al reparto y la asignación de bienes —indudablemente, de uso y consumo— a cada participante en este sistema. Como era lógico, los problemas de cariz administrativo relacionados con la colectivización de los bienes parece que no se hicieron esperar. Pese al carácter unánime en el terreno espiritual del que nos habla Lucas, no tardó en producirse el roce a causa de una cuestión relativa a la distribución de los alimentos. La controversia no sólo tenía un matiz asistencial (la distribución de la beneficencia entre las viudas) sino que implicaba, solapadamente, el choque entre los elementos grecoparlantes de la comunidad y los arameo-parlantes. Es muy posible que, en el fondo, no existiera mala fe por parte de los primeros y que se tratara sólo de una cuestión de gestión mal realizada o, incluso, de la suspicacia que, en ocasiones, acompaña a las minorías, en este caso la helenista. Como hemos visto, la intervención del grupo de los Doce —que, no obstante, dejó clara su resistencia a ocuparse de este tipo de tareas— parece haber salvado la situación (Hech. 6:1 y ss.). Pero del conjunto del relato se desprende que primó más el elemento carismático que el práctico con consecuencias que, a medio plazo, parecen inevitables.

D. Ausencia de una visión que se ocupara de la producción u obtención de nuevos bienes. A todo lo anterior hay que unir el hecho de que la comunidad jerosolimitana no parece haber pensado nunca en la necesidad de articular una estrategia que permitiera proceder a la sustitución de los bienes consumidos. En el caso de Qumrán, existía la posibilidad de explotar algunas posesiones como forma de obtener una manutención cotidiana y ciertamente ése fue el camino seguido posteriormente por algunas formas de vida monástica, pero tal solución no fue, hasta donde sabemos, ni siquiera planteada por la comunidad de Jerusalén. Lógicamente, un sistema económico donde la capacidad de contribución era muy limitada y donde el gasto era continuo y sin posibilidad de reposición no podía durar mucho y eso fue, tal y como testimonian las fuentes, lo que sucedió.

3. La duración de la comunidad de bienes jerosolimitana.

Partiendo del testimonio del libro de los Hechos, el régimen de comunidad de bienes no da la sensación de haberse extendido más allá de unos pocos años ni de haberse practicado más allá de la comunidad jerosolimitana. Ciertamente los datos sobre un sistema de comunidad de bienes en el cristianismo paulino o judeocristiano de la Diáspora son inexistentes. A diferencias de muchos otros aspectos que, como veremos en la IV parte de este estudio, fueron tomados del judeocristianismo asentado en Israel, la comunidad de bienes no resultó trasplantada a otras corrientes cristianas.

Pero tal limitación geográfica no tuvo lugar sólo fuera de la tierra de Israel. De hecho, no tenemos noticia de un régimen parecido fuera de Jerusalén, ni siquiera en Galilea —pasajes como los de Hechos 9:36 o 10:6 parecen indicar que la norma general era que los creyentes conservaran sus bienes— y, lo que es más, tampoco la comunidad jerosolimitana parece que lo mantuviera mucho tiempo. De hecho, no volvemos a saber del mismo tras la muerte de Esteban y la dispersión que siguió a la misma (Hech. 8:1).

Ni el Apocalipsis ni Judas ni Santiago lo mencionan. Es más, en este último caso hasta podrían descubrirse indicios de una insolidaridad que difícilmente se responde con un esquema de comunidad de bienes (2:15-16, pero también 2:1-6) y que incluso podría muy bien indicar un abandono del primer entusiasmo. En cuanto al autor del cuarto Evangelio, sitúa la comunidad de bienes en el pasado y por las explicaciones que da al respecto cabría preguntarse si no se está refiriendo a un fenómeno ya no bien conocido por sus lectores (Juan 12:6; 13:29).

Todo parece señalar que la comunidad de Jerusalén no sólo no pudo mantener —y esto no es extraño— su institución comunitaria, sino que ésta además quebró, quizás causando daños considerables.

En los años treinta todavía, la comunidad jerosolimitana ya se veía obligada a recibir donativos de fuera de Palestina (Hech. 11:29-30) y cuando Pablo la visitó en los cincuenta, presumiblemente con la colecta que había recogido en sus comunidades, no parece que hubiera mejorado la situación. Ciertamente el movimiento se había incrementado con muchos compatriotas (Hech. 21:20), pero aquella circunstancia no parece haber favorecido su situación económica. Presumiblemente, el entusiasmo de los primeros tiempos había creado una situación que las circunstancias sociales y políticas sólo contribuyeron a empeorar y ya no se volvió al patrón de los primeros días.

Según una noticia de Hegesipo, transmitida por Eusebio (HE III, 20,2), los descendientes de Judas, «el hermano del Señor», poseían treinta y nueve acres de tierra, con un valor impositivo de 9000 denarios en una época que podría referirse al final del siglo I d. C., pero también a los años cercanos al 70 d. C. A juzgar por la misma, ni los mismos parientes de Jesús parecían dispuestos a adoptar un régimen efímero que sólo tuvo vigencia en la comunidad de Jerusalén por escaso tiempo y que, ni siquiera entonces, se hizo extensible a todos. El mismo, sin embargo, seguiría siendo un reto para movimientos posteriores y, de muy diversas maneras, contemplaría distintos intentos de reflotación en los siglos venideros. Con ello, se ponía de manifiesto el valor permanente, muchas veces por encima de lo humanamente posible, que suele ser intrínseco a las utopías.

A diferencia de otros movimientos dentro del seno del judaísmo del periodo, el judeocristianismo palestino parece haber carecido de estructuras e instituciones bien articuladas y perennes. Las que se dieron cita en el seno del mismo, sin embargo, no parecen haber estado desprovistas de cierta originalidad.

El grupo de los Doce no fue, según las fuentes, creación del mismo sino que debe su existencia a la determinación de Jesús. Tuvo, como hemos señalado, un papel primordial en el seno del judeocristianismo y, como tendremos ocasión de ver en la parte III, a partir de allí informó las líneas maestras del cristianismo primitivo. Con todo, no parece haber pensado ni concebido un mecanismo de sustitución o continuación. Su desaparición física, como hemos visto en la parte II, debió significar un trauma para el movimiento cuyas consecuencias son difíciles de exagerar.

Tampoco parece que las otras instituciones del colectivo fueran fruto de una elaboración concienzuda. Como hemos indicado, lo más posible es que el diaconado no surgiera en el seno del judeocristianismo jerosolimitano —aunque puede apuntarse algún precedente, fruto de la improvisación, en el interior del mismo— y los ancianos, tomados en buena medida de precedentes judíos, también parece que aparecieron a impulso de las circunstancias y, más concretamente, ante la necesidad de enfrentarse con las necesidades de gobierno y enseñanza propias de un movimiento en expansión.

En cuanto a la comunidad de bienes, que fue fruto del entusiasmo, no parece que nunca se pensara en hacerla extensiva a todo el movimiento y su duración fue realmente muy limitada. En relación con sus efectos puede señalarse que, si bien es cierto que no puede asegurarse que empeorara la economía del movimiento —que necesitaría ayudas constantes en las próximas décadas— desde luego, no contribuyó a sanearla.

En conjunto, el judeocristianismo afincado en Israel no se reveló, a diferencia de los sectarios de Qumrán o los fariseos, como un movimiento dotado de una especial capacidad organizativa. Instituciones como la de los profetas, que estudiaremos en la parte III, o la de la comunidad de bienes parecen indicar que el impulso entusiasta de tipo espiritual resultó siempre más poderoso que la idea de una organización meticulosamente articulada. Esta visión pneumática iba a modificar los elementos tomados del judaísmo, como fue el caso de la imposición de manos, y a invadir, como veremos asimismo en la parte III, todos los aspectos del colectivo, dictando no sólo la configuración de sus instituciones —bien poco prácticas desde una perspectiva utilitarista— sino también su peculiar visión del pasado, del presente y del futuro.

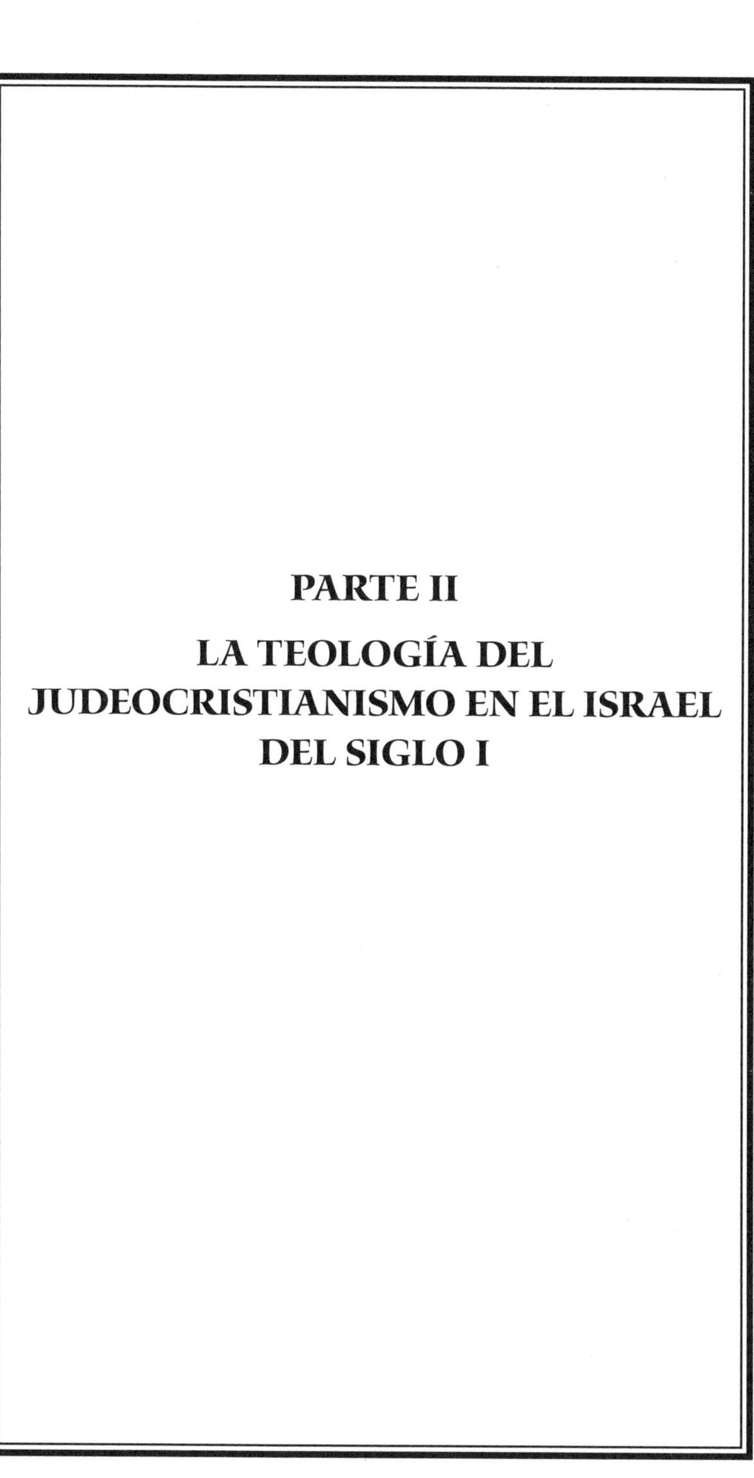

PARTE II

LA TEOLOGÍA DEL JUDEOCRISTIANISMO EN EL ISRAEL DEL SIGLO I

CAPÍTULO I

LA CRISTOLOGÍA DEL JUDEOCRISTIANISMO DEL SIGLO I EN LA TIERRA DE ISRAEL

Resulta indiscutible el papel relevante que Jesús representó para el judeocristianismo en la tierra de Israel. La confesión de fe en él determinaba su actuación, pero, ésta debe entenderse relacionada con la creencia en una presencia continuada del Resucitado en medio de la comunidad para guiarla y dirigirla, algo que determinó, por ejemplo, su toma de postura en relación con cuestiones no específicamente espirituales como podía ser la actitud frente al uso de la violencia revolucionaria o de cara a la situación social que iría empeorando progresivamente hasta el estallido de la guerra con Roma en el año 66 d. C. A todo esto, hay que añadir que el análisis de la manera en que la comunidad judeocristiana concibió la figura de Jesús resulta de un especial valor para establecer:

a) las verdaderas relaciones entre las distintas corrientes ideológicas del Nuevo Testamento, y

b) las diversas etapas en el desarrollo del dogma en el cristianismo primitivo y en los siglos posteriores.

Como ya hemos tenido ocasión de ver, desde los estudios realizados por la decimonónica Escuela de Tubinga,[326] ha resultado habitual contraponer la Cristología judeocristiana con la paulina, atribuyendo a esta última la configuración final de la cristología. Partiendo de este especial punto de vista, se ha afirmado que los judeocristianos tenían una Cristología elaborada por Pedro (o por Pedro y Jacobo) en la que Jesús era contemplado como mero

326 Remitimos para un examen de algunas de sus principales tesis al Apéndice I de esta misma obra.

hombre y en la que las categorías de mesianismo iban referidas en términos zelotes o apocalípticos o ambos. La idea de preexistencia habría sido introducida por Pablo —en buena medida a partir de las religiones mistéricas— y con ella habría hecho su entrada en el cristianismo un conjunto de disputas entre ambos sectores cuya síntesis final se encontraría en el «paleo-catolicismo». En algún caso, se ha apuntado incluso a una desaparición anterior de la teología judeocristiana provocada por la extinción de la comunidad jerosolimitana en la guerra del 66 d. C.[327]

Como ya hemos puesto de manifiesto en las dos primeras partes de esta obra, las presuposiciones históricas de este tipo de interpretaciones carecen absolutamente de base fáctica.

Con todo, y pese a que los presupuestos históricos no se corresponden con los testimonios de las fuentes, se podría objetar la posibilidad de que la reconstrucción ideológica pudiera tener más posibilidades de ser exacta. En ese caso, el judeocristianismo habría sido un movimiento totalmente opuesto al paulinismo y del que apenas han quedado trazas en el cristianismo posterior. La indiscutible trascendencia de esta cuestión es la que convierte en obligatorio el que en esta parte de nuestro estudio examinemos la Cristología judeocristiana así como otros aspectos relacionados con su teología (escatología, pneumatología, etc.). Sin más preámbulos ya pasemos a examinar los títulos calificativos atribuidos por el judeocristianismo a Jesús.[328]

---

[327] Ver al respecto, S.G. F. Brandon, "The Fall of Jerusalem and the Christian church", Londres, 1957 e Idem, "Jesus and the Zealots", Manchester, 1967. Un punto de vista muy influido por S. G. F. Brandon, aunque sin mencionarlo expresamente, es el expuesto por J. Montserrat, "La sinagoga cristiana", Barcelona, 1989. Como sucede con los estudios de S. G. F. Brandon, esta última obra adolece de un abandono prácticamente absoluto del estudio de las fuentes judías. Críticas muy fundamentadas, a partir de las fuentes históricas, a S. G. F. Brandon, en M. Hengel, "The Zealots", Edimburgo, 1989, págs. 300 y ss. ("El reciente intento hecho por S. G. F. Brandon de probar que la huida a Pella no es histórica y que los judeocristianos palestinos participaron casi con certeza en la revuelta carece enteramente de credibilidad"); H. Guevara, "Ambiente político del pueblo judío en tiempos de Jesús", Madrid, 1985. Ver también D. M. Rhoads, "Israel in Revolution: 6-74 C. E", Filadelfia, 1976.

[328] Los títulos con una connotación específicamente escatológica como los relacionados con la parusía o la resurrección serán tratados en el apartado relativo a la

El Siervo[329]

Las fuentes relacionadas con el judeocristianismo atribuyen en diversas ocasiones a Jesús el título de «siervo». Este concepto aparece expresado con diversas palabras. Así, el término *pais*[330] es relacionado con Jesús en relación con los discursos de Pedro (Hech. 3:13; 3:26; 4:27[331] y 30) e, indirectamente al menos, en la predicación de Felipe (Hech. 8:34 y ss.). *Doulos* sólo es utilizado una vez en relación con Jesús en un texto paulino (Fil. 2:7) cuyo origen, sin embargo, es judeocristiano.[332] En ambos casos, parece evidente que el título es una traducción del *Ebed YHVH* (Siervo de YHVH)[333]

---

escatología. De igual manera se verán allí los aspectos escatológicos de los títulos reseñados en este capítulo.

329 Sobre el Siervo, con exposición de distintas posturas y bibliografía, ver M. D. Hooker, "Jesus and the Servant", Londres, 1959; B. Gerhardsson, "Sacrificial Service and Atonement in the Gospel of Matthew" en R. Banks (ed.), "Reconciliation and Hope", Grand Rapids, 1974, págs. 25-35; O. Cullmann, "The Christology of the New Testament", Londres, 1975, págs. 51 y ss.; D. Juel, "Messianic Exegesis: Christological Interpretation of the Old Testament in Early Christianity", Filadelfia, 1988; F. F. Bruce, "New Testament Development of Old Testament Themes", Grand Rapids, 1989, págs. 83-99; J. B. Green, "The Death of Jesus, God's Servant" en D. D. Sylva (ed.), "Reimaging the Death of the Lukan Jesus", Frankfurt del Meno, 1990, págs. 1-28 y 170-3.

330 Por supuesto, «pais» también admite la traducción de «hijo» pero pensamos por las razones que se señalarán a continuación que, en este contexto concreto, refleja más bien la idea de «siervo».

331 Comp. con el versículo 25 donde el mismo calificativo es aplicado a David.

332 En este mismo sentido, ver F. Manns, "Un hymne judeo-chretien: Philippiens 2:6-11" en "Essais sur le Judéo-Christianisme", Jerusalén, 1977, págs. 11 y ss.

333 Para un estudio de este título desde una perspectiva veterotestamentaria, ver C. R. North, "The Suffering Servant in Deutero-Isaiah", Oxford, 1956; V. de Leeuw, "De Ebed Jahweh-Profetieen", Lovaina-París, 1956; H. H. Rowley, "The Servant of the Lord and other essays on the Old Testament", Oxford, 1965, págs. 1-93. Sobre la utilización del título por parte de la iglesia primitiva, ver A. Harnack, "Die Bezeichnung Jesu als Knecht Gottes und ihre Geschichte in der alten Kirche", Berlín, 1926, págs. 212 y ss.; G. Vermes, "Jesús el judío", Barcelona, 1977, págs., 171 y ss.; O. Cullmann, "Christology of the New Testament", Londres, 1975, págs. 51 y ss.; Idem, "Gésu, Servo di Dio" en "Protestantesimo", 3, 1948, págs. 49 y ss.; W. Zimmerli y J. Jeremias, "The Servant of God" en "SBT", 20, 1957, págs. 43 y ss.; T. W. Manson, "The Servant-Messiah. A Study of public ministry of Jesus", Manchester, 1953 y César Vidal Manzanares, "Siervo de Yahveh" en "Diccionario de las tres religiones", Madrid, 1993.

al que se hace referencia en los cantos de Isaías 42:1-4; 49:1-7; 50:4-11 y 52:13–53:12. Este Siervo, cuya muerte tenía un significado sacrificial y expiatorio, ya había sido identificado con el Mesías antes del nacimiento de Jesús y se había afirmado incluso que Su muerte sería en favor de los impíos.[334]

En el Enoc etíope, el «siervo» aparece identificado con la figura del «Hijo del Hombre» (13:32-37; 14:9; 13:26 con Isaías 49:2), al que se describe en términos mesiánicos tomados de los cantos del siervo: «luz de las naciones» (48:4 con Isaías 42:6), «elegido» (40:5 con Isaías 42:1), «justo» (38:2; 53:6 con Isaías 53:11), poseedor de un nombre pronunciado antes de la creación «en presencia del Señor de los espíritus» (48:3 con Isaías 49:1), «oculto ante Dios» (48:6; 62:7 con Isaías 49:2), «vencedor de los poderosos» (46:4; 62:1 con Isaías 49:7; 52:13-15), etc.

Sin embargo, la interpretación que veía en el Siervo de YHVH al Mesías no estuvo restringida, ni mucho menos, a la literatura pseudoepigráfica. De hecho, el mayor número de referencias en este sentido se hallan en la literatura rabínica, donde tampoco es raro encontrarse con la idea de un mesías-siervo que sufre. Así, el Siervo de Isaías 42 fue identificado con el Mesías por el Targum de Isaías[335] al igual que por el Midrash sobre el Salmo 2 y Yalkut II, 104.[336] El Targum veía también en el Siervo de Isaías 43:10 a «mi siervo el Mesías».

---

334 G. H. Dix, "The Messiah ben Joseph" en "JTS", 27, 1926, págs. 136 y ss.; W. D. Davies, "Paul and Rabbinic Judaism", Londres, 1948, págs. 247 y ss.

335 P. Humbert, "Le Messie dans le Targoum des prophètes" en "Revue de Théologie et Philosophie", 43, 1911, págs. 5 y ss.; G. Kittel, "Jesu Worte über sein Sterben" en "DT", 9, 1936, pág. 177; P. Seidelin, "Der Ebed Jahve und die Messiasgestalt im Jesajatargum" en "ZNW", 35, 1936, págs. 197 y ss.; H. Hegermann, "Jesaja 53 in Hexapla, Targum und Peschitta", Gütersloh, 1954.

336 La persistencia, que veremos en varios ejemplos, de la idea de un Mesías-Siervo Sufriente en Yalkut no deja de ser sorprendente en la medida en que deja de manifiesto el vigor de esta interpretación. El Yalkut, cuyas referencias heMos considerado más apropiado mantenerlas en el cuerpo de nuestra exposición en lugar de recogerlas en una sola nota o en un excursus «ad hoc», fue escrito posiblemente por R. Simeón de Frankfort en el siglo XIII y editado por primera vez en Salónica en 1521. Tanto Rashi (en su comentario a Sanh 93) como R. Moshe Cohen Iben Crispin, R. Elías de Vidas, Alsec o Isaac Abrabanel eran asimismo conscientes de que el pasaje del Isaías 53 había sido interpretado tradicionalmente como mesiánico. Huellas de esta misma exégesis se hallan en el Zohar y en una

Algo similar sucede con el Siervo de Isaías 49 que es identificado con el Mesías en repetidas ocasiones. En Yalkut Shimoni II, 52 b, Isaías 49:8 es citado como demostración de los sufrimientos del Mesías y en Yalkut II, 52 a Isaías 49:9 es citado como palabras del Mesías. Isaías 49:10 es citado por el Midrash de Lamentaciones precisamente en conexión con el texto mesiánico de Isaías 11:12. Isaías 49:14 es aplicado mesiánicamente en Yalkut II, 52 c. Isaías 49:21 es citado también como mesiánico en Midrash sobre Lamentaciones, en relación con el Salmo 11:12. Isaías 49:23 es conectado con el Mesías en Levítico R. 27 y en el Midrash del Salmo 2:2.

El canto de Isaías 52:13 a 53:12 tiene también claras resonancias mesiánicas en la literatura judía. Isaías 52:3 es citado mesiánicamente en el Talmud (Sanh. 97b). Isaías 52:7 es considerado mesiánico por Yalkut II, 53 c. Isaías 52:8 es citado como mesiánico por Midrash sobre Lamentaciones, tal y como mencionamos antes. Isaías 52:12 es aplicado al Mesías en Éxodo R. 15 y 19. Isaías 52:13 es relacionado expresamente con el Mesías por el Targum. En Yalkut Shim II, 53 c, no sólo se le da también una interpretación mesiánica sino que además se habla de los sufrimientos del Rey Mesías.

Isaías 53 es conectado específicamente con el Mesías en el Targum aunque se excluyera la idea del sufrimiento de éste, posiblemente como reacción frente al cristianismo.[337] No fue ésa, sin embargo, una postura generalizada. Así, Isaías 53:5 se conecta con el Mesías en Midrash sobre Samuel y se hace referencia específica a los sufrimientos del Mesías. Este mismo punto de vista aparece reflejado en el Talmud (Sanh 98b) donde los discípulos de Judá ha-nasi todavía conectan el texto de Isaías 53:4 con el Mesías. En cuanto al Midrash sobre Rut 2:14, refiere este pasaje a los sufrimientos del Mesías, al igual que lo hace Pesiqta Rabbati 36.

De no menos interés resultan las posibles referencias a la resurrección del Siervo de YHVH. Así en Isaías 53:8 y 10, se nos refiere

---

oración compuesta por Eleazar ben Qualir para el culto de Yom Kippur recogida en algunos sidurim.

[337] En ese sentido, ver J. Jeremias, "The Servant...", pág. 71.

no sólo que el Siervo «fue cortado de la tierra de los vivientes» sino que también, tras su muerte expiatoria, «prolongará sus días» y «verá luz». La palabra «luz» se halla ausente del Texto Masorético, pero debió de pertenecer al original. Buena prueba de ello es que aparece en la LXX y que está asimismo atestiguada en dos manuscritos hebreos precristianos de la Cueva 1 de Qumrán (1QIs^{a} y 1QIsb). No podemos tener seguridad completa de que tal texto fuera utilizado como «testimonium» de la resurrección del Mesías por parte de los primeros cristianos, pero la posibilidad no es, en absoluto, desdeñable.[338]

Existen, a nuestro juicio, buenas razones para afirmar que esa lectura del Siervo de YHVH como Mesías sufriente aplicada a Jesús puede retrotraerse históricamente al mismo.[339] No obstante, tal cuestión desborda los límites de este estudio y no será tratada aquí. Lo que sí nos interesa es que los judeocristianos —seguramente por influencia del mismo Jesús e, indiscutiblemente, a través de una lectura del Antiguo Testamento a la luz de Su muerte (¿quizás también de Su resurrección?)— vieron a éste como Mesías-Siervo que había padecido injustamente y a favor de los impíos, en cumplimiento de la Escritura.

---

338 En favor de su uso como «testimonium» junto con Salmo 16:10 o Isaías 55:3, ver F. F. Bruce, "Paul, Apostle of the Heart Set Free", Grand Rapids, 1990, pág. 92.

339 En términos generales, hacemos nuestra la opinión de C. H. Dodd en "According to the Scriptures", Londres, 1952, pág. 110, que «no puede ver ninguna base razonable» para dudar de que Jesús «asoció el lenguaje relativo al Hijo del Hombre con el que se había utilizado en conexión con el Siervo del Señor, y lo empleó para expresar el significado y situación, de Su propia muerte que se aproximaba». Estudios sobre la cuestión manteniendo la misma postura que expresamos aquí en T. W. Manson, "The Servant-Messiah", Cambridge, 1953; L. Morris, "The Apostolic Preaching of the Cross", Grand Rapids, 1956, págs. 9-59; R. T. France, "The Servant of the Lord in the Teaching of Jesus" en "TynB", 19, 1968, págs. 26-52; I. H. Marshall, "The Development of the Concept of Redemption in the New Testament" en R. Banks (ed.), "Reconciliation and Hope: New Testament Essays on Atonement and Eschatology presented to L. L. Morris", Exeter, 1974, págs. 153-69; R. Leivestad, "Jesus in his own perspective", Minneapolis, 1987, especialmente págs. 169 y ss.; F. F. Bruce, "New Testament developments....", 1989, págs. 96 y ss. Asimismo hemos tratado este tema con anterioridad en "Jesús" y "Siervo de Yahveh" en C. Vidal Manzanares, "Diccionario de las tres religiones", Madrid, 1993.

Tal idea sería transmitida posteriormente en escritos relacionados con el judeocristianismo de la Diáspora (Heb. 9–11; 1 Ped. 1:18 y ss.; 2:24-25; 3:18; etc.) o debidos a Pablo (Rom. 4:25; 2 Cor. 5:21; Fil. 2:7; etc.). La misma no era, por lo tanto, novedosa ni creada por estos autores, y, ciertamente no debía nada al mundo gentil, sino que era medularmente judía como se desprende de las fuentes de que disponemos. Su única originalidad (y, desde luego, la misma resultó trascendente) se encontraba no en la concepción, que ya existía, sino en la identificación con un personaje histórico concreto: el Jesús ejecutado en la cruz.

La Piedra rechazada y de tropiezo

Otro de los títulos aplicados a Jesús —presumiblemente conectado asimismo con Su muerte final— fue el de la Piedra rechazada que se convertiría en tropiezo para Israel. La aplicación a Jesús de estos pasajes resultaba indiscutiblemente oportuna para los judeocristianos en la medida en que servía para dar una explicación, primero, al hecho de que hubiera judíos, y no en número reducido, que no habían reconocido como Mesías a Jesús y, segundo, a que éste hubiera sido entregado a los gentiles por algunos de Sus compatriotas. Tales hechos, vividos muy de cerca por los judeocristianos, eran interpretados, a la luz de estos pasajes, como el cumplimiento de profecías centenarias que atestiguaban aún más claramente la legitimidad de las pretensiones mesiánicas de Jesús y del movimiento nacido de Su predicación.[340]

De hecho, los pasajes del Nuevo Testamento referidos a Jesús como Piedra rechazada (Sal. 118:22) o de tropiezo (Isa. 8:14) pretenden retrotraerse originalmente a aquel,[341] lo que no tiene nada

---

[340] Un estudio especialmente interesante sobre este título en M. Pérez Fernández, "Aportación de la hermenéutica judía..." en "VII Simposio Internacional de Teología", Pamplona, 1985, págs. 298-301.

[341] Comp. Mateo 21:42-44; Marcos 12:10; Lucas 20:17-18. En el sentido de aceptar la autenticidad de los dichos, ver R. N. Longenecker, "The Christology of Early Jewish Christianity", Londres, 1970, págs. 50 y ss.; L. Goppelt, "Typos: The Typological Interpretation of the Old Testament in the New", Grand Rapids, 1982; C. A. Evans, "Tipology" en "DJG", 1991, pág. 865.

de extraño si juzgamos el fracaso final de Su ministerio galileo y la más que probable conciencia de cuál sería Su final.[342]

Dentro de las fuentes referidas al judeocristianismo de Israel contamos con la noticia contenida en Hechos 4:11[343] (comp. con 1 Ped. 2:4,7), relacionada con Pedro y que toma como base el Salmo 118:22. La conexión de este texto con la vida de Jesús debió ser muy primitiva. Con todo, la referencia al Mesías como «la piedra», incluso como «la piedra de tropiezo» no es original del judeocristianismo y cuenta con paralelos judíos.

El Targum Jonatan igualmente utiliza «piedra» como título mesiánico y lo mismo podemos ver en el Midrash sobre Números 13:14, donde además el Mesías es denominado «Hijo del Hombre» (Dan. 7:14). En este último caso, la «piedra» es, más concretamente, la que deshizo los reinos gentiles (Dan. 2:35). En ambos pasajes está ausente la idea de un rechazo del Mesías por el pueblo de Israel, pero todo lo contrario es lo que nos encontramos en el Talmud (Sanh 38a). En esta referencia, el Mesías, hijo de David, es descrito como aquel que, según el texto de Isaías 8:14, será piedra de tropiezo y roca de escándalo para las dos casas de Israel. El pasaje talmúdico señala que las dos casas de Israel son el exilarcado de Babilonia y el patriarcado de Palestina y de ello deduce que, por lo tanto, el Mesías no ha podido venir. No es cometido nuestro examinar esta última parte de la interpretación, pero sí nos parece de especial importancia destacar el hecho de que los pasajes donde se habla en el Antiguo Testamento de la Piedra rechazada por Israel, Piedra de escándalo y tropiezo fueron interpretados en varias ocasiones en el seno del judaísmo como una referencia al Mesías.

También era judía la conversión de la «piedra de tropiezo» en «piedra de ángulo». Un ejemplo de ello lo tenemos en el Testamento

---

342 En el mismo sentido, ver S. H. T. Page, "The Authenticity of the Ramson Logion (Mark 10:45b)," en R. T. France y D. Wenham (eds.), "Gospel Perspectives I", Sheffield, 1980, págs. 137-61; H. Schürmann, "Gottes Reich-Jesu Geschick. Jesu ureigener Tod im Lichte seiner Basileia-Verkündigung", Friburgo, 1983; K. R. Snodgrass, "The Parable of the Wicked Tenants", Tubinga, 1983; B. H. Young, "Jesus and His Jewish Parables", Nueva York, 1989, págs. 170 y ss.

343 Comparar con el mismo concepto en 1 Pedro 2:4 y 7.

de Salomón 22, 7-23, 4, donde la Piedra del Salmo 118:22 ya es «cabeza de ángulo»,[344] y lo mismo cabría decir de las referencias en el Manual de Disciplina 8, 4 y en Yoma 54a.

De hecho, esta visión no se limitaría al judeocristianismo afincado en Israel sino que sería desarrollada también a partir de textos del Antiguo Testamento por el judeocristianismo de la Diáspora (1 Ped. 2:4-8) y por Pablo (Rom. 9:33; 1 Cor. 3:11) pero, una vez más, el origen de la terminología era única y exclusivamente judío y el canal de transmisión había sido el judeocristianismo.

El Cordero

El título de «cordero» (*amnos*) en relación con Jesús aparece una vez en Hechos (Hech. 8:32), dos en Juan (Juan 1:29,36), y una en una fuente judeocristiana ubicada en la Diáspora (1 Ped. 1:19). Frente a este uso limitado del término, el Apocalipsis atribuye un título similar a Jesús un total de ventiocho veces lo que revela el valor que tal denominación tenía en su teología (5:6, 13; 6:1,16; 7:9, 14,17; 12:11; 13:8,11; 14:1,4,10; 15:3; 17:14; 19:7,9; 21:9,14,22-23,27; 22:1,3). Sin embargo, en este último caso la palabra griega usada es *arníon*.

Es relativamente fácil deducir de donde se originó tal atribución. En Isaías 53:7, uno de los cantos del siervo, relacionado con el Mesías como ya vimos, y citado en Hechos 8:32, el protagonista es asemejado a un cordero inocente al que se sacrifica sin que éste se resista a su destino. En la Septuaginta, al igual que en Hechos, Juan y 1 Pedro, la palabra griega utilizada es *amnós*. Puesto que los judeocristianos identificaban a Jesús con el Mesías-Siervo de Isaías 53 no debió resultar difícil para ellos establecer paralelos con un cordero sacrificado sin resistencia.

La utilización del término alternativo *arníon* en el Apocalipsis puede obedecer a varios motivos. R. Longenecker[345] ha conectado

---

[344] J. Jeremias, "Eckstein-Sclussstein" en "ZNW", 38, 1937, págs. 154-7. Bibliografía sobre el tema en R. J. McKelvey, "Christ the Cornerstone" en "NTS", 8, 1962, págs. 352 y ss.

[345] Oc, 1981, pág. 50.

tal uso con el de *arén* en 1 Enoc 89 y ss., donde se denomina así a los corderos de la era mesiánica. T. Holtz,[346] por el contrario, ha visto en esta utilización una referencia al cordero pascual. Cabe asimismo la posibilidad de que simplemente nos hallemos ante una enseñanza transmitida en arameo que, al pasar a ser expresada en griego, adoptó otra palabra para indicar la misma idea.[347]

Con todo, en Apocalipsis el Cordero-Siervo ya ha encontrado resonancias teológicas que parecen preñadas de lógica. La más evidente es la que tiende a identificar al Siervo-Cordero con el cordero de la Pascua lo que, además, venía propiciado por el hecho de que Jesús había muerto en esa fecha. Tal conexión debió ser muy temprana. En favor de ello abogan la datación más posible de Apocalipsis, así como sus ecos en referencias paulinas antiguas —como la recogida en 1 Corintios 5:7— y en escritos judeocristianos de la Diáspora (comp. 1 Ped. 1:19 con Ex. 12:5,13). Jesús, muerto en la pascua como un cordero inocente, como un Siervo-Mesías ofrecido por los pecados de todos,[348] podía ser visto asimismo como cordero pascual, igualmente inocente y sin defecto, cuya sangre se había derramado durante la primera pascua para proteger y salvar a Israel. Incluso no puede dejarse de especular con la posibilidad de que la forma en que el cordero pascual sacrificado quedaba expuesto en una cruz de madera hubiera podido influir, siquiera inconscientemente, en esa identificación.

En Apocalipsis, desde luego, el título cuenta con un peso tal que prácticamente es el más importante a la hora de referirse a Jesús. De hecho, hace bascular sobre él una serie de funciones que, en

---

346 T. Holtz, "Die Christologie der Apokalypse des Johannes", Berlín, 1962, págs. 39 y ss.

347 Una variante de esta posibilidad es la que señala que el término arameo que subyace aquí es el de talya', que puede ser traducido «siervo» y «cordero», siendo esta última opción errónea. El argumento es muy sugestivo por las posibles conexiones implicadas con Isaías 53, pero, con todo, los argumentos lingüísticos en contra parecen convincentes. En un sentido similar, I. H. Marshall, "Lamb of God" en "DJG", pág. 433.

348 A favor de encontrar un contenido teológico relacionado con la expiación en el título de «Cordero», ver J. Jeremias, "airo, epairo" en "TDNT", I, págs. 185-86, 388-41; Idem, "pásja" en "TDNT", V, págs. 896-904; K. Weiss, "anafero" en "TDNT", IX, págs. 60-1; L. Morris, "The Apostolic Preaching...."

realidad, posiblemente estarían mejor descritas recurriendo a otras imágenes. Así, el Cordero —del que se insiste en el hecho de que fue sacrificado— recibe culto divino (5:6-13); abre los sellos de la ira (6:1-16);[349] vence a los enemigos de Dios (17:14);[350] celebrará el banquete de bodas con Sus fieles (19:7 y ss.) y compartirá el trono con Dios (22:1). Pero toda esta serie de acciones arranca de que fue sacrificado y derramó Su sangre.[351] Ésta ha sido el canal de redención de Sus seguidores procedentes de «todo linaje y lengua y pueblo y nación» (5:9); ésta lo legitima para desatar los siete sellos (5:7 y ss.); ésta lava y blanquea a Sus seguidores[352] (7:14) y ésta proporciona a los mismos poder para vencer al diablo (12:11).

Resulta obvio, pues, que para el autor de Apocalipsis la muerte de Jesús, considerada como un sacrificio de valor expiatorio, define por antonomasia la visión del mismo. Jesús es el Cordero, cuyo sacrificio salva a cualquiera que lo recibe, cuya victoria se espera en el futuro (y se pide, por ejemplo, Apoc. 22:20) y que ya recibe un culto similar al divino. Prescindiendo de estos últimos aspectos que trataremos más adelante al referirnos a la cuestión de si Jesús recibió culto, podemos señalar ahora que la visión de Jesús como Siervo-Cordero, una vez más, arrancaba de concepciones judías previas y había nacido en la tierra de Israel, pasando sólo posteriormente a un ambiente no judío.

El Hijo del hombre[353]

Otro de los títulos referidos a Jesús en el judeocristianismo de Israel y desconocido prácticamente fuera de ese ambiente en el

[349] Ver A. T. Hanson, "The Wrath of the Lamb", Londres, 1957, pág. 159.

[350] Acerca del Cordero vencedor y Sus conexiones con la Apocalíptica judía, ver R. H. Charles, "Revelation" en "ICC", pág. CXIII y H. Lilje, "The Last Book of the Bible", Filadelfia, 1957, págs. 114 y ss.

[351] Aparte de las obras citadas sobre este tema, ver asimismo L. Morris, "The Cross in the New Testament", Exeter, 1979; R. H. Charles, "O.c", pág. 64; C. Ryder Smith, "The Bible Doctrine of Salvation", Londres, 1946, pág. 193.

[352] Una referencia, sin duda, al perdón de los pecados cuyo origen puede estar en la ceremonia de expiación judía. Compárese con Hebreos 9:14 y 1 Juan 1:7.

[353] La literatura a propósito del Hijo del Hombre es muy extensa. Para discusión de las diversas posturas con abundante bibliografía, ver A. Bentzen, "Messias,

cristianismo primitivo es el de «Hijo del Hombre». El mismo fue utilizado por Jesús al igual que por el judeocristianismo. Dejaremos de lado, sin embargo, la primera cuestión que excede ampliamente del objeto de nuestro estudio y nos centraremos en la segunda. Hechos 7:56 señala como el título fue usado por Esteban y abundan las referencias también en la tradición judeocristiana de la que se nutre el cuarto Evangelio (lo que, dicho sea de paso, es una prueba más de su trasfondo judeocristiano) (1:51; 3:13-14; 5:27; 6:27,53,62; 8:28; 9:35; 12:23,34; 13:31). Ahora bien, ¿qué implicaba este título? La discusión científica acerca de este tema ha sido considerable en las últimas décadas, convirtiéndose en una de las cuestiones esenciales en relación con la Cristología. El término griego «yios anzrópu» (Hijo del Hombre) se considera equivalente al arameo «bar nasha». Dado que la palabra «bar» es usada frecuentemente en arameo indicando procedencia o características («hijo de la riqueza» equivaldría a «acaudalado»; «hijo de la mentira» a «mentiroso», etc.), H. Lietzmann llegó a la conclusión, ya en el siglo pasado, de que «Hijo del hombre» sólo significaba «hombre».[354] Partiendo de tal base, afirmó que la expresión carecía

Moses redivivus, Menschensohn", Zurich, 1948; M. Black, "The Son of Man in the Old Biblical Literature" en "Expository Times", 40, 1948, págs. 11-15; Idem, "The Son of Man in the teaching of Jesus" en "Ibidem", 40, págs. 32-6; Idem, "The Servant of the Lord and the Son of Man" en "SJT", 6, 1953, págs. 1-11; T. W. Manson, "The Son of Man in Daniel, Enoch and the Gospels" en "BJRL", 32, 1950, págs. 171-93; J. A. Emerton, "The Origin of the Son of Man Imagery" en "JTS", 8, 1958, págs. 225-43; J. Coppens y L. Dequeker, "Le Fils de l'homme et les Saints du Très Haut en Daniel VII, dans les Apocryphes et dans le Nouveau Testament", Lovaina, 1961; O. Cullmann, "Christology...", págs. 137 y ss.; S. Kim, "The Son of Man as the Son of God", Grand Rapids, 1983; B. Lindars, "Jesus Son of Man", Grand Rapids, 1983; R. J. Bauckham, "The Son of Man: A Man in my Position or Someone" en "JSNT", 2, 1985, págs. 23-33 (una respuesta de B. Lindars en Ibidem, pág. 35-41); C. C. Caragounis, "The Son of Man", Tubinga, 1986; M. Casey, "Son of Man", Londres, 1979; Idem, "General, Generic and Indefinite: The Use of the Term Son of Man in Aramaic Sources and in the Teaching of Jesus" en "JSNT", 29, 1987, pág. 21-56; R. Leivestad, "O. c", 1987, págs. 165 y ss.; I. H. Marshall, "Son of Man" en "DJG", 1992, pág. 775-781; C. Vidal Manzanares, "Hijo del hombre" en "Diccionario de las Tres Religiones monoteístas", Madrid, 1993, e Idem, "El Primer Evangelio: el Documento Q", Barcelona, 1993.

[354] H. Lietzmann, "Der Menschensohn. Ein Beitrag zur neutestamentchen Theologie", Berlín, 1896.

de contenido mesiánico y que ni Jesús ni Sus contemporáneos la habían entendido dotada del mismo. De hecho, según H. Lietzman, Daniel 7:13 —donde aparece la expresión por primera vez— carecía asimismo de significado mesiánico. La tesis de H. Lietzmann atrajo a J. Wellhausen que la aceptó, si bien con algunas reservas,[355] pero su refutación no tardaría en llegar articulada en forma tan consistente que el mismo Lietzmann terminaría retractándose de ella misma.

El primero en aducir poderosas objeciones en contra fue G. Dalman,[356] si bien su refutación se vio privada de contundencia al centrarse sólo en el hecho de que «bar nasha» no era usado en el arameo de Galilea como «hombre». Mucho más interesante, desde nuestro punto de vista, fue el análisis que del tema realizó P. Fiebig.[357] Éste aceptaba que en términos estrictamente filológicos «bar nasha» significaba «hombre», pero señalaba que no por eso dejaba de tener un significado como título mesiánico.

Para otros autores, la expresión equivaldría simplemente a una perífrasis de «yo»[358] que se utilizaba en la literatura rabínica para indicar modestia o evitar dar la impresión de soberbia, para tratar temas como la enfermedad o la muerte y para evitar ofender a alguno de los oyentes. La tesis fue criticada brillantemente por J.

---

355 J. Wellhausen, "Skizzen und Vorarbeiten", VI, Berlín, 1899, págs. 187 y ss.

356 G. Dalman, "Die Worte Jesu", Leipzig, 1898 y 1930.

357 A P. Fiebig, "Der Menschensohn, Jesu Selbstzeichnung mit besonderer Berücksichtigung des aramaischen Sprachgebrauchs für Mensch", Tubinga, 1901.

358 M. Black, "Servant of the Lord and Son of Man" en "SJT", 6, 1953, págs. 1-11; Idem, "The Son of Man Problem in Recent Research and Debate" en "BJRL", 45, 1963, págs. 305-18; G. Vermes, "The Use of br ns/ br ns in Jewish Aramaic" en M. Black, "An Aramaic Approach to the Gospels and Acts", Oxford, 1967, págs. 310-328; Idem, "Jesús el judío", Barcelona, 1977, págs. 174 y ss. Un acercamiento bastante cercano al de Vermés en B. Lindars, "O.c", y M. Casey, "O.c". Tanto Vermés como Lindars y Casey han establecido qué dichos del Hijo del hombre resultan auténticos descartando inicialmente los referidos a Daniel 7. Tal tesis nos parece, a falta de una justificación convincente, cargada de arbitrariedad. J. D. G. Dunn, "Christology in the Making", Filadelfia, 1980, ha formulado una muy sugestiva hipótesis al indicar que Jesús podría haber utilizado desde el principio la expresión «Hijo del Hombre» referida a sí mismo llegándola él mismo a asociar con el tiempo al «Hijo del Hombre» de Daniel 7, con base en la vindicación que esperaba para sí procedente de Dios. Con todo, esta cuestión excede de los límites de nuestro estudio.

Jeremias (1980, págs. 303 y ss.) quien dejó de manifiesto que «bar nasha» podía ser en algún caso sustitutivo de un impersonal —como nuestro «se cansa uno de leer»— pero nunca perífrasis de «yo». A esto hay que añadir el hecho de que un uso similar de «bar nasha» es desconocido con anterioridad al siglo II d. C. Por otro lado, ninguno de los supuestos usos parece encajar con lo que sabemos de Jesús al que las fuentes no presentan ni especialmente preocupado por no ofender a sus oyentes, ni modesto en sus pretensiones ni inclinado a utilizar eufemismos a la hora de hablar de la enfermedad o de la muerte. Tampoco puede obviarse el hecho de que la expresión «Hijo del Hombre» no sólo cuenta con un contenido mesiánico en el judaísmo sino que además aparece incluso conectada con la idea del «siervo».

El título «Hijo del Hombre» aparece por primera vez en Daniel 7:13 con un significado que ha sido interpretado de maneras muy diversas. En cualquier caso, y fuera lo que fuera lo que el autor del libro deseara dar a entender con tal expresión, lo cierto es que tanto el Enoc etíope como 4 Esdras identifican al «Hijo del Hombre» con el Mesías. En 4 Esdras, el «Hijo del Hombre» se manifiesta volando con las nubes del cielo (13, 3), aniquila al enemigo con el hálito de su boca (13, 8 y ss., pasaje que recoge además resonancias mesiánicas de Isa. 11:4) y reúne a una multitud pacífica (13, 12-3). Este «Hijo del Hombre» es «aquel al que el Altísimo ha estado guardando durante muchos tiempos, el que salvará personalmente Su creación» (13, 26), aquel al que Dios llama «mi Hijo» (13, 32, 37 y 52) y que vencerá a los enemigos de Dios (13, 33 y ss.). Asimismo, el «Hijo del Hombre» es identificado con el Siervo isaíano de Dios (13:32-37; 14:9), al que se preserva (13:26 con Isa. 49:2)

En el Enoc etíope, el «Hijo del Hombre» provoca la caída de reyes y poderosos (46:4), tiene Su asiento en el trono de la gloria (45:3; 55:4; 61:8; 62:2; 69:27), administra juicio (45:3; 49:4; 55:4; 61:8; 62:3; 69:27), será apoyo de los justos y de los santos, luz de las naciones y esperanza de los oprimidos (48:4). Además los justos y elegidos disfrutarán de la comunión con él en mesa y vida (62:14). El Enoc etíope describe asimismo al «Hijo del Hombre» con pasajes tomados de los cantos del Siervo de YHVH. Así es «luz de las naciones» (48:4 con Isa. 42:6; 49:6), «elegido» (39:6; 40:5 con Isa. 42:1), «el justo» (38:2; 53:6 con Isa. 53:11), Su nombre es pronunciado antes de la creación «en presencia del Señor de los espíritus» (48:3 con Isa. 49:1), estaba oculto ante Dios (48:6; 62:7 con Isa. 49:2). Igualmente, se describe la derrota de reyes y poderosos a Sus manos (46:4; 62:1 con Isa. 49:7; 52:13-15).

Esta identificación del «Hijo del Hombre» con el Mesías va más allá en el judaísmo de la literatura apocalíptica. En el Talmud (Sanh 98a) se considera el texto de Daniel 7:13 como una referencia al Mesías que, de haberse portado Israel dignamente, habría venido en las nubes del cielo; mientras que, en caso contrario, estaría obligado a venir humilde y cabalgando en un asno (ver Zac. 9:9 con Mar. 11:1 ss. y par.). De manera similar, Daniel 7:9 fue interpretado como una referencia al trono de Dios y al del Mesías por Aquiba (Hag 14a) y Daniel 7:27 es entendido en Números Rab. 11 como relativo a los tiempos del Mesías.

Pasajes como los mencionados nos proporcionan ciertamente la clave para entender el contenido que el judeocristianismo proporcionaba al título de «Hijo del hombre». Este servía para designar al Mesías, pero no a cualquier mesías sino a un Mesías descrito según los cantos isaíanos del Siervo, preexistente y que concluiría la historia atrayendo hacia si no sólo a los judíos sino también a los gentiles. Todo ello, como tendremos ocasión de ver, armonizaba con su peculiar visión de Jesús.

El Profeta[359]

También el término «profeta» fue aplicado por el judeocristianismo a Jesús si bien con un contexto muy específico. Las referencias a este título (Hech. 3:22 y ss.; posiblemente 7:37) no consideran a Jesús como un profeta más, sino como «el profeta» escatológico anunciado

[359] Sobre este tema, ver J. D. G. Dunn, "Prophetic I-Sayings and the Jesus Tradition: The Importance of Testing Prophetic Utterances within Early Christianity" en "NTS", 24, 1978, págs. 175-198; D. Hill, "New Testament Prophecy", Atlanta, 1979; D. E. Aune, "Prophecy in Early Christianity", Grand Rapids, 1983; G. F. Hawthorne, "The Presence and the Power: The Significance of the Holy Spirit in the Life and Ministry of Jesus", Dallas, 1991.

por Moisés en Deuteronomio 18:15-16, que se levantaría al fin de los tiempos y que no sería inferior a aquel, sino que, por el contrario, implicaría el cumplimiento de las profecías anteriores.[360] Es muy posible que tal identificación pueda retrotraerse a la misma época del ministerio público de Jesús,[361] pero ése es un tema que desborda el contenido de nuestro estudio.

Este título no iba a tener un eco excesivo en los escritos recogidos en el Nuevo Testamento. Ciertamente los Evangelios lo recogen en relación con el ministerio de Jesús, pero Pablo no lo utiliza y también está ausente de los escritos judeocristianos tanto originados en la tierra de Israel (Apocalipsis), como fuera de ella (salvo, quizás, 1 Ped. 1:10-11 que, en cualquier caso, no se refiere a Jesús como profeta sino a la actividad del Cristo preexistente impulsando la profecía). Muy posiblemente la causa de esta actitud debemos buscarla en el hecho de que se consideró que el mismo no podía ser comprendido cabalmente fuera de Palestina y que, mediante su utilización, se corría el peligro de empequeñecer la visión que de Jesús tenían los judeocristianos. Jesús ciertamente era «el» Profeta, pero no podía ser considerado sólo «un» profeta, por muy importante que el mismo fuera.[362] Por otro lado, el título en si tampoco era atractivo para todos los judíos pues aunque, como veremos, la idea de un «profeta-segundo Moisés» era común en algunos medios, de otros estaba ausente.[363] A esto hay que añadir una tercera razón y es el uso

---

360 P. Volz, "Die Eschatologie der jüdischen Gemeinde im neutestamentlichen Zeitalter", Tubinga, 1934, págs. 193 y ss.

361 En este sentido, ver H. Riesenfeld, "Jesus als Prophet" en "Spiritus et Veritas", 1953, págs. 135 y ss. Este autor cita en apoyo de su tesis pasajes como Juan 6:14 y ss., y Marcos 13:22 y paralelos. Podría mencionarse asimismo, desde nuestro punto de vista, Mateo 13:57 y par.; 21:11; 21:46 y par.; Lucas 7:39; 13:33 y Juan 4:44. De los mencionados textos se desprende no sólo que Jesús señaló explícita e implícitamente Su condición de profeta sino que además tanto Sus seguidores como Sus adversarios tomaron postura respectiva en relación con ello. A favor de la misma interpretación, partiendo sobre todo de las expresiones relacionadas con el uso de Amén (aunque no limitándolas sólo a un cariz profético), ver T. W. Manson, "The Teaching of Jesus", Cambridge, 1951, pág. 107. Sobre la adscripción a Jesús en Lucas de características proféticas, ver J. A. Fitzmyer, "The Gospel According to Luke, I-IX", Nueva York, 1981, pág. 530. En un sentido distinto se manifiesta R. Leivestad, "O.c", págs. 85 y ss.

362 O. Cullmann, Oc, 1975, pág. 49 y ss.

363 H. M. Teeple, Oc, 1957, pág. 74.

del término por parte de sectores heterodoxos del cristianismo, no pocas veces conectados con la gnosis. Así, fuera del Nuevo Testamento —y ya en el siglo II— el título iba a seguir siendo aplicado a Jesús en obras como el Evangelio de los hebreos,[364] la Predicación de Pedro conservada en las pseudoclementinas,[365] o el logion 52 del Evangelio de Tomás.[366] La óptica adoptada por estas obras hacía sin embargo recomendable el abandono del título de profeta, un proceso que, como ya hemos señalado, se inició ya en el siglo I.

La expectativa de este «profeta» debió ser muy corriente en la época de Jesús[367] tal y como se desprende de referencias como la contenida en Juan 1:21.[368] Aunque la literatura rabínica cuenta con referencias muy escasas al tema del profeta-segundo Moisés, lo cierto es que Filón se refiere al mismo (De Spec. Leg. I, 64 y ss.) tomando como base, muy posiblemente, Deuteronomio 18:15-18. Por otro lado, parece muy posible que las limitaciones —que no exclusión total— del tratamiento del tema en la literatura rabínica quepa atribuirlas a una polémica anti-cristiana.[369]

La figura tiene asimismo un paralelo evidente en la doctrina samaritana del *taheb* (el que regresa o el restaurador)[370] que era

---

364 Citado por Jerónimo en In Esaiam XI. 2.

365 H. Waitz, "Die Pseudoklementinen: Homilien und Rekognitionen", Leipzig, 1904; O. Cullmann, "Le problème littéraire et historique du roman pseudoclémentin", París, 1930 y H. J. Schoeps, "Theologie und Geschichte des Judenchristentums", Tubinga, 1949.

366 Una traducción al castellano de esta obra en César Vidal, "Los evangelios gnósticos", Barcelona, 1991 y Madrid, 2011.

367 O. Cullmann, Oc, 1975, págs. 15 y ss.

368 O. Cullmann, "Christology...", págs. 17 y ss., ha apuntado posibles precedentes de esta idea en la creencia en el regreso de Elías (Eclesiástico 49:6), en el de Enoc (Enoc 90, 31), en el de Elías y Enoc conjuntamente y en el de Jeremías (II Macabeos 15, 13 y ss.). La tesis resulta considerablemente discutible y, en cualquiera de los casos, no fue sustentada por el judeocristianismo que no veía en estos hechos una referencia al profeta escatológico identificado con Jesús por ej. Apocalipsis 11:3 y ss.

369 En este sentido, ver R. Longenecker, "O.c", págs. 34 y ss., y N. Wieder, "The idea of a Second Coming of Moses" en "JQR", 66, 1956, págs. 356-66. En contra, ver S. Zeitlin en una nota que figura como apéndice al artículo de N. Wieder.

370 A. Merx, "Der Messias oder Ta'eb der Samaritaner", Tubinga, 1909; J. MacDonald, "The Theology of the Samaritans", Londres, 1964, págs. 81 y ss.; 280, 351, 362-71 y 394.

identificado con una especie de Moisés redivivo. Partiendo, al igual que vemos en el libro de los Hechos, de la cita contenida en Deuteronomio 18:15 y ss., se afirmaba entre los samaritanos que el *taheb* realizaría milagros, restauraría la ley y la adoración verdadera, y llevaría el conocimiento de Dios a otras naciones. Esta visión es la que subyace en el encuentro de Jesús con la samaritana narrado en Juan 4:19 y 25, y, en buena medida, pudo ser compartida por el judeocristianismo aunque no se redujera sólo a ese contenido su idea del «profeta».

También nos hallamos con una figura semejante en la teología de los sectarios de Qumrán y en el Testamento de los Doce patriarcas, pero con una diferencia esencial. En el Manual de Disciplina 9, 11, este profeta es presentado como alguien distinto de los dos mesías de Aarón e Israel,[371] mientras que en el Testamento de Leví, el Mesías, llamado «renovador de la ley» (16) recibe también el título de «profeta del Altísimo» (8, 15). Por si esto fuera poco, también aparecen ligados a este mesías-profeta los rasgos del sumo sacerdocio. En este último caso, las semejanzas con el judeocristianismo son manifiestas.

De todo lo anterior se desprende, una vez más, que en la figura del Mesías han vuelto a fusionarse títulos diversos (como ya vimos con el caso del Hijo del hombre y del Siervo de YHVH). El judeocristianismo tenía una visión similar y es natural que dentro de la perspectiva con que contemplaba a Jesús le aplicara el título de «el profeta» y más cuando había antecedentes que se podían retrotraer hasta el mismo. Nuevamente, podemos ver que el judeocristianismo no creaba categorías teológicas nuevas sino que tomaba las ya existentes en el judaísmo de la época y mostraba cómo se cumplían en la persona de Jesús.

---

371 K. G. Kuhn, "The Two Messiahs of Aaron and Israel" en "The Scrolls and the New Testament", págs. 63 y ss. Con todo, no debería exagerarse la diferencia. Como ha mostrado N. Wieder ("The Law-Interpreter of the Sect of the Dead Sea Scrolls: The Second Moses" en "JJS", IV, 1953, págs. 158 y ss.), seguido por W. H. Brownlee, "Messianic motifs of Qumran and the New Testament" en "NTS", III, 1956, pág. 17 y ss.) el profeta podría ser el «ungido por el Espíritu» de 4Q Test, con lo cual la figura tendría rasgos mesiánicos.

El Justo

El título de «justo» es otro de los aplicados a Jesús por el judeocristianismo. Su especial configuración permite ver que no se trata tanto de un calificativo cuanto de un título específico atribuido al mismo.[372] Según el libro de los Hechos, el mismo fue utilizado por Pedro (Hech. 3:14), Esteban (7:52) y Pablo (22:14) en contextos de tipo judicial o, al menos, en los que el personaje que lo usa se ve obligado a defenderse frente a un sector del judaísmo que le resulta hostil. La impresión que produce esta fuente concreta es que los tres personajes oponen el título de «el justo» a unos judíos que, por definición, son injustos, primero, al ejecutar a Jesús y, segundo, al enjuiciar a Sus seguidores.

Que tal visión no es exclusiva de Hechos, se desprende de la utilización que del mismo título hace Santiago 5:6 al hablar de «el Justo» que fue condenado y asesinado sin ofrecer resistencia. También en esta epístola, aparece explícito el hecho de que los que juzgaron injustamente al Justo se comportan igualmente con injusticia al tratar a sus seguidores. Apocalipsis 16:5 contiene también el título con unas coordenadas similares, pero no es del todo seguro que aquí se esté atribuyendo a Jesús.

En el Nuevo Testamento, este título está conectado o con el judeocristianismo afincado en Israel (Hech., Sant.) o con el de la Diáspora (1 Ped. 3:18; 1 Jn. 2:1) y siempre en relación con la idea de juicio al que no se ofrece resistencia violenta. El concepto no está ausente, sin embargo, de las cartas paulinas (Rom. 3:21-26; 5:6-21; etc.) aunque en estos casos parece más relacionado con la idea de un Justo (Jesús) sacrificado por los injustos —una idea ya expresada en 1 Pedro 3:18— que un Justo sobre el que se descargó la injusticia de los injustos.

Una vez más, tal uso cuenta con paralelos en el judaísmo. En el Antiguo Testamento aparece conectado con el «ungido» del Señor (2 Sam. 23:3; Isa. 32:1; Zac. 9:9) y, muy especialmente, con el «siervo de YHVH» (Isa. 53:11). En 1 Enoc 38, 2 y 53, 6, el «Justo»

[372] J. Jeremias, Oc, 1957, pág. 91.

es un título mesiánico y no puede excluirse esa misma connotación de 1 Enoc 47, 1-4 donde se habla de como ascenderán al cielo «la sangre del justo» y «las plegarias de los justos». De la misma manera, en el texto de Isaías 51:5 de Qumrán (IQ Isa. 51:5) es muy posible que el término «mi justicia» pueda ser considerado como título mesiánico. También los Salmos de Salomón (17:23-51; 18:8 y ss.) y la Sabiduría de Salomón (2:18) conectan la idea del Mesías con la del Rey Justo que establece justicia. En cuanto a la literatura rabínica denomina «justo» al Mesías fundamentalmente a partir de pasajes como Jeremías 23:5 y ss.; 33:15 y Zacarías 9:9.[373]

Con todo, y pese a Sus antecedentes judíos, la forma en que el título se atribuyó a Jesús en el seno del judeocristianismo no está exenta de una originalidad que brotaba de las especiales circunstancias que rodearon la muerte de Jesús. Este, de acuerdo a la conciencia que tenían los judeocristianos, había sido ejecutado de manera injusta. Él, que resumía en sí mismo toda la justicia divina y había recibido la muerte de gente injusta (las autoridades religiosas judías y civiles romanas).[374] En medio de ese drama execrable, no había ofrecido resistencia, como subraya muy atinadamente Jacobo recordando posiblemente la descripción del Siervo de YHVH en Isaías 53.

En el marco del cristianismo gentil por mucho que la pasión y muerte de Jesús pudiera significar, no existía ni el recuerdo ocular de Su proceso y ejecución, ni tampoco se producía la convivencia diaria con los ejecutores judíos y romanos. Por otro lado, la carencia de raíces judías del mismo resultaba evidente y, como ha expresado algún autor, el concepto de justicia ligado al Mesías podía expresarse a través de categorías distintas como la de Señor.[375] De manera clara, y posiblemente muy rápida, la denominación de Jesús como «justo» —algo esencial al judeocristianismo asentado en Israel— se

---

[373] Una lista exhaustiva de los mismos en G. Schrenk, "Dikaios" en "TWNT", II, pág. 188.

[374] Ver en el mismo sentido, Hechos 2:13-14 y 4:25-28, donde esa alianza injusta no sólo aparece conectada con la idea de «justo» sino también con la de «siervo».

[375] Ver R. Longenecker, 1970, pág. 47; F. J. Foakes Jackson y K. Lake, I, pág. 4.

vería sustituida en distintos ámbitos por otras más atrayentes y comprensibles.[376]

El Mesías[377]

El título de «mesías» y, más específicamente, su equivalente griego «jristós» cuenta con una relevancia muy clara a lo largo de la historia del cristianismo. Este deriva incluso su nombre de la misma palabra y aún sigue siendo costumbre denominar Cristología a la rama de la teología que estudia a la persona de Jesús. No obstante, resulta auténticamente difícil aceptar que tales hábitos estuvieran ligados a las primeras manifestaciones del cristianismo primitivo. Como ya señalamos en la introducción, el apelativo «cristianos» es relativamente tardío, surge en medios gentiles (Hech. 11:26) y, muy posiblemente, cuenta en sus inicios con una connotación peyorativa e incluso despectiva. En cuanto a la aplicación a Jesús del título «Mesías» o «Cristo» requiere matizaciones importantes en el terreno del judeocristianismo afincado en Israel.

El judaísmo del Segundo Templo carecía de un concepto uniforme del Mesías como, al menos en parte, se ha podido desprender

---

[376] Algo similar podría decirse de la denominación de Jesús como el «Santo». Esta aparece asociada con «Justo» en Hechos 3:14 y con otros títulos en Apocalipsis 3:7, pero ésta ausente del resto del Nuevo Testamento ya que en 1 Juan 2:20 seguramente se refiere al Espíritu. En Marcos 1:24 y Lucas 4:34 es referida a Jesús por los demonios. Su contenido, posiblemente, era muy similar al de «justo» con la connotación de especialmente apartado para el servicio de Dios, por ej. Salmo 106:16; 2 Reyes 4:9.

[377] El conjunto de obras referidas a este título es inmenso. Mencionamos en esta nota algunas de las aportaciones más sugestivas, donde se recoge una discusión de la práctica totalidad de puntos de vista así como considerable bibliografía: J. Klausner, "The Messianic Idea in Israel", Londres, 1956; H. Ringgren, "The Messiah in the Old Testament", Londres, 1956; J. Jeremias, "Teología del Nuevo Testamento, I: La predicación de Jesús", Salamanca, 1974; S. Mowinckel, "El que ha de venir: mesianismo y mesías", Madrid, 1975; O. Cullmann, "Christology...", págs. 111 y ss.; G. Bornkamm, "Jesús de Nazaret", Salamanca, 1975; G. Vermes, "Jesús...", M. Hengel, "Between Jesus and Paul", Londres, 1983, págs. 65-77; J. Neusner, W. S. Green y E. Frerichs, "Judaisms and Their Messiahs at the Turn of the Christian Era", Cambridge, 1987; A. Edersheim, "Prophecy and History according to the Messiah", Grand Rapids, 1980 e Idem, "La Vida y los tiempos de Jesús el Mesías", Tarrasa, 1988, v. II, págs. 689 y ss. (acerca de la interpretación rabínica del mesías); C. Vidal, "Mesías" en "Diccionario de las Tres Religiones", Madrid, 1993.

de los otros títulos ya estudiados. Ciertamente, este Mesías podía ser equiparado en algunos casos al Siervo de YHVH o al Hijo del Hombre, pero esa postura no era generalizada. En ocasiones, el Mesías era contemplado más bien como un dirigente dotado de características que hoy consideraríamos políticas o sionistas. Eran asimismo contradictorias las tesis acerca del comportamiento que el Mesías mostraría hacia los gentiles e incluso podemos aceptar, según se desprende de los escritos de Qumrán y quizás de la pregunta del Bautista registrada en Mateo 11:3, que la creencia en dos mesías gozaba de un cierto predicamento en algunos ámbitos judíos.

El concepto judeocristiano de Mesías era, como veremos en las páginas siguientes, medularmente judío y contaba con paralelos claros en el judaísmo, pero, al igual que sucedió con otras concepciones judías sobre el Mesías, asimiló en su interior algunos aspectos admitidos por ciertos sectores del judaísmo y procedió a descartar ostensiblemente otros.

Como ya hemos indicado, la palabra hebrea *masiaj* significa «ungido». En ese sentido, sirvió para designar al rey de Israel (1 Sam. 9:16; 24:6) y, en general, a cualquiera que recibía una misión específica de Dios, fuera sacerdote (Ex. 28:41), profeta (1 Rey. 19:16) o simple instrumento —incluso pagano— de los designios divinos (Isa. 45:1).

En 2 Samuel 7:12 y ss., y el Salmo 89:3 y ss., se puede ver que David había recibido la promesa divina de que su reino quedaría establecido para siempre. La decepción causada por los acontecimientos históricos en relación con esta esperanza fue articulándose paulatinamente en torno a la figura del Mesías como personaje futuro y escatológico (aunque es poco frecuente que el término *masiaj* aparezca en el Antiguo Testamento con ese contenido vg: Salmo 2 y 72).

La literatura extrabíblica coincide con el Antiguo Testamento en la adscripción davídica al linaje del Mesías (Miq. 5:2, etc.) pero, mientras pasajes del Antiguo Testamento, como los de Jeremías 30:8 y ss. o Ezequiel 37:21 y ss., consideran que la aparición de este Rey nombrado por Dios implicará una salvación terrenal, final y eterna, podemos contemplar en 4 Esdras 7, 26 y ss.; 11-14; Baruc 29, 30, 40 o Sanedrín 96b y ss., la idea de que el reinado del Mesías sólo será provisional, precediendo a otro definitivo implantado por Dios. También resulta obvio que las características de este monarca aparecen de manera diversa en las distintas fuentes. En el libro bíblico de Zacarías (9:9) nos encontramos frente al retrato de un Mesías manso y pacífico.[378] Sin embargo, en los extrabíblicos Salmos de Salomón (17-18), por el contrario, aparece la imagen de un monarca guerrero que destruiría a los enemigos de Israel. Que esta idea estaba muy arraigada en la época de Jesús es cierto, pero, como hemos podido ver al analizar otros títulos de connotación mesiánica, ni era exclusiva ni era la única.

En relación con el linaje davídico de Jesús que le atribuyen los Evangelios (especialmente las genealogías de Mat. 1 y Luc. 3) debe aceptarse que es muy posible que sea históricamente cierto.[379] Resulta indiscutible que los primeros cristianos lo daban por supuesto en fecha muy temprana tanto en ambientes judeocristianos situados en Israel (Hech. 2:25-31; Apoc. 5:5; 22:16) como en la Diáspora (Hab. 7:14; Mat. 1:1-17,20), paulinos (Rom. 1:3; 2 Tim. 2:8) o lucanos (Luc. 1:27,32; 2:4; 3:23-28). Eusebio (HE III, 19 y ss.) recoge el relato de Hegesipo acerca de cómo los nietos de Judas, el hermano de Jesús, fueron detenidos (y posteriormente puestos en libertad) por Domiciano que buscaba eliminar a todos los judíos de linaje davídico. A través de este autor nos ha llegado asimismo la noticia de la muerte de Simeón, primo de Jesús, ejecutado por ser descendiente de David (HE III, 32, 3-6). De la misma manera, Julio el Africano señala que los familiares de Jesús se jactaban de su linaje davídico (Carta a Aristeas, LXI). Desde luego, no hay en la literatura judía ninguna negación de este punto, algo difícilmente creíble si, en realidad, Jesús no

---

378 Sobre el tema del mesías pacífico en el targum palestinense como consecuencia del rechazo de la acción violenta contra Roma, ver G. Pérez Fernández, "Tradiciones mesiánicas en el Targum palestinense", Valencia-Jerusalén, 1981, págs. 141 y ss.

379 En este sentido, entre otros, ver J. Weiss, "Das Urchristentum", Gotinga, 1937, pág. 89; G. Dalman, "Die Worte Jesu", I, Leipzig, 1930, pág. 262; D. Flusser, "Jesús", Madrid, 1975, págs. 29 y ss.; R. O. Brown, "The Birth of the Messiah", Nueva York, 1979, págs. 513-16 y 505 y 512; J. Jeremias, "Jerusalén en tiempos de Jesús", Madrid, 1985, págs. 303 y ss.; C. Vidal, "Jesús" en "Diccionario de las Tres Religiones", Madrid, 1993.

hubiera sido de ascendencia davídica. Incluso algunos autores han interpretado Sanh 43a —donde se describe a Jesús como «qarob lemalkut» (cercano al reino)— como un reconocimiento de esta circunstancia.[380] Los judeocristianos no debieron encontrar difícil, por lo tanto, aplicar tal título a Jesús.

Con todo, el título de «mesías» es utilizado siempre en contextos que permiten reconocer como tal a Jesús, pero que impiden Su identificación con una visión política similar a la contemplada, por ejemplo, en los Salmos de Salomón. Que esa visión es retrotraíble al propio Jesús nos parece difícil de discutir, pero se trata de un tema que excede el objeto del presente estudio.[381] Lo cierto es que el judeocristianismo de la tierra de Israel rehuyó usar el título a secas y cuando lo hizo lo asoció con otros que marcaban la clave para su interpretación específica. A la pregunta de si Jesús era el Mesías, sólo cabía responder con una afirmación, pero no con cualquier clase de afirmación. Jesús sí era el Mesías (Hech. 2:31), pero no el guerrero sino el ejecutado injustamente (Hech. 2:36; 4:10), según el propósito salvador de Dios (Hech. 2:23); Jesús sí era el Mesías (Hech. 3:6) pero no el destructor de los gentiles sino el que otorgaba sanidad (Hech. 3:6; 4:10; 9:34), el que había padecido como Siervo Sufriente (Hech. 3:13), el que había sido justo e injustamente tratado (Hech. 3:14), según la Escritura (Hech. 3:18) y, pese a todo, fue testigo fiel (Apoc. 1:5); Jesús sí era el Mesías (Hech. 4:10), pero no el monarca racialmente judío, el rey sionista, que uniría a la nación contra Roma sino la Piedra rechazada por Israel (Hech. 4:11).

---

380 F. Delitzch, "Jesus und Hillel", Frankfort, 1875, pág. 13; S. Krauss, "Das Leben Jesu nach jüdischen Quellen", Berlín, 1902, pág. 205. Por el contrario, H. L. Strack ("Jesus, die Haretiker und die Christen", Leipzig, 1910, pág. 18) ha negado tal posibilidad objetando que el mismo término significa en B. Q. 83a «tener relaciones con el gobierno pagano».

381 Para un examen del tratamiento que hemos dado al mismo, ver César Vidal, "Jesús" en "Diccionario de las tres religiones", Madrid, 1993. Un examen reciente de la cuestión centrado en buena medida en las «evidencias indirectas» en R. Leivestad, "Jesus in his own Perspective", Minneapolis, 1987. En cuanto a la crítica de estas teorías, remitimos a M. Fraijó, "O.c", págs. 110 y ss. y H. Küng, "Ser cristiano", Madrid, 1978, págs. 228 y ss. (desde una perspectiva más filosófico-teológica) y a M. Hengel, "The Zealots", Edimburgo, 1989, págs. 300 y ss. (con un enfoque histórico).

Ya hemos podido observar que existían paralelos judíos a esas visiones concretas. Como ha señalado muy acertadamente David Flusser:

> La concepción cristiana de Cristo no se originó en el paganismo, si bien el mundo pagano no tuvo grandes dificultades en aceptarlo por existir en su seno algunas ideas paralelas. Personalmente considero que este concepto tuvo su origen en el sector judío predispuesto a los mitos, que se expresa en los textos apocalípticos, en otras obras apócrifas judías y, hasta cierto punto, en la literatura rabínica y el misticismo judío.[382]

La diferencia judeocristiana radicaba, a nuestro juicio, en que ahora podían verse encarnadas todas esas perspectivas en la trayectoria histórica de un personaje concreto: Jesús, al que se consideraba, como veremos, también el Señor (Sal. 1:1; 2:1; Hech. 2:36), el único medio de salvación (Hech. 4:12), el autor de la vida (Hech. 3:15) y el que habría de volver para implantar su reino de manera definitiva (Sant. 5:7) restaurando todas las cosas (Hech. 3:21). Sería precisamente esta matización, llevada del deseo de evitar los confusionismos, lo que acabaría por dar al título —paradójicamente secundario si atendemos a la frecuencia de su utilización— un papel de engarce y absorción de todas las interpretaciones que el judeocristianismo formularía de la vida de Jesús.[383]

El Hijo de Dios

Unido a esta serie de títulos que hemos examinado pero ligado asimismo a los que veremos a continuación se halla el de «Hijo de

---

382 D. Flusser, "El Hijo del hombre" en A. Toynbee, "El crisol del cristianismo", Madrid, 1988, págs. 335-6.

383 Resulta evidente al mismo tiempo que el judeocristianismo palestino representado por el libro de Apocalipsis aplica a Jesús multitud de títulos o actividades mesiánicas aunque sin designarlas de esa manera. Jesús es así el soberano de los reyes de la tierra (Apoc. 1:5 con Sal. 89:27), la estrella (22:16 con Núm. 24:17), la raíz y el linaje de David (22:16), el que pastorea con vara de hierro a las naciones (19:15 con Sal. 2:9), etc. Para un estudio del tema, ver L. Morris, "The Revelation of St. John", Grand Rapids, 1979; G. E. Ladd, "El Apocalipsis de Juan", Miami, 1978; W. Hendricksen, "Más que vencedores", Grand Rapids, 1977.

Dios». En el Antiguo Testamento, la expresión aparece vinculada a tres circunstancias diferentes. Por un lado, se denominaba a todo el pueblo de Israel con este calificativo (Ex. 4:22; Os. 11:1; etc.); por otro, se utilizaba como título regio (2 Sam. 7:14; Sal. 2:7; Sal. 89:26) y, finalmente, servía para designar a una serie de personajes de cierta envergadura como los ángeles (Job 1:6; 2:1; 38:7; etc.).

Las referencias al Mesías como «Hijo de Dios» que se hallan en el Enoc etíope (105, 2) y en 4 Esdras (7, 28 y ss.; 13, 32; 37, 52; 14, 9) son dudosas por cuanto cabe la posibilidad de que, en el primer caso, nos hallemos ante una interpolación cristiana y, en el segundo, de que debamos interpretar «pais» quizás no como «hijo» sino como «siervo», tal y como ya hemos visto que sucedía en el judeocristianismo de Israel. Todo esto explica que G. Dalman y W. Bousset negaran que el judaísmo empleara el título «Hijo de Dios» en relación con el Mesías[384] y que W. Michaelis[385] insistiera en la novedad del mismo. Con todo, hay datos que apuntan en dirección contraria. En 4Q Florilegium, 2 Samuel 7:14 es interpretado mesiánicamente lo que, como ha señalado R. H. Fuller,[386] indica que «Hijo de Dios» era ya usado como título mesiánico en el judaísmo anterior a Jesús. No se trata, desde luego, de un caso aislado. De hecho, en la literatura judía el Salmo 2, donde se hace referencia explícita al «Hijo de Dios» es aplicado repetidamente al Mesías. Así, el versículo 1 es referido al Mesías en Av. Zar.; en el Midrash sobre el Salmo 92:11 y en Pirqué de R. Eliezer 28.[387] El versículo 4 es aplicado mesiánicamente en el

[384] G. Dalman, "Die Worte..."; W. Bousset, "Kyrios Christos...", págs. 53 y ss. Ver también E. Huntress, "Son of God in Jewish writings prior to the Christian Era" en "JBL", 54, 1935, págs. 117 y ss.; V. Taylor, "Person of Christ in New Testament teaching", Londres, 1958, págs. 173 y ss.; W. G. Kümmel, "Heilgeschehen und Geschichte", Marburgo, 1965, págs. 215 y ss.

[385] W. Michaelis, "Zur Engelchristologie im Urchristentum", Bâle, 1942, págs. 10 y ss.

[386] Oc,1965, pág. 32.

[387] En Yalkut II, 620, pág. 90a se indica que los que se enfrentan a Dios y a su Mesías son «semejantes a un ladrón que se halla desafiante tras el palacio de un rey, y dice que si halla al hijo del rey, echará mano de él y lo crucificará y lo matará con una muerte cruel. Pero el Espíritu Santo se burla de él».

Talmud (Av. Zar.) y el 6 es referido al Mesías en el Midrash sobre 1 Samuel 16:1, relacionándolo además con el canto del Siervo de Isaías 53. En cuanto al versículo 7 es citado en el Talmud junto a otras referencias mesiánicas en Suk 52a.

El Midrash sobre este pasaje es realmente notable porque en el mismo se asocian con la persona del Mesías los textos de Éxodo 4:22 (que, evidentemente, se refiere en su redacción originaria al pueblo de Israel), de Isaías 52:13 y 42:1 correspondientes a los cantos del Siervo; el Salmo 110:1 y una cita relacionada con «el Hijo del hombre que viene con las nubes del cielo». Incluso se menciona el hecho de que Dios realizará un nuevo pacto. En cuanto al versículo 8 se aplica en Ber. R. 44 y en el Midrash al Mesías. En Suk 52a se menciona además la muerte del Mesías, hijo de José.

De lo anterior se desprende que el Mesías sí era denominado «Hijo de Dios» en algunas corrientes interpretativas judías y que además Su figura fue conectada incluso en algún caso con la del siervo y el Hijo del hombre, algo realmente notable si tenemos en cuenta la forma en que la controversia anticristiana afectó ciertos textos judíos. En todos los casos, «Hijo de Dios» parece implicar la idea de elección para una misión concreta y determinada y, más específicamente, la ligada al concepto de Mesías.

El título no parece haber tenido excesivo uso dentro del judeocristianismo afincado en Israel, con la excepción de las tradiciones plasmadas en los Sinópticos, Juan y, caso de haber existido, el documento Q. En el libro de los Hechos, sólo aparece una vez conectado con Jesús,[388] pero está ausente de Santiago. Que el título era conocido se desprende de su aparición en Apocalipsis donde, no obstante, es usado una sola vez (2:18). En el Evangelio de Juan,

[388] El Texto mayoritario conserva esos versículos ausentes de textos críticos ya publicados a finales del siglo XIX. Favorable a su autenticidad puede señalarse el hecho de que Ireneo sí conocía la fórmula porque la cita en Adversus Haereses III. XII.8. Un análisis del tema desde distintos puntos de vista en B. M. Metzger, "A Textual commentary on the Greek New Testament", Stuttgart, 1989, págs. 359 y ss.; O. Cullmann, "Baptism in the New Testament", Londres, 1950, págs. 71-80 e Idem, "The Earliest Christian Confessions", Londres, 1949, págs. 19-20.

sin embargo, tiene un valor muy considerable y casi puede contemplarse como el título preferido por el cuarto evangelista para referirse a Jesús, un título además que no se limita a tener connotaciones mesiánicas sino que indica igualdad con Dios (Juan 5:17-18; 10:30 y ss., etc.). Q 10, 21-2 recoge un dicho indiscutiblemente auténtico en que Jesús califica a Dios como Padre y señala una relación con el mismo diferente a la de cualquier otro ser.[389]

En cuanto al judeocristianismo de la Diáspora, las referencias son abundantes. Mateo concede al título una prominencia indiscutible entre los Sinópticos (16:16) y pretende a través del mismo señalar la auto-conciencia de Jesús, que se centra en ser «Hijo del Padre» y recoge (11:25-27) el dicho ya mencionado. Hebreos dedica más de dos capítulos (1-2) a desarrollar su visión del término que equivale a afirmar la Deidad del Hijo, relacionándola con la del Padre. Así al Hijo, se lo llama Dios (Heb. 1:8), se indica que todos los ángeles lo adoran (Heb. 1:6) y se le aplican textos originariamente relacionados con YHVH (Heb. 1:10; Sal. 101:26-28). En cuanto a las cartas de Juan, recuerdan el uso del Evangelio (1 Jn. 2:23; 4:15). Por el contrario, Pablo sólo utiliza el título tres veces (Rom. 1:4; 2 Cor. 1:19; Gál. 2:20) y en contextos que no presentan ecos de una influencia pagana[390] y mucho menos de los «hijos de dios» del helenismo.

En términos generales, puede decirse que el título, aparte de sus innegables connotaciones mesiánicas, aparece teñido en el cristianismo primitivo de connotaciones de Deidad que se retrotraen a la especial relación que Jesús manifestaba tener con Dios como Abba.

Con todo, el judeocristianismo afincado en Israel no da la impresión de haber otorgado una importancia especial al título de

389 Excede de los propósitos del presente estudio abordar la cuestión de si, efectivamente, Jesús tuvo conciencia de ser «el Hijo de Dios» de una manera específica. A favor de tal tesis, ver, entre otros: C. Vidal, "Más que un rabino", Nashville, 2020; J. Jeremias, "Abba y el mensaje central del Nuevo Testamento", Salamanca, 1983, págs. 17 y ss., y 197 y ss.; Idem, "Teología...", v. I, pág. 80 y ss.; D. Flusser, "El Hijo del Hombre" en A. Toynbee (ed.), "El crisol del cristianismo", Madrid, 1988, págs. 335, 344; D. R. Bauer, "Son of God" en DJG, págs. 769 y ss.

390 A estos habría que añadir los que aparecen con «Hijo» o «Su Hijo»: Romanos 1:3,9; 5:10; 8:3,29,32; 1 Corintios 1:9; 15:28; Gálatas 1:16; 4:4,6; 1 Tesalonicenses 1:10.

«Hijo de Dios» al menos en lo que a su predicación externa se refiere. Que lo conocía es cierto, pero no parece haberlo utilizado con profusión salvo en el caso del Evangelio de Juan, donde el mismo es usado fundamentalmente para establecer la Deidad de Cristo.

Las razones que explican esta conducta parecen haber sido diversas. En primer lugar, estaba el hecho de que algunas de las connotaciones del título, eran susceptibles de inducir a error. «Hijo de Dios» podía ser asociado con la idea mesiánica vulgar y, por las mismas razones que aconsejaban mantener el título de «mesías» poco utilizado, aquel apenas fue usado. Una vez más, resultaba preferible recurrir a expresiones como «siervo», «justo», etc., que tenían un contenido mesiánico difícilmente susceptible de asociarse con una idea violenta.

En segundo lugar, y esto fue algo que captaron los evangelistas y, muy especialmente, Juan, la expresión «Hijo de Dios» servía para describir no sólo la especial relación de Jesús con Dios como Padre, sino también para atribuirle un rango de Deidad. Para expresar ese fenómeno, los judeocristianos prefirieron optar por otras expresiones que, como veremos, estaban más enraizadas en el judaísmo y que no eran susceptibles de ser dotadas de un contenido distinto al deseado. Algo similar sucedería con el paulinismo en el que el título «Hijo de Dios» tiene un eco muy inferior, por ejemplo, al de los Sinópticos. Es muy posible que si el título no desapareció del ámbito judeocristiano se debiera precisamente a las referencias contenidas en las diversas tradiciones que mostraban a Jesús llamando Padre a Dios de una manera específica e inigualable.

El Señor[391]

La aplicación a Jesús del término *kyrios* (Señor) es aceptada actualmente como anterior a Pablo incluso en su acepción de título que

[391] Sobre este título, con expresión de las diversas posturas y bibiliografía, ver W. Bousset, "Kyrios Christos", Nashville, 1970; J. A. Fitzmyer, "New Testament Kyrios and Maranatha and Their Aramaic Background" en "To Advance the Gospel", Nueva York, 1981, págs. 218-35; L. W. Hurtado, "One God, One Lord: Early Christian Devotion and Ancient Jewish Monotheism", Filadelfia, 1988; B.

implica la idea de Deidad.[392] La discusión se centra hoy en día en la dilucidación del ámbito exacto donde surgió (judeocristianismo o cristianismo gentil anterior a Pablo), los criterios para llegar a una conclusión y el significado del título en el judeocristianismo afincado en Israel.

Que este último aplicaba el título de *kyrios* a Jesús resulta difícil de negar a la luz de Apocalipsis 22:20, pasaje que además nos permite deducir que la fórmula *maranaza* de 1 Corintios 16:22 equivale a *maranazá* (ven, Señor nuestro). Bousset[393] argumentó que la expresión había surgido en Antioquía en relación con los creyentes arameo-parlantes de Siria y Cilicia, y que, por lo tanto, se había originado en un ámbito helenístico y no ubicado en Israel. Bultmann reconoció el origen del término en la tierra de Israel, pero afirmó que, originalmente, sólo se refería a Dios y que no se aplicó a Jesús hasta llegar al ámbito helenístico. Ambas posturas son, a juicio de la mayor parte de los especialistas actuales, inaceptables.

En primer lugar, y en esto existe hoy en día un consenso casi unánime, parece evidente que si la expresión *maranaza* fue preservada como una fórmula aramea incluso en iglesias heleno-parlantes, se debió a que su origen debe retrotraerse a una iglesia arameo-parlante[394] y la única a la que podría atribuirse una influencia de este tipo fue la de Jerusalén.[395] La controversia surge a partir del momento en que se intenta cifrar el contenido exacto de *mara*. Para W. Kramer,[396] la expresión tenía en el ámbito palestino un contenido meramente honorífico, mientras que en el helenístico poseía connotaciones de divinidad *kyrios*, no existiendo entre ambas ninguna «conexión genética». Este punto de vista resulta cuestionable, entre otras cosas, no sólo porque resulta muy difícil aceptar esa desconexión entre comunidades que tuvieron lazos muy fuertes

---

Witherington III, "Lord" en "DJG", págs. 484-492; C. Vidal, "Nombres de Dios" en "Diccionario de las Tres Religiones", Madrid, 1993.

392 Ver al respecto G. Dalman, "Worte.."; O. Cullmann, "Christology..."; págs. 203 y ss.; W. Kramer, "Christ, Lord, Son of God", Londres, 1966, págs. 65-7; R. Bultmann, "Teología del Nuevo Testamento", Salamanca, 1981, págs. 170 y ss.

393 Oc, 1970, págs. 98 y ss.

394 R. H. Fuller, Oc, 1965, págs. 157 y ss.

395 O. Cullmann, Oc, 1975, págs. 214 y ss.

396 Oc, pág. 101.

entre sí (Gál. 2:11 y ss.; Hech. 11:27 y ss.; 15:1 y ss., etc.) sino porque además hay datos que apuntan a que el judeocristianismo ubicado en Israel utilizó el título de «Señor» con un contenido que trascendía con mucho del meramente honorífico sirviéndose para ello de precedentes judíos.

El título *mar* ya aparecía aplicado a Dios en las partes arameas del Antiguo Testamento. Daniel 2:47 llama a Dios *mare malkim* (Señor de los reyes) y en 5:23 encontramos la expresión *mare shamai* (Señor del cielo). En ambos casos, la Septuaginta ha traducido *mar* por *kyrios*. En los textos de Elefantina, *mar* vuelve a aparecer como título divino (págs. 30 y 37). A. Vincent ha señalado incluso que este contenido conceptual ya se daba en el siglo IX a. C.[397] En escritos más tardíos *mar* sigue siendo una designación de Dios. El tratado Rosh ha-shanah 4a cita Esd 6, 4 sustituyendo el *elah shamaia* masorético por *mar shamaia*. El tratado Berajot señala la validez de la fórmula de oración *Berik mare de pat* (Bendito sea el Señor de este pan) y en el Talmud aparecen además las expresiones *mare alma* (Ber 6a; Git 88a; Sanh 38a) y *mare Abraham* (Eruv 75a; Sab 22a; Ket 2a; Baba Bat 134a) aplicadas a Dios. Los midrashim palestinos contienen también buen número de referencias a Dios como *mar* (Gén Rab 13, 2; 22, 2, etc.).

De lo anterior, cabría esperar que los judeocristianos afincados en Israel hubieran utilizado ese título para referirse a Dios (y, efectivamente, así lo hicieron), pero además, y desde una fecha muy temprana que podría situarse en la misma década de los treinta, también lo aplicaron a Jesús. Un ejemplo de ello lo encontramos en el himno judeocristiano citado en Filipenses 2:5 y ss.[398] Teniendo en cuenta que Pablo escribió esta epístola en torno a los años 60-62 y que la impresión que se obtiene de la lectura de este pasaje es que era ampliamente conocido, su redacción inicial puede retrotraerse a algún periodo histórico situado entre los años treinta y cincuenta del siglo I. En este himno, Jesús es presentado como un ser preexistente que existía en forma de Dios pero que no se aferró a Su condición

---

[397] Vincent, "La religions des Judéo-araméens d'Eléphantine", París, 1937, pág. 114.

[398] F. Manns, "Un hymne judéo-chrétien: Philipiens 2, 6-11" en "Essais sur le judéo-christianisme", Jerusalén, 1977, págs. 11-42.

de ser igual a Dios (v. 6). Por el contrario, se vació de la misma, tomando la forma de siervo (v. 7) y muriendo en la cruz (v. 8). Esta conducta suya hizo que Dios lo exaltara otorgándole el «Nombre» que está sobre todo nombre (v. 9) para que, en cumplimiento de la profecía de Isaías 45:23 (que, en realidad se refiere al propio YHVH) ante Jesús se doblara toda rodilla (v. 10) y toda lengua lo confesara como Señor (v. 11). De la lectura de este pasaje se desprende que el judeocristianismo tenía una visión de Jesús como Señor que trascendía con mucho la de un mero título de cortesía y que contenía —como seguiremos viendo al tratar del «Nombre»— indudables connotaciones de Deidad.

Desde luego, éste es el contenido que aparece en otras fuentes judeocristianas. Aún descartando que Hechos 1:24 sea una oración dirigida al Jesús resucitado y ascendido, lo cierto es que el título de «kyrios» (lógicamente, «mar» en un medio arameo parlante) tal y como se aplica a Jesús deja de manifiesto lo siguiente:

1. Es idéntico al utilizado para referirse a Dios (Hech. 2:39; 3:22; 4:26; etc.) como ya hemos visto al examinar el uso de «mar» en el judaísmo. No deberíamos tampoco olvidar que la Septuaginta había sustituido ya desde hacía tiempo «YHVH» por «*Kyrios*».

En estas fuentes, tanto Dios como Jesús son denominados «*Kyrios*» de tal forma que en algunos pasajes no es fácil discernir si la referencia es a Dios o a Jesús (Hech. 2:20). De hecho, se tendría la sensación de que el título aplicado a Jesús compromete seriamente la idea de un monoteísmo unitarista (Hech. 10:36).

2. El título «*Kyrios*» aplicado a Jesús va más allá de un simple título honorífico (Hech. 4:33; 8:16; 10:36; 11:16-17; Sal. 1:1; etc.).

3. «*Kyrios*» implica una fórmula cúltica propia de la Deidad (Hech. 7:59-60; Sant. 2:1). Así Esteban se dirige a este Señor Jesús en el momento de su muerte, el autor de Apocalipsis encamina hacia él sus súplicas y Santiago le añade el calificativo «de gloria» que, en puridad, sólo sería aplicable al mismo YHVH (Isa. 42:8).

4. El uso de «*Kyrios*» permite ver como se atribuían sistemáticamente a Jesús citas veterotestamentarias referidas originalmente a YHVH (Hech. 2:20 y ss. con Joel 3:1-5).

5. La fórmula compuesta «Señor de Señores» (tomada de Deut. 10:17, donde se refiere a YHVH) es aplicada a Jesús implicando

una clara identificación del mismo con el Dios veterotestamentario (Apoc. 17:14; 19:16).

Tanto el judeocristianismo de la Diáspora (1 Ped. 1:25; 2 Ped. 1:1; 3:10; Heb. 1:10; etc.) como el paulino (Rom. 5:1; 8:39; 14:4-8; 1 Cor. 4:5; 8:5-6; 1 Tes. 4 y 5; 2 Tes. 2:1 y ss.; etc.) seguirán esa línea que, no obstante, ni fue creada por ellos ni encontró su origen fuera de Israel[399] sino en el medio judeocristiano de Jerusalén.[400]

El Nombre

Estrechamente relacionado con el «mar-kyrios» aplicado a Jesús como título de Deidad, se encuentra el término «Nombre». Este tuvo una importancia trascendental en el judeocristianismo asentado en Israel. Se empleaba en la fórmula bautismal (Hech. 2:38; 10:48); se utilizaba para realizar curaciones (Hech. 3:6,16; 4:30; Sant. 5:14); se conectaba con la única manera de salvación y perdón de los pecados (Hech. 4:10-12; 10:43); se usaba, quizás, como medio intercesor en la oración (Hech. 4:30) y aparece incluso como título sustitutivo de Jesús (Hech. 5:41). En resumen, era el Nombre más elevado pronunciado bajo el cielo (Hech. 4:11-12; Fil. 2:10-11), un nombre blasfemado por los enemigos de Dios (Sant. 2:7) pero

---

[399] Carece a nuestro juicio de base la teoría que pretende que la aplicación a Jesús del título de «Señor» fue una creación tardía de las comunidades helenísticas como reacción al culto neroniano. Lo cierto es que el emperador romano fue ya denominado «kyrios» en época anterior a Jesús. Así en el año 12 a. C. ya nos encontraMos con una inscripción en la que Augusto es denominado «Dios y Señor» (zeós kai Kyrios) (BGU, 1197, I, 15) y el papiro Oxyrhynchus 1143, del 1 d. C., se habla del ofrecimiento de sacrificios y libaciones al «Dios y Señor emperador» (Augusto). Sí parece muy probable que la creencia en Jesús como «kyrios» provocara conflictos a la hora de aceptar la aplicación de tal título al emperador, pero esa tensión, lejos de limitarse al ámbito gentil del cristianismo, debió ser ya muy intensa en el judío.

[400] Otro título ligado a la idea de «señorío», pero no necesariamente vinculado a la de Divinidad es el de «Arjegós» (Príncipe, autor) que aparece en Hechos 3:15 y 5:31. Su vinculación a la idea de salvación es muy clara en el judeocristianismo extra-palestino (Heb. 2:10; 12:2). Posiblemente su abandono se debió a la existencia de otros títulos —señor, siervo, etc— que expresaba su contenido de una manera más rica.

al que los verdaderos discípulos debían ser fieles frente a cualquier ataque (Apoc. 2:3,13; Hech. 5:41; etc.).

Tanto el judeocristianismo de la Diáspora (Heb. 1:4; 1 Ped. 4:14; 1 Jn. 2:12; 3:23; 5:13; etc.) como el paulino (Rom. 10:13; 1 Cor. 1:2; 5:4; Fil. 2:9-10; etc.) conocían esta teología del Nombre, pero no añadieron nada sustancial a la misma y, por otro lado, no estaba aquella destinada a tener larga vida en el cristianismo posterior a pesar de su profundo calado.[401]

Sin embargo, en el judeocristianismo asentado en Israel y en el medio judío hostil al mismo, sí que revistió una enorme importancia y buena prueba de ello es que la conexión de Jesús con el término «Nombre» fue pronto atacada por las autoridades judías (Hech. 4:17-18; 5:20) posiblemente conscientes de cuál era su cabal significado. El Talmud nos ha transmitido noticias de cómo el enfrentamiento con el uso del «Nombre» de Jesús se mantuvo desde el siglo I hasta, muy posiblemente, el siglo IV y de cómo las autoridades rabínicas consideraban especialmente nocivo el aceptar ser curado en virtud del mismo (Tos, Jul, 2, 22-3; TalPal Shab 14d; TalPal Av. Zar. 40 d y 41a; Av. Zar. 27b.; Midrash Qohelet R. 1, 8 y 10, 5) siendo preferible vivir sólo una hora a aceptar tal eventualidad.

Ahora bien, ¿qué implicaba exactamente el título de «Nombre»? En el Antiguo Testamento, el nombre («shem») era una circunlocución para referirse al mismo Dios (Deut. 12:11,21; 14:23 y ss.; 16:2,11; 26:2; Neh. 1:9; Sal. 74:7; Isa. 18:7; Jer. 3:17; 7:10-14,30). En Filón, el «Nombre» es una de las denominaciones del «Logos» (De Conf. Ling. 146). Finalmente, en el judaísmo aparecía —y el uso se ha perpetuado hasta el día de hoy— como una circunlocución de YHVH, palabra que se omitía por respeto. Venía a ser así un equivalente de «Kyrios» o «Mar» con las connotaciones de Deidad que ya hemos visto al estudiar ese título.

---

[401] Hay que hacer lógica excepción aquí del uso de este título en el gnosticismo posterior (Evangelio de Felipe 12 y 19; Evangelio de la Verdad 38, 6-41, 3; etc.) y en el judeocristianismo extrapalestino del siglo II como el representado por el Pastor de Hermas y I Clemente. Para lo primero, ver C. Vidal, "Los evangelios gnósticos", Madrid, 2011 y para lo segundo, J. Daniélou, "Theology of Jewish Christianity", Chicago, 1964, págs. 151 y ss.

No tenemos razones para pensar que entre los judeocristianos la expresión haya tenido otro contenido. Jesús era denominado «Señor» —dándose con un contenido divino del término en un medio judeocristiano de Israel— e igualmente se le aplicaba «el Nombre sobre todo nombre» (Hech. 4:11-12; Fil. 2:10-11) —¿y qué otro nombre podía ser ése que el del Señor YHVH?— al que se conectó lógicamente con el título de «Señor» y del que se creía y afirmaba que operaba salvación y sanidad,[402] tareas ambas circunscritas a Dios mismo en el judaísmo. Pero esa afirmación de la preexistencia y Deidad de Jesús no se iba a limitar a los títulos de «Señor» y «Nombre» (junto con la interpretación joánica de «Hijo de Dios»), sino que se manifestaría en otro nacido igualmente en el seno del judaísmo al que vamos a referirnos a continuación.

La Palabra[403]

El título de «Palabra» es indispensable a la hora de establecer la noción que el cristianismo primitivo tenía acerca de la preexistencia de Jesús. Como «Logos» aparece en el judeocristianismo de Israel, tal y como se desprende de su mención en Apocalipsis 19:13, y es más que posible que la utilización que del mismo se hace en Juan 1:1 y 14, proceda también de un contexto judeocristiano no sólo por el antecedente mencionado sino también por el texto arameo que parece subyacer en este último. Que en este último caso, el título está conectado con la idea de Deidad es indiscutible, pero no lo es menos en el primero. El texto de Apocalipsis no sólo considera que el «Logos» es «Rey de reyes y Señor de señores» (ver

402 Sobre la limitación exclusiva de la función sanadora a Dios ver M. Pérez Fernández, "Tradiciones mesiánicas en el Targum palestinense", Valencia-Jerusalén, 1981, págs. 61 y ss.

403 Sobre este título, ver R. Brown, "The Gospel According to John", Nueva York, 1966, págs. 1519-24; D. Muñoz León, "Dios-Palabra: Memra en los Targumim del Pentateuco", Valencia, 1974; R. Bultmann, "The History of the Religious Background of the Prologue to the Gospel of John" en J. Ashton (ed.), "The Interpretation of John", Filadelfia, 1986, págs. 18-35; W. Carter, "The Prologue and John's Gospel: Function, Symbol and Definitive Word" en "JSNT", 39, 1990, págs. 35-58; D. H. Johnson, "Logos" en "DJG", págs. 481 y ss.; C. Vidal, "Memra" en "Diccionario de las Tres religiones", Madrid, 1993.

supra) sino que además le aplica el texto de Isaías 63:3 que es una referencia a YHVH.

La imagen del «Logos» es exclusiva del judeocristianismo ya estuviera asentado en Israel (Apocalipsis, Juan o Santiago 1:18 donde el «Logos» está dotado de un poder regenerador) o en la Diáspora, puesto que esa misma imagen es la que nos encontramos en pasajes como los de 1 Pedro 1:23; 2 Pedro 3:5-7; Hebreos 1:3[404] y, quizás, 4:10. Por el contrario, el título está ausente de los escritos paulinos. Estas dos circunstancias (vinculación exclusiva con el judeocristianismo y ausencia en Pablo) no debería resultarnos en absoluto extraña. Por el contrario, resulta absolutamente lógica ya que existe un amplio desarrollo del «Logos» en el paganismo (Heráclito, el estoicismo, el platonismo, el gnosticismo, el hermetismo, la religión egipcia de Thot, etc.) y es posible que alguna de estas concepciones —en absoluto homogéneas— influyeran en autores judíos como Filón. El «Logos» de Apocalipsis y Santiago, de Pedro y Juan encuentra, sin embargo, sus raíces en el judaísmo de Israel y, más concretamente, en la Memrá (Palabra o Verbo) targúmica.[405]

En los targumim, el término «Memrá» era, desde luego, una de las designaciones para referirse a YHVH evitando antropomorfismos y, a la vez, describiendo sus acciones de creación, revelación y salvación. Así, por citar sólo algunos ejemplos, aparece creando la luz y separándola de las tinieblas (Gén. 1:3-5), interviene en la creación de los animales (Gén. 1:24-25) y del hombre (1:26-29), se le atribuye toda la obra creativa (Gén. 2:2a), pasea por el Edén y expulsa del mismo a Adán y Eva (Gén. 3:8-10), su nombre equivale al de YHVH (Gén. 4:26b), establece una alianza con Noé (Gén. 9:12-17), se le aparece a Abraham como el Dios de los cielos (Gén. 17:1-3), se equipara con este mismo Dios

---

[404] En este caso, «logos» habría sido sustituido por «rhema» pero creemos que el contenido conceptual es el mismo.

[405] Sobre el tema, ver J. Abelson, "The Immanence of God in Rabbinic literature", Londres, 1912; F. C. Burkitt, "Memrá, Shekiná, Metatron" en "JTS", 24, 1923, págs. 158 y ss.; M. McNamara, "Logos of the Fourth Gospel and Memrá of the Palestinian Targum (Éx 12:42)" en "Expository Times", 79, 1967, págs. 115-7 y D. Muñoz León, "Dios-Palabra: Memra en los targumim del Pentateuco", Granada, 1974; C. Vidal Manzanares, "Memra" en "Diccionario de las tres religiones", Madrid, 1993.

de los cielos (Gén. 49:23-24), se aparece a Moisés en la zarza (Ex. 3:2,4,8,12), interviene en el Éxodo (Ex. 11:4; 12:12-13, 23,27,29), pelea contra el ejército del faraón (Ex. 14:30-31), es descrito como dotado de funciones curativas (Ex. 15:26), se revela en el Sinaí (Ex. 19:3), etc.

Aplicar este título a Jesús implicaba un salto conceptual de no pequeña relevancia como era indicar que Dios, como Logos-Memra-Verbo-Palabra, se había encarnado en un ser humano. Pero tal noción no surgió ni merced a la influencia helenística, ni tomó terminología helenista ni tampoco se debió a medios cristianos helenistas como el que, generalmente, se conecta con Pablo. La terminología y el concepto de «Palabra-Logos» arrancó del seno mismo del judaísmo asentado en Israel. Lo novedoso fue afirmar que el Jesús crucificado y rechazado, no sólo era el «Siervo Sufriente», el «Justo» condenado injustamente, la «Piedra» despreciada, el «Hijo del Hombre» o el «Mesías», sino que además había tenido una preexistencia como «Palabra-memrá» de Dios, que en virtud de la misma había intervenido en la creación del universo y en todas las manifestaciones salvíficas y reveladoras de Dios y que, precisamente en conexión con ello, no era extraño que se le atribuyera el «Nombre sobre todo nombre» y se le llamara «Señor». En Jesús se podía ver no sólo al Mesías, sino también al Dios que se había manifestado una y otra vez en el Antiguo Testamento. Que aquella conclusión no era errónea resultaba claro para los judeocristianos no sólo porque derivaba de conceptos secularmente judíos[406] sino también porque se fundamentaba en su experiencia de la resurrección de Jesús (Hech. 2:32-36) y de la constatación de cómo Dios seguía realizando milagros (fundamentalmente, curaciones) en Su nombre (Hech. 4:9,30; etc.).

El Salvador

El término «Salvador» (*soter*) aparece en el judaísmo relacionado principalmente con la Deidad. En la Septuaginta se utiliza

[406] En este mismo sentido, señalando las diversas hipóstasis de la Deidad en el judaísmo contemporáneo de Jesús, ver D. Flusser, "El Hijo del Hombre" en A. Toynbee (ed.), "El crisol...", págs. 337 y ss.

aplicado a YHVH con cierta frecuencia (Isa. 43:3,11; 45:15; 49:26; 60:16; 63:8; Jer. 14:8; Os. 13:4; Sal. 24:5 [LXX]; 26:9 [LXX]; Miq. 7:7 [LXX]). Su uso deriva, por lo tanto, de tradiciones veterotestamentarias. Tampoco está ausente como título divino de la literatura rabínica.[407]

> En el judeocristianismo de la Diáspora, el título es referido habitualmente a Jesús (2 Ped. 1:11; 2:20; 3:2,18) al que incluso se denomina «Dios y Salvador» (2 Ped. 1:1). Puede que éste fuera el sentido que haya que dar también al término en los escritos paulinos. En ellos, el título se aplica a Dios (1 Tim. 1:1; 2:3; Tito 1:3; 2:10; 3:4) pero también a Jesús (Fil. 3:20; 2 Tim. 1:10; Tito 1:4; 3:6) al que llega a denominarse igualmente «nuestro Dios y Salvador» (Tito 2:13). En la totalidad de los casos parece que el término presenta connotaciones cósmicas y divinas, ligándose precisamente en ocasiones con títulos de estas mismas características como son los de «Señor» e incluso «Dios». Con todo, hay que insistir en ello, la utilización es comparativamente escasa.

En el judeocristianismo asentado en Israel, el título disfrutó de poco predicamento. Judas 25 lo refiere a Dios y en Hechos sólo aparece una vez (5:31). Juan lo relaciona con Jesús (4:42), pero, específicamente, en un contexto no judío. Esta magra representación dificulta considerablemente el dilucidar su contenido concreto. Ciertamente la idea de «salvación» en Jesús (Hech. 4:11-12) aparece relacionada con connotaciones cósmicas y divinas, y lo mismo podría decirse del término «salvarse» (Hech. 2:21-40), que implica también un significado de salud (Hech. 4:9), un aspecto que, como ya hemos indicado, el judaísmo relacionaba exclusivamente con Dios.

La limitación de este título tanto en el ámbito judeocristiano como en el cristiano-gentil puede atribuirse a diversas causas. No debió pesar poco en ello el deseo de evitar un título que aparecía en la religión helénica y que, por eso mismo, podría dar lugar a equívocos, circunstancia nada deseada por la comunidad de Jerusalén volcada, como ya vimos, sobre la idea de captar voluntades entre sus

---

[407] En ese sentido, H. L. Strack y P. Billerbeck, Oc, 1922-56, págs. 67-70.

compatriotas. Por otro lado, la utilización del mismo en el culto al César puede haber tenido el mismo efecto disuasorio.[408]

A esto podemos añadir el temor a que el título se viera como una afirmación mesiánica en un sentido distinto del mantenido por la comunidad. Finalmente, señalemos la circunstancia de que el concepto de «salvación» —vinculado real e indiscutiblemente a Jesús— servía para expresar esta acción de una manera más rica que el título *soter*, a la vez que otros títulos como «Señor», «Palabra» o «Siervo» cubrían igual o mejor el campo semántico de éste.[409] Puede decirse, por lo tanto, que el título fue conocido por la comunidad judeocristiana, pero mínimamente utilizado en la medida en que podía despertar equívocos y, a la vez, cabía usar equivalencias que se consideraban más idóneas.

Otros títulos de contenido divino relacionados con Jesús en el judeocristianismo asentado en Israel

De los títulos atribuidos a Jesús que hemos examinado en las páginas anteriores se desprende que la figura de éste fue contemplada por los judeocristianos de Israel no sólo como dotada de connotaciones divinas sino también como manifestación evidente del YHVH Creador, Salvador y Revelador del Antiguo Testamento. Dado que buen número de pasajes del Antiguo Testamento referentes a YHVH habían empezado a ser referidos ya a Jesús como «Señor» y, en menor medida, como «Logos», en muy poco tiempo, no es de extrañar que sucediera lo mismo con otros títulos que el Antiguo Testamento y el judaísmo veían como propios y exclusivos de Dios. A continuación, vamos a enumerar algunos de los más significativos:

1. El Primero y el Último

El origen de este título se halla en Isaías 44:6 y 48:12 donde se refiere a YHVH. Apocalipsis, sin embargo, se lo aplica también a Jesús (1:17-18; 2:8; 22:13-16). En un sentido similar deben

---

408 En este mismo sentido, ver V. Taylor, "Names of Jesus", London, 1953, pág. 109.

409 En el mismo sentido, ver R. Longenecker, 1970, pág. 144 y ss.

entenderse los títulos, «Alfa y Omega», «el principio y el fin», que en Apocalipsis se atribuyen tanto al Dios Todopoderoso (1:8) como a Jesús (1:11-13; 22:12-16). Resulta difícil negar a la luz de estas noticias que Jesús recibe un título propio del YHVH veterotestamentario con sus mismas connotaciones cósmicas.

2. Yo Soy

El título es aplicado a Jesús de manera destacada en el Evangelio de Juan. Pasajes como Juan 8:24; 8:58, etc., resultan un eco evidente de Éxodo 3:14 donde YHVH se presenta bajo ese nombre.[410] Pero dentro de un contexto judeocristiano más seguro debemos referirnos a Apocalipsis 1:8 donde la expresión se conecta con el Alfa y la Omega, pero en la forma «el que es y que era y que ha de venir», lo que recuerda al «que es y será» de Éxodo 3:14.

La Septuaginta muestra abundantes ejemplos del «*Ego eimi*» (Yo Soy) con predicados (Gén. 28:13; Ex. 15:26; Sal. 35:3; etc.). Su contenido es el de autorevelación de YHVH (Isa. 45:18; Os. 13:4). Naturalmente, el pasaje más importante en este sentido es el de Éxodo 3:14, que la LXX traduce por «*Ego eimi ho on*», del que parecen derivar otros como Deuteronomio 32:39; Isaías 43:25; 52:6; etc. Con todo, no puede limitarse a la Septuaginta el interés por la fórmula «*Ego eimi*» como nombre de YHVH. Tanto 1 Enoc 108, 12, como Jubileos 24, 22, e incluso Filón al comentar Éxodo 3:14, se refieren al mismo. Partiendo de este contexto, poca duda puede haber en el sentido de que la aplicación de tal título a Jesús implicaba una afirmación de Su Deidad.[411]

---

[410] En contra de la historicidad de la utilización del título «Yo Soy» por Jesús, ver A. J. B. Higgins, "The Historicity of the Fourth Gospel", Londres, 1960, págs. 73 y ss. En defensa del uso histórico del título por Jesús y de Su correlación con la autodesignación divina de Éxodo 3:14, ver H. Zimmermann, "Das absolute Ich bin in der Redenweise Jesu" en "Trierer Theologische Zeitschrift", 69, 1960, págs. 1-20; Idem, "Das absolute ego eimi als die neutestamentliche Offenbarungsformel" en "Biblische Zeitschrift", 4, 1960, págs. 54-69 y 266-76, y E. Stauffer, "Jesus and His Story", Londres, 1960, págs. 149-59. Stauffer llega a afirmar que el «Yo Soy» es la «afirmación más clara de Jesús acerca de sí mismo».

[411] En el mismo sentido, A. del Agua, Oc, 1985, págs. 236 y ss.

3. El que abre y ninguno cierra, y cierra y ninguno abre.

La expresión tiene su origen en Isaías 22:22 donde se aplica al mismo YHVH. Para el autor de Apocalipsis, por el contrario, es un título atribuible a Jesús (Apoc. 3:7).

4 El Señor de señores.

> El título tiene su origen en Deuteronomio 10:17 donde se atribuye específicamente a YHVH. Apocalipsis 17:14 (donde se une al de Cordero) y 19:13-16 (donde va ligado al de Palabra o Logos) lo relacionan empero con Jesús.

Ninguna de estas expresiones, preñadas de la atribución de Deidad a Jesús, aparecen fuera del judeocristianismo asentado en Israel (ni siquiera en Pablo) y todas se enraízan claramente en una terminología medularmente judía que arranca del Antiguo Testamento. Se observa empero en las mismas una circunstancia de trascendencia innegable: la creencia firme en que el YHVH veterotestamentario se ha manifestado —como ya lo hizo en el pasado— en Jesús. En éste pues ha de contemplarse al «Primero y Último», al «Señor de Señores», al «Principio y Fin». Se podrá señalar que esta corriente de pensamiento tenía que ser incompatible con el judaísmo, pero no creemos que tal afirmación tenga validez si consideramos como tal el contemporáneo a las fuentes y al periodo histórico examinados, como vamos a ver a continuación.

Antecedentes de «hipóstasis» en el judaísmo precristiano

Llegados a este punto de nuestro estudio, resulta obligado preguntarse si existieron en el judaísmo categorías de pensamiento que indicaran la existencia de hipóstasis de la Deidad. La cuestión ha sido ya contestada de manera afirmativa en parte al analizar el título de «Palabra» a partir de la «Memrá» aramea. Con todo, consideramos indispensable indicar otros exponentes de visiones hipostáticas en el judaísmo, anteriores a las construcciones judeocristianas aplicadas a Jesús.

1. El Ángel de YHVH

La existencia de un personaje intermedio que sirve para representar las intervenciones de YHVH, pero que es, a la vez, el mismo YHVH, se remonta al Antiguo Testamento. Denominado como «Ángel de YHVH», aparecen referencias al mismo en Génesis 16:7-13; 22:11-18; 32:24-30; Juan 13:17-22; etc., lo que muestra lo amplio de su uso. El personaje es, sin duda, el mismo YHVH.[412] Como ha señalado acertadamente G. Von Rad, se trata de «YAHVEH mismo que se aparece a los hombres en forma humana», «idéntico con YAHVEH», y «no se puede afirmar que el "ángel" indica un ser subordinado a aquel. Este Malaj es YAHVEH [...] es el YAHVEH de una actividad salvífica especial».[413] Dado que este ángel llevaba el nombre de Dios (Ex. 23:20 y ss.) no debería causarnos sorpresa que la identificación de Jesús con el mismo tuviera un importante lugar en el judeocristianismo posterior al Nuevo Testamento aunque se trata de un tema que no vamos a abordar por exceder el área de nuestro trabajo. Valga aquí sólo como ejemplo indicador de que el judaísmo ofrecía antecedentes suficientes para explicar el desarrollo teológico que luego se produjo en el judeocristianismo palestino en relación con Jesús.

2. La Sabiduría

Otra categoría hipostática que también se retrotrae al Antiguo Testamento es la que se conoce con el nombre de «Sabiduría». En Proverbios 8:22 y ss. aparece ya este personaje como Hijo amado de Dios, nacido antes que todas las criaturas y artífice de la creación. Esta figura alcanza en el judaísmo posterior una importancia innegable, conservando las características ya señaladas (Ecl. 1:9 y ss.;

[412] Sobre el tema, ver M. J. Lagrange, "L'Ange de Yahwé" en "RB", 1903, págs. 212-23; M. García Cordero, "Teología de la Biblia", v. I, Madrid, 1970, págs. 435 y ss.

[413] G. von Rad, "Teología del Antiguo Testamento", v. I, Salamanca, 1982, págs. 358 y ss.

24:3 y ss.). El libro de la Sabiduría describe a ésta como «soplo de la fuerza de Dios», «efusión pura del fulgor del Todopoderoso» e «imagen de Su bondad» (Sab. 7, 7-8, 16). Es «compañera de su vida» (la de Dios) (Sab. 8:3), compañera de Su trono (9:4), enviada bajo la figura del Espíritu de Dios (9:10; 7:7) y actúa en la historia de Israel (7:27).

Para Filón, esta sabiduría es «hija de Dios» (Fuga 50 y ss.; Virt 62) e «hija de Dios y madre primogénita de todo» (Quaest. Gen 4, 97). Finalmente, algunos textos rabínicos identificaron a esta Sabiduría preexistente con la Torá, «hija de Dios», mediadora de la creación e hipóstasis.[414] Los paralelos de esta Sabiduría hipostática con los títulos relativos a la Deidad (y no sólo a la Deidad) que los judeocristianos atribuyeron a Jesús resultan evidentes por sí solos[415] y no nos detendremos en los mismos.

3. El pensamiento divino

El tercer ejemplo de hipóstasis (cuarto, si contamos Memrá) es el del «pensamiento» divino del que nos habla el Manual de Disciplina 11, 11. Que el mismo resulta un eco del concepto de sabiduría examinado en el apartado anterior parece poco discutible. También aparece asociado a Dios y con su creación en un lenguaje que recuerda considerablemente al de Proverbios 8:22 y ss.

En conjunto pues, podemos ver que, lejos de derivar del paganismo los conceptos de preexistencia y Deidad aplicados a Jesús, presuntamente a través del cristianismo paulino, en realidad, hicieron

---

414 En ese sentido, ver Strack y Billerbeck, Oc, II, págs. 353 y ss., y III, pág. 131.

415 Un caso diferente es el de Metatron que encontraría terreno abonado en el campo de la mística judía. Este aparece mencionado en el Tercer libro de Enoc al señalarse, a partir de Gen 5, 24, como aquel fue arrebatado hacia Dios y convertido en Metraton, sentado en un trono junto a Dios y situado por encima de los ángeles. Entonces recibió el título de «príncipe del mundo» y de «pequeño Yahveh». Aquí más que con una figura hipostática nos encontraríamos con un hombre elevado y ensalzado a una altura cuasi-divina. Otro caso similar sería el del preexistente Jacob de La oración de José, citado por Juan en su In Ioh 2, 31. M. Hengel, «El Hijo de Dios», Salamanca, 1978, págs. 68 y ss., equipara al Metatron y al Israel preexistente con el concepto de Sabiduría hipostática, pero, desde nuestro punto de vista, nos hallamos ante ideas diferentes pues si en estos casos se trata de hombres (preexistentes o no) en el de la Sabiduría se trata de una auténtica hipóstasis.

su entrada en este movimiento espiritual a partir del judaísmo y mediante el judeocristianismo asentado en Israel.[416] En su mayoría además (la excepción sería quizás Memrá) arrancaban no de la literatura intertestamentaria sino del mismo Antiguo Testamento. Contribuyó a ello no poco (y eso es un argumento «a fortiori» en favor de su antigüedad) el hecho de que antes de Jamnia no existía en el seno del judaísmo una separación estricta entre lo «ortodoxo» y lo «herético»,[417] así como el hecho de que no estaba establecido tampoco un conjunto dogmático obligatorio en su seno.[418] No es por ello de extrañar que, mucho más adelante, estas categorías u otras similares hayan, con los matices oportunos, rebrotado en la historia del judaísmo aunque generalmente con la prevención de no caer en concepciones teológicas que pudieran asemejarse a las del cristianismo.[419]

¿Rindió culto a Jesús el judeocristianismo del siglo I d. C. asentado en Israel?

A la luz de todo lo anterior, resulta obligado preguntarse si el judeocristianismo afincado en Israel llegó a rendir culto a la persona de Jesús. ¿La visión que tenía del mismo como ser preexistente, «Señor», «Logos-Memra», «Nombre sobre todo nombre», etc., implicaba que era considerado como digno de culto? Resulta innegable que existen considerables y sustanciales elementos que obligan a pensar que, efectivamente, Jesús fue objeto de culto —y desde muy pronto— en el seno del judeocristianismo.

Para empezar, nos encontramos con el hecho de que se le invocaba en la oración. El «*maranaza*» de Apocalipsis 22:20 reproducía casi con toda seguridad una invocación incluso de matíz litúrgico (comp. 1 Cor. 16:22) dirigida a Jesús. De hecho, las fuentes mencionan también el caso de un judeocristiano que estaba asentado

---

[416] En el mismo sentido y desarrollando específicamente la cuestión de las hipóstasis en el judaísmo postbíblico, ver: David Flusser, "El Hijo...", págs. 337 y ss.

[417] En el mismo sentido, O. Hofius, "Katapausis" en "WUNT", 11, 1970 e Idem, "Der Vorhang vor dem Throne Gottes" en "WUNT", 14, 1972.

[418] En el mismo sentido, R. Leivestad, "O.c", págs. 25 y ss.

[419] Comp. con G. Scholem, "Major Trends in Jewish Mysticism", 1988.

en Israel, Esteban, que se encomendó a Jesús en el momento de su muerte (Hech. 7:59) en una fecha muy temprana. Finalmente, es obvio que se oraba a Jesús en relación con problemas concretos relacionados con la marcha de la comunidad (Hech. 1:21-24) y que incluso se le atribuía un papel intercesorio (Hech. 4:29-30). En cuanto al Evangelio de Juan, nos encontramos con la noticia de que la oración era dirigida al Padre mediante la intercesión de Su Hijo, Jesús (Juan 14:13; 15:16; 15:7; 16:24). Todos estos testimonios —con los matices que puedan invocarse en el caso de Juan— pueden situarse entre la década de los treinta y la de los sesenta del siglo I d. C. y, en nuestra opinión, mucho más cerca del principio que del final del periodo.[420]

La invocación del nombre de Jesús como «Señor» (Hech. 2:21 y ss.; 4:11-12) se consideraba condición indispensable para obtener la salvación y a la mención del mismo resultaba obligado doblar la rodilla (Fil. 2:11) como anticipo de lo que un día se vería impulsada a hacer toda la creación. Tengamos en mente para captar la trascendencia de este último gesto que en Isaías 45:22-23 —el pasaje veterotestamentario sobre el que se construye en parte Filipenses 2— se reserva, de manera exclusiva, a YHVH, el único Dios salvador.

Pero quizás donde se describe de manera más evidente el comportamiento cultual que el judeocristianismo prodigaba a Jesús, fruto del concepto que tenía de éste, sea en el libro de Apocalipsis. En esta obra, anterior al año 70 d. C., no sólo nos encontramos con una atribución a Jesús de títulos inequívocamente divinos sino que además asistimos a la forma en que se le dispensa un trato similar al que ha de recibir Dios mismo. Así, en Apocalipsis 5:13-14 (que describe el culto de adoración celestial) se nos dice como tanto el que está sentado en el trono (Dios) como el Cordero (Jesús) reciben «la alabanza, la honra, la gloria y el poder, por los siglos de los siglos». (El trono divino es incluso común en

---

420 En el mismo sentido, ver M. Hengel, "Christologie und neutestamentliche Chronologie" en H. Baltensweiler y B. Reicke (eds.), "Neues Testament und Geschichte: O. Cullmann zum 70. Geburtstag", Zürich-Tubinga, 1972, págs. 43-67. Para Hengel, el desarrollo crucial de la Cristología tuvo lugar en los cinco años posteriores a la muerte y resurrección de Jesús.

Apoc. 22:1,3).[421] La respuesta, pues, a la pregunta de si existió el culto a Jesús en el judeocristianismo palestino debe ser, por lo tanto, respondida de manera afirmativa.

Como ya hemos indicado al principio de esta parte de nuestro estudio, desde el siglo XIX, se ha convertido en un tópico, sustentado por algunos autores, afirmar que el judeocristianismo afincado en Israel no se diferenciaba en absoluto del judaísmo que lo rodeaba salvo en la convicción de que Jesús era el Mesías. Este título habría sido, a su vez, interpretado de manera estrecha, sin tener en cuenta todas las posibles connotaciones de la época y desproveyéndolo generalmente de categorías como las del «Siervo de YHVH» o el «Hijo del Hombre», así como del carácter expiatorio de Su muerte. Por otro lado, se ha insistido en que los aspectos relacionados con Su preexistencia y Deidad eran medularmente anti-judíos, que, por lo tanto, no podían haber sido sostenidos por los judeocristianos y que su introducción en el seno del cristianismo se debió a una influencia helenística que cabría ligar a la persona de Pablo o incluso a comunidades anteriores al ministerio de éste. A la luz de las fuentes, sin embargo, debemos considerar que todas esas afirmaciones son radicalmente insostenibles.

La visión que identifica al «Siervo Sufriente de Isaías» —cuyo sacrificio es visto ocasionalmente como expiatorio— con el Mesías y a éste con el «Hijo del Hombre» es algo que aparece ya en el judaísmo pre-cristiano. Para absorber estos puntos de vista, el judeocristianismo asentado en Israel ni tuvo que dirigirse a las religiones paganas o mistéricas[422] ni tuvo que esperar a las aportaciones de Pablo. Se limitó a asimilar una serie de interpretaciones

---

[421] Aunque excede ya de los límites cronológicos fijados para nuestro estudio, debemos recordar que la noticia de un culto tributado a Jesús por los judeocristianos era suficientemente conocida a Adriano como para profanar, con ocasión de la Guerra de Bar Kojba, grutas relacionadas con el mismo. He estudiado con anterioridad este aspecto en C. Vidal Manzanares, "María en la arqueología judeocristiana de los tres primeros siglos" en "Ephemerides Mariologicae", 41, 1991, págs. 353-364.

[422] En este mismo sentido, R. H. Nash, "Christianity and the Hellenistic world", Grand Rapids, 1984, págs. 113 y ss; D. Flusser, "El Hijo del Hombre...", págs. 335 y ss.; H. Koster, "Introducción al Nuevo Testamento", Salamanca, 1988, págs. 230 y ss.

de la Escritura ya existentes y a dotarlas de una aplicación que, muy posiblemente en algunos casos, se podía retrotraer al mismo Jesús.

Cuando más de dos siglos después, según nos informa el Talmud, deseen convencer a sus compatriotas de que Jesús no era sólo un hombre sino que en Él se había encarnado el Dios creador del Antiguo Testamento, los judeocristianos afincados en Israel seguirán recurriendo a pasajes de la Escritura y especialmente a aquellos que describen a Dios hablando en plural (TalPal Taanit 65b; Yalq. Shim 766 y TalPal Ber 12d, 13a). Lejos de obtener sus puntos de vista del paganismo (¡mucho menos del paulinismo!) aquellos judeocristianos habían seguido guardando fielmente la creencia en la Deidad de Jesús y ahondado en el Antiguo Testamento para deducir aún más argumentos en favor de la misma. De hecho, tanto el judeocristianismo de la Diáspora como Pablo se limitarían a seguir este rumbo sin alcanzar, en buen número de casos, su altura teológica. En cuanto al cristianismo gentil de los siglos siguientes, en no poca medida, será culpable de intentar describir el mismo fenómeno más a partir de categorías helénicas que judías.

De la misma manera, el uso de títulos como «Kyrios» o «Logos» no procede de un ámbito pagano ni tampoco de un cristianismo helenizado. Los hallamos referidos a Dios en el judaísmo precristiano e incluso en el último caso, al igual que en el de la Sabiduría, ligados a una interpretación hipostática de los mismos. Una vez más, al admitirlos en su interior, el judeocristianismo de Israel marcó el sendero que luego sería transitado (de nuevo, no más profundamente) por el judeocristianismo de la Diáspora y por el paulinismo.

Lo que sí fue original en el judeocristianismo de Israel (pero no por ello antijudío) fue la atribución de todos estos títulos a la figura histórica de Jesús. Desde la óptica hermenéutica de los judeocristianos asentados en la tierra de Israel, aquel había demostrado con su muerte ser el «Siervo de YHVH», el «Hijo del Hombre», el «Mesías», el «Justo» condenado injustamente, el sacrificado llevando los pecados de los perdidos, la «Piedra» de tropiezo para Israel, etc. Pero Su resurrección había dejado de manifiesto que no se trataba simplemente de un ser humano por muy específica e importante que resultara Su misión.

Jesús, que, como veremos más adelante, volvería un día a efectuar la apocatástasis cósmica, también era el «Señor», el «Logos-Memrá» preexistente que había actuado en la creación, en la historia de Israel y en estos últimos tiempos. En Él, «Nombre sobre todo nombre» (el único en que se podía encontrar salvación y sanidad), se manifestaba el propio YHVH veterotestamentario. Lógico pues, era rendirle culto, invocarle en la oración, recordarlo en el momento de la muerte y prodigarle, junto con el Padre, «toda alabanza, toda honra, toda gloria y todo poder, por los siglos de los siglos» (Apoc. 5:12-13). Mediante este proceso, insistimos, surgido en el suelo de Israel a partir de categorías judías, el judeocristianismo no sólo elaboraba una concepción desvinculada de las doctrinas paganas (aunque no por ello carente de sugestión para muchos de los que las profesaban) sino que además afirmaba de manera rotunda y convencida que todas las cosas, pasadas, presentes y futuras, se reunían en Jesús, el crucificado injustamente por algunos de Sus compatriotas con ayuda del invasor pagano, pero resucitado «porque no era posible que la muerte lo tuviera retenido» (Hech. 2:22-24).

CAPÍTULO II

LA PNEUMATOLOGÍA DEL JUDEOCRISTIANISMO DEL SIGLO I EN LA TIERRA DE ISRAEL

La visión acerca del Espíritu Santo[423] desempeñó un papel de trascendental relevancia en el judeocristianismo del siglo I en Israel. Habitualmente, sin embargo, quizás debido a la discusión que gira en torno a la figura de Jesús, el tema ha quedado excluido o minimizado del examen relativo a este movimiento. Como tendremos ocasión de ver, el mismo, sin embargo, exige una aproximación inexcusable. Para empezar, el mismo libro de los Hechos conecta el crecimiento de la comunidad jerosolimitana precisamente con un fenómeno de manifestación del Espíritu Santo (Hech. 2) que se sitúa cronológicamente en la fiesta de Pentecostés celebrada en el mismo año de la ejecución de Jesús. Resulta además indiscutible, a la luz del testimonio de las fuentes, que los judeocristianos profesaban la creencia de hallarse inmersos en un periodo histórico

---

[423] Acerca del Espíritu Santo, con discusión de las diversas posturas y bibliografía, ver O. Betz, "Der Paraklet", Leiden, 1963; C. K. Barrett, "The Holy Spirit in the Fourth Gospel" en "JTS", 1, 1950, págs. 1-15; Idem, "The Holy Spirit and the Gospel Tradition", Londres, 1966; R. E. Brown, "The Paraclete in the Fourth Gospel" en "NTS", 13, 1966-67, págs. 113-32; G. Johnston, "The Spirit-Paraclete in the Gospel of John", Cambridge, 1970; J. D. G. Dunn, "Baptism in the Holy Spirit: A Re-examination of the New Testament Teaching on the Gift of the Spirit in Relation to Pentecostalism Today", Filadelfia, 1970; Idem, "Spirit and Fire Baptism", en "NovT", 14, 1972, págs. 81-92; F. Porsch, "Pneuma und Wort. Ein exegetische Beitrang zur Pneumatologie des Johannesevangeliums", Frankfurt, 1974; E. Franck, "Revelation Taught: The Paraclete in the Gospel of John", Lund, 1985; G. M. Burge, "The Anointed Community: the Holy Spirit in the Johannine Community", Grand Rapids, 1987; M. M. B. Turner, "Jesus and the Spirit in Lukan perspective" en "TynB", 32, 1981, págs. 3-42; Idem, "The Spirit and the Power of Jesus' Miracles in the Lucan Conception" en "NovT", 33, 1991, págs. 124-52.

donde el Espíritu se manifestaba (e iba a seguir haciéndolo) de una manera especialmente amplia. Que tal confianza se fundaba en la convicción de que Jesús había resucitado así como en una reflexión a partir del Antiguo Testamento y, más específicamente, de la profecía de Joel, es algo que se desprende igualmente de las fuentes. Con todo, no puede descartarse tampoco que arrancara de alguna enseñanza de Jesús relacionada con el tema (Luc. 3:16 y par.) que incluso pudiera tener un origen anterior. Desde luego, presenta paralelos en las obras judías que sostenían que ya no existía revelación del Espíritu Santo y que ésta quedaba reservada para los tiempos escatológicos.[424]

El concepto de Espíritu Santo (también Espíritu de Dios, Espíritu de YHVH o simplemente Espíritu) no era nuevo en el judaísmo. De hecho, podía retrotraerse al Antiguo Testamento donde aparece,[425] en ocasiones, como un poderoso impulso procedente de Dios (Jue. 13:25; 14:6); pero al que, en otros casos, se le atribuyen propiedades que presuponen una clara personalidad (1 Sam. 10:10; 11:6; 19:20), siendo incluso difícil no ver en el mismo una hipóstasis del mismo Dios (2 Sam. 23:2; Neh. 9:20; Sal. 104:30; 139:7; Isa. 40:13; Ezeq. 8:3; 11:5; etc.). Esto último es claramente palpable en la literatura sapiencial (Job 32:8; 33:4; Sab. 1:7; 8:1;[426] etc.). Tampoco eran novedosas las referencias acerca de cómo ese Espíritu se iba a derramar sobre toda carne en los últimos días

424 Al respecto ver Salmo 74:9; Apocalipsis de Baruc 85, 1-3; Tosefta de Sota 13, 2. Estudios sobre el tema en Strack-Billerbeck, "O.c", IV-2, págs. 1229 y ss.

425 P. van Immschoot, "L'action de l'esprit de Jahvé dans l'Ancien Testament" en "Rev. Sc. ph. th", 23, 1934, págs. 553-587; Idem, "L 'Esprit de Jahvé source de vie dans l 'Ancien Testament" en "Revue Biblique", 44, 1935, págs. 481-501; Idem, "L'Esprit de Jahvé et l'alliance nouvelle dans l'Ancien Testament" en "Ephem. Théol. Lovan", 22, 1936, págs. 201-226; Idem, "Sagesse et Esprit dans l'Ancien Testament" en "Revue Biblique", 47, 1938, págs. 23-49; D. Lys, "Ruach: le Souffle dans l'Ancien Testament", París, 1962; Y. Congar, "El Espíritu Santo", Barcelona, 1983, págs. 29 y ss.

426 De hecho, es difícil saber si el libro de la Sabiduría no llega a identificar a ésta con el Espíritu. En cualquiera de los casos, ambas realidades presentan un contenido hipostático. Al respecto, ver D. Colombo, "Pneuma Sophias eiusque actio in mundo in Libro Sapientiae" en "Liber Annuus", I, 1950-1, págs. 107-60; C. Larcher, "Ètudes sur le Livre de la Sagesse", París, 1969, págs. 329-414; M. Gilbert, "Volonté de Dieu et don de la sagesse (Sg 9, 17 sv)" en "Nouvelle Revue Théologique", 93, 1971, págs. 145-66.

extendiendo su acción a sectores inimaginables de la misma como las mujeres, los jóvenes, los ancianos o los esclavos (Joel 3), y habitando en los corazones de los fieles (Ezeq. 36:27; 37:14). Como veremos a continuación, estas últimas características aparecen también reflejadas en el judeocristianismo ubicado en Israel, si bien ligadas a matices originales de una especial trascendencia a los que nos referiremos oportunamente.

El Espíritu Santo como ser personal

Aunque algunos pasajes de las fuentes dan la sensación de que el Espíritu Santo era contemplado como un impulso divino similar al descrito en algunos textos del Antiguo Testamento (Hech. 6:3,5; 7:55; 9:17), lo cierto es que el judeocristianismo parece haberlo observado mucho más como un ser personal y no meramente como una fuerza. De él se dice que impulsó el fenómeno glosolálico de Pentecostés (Hech. 2:4), que era testigo de la resurrección de Jesús (Hech. 5:32), que se comunicaba verbalmente con los fieles (Hech. 10:19) y que tomaba parte en las decisiones comunitarias (Hech. 15:28).

La carta de Santiago lo presenta también como un ser personal «que anhela a los discípulos con celos» (4:5). En cuanto al Apocalipsis, lo describe asimismo como un ser personal que comunica revelaciones a las iglesias en la suposición de que éstas las aceptaran (Apoc. 2:7,11,17,29; 3:6,13,22; 14:13; 22:17) y al que se presenta, en algún caso, bajo una figura séptuple (1:4; 4:5) quizás para transmitir la idea de omnipresencia.

La teología judeocristiana del cuarto Evangelio concede también un papel muy relevante al Espíritu. De hecho, las afirmaciones que sobre el mismo se hacen especialmente en los capítulos 14, 15 y 16 obligan a pensar que era concebido también como un ser personal que, procedente del Padre, enseña todo y recuerda las palabras de Jesús (Juan 14:26); da testimonio del mismo (Juan 15:26); guia a los discípulos a toda verdad, comunica revelaciones divinas y anuncia con antelación lo que va a suceder (Juan 16:13); glorificando asimismo a Jesús (Juan 16:14).

Esta visión personalizada del Espíritu que, como acabamos de ver, tiene un origen en el judeocristianismo ubicado en Israel, aparece también en el judeocristianismo de la Diáspora. En él se le atribuye la inspiración de los profetas (1 Ped. 1:11 y ss.; 2 Ped. 1:21) y de la Escritura (Heb. 3:7; 9:8; 10:15) así como la dirección de la oración (Jud. 20). Se le muestra manifestándose en las reuniones de culto (Hech. 13:2) y dirigiendo la evangelización (Hech. 13:4).

Todos estos temas están presentes asimismo en los escritos paulinos, pero no parece que Pablo fuera original en ello ni tampoco que aportara ninguna novedad significativa. Para él, también el Espíritu dirige la oración (Rom. 8:6 y ss.); habita en el creyente (Rom. 5:5; 1 Cor. 3:16; 6:11 y ss.; Gál. 3:2; etc.); etc. Ciertamente, los motivos aparecen dotados de más desarrollo, pero incluso el relacionado con los carismas o dones pneumáticos (Rom. 12:6 y ss.; 1 Cor. 12-14; Ef. 4, etc.) cuenta, como veremos, con antecedentes en el judeocristianismo de Israel. La pneumatología paulina es, como otras partes de su teología, clara tributaria del judeocristianismo.

El Espíritu Santo como hipóstasis divina

El término «Espíritu» o «Espíritu Santo» tal y como aparece en el judeocristianismo no es sólo una manera de referirse a un ser personal que actúa en medio de la comunidad de los discípulos. El Espíritu Santo, en realidad, viene a ser el mismo Dios, tal y como se desprende de las descripciones que aparecen en las fuentes. Así, el que miente al Espíritu Santo miente a Dios (Hech. 5:3-9), el que resiste al Espíritu resiste a Dios (Hech. 7:51) y, en varias ocasiones, se tiene la sensación de que el término puede ser sustituido sin más por el de Dios (Hech. 10:19; 11:12). En Juan (14–16), el Espíritu aparece también como un ser salido del Padre (como el Hijo salió de Dios) y descrito en términos que podríamos calificar de hipostáticos.

Estas mismas ideas están presentes asimismo en el judeocristianismo de la Diáspora. En Hebreos (3:27; 10:15), el término es utilizado para referirse al YHVH que se reveló en el Antiguo Testamento. Esto mismo puede encontrarse en los escritos petrinos

(1 Ped. 1:10-12; 2 Ped. 1:21), donde incluso se lo asocia con el Cristo preexistente. En cuanto al paulinismo, contempla la misma idea en repetidas ocasiones (2 Cor. 3:17; 1 Cor. 3:16,19 con 3:17 y 2 Cor. 6:16, etc.).

La nueva era iniciada en Pentecostés no sólo implicaba una actuación de Dios sino la misma presencia de Dios en medio de los judeocristianos y, como veremos en el apartado siguiente, eso tenía como consecuencia manifestaciones muy concretas.

Las manifestaciones pneumáticas

A la conciencia de hallarse frente a manifestaciones divinas contribuyó, sin duda, no sólo una lectura del Antiguo Testamento que, fundamentalmente, repetía los conceptos contenidos en el mismo sobre el Espíritu Santo, sino también, y esto de forma muy fundamental, toda una serie de manifestaciones espirituales que se asociaron con la acción del Espíritu Santo y que confirmaron a los judeocristianos afincados en Israel en su visión del mismo, si es que no provocaron directamente su creación y progresiva articulación.

1. Glosolalia

La primera de estas manifestaciones pneumáticas es la conocida como «glosolalia» o hablar en lenguas. La misma consistía en un estado de entusiasmo espiritual cuya manifestación primordial era la de comenzar a emitir sonidos que eran interpretados como mensajes espirituales pronunciados en lenguas diversas. El fenómeno —que tiene paralelos en otros movimientos espirituales y épocas[427]—

[427] El fenómeno se ha observado, además de en el cristianismo primitivo, en movimientos religiosos el gnosticismo, el judaísmo, el hinduísmo, el budismo, el islam, algunas formas de brujería como el vudú y en sectas contemporáneas como la de los mormones. Por otra parte, hoy en día constituye una de las características más evidentes de los movimientos cristianos carismáticos y pentecostales. Para un estudio sobre el tema, ver J. T. Bunn, "Glossolalia in Historical Perspective" en W. E. Mills (ed.), "Speaking in Tongues", Waco, 1973; G. H. Williams y E. Waldvogel, "A History of Speaking in Tongues and Related Gifts" en M. Hamilton (ed.), "The Charismatic movement", Grand Rapids, 1975, y D. W.

aparece vinculado en las fuentes a la experiencia de Pentecostés (Hech. 2:3 y ss.). Entonces ya provocó burlas entre los oyentes que se mofaron del hecho motejándolo de balbuceos de borrachos (Hech. 2:13). Otros, por el contrario, parecen haberse sentido profundamente impresionados por el fenómeno (Hech. 2:5 y ss.). Este se repitió, según las fuentes, con cierta frecuencia. De hecho, a juzgar por Hechos 19:6 el fenómeno podía ir acompañado de un mensaje profético, algo que resulta ya patente en los escritos paulinos (1 Cor. 12 y 14).

No nos consta empero que, a diferencia de lo acontecido en la comunidad paulina de Corinto, esta actividad produjera problemas en el seno del judeocristianismo. Esto quizás se debiera al peso de los dirigentes de las comunidades (que, al menos inicialmente, habían vivido con Jesús) y posiblemente también a su carga ética que las predispondría a rechazar mensajes que no encajaran con ciertos parámetros.

Al comenzar a asentarse la nueva fe en territorio gentil, el panorama parece haber sufrido una transformación radical. Pablo conocía el carisma de las lenguas (Hech. 19:6; 1 Cor. 12:10,28; 13:1,8; 14:2-39), pero en Corinto, al menos, le ocasionaron serios problemas pastorales al no ir acompañadas ni de una seriedad ética (1 Cor. 13:1) ni de un discernimiento que determinara el poder espiritual que las inspiraba. Aunque el apóstol insistió en que no debía impedirse aquella actividad en el seno de la comunidad (1 Cor. 14:39), lo cierto es que la limitó considerablemente exigiendo, entre otras cosas, una interpretación del mensaje comunicado a través de las lenguas.

Un fenómeno similar posiblemente es el recogido en 1 Juan 4:1 y ss., aunque aquí no es posible discernir totalmente si nos hallamos ante una manifestación glosolálica o profética, por más que ambas solían ir unidas a menudo. Dado que el trasfondo de las cartas de Juan es, muy posiblemente, Asia Menor, nos encontraríamos aquí con una situación similar a la de Pablo en Corinto: el poder espiritual que se manifestaba a través de la glosolalia podía

---

Dayton, "Theological roots of Pentecostalism", Peabody, 1987, págs. 87 y ss.; W. A. Meeks, "Los primeros cristianos urbanos", Salamanca, 1988, págs. 201 y ss.

no proceder de Dios, en cuyo caso había de ser rechazado.[428] Tal posibilidad, hasta donde sabemos, no se produjo en el primitivo judeocristianismo afincado en la tierra de Israel.

2. Profecía[429]

Otro de los fenómenos espirituales que el judeocristianismo asoció con la presencia y la actividad del Espíritu Santo fue la profecía. Al igual que sucede con la glosolalia es esta una manifestación que no se ha limitado históricamente a este periodo histórico sino que cuenta con multitud de paralelos en distintos Marcos culturales y religiosos. Con todo, su peso en el judeocristianismo asentado en Israel debió ser muy considerable. Dado que existía la idea de que habían irrumpido los últimos tiempos escatológicos (Joel 3; Hech. 2) el ejercicio de la misma fue muy amplio y, posiblemente, debió de animarse a la gente a buscar libremente tal tipo de manifestaciones. Aquello, por otro lado, implicaba un fuerte contraste con un judaísmo que descartaba en aquellos momentos tal posibilidad.

Miembros de la comunidad judeocristiana de Jerusalén, establecidos luego en otros lugares, experimentaron este fenómeno profético (Hech. 21:9) y hay datos que apuntan a que el peso específico (si es que no el número) de los profetas en la comunidad de Jerusalén debía ser relativamente relevante y que, incluso,

---

[428] Tanto Pablo como Juan parecen haber articulado «shibolets» que permitieran captar si el espíritu que se manifestaba procedía o no de Dios. En ambos casos (1 Cor. 12:3 y ss.; 1 Jn. 4:3 y ss.), la prueba aparece relacionada con la proclamación de divinidad de Jesús que, se consideraba, no podía ser pronunciada por un demonio.

[429] Sobre el profetismo en el cristianismo primitivo, ver J. Alizon, "Ètude sur le prophétisme chrétien depuis les origines jusqu'à l'an 150", París, 1911; K. Baltzer, "Considerations Regarding the Office and Calling of the Prophet" en "HTR", 61, 1968, págs. 567-581; J. L. Ash, "Decline of Ecstatic Prophecy in the Early Church" en "TS", 37, 1976, págs. 227-252; E. Cothenet, "Les prophètes chrétiens comme exégètes charismatiques de l'Écriture" en J. Panagopoulos (ed.), "Prophetic Vocation in the New Testament and Today", Leiden, 1977, págs. 77-107; D. Hill, "New Testament Prophecy", Atlanta, 1979; D. E. Aune, "Prophecy in Early Christianity", Grand Rapids, 1983; G. F. Hawthorne, "The Role of the Christian Prophets in the Gospel Tradition" en G. F. Hawthorne y O. Betz (eds.), "Tradition and Interpretation in the New Testament: Essays in Honor of E. Earle Ellis", Grand Rapids, 1987.

desarrollaban un ministerio semi-itinerante en comunidades hermanas (Hech. 11:27 y ss.). Tenemos noticias de que este tipo de manifestaciones siguieron dándose durante la década de los cuarenta (Hech. 15:27-32), de los cincuenta (Hech. 21:10 y ss.) y de los sesenta (Eusebio, HE III, V, 4 y ss.). Según la fecha en que datemos la Didajé, podemos ver que el fenómeno se perpetuó posteriormente, aunque ya se aprecian abusos en el mismo (Didajé 9, 7; 11, 3-12; 13, 1-7; 15, 1-2).

El papel de la profecía fue, según las fuentes, muy relevante. Revelaciones de tipo profético provocaron la toma de acciones concretas incluso en la Diáspora (Hech. 11:28-30; 15:32). Del mismo modo, y tal como narra Eusebio (HE III, V, 4 y ss), fue un oráculo profético también el que llevó a los judeocristianos de Jerusalén a huir de la ciudad y a refugiarse en Pella durante la guerra contra Roma, una tradición cuya historicidad hemos examinado en la segunda parte de esta obra.

El autor de Apocalipsis (cuyo mensaje manifiesta la pretensión de ser aceptado por diversas iglesias) se inscribe, desde luego, en esa misma categoría de profetas (Apoc. 1:1-3; 22:9) y ve a los mismos como parte fundamental de la comunidad (11:18; 16:6; 18:20,24; 22:9), hasta el punto de que Dios es definido como el Dios de los espíritus de los profetas (22:6). Los mensajes entregados a las iglesias de Asia Menor que figuran en los capítulos 1-3 posiblemente recogen oráculos proféticos del estilo de los transmitidos por aquellos que eran objeto de este tipo de manifestaciones espirituales. Con todo, el autor del libro era consciente de que podía darse un fenómeno de profecía que no procediera de Dios y que, presentándose como tal, causara un daño considerable en las congregaciones (Apoc. 2:20).

En la Diáspora, el papel de los profetas debió ser considerable durante bastante tiempo. Pablo, al igual que los judeocristianos de Israel, consideró que tal manifestación era un carisma del Espíritu (1 Cor. 12:28; 14:29 y ss.) de especial valor, tanto que hubiera sido deseable que todos los creyentes hubieran disfrutado del mismo (1 Cor. 14:1,39). En Efesios 2:20 habla todavía de una iglesia fundada sobre apóstoles y profetas (a nuestro juicio, un argumento nada despreciable en favor de la antigüedad del escrito y de la autoridad paulina del mismo), pero, con todo, era consciente de que se necesitaba ejercer un criterio de discernimiento sobre el fenómeno, como pasaba en relación con la glosolalia (1 Cor. 14:29 y ss.). Experiencias como la que Lucas conecta con la estancia del apóstol en Filipos y que tuvo que ver con una medium que ejercía la adivinación (Hech. 16:16 y ss.) pudieron llevarlo a la conclusión de que no toda manifestación profética era legítima ni podía ser aceptada en el seno de la comunidad.

Una vez más, las fuentes no nos dejan constancia de que ese tipo de problema se produjera en relación con este fenómeno en suelo de Israel, pero sí resulta evidente que fue en éste donde tuvo su origen y donde se mantuvo vigente durante, al menos, varias décadas.

3. Curaciones o sanidades[430]

Otro fenómeno que debió afianzar más a los judeocristianos en su impresión de estar viviendo en una auténtica era del Espíritu fue el de las sanidades o curaciones. Los relatos de las mismas abundan en las fuentes judeocristianas (Hech. 3:9,32-35; 9:36-43; etc.). A juzgar por lo señalado en Santiago 5:14 y ss., era práctica habitual ungir a los enfermos con aceite a la espera de que tal acto, unido a la fe y a la oración, obtuviera como resultado la curación.

La «laminilla del óleo de la fe» testifica, desde luego, de que la práctica se mantuvo durante décadas y de que obtenía resultados. A juzgar, desde luego, por la oración reproducida en Hechos 4:30, la comunidad suplicaba a Dios la concesión de curaciones en el nombre de Jesús, consciente de que tales Hechos provocarían un impacto considerable en las personas a las que deseaban ganar para la nueva fe.

El fenómeno fue conocido también por el cristianismo paulino ya que Pablo encuadra las curaciones entre las manifestaciones del

---

[430] Acerca del tema, ver L. Sabourin, "The Divine Miracles Discussed and Defended", Roma, 1977; G. Theissen, "Miracle Stories of the Early Christian Tradition", Edimburgo, 1983; C. Brown, "Miracles and the Critical Mind", Grand Rapids, 1984; H. C. Kee, "Miracle in the Early Christian World", New Haven, 1983 e Idem, "Medicine, Miracle and Magic in the New Testament Times", Cambridge, 1986.

Espíritu Santo (1 Cor. 12:9,28,30). Muy posiblemente, el texto de 2 Corintios 12:12 implica una autoatribución de este tipo de fenómenos lo que resultaría inverosímil (sobre todo dada la tirantez de la carta) si no se sustentara en algún hecho concreto, similar a los referidos en la segunda parte de los Hechos (28:8, etc.).

Aún aceptando la dificultad de abordar este tema, no se puede caer en el reduccionismo de rechazar como meramente legendario todo lo que las fuentes nos dicen al respecto ni tampoco aceptar el riesgo de equipararlo sin más con los relatos rabínicos y helénicos de milagros. El estudio de L. Sabourin sobre el mismo[431] puso ya en su día de manifiesto que «ninguno de los Hechos maravillosos de la documentación helenística y rabínica presenta una garantía suficiente de autenticidad para que se puedan reconocer en él los rasgos de un solo milagro verdadero», que los relatos de milagros atribuidos a rabinos no surgen hasta un siglo después de los relacionados con Jesús y que los atribuidos a éste poseen un carácter único de historicidad.[432]

Aún cuando no se acepte una afirmación tan categórica como la de Sabourin, no puede obviarse el hecho de que las fuentes rabínicas no sólo no negaron, sino que aceptaron el hecho de que Jesús, un claro enemigo, obraba milagros aunque, lógicamente, los atribuyeron a hechicería (Tos, Shab 11, 15; 104b; Tos, Sanh 10, 11). Tal afirmación se hizo extensible a sus seguidores. Todavía en el siglo III, los rabinos consideraban tan posible que los judeocristianos que vivían en la tierra de Israel realizaran curaciones invocando el nombre de Jesús que guardaron testimonio

---

[431] L. Sabourin, "Miracles hellénistiques et rabbiniques" en "Bulletin de Théologie Biblique", 2, 1972, págs. 306 y ss. Ver también Idem, "The Divine Miracles Discussed and Defended", Roma, 1977.

[432] En el mismo sentido, Alejandro Díez Macho, "Jesucristo 'único'", Madrid, 1976, págs. 55 y ss.; A. E. Harvey, "Jesus and the Constraints of History", Filadelfia, 1982 (el autor realiza un análisis comparativo de las historias de milagros en las fuentes antiguas judías y grecorromanas llegando a la conclusión de que presentan diferencias sustanciales con los relatos de los Evangelios tanto en su estilo como en su significado); C. L. Blomberg, "Healing" en "DJG", págs. 299-307 (sostiene la veracidad de los relatos de milagros partiendo de los presupuestos de la Formgeschichte: criterio de testimonios múltiples, aparición en diferentes estratos de las tradiciones evangélicas (Marcos, Juan, Q, L y M), variedad de referencias, identificación con el contexto de la época, etc.).

de algunas de ellas y, lo que no resulta extraño, prohibieron de forma tajante recurrir a aquellos porque resultaba preferible vivir sólo una hora a ser sanado por ellos (Tos, Jul, 2, 22-3; TalPal Shab 14d; TalPal A. Zar. 40d-41a; A. Zar 27b; Midrash Qohelet Rabbah 1, 8; TalPal Shab. 14 d; Midrash Qohelet Rabbah, 10, 5; TalPal. Sanh 25d).[433]

Los Hechos resultaban inaceptables por venir de herejes considerados peligrosos, pero, a diferencia de los juicios emitidos sobre las interpretaciones bíblicas de los judeocristianos, jamás se cuestionó su veracidad. Precisamente por que eran reales y se conocían testimonios, lo mejor era recurrir a la prohibición de acudir a ellos. Si esto sucedía en plena decadencia del movimiento, ya apartado de manera definitiva de la sinagoga y condenado de manera codificada, podemos imaginarnos el poder de atracción que debió de desempeñar en una época en que todavía podía abarcar con su poder de sugestión a sus compatriotas y añadir a estos hechos no sólo una poderosa vitalidad, sino también el empuje de algunos de sus dirigentes y el testimonio de varios centenares de personas que afirmaban haber visto con sus propios ojos a Jesús resucitado (1 Cor. 15:3-8). Tampoco es extraño que los componentes del mismo se sintieran inmersos en una era marcada por la presencia del Espíritu.

4. Otras manifestaciones

Aparte de los fenómenos señalados, las fuentes hacen referencia a otro tipo de manifestaciones que fueron recibidas por la comunidad judeocristiana como procedentes del Espíritu Santo aunque, al parecer, no resultaran tan frecuentes como las anteriores. La primera es la visión extática. El libro de los Hechos contiene el relato de dos de estas visiones (7:55 y ss.; 10–11). La primera de ellas está referida

433 En el mismo sentido, y con abundantes referencias a las fuentes rabínicas, ver R. Travers Herford, "Christianity in Talmud and Midrash", Londres, 1903, págs. 112 y ss.; y J. Klausner, "Jesús de Nazaret", Buenos Aires, 1971, págs. 253 y ss. Un punto de vista muy interesante ya que pretende que el aspecto taumatúrgico es la clave para entender al Jesús histórico en M. Smith, "Jesús el mago", Barcelona, 1988, especialmente págs. 64 y ss. para las fuentes rabínicas.

al linchamiento de Esteban y la segunda a Pedro y el problema de la entrada de los gentiles en la comunidad.

Que ambas recogen sucesos históricos es, a nuestro juicio, difícil de poner en duda.[434] En el caso de Esteban, Lucas está utilizando una fuente y, dado que en la misma aparece la expresión «Hijo del Hombre» como título relacionado con Jesús por única vez fuera de los Evangelios, se obtiene la impresión de que debió ser muy antigua y, posiblemente, en arameo. En relación con la visión de Pedro, el relato nos resulta mucho más interesante no sólo porque tiene también todos los visos de recoger un relato histórico sino porque además nos deja de manifiesto la influencia que este tipo de manifestaciones tenía en el judeocristianismo asentado en Israel. Según se menciona, Pedro tuvo una visión en la que se le mostraba que no debían ponerse impedimentos para la entrada de gentiles en la comunidad. La coincidencia de este hecho con la llegada de unos hombres que deseaban establecer un contacto de este tipo desembocó finalmente en la conversión de un militar llamado Cornelio y su familia.

Cuando Pedro tuvo que rendir cuentas de sus actos a la comunidad judeocristiana, la base de su argumentación residió en la visión del Espíritu (11:12 y ss.) y el elemento de convicción definitivo se produjo al tener lugar otra manifestación pneumática, esta vez relacionada con la glosolalia (11:15 y ss.). Cabe la posibilidad de que el problema de la entrada de los gentiles se hubiera planteado en el seno de la comunidad con anterioridad, si tenemos en cuenta que ésta ya había comenzado su expansión por Samaria (Hech. 8:4 y ss.), pero, en cualquiera de los casos, la decisión final se tomó, al menos en parte, a impulsos de manifestaciones que los judeocristianos consideraron procedentes del Espíritu.

Que este tipo de experiencias eran relativamente frecuentes —incluso fuera del judeocristianismo— y que se pretendía otorgarles un peso decisorio específico (aunque no siempre con éxito), es algo que se desprende del caso de Pablo. En 2 Corintios 12 narra precisamente una visión extática y de algo muy similar podría

---

[434] En el mismo sentido, C. Rowland, "The Open Heaven", Londres, 1985, págs. 369 y ss.

hablarse en relación con Gálatas 1:11 y ss. Son ambos fenómenos posiblemente paralelos a los descritos en Hechos 16:6-7. Sin entrar a profundizar en la naturaleza de los mismos, no obstante, no puede negarse su veracidad, así como el impacto que produjeron en los que vivían aquellas experiencias. Tampoco podemos excluir la posibilidad de que las mismas marcaran rumbos de no pequeña relevancia posterior como fue el caso de la apertura pre-paulina a los gentiles o el impulso para alguno de los viajes misioneros de Pablo.

Finalmente, existió otro tipo de manifestación de este signo que sólo se produjo en los primeros tiempos del movimiento, pero que tuvo una decisiva influencia en la configuración del mismo y, muy posiblemente, en evitar su desintegración tras la muerte de Jesús. Nos estamos refiriendo al fenómeno de las apariciones de aquel como resucitado. Volveremos sobre esta problemática al tratar el tema del pensamiento escatológico de los judeocristianos, con todo podemos adelantar que, desde nuestro punto de vista, no puede negarse que existió una convicción de la realidad de las mismas y que la experiencia se extendió, según una tradición muy antigua, a varios centenares de personas (1 Cor. 15:6) de las cuales muchas vivían todavía a mediados de la década de los cincuenta. En dos casos muy significativos por su influencia posterior, los de Pablo y Jacobo, el hermano de Jesús, tal experiencia provocó incluso una conversión a la fe en este último (1 Cor. 15:7-8), aunque existía con anterioridad una clara animadversión, cuando menos profunda incredulidad, en relación con el mismo (Juan 7:5; Hech. 8).

Del examen de este tipo de experiencias —que en no poca medida debieron marcar también la articulación de una concepción determinada sobre el Espíritu Santo en cuanto tal— se desprende que la creencia en el mismo revistió una importancia que muy difícilmente puede exagerarse en el seno del judeocristianismo. Factor indiscutible en el afianzamiento de esta fe lo constituyó la manifestación de una serie de fenómenos que se interpretaron como relacionados con la misma y entre los que se pueden señalar la glosolalia, las profecías, las curaciones y las visiones. Que los mismos se consideraron como parte integrante de la dinámica del colectivo puede desprenderse de la forma en que se extendieron por áreas como las del judeocristianismo de la Diáspora y el paulinismo. Que disfrutaron de una enorme importancia puede deducirse de la manera en que influyeron en la toma de decisiones trascendentes para el futuro del colectivo, así como en la articulación de una especie de corpus especial al que se conoce como «profetas» y al que ya nos referimos en el capítulo VII. Pero antes de seguir con este análisis, vamos a examinar la visión que la comunidad judeocristiana tenía sobre la forma de recibir el Espíritu Santo.

La recepción del Espíritu Santo

Como vimos en el apartado anterior, la acción del Espíritu Santo era considerada de enorme relevancia en el seno del judeocristianismo. El hecho de que además se asociaran con aquel fenómenos como los descritos, sin duda, acentuaba esos aspectos. Pero los mismos no parece que fueran concebidos como exclusivos de una élite (salvo, quizás, el caso de los profetas) sino más bien como una posibilidad abierta a todos los que se volvieran hacia Jesús. Si en el pasado, el Espíritu Santo había quedado reservado para personajes de relevancia, el judeocristianismo proclamaba la posibilidad de acceder a ese estado especial para todo ser humano prescindiendo de su edad, sexo o estado social. Pero, abierto en su llamado, el judeocristianismo se manifestó totalmente exclusivista en su visión acerca de quién podría recibir las bendiciones anejas al mismo.

De hecho, el discurso petrino de Hechos 2 señala que la recepción del Espíritu Santo se otorgaba a todos aquellos que reconocían su pecado y se volvían («convertían») a Jesús en busca de perdón (Hech. 2:38-39). En otras palabras, el Espíritu Santo sólo se manifestaría en el futuro en aquellos que estuvieran dispuestos a reconocer en Jesús al «único Nombre bajo el cielo» en virtud del cual se podía obtener la salvación (Hech. 4:11-12).

Ocasionalmente tal recepción aparece vinculada con la imposición de manos (Hech. 8:14 y ss.), pero lo cierto es que no existe base para pensar que aquella implicaba una ceremonia especial o algún tipo de rito iniciático. De hecho, la sustentación de una creencia similar fue rechazada específicamente por Pedro (Hech. 8:18 y ss.). Por otro lado, hay testimonios de que en algunas ocasiones las manifestaciones pneumatológicas resultaron totalmente inesperadas y de que incluso parecen haber sorprendido a alguno de los apóstoles por lo inesperado de las mismas (Hech. 10:44 y ss.; 11:15 y ss.) y lo desconectado de aspectos como podrían ser la recepción del bautismo. Lo que abría a la persona común el camino para ser lleno de aquella experiencia no era otra cosa que la fe en Jesús y en Su misión salvífica reivindicada por Su resurrección.

Por supuesto, esa adhesión primera exigía una perseverancia posterior (Sant. 4:5 y ss.), hasta el punto de que vivir como Jesús era la marca clara de estar en posesión del Espíritu (Apoc. 19:10), pero salvo esa voluntad —simbolizada por el bautismo— de entrar en la nueva era escatológica unido a Jesús y adoptando una forma de vida acorde no parece que se creyera necesario nada más. Al contrario de lo sostenido en otros Marcos religiosos —incluyendo algunos desarrollos posteriores del cristianismo— el verse inmerso en la Deidad sólo requería entregarse a la misma con la voluntad de vivir una vida nueva en la nueva era ya comenzada.

El paulinismo conectaba la recepción del Espíritu Santo no con la práctica de ciertos ritos o con la realización de determinados actos sino con haber depositado la fe en Jesús (Gál. 3:2 y ss.). En todos los casos, la experiencia pneumática —cuyo origen se hallaba obviamente en el judeocristianismo asentado en Israel— se consideraba ligada indisolublemente a la vivencia de fe así como uno de sus motores principales.

La pneumatología del judeocristianismo ha llamado hasta la fecha escasamente la atención de los historiadores. Sin embargo, constituye, a nuestro juicio, uno de los elementos decisivos de análisis a la hora de comprender cabalmente el armazón ideológico del movimiento y, precisamente por ello, su actitud ante circunstancias históricas concretas. El judeocristianismo había surgido, en buena medida, de la absoluta convicción de que Jesús, el vergonzosa e injustamente ejecutado, había resucitado y de que tal hecho, respaldado por cierto número de apariciones, marcaba un punto de inflexión en la historia.

La experiencia de masas de Pentecostés a la que se asoció con la profecía de Joel 3 donde se hablaba de un derramamiento universal del Espíritu Santo significó el punto de partida de una perspectiva vital que consideraba iniciados los últimos tiempos y que esperaba, como consecuencia lógica de ello, una actividad pneumática sin precedentes. La profecía, silenciada en Israel prácticamente desde Malaquías hasta Juan el Bautista, comenzó a desempeñar un papel de clara importancia en la comunidad hasta el punto de que pronto tenemos noticia de una «clase» de profetas y sabemos que sus revelaciones pesaron considerablemente en los destinos de la comunidad.

Pero las manifestaciones pneumáticas resultaron mucho más amplias. Se produjeron fenómenos como la glosolalia, las visiones y las curaciones. Estos últimos incluso eran lo suficientemente claros todavía en el siglo III como para impulsar a los rabinos a prohibir tajantemente —precisamente porque no negaban su veracidad— las curaciones realizadas en el nombre de Jesús y como para que los cristianos gentiles las siguieran utilizando como argumento apologético. En el siglo I, Santiago consideraba que lo normal era que se produjeran de forma habitual y en tal sentido había instruido a sus hermanos en la fe.

Aquella visión no quedó limitada al judeocristianismo afincado en Israel. Por el contrario, se consideraba que formaba parte tan esencial del mensaje que las fuentes contienen referencias a manifestaciones similares en el judeocristianismo de la Diáspora y el paulino. En este último, los escritos del apóstol se refieren a este tipo de fenómenos generalmente de forma autobiográfica y se hace frecuente referencia incluso a la forma en que fueron presenciados por los destinatarios de las epístolas.

Los efectos de tal visión resultaron de enorme relevancia. En primer lugar, se produjo un rechazo ante la idea de identificarse con ciertos sectores del pueblo judío, precisamente los que habían empujado a Pilato a ordenar la ejecución de Jesús (circunstancia ésta, no obstante, que, posiblemente, se hubiera dado igualmente sin este tipo de manifestaciones). Por otra parte, sin embargo, también se contempló como inaceptable la asunción de la tesis de un cambio violento de la sociedad injusta que los rodeaba. Cuando Santiago, inmerso en una situación que se deterioraba progresivamente, contempla el panorama social, ordena a sus correligionarios que esperen en Dios, que tomen como ejemplo al Jesús no-resistente y que se centren en una vida que gira en torno a manifestaciones espirituales entre las que destacan las curaciones milagrosas (Sant. 5:7-20). Esta actitud la hallamos tanto en el judeocristianismo de la Diáspora (1 Ped. 2:13-14; 4:1-11) como en Pablo (Rom. 13:1 y ss.).

Como veremos en el capítulo siguiente, ni siquiera el autor de Apocalipsis —que veía las fuerzas demoníacas que actuaban tras la Roma imperial o la Jerusalén apóstata en la que había sido crucificado el Señor— se atrevió a poner su confianza en otra cosa que en la venida de Jesús como Rey de reyes y Señor de señores. Desde su punto de vista, los que creían en Jesús poseían la clave para comprender la historia y sabían que en ella se manifestaba poderosamente el Espíritu Santo para todos aquellos que se volvían hacia Jesús. No sólo eso. Eran testigos de que aquel actuaba de manera continuada en medio de personas que, antes de su unión al colectivo, nunca hubieran podido pensar en tal posibilidad. Visto el entorno con esta perspectiva, todo lo que se saliera de esta vivencia concreta carecía de importancia.

Como ya vimos, no fueron los únicos en verse impulsados hacia una visión predominantemente religiosa que excluía la violencia en el seno del judaísmo. Pero sí parece que lo fueron en cuanto a sustentar tal actitud no sobre razones de tipo práctico o realista, sino sobre una experiencia pneumática. Centrados en ella, fortalecidos por ella, en busca de ella y esperanzados a causa de ella, vivían en un estado espiritual que los situaba en otra dimensión. Puede que para muchos investigadores —cristianos incluidos— tales perspectivas tengan que ser calificadas de alienantes. Pero eso implica emitir un juicio de valor «metahistórico» que no llega a entender la situación histórica en su contexto real y que, al mismo tiempo, impide calibrar correctamente una vivencia histórica concreta en sus justos parámetros.[435]

---

[435] Buena muestra de la veracidad del punto de vista que sustentamos es el repetido número de colectivos cristianos —aunque no sólo pertenecientes a esta corriente religiosa— que se han visto impulsados por una perspectiva fundamentalmente pneumática de la realidad, obviando otras ópticas analíticas como irrelevantes. En este sentido, ver W. Arthur, "The Tongue of Fire", N. York, 1856; F. D. Bruner, "The Pentecostal Experience and the New Testament Witness", Grand Rapids, 1960; S. E. Parham, "The Life of Charles F. Parham, Founder of

Lo que es indiscutible históricamente no es el carácter positivo o negativo de la vivencia sino el hecho de que muchas personas, al enfrentarse con ella, debieron escoger entre las diferentes sectas judías —y éstas incluyeron en el momento de la guerra con Roma también a los zelotes— o una forma de judaísmo que confesaba que el Mesías ya había llegado y que buena prueba de ello eran las manifestaciones del Espíritu Santo que se daban en su seno. Aquellos hijos de Israel, en un momento histórico decisivo para la historia de su pueblo, convencidos de la presencia del mismo Dios en medio de ellos y de la veracidad de Su manifestación, optaron por la segunda alternativa.

the Apostolic Faith Movement", Joplin, 1969; I. H. Murray, "The Puritan Hope: A Study in Revival and the Interpretation of Prophecy", Londres, 1971; W. J. Hollenweger, "The Pentecostals", Londres y Minneapolis, 1972; D. W. Myland, "The Latter Rain Covenant", Springfield, 1973; H. McGonigle, "Pneumatological Nomenclature in Early Methodism" en "Wesleyan Theological Journal", 8, 1973, págs. 61-72; W. Arnett, "The Role of the Holy Spirit in Entire Sanctification in the Writings of John Wesley" en "Asbury Seminarian", 29, 1974, págs. 5-23; S. N. Gundry, "Love Them In", Chicago, 1976; R. M. Anderson, "The Vision of the Disinherited: The Making of American Pentecostalism", Nueva York, 1979; K. J. Stein, "Philip Jakob Spener's Hope for Better Times for the Church" en "CovenAnt Quarterly", 37, 1979, págs. 3-20; R. F. Lovelace, "Dynamics of Spiritual Life", Exeter, 1979; C. G. Finney, "The Promise of the Spirit", Minneapolis, 1980; D. W. Dayton, "Theological Roots of Pentecostalism", Peabody, 1987.

CAPÍTULO III

LA ANGELOLOGÍA DEL JUDEOCRISTIANISMO DEL SIGLO I EN LA TIERRA DE ISRAEL

Al igual que otros movimientos del judaísmo coetáneo, el judeocristianismo afincado en Israel contó con una angelología y una demonología propias. Con todo, las mismas, comparadas con las de aquellos, presentan unas características y una relevancia determinadas que nos obligan a proceder a su examen específico. En este capítulo, trazaremos, en primer lugar, un breve panorama de la angelología y demonología judías, y después expondremos la visión de los ángeles de Dios y de los demonios que aparece en el judeocristianismo asentado en Israel.

La angelología y la demonología judías[436]

Aunque la afirmación rabínica de que el origen de la angelología judía se encuentra en Babilonia (TalPal, Rosh. Hasha 56d; Gen. R.

[436] Sobre el tema de este capítulo, ver E. Langton, "Essentials of Demonology", Londres, 1949; F. Heitmüller, "Engel und Damonen: eine Bibelstudie", Hamburgo, 1948; M. Ziegler, "Engel und Damon im Lichte der Bibel", Zurich, 1957; C. D. Morrison, "The Powers That Be", Londres, 1960; T. H. Gaster, "The Holy and the Profane", Nueva York, 1955; Idem, "Demon, Demonology" en "Interpreter's Dictionary of the Bible", I, Nueva York, 1962, págs. 815-24; J. D. G. Dunn and G. H. Twelftree, "Demon-Possession and Exorcism in the New Testament", Osloae, 1966; J. B. Russell, "Satan: The Early Christian Tradition", Ithaca, 1981; G. H. Twelftree, "Christ Triumphant: Exorcism Then and Now", Londres, 1985; Idem, "EI DE... EGO EKBALLO TA DAIMONIA..." en D. Wenham y C. Blomberg, "Gospel Perspectives", 6, Sheffield, 1986, págs. 361-400; P. L. Day, "An Adversary in Heaven: Satan in the Hebrew Bible", Atlanta, 1988; S. R. Garrett, "The Demise of the Devil: Magic and the Demonic in Luke's Wrintings", Minneapolis, 1989; C. Vidal, "Angel" en "Diccionario de las Tres

48) exija matizaciones, no cabe duda de que buen número de las ideas conectadas en el judaísmo con esta área de la teología tiene raíces orientales de origen iranio y mesopotámico.[437]

Ciertamente, los libros del canon judío del Antiguo Testamento recogen referencias a los ángeles. Ya hemos hablado en otra parte de este estudio acerca del Ángel de YHVH. Además, debe señalarse que en otros pasajes del Antiguo Testamento hay también referencias antiguas a la creencia en ángeles en otros pasajes del Antiguo Testamento (Sal. 89:5,7) a los que, ocasionalmente, se denomina «hijos de Dios» (Job 1:6; 38:7; posiblemente Gén. 6). Incluso de ciertas fuentes parece desprenderse una cierta jerarquía entre ellos (Isa. 6:1; Sal. 104:4). Ciertas plagas que se interpretan como juicios divinos se atribuyen a ellos (2 Sam. 24:16; Zac. 1:7-17). Se afirma que protegen a los siervos de Dios (2 Rey. 6:17; Sal. 34:7; Isa. 3:9). Se menciona también a aquellos ángeles que participan en combates cuyo lugar está en el ámbito espiritual (Dan. 10:1 y ss.; 12:1 y ss.), y se menciona específicamente el nombre de Gabriel (Dan. 8:16; 9:21) y de Miguel (Dan. 10:13,21; 12:1).

Tampoco es ajeno el Antiguo Testamento a la figura del Satán, un ser angélico, cuyas características principales son las de acusar a los siervos de Dios (Job 1:6; Zac. 3:1), tentarlos con la finalidad de causarles daño (Job 2:3; 1 Crón. 21:1) y someterlos a pruebas (Job 2:3-5) que los lleven a apartarse de Dios. Satán puede causar enfermedades y desgracias de todo tipo (Job 1–3), pero sólo hasta donde Dios lo permite (Job 1:12; 2:5-6).

Pese a lo anterior, y en términos generales, la angelología veterotestamentaria no parece excesivamente desarrollada. Son muy escasas (y poco concretas) las referencias a la jerarquía angélica; salvo en Daniel no aparecen nombres angélicos; las funciones de los ángeles resultan limitadas; apenas está esbozado el tema de la caída de los ángeles o de su actuación en el curso de la historia, etc.

Religiones", Madrid, 1993; Idem, "Belcebú" en "Ibidem"; Idem, "Demonios" en "Ibidem"; Idem, "Dragón" en "Ibidem".

437 M. Hengel, "Judaism and Hellenism", Minneapolis, 1991, vol. I, págs. 89 y ss., ha mostrado también como buen número de las sagas de los dioses paganos fueron reinterpretadas a la luz de escritos del Antiguo Testamento e influyeron en la configuración de la angelología.

Dentro de los libros apócrifos o deuterocanónicos, el tema de los ángeles no está mucho más desarrollado que en el canon hebreo. Salvo las referencias contenidas en el segundo libro de los Macabeos relativas a las apariciones de ángeles al frente del ejército judío (2 Mac 10, 29; 11, 8-10; 3, 25), que incluso cuentan con antecedentes, puede decirse que el papel de los ángeles no es muy relevante. La única excepción a esta perspectiva la representa el libro de Tobías o Tobit. En el mismo no sólo se otorga un papel trascendental al arcángel Rafael (5-12), auténtico co-protagonista del escrito, sino que se construye buena parte del argumento en torno al demonio que asesinaba a los pretendientes de Sara (8, 1 y ss.).

Un panorama diferente es el que observamos en los escritos pseudoepigráficos[438] y en Qumrán.[439] La creencia en los ángeles y una muy desarrollada angelología que suele incluir referencias a los demonios y a su caída, así como a sus actividades presentes, ocupan un lugar muy relevante en 1 Enoc (siglo II a. C.).[440] En 2 Enoc 18,7[441] se señala como hay ángeles caídos que yacen bajo tierra y se los divide en cuatro grupos: su príncipe, Satanail, aparentemente en el quinto cielo; los vigías que tuvieron relaciones con las mujeres de Ermon; los ángeles apóstatas del segundo cielo y, posiblemente, los condenados «bajo tierra». Muchos de ellos esperan aún salvación y suplican a Enoc (2 Enoc 8) que interceda por ellos.

---

438 En relación a éstos hemos limitado nuestro estudio a aquellos que son anteriores al siglo I d. C., o que dentro del siglo I pueden ser datados en una fecha coetánea al surgimiento del cristianismo.

439 F. Notscher, "Geist und Geister in den Texten von Qumran", en "Mélanges bibliques rédigés en honneur d'André Robert", París, 1957, págs. 305-315; P. Schafer, "Rivalitat zwischen Engel und Menschen. Untersuchungen zur rabbinischen Engelvorstellung", Berlín, 1975, págs. 33-40.

440 Entre los datos sobre angelología cabe destacar: 6 y ss. se hace referencia a la caída de los ángeles, en 13 se describe la intercesión de Enoc por Azazel y en 18-22, se ofrece el relato de un viaje por la tierra y el sheol en el curso del cual Enoc describe a los ángeles, da el nombre de los arcángeles (Suruel, Rafael, Raguel, Miguel).

441 La datación de esta obra es considerablemente insegura. Mientras algunos le atribuyen una fecha anterior en varios siglos al cristianismo, otros la situan ya en plena Edad Media. Con todo, hemos considerado interesante incluir referencias a la misma.

El Apocalipsis de Sofonías (siglo I a. C. – siglo I d. C.) proporciona un papel muy relevante a los ángeles. Éstos anotan las obras de los hombres (3), llevan las almas de los malvados al castigo eterno (4), el vidente se une a ellos en su viaje (8), los ve conversar con los patriarcas del Antiguo Testamento (9), etc.

En Jubileos (siglo II a. C.) se describe como el ángel de la presencia escribe la historia de Moisés (1, 27 y ss.), la creación de los ángeles (2, 2 y ss.), la caída de los ángeles que mantuvieron relaciones sexuales con seres humanos (5, 1 y ss.) así como su castigo y la destrucción de su descendencia (5, 3 y ss.), las oraciones de Noé para enfrentarse con los demonios (10, 1-14), etc.

El martirio y la ascensión de Isaías (siglo II a. C. – IV d. C.) presenta muy posiblemente interpolaciones cristianas, quizás de corte gnóstico. Con todo, parece que, sustancialmente, su angelología es judía. Especialmente, la demonología es de considerable importancia. El jefe de las fuerzas del mal es llamado Sammael (1, 8; 2, 1; 5, 15 y ss.), Beliar (1, 8 y ss.; 2, 4; 3, 11; 5, 1) y Satán (2, 2; 5, 16) en una forma que parece indistinta. De manera secundaria se le denomina Malkira (1, 8. Rey del mal) y Matanbukus (2, 4. ¿Don de desolación?). Acción suya característica es la de impulsar a los hombres al mal (1, 9; 2, 1; 3, 11; 5, 11).

La vida de Adán y Eva (siglo I d. C.) presenta también una angelología muy elaborada. En las cuatro teofanías del texto griego (ApMos 8, 22, 33, 38) Dios aparece acompañado de querubines o ángeles. Estos llevan a cabo los deseos de Dios (ApMos 22, 3; 38, 4) e incluso puedan llegar a ser más compasivos que Él (ApMos 27, 4). Los ángeles están agrupados en rangos (ApMos 36, 1) de los que los más importantes son los querubines (ApMos 22; 36, 3) y los serafines (ApMos 33, 3; 37, 3). Se menciona por su nombre a cuatro ángeles de los cuales el más importante es Miguel (ApMos 40, 2). Satanás aparece como un ángel caído (Vita 12-16), que busca destruir a los hombres (Vita 17, 1) disfrazándose de ángel de luz (Vita 9, 1 y 3; 12, 1). Lleva al hombre a transgredir la ley de Dios (ApMos 25, 4; 28, 3; Vita 12, 1) y es el responsable de diversas enfermedades (ApMos 8; Vita 34) y de la muerte (ApMos 14, 2; 2, 4).

En cuanto a los Testamentos de los Doce Patriarcas (c. 250 a. C. salvo las interpolaciones cristianas) siguen esta misma tónica que ya hemos apreciado en las obras señaladas con anterioridad. Los ángeles que instruyen a los justos (Tes de Rubén 5, 3; Tes de Isacar 2, 1; Tes de Judá 15, 5) se hallan presentes en el primer cielo, donde son instrumento de castigo de los inicuos (Tes de Leví 3, 2-3). En el segundo cielo, se hallan los espíritus de Beliar y en el tercero los arcángeles que ofrecen ante Dios un sacrificio incruento. El ángel de paz permite a Israel enfrentarse con sus enemigos (Tes de Dan 6, 5). De la misma manera, se habla de un ángel que intercede a favor de Israel (Tes de Leví 5, 6) y que guía a Leví y Judá (Tes de Leví 5, 4).

En Qumrán, Dios es definido como el «Príncipe de los dioses, el Rey de los gloriosos, el Señor de todo espíritu» (1QH 10, 8), referencias todas ellas al dominio que ejerce sobre los ángeles. Estos son denominados héroes de los cielos (*guibborey shamayim*) en un texto donde, como en Daniel, se les conecta con la lucha escatológica (1QH 3, 35-6). Se les considera guardianes de la comunidad de Qumrán[442] (1QH 8, 11) y se afirma que guían los pasos de los miembros de la comunidad (12, 8-9). Acompañan a los mismos en el combate y por ello nadie que esté en un estado de impureza por emisión sexual debe descender con ellos (7, 6). El hecho de que los ángeles estuvieran además presentes en medio de la congregación impedía ocupar un puesto en el seno de la misma a los que tenían alguna tara física, vejez o impureza (1 QSa 2, 8-9). De hecho, algún pasaje da a entender que los miembros de la comunidad pasaban por algún tipo de experiencia en medio de la cual escuchaban voces angélicas y podían contemplar a este tipo de seres (1QM 10, 9-11).

Los ángeles tienen también nombres concretos. Específicamente aparece un tal Sariel (1QM 9, 15-6) junto a los tres grandes arcángeles Miguel, Gabriel y Rafael. Asimismo, se hace referencia a un «príncipe de las luces» (¿Miguel?) que gobierna a los hijos de la luz y que posee una cierta preeminencia sobre los demás arcángeles (1QM 17, 6). La literatura de Qumrán conoce también la doctrina de los ángeles caídos (CD 2, 18-20) que se atribuye a la

[442] Esta es la interpretación que consideramos más posible en relación con la expresión «el fruto de los árboles de la vida». En el mismo sentido, ver M. Delcor y F. García Martinez, "Introducción a la literatura esenia de Qumrán", Madrid, 1982, pág. 299.

desobediencia. En uno de los himnos se narra como estos espíritus caídos están sometidos a cadenas y prisión, tema al que se refiere el Libro de los Misterios 1, 5-6. El término «Belial» aparece repetidamente en los escritos de Qumrán, pero el significado que se le proporciona es variado. En los Himnos (2, 16 y 22; 3, 28, 29 y 32; 4, 10 y 13; 5, 26 y 39; 6, 21; 7, 3) no parece que indique más allá de personas que buscan o hacen el mal. Por el contrario, en el resto de los escritos es un nombre aplicado a Satanás como sucede en 2 Corintios 6:15; los Testamentos de los Doce Patriarcas o el Libro de los Jubileos.

En 1QM 13, 11-2, Belial aparece como un ángel de las tinieblas, creado por Dios, y cuyos seguidores son ángeles de destrucción. Sin duda, este Belial está dotado de un enorme poder (1QS 1, 18 y 24; 2, 19; 1QM 17, 5-6). De hecho, gobierna a los hijos de la impiedad y causa el descarriamiento de los miembros del colectivo (1QS 3, 20-22). Estos, según el Documento de Damasco, serán destruidos por el mismo Belial (8, 2) que, en esta misma obra, aparece en conexión con la rebeldía de Janés y su hermano contra Moisés (6, 18-9).

En relación con la literatura rabínica, resulta difícil datar con exactitud muchas de las fuentes relacionadas con el tema pero, en términos generales, podemos decir no sólo que asistimos a una profundización de los temas anteriores sino también a una degradación de éstos. Aquí sólo mencionaremos algunas de las afirmaciones que nos parecen más interesantes.

Los ángeles son ministros de Dios, llamas de fuego, mensajeros alados (Pirqué del R. El. 4). Cada día son creados algunos nuevos (Hag 14a; Gn Rab. 78) siendo su número inmenso (Ber 32b). Todo poder y fenómeno natural, todo suceso depende de un ángel (Gn Rab. 10). Las setenta naciones poseen cada una un príncipe angélico sobre ellas (Tg sobre Gn 11, 7 y 8) que las defiende ante Dios. Aparte existen cinco jefes angélicos (Miguel, Gabriel, Rafael, Uriel y Metatron) (Hag 16 a), aunque el Targum Pseudo-Jonatán enumera a Miguel, Gabriel, Metatron, Yofiel, Uriel y Yofiofia. Son seres no sometidos a exigencias sensitivas (Yoma 75b), que conocen mucho del futuro (Ab. de R. Nat 37) y no padecen las limitaciones humanas relativas a la capacidad de movimiento. Pueden ser empleados con fines mágicos, existiendo opiniones contradictorias sobre la licitud de tal conducta.[443]

Satanás cayó después de la creación del hombre (Pirqé de R. Eliezer 13) a causa de la envidia que sentía contra éste. Sammael provocó la caída de Eva y la de Adán (Gn Rab. 18, 19), acusa al hombre (Gn Rab. 55; Tanjuma 29a y b), lo seduce (Sanh 89a y b; 107a)[444] y procura destruirlo (Gen. R. 58; Yoma 69 b; Baba Batra 177 a; Ketub 77b, etc). Con todo, el mismo rey de los demonios se ha comportado bondadosamente en alguna ocasión (Guittim 68a y b; Pes 110a).

La visión de los demonios aparece considerablemente diversificada. Los hay que podrían considerarse equivalentes a los duendes o los gnomos, que no resultan del todo malos y que, incluso, pueden ser ocasionalmente amables y serviciales. Otros, por el contrario, conservan el carácter maligno que hemos visto en las obras anteriormente mencionadas. También los hay masculinos y femeninos (Baba Batra 73a; Nid 24b; Erub 100b). Se les atribuyen enfermedades, pero también pueden ser utilizados para la curación mágica de las mismas (Sanh 101 a. comp con Josefo, *Antigüedades* VIII, 2, 5).

En los siglos anteriores a la aparición del cristianismo se asistió en el judaísmo a un interés considerable por la angelología y la demonología que contribuyeron considerablemente a su desarrollo. Parte de ese poso se encuentra en escritos antiguos del Tanaj, pero en un grado considerable la visión deriva de mitos orientales. Progresivamente además, este tipo de creencias va a ir dando paso a prácticas de tipo mágico. Con estos elementos en mente, podemos pasar ahora a examinar la angelología y la demonología del judeocristianismo afincado en el Israel del siglo I.

---

443 Sanh 101a considera legal la repetición de fórmulas mágicas incluso en sábado. Por el contrario Hull 7b y Nedar 32a registran actitudes negativas al respecto.

444 En Baba Batra 16a, sin embargo, hay un intento de identificar a Satanás con el Yetser harah o mal impulso humano, posiblemente en un intento de racionalizar al personaje.

Ángeles y demonios en el judeocristianismo del siglo I en Israel

Las referencias a los ángeles son relativamente escasas en las fuentes relacionadas con el judeocristianismo. El libro de los Hechos, muy abundante en referencias al Espíritu Santo y a sus manifestaciones, resulta comparativamente escueto al hablar de los ángeles. Con todo, las mismas no se hallan ausentes del todo. Así, se conecta la huida de Pedro de la prisión en que lo había confinado Herodes Agripa con un ser angélico al que se denomina el Ángel del Señor (¿quizás un eco del Malaj YHVH?) (Hech. 12:7 y ss.), pero el relato está prácticamente exento de todo tipo de descripción relativa al suceso o de detalles sobre el mismo. De hecho, la fuente indica que el mismo Pedro, protagonista del episodio, parece haberlo interpretado inicialmente más como una visión que como una intervención angélica (Hech. 12:11). Un episodio muy similar, esta vez conectado con las autoridades del templo y relatado en Hechos 5:19-20, resulta aún más sucinto.

El discurso de Esteban contiene abundantes referencias a los ángeles, pero la acción de los mismos aparece explícitamente relegada al pasado (Hech. 7:30,35,38,53) y del mismo no parece desprenderse —todo lo contrario— un especial interés por el tema.

Un papel mayor cabe atribuirles en relación con el impulso evangelístico (Hech. 8:26 y ss.; 10:3 y ss.), pero, de nuevo, aquí la aparición de los ángeles es muy limitada si se la compara con el papel que se asigna al Espíritu Santo. Con todo, los judeocristianos de Jerusalén parecen haber creído en una cierta protección angélica que acompañaba, al menos, a algunos de los componentes de la comunidad (Hech. 12:15) lo que podemos ver en la atribución de la muerte de Herodes Agripa, un perseguidor suyo, al Ángel del Señor (Hech. 12:23). Están ausentes, sin embargo, de las fuentes noticias sobre las jerarquías angélicas, el empleo de la magia, los nombres de los seres angélicos, así como otros aspectos comunes en la literatura judía del período relacionada con este tema.

Las menciones a demonios se limitan en Hechos a una, pero la misma no deja de ser reveladora. Al diablo se le atribuye la opresión[445] y enfermedad de aquellos que, posteriormente, fueron liberados y sanados por Jesús (Hech. 10:38) (un aspecto que, como veremos, era considerado de considerable relevancia), así como el extravío de alguno de los miembros de la comunidad (Hech. 5:3-4).

Santiago no contiene referencias a los ángeles, pero sí una relacionada con Satanás. La misma no deja de ser significativa: los cristianos, que previamente se han sometido a Dios, pueden oponer al diablo una resistencia que sólo tendrá como fruto el provocar la huida de éste (4:7). La expresión, una vez más, podría de nuevo estar relacionada con la creencia insistente en las curaciones milagrosas (5:14 y ss.).

En cuanto a Apocalipsis, contiene, sin duda, el mayor número de referencias angelológicas no sólo de los escritos judeocristianos sino también del Nuevo Testamento, pero en su articulación parece estar más cerca de libros veterotestamentarios como Daniel o Zacarías que de la literatura intertestamentaria. Los ángeles aparecen como siervos de Dios que desencadenan Sus juicios sobre la humanidad que se niega a arrepentirse (Apoc. 7–11; 14–17), que arrojan del cielo al dragón y a sus secuaces tras la ascensión de Jesús al cielo (12:1 y ss.), que, posiblemente, actuan como soldados del Logos en Su batalla final contra los enemigos de Dios (19:11 y ss.) o que atan al diablo durante el milenio (Apoc. 20:1 y ss.).

Igualmente, la demonología resulta más amplia que en otras obras, pero también parece más relacionada con escritos como Zacarías y Daniel que con los correspondientes al periodo intertestamentario. El dragón, al que se identifica con el diablo, Satanás y la serpiente del Génesis, acusador de los siervos de Dios y seductor (12:9-10) es descrito como un ser derrotado por la victoria de Jesús en la cruz (Apoc. 12:1 y ss.). Había previsto el nacimiento de Jesús e intentó causar Su muerte (¿una referencia similar a la relacionada con Herodes en Mateo 2?) y después la destrucción de la comunidad judeocristiana, pero no había logrado sus propósitos en ningún caso.

---

[445] El término difícilmente podría ser dotado de un contenido social en este contexto. Más bien parece indicar una acción demoníaca que produce en la persona desarreglos emocionales y físicos.

Ciertamente, aún se halla activo y prepara sus peores embates consciente de que le queda poco tiempo por delante, pero su aniquilación final es segura. Es él quien se halla detrás del reinado de la bestia (13) y el que inspira espiritualmente a la gran ramera (17-18) pero sólo podrá contemplar impotente la derrota de sus marionetas en la batalla de Har-Magedón (19), será encadenado en el abismo por mil años (20:1-6) y, aunque después reunirá a Gog y Magog en contra del pueblo de Dios sólo logrará cosechar una derrota definitiva, tras la cual se verá confinado eternamente en el lago de fuego y azufre para ser atormentado (20:10 y ss.).

De nuevo, y pese a lo extenso del tema, comparativamente resulta Apocalipsis un libro no muy desarrollado en relación con la angelología, aunque, sin lugar a dudas, es el escrito neotestamentario más elaborado al respecto. Sólo señala el nombre de Miguel, pero no el de los otros ángeles o demonios, no incluye la posibilidad del uso de la magia, no describe con detalle las jerarquías angélicas, no hace referencia a las causas de la caída del diablo, etc.

En general, pues, y con las matizaciones que exige el Apocalipsis, no parece que la angelología y la demonología judeocristiana resultaran muy extensas. Obviamente, se aceptaba la creencia de los ángeles como seres protectores de los creyentes y, muy ocasionalmente, transmisores de mensajes o ejecutores de juicios divinos, pero su papel parece que estaba más vinculado a la otra dimensión que a ésta. Es en ella donde se enfrentan con las fuerzas del mal o rinden culto al Todopoderoso. Incluso entonces las descripciones son muy escuetas cuando se las compara con la literatura intertestamentaria o contemporánea.

En cuanto al diablo, se le atribuyen daños sobre los seres humanos en forma de enfermedades y opresiones, pero se tiene una visión curiosamente optimista y, desde luego, privada del alarmismo que tanto gusta a algunos clérigos. Fue vencido al no poder aniquilar a Jesús ni a Sus fieles; si es resistido no puede sino huir y, aunque se alza tras estructuras de poder como la bestia o la gran ramera, sus días están contados y será totalmente aplastado por Jesús. Esta visión, y no debería sorprendernos, es similar a la articulada en el cuarto Evangelio.

En Juan, los opositores de Jesús tienen como «padre» al diablo (8:44) y es Satanás el que impulsa a Judas a traicionarlo (13:27), significando el prendimiento de Jesús una victoria momentánea del poder de las tinieblas. Pese a todo, la muerte de Jesús en la cruz es la derrota del diablo (Juan 16:11) y la victoria del reino del Mesías, que no es de este mundo, sobre los otros reinos (Juan 18:33-36). Esa fe en la victoria de Jesús y, fundamentalmente, el carácter de Su llamado explica el que Sus seguidores ni se alcen en armas ni combatan (Juan 18:36). Hacerlo implicaría una clara muestra de ignorancia e incluso de sumisión inconsciente al diablo que es definido como homicida (Juan 8: 44).

Esa misma línea es la que aparece en la primera carta de Juan donde se hace referencia a la derrota experimentada por el diablo gracias al Hijo de Dios que vino a deshacer las obras del diablo (3:8). Éste actúa, por el contrario, en aquellos que son desobedientes a Dios (3:8-10).

Comparada con otras corrientes del cristianismo primitivo (no digamos del judaísmo del periodo), la angelología y demonología del judeocristianismo no son muy extensas ni detalladas aunque sí debe reconocerse su calado teológico. El judeocristianismo de la Diáspora contiene referencias a creencias que no están presentes en el ubicado en Israel aunque derivan de ambientes judíos. Ciertamente parece existir la misma confianza que tenía Jacobo en cuanto a la capacidad de resistir al diablo, tras someterse previamente a Dios (1 Ped. 5:8-9), pero, a la vez, se conocen doctrinas como las de los ángeles condenados en prisiones de oscuridad (2 Ped. 2:4; Jud. 6), se condena el uso de prácticas relacionadas con ángeles (¿alguna forma de magia?) (2 Ped. 2:10 y ss.) y se refiere el episodio de la disputa de Miguel y el diablo por el cuerpo de Moisés (Jud. 9). En Hebreos, la demonología y la angelología son también limitadas, pero volvemos a encontrar (2:14) señalada la derrota experimentada por el diablo en virtud de la muerte de Jesús. Por otro lado, se dedica una porción significativa de la carta a explicar el carácter meramente servicial de los ángeles que son muy inferiores a Jesús (1:1-14).

El paulinismo presenta una angelología y demología que tienen una entidad considerable en cuanto a la reflexión teológica pero que tampoco parece muy descriptiva si la comparamos con el estilo de la literatura intertestamentaria. Los temas recogidos en la misma son identificables con algunas tesis judeocristianas como las de la posibilidad de resistencia victoriosa frente al diablo (Ef. 4:27; 6:11) o la de su derrota en virtud de la muerte de Jesús (Col. 2:13-15), pero, al mismo tiempo, puede que se adviertan también similitudes con la angelología de Qumrán que no se perciben en otras corrientes del cristianismo primitivo.[446]

El judeocristianismo afincado en Israel compartió la creencia de la época en seres angélicos y demoníacos, pero parece haber presentado algunas características de cierta originalidad. En primer lugar, sus fuentes muestran una parquedad considerable en relación con el tema. Salvo Miguel, no se menciona a ningún arcángel por su nombre; no se detallan las funciones específicas de los ángeles; no se mencionan los nombres diversos de los demonios ni se describen sus tareas o jerarquías; está ausente la referencia a la magia demoníaca o angélica; no hay referencias detalladas a las causas de la caída del diablo; etc.

Cabe la posibilidad de que la firme creencia en el Espíritu Santo como elemento activo en el seno del movimiento influyera en la escueta moderación con que se abordaron estos temas. Con todo, no podemos atribuir a esa circunstancia todas las limitaciones señaladas.

En segundo lugar, la visión del diablo está teñida de una nota de victoria que, si contemplamos, por ejemplo, el contexto de Apocalipsis o de Santiago, no deja de transparentar una visión de la historia auténticamente triunfal. Satanás es el enemigo del pueblo de Dios y se puede contemplar su inspiración sobre los grandes poderes humanos, pero, en definitiva, es ya un derrotado al que sólo le resta esperar su final definitivo. No consiguió acabar con Jesús —que deshizo sus obras— ni tampoco con los seguidores de éste. Al final será aplastado, pero, incluso ahora, tampoco puede soportar la resistencia que le oponen los creyentes sometidos a Dios sin huir. No está del todo claro que implica esa huida del diablo.

---

[446] J. Murphy O'Connor y J. H. Charlesworth, "Paul and the Dead Sea Scrolls", Nueva York, 1990, especialmente 31-47 y 159-178.

No hay ninguna referencia a rituales o a magia, pero es altamente posible que, si tomamos como base Hechos 10:38, se esté hablando de un contexto de liberación psíquica y espiritual, y de sanidad física. Al respecto, la interpretación del milenio (Apoc. 20) como el período de historia de la iglesia en el cual el diablo está vencido y encadenado puede ser aceptada o rechazada, pero dista mucho de ser disparatada y no debe sorprender que haya sido aceptada por teólogos especialmente brillantes a lo largo de la historia.

Como ya señalamos en un capítulo anterior, cierto tipo de fenómenos pneumáticos debió de ser interpretado como muestra palpable de la presencia de Dios en medio de la comunidad. No debería extrañar, pues, que todo ello fuera contemplado a la vez como señal de la derrota del Adversario por excelencia, el diablo. No se podía negar, por supuesto, que éste seguía activo, pero, partiendo de la propia experiencia personal, lo que debía quedar claro es que no por ello dejaba de ser un enemigo derrotado cuyos días estaban contados. Por utilizar un símil histórico, no cabe la menor duda de que, a partir de un cierto momento de la Segunda Guerra mundial, Hitler estaba vencido. Podía causar daño —y no poco—pero estaba derrotado, su capacidad de maniobra era limitada y sólo le cabía esperar la consagración de su derrota final y definitiva.

CAPÍTULO IV

LA ESCATOLOGÍA DEL JUDEOCRISTIANISMO DEL SIGLO I EN LA TIERRA DE ISRAEL

En los capítulos anteriores hemos examinado la visión específica que el judeocristianismo tenía del tiempo presente y de cómo éste era contemplado como una era pletórica de la acción del Espíritu Santo. Hemos analizado asimismo el tipo de fenómenos que contribuyeron a alimentar esta perspectiva y la forma en que la misma se conectaba con la visión específica relacionada con la angelología y la demonología. En este capítulo nos adentraremos en las raíces de esa visión y en la forma en que la misma se proyectaba hacia el futuro. Antes, sin embargo, debemos hacer algunas precisiones en relación con su denominación específica.

El denominar a esta parte de la teología judeocristiana como escatología parte de un mero convencionalismo que, no obstante, nos parece sustancialmente exacto. Como han señalado tanto el profesor F. F. Bruce[447] como J. Carmignac,[448] al no restringirse actualmente el término «escatología» a la discusión sobre las últimas cosas (muerte, juicio, cielo, infierno, etc.) y verse unido a calificativos como «realizada», «inaugurada», etc., se ha producido una confusión clara en lo que se refiere a su significado, de manera que quizás resultaría conveniente su sustitución por alguna otra palabra que conservara precisamente el contenido primitivo del término. No es eso lo que nosotros vamos a hacer, pero sí deseamos subrayar que el término «escatología» y sus derivados («escatológico», etc.) recibe en este estudio el

---

[447] F. F. Bruce, "Eschatology in Acts" en W. H. Gloer (ed.), "Eschatology and the New Testament", Peabody, 1988, pág. 52.

[448] J. Carmignac, "Les Dangers de l'Eschatologie" en "New Testament Studies", 17, 1970-1, págs. 365-90.

significado primitivo de los mismos, es decir, lo relativo a las postrimerías, a las últimas cosas y, más concretamente, a la resurrección, la segunda venida de Cristo y la consumación de los tiempos.[449]

Asimismo queda incluido en este capítulo todo lo relativo a la soteriología y a la manera en que ésta influyó en la ética de los judeocristianos. La razón fundamental reside en que, como tendremos ocasión de ver, la soteriología judeocristiana en Israel no plantea tanto una vía para «ir al cielo» —si se nos permite la inexacta, pero ilustrativa expresión— cuanto la manera de evitar el juicio condenatorio del Jesús que retorna y que otorgará su recompensa a los que creyeron en Él. Sin más preámbulos pues, pasemos a analizar los aspectos contenidos en este capítulo.

Jesús el resucitado

Pocas dudas puede haber en cuanto a que el hecho determinante que evitó la disolución del grupo de seguidores de Jesús tras la ejecución vergonzosa de éste fue la firme creencia en su resurrección. Desborda con mucho los límites del presente estudio el entrar en la naturaleza de las experiencias que determinaron esa certeza, así como en el análisis de los datos que al respecto suministran las diversas fuentes.[450]

Las teorías «explicativas» no han sido pocas. Entre ellas destacan, por su posterior repetición con escasas variaciones, la del robo

[449] En relación con la escatología, ver H. N. Ridderbos, "The coming of the Kingdom", New Jersey, 1963; O. Cullmann, "La historia de la salvación", Barcelona, 1967; Idem, "Immortalité de l'âme ou résurrection des morts?", Paris-Neuchatel, 1969; R. Martin Achard, "De la muerte a la resurrección", Madrid, 1967; G. Vos; "The Kingdom of God and the Church", New Jersey, 1972; L. Morris, "El salario del pecado", Barcelona, 1973; G. E. Ladd, "El Evangelio del reino", Miami, 1974; Idem, "Crucial Questions about the Kingdom", Grand Rapids, 1974; Idem, "Presence of the Future", Grand Rapids, 1974; J. Grau, "Escatología", Tarrassa, 1977; d. C. Allison, "The End of the Ages Has Come", Filadelfia, 1985; J. Luis Ruíz de la Peña, "La otra dimensión: Escatología cristiana", Santander, 1986; G. R. Beasley- Murray, "Jesus and the Kingdom of God", Grand Rapids, 1986; W. Willis (ed.), "The Kingdom of God in 20th Century Interpretation", Peabody, 1987; C. Vidal, "Cielo" en "Diccionario de las Tres Religiones", Madrid, 1993; Idem, "Infierno" en "Ibidem"; Idem, "Parusía" en "Ibidem"; Idem, "Resurrección" en "Ibidem".

[450] Al respecto, ver C. Vidal, *Más que un rabino*, Nashville, 2020, págs. 289 y ss.

(H. M. Reimarus),[451] la del «desvanecimiento» (H. Schonfield),[452] y la de la confusión de las tumbas (K. Lake).[453] Pero, sin duda, las más convincentes, a nuestro juicio, en la medida en que permiten hacer justicia a los datos de las fuentes, a la presunta reacción psicológica de los discípulos de Jesús y a la conversión de incrédulos opuestos al colectivo (Pablo, Jacobo), son las tesis que admiten la veracidad de las apariciones, bien proporcionándoles un contenido subjetivo u objetivo.

Un ejemplo clásico de la primera tesis es la afirmación de R. Bultmann señalando que «el historiador puede quizás hasta cierto punto explicar dicha fe basándose en la intimidad personal que los discípulos habían tenido con Jesús durante su vida terrenal y de esta forma puede reducir las apariciones de la resurrección a una serie de visiones subjetivas».[454] Con todo, y aunque tal tesis haría fortuna entre Sus discípulos y otros autores,[455] no parece que el mismo Bultmann estuviera completamente convencido de la

[451] En 1778, H. M. Reimarus señaló que la resurrección de Jesús había sido un fraude de los discípulos que habían robado el cadáver. Estos proclamaron posteriormente que Jesús estaba vivo y regresaría como Mesías (H. M. Reimarus, "The Goal of Jesus and His Disciples", Leiden, 1970).

[452] H. Schonfield, "El complot de Pascua", Barcelona, 1977. Schonfield propugna —como en 1828 lo hizo Paulus— que Jesús sufrió un desmayo en la cruz (ocasionado por una droga que le proporcionó un discípulo) que fue interpretado como Su fallecimiento. Descolgado de la cruz, se mostró aún vivo a algunos discípulos, pero murió poco después a causa de las heridas. La obra de Schonfield no sólo adolece de una imaginación novelesca sino que llega a extremos como el de señalar que ciertas apariciones de Jesús pueden ser explicadas tomando como base principios propios del espiritismo. No es de extrañar por ello que D. Flusser, "Jesús..", pág. 117, califique la obra como de «ideas absurdas».

[453] K. Lake, "The Resurrection of Jesus Christ", Londres, 1912, admite la historicidad de la tradición relativa a la tumba vacía, pero señala que la misma no era la de Jesús. Las mujeres que fueron a visitar el sepulcro confundieron ambas y de allí partió la creencia en la resurrección. Sin duda, la explicación es ingeniosa, pero K. Lake no explica cómo pudo mantenerse el equívoco.

[454] R. Bultmann, "Kerygma and Myth", Londres, 1953, pág. 42.

[455] En este sentido, ver J. Weiss, "Earliest Christianity", Nueva York, 1959, I, pág. 30 («Las apariciones fueron... el producto y resultado de su fe») o M. Enslin, "The Prophet from Nazareth", Nueva York, 1961, pág. 213 (los discípulos se negaron a creer que la muerte podía haber frustrado las intenciones de Jesús), etc. La influencia de M. Enslin resulta obvia en una serie de obras teológicas de los años setenta que, no obstante, no lo citan jamás como origen de sus teorías.

misma.[456] Por otro lado, tanto W. Milligan,[457] en el pasado, como W. Pannenberg,[458] más modernamente, parecen haberla refutado de forma contundente.

Desde luego, parece mucho más sólido aceptar que, como ha señalado G. E. Ladd, «la fe no creó apariciones; sino que las apariciones crearon la fe», aunque «decir que estas apariciones milagrosas forzaban la fe es ir demasiado lejos».[459] O bien indicar con F. F. Bruce[460] que «esta "fe en la resurrección" de los discípulos es un hecho histórico de importancia primordial, pero identificarlo con el suceso de la resurrección es confundir la causa con el efecto. De no ser por el suceso de la resurrección no habría existido fe en la resurrección. Pero la fe en la resurrección juntó de nuevo a los dispersados seguidores de Jesús, y a las pocas semanas de Su muerte aparecen como una comunidad coherente, vigorosa y autopropagadora en Jerusalén».

Sólo la aceptación de que se produjeron una serie de hechos, de carácter histórico[461] y que los discípulos interpretaron como prueba de la resurrección de Jesús permite comprender la evolución del golpeado movimiento, la captación por el mismo de antiguos opositores y su potencial expansivo posterior.[462] Baste decir que, como ya hemos señalado anteriormente, la misma no sólo se concebía

---

456 Como señala el mismo Bultmann: «Una visión nunca es puramente subjetiva. Siempre tiene una base objetiva [...]. Es disparatado considerar los sueños y las visiones como experiencias subjetivas. Son, en un sentido real, encuentros objetivos», citado por H. Thielicke, "The Easter Message Today", Londres y Nueva York, 1964, pág. 152.

457 W. Milligan, "The Resurrection of our Lord", Nueva York, 1927, págs. 81-114.

458 W. Pannenberg, "Jesus —God and Man", Filadelfia, 1968, págs. 65 y ss.

459 G. E. Ladd, "The Resurrection of Jesus", Grand Rapids, 1975, pág. 181.

460 Oc, 1980, págs. 205-6.

461 Para una lista de autores afirmando cierta historicidad en los relatos de la resurrección, ver W. Craig, "New Testament Studies", 31, 1985, 67, págs. 88 y ss. Un punto de vista muy similar al expuesto por nosotros con discusión actualizada en G. R. Oborne, "Resurrection" en "DJG", 1992, págs. 673-688.

462 Puede discutirse si entre los hechos se cuenta la tradición de una tumba vacía que, en sí, no prueba la resurrección, pero que, ligada a otras circunstancias, apoya la creencia en la misma. Desde nuestro punto de vista, el episodio de la tumba vacía —como en su día supo verlo K. Lake— reviste notas que indican su carácter primitivo, así como su historicidad. Un estudio riguroso y reciente de las

como base fundamental de la fe en Jesús sino que además influyó decisivamente en la conversión de personajes originalmente hostiles a la misma.

Escribiendo en los cincuenta, Pablo ya refiere el relato (1 Cor. 15:1 y ss.) que recoge la afirmación de que Jesús se había aparecido resucitado no sólo al grupo de los Doce, sino también a varios centenares de discípulos de los que la mayoría seguían vivos, a Jacobo, Su hermano, y a él.[463] La forma en que el historiador debe acercarse a esta experiencia concreta ha sido señalada de manera ejemplar, a nuestro juicio, por J. P. Meier, al señalar: «Que hubo testigos conocidos por nombre que pretendieron que el Jesús resucitado se les había aparecido (1 Cor. 15:5-8), que estos testigos incluían discípulos del Jesús histórico que lo habían abandonado por miedo y que realizaron un notable "volte face" tras Su desdichada muerte, que estos discípulos no eran incompetentes dementes sino gente capaz de la propagación inteligente de un nuevo movimiento, y que algunos de estos discípulos entregaron sus vidas por la verdad de sus experiencias relacionadas con la resurrección —son todos hechos históricos. El cómo la gente reaccione ante esos hechos y ante el Jesús histórico le lleva a uno más allá de la investigación empírica introduciéndolo en la esfera de la decisión religiosa, de la fe y de la incredulidad».[464]

Desde luego, la creencia en la resurrección de Jesús parece haber sido el nervio fundamental de la predicación judeocristiana en

---

fuentes llegando a estas mismas conclusiones en C. Rowland, Christian Origins, Londres, 1989, págs. 187 y ss.

[463] Se ha especulado con la posibilidad de que la inclusión de Jacobo en este texto se deba no a la pluma de Pablo sino a un intento de incluir a un personaje que tendría considerable relevancia en Jerusalén. Tal hecho carece a nuestro juicio de la más mínima probabilidad. En primer lugar, la evidencia textual del pasaje descarta la posibilidad de una interpolación de este tipo pues ni siquiera aparece una mínima variante al respecto. En segundo lugar, el texto paulino recibe una corroboración indirecta en el Evangelio de los hebreos donde se refiere —siguiendo la misma tradición de Juan 7:5— la incredulidad de los hermanos de Jesús y como la de Jacobo había desaparecido al ser objeto de una visión. Finalmente, esto es lo único que puede explicar coherentemente que, en un plazo brevísimo de tiempo, los hermanos de Jesús hubieran pasado de ser incrédulos a formar parte de la comunidad de Jerusalén (Hech. 1:14), aunque no desempeñaran el peso que tendrían posteriormente.

[464] J. P. Meier, "Jesus" en "The New Jerome Biblical Commentary", Englewood Cliffs, 1990, pág. 1328.

Israel, hasta el punto, según queda de manifiesto en distintas noticias contenidas en las fuentes, de que nadie que no hubiera experimentado algún tipo de visión de Jesús resucitado podía acceder al apostolado (Hech. 1:22 y ss.).

Los discursos de la primera parte de los Hechos otorgan un lugar decisivo a la proclamación del hecho de que Jesús había resucitado. A tenor de los mismos se desprende que los judeocristianos ubicados en la tierra de Israel consideraban que si se podía estar seguro de que la experiencia pentecostal era de Dios e indicaba el comienzo de una nueva era, se debía, al menos en parte, al hecho de que Jesús había resucitado (2:22-24) y que de ello eran testigos los discípulos (2:32). Si se producían curaciones relacionadas con los miembros de la comunidad, se debía a la fe en el nombre del resucitado (Hech. 3:12-16; 4:9-10) de lo cual los discípulos eran testigos (Hech. 3:15; 4:10). Si los antes atemorizados discípulos se enfrentaban ahora con las autoridades, había que atribuirlo a su fe en que Jesús había resucitado y a que ellos eran testigos (Hech. 5:30 y ss.). No es difícil ver a la luz de esta fuente que la clave sobre la que giraba no sólo la actitud de los discípulos sino además su mensaje e incluso su interpretación de la Escritura (Hech. 2:25-28; 2:35-36, etc.) y del entorno (Hech. 2:16 y ss.) era la creencia en que Jesús había resucitado.

En Apocalipsis, las referencias a la resurrección de Jesús están ya considerablemente cargadas de significado teológico y la interpretación del suceso reviste un contenido muy desarrollado, circunstancia de enorme interés si tenemos en cuenta lo primitivo de la fuente. Así 1:18 describe a Jesús resucitado como «el que vivo, y estuve muerto; más vivo por los siglos de los siglos» (¿una descripción que intentaba marcar distancias con los cultos orientales en que la Deidad moría y resucitaba anualmente?), y tal circunstancia aparece —como en Pablo— como garantía de que habrá una resurrección al fin de los tiempos.[465]

---

465 En el mismo sentido, ver W. Barclay, "The Revelation of St. John", vol. I, Filadelfia, 1976, pág. 52. G. Eldon Ladd, "El Apocalipsis de Juan", Miami, 1978, pág. 33, conecta este pasaje más bien con la idea de triunfo de Jesús sobre la muerte. L. Morris, "The Revelation of St. John", Grand Rapids, 1979, pág. 55, conecta la tesis señalada por nosotros con la de la potestad de Jesús para salvar o condenar al infierno.

Una figura relativamente similar —aunque se omite en si la referencia concreta a la resurrección— es la representada por el niño varón, al que intentó matar el dragón (12:4), que es descrito con categorías mesiánicas (12:5) y que fue ascendido hacia Dios y su trono (12:5).[466]

La creencia en la resurrección de Jesús aparece también el judeocristianismo de la Diáspora donde se conecta directamente con el renacer espiritual del creyente (1 Ped. 1:3) y con la salvación simbolizada por el bautismo (1 Ped. 3:21). De la carta a los Hebreos parece desprenderse que la creencia en la misma —muy posiblemente ligada a la de la resurrección general— parece haber sido esencial en el judeo cristianismo de la Diáspora (Heb. 6:2).

En cuanto al cristianismo paulino, resulta evidente el lugar central que ocupa en él su predicación de la resurrección (1 Cor. 15). En palabras del mismo Pablo, «si Cristo no resucitó, vana es entonces nuestra predicación, vana es también nuestra fe» (1 Cor. 15:17). Efesios 2:19 y ss. afirma incluso que el poder de Dios que actuó en la resurrección de Jesús se mueve actualmente en medio de la comunidad cristiana. Se trata, sin duda, de una afirmación impresionante.

Las huellas de judeocristianismo son palpables no sólo en el origen de la afirmación que Pablo realiza (1 Cor. 15:1 y ss.) sino también en su forma de expresión. De hecho, Filipenses 2:5 y ss. recuerda en su esquema temporal (no tanto en cada uno de los motivos) al reflejado en Apocalipsis 12 (nacimiento desde el cielo, mesianismo, ascensión al cielo). Una vez más, el origen de una creencia trascendental y decisiva en el seno del cristianismo, derivaba del judeocristianismo afincado en Israel[467] y, como ya hemos señalado, la misma resulta de importancia incuestionable a la hora de entender la actitud de los judeocristianos frente al entorno, su

---

466 Sobre los paralelismos judíos del relato, ver F. Manns, "Réflexions à propos d'Apocalypse 12" en "Essais sur le judéo-christianisme", Jerusalén, 1977. Sobre la forma de redacción típicamente judía de la obra, ver P. Prigent, "Apocalypse 12, Histoire de l'exégèse", 1971, Tubinga, pág. 147.

467 Cabría también preguntarse si no cuenta con antecedentes en el mismo judaísmo. La respuesta ha sido contestada por algunos autores de manera afirmativa. En ese sentido, ver P. Lapide, "The Resurrection of Jesus: A Jewish Perspective", Minneapolis, 1983; P. Lapide, "I Accept the Resurrection of Easter Sunday" en A. W. Kac (ed.), "The Messiahship of Jesus", Grand Rapids, 1986.

visión del mismo, su vivencia cotidiana y su proyección relacionada con el futuro.

Jesús el que volverá

De hecho, la resurrección aparece en la teología judeocristiana como la clave no sólo de interpretación del pasado (Jesús ha sido rechazado y muerto) sino, fundamentalmente, del presente (Dios ha reivindicado a Jesús indicando con Su resurrección que era el Mesías-Siervo y el Señor) y del futuro (Jesús volverá para realizar la restauración general).

El discurso petrino de Hechos 3 expresa esta misma visión de manera clara:[468]

1. El siervo de Dios, Jesús, fue rechazado por Israel y entregado a Pilato para que lo matara (v. 13).
2. Dios ha resucitado a Jesús de entre los muertos, de lo cual son testigos los mismos judeocristianos (v. 15).
3. La prueba de Su resurrección no se limita al testimonio de Sus discípulos sino a la manera en que actúa en el tiempo presente produciendo, por ejemplo, curaciones (v. 16).
4. Este, que tenía que padecer según los profetas (v. 18), llama ahora a la conversión, cuya finalidad es que vengan del Señor «tiempos de refrigerio» (v. 19), que Jesús sea enviado de nuevo (v. 20), permaneciendo ahora en los cielos, hasta el tiempo de la restauración de todas las cosas (v. 21).

La idea que la fuente lucana atribuye a Pedro —Mesías venido, retirado y que volverá de nuevo— cuenta con paralelos significativos en la literatura judía. En el Midrash Rabbah sobre Lamentaciones, comentando a Os 5, 15 se habla de como la Shejinah (gloria) divina ascendería a su primitivo lugar de habitación, tal y como estaba escrito: «Iré y volveré a mi lugar, hasta que ellos reconozcan su culpa y busquen mi rostro».

El Midrash Rab. sobre Rut 5, 6 contiene también una referencia a la creencia en el Mesías revelado y luego oculto. Rab. Berekiah

[468] Sobre este tema, G. W. MacRae, "Whom Heaven must receive until the time" en "Int", 27, 1973, págs. 151-65.

hablando en nombre de Rab. Leví señala que el futuro Redentor (el Mesías) sería como el antiguo redentor (Moisés) en que, igual que el primero se reveló a sí mismo y luego fue escondido de ellos (Israel), el futuro redentor les será revelado y después escondido de ellos.

El Midrash sobre Rut 2, 14 contiene esta misma tesis relacionándola con Daniel 12:11-12, y señalando que el intervalo entre la desaparición del Mesías y su nueva aparición debía ser de cuarenta y cinco días.

No es por ello extraño que el judeocristianismo siguiera manteniendo la fe en un retorno de Jesús con la finalidad de restaurar todas las cosas. Santiago 5:7 y ss. es un texto que podría ser interpretado en ese sentido y, desde luego, señala con claridad cómo esta creencia determinaba la acción de los discípulos en la sociedad en que vivían. Mientras los versículos 1-6 de ese capítulo son una detallada descripción de la injusticia social que se manifestó, entre otras cosas, en la muerte de Jesús, a partir del versículo 7 se desarrolla un mandato a no oponerse a esa situación salvo con paciencia en la creencia en la venida de Jesús lo que puede ser una referencia a Su regreso o también a un juicio próximo que se desencadenaría de Israel (vv. 7-8). Lejos de dejarse atraer por los cantos de sirena que, ya por la época en que se escribió la carta, llamaban a la sublevación contra Roma, los discípulos debían esperar con paciencia la venida de Jesús como Señor (vv. 7-8), conservar la armonía entre ellos sin quejas (vv. 9), tomar como ejemplo a personajes como los profetas y Job (vv. 10-11) y entregarse a una vivencia espiritual más profunda (vv. 12-13), seguros de que incluso dolorosas situaciones como la enfermedad podían ser remediadas por el Señor (vv. 14-15). La fe sería la que los mantendría —incluso en sus necesidades materiales (vv. 17-18)— y, por ello, debía de intentarse recuperar a aquellos que se habían apartado (vv. 19-20).

La misma visión está presente en el Apocalipsis. La esperanza de la comunidad es, obviamente, el retorno de Jesús (c. 19). Él será el que se cobrará el precio de la sangre de Sus mártires (19:2; 17:6). En cuanto a los discípulos, no deben permitirse la utilización de la violencia porque el que use la espada, a espada morirá (13:10). A diferencia del zelotismo que creía indispensable colaborar con Dios para lograr la libertad del pueblo[469] —y que era paralelo a la postura de los rabinos tras la rebelión de Bar Kojba[470]— el judeocristianismo adoptó una postura de espera de la intervención divina. Lógicamente, en el caso de este último tal hecho era contemplado como relacionado con el regreso de Jesús, que encauzaría finalmente la historia hacia la consumación señalada en los profetas.

La supuesta «escatología realizada» del Evangelio de Juan conoce asimismo la creencia en un retorno de Jesús (Juan 14:2 y ss.; 14:18,28) y, de hecho, su carácter esquemático puede ser indicio de una creencia muy primitiva.[471]

El judeocristianismo de la Diáspora fue un evidente heredero de esta cosmovisión. En la primera carta de Pedro, resulta obvio que no se ha desencadenado todavía una persecución contra los cristianos, pero, al mismo tiempo, se trasluce la sensación de que ésta puede ser provocada en cualquier momento.[472] Hasta la fecha, los gentiles se conforman con murmurar (2:11 y ss.). Por ello, se ha de seguir una conducta exenta de violencia —como la de Jesús durante Su proceso (2:15-25)— en la que todo sea ejemplar (3:1–4:6). La esperanza radica en que «el fin de todas las cosas se acerca» (4:7) —¿una

---

469 En este sentido, ver M. Hengel, "The Zealots", Edimburgo, 1989, págs. 110 y ss. Para la comparación de la actitud de los zelotes con la de los saduceos, ver H. Rasp, "Flavius Josephus und die jüdischen Religionsparteien" en "ZNW", 23, 1924, págs. 38 y ss.

470 A. Schlatter, "Theologie des Judentums nach dem Bericht des Josephus", Gütersloh, 1932, pág. 216, ha considerado que tal postura ya era típica de los mismos durante la época de Josefo, partiendo de textos como guerra de los judíos II, 163 o Ant VI, 20. Desde nuestro punto de vista, M. Hengel, "The Zealots", Edimburgo, 1989, págs. 122-3, se acerca más a la verdad al señalar que tal perspectiva no se generalizó entre los fariseos hasta después de que las esperanzas zelotes se vieron desechadas por el fracaso de la alternativa armada.

471 J. A. T. Robinson, Oc, 1976, págs. 254 y ss.

472 En el mismo sentido, ver W. J. Dalton, "The First Epistle of Peter" en "NJBC", Englewood Cliffs, 1990, pág. 903; A. M. Stibbs, "The First Epistle General of Peter", Grand Rapids, 1979, pág. 15. La conclusión es lógica si tenemos en cuenta tanto la evidencia interna de la carta como referencias posteriores (Eusebio, Historia Eclesiástica II, 25, 5). Tal punto de vista es discutido generalmente por aquellos autores que atribuyen al escrito un carácter pseudoepigráfico, ver N. Brox, "Falsche Verfasserangaben: Zur Erklarung der frühchristlichen Pseudepigraphie", Stuttgart, 1975.

referencia a la segunda venida de Jesús o al juicio sobre el sistema judío?— y en que, cuando Jesús regrese, el premio compensará con creces las dificultades actuales (5:4 y ss.).

2 Pedro, de hecho, sigue haciendo girar buena parte de su argumentación en la confianza en el retorno de Jesús (3:2 y ss.).[473] Ciertamente, a algunos puede parecerles que éste se retrasa en volver, pero detrás de tal circunstancia no hay sino un deseo de Dios de dar oportunidad a la conversión y a la salvación (3:9). Al fin y a la postre, volverá y —de acuerdo a las profecías de Isaías 65:7 y 66:22— restaurará todo el cosmos.

La misma tesis aparece en la carta a los Hebreos. Nuevamente, la obra pertenece a un periodo en que la persecución no se ha desencadenado contra los discípulos de Jesús aunque éstos han sido objeto de molestias y acoso (10:32 y ss.) y la proscripción puede hallarse cercana (12:4).[474] La esperanza de estos creyentes ha de ser que «el que ha de venir vendrá, y no tardará» (10:37) —de nuevo, ¿una referencia a la segunda venida o al cercano juicio de Dios sobre el sistema judío?— y su respuesta debe encarnarse en una fe que resista hasta el momento final (10:38–12:2), al estilo de Jesús (12:3 y ss.).

En la epístola de Judas, pese a las relaciones posibles con 2 Pedro,[475] el mensaje sobre el retorno de Jesús aparece muy diluido —a menos que se interprete el versículo 3 como una referencia al mismo— pero se sitúa la esperanza del fin de los santos maestros también en la venida del Señor (vv. 14 y ss.).

En cuanto al cristianismo paulino, la idea de una segunda venida de Jesús aparece como uno de los hilos fundamentales de su tejido teológico. Las dos cartas a los tesalonicenses están dedicadas de

---

473 En relación con el pensamiento escatológico en 2 Pedro, ver E. Kasemann, "An Apology for Primitive Christian Eschatology" en "ENTT", págs. 169-96; J. H. Neyrey, "The form and background of the polemic in 2 Peter" en "JBL", 99, 1980, págs. 407-31.

474 En este mismo sentido, ver T. Zahn, "Introduction to the New Testament", vol. II, Edimburgo, 1909, pág. 347; F. F. Bruce, "La epístola a los Hebreos", Grand Rapids, 1987, pág. xiii (con una discusión bibliográfica de las diferentes tesis).

475 Sobre este tema, ver A. Bohlig, "The Epistle of Jude in History of Heresiology" en "Essays on the Nag Hammadi Tracts", Leiden, 1972, págs. 133-43; C. D. Osborn, "The Christological Use of I Enoc i.9 in Jude 14-15" en "NTS", 23, 1976-7, págs. 334-41.

manera casi monográfica al tema[476] y a algunos problemas pastorales relacionados con el mismo. En Romanos (especialmente 9-11), la mencionada creencia es relacionada, como en el discurso petrino mencionado arriba, con la totalización del número de los miembros de Israel gracias a la conversión de los gentiles (Rom. 11:25 y ss.).[477] En 1 Corintios,[478] también aparecen referencias a esta doctrina en relación, especialmente, con la resurrección (c. 15), la celebración eucarística (11:26), los carismas espirituales (13:10), etc.

En términos generales, podemos, pues, señalar que la fe en que Jesús volvería —nacida en el seno del judeocristianismo asentado en Israel— desempeñó un papel de primer orden en el cuerpo de doctrinas de este movimiento, pero, lo que es mucho más importante, determinó su actitud frente a la problemática de la nación judía a la que pertenecía. Sucediera lo que sucediera, los discípulos no debían optar por otra salida que la que ya habían visto en Jesús: paciencia, no resistencia, no violencia y confianza en Dios. Era seguro que si Aquel había reivindicado a Jesús, «Siervo Sufriente» y «Piedra rechazada», también los reivindicaría a ellos. Tal tesis sería, de hecho, repetida en el judeocristianismo de la Diáspora

---

[476] Sobre la escatología de las epístolas a los Tesalonicenses, ver C. Vidal, *Apóstol a las naciones*, Nashville, 2021; B. Henneken, "Verkündigung und Prophetie im 1. Thessalonicherbrief", Sttutgart, 1969; A. F. J. Klijn, "1 Thessalonians 4:13-18 and Its Background in Apocalyptic Literature" en M. D. Hooker y S. G. Wilson (ed), "Paul and Paulinism", Londres, 1982, págs. 67-73; J. Plevnik, "The Parousia as Implication of Christ's Resurrection" en "Word and Spirit", Willowdale, 1975, págs. 199-277; J. M. Bassler, "The Enigmatic Sign: 2 Thesalonians 1:5" en "CBQ", 46, 1984, págs. 496-510; J. Coppens, "Les deux obstacles au retour glorieux du Sauveur" en "ETL", 46, 1970, págs. 383-9; B. N. Kaye, "Eschatology and Ethics in 1 and 2 Thessalonians" en "NovT", 17, 1975, págs. 45-57; J. J. Scott, "Paul and Late-Jewish Eschatology —A Case study, I Thessalonians 4:13-18 and II Thessalonians 2:1-12" en "JETS", 15, 1972, págs. 133-43.

[477] Sobre este aspecto, ver M. M. Bourke, "A Study of the Metaphor of the Olive Tree in Romans XI" en "Studies in Sacred Theology", 2-3, Washington, 1947; K. H. Rengstorf, "Das olbaum-Gleichnis in Rom. 11:16 ff" en E. Bammel (ed), "Donum gentilicium", Oxford, 1978, págs. 127-64; K. Sthendal, "Paul among Jews and Gentiles", Filadelfia, 1976; y F. Refoulé, "...et ainsi tout Israel sera sauvé: Romains 11, 25-32" en "LD", 117, París, 1984.

[478] Al respecto, ver H. A. Wilcke, Das Problem eines messianischen Zwischenreichen bei Paulus, Zurich, 1967; C. K. Barrett, From First Adam to Last, Londres, 1961; T. G. Bucher, "Die logische Argumentation in 1 Kor 15:12-20" en Bib, 55, 1974, págs. 465-86.

precisamente cuando, sin haber llegado a ella, se hacía previsible el estallido de alguna forma de proscripción, y no resulta menos evidente en el seno del paulinismo.[479]

Al mismo tiempo, parece que existía la creencia de que Israel seguía teniendo en cierta medida no precisada la clave para acelerar tal retorno con sólo mostrar su arrepentimiento y volverse hacia el Mesías de Dios. El que Pablo explicara el endurecimiento parcial de los judíos como una providencia divina encaminada a permitir la entrada de los gentiles en las bendiciones mesiánicas no parece que alterara el cuadro general. El resucitado volvería y a la luz de esa confianza inquebrantable en los «tiempos de refrigerio» mesiánicos debía contemplarse todo.

Jesús el juez

Pese a lo que hemos señalado en el último apartado, no parece, sin embargo, que el retorno de Jesús pueda ser interpretado sólo desde una óptica amable como parte de la teología del judeocristianismo. Sin duda, constituía un poderosísimo aliciente, determinante además de comportamientos éticos concretos, en el seno del movimiento. Era el punto focal de referencia de una esperanza proyectada hacia un mañana que se adivinaba de liberación, justicia y recompensa. Pero tal perspectiva excluía sin paliativos a los que no estaban encuadrados en el movimiento. Para ellos, la segunda venida del Mesías implicaría el desencadenamiento de un juicio terrible, fruto de no haberse adherido a Jesús.

Indirectamente, o quizás no de forma tan indirecta, ésta es la idea que subyace al discurso petrino en Hechos 2:33 y ss. y que provoca el interrogante de los oyentes acerca de lo que deben hacer para evitar su condena[480] (un tema que analizaremos en el apartado siguiente).

---

479 Un estudio general de esta actitud con referencia a los paralelos judíos y helenísticos en J. H. Yoder, "The Politics of Jesus", Grand Rapids, 1979. Ver también O. Cullmann, "Jesús y los revolucionarios de su tiempo", Madrid, 1971, e Idem, "El estado en el Nuevo Testamento", Madrid, 1966. Cullmann infravalora, no obstante, a nuestro juicio, los factores escatológicos aquí señalados.

480 Al respecto, ver U. Wilckens, "Die Missionsreden der Apostelgeschichte", Neukirchen, 1974; T. Holtz, "Untersuchungen über die alttestamentlichen Zitate bei Lukas", Berlín, 1968; R. Zehnle, "Peter 's Pentecost Discourse", Nash, 1971.

El Jesús, al que Dios reivindicaba como Señor y Mesías, volvería, pero, y esto era lógico, ese regreso no implicaría lo mismo para Sus discípulos que para los que no lo habían aceptado y recibido. Estos, como mínimo, debían esperar ser colocados como escabel de sus pies (Hech. 2:34-35; ver Sal. 110:1). No hay nada en esta interpretación de original, ya que el Salmo 110 es corrientemente interpretado en la literatura rabínica como mesiánico (Midrash sobre el Sal 18, 36; Gn Rab. 85, etc), pero sí deja de manifiesto lo que se daba por implícito en el retorno de Jesús.

Lo mismo puede decirse del discurso petrino de Hechos 3:12 y ss. Jesús regresará (vv. 19-21), pero, en Su calidad de profeta anunciado por Moisés (vv. 22-23; Deut. 18:15-16), todo aquel que no lo haya escuchado será desarraigado del pueblo de Israel y de las bendiciones anejas a tal condición.

El anuncio de juicio, sin duda, podía ser interpretado con un contenido eminentemente político —o torcido en ese sentido— y quizás ésa es la causa de que no aparezca mencionado en los interrogatorios de Pedro y Juan ante el Sanedrín (Hech. 4:1-12; 5:28-32) aunque el mensaje de que Jesús había resucitado y de la necesidad de conversión no resultaran omitidos. Jesús iba a volver, pero ese retorno —que sólo podía ser contemplado como una bendición por los que creían en Él— tenía todos los visos de resultar terrible y pavoroso para los que no lo hubieran aceptado y recibido. Como señala Hechos 10:42 desde luego formaba una parte esencial del mensaje y extendía tal juicio tanto a los vivos como a los ya fallecidos.[481]

Que tal expectativa no causó especial agrado en muchos de los que la escucharon se desprende de pasajes como el del linchamiento de Esteban (Hech. 7:56 y ss.), pero contribuyó considerablemente a alentar la paciencia y la buena conducta de la minoría judeocristiana en Palestina, tal y como se desprende de Santiago 5:17 y ss. La venida de Jesús implicaría gozosa liberación para los que habían creído en Él (5:8), pero juicio condenatorio para los

[481] Acerca de la escatología de esta sección de los Hechos, ver W. Kurz, "Acts 3:19-26 as a Test of the Role of Eschatology in Lucan Christology" en "SBLASP", 1977, págs. 309-23 y G. Lohfink, "Christologie und Geschichtsbild in Apg 3, 19-21" en "BZ", 13, 1969, págs. 223-41.

que no lo habían aceptado o no habían sido consecuentes con la predicación sobre Jesús (5:9).

En Apocalipsis, la idea de juicio ligada a la segunda venida de Jesús es aún más clara aunque el libro va referido en su mayoría al anuncio de la destrucción de Jerusalén en el año 70 d. C. La esperanza de los mártires —por no decir su reivindicación principal— es que Jesús ejecute Su juicio sobre la humanidad (Apoc. 6:10). Sin embargo, el texto indica que ya habrá un juicio condenatorio de Dios sobre la apóstata Jerusalén antes de que Jesús vuelva y que además tendrá lugar pronto. De la misma manera que la generación actual verá la aniquilación del templo de Jerusalén, otra venidera contemplará el retorno de Jesús que se llevará con Él a Sus fieles (19:1-10, especialmente vv. 2 y 11) y vencerá después a los seguidores de la bestia (19:11 y ss.). Llegará entonces un milenio —un dato llamativamente ausente del resto del Nuevo Testamento— durante el cual el diablo estará atado. A su conclusión, se producirá la resurrección de toda la humanidad y tendrá lugar el juicio ante el gran trono blanco y la condena de aquellos que no creyeron en Jesús al lago de fuego y azufre (20:11-15).

Aquí nos encontramos con una escatología más detallada que la presente en los discursos petrinos de Hechos o en la carta de Santiago, aunque quizás habría que atribuir tal hecho a la circunstancia de que esta obra va dirigida a la comunidad y no a los ajenos a la misma. Se prevé el regreso del Cordero para vencer a sus enemigos e implantar su reino y, finalmente, la resurrección de toda la humanidad, siendo condenados los que no creyeron en Jesús al lago de fuego y azufre, es decir, la muerte segunda. De hecho, en buena medida, el Apocalipsis posee un mensaje especialmente sugestivo en la medida en que anuncia que el regreso de Jesús implicará recompensa para sus fieles (22:12 y ss.) y exclusión para los que no lo son, aquellos a los que se denomina «perros» y que pertenecen a la categoría de los «hechiceros, fornicarios, homicidas, idólatras y todo aquel que ama y hace mentira» (22:15). De manera bien significativa para un tiempo de persecución, los primeros en ser señalados como gente que será arrojada al lago de fuego y azufre están los «cobardes» (Apoc. 21:8).

El resto de las obras relacionadas tradicionalmente con Juan presentan un punto de vista similar, aunque menos cargado de imágenes simbólicas. También en ellas está presente la idea del juicio condenatorio sobre aquellos que no recibieron a Jesús y la conexión de aquel con el retorno del mismo, aunque ya se haga presente ahora (Juan 3:16-18; 5:22-30; 1 Jn. 4:17; etc.).

Una idea similar se contempla, aunque con diversos matices, en el judeocristianismo de la Diáspora. La carta a los Hebreos conoce, por ejemplo, un juicio particular después de la muerte (9:27), pero, a la vez, cree en un juicio terrible para los apóstatas y los incrédulos. Este es relacionado con la venida de Jesús (10:26-39), que será de salvación para los que creen en Él (9:28).

También 1 Pedro contiene referencias a Jesús como juez. Como se le atribuye en Hechos 10, Pedro vuelve a conectar el juicio de Jesús no sólo con los que estén vivos cuando Él regrese sino también con los muertos (4:5). Para aquellos que no creen en Jesús, el juicio sólo puede ser una expectativa terrible y más cuanto que tendrán dar cuenta de sus actos ante el Mesías (4:4 y ss.). Sin embargo, para los discípulos la creencia en el juicio sólo debe llevarlos a vivir más de acuerdo con las enseñanzas recibidas (4:1-19), viviendo correctamente entre los gentiles (2:12), sometiéndose a las instituciones políticas del tipo que sean (2:13-17), soportando la violencia ajena sin desencadenar la propia, sabedores de que ése fue el ejemplo que siguió el Mesías al encomendar el juicio al que «juzga rectamente» (2:19-25). En otras palabras, sólo Cristo aparece dotado de la legitimidad para ejecutar juicio y justicia sobre los que hacen el mal, más específicamente, sobre los que no creen en Él y maltratan a los cristianos, y así será en su momento.

La misma tesis es recogida en 2 Pedro (2:9; 3:7 y ss.) —donde además encontramos referencia a otros juicios divinos como precedente (2:4 y ss.)— y en Judas (14-15) donde además se toma como punto de partida una interpretación particular de Enoc 1, 9.

En cuanto a los escritos paulinos, existen también pasajes que relacionan la idea del juicio con Jesús y con su venida (Rom. 2:16; 2 Tes. 2:1-12; 2 Tim. 4:1; etc.).

Una vez más, el judeocristianismo asentado en Israel aparece en las fuentes como el origen de una visión concreta de Jesús que resulta de especial trascendencia para su óptica de presente y de futuro. El Jesús que resucitó no sólo volverá a recompensar a Sus fieles sino que además es retratado como el juez que condena a inicuos e incrédulos. La historia tendrá un fin y una consumación y la visión que se tenga de éstos ya determina el presente. Si los discípulos recibían presiones o eran víctimas del desprecio —posiblemente, incluso de la persecución— y de la injusticia, su respuesta no había de ser la violencia o la canalización de la esperanza hacia soluciones inmediatas y alternativas. Lo que se esperaba de ellos era que se sometieran a las autoridades establecidas, que soportaran con paciencia el mal —al estilo del Jesús injustamente condenado— y que proyectaran su esperanza hacia el juicio futuro ligado al retorno de Jesús. Cuando Él volviera, los que creyeran serían liberados, mientras que los incrédulos recibirían el castigo, una venganza de Dios, absolutamente merecida, que se descargaría sobre ellos a causa de sus pecados. Entre éstos, el definitivo, por supuesto, era el de no haber creído en Jesús.

Ante una perspectiva de ese tipo, cabía preguntarse cómo responder ante esa visión del futuro, ya desde el presente. Es más. La misma predicación de los discípulos pretendía —y en esto tomaba pie de Jesús— que los oyentes adoptaran una postura acorde con lo que ahora se anunciaba. Jesús volvería, pero no podía ser indiferente para cada sujeto individual el que lo hiciera como libertador o como juez condenador. A la respuesta que, según el judeocristianismo, había que dar frente a esta disyuntiva dedicaremos nuestro próximo apartado.[482]

Jesús, el detentador del único nombre salvador

Pocas dudas pueden cabernos tras examinar las fuentes judeocristianas de que la visión que el colectivo tenía de si mismo era

[482] Que tal actitud no debió provocar reacciones agradables entre sus contemporáneos a causa de su exclusivismo es algo fácil de suponer. Resulta obvio que eso fue, al menos, lo que sucedió cuando el cristianismo arraigó en territorio no judío. En este mismo sentido y analizando la reacción negativa frente al exclusivismo cristiano a partir de las fuentes paganas, ver R. L. Wilken, "The Christians as the Romans Saw Them", New Haven y Londres, 1984.

abiertamente exclusivista. Ellos eran Israel, pero además, el resto de Israel anunciado por los profetas. De hecho, los que no aceptaban a Jesús quedaban excluidos de Israel (3:22 y ss.), aunque, racial y nacionalmente, pudieran pertenecer al mismo. Ni las autoridades religiosas ni las políticas ni el pueblo por muy judíos que fueran todos racialmente eran Israel. Por ello precisamente, sólo podían esperar un juicio claramente condenatorio procedente del Jesús que regresaría como Señor y juez. Como veremos sólo la fe en Jesús podía revertir la situación desfavorable en la que, de partida y por principio, se hallaba cualquier persona.

1. Jesús, el único camino de salvación

La forma en que la disyuntiva vital se planteaba giraba en el seno del judeocristianismo en torno a un axioma que nos ha sido conservado en Hechos 4:12: «en ningún otro hay salvación, porque no hay otro nombre bajo el cielo, dado a los hombres, en que podamos ser salvos».

A diferencia de los sectarios de Qumrán o de los fariseos, los judeocristianos no vincularon su idea de la salvación escatológica con la práctica de un conjunto de obras y ritos concretos y definidos. Lo que en el judeocristianismo determinaba el que una persona se encontrara o no en el grupo de los salvos era su actitud hacia Jesús. Cambiar de vida y aceptar la predicación apostólica sobre Jesús —algo que se simbolizaba externamente mediante el bautismo— es todo lo que, según las fuentes, consideró Pedro indispensable para entrar en la nueva era y recibir el Espíritu Santo (Hech. 2:38 y ss.) y para asegurarse de que el retorno de Jesús sería acompañado de «tiempos de refrigerio» y no de condena (Hech. 3:19 y ss.). De hecho, eran los que creían en Jesús los que resultaban perdonados de sus pecados (Hech. 10:43) y ni siquiera la limosna, la oración y la piedad unidas podían sustituir este requisito, según se desprende de la misma fuente (Hech. 10:1-42; 11:14,18). Recibir el mensaje relacionado con Jesús era lo único que podía realmente proporcionar la salvación (Sant. 1:21).

Esta visión peculiar —pero con origen en el mismo Jesús[483]— es lo que contribuyó, en buena medida, a generar la flexibilidad que demostró el denominado concilio de Jerusalén al tratar el tema de los gentiles convertidos. Éstos, como los judeocristianos, tenían los corazones purificados por la fe (Hech. 15:9) y eran salvos, como los judeocristianos, no por someterse al yugo de la ley sino «por la gracia del Señor Jesús» (Hech. 15:11). Dios se había manifestado en Jesús, por pura gracia, y sólo era necesario el arrepentimiento y la fe en éste, para asegurarse la salvación y las promesas de los profetas. La salvación era un don de Dios y no algo que se obtuviera por el propio esfuerzo. Por lo tanto, imponer a los gentiles el yugo de la Torá no sólo no tenía sentido —la Torá era exclusiva de Israel— sino que además podía contribuir a que aquellos concibieran su salvación en términos de obediencia a determinados rituales en lugar de en virtud de la fe en la persona de Jesús. Tal visión de la salvación era común en las otras corrientes del cristianismo primitivo. Aparece en el judeocristiano de la Diáspora (Heb. 7:25; 1 Ped. 1:5-9, etc.) y, por supuesto, en el paulino (Rom. 5:9-10; 10:9-13; Gál. 2:16-21; Ef. 2:9, etc.).

Parece que la mencionada postura —y se produjo así un fenómeno que tiene paralelos en la historia del cristianismo posterior— no estuvo exenta de crear determinadas tensiones entre aquellos discípulos que identificaban inmaduramente la fe con la mera aceptación mental de ciertas doctrinas. De hecho, sabemos que posturas así provocaron en algún momento corrientes antinomianas. Las mismas resultan evidentes en el cristianismo paulino —compuesto, recordémoslo, no sólo por gentiles sino también por judíos de la Diáspora— en cuyo seno el apóstol tuvo que intentar conciliar la idea de la gratuidad de la salvación con la de la fidelidad al discipulado (Rom. 6:1-14; Gál. 5:1-14; Ef. 4:17 y ss.; etc.).

Sin embargo, también aparecieron en el judeocristianismo asentado en Israel como se trasluce en el conocido pasaje de

[483] En este mismo sentido, ver D. J. Doughty, "The Authority of the Son of Man" en "ZNW", 74, 1983, págs. 161-181; R. G. Crawford, "A Parable of the Atonement" en "EvQ", 57, 1985, págs. 247-267; I. H. Marshall, "Salvation" en "DJG", 1992, págs. 719-724; P. Ellingworth, "Forgiveness of Sins" en "Ibidem", págs. 241-3.

Santiago 2:14-26. Este sería utilizado, siglos después, por escritores católicos en las controversias con los autores reformados para negar el principio paulino de la justificación por la fe, pero tal empleo, hijo de una época de tensiones, está, a nuestro juicio, absolutamente fuera de lugar y desatiende a su marco histórico concreto. Jacobo no está negando la tesis de la salvación por la gracia ni, mucho menos, atribuyendo aquella al cumplimiento de la Torá.[484] Pero sí se opone enérgicamente a la conducta de aquel que «dice tener fe» (2:14), pero desatiende las necesidades perentorias de otros hermanos (2:15-16). Tal persona carece en realidad de fe, ya que la forma en que ésta queda externamente de manifiesto es mediante las obras (2:18). Lo contrario es equiparar la fe a un mero reconocimiento de realidades espirituales, algo que también hacen los demonios, que no pueden negar la existencia de Dios (2:19). Como muestra de ello, Jacobo aduce varios ejemplos (el de Abraham, el de Rahab) que ponen de manifiesto que si no se produjo tras la justificación inicial por fe una actuación coherente en obras, debe dudarse de que la primera tuviera siquiera lugar. Jacobo jamás afirma la justificación por la fe más las obras sino que podemos ver la justificación por la fe no sólo por la afirmación de fe sino también por las obras. Las obras, pues, no justifican, pero sí nos permiten ver que alguien es justificado por la fe (Sant. 2:24).

El principio, empero, seguía siendo el mismo. El ser humano estaba perdido si no se convertía y recibía a Jesús. Que esto debía tener consecuencias éticas, resulta evidente, pero antes de analizar tal aspecto, vamos a examinar la idea de salvación abierta a los gentiles.

---

[484] En este mismo sentido, T. W. Leahy s.j., "The Epistle of James" en "NJBC", Englewood Cliffs, 1990, págs. 912 y ss. Para un estudio ulterior del tema, aunque compartiendo en términos generales, la visión aquí expuesta, ver C. Burchard, "Zu Jakobus 2:14-16" en "ZNW", 71, 1980, págs. 27-45; J. Burtchaell, "A Theology of Faith and Works: The Epistle to the Galatians —A Catholic View" en "Int", 17, 1963, págs. 39-47; I. Jacobs, "The Midrashic Background for Jas ii. 21-23" en "NTS", 22, 1975-6, págs. 457-64; J. Jeremias, "Paul and James" en "ExpTim", 66, 1954-55, págs. 368-71; J. Reumann, "Righteousness in the New Testament", Filadelfia, 1982, págs. 270-5 y 413.

2. La apertura a los gentiles del camino de salvación

La tesis de que la llegada del Mesías implicaría una apertura de la fe a los no judíos contaba ya con precedentes en la literatura judía. Ciertamente, en su mayor parte ésta se presentaba como beligerantemente antigentil y, al mismo tiempo, si bien existía un movimiento misionero entre los gentiles, éste buscaba que los mismos se convirtieran en judíos mediante la circuncisión y la práctica de la Torá o, al menos, que entraran en cierto grado de dependencia con el Dios de Israel sin los requisitos anteriores, pero limitando la posición del prosélito a una situación espiritual secundaria absoluta (los «temerosos de Dios»).

Esta visión universalista —quizás, mejor, semiuniversalista— resulta evidente en algunos de los escritos judíos. Existen antecedentes de la misma en el Antiguo Testamento (Isa. 2:4; 49:6; 42:1; etc.) en pasajes que, tradicionalmente, fueron interpretados en conexión con los tiempos del Mesías.

También aparece en la literatura extrabíblica en conexión con pasajes no tan claramente mesiánicos. Así el Tg pseudo-Jonatán sobre Génesis 8:11, señala, en una posible referencia a los tiempos mesiánicos, que los descendientes de Jafet se convertirían en prosélitos y residirían en las escuelas de Sem. De la misma manera, el Midrash sobre el Salmo 21:1 (dos en hebreo) identifica este pasaje con Isaías 11:10 dándole un contenido mesiánico, a lo que se añade que la finalidad del Mesías es dar ciertos mandamientos a los gentiles (no a Israel, que ha de aprender de Dios mismo). El mismo pasaje de Amós 9:11, que tanta importancia parece haber tenido en el dictamen de Jacobo cuyo escenario fue el concilio de Jerusalén (Hech. 15:15 y ss.), aparece en el mismo Talmud relacionado con los tiempos mesiánicos (Sanh 96b) y en Gn Rab. 88 no sólo con los mismos, sino también con la reunión de toda la humanidad en «una sola gavilla».

Pese a lo anterior, el hecho de que originalmente el judeocristianismo parecía creer en una limitación de su misión sólo a los judíos resulta evidente a partir de los mismos discursos petrinos recogidos en Hechos donde se establece que «la promesa es para vosotros [judíos presentes en Pentecostés] y para vuestros hijos, y para todos los que están lejos [judíos de la Diáspora]» (Hech. 2:39). Los textos de Hechos 3 y 4 vuelven a incidir en esa visión limitada a los judíos (3:19-26; 4:10 y ss.) y, sea cual sea el sustrato histórico que se cierne bajo la referencia contenida en Hechos 1:7-8, el mismo no fue entendido inicialmente como una apertura de la misión a los gentiles.

Es posible que tal posibilidad empezara a ser contemplada por primera vez cuando comenzó la predicación en Samaria (8:4 y ss.). Aquel fue un paso de no pequeña envergadura que, quizás, no resultó del todo traumático por las similitudes —que en nada obvian la enemistad— entre judíos y samaritanos. Con todo, Pedro y Juan fueron enviados por los apóstoles a la zona para evitar consecuencias no deseadas (8:14 y ss.). Ya hemos indicado antes que, quizás, desde entonces comenzó a plantearse la manera de solucionar los conflictos que surgían a la hora de la comida en común entre los judíos y los no judíos.

De hecho, la visión que llevó a Pedro a optar por una postura de apertura no debió de estar cronológicamente muy lejos de la evangelización en Samaria (Hech. 10:9 y ss.). Aquella, ligada a la experiencia pneumática de Cornelio y su familia, decidió a los judeocristianos a abrir el camino de salvación a los no judíos (Hech. 10:44–11:18) no sin un sentimiento claro de sorpresa ante algo inesperado (11:18). Tal sentimiento no fue, sin embargo, generalizado. Los judeocristianos exiliados que fueron a Fenicia, Chipre y Antioquía (Hech. 13:19) seguían todavía limitando su predicación sólo a los judíos.

La conversión de algunos judíos de origen chipriota y antioqueno alteró sustancialmente tal visión. Estando en Antioquía comenzaron a predicar a los no judíos y, como resultado, se produjo un número importante de conversiones (11:20-21). De nuevo, la comunidad de Jerusalén se interesó por mantener el control sobre lo sucedido y envió a Bernabé que dio un informe positivo de la situación (11:22 y ss.). Se optó entonces por una política de tolerancia hacia los no judíos a los que no se obligó a ser circuncidados ni a guardar la Torá, provocando el retroceso en tal postura el altercado en

Antioquía de Pablo con Pedro (Gál. 2:1-21). Como ya sabemos, la cuestión quedó zanjada en el concilio de Jerusalén (Hech. 15) aunque es muy posible que nadie llegara a pensar entonces que el cristianismo ya iba camino, irreversiblemente, de ser una fe predominantemente gentil.

Por lo tanto, y contra lo que se suele sostener de manera tópica, no fue el cristianismo paulino el que abrió la llamada de evangelización a los no judíos. Su papel fue muy relevante en la expansión de la nueva fe en territorio gentil y también cabe la posibilidad de que su ausencia hubiera facilitado a los gentiles conversos el caer en una especie de movimiento judaizante en el que la idea de la salvación por la gracia hubiera sido sustituida por la creencia en una salvación «por el judaísmo».

De igual manera, fue la suya una postura correctora frente a la tentación a caer en componendas como aquellas en que, sospechosamente, incurrieron, primero, Pedro, y después Bernabé, en Antioquía. Con todo, la visión de abrir el mensaje a los no judíos nació en el seno del judeocristianismo asentado en Israel. Fue allí donde se aceptó que la salvación también se extendería a los gentiles y donde se empezó a predicar a los no judíos y a integrarlos en la comunidad. Sobre todo, fueron sus dirigentes, y en especial Pedro y Jacobo, los que sancionaron como correcta tal visión y la conectaron con una corriente de pensamiento ya existente en el judaísmo y es que en esto, como en muchas otras cosas, el judeocristianismo de Israel no sólo no se enfrentó con el judaísmo de su tiempo sino que actuó armónicamente con el mismo.

Fue específicamente su tesis de que la salvación se debía a la gracia, que era un don de Dios, lo que le permitió evolucionar hasta el punto de integrar en igualdad de condiciones en su seno —y en esto fue mucho más allá que sus contemporáneos— a aquellos que no habían sido circuncidados ni guardaban la Torá. Puesto que era la fe en Jesús lo que abría las puertas del movimiento a una persona, los gentiles, si se era consecuente con esa visión, deberían entrar más tarde o más temprano en el mismo. Así fue efectivamente. Pero si la base de salvación se hubiera concebido en torno a la circuncisión y a la obediencia a la Torá, el movimiento habría contado con menos eco entre los no judíos y jamás hubiera alcanzado la categoría de fe universal. Ésta, insistimos, no derivó de Pablo sino de una visión de la salvación contemplada como regalo de Dios para aquellos que se arrepentían y creían en Jesús, y legitimada por los dirigentes judeocristianos de Jerusalén.

3. La vida de los santos

La vida de los discípulos quedó marcada de forma muy relevante por la visión que hemos indicado en las páginas anteriores. Es muy posible que esa creencia no sólo en Jesús resucitado sino también en que regresaría con juicio y recompensa, así como la fe en la gratuidad de la salvación, impulsara a la comunidad de Jerusalén a optar por un régimen de comunidad de bienes (Hech. 2:43-47; 4:32-37). Como ya hemos visto en un capítulo anterior, el mismo no perduró por mucho tiempo pero su voluntariedad, su falta de previsión y las formas anejas al mismo parecen indicar que brotó de un entusiasmo religioso del que la historia conoce algunos paralelos.

Otro factor, al menos inicial, fue la práctica de reuniones cultuales diarias en las que la oración y las manifestaciones pneumáticas parecen haber tenido un papel esencial (Hech. 1:14 y ss.; 2:46-47) y que, desde el principio, se simultanearon con la asistencia al templo de Jerusalén (Hech. 2:46; 3:1). Esto ligado a un impulso intenso de testimonio (Hech. 2:14 y ss.; 3:11 y ss.; 4:33; etc.) debió encauzar aún más la existencia de la comunidad en torno a patrones de pensamiento claramente religiosos.

De los discípulos se esperaba, sin duda, que cumplieran con la Torá, pero no según la halajah típica de algún otro grupo judío. Los textos evangélicos acerca del sábado o de la kashrut (alimentos puros) traslucen la visión de la comunidad primitiva acerca del tema y de su enfrentamiento con otras interpretaciones judías, pero no un rechazo de la Torá en relación consigo mismos. Ésta seguía vigente para el conjunto de los judeocristianos[485] y en ello debió residir buena parte de su atractivo de cara a otros judíos (Hech. 21:20 y ss.). No se consideraba, sin embargo, de aplicación para los gentiles (Hech. 15).

---

[485] En este mismo sentido, J. A. Fitzmyer, "The Jewish people and the Mosaic Law in Luke-Acts" en "Luke the Theologian", N. York, 1989; D. Stern, "A Messianic Jewish Manifesto", Jerusalén, 1991, págs. 125 y ss.

Las normas de vida del judeocristianismo parecen haberse centrado en el cumplimiento de la Torá, de acuerdo a una halajah específica ciertamente —y de la que nos quedan muy escasos vestigios aparte de Hechos 15 y ciertos pasajes evangélicos. Tal halajah no permite pensar que, en ningún caso, el movimiento pudiera ser tachado de antinomiano. El Talmud y el Midrash los acusan de no guardar el shabat debidamente y preferir el domingo (Av. Zar 6a y 7b; Taan 27b), de no respetar las normas de kashrut (Av. Zar 26a y b; Tos, Jul 2, 20-1), de anteponer el evangelio a la Torá (Shab 116 a y b)[486] y, consecuentemente, de resultar peor que los paganos (Tos, Jul 2, 20-1). Posiblemente, las tres primeras afirmaciones no eran sino fruto de una interpretación distinta de la Torá que descalificaba a los judeocristianos si se partía de una perspectiva específica y la última constituía sólo un ataque injurioso.

Conocemos poco de la halajah judeocristiana aparte de la solución de Hechos 15, pero pasajes como el recogido en el Talmud citando elogiosamente una interpretación de Jesús (Av. Zar 16b-17a; Tos, Hul 2, 24) podrían indicar que pudo ser relativamente extensa y que, desde luego, resultaba mucho más flexible que la farisea en cuestiones como la kashrut o el shabat.

Al mismo tiempo, estuvieron presentes en el judeocristianismo constantes éticas que no necesariamente se acentuaban de la misma manera en el resto del judaísmo de su época. Una de ellas, como ya hemos señalado, fue la exclusión absoluta del uso de la violencia que, posteriormente, caracterizaría al cristianismo, de manera prácticamente generalizada, hasta inicios del siglo IV.[487] Pero además nos encontramos con otras referencias muy claras. Posiblemente sea la carta de Santiago la que ha conservado mejor esa visión ética del judeocristianismo afincado en Israel. En ella, aparte de insistir en la

---

486 Este pasaje reviste además una importancia fundamental en la medida en que narra una anécdota situable entre el 71 y el 73 d. C. y parece un eco de dichos del Evangelio de Mateo, más específicamente de 5:16. Referencias similares en Pesiqta de R. Kahana 122b y en TJ Yoma 38c y Levítico R. 21.

487 En este mismo sentido ver J. Lasserre, "War and the Gospel", Londres, 1962; G. Nuttall, "Christian Pacifism in History", Berkeley, 1971, págs. 1-14; J.M. Hornus, "It is not Lawful for me to Fight: Early Christian Attitudes Toward War, Violence and the State", Scottdale, 1980.

necesidad de guardar sin excepción toda la Torá (Sant. 2:8-13) cuyo máximo precepto es el de amar al prójimo como a uno mismo (2:8), nos encontramos con referencias a una ética cuyas manifestaciones son tan concretas como la caridad con los necesitados (Sant. 1:27; 2:14-16; 5:1-6), el emplear la palabra con sabiduría, evitando cualquier tipo de juramento o murmuración (Sant. 3:1-17; 4:11-12; 5:9,12), el no caer en favoritismos (2:1 y ss.), el rechazar los valores mundanos y, especialmente, la codicia (4:1-10; 5:1-6), el soportar de manera paciente las adversidades (Sant. 1:12-18, 5:10 y ss.) y el poner toda esperanza en la venida de Jesús (5:7 y ss.) y en la actuación pneumática actual en la comunidad (5:14 y ss.). Se trataba pues de una lectura de la Torá —muy posiblemente emanada de la realizada por el mismo Jesús— más preocupada de los aspectos éticos que de los rituales y ceremoniales, aunque éstos no quedaran excluidos.

El final de la historia

Como hemos podido ver, el judeocristianismo afincado en Israel compartía con el judaísmo una visión de la historia fundamentalmente lineal, que había tenido un inicio en el pasado, que en el mismo se hacía receptor de Hechos de enorme trascendencia, que podía proporcionar claves para interpretar el presente y que se consumaría en un proceso definido de conclusión al final de los tiempos. La idea en sí, insistamos en ello, no era original porque muestra enormes coincidencias con otras visiones judías como la de los sectarios de Qumrán o los fariseos. Sí era muy específica, como veremos, la concretización de esta visión.

En Hechos, el esquema parece revestir una tremenda sencillez. Jesús volverá otra vez y Su regreso significará la recompensa de Sus fieles y el castigo de Sus oponentes o, dicho en otras palabras, la restauración del reino de Israel (Hech. 1:6), en el que los gentiles que creen en Jesús entran en pie de igualdad (Hech. 15). Ligada a estas ideas aparecen las creencias en la resurrección general y en el juicio de vivos y muertos (Hech. 10:40 y ss.). El texto de Hechos 7:55-60 muestra que existía asimismo la creencia en que aquel que moría creyendo en Jesús, era ya recibido por éste en el momento de su muerte.

En Santiago, aún nos encontramos con referencias más someras. Jesús vendrá y con ello se producirá una situación de juicio, tras la cual los discípulos serán recompensados y los incrédulos castigados. Del versículo 6 del capítulo 3, donde se menciona la Gehenna, se desprende también la existencia de una fe en la supervivencia tras la muerte y previa a la resurrección, como sucedía, por ejemplo, con los fariseos.[488]

Apocalipsis presenta ya un cuadro escatológico más elaborado en el que existen referencias al retorno de Jesús (c. 19) y donde, al igual que en Hechos 7, se da por supuesto que los muertos en la fe no se hallan inconscientes sino en la presencia de Dios esperando que éste ejecute Sus juicios (6:9 y ss.). Con todo, aparecen elementos que implican una cierta peculiaridad.

El primero es el desdoblamiento —que no aparece en otras partes del Nuevo Testamento— de la resurrección en una referida a los mártires y situada antes del milenio (20:4-5) y otra general al término del mismo (20:11 y ss.). El segundo es la referencia al milenio, contenida en el capítulo 20, como espacio temporal entre el retorno de Jesús y la definitiva eliminación, atormentados eternamente en el lago de fuego y azufre (20:10-15), de los enemigos de Dios y la creación de un nuevo orden cósmico (c. 21:1–22:5). Que este milenio fue considerado por cristianos de las generaciones siguientes como literal es algo que no puede ponerse en duda,[489]

---

488 Un examen de las opiniones rabínicas de la época en A. Edersheim, "Sobre el castigo eterno, según los rabinos y el Nuevo Testamento" en "La Vida y los tiempos de Jesús el Mesías", Terrassa, vol. II, 1989, págs. 805 y ss.; y en César Vidal, "Infierno" en "Diccionario de las tres religiones", Madrid, 1993.

489 Entre los defensores de una postura milenarista se encontraron, entre otros, Papías (Eusebio, Hist. Ecles, III, 38) Clemente de Roma, la Epístola de Bernabé, el Pastor de Hermas, Ignacio de Antioquía y Policarpo de Esmirna todavía en el siglo I o inicios del siglo II. Durante el siglo II y III, fueron milenaristas Justino (Diálogo con el judío Trifón, LXXX), Melitón de Sardis, Hegesipo, Taciano, Ireneo de Lyon (Adv. Haer, V, 32) y Tertuliano (Contra Marción III, 24). En el siglo III y IV, defendieron esta postura Cipriano de Cartago, Cómodo, Nepote (Eusebio, Hist. Ecles, VII, 24), Victorino, Metodio de Olimpo y Lactancio. Los excesos con que se concebía el milenio en algunos casos como el de Cerinto (Eusebio, Hist. Ecles, III, 28) así como la exégesis alegórica fueron, poco a poco, arrinconando este punto de vista hasta conseguir excluirlo de la ortodoxia. Jerónimo (In Isa LX, 1) y Orígenes (De Principiis II, 11, 2, 3) se manifestaron en contra de tal interpretación y Agustín le asestó el último golpe en contra (La Ciudad de

como también resulta establecido que tal idea tenía antecedentes en el judaísmo.[490] No es menos cierto que semejante interpretación ni es la única posible ni tampoco ha sido la única a lo largo de la historia del cristianismo. De hecho, llama la atención la ausencia total a referencias a un milenio literal en el resto del Nuevo Testamento e identificar éste con referencias como la de los «tiempos de refrigerio» de Hechos 3:21 resulta, como mínimo, aventurado.[491]

Con todo, como ya indicamos, la escatología del Apocalipsis no apunta exclusivamente a un futuro lejano. A decir verdad, se centra en su mayoría en un juicio próximo, el de la Jerusalén apóstata (Babilonia la grande), tras «gran tribulación» (Apoc. 7:9 y ss.) semejante a la descrita por Jesús en los denominados Apocalipsis sinópticos.[492] En contra de lo que suele pensarse, al autor del Apocalipsis le interesa mucho más el juicio que caerá dentro de poco sobre sus compatriotas que el que afectará a la humanidad en su conjunto al final de los tiempos, aunque también se refiera a éste.

En términos generales, podemos pues decir que el judeocristianismo afincado en Israel contemplaba el devenir de los hechos futuros en torno al siguiente esquema:

1. Los muertos creyentes marchaban desde el momento de su fallecimiento al lado de Jesús.
2. Retorno de Jesús como juez y recompensador.
3. Resurrección de justos e injustos y juicio sobre los incrédulos y castigo de los mismos. (El orden de estos eventos no

---

Dios XX, 7). De manera muy mayoritaria, los teólogos reformados rechazaron la creencia en un milenio literal. Para referencias específicas, ver C. Vidal, "Diccionario de Patrística", Estella, 1992. Acerca del milenio, ver "Quiliasmo" en C. Vidal, "Diccionario de las religiones monoteistas", Madrid, 1993. Ver asimismo B. E. Daley, "The Hope of the Early Church: A Handbook of Patristic Eschatology", Cambridge, 1991.

490 Enoc 93, 3-10; 2 Esdras 7, 28-9; 2 Baruc 29, 5-6, 40, 3; etc. Referencias en este mismo sentido en W. Barclay, "The Revelation of John", Filadelfia, 1976, vol. II, págs. 186 y ss.

491 Algo similar sucede con la escatología de Pablo. Parece también hacer una referencia también a una noción de un reinado intermedio del Mesías en la misma (1 Cor. 15:22-28), pero el texto es lo suficientemente escueto como para que no se puedan forzar demasiado las conclusiones.

492 En el mismo sentido, ver D. Chilton, The Great Tributlation, Fort Worth, 1987, una obra verdaderamente esencial para el estudio de estos pasajes.

resulta claro, por ejemplo, a tenor de lo señalado en relación con Apocalipsis 20).

4. Restauración de todas las cosas.

Alguna interpretación de Apocalipsis situaría entre 2 y 3 un milenio, y antes de 3 y 4 intentos fallidos de Satanás encaminados a destruir a los fieles de Dios. Al mismo tiempo, esta interpretación desdoblaría la resurrección en dos periodos separados por el milenio, algo que carece de paralelos en el resto del Nuevo Testamento. Resulta altamente probable que los judeocristianos aceptaran la posibilidad de un periodo de persecución antes de dos e incluso que el origen de esa creencia se pueda retrotraer a Jesús, pero en cuanto a la interpretación señalada del Apocalipsis carecemos de datos que indiquen que fue creída por ellos, aunque sí es indiscutible que estaban fuertemente enraizadas en el cristianismo gentil ya en el siglo II.

El judeocristianismo de la Diáspora parece haber compartido sustancialmente el mismo esquema. En Hebreos 9:27 ya se indica que inmediatamente tras la muerte la persona es enfrentada con su destino eterno, y se contempla la tesis del retorno de Jesús (9:28) así como la de un «reino inconmovible» ligado al mismo (12:25 y ss.).

La carta de 1 Pedro se refiere también al retorno de Jesús (4:7), que estará ligado al premio de los fieles (5:4) y parece contener asimismo referencias a la tribulación previa a estos hechos (5:10) y a la esperanza celestial (1:3-5) vinculada a ellos.

La carta de 2 Pedro dedica buena parte de su extensión a anunciar el castigo final de los impíos (2:9 y ss.; 3:7) así como el premio de los discípulos (1:16 y ss.; 3), algo que se desarrollará en un marco de desastre cósmico —que podría interpretarse con paralelos con el final del Apocalipsis— vinculado a la venida de Jesús.

La misma idea de retorno de Jesús aparece en los escritos joánicos (Juan 14:2 y ss.), al igual que la de resurrección de justos e injustos (Juan 5:28 y ss.) —no desdoblada en dos fases, desde luego— y del día del juicio (1 Jn. 4:17). Esos principios escatológicos, como en el judeocristianismo, aparecen ya decididos desde el presente (Juan 5:24; 1 Jn. 5:11-12; etc.). En 1 Juan 2:18 encontramos además una enseñanza específica en relación con el tema del anticristo que no es identificado —como vulgarmente se piensa— con un personaje concreto que aparecerá inmediatamente antes del retorno de Jesús sino con una tendencia teológica ya existente en el siglo I.

En cuanto al paulinismo, parece haber seguido, en términos generales, un esquema escatológico que no sólo coincide con el del judeocristianismo afincado en Israel sino también con otros derivados del judaísmo. Es obvia su creencia en la resurrección final (1 Cor. 15), en el hecho de que el creyente difunto ya disfruta de la compañía de Cristo (2 Cor. 5:1 y ss.; Fil. 1:21-23), en la Parusía (1 y 2 Tes.), quizás —pero sólo quizás— en un reinado intermedio al estilo del milenio de Apocalipsis 20 (1 Cor. 15:23 y ss.) y, desde luego, en un Hombre de pecado que no sería futuro sino que ya estaba actuando a mediados del siglo I y que parece más fácil de identificar con una visión teológica —incluso con una institución— que con un personaje individual (2 Tes. 2:1-12). El texto de Romanos 11:24-26 en cuanto a que «todo Israel será salvo» resulta menos claro de lo que puede parecer a primera vista. El enunciado puede, sin duda, interpretarse como un anuncio escatológico, el de que, cuando hayan entrado en la salvación los gentiles, se producirá, acto seguido, la conversión de los judíos de manera masiva. Semejante interpretación no es imposible, pero choca con la afirmación de una dimensión temporal —después de— que, en realidad, no aparece en el texto griego original. La otra interpretación, por el contrario, sería la de que Pablo se centra en una afirmación soteriológica y no escatológica. El sentido de la frase sería entonces que cuando todas las ramas gentiles que faltan por injertar en el olivo-Israel estén injertadas se habrá completado el número de los salvos. En otras palabras, habrá un día en que se completará el número de los salvos, todo Israel, sin que eso signifique que vaya a tener lugar la conversión masiva de los judíos. Esta segunda interpretación parece más ajustada a la gramática griega aunque no necesariamente convierte en imposible a la primera. Con todo, sea cual sea la interpretación adecuada de la expresión paulina, el mensaje final es claro. La esperanza para los judíos no se haya en el nacionalismo, en la religión que rechaza a Jesús o en un estado propio. A decir verdad, no existe esperanza alguna real para los judíos aparte de Jesús el Mesías.

Sin duda, el germen escatológico que animó al cristianismo primitivo —no sólo durante el siglo I— fue fundamentalmente el creado por el judeocristianismo afincado en Israel. A él pertenecen todas las categorías de descripción de las realidades últimas que, significativamente, no incluyen el anuncio de una conversión final de los judíos y que, sólo serían descartadas, en parte, siglos después al variar sustancialmente las coordenadas en que se movía el cristianismo (en este sentido, el rechazo prácticamente total de la creencia en un reino milenario literal no deja de estar preñada de significado) y que, incluso, con el paso de los siglos, se verían sustituidas por otras ajenas a las utilizadas en los orígenes del movimiento.[493]

Del estudio de las fuentes, se desprende que la visión teológica —y con ello la vida— del judeocristianismo asentado en Israel contaba con una serie de notas claramente definidas. En primer lugar, su interpretación de la realidad pasada, presente y futura era medularmente espiritual y recurría a categorías espirituales. Con ello, no hacía sino compartir una óptica común a otros colectivos insertos en el judaísmo del periodo como eran los fariseos, los sectarios de Qumrán o los zelotes. Como ha señalado muy acertadamente M. Hengel,[494] la causa de los levantamientos judíos del 66 y del 132 sólo erróneamente puede atribuirse de manera exclusiva o principal a motivos sociales o económicos. Su causa fundamental era religiosa y la existencia de ejemplos similares en los siglos posteriores, e incluso en la actualidad, debería, «mutatis mutandis», hacernos reflexionar sobre la exactitud de esta tesis. El judeocristianismo afincado en Israel partía de una teología y a la luz de la misma se comportaba en su entorno y lo interpretaba.

En esta interpretación medularmente espiritual tenían un papel fundamental una serie de categorías específicas del movimiento, que definían al mismo en relación y por oposición a otros. No eran originales en la medida en que también se daban otras paralelas en movimientos judíos del periodo (por ej. para los sectarios de Qumrán, la separación del sacerdocio jerosolimitano o la aparición del Maestro

---

493 Un acercamiento a esta postura en torno a un tema escatológico concreto en J. Le Goff, "El nacimiento del purgatorio", Madrid, 1985. Ver también E. Mitre Fernández, "La muerte vencida", Madrid, 1988.

494 M. Hengel, "The Zealots", Edimburgo, 1989, pág. XIV. En el mismo sentido, L. Mildenberg, "The Coinage of the Bar Kokhba war", Frankfurt y Salzburgo, 1984.

de Justicia también eran categorías de distinción esenciales). Pero sí resultaban específicos e inconfundibles en la concreción de los mismos. Estas categorías eran, fundamentalmente, su especial visión de la muerte de Jesús, su creencia en la resurrección del mismo que garantizaba la de todos al final de los tiempos, la convicción de estar inmersos en una realidad que aparecía preñada de realidades pneumatológicas y su confianza en que el mismo Jesús regresaría para recompensar a los que creían en Él, castigar a los incrédulos e instaurar los tiempos mesiánicos. Este conjunto de creencias constituían el tamíz a través del cual se filtraba la realidad y la forma en que la misma era abordada.

Los resultados eran asimismo evidentes y hemos ido desgranándolos en las páginas anteriores. Por un lado, se hallaba la centralidad de los fenómenos pneumatológicos; por otro, la urgencia del llamamiento a aceptar el mensaje de Jesús antes de que viniera con la misión de dictar juicio. De ambos emanaban pautas de comportamiento, dotadas de un evidente radicalismo ético, que iban desde el poco duradero régimen de comunidad de bienes en Jerusalén al comportamiento no violento frente al poder establecido que perduraría durante siglos. A partir de esas pautas, se adoptaba una visión de la Torá que llamaba a los otros judíos a aceptar a Jesús como Mesías y Señor, pero, que, a la vez, hacía extensible la esperanza a los gentiles en un pie de igualdad impensable en el judaísmo.

Como nervio de toda aquella visión se articulaba una esperanza que se proyectaba vigorosamente hacia el futuro. Era la esperanza, nacida de las mismas Escrituras judías, en una venida gloriosa del Mesías, en la instauración definitiva del reino de Dios y en la resurrección universal. Aquellos parámetros se deformarían irremisiblemente no tanto con el asentamiento del cristianismo en el mundo gentil cuanto con la desaparición de la esperanza escatológica y, fundamentalmente, con la sustitución de ésta por posturas de mayor apego al poder político a partir del siglo IV. Desde entonces, la visión ideológica del judeocristianismo asentado en Israel quedaría limitada a grupos reducidos y minoritarios, pero ese tema excede ya los límites de nuestro estudio.

CONCLUSIÓN

Llegados a este punto de nuestro estudio, debemos recapitular las conclusiones a las que hemos llegado. Las mismas afectan tres áreas concretas correspondientes a la evolución histórica, las características del movimiento y su influencia histórica final. Tras ellas, trazaremos algunas líneas esenciales destinadas a señalar las consecuencias de la desaparición del judeocristianismo como movimiento.

I. Evolución histórica

El judeocristianismo nació como una respuesta lógica y articulada a la creencia en la resurrección de Jesús y en una manifestación ya presente del Espíritu Santo que las fuentes conectan unánimemente con el día de Pentecostés. Contra lo que seguramente esperaron los personajes que ordenaron la ejecución de Jesús, el movimiento vertebrado en torno al mismo no experimentó un rápido final. Por el contrario, Sus seguidores se establecieron en buen número en Jerusalén gozando del suficiente predicamento como para obtener un cierto crecimiento entre la población y los visitantes. La dirección correspondía a un colegio de Doce apóstoles cuyos portavoces fueron Pedro y Juan. Es posible que, como consecuencia de este crecimiento difícil de controlar y a impulsos de un entusiasmo pneumático, se optara por un régimen de comunidad de bienes que no era obligatorio ni total, que se limitaba a bienes de consumo y que no previó la necesidad de crear una línea ininterrumpida de bienes fungibles. Aunque se produjeron algunas presiones contra el colectivo emanadas fundamentalmente del alto clero, lo cierto es que, durante un periodo de unos tres años aproximadamente, el colectivo desarrolló su labor de captación en paz y los únicos problemas que afrontó en su seno —relacionados precisamente con la comunidad de bienes— parecen haber sido solucionados con relativa rapidez y eficacia. Este primer periodo concluyó con el martirio de Esteban tras el cual se produjo una dispersión del movimiento hacia lugares más seguros con la excepción de los Doce que permanecieron en Jerusalén. El grupo de judeocristianos de educación más helenizada parece haber emigrado a diversos lugares entre los que se contaban Chipre, Fenicia y Antioquía. Originalmente, se limitaron a predicar el nuevo mensaje a judíos de manera exclusiva.

La siguiente fase del movimiento, iniciada a unos tres años aproximadamente de la muerte de Jesús, iba a revestir ya características diferentes. Para empezar, no volvemos a oír hablar del régimen de comunidad de bienes y es muy posible que ya no existiera en esa época. Carente de una organización mínima —como en Qumrán o en movimientos monásticos posteriores— parece haber desaparecido tras los primeros momentos de entusiasmo. Por otro lado, comenzó a producirse una expansión organizada del movimiento fuera del área de Jerusalén y Galilea, y más allá de los límites judíos en lo que a las personas de sus adherentes se refiere. En la década de los treinta del siglo I, el judeocristianismo contaba ya con enclaves, estratégicos para una expansión ulterior, en Samaria (donde chocó con algunas manifestaciones de gnosticismo) y la llanura costera. En esa misma época, se produjo la entrada de los primeros gentiles en el movimiento. El impulso para tomar esa decisión parece haber sido una experiencia pneumática de Pedro aunque no puede descartarse que el problema hubiera quedado ya planteado con la evangelización en Samaria. No sabemos los términos exactos de estas conversiones (¿se les exigió o no la circuncisión? ¿Debían guardar la Torá?) pero parece haberse tratado más de una excepción que de un plan general.

Con posterioridad, posiblemente, algunos judeocristianos de origen chipriota y cirenaico comenzaron en Antioquía a predicar también el mensaje del evangelio a gentiles. La acción fue observada por la iglesia de Jerusalén que envió para inspeccionarla a

Bernabé, pero no se opuso a tal acción e incluso la apoyó. Tal legitimación, que posiblemente contaba con el precedente petrino ya señalado, venía a sentar las bases para que el movimiento adquiriera un alcance universal y trascendiera de los límites del judaísmo. La acción tuvo lugar un lustro, aproximadamente, después de la ejecución de Jesús. Este periodo especialmente fructífero y caracterizado por actividades desarrolladas en un marco de paz experimentó su fin con la subida al poder de Herodes Agripa. Éste, ciertamente, dedicó toda su habilidad política a granjearse la popularidad de sus súbditos y en el caso de los judíos parece haber contado con un éxito del que son buena prueba, entre otras, las fuentes talmúdicas. Por desgracia para el judeocristianismo, aquella búsqueda de popularidad del monarca tendría como una de sus consecuencias la persecución. En el curso de la misma, murió Jacobo, el hijo de Zebedeo, y Pedro fue encarcelado. Este último consiguió escapar de la prisión, quedando Jacobo, el «hermano de Jesús, llamado el mesías», a cargo de la comunidad jerosolimitana. Cuando se produjo la muerte de Herodes, los judeocristianos la interpretaron, de manera totalmente lógica, como un castigo divino.

El inicio de la era de los procuradores romanos iba a alterar sustancialmente la situación de Palestina. Sobre un trasfondo de hambre, inestabilidad política y violencia, y quizás ligada al temor de antinomianismo gentil o de represalias judías, la aceptación de los gentiles en el seno del movimiento comenzó a ser revisada. Hasta entonces, no se les había exigido ni la circuncisión ni tampoco el sometimiento a las normas de «kashrut». No sólo eso. Los judeocristianos no tenían inconveniente en compartir la mesa con ellos. Tal postura era apoyada directamente por Pedro y Bernabé (a la vez que por Pablo), pero recibió un severo ataque procedente de algunos judeocristianos de Jerusalén que visitaron Antioquía. No sabemos con exactitud los argumentos que utilizaron —la conveniencia de no causar escándalo a los judíos así como la necesidad de eliminar la posibilidad de antinomianismo entre los gentiles pudieron estar entre ellos— pero lo cierto es que Pedro optó por una postura judaizante de distanciamiento de los gentiles que desmentía toda su trayectoria anterior. Con ello, el movimiento corría el riesgo de fosilizarse justo durante una época de nacionalismo judío y de crecimiento misionero entre los gentiles. No resulta, por lo tanto, extraño que Pablo se enfrentara públicamente con él en Antioquía, insistiendo en que la salvación venía por la fe en Jesús y no por las obras de la Torá.

La cuestión no quedó zanjada en la disputa de Antioquía. De hecho, el malestar llegó a ser tal que, finalmente, los cristianos antioquenos enviaron una delegación a Jerusalén (en la que estaban Pablo y Bernabé) para solventar de manera definitiva el conflicto. Tal misión sería cumplida por una reunión jerosolimitana, presidida por Jacobo, a la que se denomina convencionalmente «concilio de Jerusalén» (49 d. C.) y que no debe ser identificada con la descrita en Gálatas 2:1-10. En el curso de esta reunión, Pedro abogó por no someter a los gentiles al yugo de la Torá toda vez que resultaba obvio que la salvación era por la fe en Jesús y que ni siquiera los judíos se habían mostrado capaces a lo largo de los siglos de cumplir con la Torá. Finalmente, Jacobo defendió la necesidad de permitir a los gentiles entrar en el Israel que creía en Jesús, señalando que, efectivamente, no debía imponérseles el cumplimiento de la Torá. Con todo, y para evitar causar escándalo a los judíos, ordenó que los gentiles aceptaran la sumisión a ciertas normas levíticas relativas a los alimentos sacrificados a los ídolos y a los matrimonios consanguíneos, una normativa muy similar a los preceptos de la «ley noáquica» impuestos sobre los «temerosos de Dios» en el judaísmo. De una vez por todas, el cristianismo se abría a los gentiles en un proceso que ya resultaría irreversible.

Desde entonces hasta el año 62, transcurre una docena de años que, si bien en el mundo gentil significó el empuje progresivo de Pablo, precedido ya por algunos misioneros judeocristianos como Pedro y quizá Juan, en la tierra de Israel implicó una tensión progresiva ocasionada por la política abusiva de los procuradores romanos. La situación de necesidad de muchos de los judeocristianos parece evidente a juzgar por la colecta que Pablo les entregó en mayo del año 57 d. C. También parece claro —si aceptamos la epístola de Santiago como escrita en esta época— que el movimiento tuvo que saber mantener su postura pacifista frente a presiones de todo tipo.

En el año 62 d. C., Jacobo, «el hermano del Señor», era martirizado y con ello, el judeocristianismo se vio privado de su personaje de mayor importancia en vísperas de la guerra con Roma. Elegido para sucederlo Simón, hijo de Cleofás y familiar de Jesús, es posible que fuera el encargado de salvar a la comunidad jerosolimitana de los efectos del conflicto que estallaría en el año 66 d. C. Los judeocristianos de Jerusalén abandonaron la ciudad antes de su destrucción (posiblemente, tras la retirada de Cestio Galo) y se refugiaron en Pella, posiblemente acogidos por cristianos de estirpe gentil. Otros judeocristianos, como el autor de Apocalipsis, optaron, sin embargo, por buscar refugio en Asia Menor. El final de la guerra con Roma no significó, no obstante, la paz para los judeocristianos. Como tuvimos ocasión de ver, la destrucción del templo y la inmensa ruina moral que tal hecho acarreó al judaísmo provocó un intento de un ala de los fariseos por reconstruirlo de acuerdo a su especial punto de vista, un punto de vista que excluía, por definición, a aquellos que no lo compartían. Aplastados los zelotes en la guerra, desaparecidos también en ella los sectarios de Qumrán, privados de su principal baza los saduceos, una parte de los fariseos no tuvo especial dificultad en concluir su tarea de eliminación de adversarios ideológicos expulsando del seno del judaísmo a los judeocristianos. Tal cometido fue llevado a cabo en un plazo de tiempo muy breve (quizás concluido ya a finales del siglo I d. C.) e implicó la articulación de una serie de medidas eficaces. La primera, y más conocida, es la *birkat ha minim* incluida en el texto de la *amidah* o *Shmoné Shré* y consistente en una maldición dirigida contra los judeocristianos. Éstos o pronunciaban la maldición y apostataban de su fe en Jesús o se negaban a pronunciarla y eran expulsados de las sinagogas.

A esto se unió además un esfuerzo por releer la Escritura de forma que privaran a los judeocristianos de argumentos apologéticos (por ej. interpretando al Siervo de Isaías 53 como Israel y no como el Mesías); un conjunto de reformas litúrgicas dirigidas contra los minim; una relectura, quizás ya iniciada antes de la muerte de Jesús, de los datos históricos —en clave denigratoria— relativos a aquel y a los judeocristianos; una articulación de medidas disciplinarias contra los judeocristianos y, finalmente, el abandono progresivo de los targumim y de la traducción de los LXX. La mayoría de estos pasos fueron dados antes de que concluyera el siglo I d. C., aunque algunos no quedaran plasmados por escrito hasta un periodo posterior. Su conjunto consiguió, aunque no sin resistencia, la erradicación de los judeocristianos del seno del judaísmo.

Hasta aquí llega el periodo histórico cubierto por nuestro estudio, pero consideramos obligado hacer siquiera unas referencias breves al destino posterior del judeocristianismo. Tras la decisión de Jamnia, el judeocristianismo fue presa de tensiones internas que lo fraccionaron irreversiblemente. Mientras algunos (conocidos posteriormente como nazarenos) mantuvieron la ortodoxia Cristológica de las primeras décadas; otros optaron por afirmar que Jesús había sido sólo un hombre (los ebionitas) quizás con la esperanza, totalmente frustrada, de volver a ser admitidos en el seno del judaísmo. Parece ser que incluso entre estos últimos algunos estaban dispuestos a negar la mesianidad de Jesús. Finalmente, el gnosticismo acabó desgajando del seno del judeocristianismo a algunos de sus miembros.[495]

A las tensiones internas se unieron las externas. La revuelta de Bar Kojba proporcionó a los nacionalistas judíos, seguidores del nuevo mesías, una oportunidad excepcional para perseguir a los judeocristianos por razones religiosas. Justino había recogido esta noticia (I Apología 31) que se vio confirmada en 1952 al descubrirse en Murabba`at una carta en la que Bar Kojba ordena represalias contra los «galileos».[496] Sin embargo, la derrota de este falso mesías tampoco significó el descanso para los judeocristianos. Adriano profanó algunos de sus lugares sagrados de reunión[497] y los judeocristianos, nuevamente, tuvieron que abandonar Jerusalén. A partir de entonces, los obispos cristianos de Jerusalén comenzaron a ser gentiles. Los judeocristianos regresaron a la ciudad sólo después de que Antonino Pío aboliera las medidas adoptadas por Adriano (Meg. Taanit 12; Digesta de Modestino, 48, 8, 11).

---

495 He estudiado este tema en C. Vidal, "El desafío gnóstico", Barcelona, 1994.

496 Sobre la carta en cuestión, ver "Revue Biblique", 60, 1953, págs. 276-94; "Ibidem", 61, 1954, págs. 191-2: e "Ibidem", 63, 1956, págs. 44-8.

497 Sobre este tema, ver César Vidal, "María en la arqueología judeocristiana...".

Del siglo II al IV, las noticias que tenemos sobre los judeocristianos resultan cada vez más esporádicas y dejan de manifiesto que si los judíos habían dejado de considerarlos suyos, lo mismo sucedía con los cristianos. Su postura sobre la fecha de la celebración de la Pascua (Eusebio, HE, 5, 23, 5), contraria al sínodo de Cesarea —al que no asistieron o no fueron invitados— pero fiel a la tradición judeocristiana, debió contribuir aún más a su aislamiento. Epifanio (Ancoratus 40), al mencionar los santos lugares en posesión de cristianos, pasa en silencio los relacionados con los judeocristianos. De hecho, cuando Constantino construyera las basílicas de Belén y Jerusalén no tendría inconveniente en arrojar de estos enclaves a los judeocristianos para entregárselos a la iglesia gentil. En cuanto a los concilios ecuménicos, como el de Nicea (325), no registraron la presencia de ningún obispo judeocristiano. Por otro lado, la disposición del canon I del sínodo de Antioquía (341) por la que se excomulgaba a los que se opusieran a los decretos de Nicea relacionados con la celebración de la Pascua debió significar quizás el final de las relaciones de la iglesia gentil con el judeocristianismo. Aquel sínodo decretó igualmente la deposición de aquellos obispos, presbíteros y diáconos que celebraran la Pascua con judíos. No es de extrañar que Jerónimo, que llegó a conocerlos mientras estaba en Belén, los describiera como sumidos en un periodo de decadencia terminal y se permitiera incluso no considerarlos ni judíos ni cristianos. En adelante, separados de ambos cuerpos espirituales, llevarían una vida de desclasados que concluyó finalmente en algún punto indeterminado de la historia antigua.[498]

II. Características del movimiento

El análisis de las fuentes realizado en las páginas anteriores nos permite reconstruir asimismo con una amplitud considerable lo que constituían las líneas maestras ideológicas del movimiento. El

[498] S. Pines, "The Jewish-Christians of the Early Centuries of Christianity according to a New Source" en "Proceedings of the Israel Academy of Sciences and Humanities", 2, 1966, págs. 1-73; e Idem, "Un texte judéo-chrétien adapté par un théologien musulman" en "Nouvelles chrétiennes d'Israel", 2-3, 1966, págs. 12-20, ha pretendido situar su final ya en el Medievo, pero sus argumentos no resultan, a nuestro juicio, plenamente convincentes.

judeocristianismo afincado en Israel durante el siglo I, en primer lugar, debe ser definido como un movimiento espiritual que como tal debe ser estudiado. Al igual que otros movimientos que han tenido su nacimiento dentro del cristianismo (metodismo del siglo XVIII; cuaquerismo del siglo XVII; anabautismo suizo del siglo XVI; pentecostalismo del siglo XIX e inicios del siglo XX, etc.) o del judaísmo (jasidimo del Baal Shem Tov), su núcleo fundamental era de tipo religioso y cualquier enfoque que olvide esta realidad esencial tenderá, precisamente por ello, a desvirtuar gravemente el análisis del fenómeno. Es cierto que, sobre todo a partir del siglo IV, el cristianismo pasó a ocupar un lugar tal en la sociedad que ya no resulta lógico seguir estudiándolo desde ese momento como algo exclusivamente ligado con el espíritu ni como un movimiento cuyo impulso medular es únicamente espiritual. Sin embargo, tal situación no puede ser retrotraída casi tres siglos atrás sin distorsionar, de nuevo, la realidad histórica del movimiento. Ese peligro de visión inexacta se da muy especialmente en aquellos estudiosos formados en estructuras religiosas (pertenezcan o no a ellas ya) donde la institución tiene vinculaciones considerables con el poder civil o aparece imbricada fuertemente en la vida política. Los mismos han tendido históricamente a proyectar ese esquema mental sobre el cristianismo primitivo y con ello a enturbiar la imagen del mismo. De ahí que visiones contaminadas con este tipo de condicionantes —en los que pesa tanto la política, la economía o incluso la defensa de una evolución dogmática posterior— resistan difícilmente la exposición a la luz que nos proporcionan las fuentes. El judeocristianismo del siglo I afincado en Israel resultó fundamentalmente un movimiento espiritual —nadie puede discutir tal cosa a la luz de las fuentes— y como tal ha de ser entendido. Con todo, el calificativo «espiritual» ha de estar vinculado a otros para permitirnos concretar más a fondo las características del movimiento.

La segunda característica teológica que se perfila en el judeocristianismo es su carácter medularmente judío. De nuevo, diversos intereses han ido aguando tal perspectiva que, no obstante, creemos haber dejado demostrada en los capítulos anteriores. Para una iglesia cada vez más gentilizada, resultaba más atractiva la idea de presentarse como una nueva revelación que se desvinculaba del judaísmo vencedor en Jamnia; para éste, también era obligado expulsar de su seno a una corriente ideológica que, pretendiéndose judía, chocaba con el mismo y defendía que el Mesías había llegado ya y era Jesús, el crucificado y además resucitado. Ambas partes de la controversia con ello se limitaban a primar el poder religioso sobre la verdad histórica y, como veremos más adelante, tal «Realpolitik» tendría consecuencias espirituales negativas.

En cuarto lugar, el judeocristianismo afincado en el Israel del siglo I, como su mismo nombre indica, era un movimiento de signo mesiánico. Debemos entender tal término conectado con una creencia firme en la centralidad del Mesías en su visión de la realidad (algo que compartía con casi todos los grupos religiosos de su época), pero, a la vez, con la convicción de que el Mesías ya había venido. La certeza de que Jesús era el Mesías, así como de que había resucitado y volvería otra vez constituía el núcleo central del pensamiento judeocristiano. Con ello, no dejaba de ser judío, como no perdieron tal cualidad ni el rabí Akiba al identificar a DBar-Kojba con el mesías ni los miles de seguidores de Sabbatai Zevi en el siglo XVII o de otros falsos mesías a lo largo de la historia judía. Si acaso tal creencia en un Mesías —no digamos el intento de probar sus pretensiones en la Escritura —definía al judeocristianismo como específicamente judío (y mesiánico).

Igualmente judío fue otro de los caracteres del movimiento ligado indisolublemente al mismo. Nos referimos a su enfoque apocalíptico. Tal calificativo es comúnmente vinculado a una carga peyorativa, en parte, porque el cristianismo posterior lo perdería en buena medida al convertirse en una religión del «stablishment» a partir del siglo IV y, en parte, porque tal punto de vista colisiona con otras visiones apocalípticas de tipo secular como pueden ser la marxista o la nacional-socialista. En estos últimos casos, más parece que la crítica emana de un rival que de un crítico.

Por otro lado —como ya señalamos en otra parte de nuestro estudio— la visión apocalíptica dista mucho de poder ser identificada con algunas de las ideas vulgares que se identifican con la misma. No era, desde luego, una actitud escapista de la realidad. Por el contrario, constituía una alternativa, bien articulada y, muchas veces, profundamente realista, frente a los análisis de los contemporáneos. Bajo su prisma específico, resultaba claro no sólo que la sociedad presente era nuclearmente mala, sino que además los esfuerzos humanos por corregirla sólo podían resultar baldíos.

Más allá de parámetros sociales, económicos y políticos, el apocalíptico detectaba en el medio en que vivía un matíz espiritual que no sólo no resultaba indiferente sino que además era contemplado como esencial a la hora de comprender el entorno. Se podría decir, parafraseando a Chesterton, que mientras todos miraban en torno suyo buscando las raices del problema, el apocalíptico era consciente de que las mismas se hallaban en el corazón del hombre. De ahí, que el apocalipticismo propio del judeocristianismo del siglo I —y en esto, una vez más, no se distinguía de otras visiones judías de la época— viniera ligado a una vivencia muy intensa del presente, caracterizada por una fuerte carga ética, que tenía manifestaciones evidentemente prácticas como podía ser el pacifismo, la ayuda a los necesitados o la práctica de la veracidad. Se había iniciado una nueva época y, precisamente por ello, sólo cabía vivirla de una manera acorde con la misma. Al optar por tal solución, el judeocristianismo del siglo I puede ser colocado junto a movimientos cristianos posteriores (cuáqueros, hermanos moravos, hermanos checos, etc.) que esperaban una irrupción de Dios en la historia y, precisamente por ello, optaron no por huir de la misma sino por vivir en ella con valores radicalmente distintos a los comunes.

Esta especificidad de valores aparece en dos de los aspectos donde quizás pueda atribuirse al judeocristianismo una mayor originalidad, si bien la misma no resulta total. Me estoy refiriendo a su apertura a los gentiles y a su énfasis carismático. El hecho de estar abierto a los gentiles no carecía de precedentes en el judaísmo del segundo templo. De hecho, muchos de los conflictos entre judíos y judeocristianos que tuvieron lugar en la Diáspora cabe atribuirlos, al menos en parte, a la circunstancia de que ambos colectivos competían por captar adeptos entre los mismos paganos. Lo específicamente original del judeocristianismo (y ello vino determinado por su creencia en una salvación por gracia obtenida a través de la fe en lugar de en virtud de las obras de la ley de Dios) fue que permitió a los gentiles seguir siéndolo para obtener la salvación. No era necesario que los mismos se convirtieran en judíos para disfrutar de las bendiciones del Dios de Israel de manera plena. Bastaba con que aceptaran por fe a Jesús como Señor y salvador. Tal tesis sería expandida por Europa posteriormente gracias a los esfuerzos de Pablo y sus colaboradores (aunque no sólo de ellos, si juzgamos por las noticias contenidas en su carta a los romanos), pero su origen hay que buscarlo en el judeocristianismo. Mediante tal acto —consagrado en el concilio de Jerusalén— la fe en Jesús daba un paso definitivo para convertirse en una creencia universal. Sin duda, tal decisión podía apelar al universalismo de ciertos pasajes del Antiguo Testamento en busca de legitimación, pero no es menos cierto que se fundamentó asimismo en revelaciones carismáticas específicas (Hech. 10–11), un aspecto que nos permite pasar a la última característica ideológica del judeocristianismo: su visión pneumática o carismática.

El énfasis carismático carece, como ya vimos, de paralelos en el periodo. Pese a ello, caracterizó de tal manera al movimiento que vemos muestras del mismo todavía varios siglos después y no sólo en el judeocristianismo sino también en el cristianismo gentil. Una vez más, el judeocristianismo no creaba nada. Se limitaba a afirmar —y no era pequeña la pretensión— que las profecías sobre el Espíritu Santo se habían hecho realidad entre sus miembros. La influencia que aquello tuvo en articular un colectivo más centrado en los dones espirituales que en una visión jerárquica resulta evidente y la inexistencia de un mecanismo para suceder o sustituir a los Doce a medida que morían es sólo una de sus manifestaciones. Es lógico el que una visión tan claramente pneumática —que hacía de las curaciones y de las liberaciones demoníacas parte esencial de la misma— no haya podido ser comprendida cabalmente (menos aún, tolerada) por estructuras eclesiales más basadas en la jerarquía que en el carisma espiritual. Ya durante el siglo II asistimos a un control creciente del profeta por parte de los obispos (prácticamente hasta eliminarlo como ministerio específico dentro del cristianismo) y antes del siglo IV también la práctica de reprender demonios habrá sido reservada a un sector concreto de la institución eclesial.

III. Influencia histórica final

De todo lo anterior, se deriva una visión del judeocristianismo como un movimiento que tuvo una influencia decisiva en la configuración posterior del cristianismo, aunque no puede negarse que éste no siempre se mantuvo ligado a la interpretación judeocristiana.

En términos sociológicos, el judeocristianismo realizó dos aportaciones decisivas para poder comprender la expansión ulterior de la fe en Jesús. La primera fue su apertura a los gentiles. Ya hemos señalado antes cómo la misma encauzó el movimiento de seguidores de Jesús por la senda que lo convertiría en una creencia universal y no étnica ni limitada. Sin el respaldo del judeocristianismo a tal visión, sin el apoyo explícito de personajes de la talla de Pedro o Jacobo «el hermano del Señor», el cristianismo no hubiera contado con la sanción indispensable para predicar la nueva fe a los gentiles o se hubiera visto abocado a una división interna que hubiera podido resultar fatal para su extensión posterior.

La segunda aportación del judeocristianismo afincado en Israel fue su carácter interclasista. Consciente de que el problema de la humanidad residía en el corazón humano y de que la única forma de redención posible estaba en la fe en Jesús, el judeocristianismo eludió tanto el convertirse en una «religión de los pobres» como el buscar la alianza con las clases pudientes puesto que los miembros de ambos sectores de la sociedad necesitaban igualmente de la conversión para salvarse. Con ello, el judeocristianismo se vio libre del peligro de ser exterminado —como sucedió con el zelotismo social o el saduceismo alto-sacerdotal— durante la guerra contra Roma. Más importante aún: sentó los cimientos para alcanzar, poco a poco, a todas las capas sociales del imperio. En términos ideológicos, pues, las aportaciones del judeocristianismo resultaron también de primer orden aunque no puede negarse que algunas resultaron truncadas por el desarrollo posterior del cristianismo, especialmente a partir del siglo IV.[499]

[499] Hemos excluido de este estudio y de la presente conclusión las aportaciones referidas a la mariología. Las mismas existieron y fueron trascendentales, pero tuvieron lugar en siglos posteriores al siglo I y además procedieron de medios

La Cristología judeocristiana constituyó, eso resulta innegable a partir del examen de las fuentes, el cañamazo de la Cristología posterior. El judeocristianismo no sólo identificó a Jesús con el Mesías, Siervo e Hijo del Hombre sino que vio en Él, entre otros, al Señor, al Cordero sacrificado por los pecados de la humanidad, y al Dios ya manifestado hipostáticamente en el Antiguo Testamento y en los escritos intertestamentarios como Sabiduría, Ángel de YHVH o Palabra-Memrá, que debía ser adorado. Su punto de arranque era medularmente judío y se basaba en escritos judíos. Poco puede dudarse además que influyó poderosamente en la visión de Jesús que tuvieron los cristianos inmediatamente posteriores. Un caso especialmente revelador de esta influencia lo podemos hallar en el «Diálogo con el judío Trifón» de Justino, una obra datable a finales del siglo I o inicios del siglo II. Su autor era un samaritano convertido al cristianismo que, en este escrito, aparece discutiendo con un grupo de judíos encabezado por Trifón (¿el Tarfón de la Mishnah?) acerca de la veracidad del cristianismo. Cuando Justino se refiere a Jesús se limita a usar el Antiguo Testamento —aunque demuestra asimismo un conocimiento notable de los Evangelios— y con base en el mismo lo llama, aparte de «Mesías» o «Cristo», «Señor» (56, 4); «Potencia» (105, 1; 128, 3); «Gloria» (61, 1); «Jacob» (36, 2; 100, 1); «Piedra» (70, 1; 86, 3; 90, 5; 113, 6); «Hijo del Hombre» (76, 1); «Hijo» (61, 1); «Mensajero» (56, 4; 59, 1 y ss.); «Cordero» (111, 3); «Sabiduría» (61, 1); «Palabra» (61, 1; 105, 1); «Israel» (125, 1); «Estrella» (106, 4) y, por supuesto, «Dios» (36, 2; 38, 4; 48, 1; 56, 4; 61, 1; 63, 5; 68, 9; 75, 1; 128, 1). Aparte de eso, Justino insiste en que el Mesías había de padecer (algo que el judío Trifón admite en 89, 2) según Isaías 53 (90, 1-2); que nacería de una virgen (43, 7; 67, 1 y ss.; 100, 5) y que debía ser adorado (38, 1; 68,9). No sólo

heterodoxos dentro del judeocristianismo. Al respecto, ver César Vidal Manzanares, "La figura de María en la literatura apócrifa judeocristiana de los dos primeros siglos" en "Ephemerides Mariologicae", 41, Madrid, 1991, págs. 191-205; Idem, "María en la arqueología judeocristiana de los tres primeros siglos" en "Ephemerides Mariologicae", 41, Madrid, 1991, págs. 353-364; Idem, "La influencia del judeocristianismo de los dos primeros siglos en la liturgia mariana" en "Ephemerides Mariologicae", 42, Madrid, 1992, págs. 115-126; e Idem, "María" en "Diccionario de las tres religiones", Madrid, 1992.

eso. Al igual que los judeocristianos de que nos habla el Talmud, Justino se apoya en los textos del Antiguo Testamento donde Dios habla en plural para poner de manifiesto que existe como varias personas (62, 2; 129, 1 y ss.), entre ellas la del Hijo, encarnada en Jesús. Todo en la obra de Justino rezuma Cristología judeocristiana y como tal era enfrentada a los judíos cuya conversión buscaba. Las líneas esenciales serían conservadas en el cristianismo posterior, sin duda, pero no puede negarse un cambio de enfoque que, de nuevo, a partir del siglo IV irá abandonando cada vez más una Cristología basada en el judaísmo para centrarse en otra de base evangélica, pero leída desde una perspectiva helenística y dirigida contra herejes y judíos. De manera relativamente rápida, se iría tendiendo además a sustituir las categorías y títulos veterotestamentarios por construcciones claramente helenísticas acuñadas por teólogos de formación clásica y consagradas por concilios episcopales.

Una mutación mayor fue la experimentada por la escatología del judeocristianismo. Ya hemos visto como la misma estaba vinculada poderosamente a la creencia en la segunda venida de Cristo así como en la resurrección. En ella estaban presentes elementos como la fe en la supervivencia consciente de las almas tras la muerte (al lado de Dios si habían creído en Jesús o sufriendo tormentos en caso contrario), la resurrección de los muertos y la creencia en el infierno o Gehenna donde serían castigados eternamente los condenados. Tal visión, aunque cada vez más moderada, se mantuvo en el seno del cristianismo hasta el siglo IV. Es precisamente en esta época, sin embargo, cuando la creencia en un imperio cristiano debilitó, casi irreversiblemente, la perspectiva escatológica. De hecho, la escatología vio potenciados sus aspectos particulares (cielo-infierno) en detrimento de los generales. Por supuesto, nunca se negó la creencia en el juicio final o la resurrección de los muertos, pero desapareció su nota de inmediatez.

Como tuvimos ocasión de ver en nuestro estudio, la escatología del judeocristianismo estaba estrechamente ligada a una visión que podríamos denominar de radicalismo ético. La negativa a utilizar la violencia y combatir por considerarlo incompatible con el mandato del amor formulado por Jesús; el distanciamiento prácticamente total de la vida política que estaba controlada —según la visión cristiana pristina— por Satanás y sus demonios o la solución de los problemas eclesiales gracias a medidas exclusivamente comunitarias son sólo algunos de los aspectos de esta visión que quebrarían de manera prácticamente irremisible a partir del siglo IV. En esa época, esta perspectiva escatológica fue sustituida por otra que buscaba cristianizar un sistema político y social preexistente sin proceder, prácticamente, a ninguna alteración sustancial de sus estructuras.

Algo similar puede decirse que aconteció con la pneumatología específica del judeocristianismo. En la obra citada de Justino, todavía era considerado relevante el papel de los carismas del Espíritu (39, 2; 82, 1; 88) y del enfrentamiento contra los demonios invocando el nombre de Jesús (30, 2; 49, 7; 76, 6; 85, 2) aunque hubiera perdido algo de la fuerza inicial presente en el judeocristianismo del siglo I. Ésta se conservó en buen número de los Padres pre-nicenos aunque podemos apreciar ya en el siglo II una tendencia a sustituir el carisma o don del Espíritu Santo por la institución jerárquica y a encuadrarlo en la misma. De nuevo, el gran vuelco —preparado, no obstante, mucho antes— se produciría a inicios del siglo IV. La teología eusebiana de la sucesión episcopal, la fijación creciente y casi exclusiva de la acción del Espíritu Santo en los sacramentos y la limitación del ejercicio de los carismas al clero sustituyeron la visión específica propia del judeocristianismo en el Israel del siglo I.

La angelología y la demonología del judeocristianismo no parecen haber experimentado un cambio sustancial en los primeros tiempos. Justino, en la obra ya citada, conoce todavía el concepto de ángeles que dominan las naciones (131, 1); e identifica a los dioses paganos con demonios (30, 3; 54, 2; 91, 3; 133, 1), que mueven a los falsos profetas (7, 2; 69, 1) y se hallan detrás de los gobiernos y de los pueblos (39, 6; 78, 9; 79; 83, 4). Naturalmente, cree que los mismos son vencidos invocando el nombre de Jesús (30, 2; 49, 7; 76, 6; 85, 2) que ya los derrotó en la cruz (131, 5). Visiones similares están presentes también en padres posteriores. Con todo, el siglo IV marcó nuevamente un punto de inflexión. Los seres demoníacos anejos por definición al poder civil siguieron existiendo, pero desvinculados del mismo en la medida en que éste aceptara una cosmovisión considerada cristiana. Como sucedió con la escatología, también el campo de acción de los demonios se vio reducido progresivamente al terreno de lo íntimo perdiéndose de vista la idea de una conexión con la vida pública. En cuanto a los ángeles, sabido es que, durante el Medievo, si no antes, comenzaron a ser objeto de culto, algo que hubiera resultado abominable para un judeocristiano (Apoc. 22:8).

El judeocristianismo perdió sus figuras más relevantes durante las décadas de los sesenta y setenta del siglo I d. C. (Pedro, Jacobo); y por añadidura, tras Jamnia sus posibilidades de crecimiento numérico se vieron severamente mermadas, salvo en algunos periodos muy concretos.

Sin personajes de peso (salvo quizás Juan que, no obstante, ya no estaba en la tierra de Israel) ni importancia cuantitativa, la visión netamente judía del judeocristianismo se fue eclipsando. Una vez más Justino, pese a su impregnación del judeocristianismo, nos permite asistir a esta evolución.

En un periodo situado tras Jamnia y la *birkat ha-minim*,[500] el *Diálogo con el judío Trifón* nos habla de cómo Israel ya ha sido sustituido por la iglesia (11, 5; 119, 3 y ss.) e incluso da a tal afirmación un contenido racial —lo que no deja de ser curioso en un samaritano— al afirmar que tal situación no es sino un cumplimiento de la profecía que hablaba del dominio de Jafet sobre Sem (139, 4). Los judeo cristianos —que guardan el sábado, se circuncidan y obedecen la ley mosaica— todavía son hermanos en la fe (47), pero el lector se pregunta por cuánto tiempo podría mantenerse aquella situación. Ya sabemos que no fue por mucho. Como hemos tenido ocasión de ver, el siglo IV fue testigo de cómo no estuvieron en los grandes concilios ecuménicos, como se les despojó de los santos lugares y cómo se formuló contra ellos la excomunión destinada a los que guardaban la Pascua según el cómputo antiguo y la compartían con los judíos. Se producía así una especie de «Jamnia» cristiano. El judaísmo posterior a la destrucción del templo implicaba tal número de mutaciones que no podía mantener en su seno un cuerpo extraño como el judeocristianismo. De manera similar, el cristianismo posterior a los inicios del siglo IV estaba experimentando tal

[500] Justino parece conocer esta medida y hacer referencia a la misma en 16, 4; 47, 4; 96, 2; 123, 6 y, quizás, 137, 2.

variación que el judeocristianismo, como tal, no tenía cabida en su interior. O era asimilado o expulsado. La descripción, sin embargo, de este fenómeno supera con mucho los límites de nuestro estudio, pero debe señalarse que la iglesia gentil de la época había perdido cuando menos la perspectiva histórica en relación con un asunto de primera importancia: la cuestión organizativa esencial del cristianismo anterior al 70 d. C., había sido no si un judío podía ser cristiano sino si se podía ser cristiano sin ser judío.

IV. ¿Qué significó el fin del judeocristianismo palestino?

Aunque la decisión contra los minim tomada en Jamnia no significó el final del judeocristianismo, ya hemos visto como su existencia posterior nunca volvería a disfrutar del vigor de los primeros años. ¿Qué implicaciones tuvo la pérdida de importancia y posterior desaparición del judeocristianismo? Para el judaísmo, tal circunstancia significó, en primer lugar, la eliminación en su seno de una parte de Israel. Con la *birkat ha-minim*, quedaba cercenada del tronco judío una de sus ramas más clarividentes y legítimas. Su eliminación por parte de un ala de los fariseos, sin duda, facilitó la obra de cohesión iniciada por ésta tras la destrucción del templo en el 70 d. C., pero lo hizo a costa de perder a alguno de sus mejores hijos, hijos que se sentían profundamente judíos, cordialmente ligados a los avatares de su pueblo y dotados de una visión acerca del mismo que se demostró, en diversos momentos trascendentales, dotada de una especial perspicacia.

Pero, en segundo lugar, la ruptura con el judeocristianismo significó para Israel la pérdida de su nexo unitivo con la figura de Jesús. Este era un judío, de ideas judías, que nació, creció y murió en un medio judío. Sería necesario llegar al siglo XX y a la obra de autores como Joseph Klausner, Martin Buber, Sholem Asch, Shalom Ben-Chorim, Claude Montefiore, Leo Baeck, Franz Rosenzweig, H. Schonfield, Hans Joachim Schoeps o David Flusser para que el judaísmo reconociera en Jesús a un judío y no a un blasfemo, a un hijo digno de su pueblo y no a un extraviado, como lo presentaban las fuentes talmúdicas o el Toledot Ieshu. Incluso entonces, tal reconocimiento no ha dejado de estar encorsetado en limitaciones prefijadas y en un rechazo paralelo del cristianismo como fe aceptable para un judío.

Para el cristianismo, la desaparición del judeocristianismo no se reveló menos dramática. En primer lugar, implicó si no una ruptura con las raíces del cristianismo presentes en el judaísmo, sí una desvirtuación de las mismas, así como la creación de una situación paradójica. R. L. Wilken[501] ha señalado, no sin razón, cómo uno de los puntos débiles del cristianismo, apuntado por sus detractores paganos, fue precisamente la ruptura de éste con el judaísmo, pese a que el mismo era su garantía de no ser una fe «ex novo» y, por ello, carente de respetabilidad. El judeocristianismo era precisamente el eslabón que obviaba tal riesgo. Resultaba un testimonio claro de cómo el cristianismo era medularmente judío y había surgido ligado a un personaje judío, Jesús, del que el judeocristianismo resultaba el único eslabón de unión. La ausencia de ligazón pronto llevaría tanto a judíos como a cristianos a verse como adversarios mortales dispuestos en cualquier momento a causarse el daño que consideraban necesario para hacer prevalecer su especial postura.

Pero, en segundo lugar, la desaparición del judeocristianismo del seno del cristianismo tuvo como consecuencia casi inevitable una gentilización de éste. Si aún a inicios del siglo II, se conservaban muchas categorías del pensamiento judeocristiano, como hemos visto en Justino, pronto las mismas serían sustituidas por otras tomadas del pensamiento helénico, generalmente en el fragor de la apología contra los paganos o contra los herejes. Tal impregnación no resultó siempre feliz. Si la creencia en la Deidad del mesías podía, al menos en cierta medida, conciliarse con aspectos del judaísmo primitivo como era la referencia a hipóstasis divinas (Memrá, Sabiduría, etc.), resultaría imposible señalar en el futuro la relación entre la Escritura y numerosas prácticas, festividades y creencias que, en buena medida, fueron adoptadas a partir del siglo IV, merced a la entrada masiva de paganos en el seno del cristianismo.[502] Sin duda, la finalidad de esta asimilación era buena,

---

501 Oc, 1984, págs. 184 y ss.

502 Un estudio clásico sobre el tema, no obstante favorable a tal absorción, en J. H. Newman, "An Essay of the Development of Christian Doctrine", Londres, 1890.

al menos en parte, ya que pretendía abrir el mensaje de salvación a todos. En la práctica, sin embargo, precipitó un conglomerado teológico ya muy distante de la predicación cristiana original aunque tampoco desligado totalmente de la misma. El cristianismo era ya una religión únicamente gentil que repudiaba de manera específica el judaísmo. A ello contribuyó, decisivamente, la desaparición del judeocristianismo iniciada en Jamnia, pero impulsada posteriormente tanto por judíos como por cristianos. Ambas fes acumularían, durante más de un milenio y medio, razones más que suficientes para lamentar aquella quiebra histórica en la que no sólo perdieron algo propio sino también el único canal de comprensión mutua.

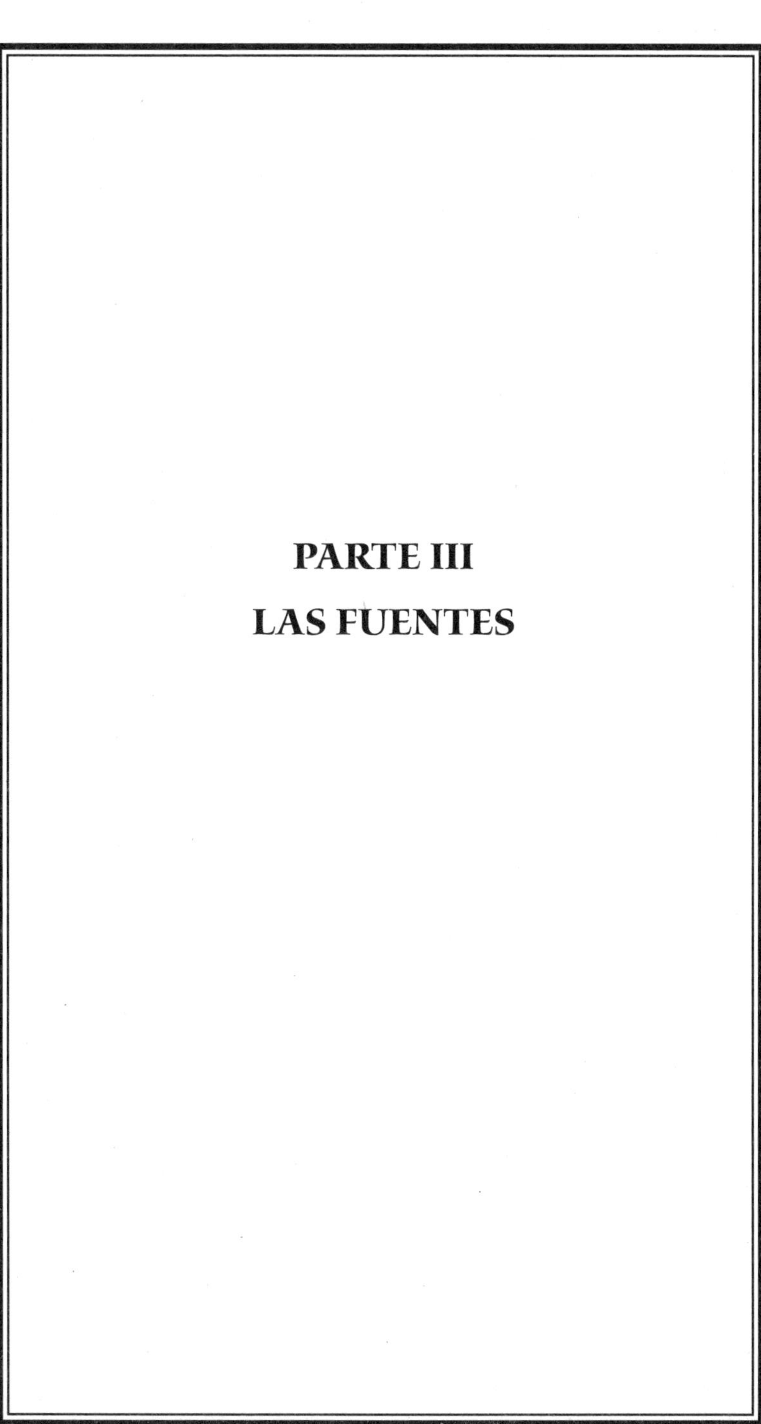

PARTE III
LAS FUENTES

CAPÍTULO I

LAS FUENTES ESCRITAS (I): FUENTES CLÁSICAS Y JUDÍAS

Las fuentes clásicas

El papel de las fuentes clásicas en relación con el judeocristianismo en Israel del siglo I es, sin lugar a dudas, muy limitado. Realmente no se nos suministra en ellas datos de importancia acerca de este fenómeno histórico, aunque sí nos permite —siquiera indirectamente— acercarnos a la visión que, todavía en el siglo II, tenían los autores romanos sobre el cristianismo primitivo.

Tácito.

Nacido hacia el 56-57 d. C., desempeñó los cargos de pretor (88 d. C.) y cónsul (97 d. C.). No conocemos con exactitud la fecha de su muerte, pero es posible que se produjera durante el reinado de Adriano (117-138 d. C.). De sus dos obras, las *Historias* —de las que sólo nos han llegado los libros I-IV y parte del V— recogen una breve historia del pueblo judío hasta la guerra con Tito, pero es en los *Anales*, escritos hacia el 115-7, donde aparece una mención explícita del cristianismo.

El texto, situado en Anales XV, 44, no aporta realmente mucha información acerca del judeocristianismo, pero permite ver que, primero, se consideraba tal movimiento como originario de Judea; segundo, se pensaba que su fundador había sido un tal Cristo —resulta más dudoso saber si Tácito consideró la mencionada palabra como título o como nombre propio— y tercero, se afirmaba que para el reinado de Nerón el colectivo había llegado a Roma donde no era precisamente popular.

Suetonio

Aún joven durante el reinado de Domiciano (81-96 d. C.), ejerció la función de tribuno durante el de Trajano (98-117 d. C.) y secretario *ab epistulis* en el de Adriano (117-138), cargo del que fue privado por su mala conducta. Tampoco este autor nos habla directamente del judeocristianismo en Israel, pero sí parece hacer referencia en su *Vida de los Doce Césares* (Claudio XXV) a una medida del emperador Claudio encaminada a expulsar de Roma a unos judíos que causaban tumultos a causa de un tal «Cresto».[503]

El pasaje parece concordar con lo relatado en Hechos 18:2 y podría referirse a una expulsión que, según Orosio (VII, 6, 15), tuvo lugar en el noveno año del reinado de Claudio (49 d. C.). En cualquier caso no pudo ser posterior al año 52. Se discute si *Chrestus* es una lectura asimilable a *Christus*. En ese sentido se definió Schürer[504] junto con otros autores.[505] Graetz, por el contrario,[506] ha mantenido que Chrestus no era Cristo sino un maestro cristiano contemporáneo del alejandrino Apolos, al que se mencionaría en 1 Corintios 1:12, donde debería leerse «*Jréstou*» en lugar de «*Jristou*». La idea de que Cresto fuera un mesías judío que hubiera acudido a Roma a sembrar la revuelta resulta un tanto inverosímil. Sea Cresto una deformación de Cristo o el nombre de un maestro cristiano, lo cierto es que el pasaje parece indicar que apenas unos años después

---

503 "Judaeos impulsore Chresto assidue tumultuantes Roma expulit".

504 E. Schürer, "The History of the Jewish people in the Age of Jesus Christ", Edimburgo, 1987, vol. III.1, págs. 77 y ss. Hemos optado por utilizar esta edición de la obra de Schürer, ya que es la única completa y actualizada en cualquier idioma occidental.

505 Para distintas opiniones sobre el tema, ver F. F. Bruce, "New Testament History", New York, 1980, págs. 297 y ss. (Suetonio se refería a Cristo, quizás pensando que el mismo había estado en Roma en aquella época); A. Momigliano, "Claudius", Cambridge, 1961 (2), pág. 30 (Claudio deseaba evitar el proselitismo judío del que formaba parte el cristianismo); R. Graves y J. Podro, "Jesus in Rome", Londres, 1957, págs. 38 y ss. (Suetonio se refiere a Jesús que en esa época estaba en Roma) y H. W. Montefiore, "Josephus and the New Testament, en "Novum Testamentum", Leiden, 5, 1969, pág. 139, n. 2 (Suetonio se refiere aquí a la influencia del Cristo resucitado).

506 H. Graetz, "Geschichte der Juden", III, ii, 423, n. 3; comp. pág. 371, n. 4, y IV (3), pág. 77, n. 1, 1888.

de la muerte de Jesús, el nuevo fenómeno religioso había llegado a Roma y que sus componentes eran fundamentalmente —si es que no únicamente— judíos.

Las fuentes judías (I): Flavio Josefo

Contamos con un número considerable de datos acerca de Flavio Josefo dado que fue autor de una *Autobiografía (Vida)* en la que nos suministra cuantiosa información acerca de sí mismo. Nacido en Jerusalén el año primero del reinado de Calígula (37-38 d. C.), pertenecía a una distinguida familia sacerdotal cuyos antepasados —según la información que nos suministra el propio Josefo— se remontaban hasta el periodo de Juan Hircano. Insatisfecho con la educación religiosa que había recibido en su infancia, a la edad de dieciséis años comenzó a estudiar las sectas de los fariseos, saduceos y esenios, e incluso llegó a vivir tres años en el desierto con un ermitaño llamado Banno. A los diecinueve años, regresó finalmente a Jerusalén y entró a formar parte de la secta de los fariseos (Vida 2). Hacia el 64 d. C. viajó a Roma con el fin de obtener la libertad de algunos sacerdotes judíos que habían sido conducidos allí cautivos por razones de poco peso.

A través de un actor judío llamado Alitiro, conoció a Popea lo que le permitió lograr su objetivo y regresar a Judea colmado de regalos (Vida 3). En el 66 d. C. estalló la guerra contra Roma. Josefo sostiene que él había desaconsejado la ruptura de hostilidades (Vida 4) —cabe la posibilidad de que así fuera dado que la aristocracia judía se beneficiaba del «statu quo» existente en la zona[507]— y que sólo intervino en la contienda obligado por presiones muy fuertes. No obstante, lo anterior, Josefo acabó uniéndose al levantamiento e incluso llegó a ser general en jefe de las tropas judías en Galilea (Vida 7; Guerra XX, 4). Sus actividades militares concluyeron en el año 67 d. C. con la captura de la plaza de Jotapata o Yotapata por los romanos (Guerra III, 8, 7-8). Llevado ante Vespasiano, le predijo su futuro entronizamiento (Guerra III, 8, 9), lo que tuvo como resultado inmediato que el romano lo

[507] Un paralelo neotestamentario de esta actitud en Juan 11:49-50.

tratara con notable consideración (Vida 75; Guerra III, 8-9) y que, en el año 69, al ser proclamado emperador por las legiones de Egipto y Judea, otorgara la libertad a Josefo (Guerra IV 10, 7), acompañando a su benefactor a Alejandría (Bello IV 11, 5). Regresó de nuevo al escenario bélico con Tito y colaboró en la tarea de intimar a sus compatriotas, cercados en Jerusalén, a la rendición (Guerra V 3, 3; 6, 2; 7, 4; 9, 2-4; 13, 3; VI 2, 1-3; 2, 5; 7, 2; Vida 75). Invitado a tomar parte del botín, a sugerencia del vencedor romano, cuando tuvo lugar la toma de la ciudad, afirma haberse contentado con lograr la libertad de algunos amigos y de un hermano así como con hacerse con algunos libros sagrados. Parece incluso que consiguió la conmutación de la pena capital de tres hombres ya crucificados de los que uno se salvó finalmente (Vida 75).

Terminada definitivamente la contienda, Josefo se trasladó a Roma donde Vespasiano le regaló una mansión, le otorgó la ciudadanía y le asignó una pensión anual (Vida 76), así como una finca en Judea. Ni siquiera las denuncias de algunos compatriotas como Jonatán de Cirene (Vida 76; Guerra VII 11, 1-3) hicieron tambalearse tan favorable situación. Tanto Tito como Domiciano continuaron prodigándole su favor, habiéndole concedido este último emperador la exención de impuestos de su finca judía (Vida 76). Focio (Biblioteca 33) fecha la muerte de Agripa en en el año 100 d. C. De ser esta noticia correcta, Josefo hubiera vivido hasta el siglo II puesto que la Vida se escribió con posterioridad a ese hecho (Vida 65). No obstante, el dato de Focio dista de ser seguro.

De entre las obras de este autor nos interesan especialmente en relación con la historia del judeocristianismo palestino del siglo I, la *Guerra de los judíos* y las *Antigüedades*, la primera en la medida que recoge datos contemporáneos al desarrollo del fenómeno y la segunda por cuanto contiene referencias explícitas al mismo.

La *Guerra de los judíos* o *Guerra judía* se halla dividida en siete libros de acuerdo a un plan original de Josefo. Del prefacio 1, se deduce que la obra fue escrita originalmente en arameo y más tarde reelaborada por el mismo autor en griego con la ayuda de secretarios

(Contra Apión I, 9).[508] No cabe duda de que para la elaboración de esta obra partió fundamentalmente de su propia experiencia (C. Ap I, 9, 49), aunque algunos autores han apuntado a una obra flaviana[509] o a los *Commentarii* de Vespasiano.[510] La obra es considerablemente tendenciosa y no puede dudarse de que constituye un intento —afortunado por otra parte— de congraciarse con el vencedor deformando los hechos históricos en justificación de la política de éste. Que satisfizo a los romanos es indudable.

Tito en persona recomendó la publicación de la obra (Vida 65) y Agripa —a fin de cuentas un paniaguado de Roma— escribió sesenta y dos cartas alabando su veracidad (Vida 65). Con todo, la presentación divergente del conflicto —en cuanto a sus causas y al verdadero papel de Roma en la zona— que se aprecia en las *Antigüedades* deja de manifiesto que el mismo Josefo no estuvo nunca convencido de la versión dada en la *Guerra de los judíos* y que, al final de sus días, intentó dejar a la posteridad una visión más cercana a la verdad histórica. Este factor resulta de especial interés para nosotros por cuanto permite advertir los condicionantes ideológicos del autor a la hora de redactar sus obras históricas.

Las *Antigüedades* abarcan en veinte libros toda la historia de Israel desde el Génesis hasta el año 66 d. C. Algunos autores han visto en ello un intento de paralelo de la historia romana de Dionisio de Halicarnaso, pero no es seguro que, efectivamente, ése fuera el

---

508 La bibliografía sobre Josefo es realmente muy numerosa. Referencias a la misma se hallan especialmente en K. H. Rengstorf, "Complete Concordance to Flavius Josephus", Leiden, 1973; L. H. Feldman, "Studies in Judaica: Scholarship on Philo and Josephus (1937-62)", Nueva York, 1963; A. Schalit, "Zur Josephus-Forschung", Darmstadt, 1973; H. Schreckenberg, "Bibliographie zu Flavius Josephus. Arbeiten zur Literatur und Geschichte des hellenistischen Judentums", Leiden, 1968; Idem, Die "Flavius Josephus Tradition in Antike und Mittelalter", Leiden, 1972; y E. Schürer, "O.c", v. I, págs. 43 y ss. En cuanto al papel de los colaboradores de Josefo ha sido objeto de opiniones realmente divergentes. H. St. J. Thackeray, "Josephus the Man and the Historian", Nueva York, 1967, les concede un valor extraordinario. Una crítica de su postura puede hallarse en G. C. Richards, "The Composition of Josephus 'Antiquities" en "Catholic Biblical Quarterly", 33, 1939, págs. 36-40. Un análisis sobre los condicionantes que actuaron sobre la obra de Josefo en P. Vidal-Naquet, "Ensayos de historiografía", Madrid, 1990, págs. 109 y ss.

509 W. Weber, "Josephus und Vespasian", 1921.

510 Thackeray, 1967, págs. 37-41.

origen del plan y de la división de la obra. No vamos a analizar aquí las fuentes relativas a la información josefina no relacionada con el judeocristianismo. En cuanto a éste, exponemos más adelante el valor que asignamos a los datos proporcionados en sus obras. Será entonces cuando hagamos referencia al que, a nuestro juicio, puede ser su origen. No obstante, adelantamos que consideramos el mismo oral y, quizás menos posiblemente, emanado de fuentes sacerdotales (ver paralelos en Contra Apión I, 7; Vida I 1).

Es muy posible que las *Antigüedades* se escribieran a lo largo de un periodo de tiempo bastante dilatado. Parece ser que el proceso de redacción experimentó diversas interrupciones (Prol. 2) y que, finalmente, se concluyó en el año trece de Domiciano (93-94 d. C.), contando el autor unos cincuenta y seis años (Ant XX 12, 1). La obra, de contenido claramente apologético según propia confesión del autor (Ant. XVI 6, 8), no iba dirigida a los judíos sino a un público compuesto por griegos y romanos.

En las obras de Flavio Josefo nos encontramos con dos referencias claras al judeocristianismo en Israel. La primera se halla en Ant, XVIII 63, 64 y la segunda en XX, 200-3. Su texto en la versión griega es como sigue:

> Vivió por esa época Jesús, un hombre sabio, si es que se le puede llamar hombre. Porque fue hacedor de hechos portentosos, maestro de hombres que aceptan con gusto la verdad. Atrajo a muchos judíos y a muchos de origen griego. Era el Mesías. Cuando Pilato, tras escuchar la acusación que contra él formularon los principales de entre nosotros lo condenó a ser crucificado, aquellos que lo habían amado al principio no dejaron de hacerlo. Porque al tercer día se les manifestó vivo de nuevo, habiendo profetizado los divinos profetas estas y otras maravillas acerca de Él. Y hasta el día de hoy no ha desaparecido la tribu de los cristianos
> (Ant XVIII, 63-64).

> El joven Anano [...] pertenecía a la escuela de los saduceos que son, como ya he explicado, ciertamente los más desprovistos de piedad de entre los judíos a la hora de aplicar justicia. Poseído

> de un carácter así, Anano consideró que tenía una oportunidad favorable porque Festo había muerto y Albino se encontraba aún de camino. De manera que convenció a los jueces del Sanedrín y condujo ante ellos a uno llamado Jacobo, hermano de Jesús el llamado Mesías, y a algunos otros. Los acusó de haber transgredido la ley y ordenó que fueran lapidados. Los habitantes de la ciudad que eran considerados de mayor moderación y que eran estrictos en la observancia de la ley se ofendieron por aquello. Por lo tanto enviaron un mensaje secreto al rey Agripa, dado que Anano no se había comportado correctamente en su primera actuación, instándole a que le ordenara desistir de similares acciones ulteriores. Algunos de ellos incluso fueron a ver a Albino, que venía de Alejandría, y le informaron de que Anano no tenía autoridad para convocar el Sanedrín sin su consentimiento. Convencido por estas palabras, Albino, lleno de ira, escribió a Anano amenazándolo con vengarse de él. El rey Agripa, a causa de la acción de Anano, lo depuso del sumo sacerdocio que había ostentado durante tres meses y lo reemplazó por Jesús, el hijo de Damneo.

No vamos a referirnos aquí a los problemas de fiabilidad histórica que presentan las *Antigüedades* en su conjunto, sino a los testimonios concretos acerca de Jacobo, el hermano de Jesús, y del mismo Jesús. Aclaremos además que el segundo pasaje nos interesa no por lo que señala en sí sobre este último sino por reflejar la existencia de un grupo de seguidores suyos, así como por referirse a su origen. Ninguno de los dos pasajes de las *Antigüedades* relativos al objeto de nuestro estudio es aceptado de manera unánime como auténtico.[511] No obstante, podemos señalar que, por regla general,

---

[511] La bibliografía sobre este tema es realmente copiosa por más que, en términos generales, los argumentos argüidos sean claramente repetitivos. Señalamos pues las posturas más definidas seguidas de sus principales defensores sin perjuicio de analizar alguna más pausadamente en el curso de texto. En favor de la autenticidad están W. E. Barnes, "The Testimony of Josephus to Jesus Christ", 1920; C. G. Bretschneider, "Capita theologiae Iudaeorum dogmaticae e Flauii Iosephi scriptis collecta", 1812. págs. 59-66; B. Brüne, "Zeugnis des Josephus über Christus" en "Th St Kr", 92, 1919, págs. 139-47 (si bien con la salvedad de que un autor cristiano eliminó parte de lo contenido en el texto); F. F. Bruce, "¿Son

el referente a Jacobo es prácticamente aceptado como tal por la inmensa mayoría de los estudiosos, resultando además muy común aceptar la autenticidad del segundo texto y rechazar la del primero en todo o en parte.[512]

---

fidedignos los documentos del Nuevo Testamento?", Miami, 1972. págs. 99 y ss. (partidario de la autenticidad del texto pero sosteniendo que un copista cristiano eliminó parte del contenido original); F. C. Burkitt, "Josephus and Christ" en "Th T", 47, 1913, págs. 135-44; A. von Harnack, "Der jüdische Geschichtsschreiber Josephus und Jesus Christus", 1913, cols. 1037-68; R. Laqueur, "Der Jüdische Historiker Josephus", Giessen, 1920, págs. 274-8 (el testimonio flaviano procede de la mano de Josefo pero en una edición posterior de las *Antigüedades*); L. Van Liempt, "De testimonio flaviano" en "Mnemosyne", 55, 1927. págs. 109-116; R. H. J. Shutt, "Studies in Josephus", 1961, pág. 121. A favor de la tesis de la autenticidad aunque con interpolaciones posteriores están C. K. Barret, "The New Testament Background", Nueva York, 1989, págs. 275 y ss. (el texto aparece en todos los manuscritos de las *Antigüedades*, aunque seguramente presenta omisiones realizadas por copistas cristianos. Originalmente se asemejaría a las referencias josefianas a Juan el Bautista); S. G. F. Brandon, "Jesus and the zealots", Manchester, 1967, págs. 121, 359-68; Idem, "The Trial of Jesus of Nazareth", Londres, 1968. págs. 52-55; 151-2; L. H. Feldman, "Josephus", IX, Cambridge y Londres, 1965, pág. 49; R. Gotz, "Die urprüngliche Fassung der Stelle Josephus Antiquit. XVIII 3, 3 und ihr Verhaltnis zu Tacitus Annal. XV, 44" en "ZNW", 1913, págs. 286-97 (el texto sólo tiene algunas partes auténticas que, además, son mínimas y, en su conjunto, fue reelaborado profundamente por un copista cristiano); J. Klausner, "Jesús de Nazaret", Buenos Aires, 1971, págs. 53 y ss. (no hay base para suponer que todo el pasaje es espurio pero ya estaba interpolado en la época de Eusebio de Cesarea); T. W. Manson, "Studies in the Gospel and Epistles", Manchester, 1962, págs. 18-19; H. St. J. Thackeray, "O.c". pág. 148 (el pasaje procede de Josefo o un secretario pero el censor o copista cristiano realizó en él pequeñas omisiones o alteraciones que cambiaron el sentido del mismo); G. Vermés, "Jesús el judío", Barcelona, 1977, pág. 85 (incluso considera como improbable la interpolación por un autor cristiano posterior); P. Winter, "On the trial of Jesus", Berlín, 1961, págs. 27, 165, n. 25 (sostiene la tesis de la interpolación pero el conjunto de la obra es excesivamente tendencioso y cargado de prejuicios). Finalmente en contra totalmente de la autenticidad podemos señalar a E. Schürer, "Josephus" en "Realenzyclopadie für die protestantische Theologie und Kirche", IX, 1901, pág. 377-86; W. Bauer, "New Testament Apocrypha", I, 1963, págs. 436-7; H. Conzelmann, "Jesus Christus" en "RGG", III, 1959, cols. 619-53 y 662 (pretende, lo que es más que discutible, que el pasaje refleja el kerigma de Lucas); F. Hahn. W. Lohff y G. Bornkamm, "Die Frage nach dem historischen Jesus", 1966, págs. 17-40; E. Meyer, "Ursprung und Anfage des Christentums", I, Sttutgart-Berlín, 1921, págs. 206-11.

[512] Excepciones al respecto serían B. Niese, De testimonio Christiano quo est apud Josephum Ant. Iud.ç XVIII 63 sq. disputatio, 1893-4; J. Juster, "Les juifs dans l'Empire romain", II, París, 1914, págs. 139-41; G. Holscher, "RE", IX, cols. 1934-2000 y E. Schürer, "O.c", I, págs. 43 y ss.

El pasaje relativo a Jacobo implica, desde luego, menos dificultad que el relacionado con Jesús, como ya hemos señalado antes. El personaje en concreto fue uno de los dirigentes principales de la comunidad de Jerusalén antes y después de la marcha de Pedro (Hech. 15:1 y ss.; 21:18 y ss.). De él se nos dice que era hermano de Jesús, el llamado Mesías (Cristo). El término «legoménos» no implica en sí juicio de valor afirmativo o negativo sino solamente una manera de identificar al tal Jesús. Que esto proceda de Josefo parece lo más natural si tenemos en cuenta que aparecen varios con este nombre en su obra y que éste intenta distinguirlos siempre de alguna manera.[513] En el caso del hermano de Jacobo parece lo más lógico que optara por la identificación más sencilla: le llamaban Mesías. Cuestión aparte, en la que Josefo no entra, es que lo fuera o no.

De aceptarse la tesis de que las palabras «Jesús, llamado Mesías» fueran una interpolación nos encontraríamos con varios problemas de nada fácil resolución. El primero es el hecho de que resulta muy difícil aceptar que un interpolador cristiano se hubiera conformado con una referencia tan modesta. Más probable es que hubiera optado por añadir elementos edificantes y hagiográficos a la historia, aspectos ambos que están ausentes de la misma.[514] En segundo lugar, aquí «Mesías» aparece como título —lo que era efectivamente— y no como un nombre, deformación lingüística que se aprecia en los cristianos del día de hoy y que surgió pronto en el ámbito helenístico. Un interpolador cristiano, sobre todo si hubiera sido de origen gentil, jamás hubiera añadido una coletilla de tan

[513] Josefo hace referencia a Jesús, hijo de Fabi (Ant XV 9, 3; Jesús hijo de See (Ant XVII 13, 1); Jesús hijo de Damneo (Ant XX, 9, 1, 9, 4); Jesús hijo de Gamaliel (Ant XX 9, 4, 9, 7); Jesús hijo de Gamala (Guerra IV 3, 9, 4, 3, 4, 4, 5, 2; Vita 38-193; 41-204); Jesús hijo de Safás (Bello II 20, 4); Jesús hijo de Safías (Guerra II 21, 3; III 9, 7; 9, 8; 10, 1, etc.; Jesús hijo de Tebuti, (Guerra VI 8, 3); Jesús hijo de Ananías (Guerra VI, 5, 3; Jesús, el adversario de Josefo (Vida 22-105-11); Jesús, el galileo (Vida 40-200) (¿el mismo que el anterior?), Jesús, el cuñado de Justo de Tiberiades (Vida 35-178 y 37-186) y, finalmente, un Jesús indeterminado (Vida 48-246). A la vista de esta pléyade de tocayos parece lógico que Josefo identificara al Jesús, hermano de Jacobo.

[514] En este mismo sentido, entre otros, comp. L. H. Feldman, "O. c", X, Londres, 1981, pág. 108; S. G. F. Brandon, "The fall"" ""of Jerusalem and the Christian church", Londres, 1951 (1), 1957 (2), c. 3, y J. Klausner, "Jesús...", págs. 55 y ss.

rancio sabor judío. En tercer lugar, señalemos que Orígenes conoció este pasaje y lo cita tal cual no disminuido en su contenido que —como hemos señalado— encajaría a la perfección con Josefo.[515] Finalmente, resulta más que dudoso que un interpolador cristiano se hubiera conformado con decir solamente que a Jesús lo llamaban Mesías. Lo más lógico hubiera sido esperar una afirmación más calurosa en relación con la mesianidad de Jesús, en cualquier caso algo más que una simple constatación de un dato frío. A nuestro juicio pues el pasaje de Ant XX tiene todos los visos de ser auténtico. Debemos señalar además que el hecho de que Josefo hablara en Ant XX de Jacobo como «hermano de Jesús llamado Mesías» sin dar más explicaciones al respecto acerca del mencionado Jesús da pie a suponer que había hecho referencia a este personaje concreto con anterioridad.[516] Lo cierto es que, efectivamente, tenemos una referencia anterior acerca de Jesús en Josefo, la que se halla en Ant XVIII 3, 3.

Ciertamente la autenticidad del mencionado texto no fue cuestionada prácticamente hasta el siglo XIX[517] y el hecho resulta comprensible si tenemos en cuenta que todos los manuscritos que han llegado hasta nosotros lo incluyen sin excepción. Cabe decir por lo tanto que la evidencia textual de los manuscritos se manifiesta unánimemente en favor de su autenticidad. Con todo, ciertas presuntas inconsistencias de tipo interno aconsejan examinar a fondo el texto y discernir lo que puede haber de josefino en el mismo. Comenzaremos por aquellas partes que, en nuestra opinión, deben ser atribuidas sin dudar a Josefo.

Parece bastante posible que la afirmación de que Jesús era un «hombre sabio» sea josefina. Ciertamente esa limitación de atributos en relación con Jesús encaja difícilmente con un interpolador

---

515 Orígenes cita a Josefo en Contra Celso I, 47, II, 13 y, muy especialmente en relación con el pasaje que tocamos, en Comentario sobre Mateo X, 17 (sobre Mateo 13:55). Anteriormente se habían referido a Josefo, Teófilo de Antioquía, A Autolico III, 23; Tertuliano, Apología XIX, 6; y Clemente de Alejandría, Stromata, I, 21, 147, 2.

516 En este sentido, E. Schürer, "O.c", vol. I, págs. 428 y ss.

517 Una excepción notable sería la de Escaligero, comp. L. H. Feldman, "O. C", pág. 49.

cristiano.[518] Tanto la limitación de Jesús a una mera condición humana como la ausencia de otros apelativos hace prácticamente imposible que su origen sea cristiano. Añadamos a esto que la expresión, por el contrario, tiene paralelos en el mismo Josefo (Ant XVIII 2, 7; X 11, 2) y, por lo tanto, es muy posible que proceda de este autor. También es muy probable que resulte auténtico el relato de la muerte de Jesús. Se menciona la responsabilidad de los saduceos en la misma —un argumento exculpatorio común en autores judíos hasta el siglo XXI— y se descarga la culpa inherente a la orden de ejecución sobre Pilato, algo que ningún evangelista[519] (no digamos cristianos posteriores) estaría dispuesto a afirmar de forma tan tajante, pero que sería lógico en un fariseo y más si no simpatizaba con los cristianos y se sentía inclinado a presentarlos bajo una luz desfavorable ante un público romano. Por último, otros aspectos del texto apuntan asimismo a un origen josefino. En primer lugar, está la referencia a los saduceos como «los primeros entre nosotros». Esta expresión encaja perfectamente con el estilo del Josefo de las *Antigüedades* en discrepancia con el de la *Guerra* que nunca emplea el pronombre de primera persona. Finalmente, la referencia a los cristianos como «tribu» (algo no necesariamente peyorativo) también armoniza con las expresiones josefinas (Guerra III, 8, 3; VII, 8, 6) aunque habría sido descartado por un interpolador cristiano.

Resumiendo, pues, se puede afirmar que resulta muy posible que Josefo incluyera en las *Antigüedades* una referencia a Jesús como un «hombre sabio», cuya muerte, instada por los saduceos, fue ejecutada por Pilato, y cuyos seguidores seguían existiendo hasta la fecha en que Josefo escribía. Pasemos a continuación a las expresiones cuya autoría resulta más dudosa.

En primer lugar, está la clara afirmación de que Jesús «era el Mesías» (Cristo). El pasaje, tal y como nos ha llegado, pudiera tener resonancias neotestamentarias claras (Luc. 23:35; Juan 7:26; Hech. 9:22). No es imposible que Josefo conociera algunos escritos del Nuevo Testamento y, hoy por hoy, parece demostrado que

---

518 En el mismo sentido, J. Klausner, "Jesús...", págs. 52 y ss.

519 Ver, por ejemplo, Mateo 27:26; Marcos 15:5; Lucas 23:24; Juan 19:16.

conocía relativamente bien el cristianismo y que incluso en las *Antigüedades* se recogen diversos intentos de interpretación de la Escritura contrarios a los de este movimiento,[520] pero, con todo, aquí no nos hallamos con una declaración neutra al estilo de la de Ant XX, sino con una evidente confesión de fe. Salvo algún caso aislado, que sostiene la conversión de Josefo,[521] existe una total unanimidad hoy en día en negar —como ya en su día lo hizo Orígenes (Contra Celso I, 47; Comentario sobre Mateo X, 17)— la posibilidad de que este autor creyera en Jesús como Mesías. Es por ello, por lo que el pasaje tal y como nos ha llegado, difícilmente pudo salir de su pluma.

Ahora bien, no se puede descartar que, efectivamente, Josefo hiciera una referencia a las pretensiones mesiánicas de Jesús. De hecho, parece obligado considerarlo así si tenemos en cuenta que le serviría para explicar el que a Sus seguidores se les denominara «cristianos». Cabe la posibilidad de que fuera una nota injuriosa[522] que

---

520 La cuestión de las relaciones de Josefo con los cristianos es algo que excede considerablemente el objeto del presente estudio. No obstante, André Paul parece haber establecido no sólo que Josefo conocía bien a los cristianos sino que sentía animadversión hacia los mismos, un enfrentamiento que tiene, entre otras manifestaciones, la utilización de interpretaciones del Antiguo Testamento contrarias a los mismos. Al respecto, ver A. Paul, "Hellenica et Judaica", 1986, págs. 129-137; Idem, "Lectio divina", 1975, págs. 83-104; Idem, Ibidem, 1979, págs. 67-82 y 105-08. El profesor F. Manns me señaló personalmente, en el curso de una visita a Jerusalén, en 1991, su coincidencia con el enfoque de A. Paul.

521 Ver en este sentido, William Whiston, "Josephus", Grand Rapids, 1978, págs. 708 y ss. Señalemos que su tesis es más que nada una conjetura de casi imposible verificación que pasa por identificar a Josefo con uno de los obispos judeocristianos de finales del siglo I.

522 E. Schürer, "O.c", págs. 439 y ss. Una ingeniosa —pero muy poco posible— reconstrucción del texto de Josefo en un sentido injurioso en R. Eisler, "Iesous Basileus ou basileusas", 2 vols, Heidelberg, 1929-30, e Idem, "The Messiah Jesus and John the Baptist", Londres, 1931, pág. 61. La primera obra, calificada por P. Vidal-Naquet como «enorme, densa e insana» (P. Vidal-Naquet, "Ensayos...", pág. 123, n. 12) es realmente el cañamazo de la otra y fue rebatida desde el mismo momento de su aparición. Una refutación realmente demoledora de la misma se halla en E. Bikerman, "Sur la version vieuxrusse de Flavius Josèphe" en "Melanges Franz Cumont", Bruselas, 1936, págs. 53-84. A decir verdad, R. Eisler sólo ha influido en las tesis de S. Reinach, "Orpheus", Londres, 1931, págs. 247 y ss.; y S. G. F. Brandon (que lo reconoció). Igualmente nos parece indiscutible su influencia en J. Montserrat, "La sinagoga cristiana", Barcelona, 1989, págs. 305 y ss., aunque

resultó suprimida por un copista cristiano que se sintió ofendido por la misma aunque resulta también verosímil que Josefo se limitara a señalar que Jesús era considerado el Mesías por algunos sin que él apoyara tal pretensión.[523] De ser cierto este último supuesto, también el pasaje resultó previsiblemente alterado —por considerarlo demasiado tibio— por el copista cristiano. Las palabras «si es que puede llamársele hombre» podrían ser una interpolación cristiana. Parecen desde luego presuponer la creencia en la Deidad de Cristo (algo impensable en un judío no cristiano). Ahora bien indirectamente sirven para reforzar el carácter auténtico del «hombre sabio» josefino. Es posible que el supuesto censor cristiano no se sintiera contento con lo que consideraba un pálido elogio de Jesús y que añadiera la apostilla de que no se le podía limitar a la categoría de simple ser humano.

La expresión «maestro de gentes que aceptan la verdad con placer» posiblemente sea también auténtica en su origen si bien en la misma podría haberse deslizado un error textual al confundir (intencionadamente o no) el copista la palabra *TAAEZE* con *TALEZE*. De hecho, el pasaje, con esta variación, presenta resonancias de Josefo por cuanto tanto las expresiones *parádodsa erga*[524] como *edoné déjeszai*[525] cuentan con paralelos en las *Antigüedades*. Por otro lado, la lectura, que con *TALEZE* resultaba aceptable para un cristiano al convertir a los seguidores de Jesús en amantes de la verdad, con *TAAEZE* encajaría perfectamente en una visión farisea moderada de Jesús: él fue un hombre sabio, pero sus seguidores, en su mayoría, eran gente que buscaban sólo el elemento espectacular.

Finalmente, nos queda por discutir el grado de autenticidad que puede tener la referencia de Josefo a la resurrección de Jesús. Desde

---

este autor no se ocupa de Josefo ni tampoco somete la cuestión a un examen histórico serio.

[523] En este sentido, que, personalmente, nos parece el más posible, ver T. W. Manson, "Studies in the Gospels and Epistles", Manchester, 1962, pág. 19 (Manson se basa fundamentalmente en las informaciones de Orígenes a que ya nos hemos referido y en la lectura variante del De vir. ilus. de Jerónimo donde se lee "credebatur") y F. F. Bruce, "¿Son fidedignos...?", págs. 99 y ss.

[524] Ant IX, 8, 6; XII, 2, 8.

[525] Ant XVII 12, 1; XVIII, 1,1; 3, 1; 3, 4; 6, 10; 9, 4; XIX 1, 16; 2, 2.

luego, tal y como nos ha llegado, difícilmente puede provenir de este autor porque —una vez más— implicaría prácticamente una confesión de fe cristiana.[526] Ahora bien, admitido este punto, caben dos posibilidades: que el texto sea una interpolación total o que presente un cercenamiento del original. Sin ningún dogmatismo, creemos que esta última posibilidad es la que más se acerca a la realidad. De ser cierta esta hipótesis, el relato adquiriría además una clara coherencia porque señalaría la base de explicación de la permanencia del movimiento originado en Jesús: Sus seguidores afirmaban que había resucitado.[527]

Resumiendo, pues, podemos decir que el cuadro acerca de Jesús que Josefo reflejó originalmente pudo ser muy similar al que señalamos a continuación: «Jesús era un hombre sabio, que atrajo en pos de sí a mucha gente, si bien la misma estaba guiada más por un gusto hacia lo novedoso (o espectacular) que por una disposición profunda hacia la verdad. Se decía que era el Mesías y, presumiblemente por ello, los miembros de la clase sacerdotal decidieron deshacerse de él entregándolo a Pilato que lo crucificó. Ahora bien, el movimiento no terminó ahí porque los seguidores del ejecutado, llamados cristianos en virtud de las pretensiones mesiánicas de su maestro, *dijeron* que se les había aparecido. De hecho, en el año 62, un hermano de Jesús, llamado Jacobo, fue ejecutado por Anano si bien, en esta ocasión, la muerte no contó con el apoyo de los ocupantes sino que tuvo lugar aprovechando de un vacío de poder romano en la región. Tampoco esta muerte había conseguido acabar con el movimiento». Cuando Josefo escribía, seguían existiendo seguidores de Jesús.

Aparte de los textos mencionados, tenemos que hacer referencia a la existencia del Josefo eslavo y de la versión árabe del mismo.

---

[526] En favor de la autenticidad aunque reconociendo otras interpolaciones en el texto, ver: A. Pelletier, "L'originalité du témoignage de Flavius Josèphe sur Jésus" en "RSR", 52, 1964, págs. 177-203.

[527] Referencia a una posible utilización josefina de una crónica o anales relacionados con estos hechos en E. Schürer, "O.c", págs. 438 y ss. La obra citada insiste en la imposibilidad de relacionar a Jesús con una acción violenta. En el mismo sentido, P. Vidal-Naquet, "Ensayos...", págs. 199 y ss.

Esta última,[528] recogida por un tal Agapio en el siglo x, coincide en buena medida con la lectura que de Josefo hemos realizado en las páginas anteriores. No obstante, resulta obligatorio mencionar que su autenticidad resulta cuando menos problemática aunque no pueda descartarse sin más la posibilidad de que reproduzca algún texto de Josefo más primitivo que el que nosotros poseemos. Su traducción al castellano dice así:

> En este tiempo existió un hombre sabio de nombre Jesús. Su conducta era buena y era considerado virtuoso. Muchos judíos y gente de otras naciones se convirtieron en discípulos suyos. Los que se habían convertido en sus discípulos no lo abandonaron. Relataron que se les había aparecido tres días después de su crucifixión y que estaba vivo; según esto, fue quizás el Mesías del que los profetas habían contado maravillas.

En cuanto a la versión eslava,[529] poca duda puede haber de que no es sino un conjunto de interpolaciones no sólo relativas a Jesús sino también a los primeros cristianos. Ciertamente contó con una valoración inusitada e injustificada por parte de Robert Eisler (1929-30) que pretendía basar en la misma algunas de sus especiales teorías sobre el carácter de Jesús y del movimiento originado en Él. Sin embargo, como señalaría uno de los autores más influidos por Eisler, «con unas pocas notables excepciones, la tesis del Dr. Eisler ha sido vigorosamente repudiada por los eruditos de denominación cristiana, judía y agnóstica».[530]

---

[528] Al respecto, ver S. Pines, "An Arabic Version of the Testimonium Flavianum and its Implications" en "Proceedings of the Israel Academy of Sciences and Humanities", 2, 1966 e Idem, "Un texte judéo-chrétien adapté par un théologien musulman" en "Nouvelles chrétiennes d'Israël", 2-3, 1966, págs. 12-20. Ver también, S. P. Brock, "JThSt", 23, 1972, pág. 491.

[529] Para nuestro estudio hemos manejado la traducción alemana de la misma realizada por los Dres. Berendts y Grass, "Flavius Josephus vom Jüdischen Kriege, Buch I-IV, nach der slavischen èbersetzung", Dorpat, Parte I. 1924-26 y Parte II, 1927, así como la traducción del Dr. Berendts en "Texte und Untersuchungen. Neue Folge", vol. XIV, 1906; y la inglesa de H. St. J. Thackeray en "Josephus", vol. III, Londres, 1979, págs. 635 y ss.

[530] S. G. F. Brandon, 1951, pág. 115.

Lo cierto es que el entusiasmo de Eisler por esta fuente y su interpretación subsiguiente de la figura de Jesús, como ya hemos señalado con anterioridad, no llegaron a prender del todo ni siquiera en Sus imitadores. S. G. F. Brandon, en una obra de muy discutible metodología y conclusiones, pretendió que en el Josefo eslavo había una fuente más cercana al original que la que ha llegado hasta nosotros. Desgraciadamente, no sólo no fundamentó con un mínimo de convicción su tesis, sino que incluso llegó a violentar el contenido de esta fuente para hacerla encajar en presuposiciones de trabajo. En cuanto a J. W. Jack atribuyó el Josefo eslavo a una falsificación consciente que la iglesia otodoxa habría utilizado para combatir la herejía, contradiciendo así la tesis de Eisler que veía el origen de la difusión más bien en un grupo de judaizantes. La explicación de J. W. Jack tampoco resulta convincente y, en términos generales, parece ser un eco de tesis expresadas un año antes por J. M. Creed.[531]

Ciertamente, y en esto existe un consenso casi unánime, no parece posible determinar si existe algo en ella que pueda servirnos como fuente histórica toda vez que los pasajes parecidos a los de *Antigüedades* aparecen en la *Guerra* y que además se hace referencia a otros episodios adicionales. Aunque algún aspecto de la misma parece confirmar nuestra reconstrucción de Josefo (por ej. son los discípulos y no Josefo quienes afirman que Jesús ha resucitado, a Jesús se le atribuyen obras milagrosas, es ejecutado por Pilato, etc.), consideramos muy arriesgado concederle ningún valor documental de relevancia.[532]

---

531 Para el estudio de los mencionados puntos de vista, ver S. G. F. Brandon, "The fall of Jerusalem...", págs. 114 y ss.; J. W. Jack, "Historic Christ", Londres, 1933; J. M. Creed, "The Slavonic Version of Josephus History of the Jewish War" en "The Harvard Theological Review", XXV, 1932, págs. 318-9.

532 R. Eisler volvió sobre esta teoría en "Flavius Josephus on Jesus called the Christ" en "JQR", 21, 1930, págs. 1-60, si bien no puede decirse que añadiera nada sustancial a sus primeras exposiciones.

Las fuentes judías (II): literatura rabínica[533]

Este tipo de literatura es fruto de la actividad docente, exegética y recopiladora de los escribas y rabinos. Surgida en buena medida de un deseo de hacer accesible la Biblia en la vida cotidiana, del estudio de la misma derivan consecuencias legales (*halajáh*) e histórico-teológicas (*haggadáh*). La primera aparece conectada directamente con el texto escriturístico en forma de comentario o bien se sistematiza temáticamente. Este último modelo es el seguido por la Mishnáh, la Tosefta y los dos Talmudes, obras que pueden agruparse bajo el epígrafe de literatura talmúdica. En ellas la haggadáh aparece intercalada con la halajáh pero en diverso grado. La segunda cristalizó fundamentalmente en forma de interpretación de la Biblia. El comentario rabínico, sea haggádico o halájico, se denomina midrásh. En cuanto a la exégesis popular y tradicional de la Biblia se ha transmitido en el targum. Su origen seguramente es precristiano pero de las compilaciones que han llegado hasta nosotros la más temprana no resulta anterior al siglo II d. C.

1. Literatura talmúdica

a) La Mishnáh

La palabra *Mishnáh* podría traducirse literalmente como «repetición» y, efectivamente, tal fue el significado que le atribuyeron algunos Padres.[534] No obstante, la concepción hebrea parece contener mejor

[533] La bibliografía sobre literatura rabínica es cuantiosísima. En este apartado sólo haremos referencia a aspectos puntuales de la misma. Para un estudio introductorio y limitado a la Mishnáh puede recurrirse a F. Manns, "Pour lire la Mishna", Jerusalén, 1984, y en relación al Talmud a C. Vidal, "El Talmud", Madrid, 1994 y sucesivas ediciones. Referencias más amplias, por temas y con mayor profundidad pueden encontrarse en H. L. Strack y G. Stemberger, "Introducción a la literatura talmúdica y midrásica", Valencia, 1988. Los aspectos lingüísticos están siendo tratados magníficamente por M. Pérez Fernández, "La lengua de los sabios", I, Valencia, 1992".

[534] Ver Jerónimo, Comentario sobre Isaías, 59, CCL, LXXVIII A 685; Idem, Comentario sobre Mateo 22:23; Epifanio, Contra los herejes, 33, 9. En las Constituciones apostólicas I.6; II.5; VI. 22, la parte ritual de la ley mosaica recibe la misma calificación de «deutérosis» (= misná) y se señala que fue impuesta tras el episodio del becerro de oro. Los maestros de la «deutérosis» recibían el nombre de

la idea de «enseñar o aprender la ley oral», tarea realizada, eso sí, a través de la repetición.[535] Constituye el código más antiguo de la ley judía que ha llegado hasta nosotros, aunque contamos con antecedentes en las Reglas de Qumrán, el Rollo del Templo y Jubileos 50. La obra se divide en seis órdenes (*sdrym*), a su vez subdivididos en sesenta tratados (*msktvt*) aunque en las ediciones impresas aparecen como sesenta y tres, ya que Baba qamma, Baba mesi'a y Baba batra son independientes, al igual que Sanedrín y Makkot. Cada tratado aparece dividido en capítulos (*prqym*) y párrafos (*mshnyvt*). El lenguaje de la Mishnáh es hebreo posbíblico (mishnaíco) y su contenido es halájico en la práctica totalidad. Con la excepción de las Middot y Abot, la haggadáh sólo aparece esporádicamente.

La tradición judía atribuye la composición de la obra a R. Yehudá ha-Nasí, a finales del siglo II o comienzos del III d. C.[536] cuya muerte debió producirse entre el 192-3 y el 217-20 d. C. Con todo, hay citas de rabinos posteriores a Yehudah ha-Nasí lo que indica un proceso de edición y canonización de la obra algo lento. La Mishnáh pues refleja, aunque de manera parcial, la forma de interpretación de la ley judía que se dio cita en las escuelas asentadas en Israel desde finales del siglo I hasta finales del siglo II d. C.

b) La Tosefta

Esta obra (*tvspt'* = suplemento) constituye otro intento de recopilación de normas interpretativas de la ley. A diferencia de la Mishnáh, no logró alcanzar rango canónico. Su contenido es esencialmente tanaítico y, tradicionalmente, se ha atribuido a R. Hiyyá b. Abba,

«deuterotaí» por ej. Eusebio, Preparación Evangélica, XI, 5, 3; XII, 1, 4; Jerónimo, Comentario sobre Isaías, 3:14 (CCL. LXXII. 53).

535 Ver al respecto Taan. 4, 4. Esta interpretación fue conocida por Jerónimo, Epístola 121, a Algasia, 10, 21, CSEL, LVI, 49).

536 Acerca de Yehudá ha-Nasí, ver M. Avi-Yonah, "Geschichte der Juden im Zeitalter des Talmud", Berlín, 1962. págs. 38-41; W. Bacher, "Die Agada der Tannaiten II", 2 vols, Estrasburgo, 1884-90, págs. 454-86; D. Hoffmann, "Die Antoninus-Agadot im Talmud und Midrasch" en "MGWJ", 19, 1892, págs. 33-55 y 245-55; ""S. Klein, "The Estates of R. Judah ha-Nasi" en "JQR", N.S, 2, 1911, págs. 545-56; L. Wallach, "Colloquy of Marcus Aurelius with the Patriarch Judah I" en "JQR", 1940-1, págs. 259-86; A. Büchler, "Studies in Jewish History", Londres, 1956, págs. 179-244.

discípulo de Yehudá ha-Nasí. No obstante, es más probable que la obra sea una fusión de dos colecciones halájicas de Hiyyá y Hoshayá.[537] Su estructura es muy similar a la de la Mishnáh. De los sesenta y tres tratados de la última sólo faltan Abot, Tamid, Middot y Quinnim; el resto cuenta con equivalente en la Tosefta. Contiene mayor cantidad de haggadáh que la Mishnáh.

c) El Talmud de Jerusalén

La Mishnáh se convirtió a lo largo de los siglo III y IV en la obra esencial en las escuelas rabínicas asentadas en Israel, especialmente en Tiberíades. Enriquecida con materiales de procedencia diversa (exégesis, otras colecciones) se convirtió en el Talmud palestinense o de Jerusalén (TalPal o TJ). En el mismo se interpreta el texto de la Mishnáh pasaje a pasaje, recurriendo muy frecuentemente a la casuística. Incluye las opiniones de los amoraítas (literalmente «locutores»), letrados del periodo posmishnaíco correspondientes a los siglos III y IV, y las baraitot (singular *bryt'*), dichos que no registra la Mishnáh, pero que son coetáneos de la misma y que se citan en hebreo dentro de un pasaje arameo del Talmud.

Este Talmud menciona a Diocleciano y a Juliano, pero no a figuras judías posteriores a la segunda mitad del siglo IV, por lo que su estructura actual debió adquirirla poco después del 400 d. C.[538] Aunque su contenido principal es halájico, reune asimismo una considerable riqueza de materiales haggádicos.[539] Hasta nosotros sólo han llegado los cuatro primeros *sedarim* (con la excepción de los tratados Eduyyot y Abot) y el comienzo de Niddá.[540] Los comentarios y discusiones arameos, la Guemarah, están escritos en dialecto galileo.

---

537 Ver J. Z. Lauterbach, "JE", XII, págs. 208-209.

538 Ver J. Neusner, "Invitation to the Talmud", Filadelfia, 1984, págs. 96 y ss.; Idem, "Judaism in the matrix of Christianity", Filadelfia, 1986; Idem, "Judaism and Christianity in the Age of Constantine", Chicago, 1987; H. L. Strack y G. Stemberger, "O.c", págs. 236 y ss.

539 Las partes haggádicas fueron reunidas en la obra Yephe Mar 'eh de Samuel Yaffé, un autor del siglo XVI. Ver también A. WünscHE, "Der jerusalemische Talmud in seinem haggadischen Bestandtheilen zum ersten Male in's Deutsche übertragen", Leipzig, 1880.

540 Ver H. L. Strack y G. Stemberger, "O.c", págs. 238 y ss. Los fragmentos descubiertos en la Geniza del Cairo contienen los mismos tratados, ver Y. Sussmann,

d) El Talmud de Babilonia

Se cree que la Mishnáh fue llevada a Babilonia por Abba Arika, Rab, un discípulo de Yehudá ha-Nasí.[541] No tardó en sufrir un considerable incremento de material que concluyó en su codificación final en el siglo VI.[542] En el Talmud babilónico (TalBab), la haggadáh está representada más ampliamente que en el de Jerusalén aunque tampoco abarca toda la Mishnáh. El primer séder se ha perdido por completo salvo Berajot; Shekalim está ausente del segundo séder; el cuarto carece de Eduyyot y Abot, el quinto de Middot, Quinnim y la mitad de Tamid, el sexto se ha perdido salvo Niddá. Aunque abarca treinta y seis tratados y medio frente a los treinta nueve del TJ, en la práctica, es cuatro veces más voluminoso y, en sus ediciones, aparecen siete tratados extra canónicos a continuación del cuarto séder. Desde la Edad Media, ha sido objeto de mayor veneración.

2. El Midrash

Aparte de la Mishnáh, la Tosefta y los dos Talmudes existen otros escritos de corte rabínico relacionados con el Antiguo Testamento y dedicados al comentario del mismo pasaje por pasaje. Estos comentarios (midrashim) contienen material halájico y haggádico. Las composiciones más antiguas (Mekilta, Sifra, Sifre) son una mezcla de ambos, pero con predominio halájico. Su vinculación principal con la Mishnáh se da en lo relativo a la época y el contenido. Las posteriores suelen ser haggádicas casi por completo (Midrásh Rabbá, etc.), aparecieron en época amoraítica y se compilaron en el periodo siguiente. El origen de los midrashim no está en el estudio académico de la Torá, sino en los sermones pronunciados en la sinagoga con fines de edificación espiritual.

"Talmud Fragments in the Cairo Geniza" en M. A. Friedman (ed.), "Cairo Geniza Studies", Tel Aviv, 1980, págs. 21-31; L. I. Rabinowitz, "Enc. Jud", XV, cols. 773-4.

[541] Ver J. Neusner, "History of the Jews in Babylonia", II, Leiden, 1966, págs. 126-34.

[542] Ver J. Neusner, "Invitation to the Talmud", Filadelfia, 1984, págs. 167 y ss.; H. L. Strack y G. Stemberger, "O.c", págs. 269 y ss.

Las tres obras más antiguas, Mekilta (sobre Ex. 12–23) atribuida a R. Ismael,[543] Sifra (sobre Lev.) y Sifre (Núm. 5–35 y Deut.) forman un grupo claramente independiente.[544] Con frecuencia se mencionan en el Talmud y, más concretamente, Sifra y Sifre de manera explícita. Se ha afirmado —aunque siga siendo objeto de controversia—[545] que la Mekilta y Sifre reflejan la visión de la antigua halajáh, mientras que la Mishnáh, la Tosefta y Sifra corresponderían a un periodo posterior de la evolución jurídica. En Sifra es muy escasa la haggadáh, mientras que en la Mekilta y Sifre la proporción de haggadáh es considerable (cerca de la mitad en el último escrito). La lengua de los midrashim tanaíticos, como acontece con los restantes comentarios, es hebrea en la práctica totalidad, si bien ocasionalmente aparecen palabras, frases o incisos en arameo. En su forma original los midrashim tanaíticos fueron compuestos en el siglo II d. C. pero experimentaron una revisión con posterioridad.

3. El Targum

La palabra aramea (y hebrea) «tárgum» deriva del acadio *targumanu*, el «intérprete», que, a su vez, puede haberse originado en el hitita. En el sentido que la empleamos aquí se refiere a todo un segmento de la literatura rabínica relacionado con la traducción de los textos sagrados, aunque, en realidad, más que de traducción tendríamos que hablar de perífrasis en las que aparecen insertos buen número de elementos interpretativos. Aunque en los libros con contenido legal las ampliaciones tienen forma halájica, por el contrario, en su mayoría son de origen haggádico.

Todos los libros bíblicos poseen un targum salvo aquellos que ya contienen fragmentos en arameo como es el caso de Esdras, Nehemías y Daniel. En algún caso, como sucede con los libros del Pentateuco o Ester, existe una pluralidad de targumim. Los targumim

---

543 Existe otra recensión de la misma obra conocida como Mekilta de R. Simeón ben Yojay, cuyo principal portavoz es precisamente este rabino.

544 Ver H. L. Strack y G. Stemberger, "O.c", págs. 336 y ss.

545 Ver en este sentido, J. Z. Lauterbach, Mekilta de-Rabbi Ishmael, Filadelfia, 1976, pág. XIX.

estaban en algunos casos relacionados con la liturgia (fragmentos de un targum sobre Levítico Q IV) pero este hecho no es, ni lejanamente, generalizado (Tg de Job Q XI). En Nehemías 8:8 se nos recoge el relato de una interpretación oral de la lectura pública de la Torá y no resulta inhabitual asociar este episodio con los orígenes de los targumim. A esta lectura del templo se añadirían además otras cuyo trasfondo sería sinagogal. La finalidad inmediata era hacer accesible —mediante la traducción y la interpretación— el contenido de las Escrituras hebreas a una población cuya lengua hablada ya no era el hebreo. Los targumim se aplicaban a los textos leídos de manera oficial en la sinagoga, es decir, la Torá y las haftarot o pasajes de los profetas seleccionados en relación con aquella. La lectura se realizaba primeramente sobre el texto sagrado y luego, versículo a versículo (la Torá), o en trozos más amplios (profetas o escritos), el targumista interpretaba oralmente el pasaje en concreto. Los targumistas no podían tener ante sus ojos un texto escrito mientras pronunciaban la interpretación —presumiblemente para que no se confundiera ésta con el texto sagrado y, por lo tanto, la memoria y los métodos mnemotécnicos tenían un valor esencial. Con todo, no existe constancia de que los targumim no pudieran ser consignados por escrito.

Existen tres targumes de la Torá. El primero es el denominado *Yerushalmi*, que es el más antiguo, basado en una tradición oral antigua recogida por las escuelas rabínicas de Galilea a partir del siglo II d. C. Hasta 1950 sólo era conocido en forma fragmentaria en manuscritos particulares y en algunos trozos de la Geniza del Cairo. El hallazgo por A. Díez Macho de un manuscrito completo —el Ms. Neofiti 1— en la Biblioteca Vaticana nos ha permitido acceder a un texto con una ortografía repetidamente modernizada y, sustancialmente, en buen estado de conservación.

El segundo es el de *Onqelos* al que las escuelas babilónicas del siglo III otorgaron un carácter oficial aunque, presumiblemente, su origen es palestino. Contiene un texto muy parecido al del hebreo original y, aunque tiene algunas amplificaciones haggádicas, su halajáh es esencialmente rabínica. Su lengua es un dialecto diferente del primer targum de la Torá y más parecido al arameo de Daniel.

El tercero es el *Yerushalmi 1* (TJ 1) o del *Pseudo-Jonatán* (Ps-J) contiene pasajes del Yerushalmi en un contexto similar al Onqelos y con pasajes midráshicos de origen indeterminado.

El targum de los profetas (libros de Josué a 2 Reyes, Isaías, Jeremías, Ezequiel y los doce profetas menores) quedó fijado en el ambiente del que nació el Onqelos, en el mismo dialecto arameo y con la finalidad de que tuviera el mismo valor que éste en la lectura sinagogal. No es seguro si existió un targum Yerushalmi de los profetas, pero sí parece que hubo un targum de las haftarot. En esos pasajes es donde hay más desarrollos haggádicos. El targum de Jonatán pretende asemejarse lo más posible al original hebreo y sólo alguna vez opta por la versión libre, lo que se ha interpretado como residuos de un targum Yerushalmi. Un ejemplo de esto lo tenemos en Isaías 63:1 que revela la existencia de un targum más antiguo en que el pasaje se interpretaba de manera mesiánica como lo hace el autor judeocristiano de Apocalipsis (19:13). De hecho, esta interpretación es la que se da en el Tg Yerushalmi de Génesis 49:13-14. El targum de Isaías es el más desarrollado y resulta indiscutible que en el mismo se dan elementos de una apologética anti-cristiana, como, por ejemplo, en la interpretación distorsionada de Isaías 52:13–53:12. El Tg de los profetas constituye un testimonio de primer orden en relación con la teología rabínica y resulta indiscutible que algunos de sus aspectos son de aparición anterior al cristianismo.

Las *meguil-lot* o rollos (el Cantar de los cantares, Rut, las Lamentaciones, el Eclesiastés y Ester) son testigos de una ampliación targúmica específica del texto primitivo que puede concluir en un midrásh arameo. Aunque las tradiciones parecen ser en algunos casos muy antiguas, su forma actual es reciente. La lengua predominante es el arameo de Galilea como en el Tg Yerushalmi del Pentateuco, aunque se advierten resquicios —posiblemente debidos a las manos de los copistas— del arameo del Tg de Onqelos. En general, puede decirse que los targumes de las Meguil-lot se acercan más a la literatura edificante que al modelo targúmico puro.

También existen targumes referidos a los Ketubim (Salmos, Job, Proverbios y 1 y 2 Crónicas). En los dos primeros casos el texto no se fijó nunca de una forma oficial y es corriente encontrar en algunos pasajes dos o tres paráfrasis del mismo texto. Existen además varias familias de manuscritos, lo que explica, por ejemplo, la carencia de coincidencia absoluta entre las Políglotas de Amberes y de Londres. El targum de Crónicas ha llegado hasta nosotros sólo en tres manuscritos. En cuanto a los Salmos aparecen representados en un número de manuscritos considerable, cayendo muchas veces en ampliaciones de tipo haggádico que, prácticamente, constituyen un comentario. Estos targumes resultan especialmente interesantes porque permiten rastrear algunas de las interpretaciones mesiánicas utilizadas por el judeocristianismo y que, posteriormente, en todo o en parte, fueron rechazados por el judaísmo rabínico.

Aparte de los targumes referidos a los libros sagrados del canon hebreo o palestino —que es el mismo que, dentro del cristianismo, siguen las iglesias protestantes y distinto del mantenido por la Iglesia Católica Romana— hay que indicar la existencia de targumim relacionados con los deuterocanónicos o apócrifos. En estos casos, lógicamente, el texto del que se parte para la elaboración de los targumim es el griego. Así tenemos targumim de Tobías, de las adiciones al libro de Ester (sueño de Mardoqueo y la oración de Ester) y de los suplementos a Daniel (provenientes de la versión de Teodoción).

Los materiales proporcionados por las fuentes rabínicas relacionados con el objeto de nuestro estudio son susceptibles de agruparse en dos tipos. En primer lugar, nos hallamos con las referencias directas al judeocristianismo y a Jesús. Estas no resultan muy numerosas[546] y se hallan teñidas por la polémica. Así, la persona

[546] Naturalmente nos referimos a aquellas ediciones que no fueron expurgadas por la censura papal durante la Edad Media. Para una mayor documentación sobre este tema ver C. Vidal, *El Talmud*, Madrid, varias ediciones; G. Dalman, "Die Thalmudischen Texte (über Jesu) "que fue publicado como apéndice a Heinrich Laible, "Jesus Christus im Talmud", Leipzig, 1900. Los mismos textos con una explicación más amplia pueden hallarse en R. Travers Herford, "Christianity in Talmud and Midrash", Londres, 1905, págs. 401-436: pasajes originales; págs. 35-96: traducción y notas; págs. 344-369: resumen y análisis histórico. Estudios de utilidad sobre este aspecto histórico en Richard von der Alm, "Die Urteile heidnischer un jüdischer Schrifsteller der vier ersten christlichen Jahrhunderte über Jesus und die ersten Christen", Leipzig, 1865; Daniel Chwolsohn, "Das Letzte Passamahl Christi und der Tag seines Todes", Leipzig, 1908, págs. 85-125 y Samuel Krauss, "Das Leben Jesu nach jüdischen Quellen", Berlín, 1902, págs. 181-194.

de Jesús, lógico punto de referencia del judeocristianismo palestino, es, y no puede minimizarse este aspecto, tratada con especial dureza en los escritos rabínicos.[547] En primer lugar, se da una clara insistencia en considerar a Jesús como un bastardo,[548] a Su madre como una adúltera[549] y a Su padre como un legionario romano llamado Pantera J. Klausner,[550] que intentó paliar, bastante infructuosamente a nuestro juicio, la visión negativa que la literatura rabínica presenta acerca de Jesús, ha insistido, siguiendo a otros autores, en que el nombre «Pantera» vendría de una corrupción de «parzénos» (virgen). El origen de esta deformación derivaría del hecho de que los cristianos creían a Jesús el hijo de una virgen. Sin entrar a fondo sobre la veracidad de esta tesis (a nuestro juicio siquiera verosímil), parece de ella desprenderse, por un lado, una visión del nacimiento de Jesús entre Sus seguidores que se asemejaría (si es que no era igual) a la de Mateo (c. 1-2) y a la de Lucas (c. 1-2) leído a la luz de Mateo, mientras que Sus detractores insistirían en el aspecto irregular del evento, problema éste, al parecer, de cierta antigüedad y que alguna fuente (Juan 8:41) sitúa ya como existente durante la vida de Jesús.[551]

---

547 No incluimos entre los textos referentes a Jesús los relacionados con "Ben Stada". Ciertamente los amoraítas y especialmente Rab Jisda (217-309 d. C.) identifican a este personaje con Ben Pandera y Jesús (Shab. 104 b; Snah. 67 a.) pero dista mucho de estar probado que esa fuera la opinión de los tanaítas. Así Rabenu Tam (Shabat 104b) declara expresamente que «éste no era Jesús de Nazaret» e incluso el Toldot Ieshu, que fue redactado en la Edad Media, no identifica a Jesús con Ben Stada. Mantenemos el punto de vista de que Ben Stada es para los tanaítas el falso profeta egipcio citado por Josefo en Ant. XX, 8 y Guerra II, 12. En el mismo sentido se han definido J. Derenbourg, "Essai sur l'histoire de la Paléstine", París, 1867, pág. 478; H. P. Chajes en su artículo "Ben Stada" en el "Ha-Goren" de S. A. Horodetski, Berdichev, 1903, IV, págs. 33-37; y de R. T. Herford, "O.c", págs. 345.

548 He estudiado con anterioridad el tema de la influencia de esta acusación en la teología judeocristiana posterior y, más concretamente, en la mariología. Al respecto, ver César Vidal, "La figura de María en la literatura apócrifa judeocristiana de los dos primeros siglos" en "Ephemerides Mariologicae", vol. 41, Madrid, 1991, págs. 191-205; e Idem, "María" en "Diccionario de las tres religiones", Madrid, 1993.

549 Ver especialmente Yeb. IV, 3; 49 a.

550 J. Klausner, Jesús de Nazareth, 1971, págs. 45 y ss., y 23 y ss.

551 En un sentido similar pudiera entenderse el dato referente a un bastardo que aparece en el Tratado Kalá, ed. Koronel, pág. 18b; Kalá, Talmud, ed. Ram,

Ciertamente, las fuentes talmúdicas apuntan a la creencia en virtudes taumatúrgicas asociadas a la persona de Jesús, pero las mismas son contempladas desde una perspectiva hostil. En Sanh 107 b y Sota 47 b, se nos dice que «Ieshu practicó la hechicería y la seducción y llevaba a Israel por mal camino», datos que, aparecen repetidos en Sanh. 43 a. donde además se nos informa de que «La víspera de Pascua colgaron a Ieshu». La descripción talmúdica —que reconoce el poder taumatúrgico de Jesús, pero lo asocia con una fuente perversa— no sólo recuerda considerablemente a datos contenidos en los Evangelios (Mat. 9:34; 12:24; Mar. 3:22) sino que concuerda con la información que al respecto hallamos en autores cristianos como Justino (Diálogo con el judío Trifón, LXIX). Asimismo se nos ha transmitido en la literatura rabínica una visión negativa de las pretensiones de Jesús que son condenadas explícitamente. Así, el Yalkut Shimeoni (Salónica) par. 725 sobre va-yisá mesháló (Núm. 23:7) de acuerdo con el Midrash Ielamdenu,[552] recoge la noticia de que «intentaba hacerse Dios a sí mismo, para que el mundo entero fuera por mal camino» y se añade que no podía ser Dios puesto que éste no miente mientras que «si él dice que es Dios es un embustero y miente; dijo que marcharía y volvería finalmente. Lo dijo y no lo hizo». Las resonancias del pasaje tienen, de nuevo, claros paralelos en el Nuevo Testamento y, más concretamente, en relación con las cuestiones de la autoconciencia de Jesús (especialmente con Su Deidad) y de la Parusía. Lógicamente, y partiendo de estos presupuestos, deberíamos esperar una condena clara de Jesús y efectivamente eso es lo que encontramos en las mismas fuentes. Así, en Guit. 56b-57 a) se presenta al mismo —que «se burló de las palabras de los sabios» y que fue «un transgresor de Israel»— atormentado en medio de excrementos en ebullición.

El cuadro global resulta, pues, evidente. Las fuentes rabínicas dan por ciertos muchos de los datos contenidos también en fuentes cristianas, pero los reinterpretan con un resultado radicalmente distinto. Así nos encontramos con que ciertamente Jesús

pág. 51 a; Baté Midrashot, ed. S. A. Wertheimer, Jerusalén, 1895. No obstante, creemos que lo más posible es que no se refiera realmente a Jesús.

552 Citado en Dalman, "O.c", pág. 1011 y Herford, "O.c". pág. 404.

había nacido en circunstancias extrañas, pero este hecho no había sido más que consecuencia del adulterio cometido por Su madre con un soldado de las fuerzas romanas de ocupación, un tal Pantera. También era verdad que Jesús había realizado curaciones y otros actos milagrosos, pero tal supuesto[553] se debía a su carácter de hechicero. Igualmente, si había atraido a un buen número de seguidores había que atribuirlo a su capacidad de seducción y a su flexibilidad inexcusable hacia la Torá y si se había igualado a Dios y prometido regresar, con ello sólo había conseguido poner de manifiesto que era un peligroso farsante, algo que justificaba suficientemente el que hubiera sido ejecutado y el que se hallara ahora sufriendo tormento en medio de excrementos en estado de ebullición.

En segundo lugar, nos hallamos con los textos que muestran los resultados finales de la victoria en el seno del judaísmo de un sector teológico concreto.[554] Tal triunfo, como tendremos ocasión de ver

---

[553] Acerca de los milagros de Jesús, desde una perspectiva histórica diversa (en general todos coinciden en el hecho de que Jesús efectuó curaciones pero sacan de ello conclusiones distintas) comp. J. Klausner, "O.c", págs. 253 y ss.; M. Smith, "Jesús el mago", Barcelona, 1988, pág. 106 y ss.; F. F. Bruce, "New Testament History", New York, 1980, pág. 71 y ss. e Idem, "¿Son fidedignos los documentos del Nuevo Testamento?", Miami, 1972, págs. 59 y ss.; H. C. Kee, "Miracle in the Early Christian World", New Haven, 1983; G. Theissen, "The Miracle Stories of the Early Christian Tradition", Filadelfia, 1983; D. Wenham y C. Blomberg (eds.), "Gospel Perspectives 6: The Miracles of Jesus", Sheffield, 1986. Dos puntos de vista teológicos distintos sobre el tema en A. Richardson, "Las narraciones evangélicas sobre los milagros", Madrid, 1974 y J. I. Gonzalez Faus, "Clamor del reino: estudio sobre los milagros de Jesús", Salamanca, 1982. Análisis más sucintos en C. Vidal Manzanares, "Curación", "Jesús" y "Milagros" en "Diccionario de las Tres religiones monoteístas", Madrid, 1993, e Idem, "Milagros" en "Diccionario de Jesús y los Evangelios", Estella, 1994.

[554] Se ha cuestionado que el rabinismo posterior a Jamnia represente sólo el fariseismo triunfante (Comp. Stemberger, "Pharisaer, Sadduzaer, Essener", Stuttgart, 1991) alegándose el hecho de que la Mishnah tenga un predominio de figuras sacerdotales y de que el interés cúltico es enorme. Ninguno de estos dos aspectos constituyen, a nuestro juicio, refutación de lo expuesto, sino más bien confirmación. Por un lado, sabemos que hubo fariseos que pertenecían a la casta sacerdotal; por otro, es innegable que una de las consecuencias de Jamnia fue intentar crear las condiciones para que el servicio del templo —que se consideraba de pronta reconstrucción— fuera desarrollado conforme a las normas de interpretación fariseas. Finalmente, no poca de la normativa a que hacemos mención pretende llevar a la vida cotidiana la práctica típica de los sacerdotes, es decir, convertir la existencia cotidiana en un altar.

en la segunda y tercera parte de este estudio, implicó la erradicación de las visiones teológicas distintas a la vencedora así como el análisis tendencioso y la descalificación sistemática de las mismas. Naturalmente, entre ellas se hallaba el cristianismo y, de manera muy especial, el judeocristianismo. La relectura de la Escritura —especialmente en lo que a los textos considerados mesiánicos se refiere— se vio encaminada a combatir de forma apologética aquellas interpretaciones contrarias a la del judaísmo posterior a Jamnia y, de manera muy especial, a los judeocristianos. Con todo, podremos ver que se conservan aún elementos de interpretaciones anteriores a la ruptura definitiva entre judaísmo y cristianismo y los testimonios recogidos en las mismas no resultan de tan escaso valor histórico como se ha señalado en ocasiones.[555]

555 En el mismo sentido, ver J. Klausner, "Jesús...", págs. 18 y ss.

CAPÍTULO II

LAS FUENTES ESCRITAS: FUENTES CRISTIANAS

Las epístolas de Pablo

La figura de Pablo[556] contó una considerable trascendencia en los inicios del cristianismo primitivo. Nacido aproximadamente en el año 10 d. C., en Tarso (Cilicia) (Hech. 7:58), en el seno de una familia judía de la tribu de Benjamín, que contaba con fariseos de

[556] La bibliografía sobre Pablo es muy considerable. A su biografía he consagrado mi *Apóstol para las naciones*, Nashville, 2020 que duplica en extensión a mi anterior *Pablo, el judío de Tarso*, Madrid, 2007 que fue galardonado con un premio de biografía y que contiene abundante bibliografía sobre el tema. Consignamos a continuación algunas de las obras esenciales, a nuestro juicio, para emprender el estudio de los diferentes análisis sobre este personaje. F. C. Baur, "Paul: His Life and Works", 2 vols, Londres, 1875; C. G. Montefiore, "Judaism and St. Paul", Londres, 1914; W. M. Ramsay, "St. Paul the Traveller and the Roman Citizen", Londres, 1920; R. Bultmann, "Neuste Paulusforschung" en "Theol. Rundschau", 6, 1934, págs. 229-246; Idem, "Ibidem", 8, 1936. págs. 1-22; J. Klausner, "From Jesus to Paul", Londres, 1944; W. D. Davies, "Paul and Rabbinic Judaism", Londres, 1948; M. Dibelius y W. G. Kümmel, "Paul", Londres, 1953; H. J. Schoeps, "Paul: The Theology of the Apostle in the Light of Jewish Religious History", Londres, 1961; R. N. Longenecker, "Paul, Apostle of Liberty", Nueva York, 1964; O. Kuss, "Die Rolle des Apostels Paulus in der theologischen Entwicklung der Urkirche", Regensburg, 1971; W. A. Meeks (ed.), "The Writings of St. Paul", Nueva York, 1972; E. E. Ellis y E. Grasser (eds.), "Jesus und Paulus", Gotinga, 1975; H. Ridderbos, "Paul: An Outline of his Theology", Grand Rapids, 1975; G. Bornkamm. "Pablo de Tarso", Salamanca, 1978; G. Barbaglio, "Pablo de Tarso y los orígenes cristianos", Salamanca, 1989; E. P. Sanders, "Paul and Palestinian Judaism", Minneapolis, 1977 e Idem, "Paul, the Law and the Jewish people", Filadelfia, 1989; F. F. Bruce, "Paul and Jesus", Grand Rapids, 1982; Idem, "Paul: Apostle of the Heart Set Free", Grand Rapids, 1990; y César Vidal, "Pablo" en Diccionario de Jesús y los Evangelios e Idem, Ibidem en "Diccionario de las tres religiones", Madrid, 1993.

observancia estricta (Fi 3),[557] fue enviado por la misma a Jerusalén, fue discípulo de Gamaliel. Se convirtió al cristianismo c. 32-33.[558] Tras una estancia en Damasco y en el reino de los nabateos (aproximadamente tres años), subió a Jerusalén (entre el 35-36) donde sólo pudo entrar en contacto con Pedro (Hech. 7:58; 9:1; 22:4; 9:20; 9:23; 9:26; Gál. 1:13-18). Desde entonces hasta c. 42, Pablo estuvo en Tarso (Hech. 9:30; Gál. 1:21). Sobre 43-44 se estableció en Antioquía de Siria (Hech. 11:25). Ante la situación de hambre que padecía Jerusalén, Pablo, c. 46 d. C., fue enviado por la comunidad cristiana de esta ciudad con una colecta de ayuda (Hech. 11:27; 12:25). Del 47 al 48 aproximadamente tuvo lugar su primer viaje misionero, acompañado por Bernabé y Marcos (Hech. 13:14), en el curso del cual proclamó el Evangelio en Chipre, Antioquía de Pisidia, Iconio, Listra, Derbe, Perge y Atalia. Se produjo un choque con las comunidades judías y, en ocasiones, tuvo lugar derramamiento de sangre causado por los judíos opuestos a la misión paulina.

Hacia el año 48, escribió su epístola a los Gálatas de especial interés para determinar su visión acerca de la Torá, así como el conflicto con los judaizantes y la actitud del judeocristianismo palestino en relación con el tema. En torno al año 49, Pablo asistió al denominado Concilio de Jerusalén, donde se discutió la relación de los conversos gentiles con la Torá. Del 49 al 53 se produjo el segundo viaje misionero de Pablo (Hech. 15:36 y ss.) durante el cual éste volvió a visitar a las iglesias fundadas por él durante el primero. En Listra lo acompañó Timoteo y resultó asimismo notable su estancia en Atenas. Posteriormente, se dirigió a Corinto[559] y de regreso a

---

[557] Sobre las relaciones de Pablo con el judaísmo, aparte de las obras ya citadas, y partiendo de un aporte judío muy específico, ver L. Baeck, "The faith of st. Paul" en "Judaism and Christianity", Filadelfia, 1960, págs. 139-68; y S. Sandmel, "The Genius of Paul: A study in History", N. York, 1970.

[558] Sobre la relación entre Pablo y Jesus, aparte de las obras citadas en la bibliografía general ya reseñada, ver R. Bultmann, "Jesus and Paul" en "Existence and Faith", Londres, 1964, págs. 217-239; y E. Jüngel, "Paulus und Jesus", Tubinga, 1962.

[559] Para un estudio general de las comunidades paulinas desde una perspectiva sociológica, ver W. Meeks, "Los primeros cristianos urbanos", Salamanca, 1988; y A. J. Malherbe, "Social Aspects of Early Christianity", Filadelfia, 1983. Desde la misma perspectiva y en relación concreta con Corinto, ver: G. Theissen, "Estudios de sociología del cristianismo primitivo", Salamanca, 1985, págs. 189 y ss.

Siria, pasó por Jerusalén (52) y Éfeso (52-55). De esta época son, muy posiblemente, sus epístolas a los Tesalonicenses.

El tercer viaje misionero de Pablo tuvo lugar en torno a los años 55-57 (Hech. 18:23; 21:17). Fundó iglesias en Colosas, Laodicea, Hierápolis, Troas, Esmirna, Pérgamo, Tiatira, Sardes y Filadelfia. De este período son las cartas a los corintios (55-56) —cuyas comunidades visitó de nuevo a inicios del 57— y a los romanos. Al descender a Jerusalén (mayo del 57) fue apresado y permaneció en esa situación en Cesarea hasta el 59. En septiembre de ese año, viajó a Roma donde sufrió prisión hasta el 61-62 (Hech. 27:28). Escribió entonces las cartas de la cautividad (Efesios, Filipenses, Colosenses, Filemón) y, quizás, alguna de las pastorales como 1 Timoteo.[560] A partir de este momento las opiniones se dividen en lo relativo al destino ulterior de Pablo. Aunque algunos abogan por su ejecución durante la persecución neroniana del 64 (discutiéndose no obstante si Pablo llegó o no a recuperar su libertad tras su llegada a Roma), a nuestro juicio, cabe la posibilidad de que el apóstol fue liberado en torno al 62, realizando nuevos viajes, entre ellos el proyectado a España[561] (c. 65), y experimentando un nuevo cautiverio. Hacia el 65, Pablo sería ejecutado habiendo escrito poco antes de su muerte la epístola de 2 Timoteo y quizás la dirigida a Tito.

Pablo no constituye una fuente directamente emanada del judeocristianismo, pero sí es una fuente de primer orden en relación con algunos aspectos esenciales del tema. Los escritos de Pablo, anteriores a la destrucción del templo en el 70 d. C., son depositarios de noticias relativas al judeocristianismo palestino hasta finales de los años 50. Estas resultan de un valor notable sobre todo en lo relativo a la forma en que los seguidores judíos de Jesús contemplaban la entrada de los gentiles en el seno de su movimiento. Vamos a examinar ahora los escritos paulinos que guardan alguna relación con el judeocristianismo palestino.

---

[560] Naturalmente, sobre la base de que las pastorales sean auténticas. Para un examen de los distintos puntos de vista, ver, más abajo, la bibliografía sobre Efesios y las pastorales.

[561] Hemos dedicado al tema un apartado específico en C. Vidal, *Apóstol para las naciones*. Ver también J. M. Blázquez, 1975, II, págs. 288 y 403

Gálatas[562]

Gálatas no ha sido cuestionada como obra genuinamente paulina. Aún más. Como en el caso de la carta a los Romanos ha sido utilizada a modo de vara de medir para determinar el paulinismo genuino de otros escritos. La epístola a los gálatas está dirigida claramente a las iglesias de Galacia (1:2), a los gálatas (3:1), que posiblemente pueden identificarse con los mismos a los que se refiere en 1 Corintios 16:1. Ahora bien, dado que la provincia de Galacia se extendía a lo largo de la mitad de Asia Menor estos datos resultan excesivamente magros para poder conocer con certeza quiénes eran los destinatarios de la obra en cuestión. Ciertamente, Pablo se dirige a un grupo concreto, posiblemente muy numeroso, pero no aclara si éste aparece compuesto por los gálatas étnicos (la parte norte de la provincia) o por los gálatas administrativos (la parte sur de la provincia) que no eran sino un conglomerado de pisidios, frigios, licaonios, judíos y griegos. No parece que la carta vaya dirigida a los dos grupos a la vez y tampoco es verosímil la existencia de un tercer grupo gálata.

En favor de la identificación de los destinatarios con habitantes de la parte norte de Galacia están los siguientes argumentos: el testimonio universal de la iglesia primitiva, la mención de los gálatas por Pablo (algo que, en un sentido exacto, sólo eran la gente de la zona norte), las características personales de los destinatarios que presuntamente encontrarían cierta similitud con los celtas, las referencias a una evangelización que presuntamente no coincidiría con la del sur descrita en Hechos 14, la lectura de Hechos que requeriría un viaje misionero por la zona norte al menos en una o dos ocasiones, la identificación en la carta de los Gálatas con gentiles cuando en el sur había numerosos judíos y, finalmente, el hecho de que los problemas eclesiales referidos en la carta parecen ser cosa nueva

---

562 Sobre esta epístola, con biliografía y discusión de las diversas posturas, ver W. Ramsay, "A Historical Commentary on St. Paul's Epistle to the Galatians", Londres, 1899; J. H. Ropes, "The Singular Problem of the Epistle to the Galatians", Cambridge, Mass, 1929; F. F. Bruce, "The Epistle of Paul to the Galatians", Exeter, 1982; C. K. Barrett, "Freedom and Obligation", Londres, 1985.

siendo así que, de encontrarse los destinatarios en el sur —con una amplia presencia judía— hubieran surgido desde el principio de las comunidades. La aparente solidez de la teoría del norte de Galacia ha provocado su aceptación prácticamente universal hasta hace apenas unas décadas. Las razones que obligan a cuestionarla son, sin embargo, muy sólidas. En primer lugar, no tenemos noticia alguna de iglesias en la zona norte hasta un periodo relativamente tardío e incluso entonces su importancia es mínima. Por el contrario, sí sabemos de iglesias en el sur de cierta relevancia, comunidades por otro lado a las que se refiere el mismo libro de los Hechos silenciando la presunta existencia de las del norte. Además el mismo relato de los Hechos menciona a Bernabé en el sur —circunstancia ésta conocida por los destinatarios de la carta— lo que resultaría imposible si pertenecieran a la zona norte porque en ella no estuvo este último. En segundo lugar, el calificativo de «gálatas» aplicado a los pobladores del sur de Galacia no resulta en absoluto impropio. De hecho, es difícil imaginar otro que pudiera resultar común al abigarrado colectivo étnico que habitaba la zona. Añádase a esto el que Pablo suele utilizar el nombre administrativo de la región a la que se dirige y no tanto el técnico desde un punto de vista histórico o racial (1 Cor. 16:19). Tampoco tiene nada de particular el hecho de que los judaizantes hubieran seguido a Pablo al sur de Galacia dado el número de prosélitos logrados por el apóstol. Parece más difícil imaginar que se hubieran embarcado en una persecución a lo largo de la llanura norte de la provincia. Añádase a esto que la lista de Hechos 20:4 donde se nos habla de los delegados gentiles que acompañan a Pablo llevando la colecta para la iglesia de Jerusalén cuenta al menos con un nombre de la región sur (posiblemente dos) pero no se menciona ninguno de la zona norte, y eso aunque sabemos por 1 Corintios 16:1-4 que Pablo había recogido el dinero precisamente del área gálata en que había desarrollado su misión. Finalmente, no parece encajar con la estrategia paulina el establecer comunidades en una zona no especialmente poblada ni urbana, despreciando otra parte de la provincia que gozaba precisamente de estas cualidades.

En términos generales, podemos señalar que, aunque no sabemos con exactitud quiénes eran los destinatarios de la carta, lo cierto es que los datos parecen inclinarse más hacia identificarlos con cristianos de origen mayoritariamente gentil establecidos en la zona sur de la provincia. Eso explicaría además el hecho de que pudieran sentirse atraídos por la idea de aceptar la Torá tras su conversión a Cristo y que, por ello, fueran presa fácil de misioneros judaizantes.

De aceptar la teoría de la región norte, la datación de esta carta depende de la relación que le demos con las dos epístolas a los Corintios y la dirigida a los Romanos, puesto que Hechos 18:23 (y no 16:6) sería la primera ocasión en que Pablo pudo visitar la zona. Si al igual que Lightfoot, situamos Gálatas entre las cartas a los Corintios y la de los Romanos, lo más probable es que Pablo la escribiera desde Corinto a punto de concluir el tercer viaje misionero. Si por el contrario la consideramos anterior a las dos de Corintios y a Romanos habría que considerarla escrita en el periodo que Pablo pasó en Éfeso.

De aceptar la tesis de la región sur —que nos parece con mucho la más verosímil— la redacción de la carta podría retrotraerse considerablemente ya que el área sur fue ya evangelizada al final del primer viaje misionero (Hech. 14). Aceptando la posibilidad de dos visitas, la segunda (Hech. 16:1) habría tenido lugar a inicios del segundo viaje misionero. Dado que no vuelve a tenerse noticia de otra incursión evangelizadora en este área, lo más posible, a nuestro juicio, es que la carta se escribiera poco antes de la celebración del concilio de Jerusalén en torno al año 48 d. C. Sobre este tema, no obstante, volveremos en la segunda parte de este estudio.

La carta a los Gálatas constituye un documento privilegiado dentro de las fuentes para el estudio del judeocristianismo. Aunque sus referencias al mismo son indirectas (en realidad, aborda un problema pastoral extrapalestino), lo cierto es que nos permite ver, aunque brevemente, el esquema de gobierno de la iglesia de Jerusalén, su proyección hacia el exterior de Palestina, la tensión ocasionada por el contacto con el mundo gentil y las fricciones que esto ocasionaba en la misión paulina en el Mediterráneo. A lo anterior habría que añadir el hecho de que la carta permite contemplar cuáles eran las verdaderas relaciones entre las iglesias cristianas con la comunidad de Jerusalén, temas todos ellos que abordaremos en la segunda parte. A ello hay que añadir que la epístola es indudablemente auténtica (por muy subjetivas y personales que puedan ser sus apreciaciones), que recoge la opinión de uno los principales protagonistas de la controversia y que es relativamente fácil de datar. Sin haber podido acceder a los datos que proporciona, el retrato que poseemos del judeocristianismo y su expansión ulterior, con todo lo que esto implicó, hubiera quedado sensiblemente mermado.

Otros escritos paulinos

En relación con los otros escritos de Pablo, hay que señalar que los datos que nos proporcionan resultan ya considerablemente alejados del objeto de nuestro estudio, sin negar por ello su importancia para la investigación relativa al cristianismo primitivo. De manera resumida podemos indicar en relación con los textos atribuidos a Pablo que:

- las dos cartas a los Tesalonicenses[563] son, en nuestra opinión, paulinas. Se ha objetado, quizás con más voluntariedad que base, la existencia de interpolaciones en estos documentos, pero no parece que tal postura sea de recibo. Aunque pudieran encontrarse en estas cartas paralelos con problemas que se producían en el judeocristianismo palestino, no obstante, es indiscutible que su ocasión, destinatarios y ubicación son ajenos a aquel.
- las dos cartas a los Corintios[564] se escribieron, seguramente, en una fecha cercana a la redacción de las dirigidas

563 Sobre las cartas a los Tesalonicenses, con bibliografía y discusión de las diversas posturas, ver L. Morris, "The First and Second Epistles to Thessalonians", Londres, 1959; F. F. Bruce, "1 and 2 Thessalonians", Waco, 1982; I. H. Marshall, "1 and 2 Thesalonians", Londres, 1983.

564 Sobre las cartas a los Corintios con bibliografía y discusión de las diversas posturas, ver J. Héring, "The Second Epistle of Saint Paul to the Corinthians", Londres, 1967; C. K. Barrett, "The First Epistle to the Corinthians", Londres, 1968, e Idem, "The Second Epistle to the Corinthians", Londres, 1973; F. F. Bruce, "1 and 2 Corinthians", Londres, 1971; H. Conzelmann, "1 Corinthians", Filadelfia, 1979.

> a los tesalonicenses, puesto que señalan el enfrentamiento de Pablo con las comunidades judías (1 Tes. 2:15; 2 Tes. 3:1 y ss.) y Corinto no fue una excepción a esa tónica de enfrentamiento (Hech. 18:13). Pablo visitó tres veces Corinto (cuando se fundó la iglesia, la visita dolorosa y la visita posterior a 2 Corintios) y que escribió cuatro cartas (la anterior a nuestra primera, la primera, la carta severa y la segunda). La fecha de redacción de las cartas resulta relativamente fácil de fijar. Por Hechos 18:12 sabemos que Galión era procónsul de Acaya cuando Pablo estaba en Corinto. Ahora bien, una inscripción de Delfos señala como fecha de la toma de posesión de Galión los inicios del verano del año 51.[565] Pablo dejó Corinto algo después de la llegada de Galión (Hech. 18:18) lo que nos permite fijar las cartas a mediados de la década de los cincuenta del siglo I, y, afinando algo más, c. 55-56 d. C.

Prescindiendo de la identificación de los documentos que han llegado a nosotros como dos o más cartas, lo cierto es que las epístolas dirigidas a los Corintios (y en especial, la primera) nos aportan algunos datos de interés sobre el judeocristianismo en Israel. En primer lugar, los documentos nos permiten discernir, al menos en parte, la dependencia que sentían las iglesias hacia su fundador y, como ésta podía ser cuestionada si no procedía directamente de la comunidad de Jerusalén. Posiblemente, en ningún lugar como en Corinto se llegó a poner en tela de juicio la autoridad paulina. Las diversas comunidades llevaban una existencia considerablemente autónoma, pero no cabe ninguna duda de que miraban a Jerusalén como punto de referencia doctrinal. En segundo lugar, asistimos en estos documentos a una descripción de primera mano acerca de las complicaciones pastorales típicas en iglesias mayoritariamente gentiles y diferentes del judeocristianismo en el Israel del siglo I. Finalmente, podemos comprobar las vinculaciones de otro tipo existentes entre ese judeocristianismo y el paulinismo.

---

565 Ver para reproducción y comentario de la inscripción: K. Lake, "The Beginnings of Christianity", V, Londres, 1933, págs. 460 y ss.

- la carta a los Hebreos[566] no es paulina y, por otra parte, sus destinatarios son, en nuestra opinión, judíos que viven fuera de Palestina y, más concretamente, en la Roma anterior a la persecución de Nerón. Sólo indirectamente algunos de sus puntos de vista pueden reflejar resonancias de la teología judeocristiana palestina. A ellos haremos referencia en la tercera parte del presente estudio.
- Romanos[567] es un libro indiscutiblemente paulino y, al igual que Gálatas, resulta habitual utilizar este documento como baremo de paulinismo pero sus referencias nos parecen distanciadas del judeocristianismo palestino, aunque sean claras, igual que en la carta a los Hebreos, las conexiones con el judeocristianismo romano.
- Colosenses[568] es paulina y recoge el combate del apóstol contra una forma de gnosis de origen presumiblemente judío, pero, con todo, la ubicación del problema así como los que intervinieron en el mismo nos parecen ajenos también a nuestro tema de interés.
- En Efesios y las pastorales,[569] también paulinas, se tocan igualmente temas relacionados con la Torá, Israel y la

566 Sobre Hebreos con bibliografía y abundante discusión sobre los distintos puntos de vista, ver C. Spicq, "L'Èpáátre aux Hébreux", 2 vols, París, 1952 (con una bibliografía muy extensa); H. W. Montefiore, "The Epistle to the Hebrews", Londres, 1964; D. Guthrie, "The Letter to the Hebrews", Leicester, 1983; E. Kasemann, "The Wandering people of God", Minneapolis, 1985; F. F. Bruce, "La Epístola a los Hebreos", Grand Rapids, 1987.

567 Sobre Romanos con abundante bibliografía y discusión de las distintas posturas, ver C. H. Dodd, "The Epistle of Paul to the Romans", Londres, 1932; K. Barth, "The Epistle to the Romans", Oxford, 1933; A. Nygren, "A Commentary on Romans", Londres, 1952; C. K. Barrett, "The Epistle to the Romans", Londres, 1957; C. E. B. Cranfield, "The Epistle to the Romans", 2 vols, Edimburgo, 1975-79; E. Kasemann, "Commentary on Romans", Grand Rapids, 1980; F. F. Bruce, "The Epistle of Paul to the Romans", Londres, 1985.

568 Sobre esta epístola, con bibliografía y discusión de los diversos puntos de vista acerca de la misma, ver E. Lohse, "Colossians and Philemon", Filadelfia, 1971; P. T. O'Brien, "Colossians, Philemon", Waco, 1982; E. Schweizer, "The Letter to the Colossians", Minneapolis, 1982; F. F. Bruce, "The Epistles to the Colossians, to Philemon and the Ephesians", Grand Rapids, 1984.

569 Sobre Efesios y las pastorales, con bibliografía y discusión de las diversas posturas, ver C. Spicq, "Saint Paul: Les Èpitres Pastorales", París, 1947; P. N.

iglesia universal, pero de nuevo existe una lejanía de nuestro objeto de estudio.

- Finalmente, Filipenses[570] pudiera contener reminiscencias de la teología judeocristiana de Israel, más concretamente, en el canto cristológico del capítulo segundo. Dado el aspecto de interés, aislado por otro lado en el conjunto de la carta, que presenta este himno nos referiremos a él con más atención en la tercera parte del presente estudio.

El libro de los Hechos[571]

El acercamiento a esta fuente de primerísimo orden para el estudio del judeocristianismo del siglo I en Palestina exige hacer una referencia específica al texto de la misma que ha llegado hasta nosotros. Este aparece en dos versiones distintas. La primera es

Harrison, "Important Hypotheses Reconsidered: III. The Authorship of the Pastoral Epistles" en "Expository Times", 67, 1955-56 págs. 77-81; B. M. Metzger, "A Reconsideration of Certain Arguments against the Pauline Authorship of the Pastoral Epistles" en "Expository Times", 70, 1958-9, págs. 91-94; E. E. Ellis, "The Authorship of the Pastorals: A Résumé and Assessment of Current Trends" en "Evangelical Quarterly", 32, 1960, págs. 151-61; F. F. Bruce, "The Epistle to the Ephesians", Glasgow, 1961; F. Foulkes, "The Epistle of Paul to the Ephesians", Londres, 1963; C. K. Barrett, "The Pastoral Epistles", Oxford, 1963; M. Dibelius y H. Conzelmann, "The Pastoral Epistles", Filadelfia, 1972; M. Barth, "The Broken Wall", Londres, 1960; Idem, "Ephesians", 2 vols, Nueva York, 1974; D. Guthrie, "The Pastoral Epistles", Grand Rapids, 1979, págs. 16 y ss.; A. T. Hanson, "The Pastoral Epistles", Londres, 1982; y G. Paley, "Las Epístolas de Pablo", Terrassa, 1984, págs. 205 y ss.

570 Sobre esta epístola con bibliografía y debate de las distintas posiciones, ver R. P. Martin, "An Early Christian Confession", Londres, 1960; K. Barth, "The Epistle to the Philipians", Londres, 1962; F. F. Bruce, "Philipians", Basingstoke, 1984.

571 Para bibliografía y discusión de las distintas posturas relacionadas con el libro, ver K. Lake y H. J. Cadbury, "The Acts of the Apostles", Londres, 1933; M. Dibelius, "Studies in the Acts of the Apostles", Londres, 1956; M. Wilcox, "The Semitisms of Acts", Oxford, 1965; R. P. C. Hanson, "The Acts of the Apostles", Oxford, 1967; J. Munck, "The Acts of the Apostles", Nueva York, 1967; J. Dupont, "Ètudes sur les Actes des Apôtres", París, 1967; E. Haenchen, "The Acts of the Apostles", Oxford, 1971; M. Hengel, "Acts and the History of Earliest Christianity", Londres, 1979; I. H. Marshall, "The Acts of the Apostles", Leicester, 1980; F. F. Bruce, "The Acts of the Apostles", Grand Rapids, 1988. Un resumen de las diversas lecturas del libro fundamentalmente desde un punto de vista histórico puede hallarse en el Apéndice I del presente estudio.

la de los denominados «testigos egipcios», representada por los códices Vaticano, Sinaítico —ambos textos muy corruptos— Alejandrino, el palimpsesto de s. Efrén, los papiros 45 y 74 y las citas de los padres alejandrinos. La segunda, denominada «texto occidental» está representada por el Códice Cantabricense, los papiros 38 y 48, los antiguos latinos, las glosas marginales de la versión siriaca Charclense y los padres latinos. Este último texto es más largo, cuenta con algunas lecturas peculiares e incluye ciertos arcaísmos.

Resulta difícil saber cuál es la relación entre ambas versiones. En cualquier caso el carácter secundario de cualquiera de las dos parece que no obedecería a una degradación sino más bien a un pulido sistemático y concreto del texto. El texto occidental tiende a eliminar aparentes contradicciones,[572] corrige datos geográficos e intenta mantener una visión más piadosa del relato. Dibelius señaló que posiblemente las divergencias pudieran explicarse por la no inmediata canonización del libro, a diferencia de lo acontecido con Lucas. No obstante, a nuestro juicio tal teoría dista mucho de estar suficientemente fundamentada.

Dada su importancia para nuestro estudio hemos dedicado a este libro un apéndice específico relacionado con los avatares de su interpretación como fuente histórica en los últimos siglos. A él pues remitimos al lector para acercarse con más detenimiento a las distintas posturas de la investigación en relación con este libro. En las líneas siguientes, resumimos nuestra postura en relación con los aspectos fundamentales de la obra en cuanto a fuente histórica.

Es aceptado hoy de forma prácticamente unánime el hecho de que el autor del libro de los Hechos es el mismo del Evangelio de Lucas. En tal sentido se pronuncian los primeros versículos de la obra (Hech. 1:1-3) y, por otro lado, las objeciones en contrario (proemio incompleto, inconsistencias internas, etc.) no parecen en absoluto concluyentes. De hecho, algunos autores han señalado incluso la posibilidad de que Hechos formara un solo libro con

572 La contradicción entre el relato de 15:32 y ss., donde Judas y Silas vuelven de Antioquía a Jerusalén, y el de 15:40 donde se indica que Pablo llevó a Silas como compañero, es eliminada en el texto occidental en 15:34 al indicar que Silas se quedó en Antioquía.

el Evangelio de Lucas.[573] En nuestra opinión se trata ciertamente de dos obras distintas, como señala el mismo prólogo, si bien la distancia cronológica entre ambas debió ser mínima, tema del que nos ocuparemos más adelante. Al menos desde el siglo II el Evangelio —y en consecuencia el libro de los Hechos— se atribuyó a un tal Lucas. Referencias a este personaje que supuestamente fue médico aparecen ya en el Nuevo Testamento (Col. 4:14; Filem. 24; 2 Tim. 4:11). La lengua y el estilo del Evangelio no permiten en si rechazar o aceptar esta tradición de manera indiscutible. El británico Hobart[574] intentó demostrar que en el vocabulario del Evangelio aparecían rasgos de los conocimientos médicos del autor, por ej. 4:38; 5:18,31; 7:10; 13:11; 22:14, etc. y, ciertamente, resulta innegable que el texto lucano revela un mayor conocimiento médico que el presente en los autores de los otros tres Evangelios.

Por otro lado, el especial interés del tercer Evangelio hacia los paganos sí que encajaría en el supuesto origen gentil del médico Lucas. Desde nuestro punto de vista, sostenemos la opinión de O. Cullmann[575] de que «no tenemos razón de peso para negar que el autor pagano-cristiano sea el mismo Lucas, el compañero de Pablo», aunque tampoco existan razones para afirmarlo con dogmatismo. Como veremos más adelante la datación más probable, a nuestro juicio, del texto abona aún más esta posibilidad.

Es bastante posible que Lucas utilizara diversas fuentes en la elaboración del libro de los Hechos. Harnack propuso en su día la existencia de diversas fuentes:[576] una fuente cesarense-jerosolimitana (3, 1-5 y 16; 8, 5-40; 9, 31- 11, 18; 12, 1-23), otra de origen desconocido a la que otorgaba un valor inferior (2; 5, 17-42) y, finalmente, una última de extracción antioquena-jerosolimitana

---

573 Ver K. Lake, "Beginnings...", V, págs. 1 y ss.; E. Trocmé, Le "Livre des Actes" et l'histoire, "EHPR", 45, 1957, págs. 30 y ss.

574 W. K. Hobart, "The Medical Language of Saint Luke", Dublín, 1882, págs. 34-7. En el mismo sentido se definió A. Harnack, "Lukas der Arzt", Leipzig, 1906.

575 O. Cullmann, El Nuevo Testamento, Madrid, 1971, pág. 55.

576 Ver A. Harnack, "Die Apostelgeschichte" en "Beitrage zur Einleintung in das Neue Testament", III, Leipzig, 1908.

(6, 1-8, 4; 11, 19-30; 12-24-15, 35). Joachim Jeremias demostró ya lo insostenible de la teoría,[577] si bien, como ha dejado de manifiesto W. Kümmel,[578] su tesis de una fuente antioquena[579] es igualmente inaceptable. Los doce primeros capítulos parecen obedecer a una pluralidad de fuentes que, posiblemente, iban referidas a episodios concretos o a ciclos de episodios.

P. Vielhauer ha señalado la posibilidad de que el relato del martirio de Esteban contara ya con forma escrita previa a la consignación lucana[580] y en el mismo sentido se ha pronunciado H. Conzelmann en relación con las historias de Ananías y Safira (5:1-11), de la liberación de Pedro (12:3 y ss.) y de las listas de 6:5 y 13:1-3.[581] Sin excluir ambas posibilidades, no se puede descartar tampoco que las fuentes relativas a esta sección del libro, utilizadas por Lucas para su redacción posterior, fueran fundamentalmente orales y no escritas.

En la parte de los Hechos relacionada con Pablo el carácter de las fuentes no resulta tampoco fácil de zanjar. Por un lado, nos hallamos con las «secciones nosotros» narradas en primera persona del plural y que corresponden al viaje de Troas a Mileto (16:10-17), el de Filipos a Mileto (20:5-15), el de Mileto a Jerusalén (21:1-18) y el de Cesarea a Roma (27:1- 28:16). Por otro, están las secciones no cubiertas por este tipo de fuente y, finalmente, encontramos una práctica ausencia de utilización del corpus paulino como fuente histórica, circunstancia aparentemente chocante si tenemos en cuenta el protagonismo de Pablo en esta parte del libro.

En relación con estas secciones hay que señalar en primer lugar que su consideración resultó fundamental en el hecho de contribuir a que la iglesia primitiva identificara al autor de la obra con un compañero de Pablo que, presumiblemente, habría sido Lucas. Aunque algunos autores han insistido en que el autor de Hechos pudo muy

---

577 Ver J. Jeremias, "ZNW", 36, 1937, págs. 205 y ss.

578 Ver W. Kümmel, "TH R", 1942, págs. 168 y ss.

579 La misma incluiría, hipotéticamente, los siguientes pasajes: 6, 1-8, 4; 9, 1-30; 11, 19-30; 12, 25-14, 28; y 15, 35 hasta el final de la obra.

580 Ver P. Vielhauer, "Geschichte der urchristlichen Literatur", IX, Berlín, 1981.

581 Ver H. Conzelmann, "HNT", 1972.

bien intercalar en su obra los fragmentos de diario de viaje que corresponden a las «secciones nosotros»,[582] sin que éstos fueran obra suya, tal postura nos parece difícil de mantener. De hecho, Harnack la refutó brillantemente al mostrar[583] que estos pasajes no se distinguen lexicológicamente del entorno, pudiendo ser obra del autor final de los Hechos. Dibelius ha supuesto la existencia de una fuente escrita previa de «itinerario»,[584] pero la hipótesis ha sido brillantemente contradicha por distintos autores.[585] En nuestra opinión, no es necesario recurrir a la hipótesis de una o varias fuentes escritas para explicar la utilización de «nosotros». De hecho, como ya hemos señalado, no existen diferencias de estilo (salvo la utilización de la primera persona en lugar de la tercera) entre estos pasajes de los Hechos y el resto del libro y, como ha señalado P. Vielhauer,[586] «cualquier lector sin prejuicios [...] tendría que entenderlo en el sentido de que el narrador se hallaba entonces presente». Efectivamente resulta difícil negar que el autor pretendía transmitir al lector la sensación de que estuvo en medio de los hechos narrados. Dado que esa tesis no puede descartarse y si aceptamos que el autor de las secciones en primera persona fue algún compañero de Pablo, el nombre de Lucas es, una vez más y no casualmente en nuestra opinión, el más probable.

En cuanto a las partes relacionadas con Pablo, pero en las que no intervino el autor de la obra, nos parece lo más verosimil recurrir a la existencia de fuentes orales entre las que —lógicamente— pudo contarse tanto Pablo como alguno de sus colaboradores, así como miembros de la comunidad judeocristiana de Jerusalén.[587] Esto explicaría el carácter peculiar de esas secciones de la obra así como

---

582 Uno de los últimos intentos en este sentido en H. Schonfield, “El Nuevo Testamento Original”, Barcelona. 1990, págs. 186. No obstante, Schonfield acepta la posibilidad de que el médico Lucas fuera el autor del diario de viaje.

583 A. Harnack, Oc, 1906, págs. 19 y ss.

584 Ver M. Dibelius, “Aufs...”, pág. 64.

585 Ver W. Kümmel, “Einleitung”, Heidelberg, 1963, págs. 144 y ss.

586 Ver P. Vielhauer, “O.c”, VII.

587 En este sentido N. Geldenhuys, “The Gospel of Luke”, Londres, págs. 23 y ss.; T. Zahn, “Introduction to the New Testament”, Edimburgo, 1909, III, págs. 51 y ss. La base fundamental de esta afirmación radicaría en la presencia —bastante posible por otra parte— del autor de los Hechos en los encuentros de Pablo con los dirigentes judeocristianos (Hech. 21:18 y ss.) así como en los contactos directos con los judeocristianos Agabo (Hech. 21:10) y Silas

la información limitada a algunos aspectos concretos. Por el contrario, los episodios presuntamente relacionados con el autor abundan más en detalles, y se sostienen mejor en el conjunto de la narración. Finalmente, no podemos dejar de manifestar nuestra coincidencia con algunos autores en el sentido de señalar que la diferencia entre Hechos y las epístolas paulinas ha sido considerablemente exagerada[588] sobre unas bases que, en nuestra opinión, resultan insostenibles. En primer lugar y en relación con las supuestas diferencias de mensaje entre el Pablo epistolar y el Pablo de los Hechos, debe señalarse que Pablo en los Hechos se dirige a evangelizados mientras que en sus obras se centra en cristianos. En los Hechos Pablo se dirige a cristianos una sola vez (20:17-38) y, en ese caso concreto, muestra considerables parecidos con el estilo de sus cartas.[589] Lucas además —y esto es muy claro en la obra— no pretende ser teólogo sino historiador,[590] lo que explica su especial interés en recoger más los «hechos» de Pablo que sus «desarrollos» teológicos.

Por otro lado, la no utilización por Lucas de las epístolas parece fácilmente explicable no sólo con base en estas circunstancias sino también en el plan de la obra que intenta no sólo reflejar una sucesión histórica de acontecimientos, incluyendo los aspectos administrativos y doctrinales, sino también el avance progresivo de un movimiento espiritual. No es lo importante la intrahistoria sino la extrahistoria y la primera sólo es mencionada (como en el caso de Hech. 15) cuando tiene una repercusión en la segunda. Lucas es un historiador de la evangelización y no del dogma o de la eclesiología.

(Hech. 15:22, 27:40; 16:10). A nuestro juicio, es más fácil atribuir el origen de los materiales a estas fuentes que a supuestos escritos hoy desaparecidos.

588 En el mismo sentido, ver J. A. T. Robinson, Oc, 1976, págs. 87 y ss. y G. Paley, OC, 1984.

589 El tema ha sido estudiado en profundidad, y con conclusiones similares a las nuestras, por T. D. Barnes, "An Apostle on Trial" en "JTS", 20, 1969, págs. 407-19.

590 En este mismo sentido, ver W. C. van Unnik, "Once more St Luke's Prologue" en "Neotestamentica", 7, 1973, págs. 7-26. Por esto mismo nos parece excesiva la tendencia a ver en Lucas a un teólogo por encima de todo como ha hecho H. Conzelmann, "The Theology of St. Luke", 1960. Un punto de vista más equilibrado sobre el tema en I.H. Marshall, "Luke: Historian and Theologian", Exeter, 1970 y C. K. Barrett, "Luke the Historian in Recent Study", Filadelfia, 1970.

En cuanto a la datación de la obra, mayoritariamente se sostiene hoy una fecha para la redacción de los Hechos que estaría situada entre el 80 y el 90 d. C. De hecho, las variaciones al respecto son mínimas. Por mencionar sólo algunos de los ejemplos diremos que N. Perrin[591] ha señalado el 85 con un margen de cinco años arriba o abajo; E. Lohse[592] indica el 90 d. C.; P. Vielhauer[593] una fecha cercana al 90 y O. Cullmann[594] aboga por una entre el 80 y el 90. Con todo, y pese a que esta postura, hoy por hoy, mayoritaria, es repasada críticamente en el excursus «ad hoc» pensamos que resulta obligado consignar aquí nuestro punto de vista sobre esta datación.

El «terminus ad quem» de la fecha de redacción de la obra resulta fácil de fijar por cuanto el primer testimonio externo que tenemos de la misma se halla en la «Epistula Apostolorum», fechada en la primera mitad del siglo II. En cuanto al «terminus a quo» ha sido objeto de mayor controversia. Para algunos autores debería ser el 95 d. C., basándose en la idea de que Hechos 5:36 y ss. depende de Josefo (Ant XX, 97 y ss.). Tal dependencia, señalada en su día por E. Schürer, resulta más que discutible, aunque haya sido sostenida por algún autor de talla.[595] Hoy en día puede considerarse abandonada de manera casi general.[596]

Tampoco son de más ayuda las tesis que arrancan de la no utilización de las cartas de Pablo y más si tenemos en cuenta que llegan a conclusiones diametralmente opuestas. A la de que aún no existía una colección de las cartas de Pablo (con lo que el libro se habría escrito en el siglo I y, posiblemente, en fecha muy temprana),[597] se opone la

---

591 Oc, 1975, págs. 167 y ss.

592 Oc, 1971, pág. 77.

593 Oc, 1981, c. VII.

594 Oc, 1974, págs. 195 y ss.

595 Ver F. C. Burkitt, "The Gospel History and its Transmission", Edimburgo, 1906, págs. 109 y ss.

596 Ver F. J. Foakes Jackson, "The Acts of the Apostles", Londres, 1931, XIV y ss.; W. Kümmel, "O.c", pág. 186; G. W. H, Lampe, "PCB", pág. 883; T. W. Manson, "Studies in the Gospels and Epistles", Manchester, 1962, págs. 64 y ss. Posiblemente el debelamiento de esta tesis quepa atribuirlo a A. Harnack, "Date of Acts and the synoptic Gospels", Londres, 1911, c. 1.

597 En este sentido, ver W. Kümmel, "O.c", pág. 186 y T. Zahn, "O.c", III, págs. 125 y ss.

de que el autor ignoró las cartas conscientemente (con lo que cabría fechar la obra entre el 115 y el 130 d. C.). Ahora bien la aceptación de esta segunda tesis supondría una tendencia en el autor a minusvalorar las cartas paulinas en favor de una glorificación del apóstol, lo que, como ha señalado P. Vielhauer,[598] parece improbable y, por contra, hace que resulte más verosímil la primera tesis. A todo lo anterior que obliga a fijar una fecha en el siglo I (algo no discutido hoy prácticamente por nadie) hay que sumar la circunstancia de que aparecen algunos indicios internos que obligan a reconsiderar la posibilidad de que Lucas y los Hechos fueran escritos antes del año 70 d. C.

La primera de estas razones es el hecho de que Hechos concluye con la llegada de Pablo a Roma. No aparecen menciones de su proceso ni de la persecución neroniana ni, mucho menos, de su martirio. A esto se añade el hecho de que el poder romano es contemplado con aprecio (aunque no con adulación) en los Hechos y la atmósfera que se respira en la obra no parece presagiar ni una persecución futura por las actividades del imperio ni tampoco el que se haya atravesado por la misma unas décadas antes. No parece, desde luego, que el conflicto con el poder romano haya hecho su aparición en el horizonte antes de la redacción de la obra. De hecho, por señalar un punto de comparación, el relato de Apocalipsis —conectado con una persecución imperial— presenta ya una visión de Roma muy diversa y nada positiva, en la que la ciudad imperial es una bestia. Esta circunstancia parece pues abogar más por una fecha para los Hechos situada a inicios de los 60, desde luego, más fácilmente ubicable antes que después del 70 d. C. Como ha indicado B. Reicke,[599] «la única explicación razonable para el abrupto final de los Hechos es la asunción de que Lucas no sabía nada de los sucesos posteriores al año 62 cuando escribió sus dos libros».

En segundo lugar, aunque Jacobo fue martirizado en el año 62 por sus compatriotas judíos el hecho no es recogido por los Hechos. Sabida es la postura de Lucas hacia la clase sacerdotal y religiosa

---

598 Oc, 1981, c. VII.

599 Ver B. Reicke, "Synoptic Prophecies on the Destruction of Jerusalem" en D. W. Aune (ed.), "Studies in the New Testament and Early Christian Literature: Essays in Honor of Allen P. Wikgren", Leiden, 1972, pág. 134.

judía. El que se recojan en Hechos relatos como el de la muerte de Esteban, la ejecución del otro Jacobo, la persecución de Pedro o las dificultades ocasionadas a Pablo por sus antiguos correligionarios que se recogen hace extremadamente difícil justificar la omisión de este episodio y más si tenemos en cuenta que incluso permitiría presentar a los judíos (y no a los romanos) como enemigos del evangelio, puesto que el asesinato se produjo en la ausencia transitoria de procurador romano que tuvo lugar a la muerte de Festo. Cabría esperar que la muerte de Jacobo, del que los Hechos presentan una imagen conciliadora, positiva y práctica, fuera recogida por Lucas. Aboga también en favor de esta tesis el hecho de que un episodio así se podría haber combinado con un claro efecto apologético. En lugar de ello, sólo tenemos el silencio, algo que sólo puede explicarse de manera lógica si aceptamos que Lucas escribió antes de que se produjera el mencionado hecho, es decir, con anterioridad al 62 d. C.

En tercer lugar, los Hechos no mencionan en absoluto un episodio que —como tendremos ocasión de ver más adelante— representó un papel esencial en la controversia judeocristiana. Nos referimos a la destrucción de Jerusalén y la subsiguiente desaparición del segundo templo. Este hecho sirvió para corroborar buena parte de las tesis sostenidas por la primitiva iglesia y, efectivamente, fue utilizado repetidas veces por autores cristianos en su controversia con judíos. Precisamente por eso se hace muy difícil admitir que Lucas omitiera un argumento tan aprovechable desde una perspectiva apologética. Pero aún más incomprensible resulta esta omisión si tenemos en cuenta que Lucas acostumbra a mencionar el cumplimiento de las profecías cristianas para respaldar la autoridad espiritual de este movimiento espiritual. Un ejemplo de ello es la forma en que narra el caso concreto de Agabo como prueba de la veracidad de los vaticinios cristianos (Hech. 11:28).

El que pudiera citar a Agabo y silenciara el cumplimiento de una supuesta profecía de Jesús —y como veremos más adelante no sólo de Él— acerca de la destrucción del templo sólo puede explicarse, a nuestro juicio, por el hecho de que ésta última aún no se había producido, lo que nos sitúa, inexcusablemente, en una fecha de redacción anterior al año 70 d. C. Añadamos a esto que la descripción de la destrucción del templo que se encuentra en Lucas 21 tampoco parece haberse basado en un conocimiento previo de la realización de este evento. De hecho, como han puesto de manifiesto autores de diversas tendencias, el relato contiene suficientes elementos veterotestamentarios como para no necesitar ser considerado «prophetia ex evento» ni, por tanto, posterior al año 70.

Excede del objeto del presente estudio tratar el tema de las profecías de Jesús acerca de la destrucción del templo. Sin embargo, la tesis de que la profecía sobre la destrucción del templo *no* es un vaticinio «ex evento» cuenta, a nuestro juicio, con enormes posibilidades de ser cierta, especialmente si tenemos en cuenta:

1. los antecedentes judíos veterotestamentarios en relación a la destrucción del templo (Ezeq. 40-48; Jer.; etc.);
2. la coincidencia con pronósticos contemporáneos en el judaísmo anterior al 70 d. C. (por ej. Jesús, hijo de Ananías en Guerra, VI, 300-9);
3. la simplicidad de las descripciones en los Sinópticos que hubieran sido, presumiblemente, más prolijas de haberse escrito tras la destrucción de Jerusalén;
4. el origen terminológico de las descripciones en el Antiguo Testamento y
5. la acusación formulada contra Jesús en relación con la destrucción del templo (Mar. 14:55 y ss.). Ya en su día, C. H. Dodd,[600] señaló que el relato de los Sinópticos no arrancaba de la destrucción realizada por Tito sino de la captura de Nabucodonosor en 586 a. C. y afirmaba que «no hay un solo rasgo de la predicción que no pueda ser documentado directamente a partir del Antiguo Testamento». Con anterioridad, C. C. Torrey,[601] había indicado asimismo la influencia de Zacarías 14:2 y otros pasajes en el relato lucano sobre la futura destrucción del templo. Asimismo, N. Geldenhuys,[602] ha señalado la posibilidad de que Lucas utilizara una versión previamente escrita del Apocalipsis sinóptico que recibió especial

[600] C. H. Dodd, "The Fall of Jerusalem and the Abomination of Desolation" en "Journal of Roman Studies", 37, 1947, págs. 47-54.

[601] C. C. Torrey, "Documents of the primitive church", 1941, págs. 20 y ss.

[602] N. Geldenhuys, "The Gospel of Luke", Londres, 1977, págs. 531 y ss.

actualidad con el intento del año 40 d. C. de colocar una estatua imperial en el templo y de la que habría ecos en 2 Tesalonicenses 2.[603] Concluyendo pues, y sin entrar en la discusión del problema sinóptico que desborda el objeto de nuestro estudio, podemos señalar que, aunque hasta la fecha, la datación de Lucas y Hechos entre el 80 y el 90 es mayoritaria, existen a nuestro juicio argumentos de signo fundamentalmente histórico que obligan a cuestionarse este punto de vista y a plantear seriamente la posibilidad de que la obra fuera escrita en un periodo anterior al año 62 en que se produce la muerte de Jacobo, auténtico «terminus ad quem» de la obra. No nos parece por ello sorprendente que el mismo Harnack[604] llegara a esta conclusión al final de su estudio sobre el tema fechando los Hechos en el año 62 y que, a través de caminos distintos, la misma tesis haya sido señalada para el Evangelio de Lucas[605] o el conjunto de los sinópticos por otros autores.[606]

---

603 En favor también de la veracidad de la profecía sobre la destrucción de Jerusalén y el templo, recurriendo a otros argumentos, ver G. Theissen, "Studien zur Sociologie des Urchristentums", Tubinga, 1979, c. III; B. H. Young, "Jesus and His Jewish Parables", Nueva York, 1989, págs. 282 y ss.; R. A. Guelich, "Destruction of Jerusalem" en "DJG", Leicester, 1992; C. Vidal, "Jesús" en "Diccionario de las tres religiones monoteístas", Madrid, 1993, e Idem, "El Documento Q y la fecha de redacción de los Evangelios" en "El Primer Evangelio: el Documento Q", Barcelona, 1993.

604 A. Harnack, Oc, 1911, págs. 90-135.

605 No mencionamos aquí —aunque sus conclusiones son muy similares— las tesis de la escuela jerosolimitana de los sinópticos (R. L. Lindsay, D. Flusser, etc) que apuntan a considerar el Evangelio de Lucas como el primero cronológicamente de todos, ver R. L. Lindsay, "A Hebrew Translation of the Gospel of Mark", Jerusalén, 1969; Idem, "A New Approach to the Synoptic Gospels", Jerusalén, 1971. En nuestra opinión, la tesis dista de estar demostrada de una manera indiscutible pero la sólida defensa que se ha hecho de la misma obliga a plantearse su estudio de manera ineludible. Un estudio reciente de la misma en B. H. Young, "Jesus and His Jewish Parables", Nueva York, 1989.

606 Ver J. B. Orchard, "Thessalonians and the Synoptic Gospels" en "Bb", 19, 1938, págs. 19-42 (fecha Mateo entre el 40 y el 50, dado que Mateo 23:31-25, 46 parece ser conocido por Pablo); Idem, "Why Three Synoptic Gospels", 1975, fecha Lucas y Marcos en los inicios de los años 60 d. C.; B. Reicke, "O.c", pág. 227 situa también los tres sinópticos antes del año 60. En un sentido similar, J. A. T. Robinson, "Redating the New Testament", Filadelfia, 1976, págs. 86 y ss.

Pasando al tema de la crítica del libro, hay que señalar que, desde bastantes puntos de vista, resulta innegable que Hechos es una de las fuentes principales para abordar el estudio del judeocristianismo asentado en Israel durante el siglo I. El carácter de las fuentes utilizadas por el autor del mismo —a nuestro juicio, muy posiblemente, Lucas— es muy temprano y directo en términos generales y, como mencionamos en el apéndice I, considerablemente fiable. Con todo, el libro de los Hechos presenta también sus limitaciones en relación con el objeto de nuestro estudio.

En primer lugar, Lucas pergeña un relato del cristianismo primitivo que posee claramente una finalidad no solamente histórica y a la que podríamos denominar como «historia trascendente». Sin duda, Lucas es un historiador auténticamente notable, tiene una preocupación por reflejar de manera cuidadosa los hechos históricos, e intenta entretejer su relato con datos históricos verificables y fidedignos, pero, esencialmente, lo importante para él no es el devenir de la historia como tal sino la eclosión de una nueva realidad espiritual en el curso de la misma. Por todo ello, aunque en los doce primeros capítulos de los Hechos —y algunos de la parte final de la obra— se nos proporcionan datos acerca del judeocristianismo en el Israel de los años treinta, cuarenta y finales de los cincuenta del siglo I, los mismos no están centrados en el movimiento como tal sino en algunas de sus figuras principales (Pedro, Juan, Esteban) e incluso ni siquiera de éstas tenemos una descripción completa salvo en la medida en que sirven de vehículo para conectarnos con la historia de la expansión del cristianismo precisamente fuera de Israel hasta Samaria y los últimos confines de la tierra (Hech. 1:8).

Esto explica, por citar algún ejemplo, la importancia concedida a Felipe (Hech. 8) del que, prácticamente, no volvemos a tener noticias. Asimismo, sirve de aclaración de porqué los relatos se centran más que nada en curaciones aunque éstas —generalmente— se vean acompañadas de un elemento kerigmático. Insistimos: Lucas es historiador, pero su objeto no es el judeocristianismo ni el cristianismo

---

También el autor de estas líneas ha situado la redacción de los Evangelios antes del 70 d. C., ver C. Vidal, “Más que un rabino”, Nashville, 2020, y “El Primer Evangelio: el Documento Q”, Barcelona, 1993.

primitivo en sí mismos sino un fenómeno que él considera trascendente y originado por el Espíritu Santo y cuya finalidad es llegar «hasta los últimos confines de la tierra» (Hech. 1:8) antes de la Parusía de Jesús, el Mesías. Esto tiene como consecuencia el que si tenemos conocimiento a través de él de la comunidad judeocristiana y de su organización, así como de los conflictos que pudieron surgir en la misma, éste venga ligado indisolublemente a datos acerca de esa expansión (por ej. Hechos 2:41-47; 4:32-36; 11:1 y ss.; 15:1-35, etc.).

En segundo lugar, Lucas escribe con un «terminus ad quem» que es el año 62 d. C., como ya hemos señalado con anterioridad. Esto hace que el material que nos proporciona se vea cercenado en cuanto a su extensión cronológica precisamente en vísperas de un acontecimiento tan trascendental como fue la gran catástrofe del 70 d. C. Lucas no nos puede aportar ni un solo dato sobre el impacto que produjo en el judeocristianismo el martirio de Jacobo o la guerra del 66-73, y, sin embargo, para el historiador esos son años de especial importancia en relación con el tema que estamos estudiando.

Por último, hay que señalar que, además de las limitaciones indicadas anteriormente, pesa sobre la obra un plan coherente que excluye buen número de eventos previos a la destrucción del templo. De manera esquemática, y creemos que, históricamente hablando, bastante fidedigna,[607] Lucas recoge una serie de episodios relacionados con el judeocristianismo correspondientes al periodo aproximado del 30 al 41 (Hech. 1:1–12:19), pero, posteriormente, se desconecta del mismo para centrar su obra en torno a la figura de Pablo. Hasta el año 49 con ocasión del concilio de Jerusalén (Hech. 15) no

[607] A nuestro entender se ha abusado del concepto de historia idealizada para definir el relato lucano de los Hechos. Ciertamente los tiempos inmediatamente posteriores a Pentecostés aparecen retratados como una época de enorme entusiasmo (lo que, por otra parte, resulta más que posible) pero episodios como el de Hechos 5:1 y ss. (donde se menciona la escasa honradez de algunos de los conversos), 6:1 y ss. (donde se hace referencia a conflictos internos por motivos claramente materiales) o 15:1-2 (donde se nos refieren controversias de tipo doctrinal entre «hermanos» —no pseudohermanos— por un lado, y Pablo y Bernabé, por otro) parecen abogar en favor de que Lucas era mucho más realista en su enfoque histórico de lo que puede suponerse a primera vista.

volvemos a tener noticias del judeocristianismo asentado en Israel y, posteriormente, no vuelve a hacer referencia al mismo —y eso porque coincide con Pablo— hasta la segunda mitad de esa misma década (Hech. 21-26). Resumiendo, pues, podemos decir que el libro de los Hechos constituye una fuente valiosa por su cercanía a los episodios narrados así como por las fuentes que, presumiblemente, subyacen en sus orígenes. Con todo, su espectro narrativo es claramente limitado, en el tiempo y en la temática, en relación con el objeto de nuestro estudio.

Las obras de la escuela joánica (I): el cuarto Evangelio[608]

Si, como tendremos ocasión de ver más adelante, los Evangelios Sinópticos plantean problemas relacionados con su datación, fuentes y autoría, estas cuestiones tampoco están ausentes del estudio del Evangelio de Juan. Modernamente se tiende (Barret, Beasley-Murray, Brown, Snackenburg, etc.) a negar que el autor haya sido Juan, el hijo de Zebedeo. Sin embargo, la primera identificación en este sentido es relativamente temprana (Ireneo, Adv. Haer, 3, 1, 1, citado por Eusebio en HE, 5, 8, 4), y pretende sustentarse en el testimonio del mismo Policarpo. Pese a todo, la noticia es menos seguro de lo que podría parecer a primera vista. Así, ninguna otra literatura relacionada con Éfeso (por ej. la epístola de Ignacio a los Efesios) cita la supuesta relación entre el apóstol Juan y esta ciudad. Además es posible que Ireneo haya experimentado una confusión en relación con la noticia que, supuestamente, recibió de Policarpo. Así Ireneo señala que Papías fue oyente de Juan y compañero de Policarpo (Adv. Haer, 5, 33, 4) pero, de acuerdo al testimonio de Eusebio (HE 3, 93, 33), Papías fue, en realidad, oyente de Juan el presbítero —que aún vivía en los días de Papías (HE 3. 39. 4)— y no del apóstol. Pudiera ser, por tanto, que a

608 Para este Evangelio con bibliografía y exposición de las diferentes posturas, ver R. Bultmann, "The Gospel of John", Filadelfia, 1971; C. K. Barrett, "The Gospel according to St. John", Filadelfia, 1978; R. Schnackenburg, "The Gospel According to St. John", 3 vols, Nueva York, 1980-82; F. F. Bruce, "The Gospel of John", Grand Rapids, 1983; G. R. Beasley-Murray, "John", Waco, 1987.

ese Juan se refiriera Policarpo. Por último, otras referencias a una autoría de Juan el apóstol (Clemente de Alejandría, citado en HE 6, 14, 17 o el Canon de Muratori) revisten un carácter demasiado tardío o legendario como para resultar plenamente convincentes.

A pesar de lo ya señalado, el análisis de la evidencia interna permite acceder a noticias relacionadas con la redacción y con el personaje conocido como el discípulo amado. Las referencias recogidas en 21:24 y 21:20 podrían identificar al redactor inicial con el discípulo amado,[609] o, tal vez, como la fuente principal de las tradiciones recogidas en el mismo. Pese a todo, esto no nos permite aclarar sin asomo de duda si el mismo es Juan, el apóstol. En cuanto al discípulo amado se le menciona explícitamente en 13:23; 19:26-27; 20:1-10; 21:7,20-24; y, quizás, en 18:15-16; 19:34-37 e incluso 1:35-36. De la lectura de este material se desprende que el Evangelio nunca identifica por nombre al discípulo amado (aunque tampoco a Juan el apóstol). Ciertamente, si en la Última Cena sólo hubieran estado presentes los Doce, obviamente el discípulo amado tendría que ser uno de ellos, pero tal dato dista de ser totalmente seguro.

Pese a todo lo anterior pensamos que no existen razones de peso que lleven a negar de manera dogmática la posibilidad de que el discípulo fuera Juan, el apóstol. Aún más. Creemos que incluso existen algunos datos que apuntan ciertamente en tal dirección. En primer lugar, se hallan los aspectos que podríamos denominar «geográficos». Así, en el Evangelio de Juan, el ministerio de Jesús en Galilea tiene una enorme importancia, hasta el punto de que la región aparece mencionada más veces en este Evangelio que en ningún otro (ver especialmente 7:1-9). Dentro de esa región, Cafarnaum o Capernaum, una zona vinculada con Juan el de Zebedeo estrechamente (1:19; 5:20), recibe un énfasis muy especial (2:12; 4:12; 6:15) en contraste con lo que otros Evangelios denominan el lugar de origen de Jesús (Mat. 13:54; Luc. 4:16). La misma sinagoga de Cafarnaum es mencionada más veces que en ningún otro Evangelio. De igual forma, este Evangelio hace referencia al ministerio

609 De hecho, resulta evidente que quien escribió, al menos, 21:24-25 no escribió el resto del Evangelio, de cuya autenticidad aparece como garante.

de Jesús en Samaria (c. 4), algo explicable si recordamos la relación de Juan, el de Zebedeo con la evangelización judeocristiana de Samaria (Hech. 8:14-17). Este nexo ha sido advertido por diversos autores con anterioridad[610] y reviste, en nuestra opinión, una importancia fundamental. Añadamos también dentro de este apartado que las descripciones del Jerusalén anterior al 70 d. C. que aparecen en este Evangelio, encajan con lo que sabemos de la estancia de Juan en esta ciudad después de Pentecostés. De hecho, los datos suministrados por Hechos 1:13-8:25, y por Pablo (Gál. 2:1-10) señalan que Juan se encontraba todavía en la ciudad antes del año 50 d. C.

A estos aspectos que hemos denominado «geográficos» habría que añadir otros de carácter «personal» que encajan asimismo con lo que sabemos de Juan el de Zebedeo. Para empezar, éste formaba parte del grupo de tres (Pedro, Jacobo y Juan) más próximo de Jesús. Resulta un tanto extraño que un discípulo supuestamente tan cercano a Jesús como el discípulo amado, de no tratarse de Juan, no aparezca siquiera mencionado en otras fuentes. Asimismo Juan fue uno de los dirigentes judeocristianos que tuvo contacto con la Diáspora, al igual que Pedro y Jacobo (Sant. 1:1; 1 Ped. 1:1; Juan 7:35; 1 Cor. 9:5) lo que encajaría con algunas de las noticias contenidas en fuentes cristianas posteriores en relación con el autor del cuarto Evangelio. Esta obra procede además de un testigo que se presenta como ocular, circunstancia que, una vez más, se cumple en Juan, el de Zebedeo. En cuanto al vocabulario y el estilo del cuarto Evangelio señalan a una persona cuya lengua primera era el arameo y que escribía en un griego correcto, pero lleno de aramismos, algo que de nuevo tiene paralelos en Juan, el hijo de Zebedeo. Finalmente, el trasfondo social de este personaje armoniza perfectamente con lo que cabría esperar

[610] Este punto ha sido estudiado en profundidas por diversos autores. Al respecto, ver J. Bowman, "Samaritan Studies: I. The Fourth Gospel and the Samaritans" en "BJRL", 40, 1957-8, págs. 298-327; W. A. Meeks, "The Prophet-King: Moses Traditions and the Johannine Christology", Leiden, 1967; G. W. Buchanan, "The Samaritan Origin of the Gospel of John" en J. Neusner (ed.), "Religion in Antiquity: Essays in Memory of E. R. Goodenough", Leiden, 1968, págs. 148-75; E. D. Freed, "Samaritan Influence in the Gospel of John" en "CBQ", 30, 1968, págs. 580-7; Idem, "Did John write his Gospel partly to win Samaritan Converts?" en "Nov Test", 12, 1970, págs. 241-6.

de un «conocido del sumo sacerdote» (Juan 18:15). De hecho, la madre de Juan era una de las mujeres que servía a Jesús «con sus posesiones» (Mat. 27:55-56; Luc. 8:3), al igual que la esposa de Juza, administrador de las finanzas de Herodes. Igualmente sabemos que contaba con asalariados a su cargo (Mar. 1:20). Quizás algunos miembros de la aristocracia sacerdotal lo podrían mirar con desprecio por ser un laico (Hech. 4:13), pero el personaje debió distar mucho de ser mediocre a juzgar por la manera tan rápida en que se convirtió en uno de los primeros dirigentes de la comunidad jerosolimitana, situado sólo detrás de Pedro (Gál. 2:9; Hech. 1:13; 3:1; 8:14; etc.).

En el caso de que Juan el de Zebedeo no fuera el autor del Evangelio —y como se puede ver las razones a favor no son escasas— éste tendría que ser algún discípulo muy cercano a Jesús (por ejemplo, como los mencionados en Hech. 1:21 y ss.) que contaba con un peso considerable dentro de las comunidades judeocristianas de Israel, pero del que, inexplicablemente, no se ha conservado el nombre. La posibilidad de que tuviera cierta relación posterior con Asia Menor es algo que será examinado más adelante.

En relación con la datación de esta obra, no puede dudarse de que el consenso ha sido casi unánime en las últimas décadas. Generalmente, los críticos conservadores la situan a finales del siglo I o inicios del siglo II, mientras que los radicales, como Baur, la situaban hacia el 170 d. C. Uno de los argumentos utilizados como justificación de esta postura era leer en Juan 5:43 una referencia a la rebelión de Bar Kojba. El factor determinante para refutar esta datación tan tardía fue el descubrimiento en Egipto del p 52, perteneciente a la última década del siglo I o primera del siglo II, donde aparece escrito un fragmento de Juan. Esto sitúa la fecha de redacción en torno al 90-100 d. C. como máximo. Pese a todo, creemos que existen razones poderosas para situar la redacción del Evangelio en una fecha anterior.

Ya C. H. Dodd[611] pese a seguir la corriente de datar la obra entre el 90 y el 100, atribuyéndola a un autor situado en Éfeso, reconoció que el contexto del Evangelio se halla relacionado con

---

611 C. H. Dodd, Oc, 1963.

circunstancias «presentes en Judea antes del año 70 d. C., y no más tarde, ni en otro lugar».[612] Precisamente por ello, no dudó en afirmar que la obra resulta «difícilmente inteligible»[613] fuera de un contexto puramente judío anterior a la destrucción del templo e incluso a la rebelión del 66 d. C. Pese a estas conclusiones, C. H. Dodd se aferró a la tesis de que Juan 4:53 era una referencia a la misión gentil y de que el testimonio de Juan recordaba la situación en Éfeso en Hechos 18:24–19:7. Ambos extremos, aún en el supuesto, bastante dudoso, de ser correctos no obligan, sin embargo, a fechar Juan después del 70 d. C. De hecho, la misión entre los gentiles fue asimismo previa al 66 d. C., y, en cuanto a la noticia de Hechos 18 y 19 también va referida a sucesos acontecidos también antes del 66 d. C.

Por añadidura, existen, en nuestra opinión, circunstancias que obligan a pensar en una redacción final del Evangelio antes del 70 d. C. Entre ellas habría que destacar especialmente:

1. La Cristología muy primitiva: Jesús es descrito como «Profeta y Rey» (6:14 y ss.); «Profeta y Mesías» (7:40-42); «Profeta» (4:19; 9:17); «Mesías» (4:25); «Hijo del Hombre» (5:27) y «Maestro de Dios» (3:2). Aunque, ciertamente, Juan hace referencia a la preexistencia del Verbo, tal concepto está presente asimismo en Q —que identifica a Jesús con la Sabiduría eterna—.
2. El trasfondo: que —como ya se percató Dodd— sólo encaja en el mundo judío palestino anterior al 70 d. C.
3. La ausencia de referencias a circunstancias posteriores al 70 d. C.: la única sería, aparentemente, la noticia en relación con la expulsión de las sinagogas de algunos cristianos (Juan 9:34 y ss.; 16:2). Para algunos autores,[614] tal circunstancia está conectada con el *birkat ha-minim*, al que nos referiremos en la segunda parte de nuestro estudio, e indicaría una redacción posterior al 80 d. C. Lo cierto, sin embargo, es que utilizar el argumento de la

612 C. H. Dodd, Oc, 1963, pág. 120.
613 C. H. Dodd, Oc, págs. 311 y ss.; 332 y ss.; y 412 y ss.
614 F. Manns, Oc, 1988.

persecución para dar una fecha tardía de redacción de los Evangelios no parece que pueda ser de recibo desde el estudio realizado al respecto por D. R. A. Hare.[615] De hecho, tal medida fue utilizada ya contra Jesús (Luc. 4:29); Esteban (Hech. 7:58); y Pablo (Hech. 13:50), con anterioridad al 66 d. C. Por otra parte, cuenta con numerosos paralelos en la historia judía posterior desde Rabi Eliezer a los primeros jaisidim pasando por Spinoza.

4. La ausencia de referencias a los gentiles en el evangelio: lo que obliga a datarlo en una fecha muy temprana, cuando tal posibilidad tenía poca relevancia, y lo que hace imposible que armonice con un contexto efesino.
5. La importancia dada a los saduceos: se sigue reconociendo el papel profético del sumo sacerdote (Juan 11:47 y ss.), lo que carecería de sentido tras el 70 d. C. —no digamos ya tras Jamnia— dada la forma en que este segmento de la vida religiosa judía se eclipsó con la destrucción del templo).
6. La ausencia de referencias a la destrucción del templo: la profecía sobre la destrucción del templo atribuida a Jesús (2:19) no sólo no se conecta con los sucesos del año 70, sino con los del 30 d. C. En un Evangelio donde la animosidad de los dirigentes de la vida cúltica está tan presente —algo con paralelos en los datos suministrados por el libro de los Hechos en relación con Juan— tal ausencia resulta inexplicable si es que, efectivamente, el Evangelio se escribió después del 70 d. C.
7. La descripción topográfica: la misma resulta rigurosamente exacta,[616] hasta el punto de que no sólo revela un

---

[615] D. R. A. Hare, "The Theme of Jewish Persecution of Christians in the Gospel according to St Matthew", Cambridge, 1967, págs. 48-56.

[616] En este sentido ver J. Jeremias, "The Rediscovery of Bethesda, John 5. 2", Louisville, 1966; W. F. Albright, "The Archaeology of Palestine", Harmondsworth, 1949, págs. 244-8; R. D. Potter, "Topography and Archaeology in the Fourth Gospel" en "Studia Evangelica", I, 73, 1959, págs. 329-37; Idem, "The Gospels Reconsidered", Oxford, 1960, págs. 90-8; W. H. Brownlee, "Whence the Gospel According to John?" en J. H. Charlesworth (ed.), "John and the Dead Sea Scrolls", Nueva York, 1990.

conocimiento extraordinario de la Jerusalén anterior al 70 d. C., sino que además considera que la misma no «fue» así, sino que «es» así (4:6; 11:18; 18:1; 19:41).

8. El hecho de que no se haya producido la muerte del discípulo amado aunque eso sería lo normal: esta circunstancia, indicada en el capítulo 21, ha sido utilizada para justificar una fecha tardía de la fuente, y más teniendo en cuenta que presupone la muerte de Pedro (21:18-23) quizás en la cruz (comp. con 12:33 y 18:32). Con todo, tal aspecto nos indicaría como mucho una fecha posterior al 65 d. C. De hecho, en ese contexto cronológico, preguntarse si el discípulo amado (y más si se trataba de Juan) iba a sobrevivir hasta la venida de Jesús resultaba lógico puesto que Jacobo había muerto en el 62 d. C.; Pedro en el 65 y Pablo algo después. Es asimismo lógico que muchos pensaran que la Parusía podía estar cercana y que, quizás, el discípulo amado viviría hasta la misma. Él no era de la misma opinión. No era lo que Jesús les había dicho a él y a Pedro, sino que Pedro debía seguirlo sin importar lo que le sucediera al primero (Juan 21:21 y ss.). Ahora Pedro había muerto (65 d. C.) pero nada indicaba que, por ello, la Parusía estuviera cerca. Una vez más, la destrucción del templo en el 70 d. C. no es mencionada.

Sin ánimo dogmático, resulta, en nuestra opinión, como lo más plausible suponer que la conclusión del cuarto Evangelio se escribió en una fecha situada, como mucho, entre el 65 y el 66 d. C., siendo ésta última o bien obra de él —que hablaría entonces en tercera persona— o bien de algún discípulo suyo. El contexto resulta, igualmente a nuestro juicio, claramente judeocristiano y asentado en Israel. En cuanto al resto del Evangelio, sin duda, es anterior al 65 d. C., pero, con seguridad, posterior a la misión samaritana de los 30 y quizás anterior a las grandes misiones entre los gentiles de los 50 d. C.

La acumulación de todo este tipo de circunstancias explica el que un buen número de especialistas haya situado la redacción del

Evangelio con anterioridad al 70 d. C.,[617] así como los intentos, poco convincentes en nuestra opinión, de algunos autores encaminados a no pasar por alto la solidez de estos argumentos y, a la vez, conjugarlos con una datación tardía del evangelio. Estas interpretaciones chocan, a nuestro juicio, con el inconveniente principal de no responder a los argumentos arriba señalados, fundamentalmente, en relación con el trasfondo histórico.[618]

---

[617] Entre ellos, cabe destacar P. Gardner-Smith, "St John and the Synoptic Gospels", Cambridge, 1938, págs. 93-6 (posiblemente coetáneo de Marcos); A. T. Olsmtead, "Jesus in the Light of History", Nueva York, 1942, págs. 159-225 (poco después de la crucifixión); E. R. Goodenough, "John a Primitive Gospel" en "JBL", 64, 1945, págs. 145-82; H. E. Edwards, "The Disciple who Wrote these Things", 1953, págs. 129 y ss. (escrito c. 66 por un judeocristiano huído a Pella); B. P. W. Stather Hunt, "Some Johannine Problems", 1958, págs. 105-17 (justo antes del 70); K. A. Eckhardt, "Der Tod des Johannes", Berlín, 1961, págs. 88-90 (entre el 57 y el 68); R. M. Grant, "A Historical Introduction to the New Testament", 1963, pág. 160 (escrito en torno a la Guerra del 66 por judeocristianos de Palestina o exiliados); G. A. Turner, "The Date and Purpose of the Gospel of John" en "Bulletin of the Evangelical Theological Society", 6, 1963, págs. 82-5 (antes de la revuelta del 66); G. A. Turner y J. Mantey, "John", Grand Rapids, 1965, pág. 18 (contemporáneo de las cartas paulinas); W. Gericke, "Zur Entstehung des Johannesevangelium" en "TLZ", 90, 1965, cols. 807-20 (c. 68); E. K. Lee, "The Historicity of the Fourth Gospel" en "CQR", 167, 1966, págs. 292-302 (no necesariamente después de Marcos); L. Morris, "The Gospel According to John", Grand Rapids, 1972, págs. 30-5 (antes del 70 con probabilidad); S. Temple, "The Core of the Fourth Gospel", 1975, VIII, (35-65, sobre la base de un bosquejo anterior de los años 25-35. S. Temple cita además a M. Barth datándolo antes del 70 y considerándolo el Evangelio más primitivo); J. A. T. Robinson, "Redating...", págs. 307 y ss. (el protoevangelio lo data en el 30-50 en Jerusalén y la redacción final hacia el 65) e Idem, "The Priority of John", Londres, 1985 (redacción final hacia el 65 y estudio sobre su autenticidad histórica).

[618] J. L. Martyn, "The Gospel of John in Christian History", Nueva York, 1979 (una primera fase redaccional por judeocristianos palestinos entre antes del 66 d. C. y los años 80; un periodo medio a finales de los 80, y un periodo final posterior a los 80); M. E. Boismard, "L'Evangile de Jean", París, 1977 (una primera redacción en el 50, quizás por Juan el hijo de Zebedeo; una segunda en el 60-65 por un judeocristiano de Israel, quizá Juan el presbítero, al que se refiere Papías; una tercera redacción en torno al 90 d. C. por un judeocristiano palestino emigrado a Éfeso; redacción definitiva en Éfeso por un miembro de la escuela joánica, a inicios del siglo II); W. Langbrandtner, "Weltferner Gott oder Gott der Liebe. Die Ketzerstreit in der johanneischen Kirche", Frankfurt, 1977 (redacción inicial no antes del 80 d. C., en el seno de una comunidad que no es anterior al 66 d. C. La redacción final se situaría hacia el 100 d. C.); R. E. Brown, "The Community of the beloved disciple", Nueva York, 1979, Cuadros de síntesis (la comunidad

Como fuente histórica relacionada con nuestro estudio, el cuarto Evangelio reviste una considerable importancia en la medida en que muestra el pensamiento teológico del judeocristianismo palestino en Israel, posteriormente, se proyectaría sobre la Diáspora. En la tercera parte de esta obra, la utilizaremos fundamentalmente como elemento comparativo de análisis en relación con otras fuentes judeocristianas.

Las obras de la escuela joánica (II): las epístolas[619]

Este conjunto de escritos pertenece ya obviamente a un medio extrapalestino, casi con toda seguridad relacionado con Asia Menor, en el que empieza a leerse el Evangelio de Juan en clave gnóstica.[620] La finalidad de las mismas es evitar, precisamente, tal eventualidad. Como fuente, no obstante, trascienden del objeto del presente estudio.

Las obras de la escuela joánica (III): el Apocalipsis[621]

El libro de Apocalipsis tiene unas características únicas dentro del conjunto del Nuevo Testamento. Su relación con el tema de nuestro

---

joánica se origina en Palestina a mediados de los 50 y desarrolla una «Cristología alta» de preexistencia del Hijo que lleva a conflictos con otros judíos. Este periodo concluirá a finales de los años 80, redactándose el Evangelio hacia el año 90 d. C.).

619 Sobre las epístolas con bibliografía y discusión de las diversas posturas, ver C. H. Dodd, "The Johannine Epistles", Londres, 1946; F. F. Bruce, "The Epistles of John", Londres, 1970; I. H. Marshall, "The Epistles of John", Grand Rapids, 1978; R. E. Brown, "The Epistles of John", Nueva York, 1982; K. Grayston, "The Johannine Epistles", Londres, 1984; S. S. Smalley, "1, 2 and 3 John", Waco, 1984.

620 En este mismo sentido, ver R. E. Brown, "The Community...", c. III; y C. Vidal, "Los evangelios gnósticos", Madrid, 2005; Idem, "Gnosticismo" en "Diccionario de Patrística", Estella, 1992.

621 Sobre Apocalipsis y las diversas posturas, ver T. Zahn, "Die Offenbarung des Johannes", 2 vols, Leipzig, 1924-6; W. Hendriksen, "More than Conquerors", Londres, 1962; G. R. Beasley-Murray, "The Book of Revelation", Londres, 1974; R. H. Mounce, "The Book of Revelation", Grand Rapids, 1977; G. Quispel, "The Secret Books of Revelation", Nueva York, 1979; E. Schüssler Fiorenza, "Invitation

estudio es relativamente indirecta puesto que se referiría fundamentalmente a las tensiones que experimentaron ciertos sectores judeocristianos al entrar en contacto con el mundo gentil de Asia Menor.

La fecha de su redacción es objeto de controversia hoy en día, pues si bien existe un número considerable de autores que la sitúa a finales del siglo I, relacionándola con una supuesta persecución de Domiciano contra los cristianos, no es menos cierto que existe una tendencia creciente a datarla a finales de los sesenta conectándola con la persecución de Nerón. La primera tesis se ha sustentado fundamentalmente en el hecho de que Ireneo, escribiendo hacia el 180 d. C. en relación con la Bestia de Apocalipsis 13:18, la identificó con Domiciano (Adv. Haer V, 30, 3). El pasaje es mencionado por Eusebio en dos ocasiones (HE III, 18, 2 y ss. y V, 8, 6) si bien no parece desprenderse ineludiblemente que éste situara la redacción de Apocalipsis en la época de Domiciano, aunque fija durante ese reinado el destierro de Juan a Patmos, identificando a éste con el apóstol, al igual que Victorino (In Apoc X, 11). Todo esto implicaría que Juan, el autor de Apocalipsis, y Juan, el del cuarto Evangelio, son la misma persona; que ambos coinciden con el apóstol Juan; y que el Apocalipsis fue «visto» durante el reinado de Domiciano. Ya hemos examinado la discusión actual en relación con las dos primeras suposiciones. En cuanto a la tercera, tendremos ocasión de ver que no resulta tan obvia.

Clemente de Alejandría (Quis div. salv.? XLII, 1-15) ciertamente nos habla de que Juan, el autor de Apocalipsis, fue liberado de Patmos a la muerte del «tirano», pero en ningún momento identifica a que personaje se refiere con este calificativo. Algo similar sucede con Orígenes (In Matt XX, 22), que nos habla de la condena de Juan a Patmos pero no la sitúa bajo ningún monarca concreto. Por el contrario, Tertuliano —al igual que Hipólito (De Chr. et Antichr. XXXVI) señala que Juan estaba en Roma cuando fue desterrado y de ello parece desprenderse que el hecho tuvo lugar bajo el principado de Nerón (Paersecr, XXXVI, 3). Al menos, así lo interpretó Jerónimo (De vir. ill. IX).

---

to the Book of Revelation", Grand Rapids, 1981; D. Chilton, "The Days of Vengeance", Ft. Worth, 1990.

Epifanio (Adv. Haer, XLI, 12 y 33) sitúa el destierro de Juan en el reinado de Claudio César, si bien —cabe al menos la posibilidad— seguramente confundió a Nerón con Claudio como consecuencia de que el primero también tenía ese nombre. En cuanto a la versión siríaca de Apocalipsis[622] y a la *Historia de Juan, el hijo de Zebedeo* en siríaco señalan que fue Nerón el que ordenó el destierro de Juan. Aparentemente pues, las noticias patrísticas acerca del periodo de datación de la obra están divididas en cuanto a relacionarlo con el de Nerón o el de Domiciano.

Hay que señalar, en primer lugar, y pese a los parecidos evidentes que este escrito presenta en su trasfondo histórico y teológico con 1 Pedro (supuestamente datable antes de la persecución neroniana), que en Apocalipsis nos hallamos con una situación posterior. La actitud hacia el imperio es negativa puesto que se ha producido la persecución neroniana del 65 d. C.[623] En repetidas ocasiones se hace referencia a la necesidad de un juicio divino contra la «Bestia» (Apoc. 6:9 y ss.; 16:6; 17:6; 18:20,24; 19:2; 20:4) y en ello se trasluce la sensación de que el autor había vivido una situación de persecución en la que el poder imperial había derramado la sangre de sus correligionarios sin ningún tipo de contemplaciones. Este cuadro bien puede encajar con la persecución neroniana y con la tradición de la muerte de algunos apóstoles como Pedro y Pablo, mientras que no se corresponde con lo que sabemos acerca de Domiciano.

De hecho, el análisis de las fuentes antiguas resulta descorazonador a la hora de encontrar evidencias de una persecución imperial contra los cristianos durante el reinado de Domiciano. Suetonio, que residió en Roma, durante la mayor parte de este reinado no menciona nada al respecto y Plinio, que a la circunstancia anterior une la de haber formado parte del senado, señalaría después su

---

622 J. Gwynn (ed.), "The Apocalypse of St John in a Syriac Version hitherto Unknown", Dublín, 1897, I; y G. M. Lamsa, "Holy Bible from the Ancient Eastern Text", Nueva York, 1968, págs. 1225-1243.

623 En relación con el tema, con bibliografía referente a las diversas cuestiones relacionadas, ver P. Labriolle, "La Réaction paienne", París, 1948 (2.ª ed.); M. Sordi, Los cristianos y el Imperio romano, Madrid, 1988, págs. 29 y ss.; C. P. Thiede, "Simon Peter", Grand Rapids, 1988, págs. 185 y ss.; P. Fernández Uriel, "El incendio de Roma del año 64: Una nueva revisión crítica en Espacio", Tiempo y Forma, Serie II, Historia Antigua, t. 3, Madrid, 1990, págs. 61-84.

ignorancia acerca de los cristianos y de cómo tratarlos de acuerdo con el derecho del imperio (Ep. X, 96). Tertuliano —en un testimonio reflejado por Eusebio (HE IV, 20, 7)— parece admitir que se tomaron algunas medidas aisladas contra algunos cristianos, pero las mismas se limitaron al destierro y concluyeron en breve tiempo con el perdón de los condenados (Apol V). Eusebio (HE III, 17-20) hace referencia a una persecución contra los cristianos en la época de Domiciano, pero es incapaz de mencionar el nombre de uno solo de los mártires e incluso la referencia a Domitila y de Flavio Clemente está plagada de errores (señala que éste último fue desterrado en lugar de ejecutado como dice Suetonio [Domiciano XVI] y afirma que Domitila era sobrina de Flavio Clemente cuando de hecho era esposa de Clemente y sobrina de Domiciano). Por otro lado, parece que el caso de Domitila estuvo más relacionado con razones políticas que religiosas[624] y además Eusebio partía de Melitón de Sardis, que, muy posiblemente, inventó la existencia de una persecución bajo Domiciano con la finalidad de mostrar que sólo los «malos emperadores» habían perseguido a los cristianos.[625] Añadamos a lo anterior que la calificación de Domiciano como el emperador bajo el cual tuvo lugar «la más cruel persecución en todo el mundo» no se produjo hasta el siglo v con Orosio (Hist. adv. pág. VII, 10, 1). Este conjunto de aspectos, que hemos reseñado someramente, hacen que, a nuestro juicio, resulte muy difícil de aceptar la idea de situar una persecución —y más, generalizada— contra los cristianos en la época de Domiciano.[626] Por lo tanto, difícilmente podría situarse en su reinado el ambiente del que surgió el Apocalipsis.

---

[624] B. Reicke (ed), "Neues Testament und Geschichte: Oscar Cullmann zum 70 Geburtstag", Zurich y Tubinga, 1972, págs. 43-67.

[625] T. D. Barnes, "An Apostle on Trial" en "Journal of Theological Studies", 20, 1969, págs. 407-19.

[626] En el mismo sentido, P. Richardson, "Israel in the Apostolic Church", Cambridge, 1969, págs. 40 y ss.; R. L. Milburn, "The persecution of Domitian", en "Christian Quarterly Review", 139, 1945, págs. 154-64; J. Knudsen, "The Lady and the Emperor" en "Church History", 14, 1945, págs. 17-32; W. H. C. Frend, "Martyrdom and Persecution in the Early Church", Oxford, 1955, págs. 212-7; G. E. M. de Ste Croix, "Why were the Early Christian persecuted?" en "Past and Present", 26, 1963, págs. 6-38; B. Newman, "The fallacy of the Domitian

Por el contrario, el contexto que deja traslucir el libro sí parece que encajaría en el clima de la persecución neroniana. Para empezar, la persecución se limita a la ciudad de Roma (Apoc. 13:14-17), pero no se menciona en las provincias (Apoc. 1-2), circunstancias ambas que, como en su día señaló Sherwin-White,[627] armonizan con lo que sabemos de este evento. El mismo libro (13:8) indica además cuál es el nombre de la Bestia mediante un ingenioso recurso a la gematría. El mismo aparece como 666, es decir, la suma de las letras en hebreo (o arameo) para Nerón César. Tal identificación ha sido confirmada por los hallazgos de Qumrán[628] y tiene paralelos en Suetonio (Nerón XXXIX) —quien nos dice que se practicaba un curioso juego gemátrico con Nerón cuyo nombre en griego sumaba 1005, es decir, lo mismo que «mató a su madre», una referencia a un crimen del emperador— y en Filostrato (Vi. Apol IV, 38) donde a Nerón se le denomina, muy elocuentemente, la «bestia».

Por otro lado, la descripción de la Bestia encaja con Nerón en otros aspectos. En primer lugar, está la referencia a la herida de espada de la Bestia posiblemente relacionada con el suicidio del emperador. Tenemos además las noticias relacionadas con la estatua o imagen de la misma (Apoc. 13:4,12-15; 14:9-11; 15:2; 16:2; 19:20; 20:4) que, fácilmente, podría identificarse con el episodio acerca de Nerón descrito por Tácito en Ann XIII, 8.[629]

Hypothesis" en "New Testament Studies", 10, 1963-4, págs. 133-9 y T. D. Barnes, "Tertullian", Oxford, 1971, págs. 143-63. Un punto de vista contrario en L. W. Barnard, "Clement and the persecution of Domitian", en "New Testament Studies", 10, 1963-4, págs. 251-60.

627 A. N. Sherwin-White, "Early Persecutions and Roman Law again" en "Journal of Theological Studies", 3, 1952, pág. 202. Esto choca con el testimonio de Tertuliano (Apol V, 3) —sólo corroborado por Sulpicio Severo (Ad nat, I, 7, 9)— en relación con el supuesto "institutum Neronianum", pero resulta discutible la veracidad del aserto de Tertuliano. Un estudio muy completo del tema con abundante bibliografía en A. Schneider, "Le premier livre ad Nationes de Tertullien", Neuchâtel, 1968, págs. 171-3.

628 P. Benoit, J. T. Milik y R. de Vaux (eds), "Discoveries in the Judaean desert of Jordan", II, Oxford, 1961, pág. 18, lámina 29. La lectura alternativa 616 —que ya mencionó Ireneo en Adv. Haer. V, 28, 2— encaja con la forma latina "Nero Caesar" y con la griega «Kyrios Kaisar». Sobre este último aspecto ver O. Cullmann, "El Estado en el Nuevo Testamento", Madrid, 1966, págs. 87 y ss.

629 Una confirmación de las pretensiones de culto por parte de Nerón en Dión Casio, Hist, LXII, V, II.

Apocalipsis 17:9-11 contribuye a confirmar este punto de vista. Según este pasaje, Roma ha tenido ya cinco reyes, otro está reinando, y otro tiene que venir por un periodo muy breve. Una vez más, los datos encajan con el periodo al que hacemos referencia. Los reyes ya pasados serían 1: Augusto, 2: Tiberio, 3: Calígula, 4: Claudio y 5: Nerón. Galba correspondería al sexto (reinó de junio del 68 a enero del 69) y Otón al séptimo que había de durar poco (de hecho, de enero a abril del 69).

En relación con el contexto judío de la obra, resulta asimismo evidente que no se ha producido una ruptura absoluta entre cristianismo y judaísmo (aunque ya se producen indicios de la misma, por ej. Apoc. 2:9; 3:9) y que la esperanza de la Parusía es patente (Apoc. 2:25). Sin duda, ha comenzado la guerra judía, pero el templo no ha caído aún del todo en manos de los romanos (Apoc. 11:1 y ss.) ni tampoco la ciudad en que se crucificó a Jesús, el Señor (11:8; 18:10). Los miembros del pueblo de Dios —al que se identifica con Israel y no con una nueva entidad espiritual— han experimentado persecución en Jerusalén (Apoc. 11:7 y ss.) y han huido de la ciudad en un intento de ponerse a salvo (Apoc. 12:1 y ss.) (algo que recuerda las advertencias de Jesús en los denominados Apocalipsis sinópticos y que excluye, siquiera indirectamente, que los judeocristianos se identificaran con los zelotes que la defendían). Con todo, desde el punto de vista del autor, la suerte del templo ya está echada. Había sido medido —un símbolo veterotestamentario para indicar lo irreversible del juicio divino (2 Rey. 21:13; Isa. 34:11; Lam. 2:8; Amós 7:7-9; especialmente Ezeq. 40–45, por ej. 44:23; 43:7-10)— y sería arrasado.

Este conjunto de circunstancias, principalmente el hecho de que las fuentes más primitivas no identificaran al emperador que desterró a Juan con Domiciano o incluso lo hicieran con Nerón, llevó a diversos autores a situar la redacción de Apocalipsis entre la muerte de Nerón en el 68 y la caída de Jerusalén en el 70. Esa fue la postura de T. Zahn,[630] A. S. Peake,[631] E. B. Allo,[632] J. B. Lightfoot,[633]

[630] T. Zahn, "Introduction...", III, 201 y ss.

[631] A. S. Peake, "The Revelation of John", Londres, 1919, págs. 71-7.

[632] E. B. Allo, "L'Apocalypse", París, 1933 (3), CCXXII-CCXXIX.

[633] J. B. Lightfoot, "Biblical Essays" en "Lectures of 1867-72", Londres, pág. 52 e Idem, "Essays on the Work entitled Supernatural Religion", Londres, 1889, pág. 132.

B. F. Westcott,[634] e incluso F. Engels.[635] Tal punto de vista se vio sometido a un cambio de posición radical en nuestro siglo por parte de algunos teólogos,[636] aunque no sucedió lo mismo en el terreno de la ciencia histórica. B. W. Henderson situó el Apocalipsis en la época de Nerón[637] y volvió a sustentar años después el mismo punto de vista.[638] En el mismo sentido, se expresaron G. Edmundson,[639] A. D. Momigliano,[640] A. Weigall[641] y K. A. Eckhardt.[642] Posteriormente, aunque con ciertas matizaciones, ha defendido esta misma posición Ch. Rowland.[643] Aunque no se puede adoptar una respuesta dogmática sobre esta cuestión creemos que efectivamente el punto de vista expresado por estos autores es el más razonable. Los datos anteriores obligarían a fijar la fecha de redacción de la obra a finales del año 68. Desde esa perspectiva, sería incluso posible identificar las diversas cabezas de la «bestia». Galba —como indicaría 17:10— estaría en el trono, Nerón habría muerto a espada hacía poco, y podría creerse no sólo que Roma se vería entregada a la anarquía interna sino que además la misma Jerusalén —simbolizada con el nombre de Babilonia, donde habían sido asesinados Jesús y algunos de Sus seguidores— acabaría pereciendo frente a las hordas romanas, siendo su templo arrasado. Al respecto, el autor de Apocalipsis no puede ser más claro. La gran ciudad es la ciudad del templo (Apoc. 11:1 y ss.) y la misma en la que fue crucificado Jesús

---

634 B. F. Westcott, "The Gospel according to St John", Londres, 1882, LXXXVII.

635 Me estoy refiriendo de manera especial a su "Sobre la historia del cristianismo primitivo" en K. Marx-F. Engels, "Sobre la religión", Salamanca, 1979, págs. 403 y ss., y que, originalmente, apareció en la revista "Neue Zeit", I-1-2, 1894-5, págs. 4-13, 36-43.

636 Una opinión curiosa en J. Massyngberde Ford, "Revelation", New York, 1975, que sitúa el Apocalipsis antes del ministerio público de Jesús.

637 Nerón B. W. Henderson, "The Life and Principate of the emperor Nero", Londres, 1905, págs. 439-43.

638 B. W. Henderson, "Five Roman Emperors", Cambridge, 1927, pág. 45.

639 Edmunson G. Edmundson, "The Church in Rome", Londres, 1913, págs. 164-79.

640 A. Momigliano, "Cambridge Ancient History", X, Cambridge, 1934, pág. 726.

641 A. Weigall, "Néron", París, 1950.

642 K. A. Eckhardt, "Der Tod des Johannes", Berlín, 1961, págs. 58-72.

643 Ch. Rowland, "The Open Heaven", Londres, 1985, págs. 403 y ss.

(Apoc. 11:8). Esa gran ciudad, también llamada Babilonia por su apostasía, será destruida por la Bestia romana (Apoc. 18:10 y ss.). Con ello, se cumpliría el juicio de Dios contra los perseguidores judíos de los discípulos de Jesús.[644]

Henderson[645] vio en Apocalipsis 9:14-16 y 16:12 referencias a la creencia de que Nerón sería apoyado en su regreso a Roma por el rey de los partos; y en 11:2 y 20:9, la situación de la guerra contra Roma en Judea, un conflicto aún inconcluso mientras se escribía Apocalipsis 17:16 y ss., que vendría relacionado con la crisis del imperio a finales del 68 d. C.; y 18:17 y ss. sería una descripción del incendio de Roma que había tenido lugar cuatro años antes.[646] De nuevo, estos argumentos abogarían por una datación en los sesenta para el libro.

La conciliación de todo esto con las fuentes que relacionan el encarcelamiento de Juan con el gobierno de Domiciano resulta, por otra parte, es sencilla. A mitad del año 70 d. C. Vespasiano se hallaba en Alejandría, mientras su hijo mayor, Tito, sitiaba Jerusalén. Su hijo menor, Domiciano, fue nombrado César y utilizó la residencia imperial (Tácito, Hist IV, 2 y Suetonio, Domiciano, I); se le invistió del «imperium consulare» y se escribió su nombre en el encabezamiento de edictos y despachos (Tácito, Hist IV, 3 y Dión Casio, Hist, LXV, 2, 1 y ss.). En ese periodo —tal y como indica Tertuliano— un profeta judeocristiano llamado Juan habría sido condenado por Domiciano al destierro en Patmos. En junio, Domiciano abandonó Roma y en el 71, Vespasiano tomó como colega a Nerva y, quizás, en este periodo de tiempo Juan fue liberado. De ser

---

644 Existe otra alternativa a la fecha mencionada que desplazaría unos años la misma. Consistiría ésta en pensar que el saqueo de Roma encaja mejor con la descripción de Babilonia caída que el incendio del 64 y que la cercanía de las legiones romanas al área del templo es la acaecida en los primeros meses del 70 y no durante el 68. En cualquier caso, y a efectos de nuestro estudio, que sea la hipótesis expuesta en el cuerpo de la obra o esta alternativa la más cercana a la realidad no creemos que varie sensiblemente las conclusiones que expondremos en la segunda parte del libro.

645 B. Henderson, "O. c", págs. 237-53, 434-49.

646 Eckhardt, "O. c", pág. 63 ha insistido en este mismo aspecto e indicado que 18:17b-19 contiene incluso recuerdos de un testigo ocular. J. Stevenson señaló en su día a J. T. Robinson que la descripción tenía elementos de la visión del incendio de Roma contemplado desde Ostia.

cierta esta hipótesis,[647] Juan habría sido condenado por Domiciano y liberado por Nerva (como afirma la tradición) pero en el 70-71 y no durante el periodo de reinado de aquel. Para entonces, su obra ya estaría escrita desde hacía tiempo e incluso se ha formulado la hipótesis de que en parte lo hubiera sido antes del destierro y de que mensajes similares a los contenidos en ella fueran la causa de su condena.[648] Esta solución que proponemos es, a nuestro juicio, la única que permite hacer justicia a los diferentes datos que nos proporcionan tanto el análisis interno como externo del libro en torno a su fecha de redacción. La misma se habría producido entre el 68 y el 70 d. C., si bien antes de la caída de la ciudad de Jerusalén.

Pasemos ahora a la cuestión del autor del libro. Que éste presenta puntos de contacto con el del cuarto Evangelio resulta difícil de negar. En ambos casos, el Hijo es llamado el Verbo; se le identifica con el Cordero de Dios; y se habla de Su victoria ligada a la de los que le siguen (un factor en común con las epístolas por ej. Juan 16:33; 1 Jn. 5:4). En Apocalipsis se presenta como un profeta de nombre Juan (1:4,9; 22:8), preso en Patmos por una circunstancia relacionada con el hecho de ser cristiano. Añadamos a esto que Juan, el profeta, parece gozar de un cierto predicamento entre las iglesias de Asia Menor que, históricamente, se relacionan con un ministerio de Juan en la Diáspora. Este conjunto de circunstancias conectan estrechamente a ambos autores, pero, pese a todo lo anterior, la diferencia de estilo literario entre ambas obras dificulta la identificación sin más del autor del cuarto Evangelio con el de Apocalipsis. Se ha alegado que tales diferencias se deben al género literario o a la imposibilidad de pulir el estilo de la obra en Patmos,

---

647 Ha sido ya mencionada por W. H. Simcox, "Revelation", Cambridge, 1893, L-LI y E. C. Selwyn, "Authorship of the Apocalypse", Cambridge, 1900, págs. 94-6 e Idem, "The Christian prophets and the Prophetic Apocalypse", Cambridge, 1900, págs. 120-2.

648 Este es el punto de vista de Selwyn, "Christian Prophets" "...", págs. 212-21 que mantenía que Apocalipsis 4–22 se había escrito en Roma bajo Galba en el 68-9 y que había provocado la condena del autor por Domiciano a inicios del 70 a la isla de Patmos. Allí habría escrito el autor 1-3 como una carta enviada a las iglesias de Asia Menor. No es imposible esta teoría pero tenemos que admitir que la continuidad del c. 1 con 4:1 y ss., y la afirmación de 17:10 se alzan como inconvenientes contra la misma.

pero tales opciones distan de ser plenamente convincentes. Resulta, no obstante, difícil negar que ambos autores presentan rasgos de pertenecer a una «escuela teológica» (por denominarla de alguna manera) que estaba dotada de una cierta especificidad. Como ya vimos al tratar el cuarto Evangelio, la misma era judeocristiana y originaria de Israel. Desde luego, el autor del Apocalipsis era asimismo un judeocristiano de Israel muy bien informado de los avatares bélicos posteriores al 66 d. C. y anteriores al 68 d. C. Como judeocristiano, precisamente chocaba con el cristianismo gentil de algunas iglesias de Asia Menor (2:14; 2:20 y ss.) y cabe la posibilidad de que pudiera ser identificado con Juan, el anciano que había sido discípulo de Juan el apóstol, al que se refieren algunos Padres. Con todo, tal supuesto no pasa de ser una hipótesis razonable.

¿Esperaba este Juan un enfrentamiento escatológico inmediato entre Cristo y un anticristo, que sería Nerón? Así lo ha pensado algún autor,[649] pero, desde nuestro punto de vista, tal visión dista mucho de resultar convincente. Ciertamente, Juan profetizó una serie de juicios contra diversas naciones (Roma e Israel, especialmente) y, a la vez, proyectó a sus lectores hacia la esperanza escatológica ligada a la Parusía, pero no parece que tal proceso pueda seguirse de manera inmediatamente lineal. De hecho, más bien se tiene la impresión de que en Apocalipsis[650] se entrelazan al menos dos hilos conductores, uno presente y otro futuro. El presente (descripciones relativamente fáciles de reconocer acerca de Roma e Israel) nos permite encuadrar la obra en un contexto histórico exacto y descubrir el juicio que del mismo tenían los primeros cristianos. El futuro, sirve al autor del escrito para mostrar a sus lectores como la historia actual tendrá similitudes con la del futuro, pero, entonces, ligada a la victoria final del Mesías. Empero, no se trata de una visión cíclica de la historia.

El continuo avance hacia el futuro a partir de las condiciones presentes ha permitido a ciertos autores elaborar interpretaciones coherentes y sólidas del libro sin referirlas necesariamente a personajes históricos concretos y limitándose a ver en sus descripciones

---

[649] J. A. T. Robinson, "Redating...", págs. 250 y ss.

[650] Ch. Rowland, Oc, 1985, págs. 413 y ss.

como paradigmas de todas las épocas.[651] En otros casos, se ha tendido a contemplar la obra como una serie de repeticiones continuadas en torno al mismo marco de hechos,[652] algo que la estructura septenaria del libro favorece de manera especial.[653] Posiblemente, esta especial estructura explique que ya c. 180 Ireneo no supiera el significado del 666, o que la Oda 22 de las Odas de Salomón hubiera ya identificado al monstruo de siete cabezas con el mismo Satanás. Esta última posibilidad no es tan rara si tenemos en cuenta que las operaciones con 666 pueden reducirse a 8 (7 más 1), lo que, para algunos, constituía un símbolo del Diablo.[654] Por si fuera poco, no olvidemos que el número 666 aparece en algunos manuscritos como 616 (¿Kyrios Kaisar? ¿Nerón César?) lo que hace más difícil su interpretación[655] en términos de historia específica y facilita su exégesis simbólica. Así, la Bestia vendría a ser una imagen del poder civil absoluto que persigue a los seguidores de Jesús, una conducta que Nerón tipificó magníficamente, como lo hará, en el periodo previo a la Parusía, el mismo anticristo. En cualquiera de los casos, el final de los enemigos de Dios siempre será la ruina terrenal y eterna.

Si aceptamos tal perspectiva, Apocalipsis nos aparece como una lectura del presente (los capítulos 1-3 son buena muestra de ello) —un presente que podía volverse terriblemente cruel para los judeocristianos como lo había demostrado la persecución de Nerón— pero que permitía interpretar el futuro. Sucediera lo que sucediese en el mismo, la última palabra estaría en manos de Dios y de Su Mesías.

---

651 En este sentido, ver especialmente G. R. Beasley-Murray, "The Book of Revelation", Londres, 1974.

652 Algo que no dista tanto, en nuestra opinión, de la perspectiva de Juan. En este sentido ver, W. Hendriksen, "More than Conquerors", Londres, 1962; L. Morris, "The Revelation of St. John", Grand Rapids, 1979; J. Grau, "Estudios sobre Apocalipsis", Barcelona, 1977.

653 En ese sentido, ver A. Yarbro Collins, "The Combat Myth in the Book of Revelation" en "HDR", 9, 1976, págs. 8-13 y 32-44; J. W. Bowman, "The Drama of the Book of Revelation", Filadelfia, 1955.

654 En este sentido, ver E. Lohmeyer, "Die Offenbarung des Johannes", Tubinga, 1953, (2.ª ed.), pág. 118 del Suplemento.

655 En este sentido, y favoreciendo una interpretación más típica que histórica, aunque aceptando los elementos provenientes de esta última, ver O. Cullmann, "El Estado en el Nuevo Testamento", Madrid, 1966, págs. 97 y ss.

La visión de Juan en relación con el futuro cercano se mostró sorprendentemente lúcida y exacta. Jerusalén, descrita como la Gran Ciudad Babilonia, fue arrasada y también pasó lo mismo con el templo. La destruyó Roma en la que se había apoyado durante décadas para mantener el statu quo. Con referencia al futuro, el mensaje de que algún día, tras una persecución generalizada de los discípulos de Jesús peor que la neroniana y llevada a cabo por alguien del que Nerón era un tipo, tendría lugar la Parusía y con ella la conclusión adecuada de la historia, no ha dejado de resultar estimulante, generación tras generación, para cristianos en conflicto con el poder civil.

Presumiblemente, el autor de Apocalipsis, tras recuperar su libertad, marchó a Asia Menor donde se estableció y ocupó un papel de importancia en las iglesias de la zona, pero esa andadura es algo que ya sobrepasa nuestro ámbito de estudio. No obstante, debemos dedicar algún espacio a señalar el valor que esta fuente tiene para nosotros. Para empezar, resulta indiscutible su origen judeocristiano, ligado a una preocupación muy clara por el destino de Israel y por las comunidades enclavadas en ese territorio. Los destinatarios de la obra son, principalmente, iglesias de Asia Menor (c. 1-3), pero el origen de la misma es judeocristiano y originario de Israel, a juzgar no sólo por el conocimiento de ese trasfondo sino también por el tipo de griego utilizado.

El Apocalipsis nos permite así acceder, siquiera indirectamente, no sólo a datos históricos concretos sino también a una visión ideológica específica cuyo origen se hallaba en la tierra de Israel y que, como hemos señalado, presenta puntos de contacto específicos con el cuarto Evangelio, sintiéndose además confrontada con algunas manifestaciones del cristianismo gentil. Como tendremos ocasión de ver cuestiones como el tratamiento posterior de los decretos del concilio de Jerusalén, el destino de los judeocristianos de Palestina o su especial Cristología aparecen en esta fuente arrojando no poca luz acerca de su significado y trascendencia.

Las epístolas universales (I): Santiago[656]

La carta de Santiago es uno de los escritos del Nuevo Testamento que ha sido objeto de más controversia en cuanto a su datación, la determinación del autor y el juicio sobre su contenido. Ciertamente la afirmación de K. y S. Lake[657] en el sentido de que podía ser fechada en cualquier periodo desde el siglo II d. C. al siglo XVIII a. C. constituye una abierta exageración, pero permite aproximarnos a la dificultad inherente a esta obra. T. Zahn y A. Harnack,[658] escribiendo en el mismo año, la dataron respectivamente en el 50 d. C. y entre el 120 y el 140 d. C. Por impresionante que pueda parecer la diferencia, estamos obligados a señalar que, en apariencia, el análisis interno del documento no es de gran ayuda para dilucidar las cuestiones señaladas. No hay referencias a personajes concretos (salvo el autor y otros bíblicos como Abraham, Isaac o Rahab) ni a lugares ni tampoco a eventos de cierta significación. Literariamente, la obra aparece inmersa en una tradición que va desde los Proverbios hasta el Pastor de Hermas o la Didajé pasando por la Sabiduría de Salomón o el Eclesiástico. El único punto de referencia es el hecho de que se confiesa como un escrito cristiano pero las referencias a Jesús son escasas (1:1; 2:1) y algunos han especulado incluso con la idea de adscribir la obra al judaísmo.[659] Con todo, hoy por hoy, parece claro que su carácter

---

656 Sobre la carta de Santiago, ver R. V. G. Tasker, "The General Epistle of James", Londres, 1956; F. Mussner, "Der Jakobusbrief", Friburgo, 1964; M. Dibelius, "James", Filadelfia, 1975; J. B. Adamson, "The Epistle of James", Grand Rapids, 1976; R. Kugelman, "James and Jude", Wilmington, 1980; S. S. Laws, "The Epistle of James", Londres, 1980; U. Luck, "Die Theologie des Jakobusbriefes" en "ZTK", 81, 1984, págs. 1-30; P. H. Davids, "The Epistle of James", Exeter, 1982.

657 Ver Lake K. y S. Lake, "An Introduction to the New Testament", Londres, 1938, págs. 164.

658 Ver T. Zahn, "O.c", I, págs. 73-151 y A. Harnack, "Chronologie der altchristlichen Litteratur bis Eusebius", Leipzig, 1893-1897, II, págs. 485-9.

659 Ver F. Spitta, "Zur Geschichte und Litteratur des Urchristentums", II, Gotinga, 1896. págs. 1-239; L. Massebieau, "L'Èpitre de Jacques, estelle l'oeuvre d'un Chrétien?" en "RHR", 32, 1895, págs. 249-83 y A. Meyer, "Das Ratsel des Jacobusbriefes", Giessen, 1930 (este último llega a sostener la tesis de que Jacobo es el patriarca Jacob que se despide de sus hijos).

cristiano resulta indudable y más intenso de lo que se podría creer a primera vista.[660]

A nuestro juicio, sin embargo, la dificultad para determinar la adscripción a un ambiente cristiano o judío constituye una de los primeros elementos que facilitan el encuadramiento de la carta en un entorno concreto. En la misma se percibe una ausencia prácticamente total de oposición (si se nos apura de distinción incluso) entre el cristianismo y el judaísmo. No se ataca al judaísmo como tal, ni se le diferencia del entorno teológico o moral del autor. De hecho, la diatriba contra el opresor tiene claros paralelos con el profetismo veterotestamentarios. A diferencia de otros escritos del Nuevo Testamento (la carta a los Hebreos) o externos al mismo (Didajé, Carta de Bernabé, etc.) está ausente la sensación de ruptura entre el cristianismo y su origen teológico en el judaísmo.

Por otro lado, ciertas circunstancias adicionales nos revelan más datos en relación con la obra. Por un lado, y, como hemos visto, esto resulta esencial para la datación de nuestras fuentes, no hay la menor referencia a la destrucción del templo en el año 70 d. C., algo inconcebible en un escrito cristiano posterior a esa fecha. Por otro, la descripción de las relaciones laborales en el campo (5:1-6) parecen señalar a un encuadre cronológico que concluyó —en el sentido que aparece expresado en nuestra fuente— con la guerra del 66-73 d. C., pero que, como veremos en la segunda parte de este estudio, encaja con la situación anterior al estallido de la guerra de los judíos. A lo anterior hay que añadir que las referencias climáticas (1:11; 3:11 y ss.; 5:7,17 y ss.) y en especial la relativa a las «lluvias primeras y las tardías» (5:7), que tiene claras resonancias veterotestamentarias (Deut. 11:4; Jer. 5:24; Joel 2:23; Zac. 10:1) apuntan a la situación concreta de la tierra de Israel y sur de Siria.[661]

---

[660] Ver en este sentido A. von Harnack, "Chron...", págs. 489 y ss.; T. Zahn, "INT", I, págs. 141-6; H. Windisch, "Die katholischen Briefen", Tubinga, 1930, pág. 3; W. G. Kümmel, "Einleitung...", págs. 407-10; D. Guthrie, "NTI", págs. 756 y ss.; C. F. D. Moule, "The Birth of the New Testament", Londres, 1981 (3.ª ed.), pág. 166.

[661] En el mismo sentido, ver J. H. Ropes, "James", Edimburgo, 1916, págs. 295-7 y D.Y. Hadidian, "Palestinian pictures in the Epistle of James" en "Exp T", 63, 1951-2, págs. 227 y ss.

En cuanto al contenido del mensaje de la carta da la absoluta impresión de provenir de un judeocristiano que se dirige a sus compatriotas hablándoles en su propio idioma. Así, por citar algunos aspectos concretos, la comunidad judeocristiana es una colectividad de judíos aún no escindida del judaísmo y que acude a la sinagoga (2:2; comp. Hech. 6:9); la base de los argumentos de la obra es la relación con el Dios único (2:19), al que se invoca como Señor de los Ejércitos (5:4), es decir, YHVH Tsebaot, un título de claras resonancias veterotestamentarias; Abraham es el padre común (2:21); se apela a la Torá (2:9-11; 4:11 y ss.); las buenas obras son concebidas en los términos veterotestamentarios de dar limosnas y asistir a las viudas y a los huérfanos; el infierno es denominado con la expresión Gehenna (algo que en el Nuevo Testamento sólo aparece conectado con la persona de Jesús), etc.[662]

Los mismos adversarios de Santiago no resultan ser el judaísmo organizado (como sucedió con Pablo en alguna ocasión), ni las autoridades civiles (como se percibe en 1 Pedro) ni la maquinaria imperial (Apoc.). Los personajes a los que se refiere la carta en 2:6 y ss. son judíos, pero se les ataca no por serlo (como, por ejemplo, podría pensarse en 1 Tes. 2:14, escrita tras las amargas experiencias de Pablo con sus compatriotas en esta ciudad), sino por pertenecer a un estrato concreto de la población, el de los ricos exentos de arrepentimiento. De hecho, a nuestro juicio, resulta evidente que no hay nada en este escrito que trascienda del cuadro histórico que se describe en la primera parte del libro de los Hechos. Allí también es la clase alta judía la que se opone a la comunidad cristiana (Hech. 4–5; 13:50), incluso en alguna ocasión con la mayor aspereza (Hech. 8:1,3; 9:2; 11:19). Por otro lado, la presencia gentil es totalmente inexistente. De más está decir que esto es susceptible de ser enlazado con la ausencia de señales de la evangelización a los gentiles, así como de las tensiones producidas por la misma (leyes rituales, alimentos sacrificados a los ídolos, matrimonios consanguíneos, circuncisión, etc.). Como ha señalado

---

[662] Ver en el mismo sentido del colorismo judío de Santiago: W. O. E. Oesterley, "James" en W. R. Nicoll (ed), "EGT", 1897-1910, IV, págs. 393-7; 405 y ss.; 408-13.

acertadamente R. J. Knowling, Santiago se enfrenta con problemas judíos, los mismos que resaltó Jesús en Su predicación.[663] Por otro lado, factores como el hecho de que ni siquiera haya referencias a la apostasía o a la pérdida del primer amor (algo relativamente común en los escritos neotestamentarios de los sesenta y finales de los cincuenta) parece abundar en el encuadramiento de la obra en los primeros tiempos del judeocristianismo en la tierra de Israel.

Teológicamente, la carta también parece tener asimismo un contenido muy primitivo. No hay señales de herejía o cisma (como puede verse en las cartas de Pablo y de Juan), también están ausentes los signos de un gnosticismo incipiente como se producirá en otros círculos judeocristianos según se pone de manifiesto en los documentos de la última parte del Nuevo Testamento. Por otro lado, la Cristología es muy sencilla y tampoco presenta rasgos de controversia, hasta el punto de que se ha podido comentar que Santiago da la impresión de escribir antes de la crucifixión de Jesús.[664] El mismo pasaje de 5:7-11 no puede estar más desprovisto de colorido escatológico y es dudoso incluso que se refiera a la Parusía en sentido estricto. Finalmente, la idea de la ortodoxia no parece preocupar al autor (2:19) y no existe el menor rastro de una defensa apologética de la fe.[665]

Desde el punto de vista eclesiológico, aparte de la ya mencionada vivencia en el seno del judaísmo, no deja de ser curioso que las referencias cúlticas y sacramentales de Santiago (5:12-20) sean específicamente judeocristianas sin paralelos en el judaísmo helenista. Por añadidura, se hallan ausentes las referencias a un ministerio eclesial salvo la mención de los ancianos (5:14) que procedían del judaísmo (Hech. 4:5,8,23; 6:12) y de los maestros que tienen el mismo origen (3:1). No existe, pues, ninguna jerarquía ministerial (comp. 1 Cor. 12:28; Ef. 4:11; Did 13, 2; 15:1 y ss.; Hermas 3.5.1) y la advertencia de Santiago contra querer ser maestros parece estar en la línea de diversos dichos de Jesús (Mat. 23:6-11). Todos estos

---

663 Ver R. J. Knowling, "St. James", Londres, 1904, XIII. En el mismo sentido, T. Zahn, "INT", I, págs. 90 y ss.

664 Ver en este sentido E. M. Sidebottom, "James, Jude and 2 Peter" en "NCB", 1967, pág. 14.

665 Ver en el mismo sentido J. H. Ropes, "St. James", Edimburgo, 1916, pág. 37.

factores nos inclinan a datar esta fuente en fecha muy temprana, tema sobre el que volveremos una vez que analicemos las posibilidades de identificación de su autor.

La única referencia al mismo se halla en 1:1 y aparece ligada a la mención de «Jacobo, siervo de Dios y del Señor Jesucristo». Parece claro que la referencia[666] se refiere a Jacobo, el hermano del Señor.[667] De hecho, ese Jacobo es el único de los cinco personajes neotestamentarios con ese nombre que es presentado de forma tan escueta. Dada la importancia del personaje, el argumento relativo a la pseudonomía queda precisamente debilitado por la ausencia de referencias continuas a episodios de la vida de Jesús o a la grandeza del supuesto autor.[668] Por otro lado, existen paralelos notables en el estilo de la carta y el utilizado por el Jacobo descrito en Hechos 15.[669]

Las objeciones contra la identificación de Jacobo con el autor no resultan nada convincentes. Por un lado, la actitud de la carta hacia la Torá (que no debería identificarse con la de algunos judaizantes cercanos, por ej. Gál. 2:12) se corresponde con la que conocemos de Santiago por los Hechos (15:13–21:24), en el sentido de

---

[666] En contra de su autenticidad se pronunció en su día A. Harnack insistiendo en que se trataba de una adición, "Chronologie...", págs. 489 y ss. Lo cierto es que no existe la más mínima base textual para llegar a esa conclusión.

[667] Ver W.Kümmel, "O.c", pág. 412.

[668] Ver en este mismo sentido T. Zahn, "O.c.", I, pág. 140. El desarrollo del carácter de Santiago en escritos apócrifos es, no obstante, espectacular. Desde la epístola de Pedro 1:1 donde este personaje se dirige a Jacobo como «señor y obispo de la santa iglesia» hasta la descripción de Hegesipo (Eusebio HE II.23. 4-18) sobre la leyenda de Santiago, podemos percibir una línea en la presentación del personaje que contrasta fuertemente con la del escrito que ahora analizamos.

[669] Sobre las conexiones lingüísticas entre ambas instancias (con resultados auténticamente sorprendentes en cuanto al grado de coincidencia), ver J. B. Mayor, "The Epistle of James", Londres, 1913, III y ss. Entre los ejemplos más claros puede citarse 1:1 con Hechos 15:34 (un término no utilizado por ningún otro personaje cristiano del NT); 2:5 con Hechos 15:13; 2:7 con Hechos 15:17 (de nuevo sin paralelos en el NT); 1:27 con Hechos 15:29; así como términos coincidentes (1:27 con Hechos 15:14; 5:19 y ss. con Hechos 15:19 y 1:16, 19, 25 con Hechos 15:25). Aún en el supuesto —posible, por otra parte— de que Lucas remodelara los discursos de los Hechos no deja de ser curioso que los de Santiago se asemejen tanto a la carta que lleva su nombre, circunstancia esta última que retrotraería además la fecha de su redacción.

que el énfasis se sitúa más en el aspecto moral que en el ritual. Armoniza además con el testimonio del mismo Pablo que distingue entre Jacobo (con el que no se encuentra en situación de enfrentamiento) y algunos de sus seguidores (Gál. 2:9-12).

La lengua griega en que está escrita la carta tampoco nos parece un argumento medianamente sólido como para negar la autoría de Jacobo. T. Zahn ha señalado las deficiencias lingüísticas del escrito[670] y J. N. Sevenster, quizás en el estudio más extenso y sólido hasta la fecha sobre la utilización del griego por los judeocristianos, dejó demostrada hace tiempo la absoluta posibilidad de que la obra pudiera haber salido de la pluma de un judío afincado en Israel.[671] A decir verdad, el hecho de que éstos podían emplear el koiné de manera habitual es hoy aceptado de manera prácticamente universal.[672] Como ha señalado A. W. Argyle «sugerir que un muchacho judío crecido en Galilea no sabría griego es peor que sugerir que un muchacho galés criado en Cardiff no sabría inglés».[673] Por el contrario, es más que posible que el primer periodo del judeocristianismo viniera caracterizado por un buen número de miembros helenoparlantes.[674]

En base a todo lo anterior creemos que las circunstancias que confluyen en la carta apuntan a un encuadre que muy difícilmente

---

670 Ver T. Zahn, "O.c", I, págs. 117 y ss.

671 Ver J. N. Sevenster, "Do You know Greek. How much Greek could the first Jewish Christians have known?" en "Nov. Test Suppl", 19, Leiden, 1968, págs. 3-21. Prácticamente toda la introducción de este estudio aparece dedicada a la carta de Santiago.

672 Ver en este sentido G. Dalman, "The Words of Jesus", Edimburgo, 1902; J. Weiss. The History of primitive Christianity. ET. 1937. págs. 165 y ss.; S. Lieberman, "Greek in Jewish Palestine", Nueva York, 1942; R.O.P. Taylor, "The Groundwork of the Gospels", Oxford, 1946, págs. 91-105; R. H. Gundry, "The Language milieu of first century Palestine" en "JBL", 83, 1964, págs. 404-8; Idem,"The Use of the OT in St Matthew's Gospel", Leiden, 1967, págs. 174-8; N. Turner, "Grammatical Insights into the NT", Edimburgo, 1965, págs. 174-88; J. A. Fitzmyer. "The Languages of Palestine in the First Century AD" en "CBQ", 32, 1970, págs. 501-31; J. Barr, "Which language did Jesus speak?" en "BJRL", 53, 1970-1, págs. 9 y ss.; M. Hengel, "Judaism and Hellenism", I, Minneapolis, 1991, págs. 58-65, 103-6 y, dentro de España, A. Diez Macho, "La lengua hablada por Jesucristo", Madrid, 1976.

673 Ver A. W. Argyle, "Greek among the Jews of Palestine in the New Testament Times" en "NTS", 20, 1973-4, págs. 87-9.

674 Ver en este sentido T. Zahn, "O. c", I, págs. 34 y ss.

podría encajar con otra persona que no fuera Jacobo, el hermano de Jesús, y esto en época muy temprana del judeocristianismo. Recordemos que en esta fuente se reúnen la situación de ausencia de polémica con los gentiles, de inexistencia de la misión entre los paganos, de indiferenciación entre judaísmo y cristianismo, de tolerancia por parte de las autoridades judías, de falta de controversia con Pablo —un tema sobre el que volveremos en la segunda parte— de desconocimiento de la destrucción del templo en el 70 d. C. o de incluso la revuelta judía anterior. Dado que el conflicto con ocasión de la misión entre los gentiles se produjo a finales de los años cuarenta del siglo I y que Jacobo parece haber ocupado un lugar de importancia en Jerusalén si no desde c. el año 35 (Gál. 1:19) si al menos desde el 42-44 (comp. las órdenes de Pedro en Hech. 12:17), la carta no pudo ser escrita antes de esa fecha. Aún suponiendo que la obra reflejara en parte una controversia antipaulina sobre la fe y las obras (cosa que, como veremos en la segunda y tercera parte de este estudio, es muy improbable), tal hecho debería conectarse con la predicación del «evangelio paulino» proclamado durante el primer viaje misionero de finales de los cuarenta y acerca del cual el apóstol de los gentiles consultó con Jacobo y otros (Gál. 2:2), lo que nos proporcionaría un «terminus ad quem» por esas fechas para la redacción del libro y, en cualquier caso, el mismo tendría que ser anterior a la decisión del Concilio de Jerusalén.

Este conjunto de circunstancias —creemos que con base muy sólida— sitúan a nuestro juicio la redacción de la carta entre el 47-48 y finales de los años 50, y permite dar una explicación coherente a los paralelos indudables que existen entre la expresión lingüística de Jacobo en la carta y la que se le atribuye en relación con el concilio de Jerusalén, tal y como se recoge en el libro de los Hechos. Posiblemente esta coherencia es lo que la ha llevado, con muy ligeros matices, a abrirse paso de manera muy considerable en la consideración de algunos estudiosos como una obra no pseudonímica.[675]

---

[675] Ver en este sentido G. Kittel, "Die Stellung des Jakobus zu Judentum und Heidenchristentum" en "ZNW", 30, 1931, págs. 145-157; Idem, "Der geschichtliche Ort des Jakobusbriefes" en "ZNW", 41, 1942, págs. 71-105; Idem, "Die Jakobusbrief und die apostolischen Vater" en "ZNW", 43, 1950-1, págs. 54-112;

Partiendo de estas bases de autenticidad e inmediatez geográfica y cronológica, el valor como fuente de la carta de Santiago es considerable en cuanto a información relativa al judeocristianismo en Israel anterior al 62 d. C., quizás incluso al previo al año 50 d. C. Las relaciones con el judaísmo (del que no se consideraba desprendida la comunidad jerosolimitana), las prácticas presacramentales, la teología y la visión social muestran, por otro lado, unos indicios de arcaísmo y de resonancias de la enseñanza de Jesús de enorme relevancia. Sobre todos estos aspectos volveremos, como ya hemos indicado, en las partes segunda y tercera del presente estudio.

Las epístolas universales (II): las epístolas restantes

Del resto de las cartas universales, cabe señalar los siguientes aspectos en cuanto a su valor como fuentes históricas para el estudio del judeocristianismo palestino del siglo I.

Las dos cartas atribuidas a Pedro[676] pertenecen a un trasfondo judeocristiano indudable. La primera es admitida de manera prácticamente unánime como escrito petrino; en cuanto a la segunda, es objeto de controversia si efectivamente se debe también a Pedro o es un escrito pseudoepigráfico. En cualquiera de los dos casos, resulta importante solventar temas de tan difícil solución como su relación con la carta de Judas o su relación verdadera —de no haber sido escrita por Pedro— con el apóstol al que se atribuye. Con todo, el hecho de que sus destinatarios, los motivos de su redacción, su problemática y su entorno no estén relacionados con los judeocristianos afincados en Israel excusan el que nos detengamos en su

J. A. T. Robinson, "O.c", págs. 137 y ss.; W. Michaelis, "Einleitung in das Neue Testament", Berna, 1954, pág. 282; D. Guthrie, "New Testament Introduction", Londres, 1965, págs. 761-4; T. Carson, "James" en "IBC", Grand Rapids, 1986, págs. 1533 y ss.

676 Para un estudio de las mismas con bibliografía y discusión de las diversas posturas, ver E. M. B. Green, "2 Peter Reconsidered", Londres, 1961 (una magnífica defensa de la autenticidad de esta epístola); J. D. N. Kelly, "The Epistles of Peter and of Jude", Londres, 1969; E. Best, "The First Epistle of Peter", Londres, 1971; M. Green, "2 Peter and Jude", Grand Rapids, 1979; J. H. Elliott, "A Home for the Homeless", Londres, 1982; R. J. Bauckham, "2 Peter and Jude", Waco, 1983.

estudio de manera especial. Las referencias que haremos a las mismas en la tercera parte de nuestro estudio serán sólo como fuentes de segundo orden.

Es importante, no obstante, señalar las coincidencias existentes entre el Apocalipsis —al que hemos datado antes de la destrucción del templo— la segunda carta de Pedro y Judas. Todos ellos son escritos judeocristianos ciertamente, pero además comparten unas inquietudes, una forma de expresarlas y una manera de abordarlas que no pueden ser definidas como mera casualidad y que deben ser atribuidas a la pertenencia de una escuela de pensamiento similar —judeocristiana, eso es indudable— que había salido ya de la tierra de Israel, pero que, trasplantada al ámbito gentil de Asia Menor, no terminaba de enraizar en el mismo, encontrándolo además plagado de peligros para los conversos a la fe.

Por citar sólo algunos ejemplos, podemos indicar que en estos tres escritos —por contraposición a otros del Nuevo Testamento— los falsos maestros son acusados del error de Balaam (Jud. 11, 2 Ped. 2:15; Apoc. 2:14); se denuncia la tentación de inmoralidad (2 Ped. 2:14-18; 3:17; Apoc. 2:20); se hace referencia a la contaminación de la ropa (Jud. 8; 2 Ped. 1:2 y ss.; Apoc. 2:17,24); los falsos maestros son retratados como pretendiendo ser pastores y apóstoles (Jud. 11 y ss.; Apoc. 2:2); se realiza un llamado a recordar la enseñanza de los verdaderos apóstoles (Jud. 17; 2 Ped. 1:12; 3:1 y ss.; Apoc. 3:3) a los que se considera fundamento de la comunidad cristiana (Jud. 3; Apoc. 21:14); el Día de Cristo es asimilado a la estrella de la mañana (2 Ped. 1:19; Apoc. 2:28); se insiste en la desaparición de los cielos y de la tierra actuales (2 Ped. 3:10; Apoc. 6:14; 16:20; 20:11) para ser reemplazados por otros nuevos (2 Ped. 3:13; Apoc. 21:1); los ángeles caídos son descritos en una situación de encadenamiento en el infierno (Jud. 6; 2 Ped. 2:4; Apoc. 20:1-3,7); y quizás hay señales de milenarismo (2 Ped. 3:8; Apoc. 20:2-7). Sobre estos aspectos, volveremos en la tercera parte de esta obra.

Los Evangelios Sinópticos

Finalmente resulta obligado examinar, siquiera brevemente, el valor que los Sinópticos pueden tener para historiar el judeocristianismo palestino del siglo I en Israel. La utilización de los mismos en este sentido ha partido de la base de que en su visión se reflejaban elementos de la historia de las comunidades donde nacieron. Se acepte o no tal punto de vista —y resulta un tanto difícil no reconocer que, al menos ocasionalmente, se ha abusado de la especulación en torno al mismo— lo cierto es que sólo Juan, al que ya nos hemos referido, puede pretender con cierta probabilidad haberse forjado en un medio judeocristiano en Israel.

Marcos[677] —que, muy posiblemente, recoge la predicación petrina— es un Evangelio dirigido fundamentalmente a los gentiles y, casi con toda seguridad, forjado en un medio gentil que pudo ser Roma o, secundariamente, Alejandría. Escrito con casi absoluta certeza antes del año 70 d. C., nos referiremos a él en la segunda parte de esta obra si bien adelantamos que no puede ser considerado como una fuente para el estudio de lo que era el judeocristianismo en el Israel del siglo I.

Mateo[678] recoge, indudablemente, una lectura judeocristiana de la vida y la enseñanza de Jesús. Incluso se ha apuntado a la posibilidad de que en él se ponga de manifiesto un intento de contener un creciente abandono del judaísmo por parte de los judeocristianos o un crecimiento considerable de los gentiles en las filas del cristianismo que desequilibraría numéricamente a sus primeros seguidores. Su datación suele situarse en alguna fecha en torno al 80 d. C., aunque existen argumentos de consideración para considerar que pudo escribirse antes de la destrucción del templo en el año 70 d. C.[679] Con todo, Mateo, seguramente, no fue redactado

---

677 Sobre este Evangelio con bibliografía y discusión de las diversas posturas, ver V. Taylor, "The Gospel of Mark", Nueva York, 1966; H. Anderson, "The Gospel of Mark", 1981; E. Best, "Mark: The Gospel as Story", Filadelfia, 1983; L. Hurtado, "Mark", Peabody, 1983; M. Hengel, "Studies in the Gospel of Mark", Minneapolis, 1985; D. Lührmann, "Das Markusevangelium", Tubinga,1987; R. A. Guelich, "Mark 1-8: 26", Waco, 1989; J. D. Kingsbury, "Conflict in Mark", Minneapolis, 1989.

678 Acerca de Mateo con bibliografía y discusión de las diferentes posturas, ver D. A. Carson, "Matthew", Grand Rapids, 1984; R. T. France, "Matthew", Grand Rapids, 1986; Idem, "Matthew: Evangelist and Teacher", Grand Rapids, 1989; W. D. Davies and d. C. Allison, Jr, "A Critical and Exegetical Commentary on the Gospel According to Saint Matthew", Edimburgo, 1988; U. Luz, "Matthew 1-7", Minneapolis, 1989.

679 Una discusión detallada del tema en C. Vidal, *El Documento Q*, Barcelona, 2003 y J. A. T. Robinson, "Redating...", págs. 86 y ss.

en Palestina y no nos permite por ello acercarnos a lo que fue el judeocristianismo afincado en ese terreno, salvo de manera muy indirecta, sino más bien a un judeocristianismo de la Diáspora.

En cuanto a Lucas,[680] su redacción —como ya se desprende del apartado dedicado a los Hechos— debería fijarse, a nuestro juicio, con anterioridad al 62 d. C. y su autor tiene que ser identificado, como posibilidad más convincente, con el personaje cuyo nombre lleva. Con todo, dados sus destinatarios (en buena medida, gentiles), su lugar de redacción (también en medio gentil), su autor (el único gentil del Nuevo Testamento) y su visión específica (de apertura a los gentiles), resulta imposible encuadrarlo en el judeocristianismo del siglo I en Israel, aunque pueda haber derivado parte de sus fuentes del seno del mismo. Sin duda, muchos de sus materiales pueden pertenecer a ese contexto, pero la obra, como tal, ni lejanamente puede considerarse un escrito judeocristiano.

La fuente Q[681]

Durante más de un siglo este apelativo ha sido utilizado para referirse a un conjunto de algo más de doscientos dichos[682] atribuidos a Jesús, utilizados en los Evangelios de Mateo y Lucas pero no

---

680 Sobre Lucas, con bibliografía y discusión de las diversas posturas, ver I. H. Marshall, "Commentary on Luke", Grand Rapids, 1978; J. Fitzmyer, "The Gospel according to Luke", 2 vols., Nueva York, 1981 y 1985; L. Morris, "Luke", Grand Rapids, 1983; F. Bovon, "Das Evangelium nach Lukas", Zurich, 1989; C. A. Evans, "Luke", Peabody, 1990; D. L. Bock, "Luke 1:1-9:50", Chicago, 1992.

681 La única reconstrucción de Q realizada hasta la fecha en castellano es la de C. Vidal, *El Primer Evangelio*: *el Documento Q*, Barcelona, 1993, reeditada algo más de una década más tarde con el título de *El documento Q*. A esta obra a la que remitimos para una profundización sobre el tema. Para un análisis ulterior, con bibliografía y exposición de las diversas posturas, ver J. M. Robinson, "LOGOI SOPHON: on the Gattung of Q" en J. M. Robinson y H. Koester (eds.), "Trajectories through Early Christianity", Filadelfia, 1964, págs. 71-113; J. Kloppenborg, "The Formation of Q, Filadelfia", 1987; Idem, "Q Parallels: Synopsis, Critical Notes and Concordance", Sonoma, 1988; M. Sato, "Q und Prophetie", Tubinga, 1988; F. Neyrinck, "Q- Synopsis: The Double Tradition Passages in Greek", Lovaina, 1988; H. Koester, "Ancient Christian Gospels", Filadelfia, 1990; D. R. Catchpole, "Studies in Q", Edimburgo, 1992.

682 El único material de Q no formado por un dicho de Jesús es la narración sobre la curación del hijo del centurión (Mat. 8:5-13; Luc. 7:1-10).

en el de Marcos. Originalmente, bautizada como «Quelle» por H. J. Holtzmann en 1861; en 1890 J. Weiss apocoparía el nombre dejándolo en «Q», una designación que haría fortuna. En el curso del siglo XX, Q ha sido uno de los elementos básicos para estudiar el origen de los Evangelios, aunque el contenido dado a la fuente ha resultado muchas veces confuso ya que lo mismo se la ha identificado con las tradiciones no marcanas comunes a Lucas y a Mateo, que con un ciclo de tradición oral del cristianismo primitivo, que con un documento escrito —la postura mayoritaria en los últimos investigadores— de redacción muy primitiva y desaparecido tras escribirse Mateo y Lucas. En el caso de estos autores, suele considerarse de forma casi generalizada que Lucas ha conservado el orden original de Q y por ello citan esta fuente con el número de capítulo y versículo de Lucas.

De haber existido como fuente escrita[683] —un extremo del que el autor de estas líneas no está ni mucho menos tan seguro como hace tres décadas— resultaría de una enorme importancia no sólo en la medida en que nos permitiría acceder a un estadio muy primitivo de transmisión de las enseñanzas de Jesús, sino, sobre todo en relación con nuestro estudio, porque nos descubriría una visión de Jesús (judeocristiana y situada en Israel) anterior a los Evangelios canónicos, en la que éste aparece contemplado, por ejemplo, como la Sabiduría de Dios o en la que se vislumbra una fuerte esperanza de Su regreso como Hijo del Hombre. No es menos importante, como señaló D. R. Catchpole en 1992,[684] el hecho de que Q incluya llamados específicos a Israel, fundamentalmente relacionados con la Parusía. Nos encontraríamos, pues, ante una fuente de primerísimo orden para el estudio del judeocristianismo palestino,[685] a la que haremos referencia en el resto de nuestro estudio, pero que, en buena medida, no pasa de ser hipotética.

---

683 En este mismo sentido, ver J. M. Robinson, "LOGOI SOPHON: on the Gattung of Q" en J. M. Robinson y H. Koester (eds.), "Trajectories through Early Christianity", Filadelfia, 1964, págs. 71-113; J. Kloppenborg, "The Formation of Q, Filadelfia", 1987; M. Sato, "Q und Prophetie", Tubinga, 1988.

684 D. R. Catchpole, "Studies in Q, Edimburgo", 1992.

685 En un sentido similar, ligando Q a los predicadores judeocristianos itinerantes, ver G. Theissen, "Studien...", c. I y 4 c).

Obras apócrifas perdidas (I):[686] el Evangelio de los hebreos

Esta obra,[687] hoy perdida, era utilizada por los nazarenos y los ebionitas. Jerónimo obtuvo un ejemplar de manos de los mismos para elaborar sus traducciones griega y latina. Parece igualmente que su texto original se hallaba en la biblioteca de Cesarea en Palestina. Nuestros datos sobre él son muy limitados y no dejan tampoco de resultar controvertidos. A juzgar por el fragmento que aparece en el *De viris illustribus* c. II, parece ser que otorgaba una preponderancia especial a Jacobo, el hermano de Jesús. Algunos autores antiguos[688] lo consideraron como el original hebreo de Mateo mencionado por Papías. Es cierto que parece haber tenido más conexiones con Mateo que con ninguno de los Evangelios canónicos, pero los fragmentos que nos han llegado, como el anteriormente citado, parecen apuntar más a una expansión de Mateo que a una reproducción fiel del mismo. No obstante, la cuestión dista mucho de ser aceptada de manera incontrovertida. Así, A. F. Klijn ha señalado recientemente la posibilidad de que no tuviera ninguna relación con los Evangelios canónicos. Desde luego, en él se incluían palabras de Jesús que no nos han llegado por otra vía, como ya señaló Eusebio (Teofania XXII).

686 Una discusión reciente sobre estos Evangelios con bibliografía en S. Gero, "Apocryphal Gospels: A Survey of Textual and Literary Problems" en "ANRW", 2.25-5:3969-96; G. Howard, "The Gospel of the Ebionites" en "ANRW", 2.25-5: 4034-53; A. J. F. Klijn, "Das Hebraer —und das Nazoraerevangelium" en "ANRW", 2.25-5: 3997-4033; D. Wenham (ed.), "Gospel Perspectives 5: The Jesus Tradition Outside the Gospels", Sheffield, 1985; J. H. Charlesworth y J. R. Mueller, "The New Testament Apocrypha and Pseudepigrapha: A Guide to Publications", Metuchen y Londres, 1987; H. Koester, "Ancient Christian Gospels: Their History and Development", Filadelfia, 1990.

687 Para un estudio más en profundidad, ver M. R. James, "The Apocryphal NT", Oxford, 1950. págs. 1-8; R. Handmann, "Das Hebrarevangelium" en "TU", 5: 3, Leipzig, 1888; A. Rouvanet, "Ètude exégétique et critique de l'Èvangile des Hébreux", Cahors, 1904; A. S. Barnes, "The Gospel according to the Hebrews" en "JTh St", 1905, págs. 356 y ss.; M. J. Lagrange, "L'Evangile selon les Hébreux" en "RBibl", 31 , 1922, págs. 161-181 y 321-349; J. T. Dodd, "The Gospel according to the Hebrews", Londres, 1933; J. Bauer, "Sermo peccati. Hieronymus und das Nazaraevangelium", en "BIZ", 1960, págs. 122-128.

688 Ver Eusebio HE. III, 39, 16; VI, 25, 4; Ireneo I, 1.

La fecha de composición de la obra podría situarse entre finales del siglo I y mediados del siglo II. De hecho, Clemente de Alejandría ya lo utilizó en los Stromata II, 9, 45 de finales de este último siglo.

Realmente poco podemos deducir de una obra que nos ha llegado a través de testimonios indirectos. No obstante, sí pueden desprenderse de la misma algunos datos de cierto interés. En primer lugar, está el hecho de un fraccionamiento del judeocristianismo, fraccionamiento que, no obstante, sigue otorgando un papel muy relevante a la persona de Jacobo, el hermano de Jesús. En segundo lugar, nos encontramos con la existencia de una serie de tradiciones —aunque no podemos determinar con exactitud cuál era su valor ni si se trataba de invenciones para sostener herejías posteriores o si eran restos de una información temprana sobre la vida y la enseñanza de Jesús— que no nos han sido transmitidas por los Evangelios.[689] Finalmente, podemos ver que, al menos en la tierra de Israel, el judeocristianismo gozaba de un cierto vigor incluso después de Jamnia. Su valor, sin embargo, dadas sus coordenadas temporales es muy limitado para el objeto de nuestro estudio.

Obras apócrifas perdidas (II): Ascensión de Santiago

Sólo conocemos esta obra por el testimonio de Epifanio (Adv. Haeres. XXX, 16). Contamos por lo tanto con un «terminus ad quem» en la primera mitad del siglo III. Precisamente esta circunstancia hace que el valor que podemos concederle sea muy relativo. La Ascensión de Santiago recogía predicaciones del hermano de Jesús contra el templo, los sacrificios y el altar (algo que cuenta con paralelos en la descripción que del judeocristianismo nos da el Nuevo Testamento) y puede que esta parte de la obra estuviera conectada con alguna tradición antigua.

Problema mayor nos ofrece la sección que contenía alegatos contra Pablo al que se calificaba de griego e hijo de padre y madre

[689] En favor de esta tesis, con una posible reconstrucción del texto original, ver H. J. Schonfield, "According to the Hebrews", Londres, 1937.

griegos, acusándolo de haberse hecho prosélito para poder contraer matrimonio con la hija del sumo sacerdote y de, al fracasar en su propósito, haber atacado el sábado, la circuncisión y la ley. Quizás nos hallemos aquí ante ecos de una controversia antipaulina de origen judío aprovechado por judeocristianos, aunque también puede tratarse de una reacción judeocristiana tardía contra el desplazamiento del centro de gravedad del cristianismo hacia el mundo gentil. En cualquier caso, es imposible decirlo con un mínimo de certeza por cuanto no poseemos la obra original y tampoco podemos saber la fecha de su redacción, aunque tendemos a encuadrarla en una época posterior cercana a la de la apócrifa carta de Pedro a Jacobo (c. 200).[690] Con todo, hay alguna posibilidad de que la tradición sobre Jacobo pueda resultar muy antigua.

Obras apócrifas perdidas (III): el Evangelio de los Nazarenos

Posiblemente se trató de una traducción libre (targúmica) del Mateo canónico al arameo o al siríaco. De hecho, el punto de vista de Jerónimo de que se trataba del original semítico de Mateo es muy difícil de aceptar.[691] Sobrevivía en el siglo IV, pero no parece que sea anterior al siglo II. Su interés para nosotros resulta muy limitado dado su encuadre cronológico, si bien nos permite comprobar la existencia de un judeocristianismo Cristológicamente ortodoxo posterior a Jamnia y aún existente en el siglo IV.

Obras apócrifas perdidas (IV): el Evangelio de los Ebionitas

Probablemente deba ser identificado con el Evangelio de los Doce Apóstoles citado por Orígenes (Hom. in Luc. 1). Jerónimo lo

690 W. Meeks, "The writings of St. Paul", Nueva York, 1972, pág. 177, opta por fecharla en el siglo III aunque reconoce que la datación es muy incierta.

691 En el mismo sentido, ver R. J. Bauckham, "Gospel (Good News)" en "Dictionary of Jesus...".

identificó con el Evangelio según los Hebreos, pero en ello, casi con toda seguridad, se equivocó. Sólo nos han llegado fragmentos del mismo a través de siete citas de Epifanio (Adv. Haer. 30, 13-16, 22). Su base, al parecer, era el texto de Mateo, pero intentándolo armonizar con Lucas y Marcos. No parece anterior al siglo II —algunos autores lo datan a inicios del siglo III[692]— y en él queda de manifiesto una cristología distinta de la nazarena al negarse, por ejemplo, la concepción virginal de Jesús y contener resabios adopcionistas. Su teología incluye asimismo una clara enemistad con el templo así como una prohibición de comer carne. Aunque sale fuera del ámbito cronológico de nuestro estudio, la obra resulta de interés en la medida en que permite contemplar cómo se había operado ya una escisión de tipo cristológico en el judeocristianismo en Israel posterior a Jamnia.

Obras apócrifas conservadas: las Odas de Salomón[693]

Consideradas por Quasten como el descubrimiento más importante de la literatura cristiana primitiva después de la Didajé,[694] las Odas de Salomón constituyen un conjunto de cuarenta y dos himnos de signo carismático. Descubiertas en 1905 por Rendel Harris en un manuscrito siríaco, fueron publicadas en 1909. Una cuarentena de las mismas nos ha llegado en siríaco, cinco en copto y una en griego. Realmente desconocemos cuál fue su lengua original siendo éste un tema sujeto a controversia.[695]

---

692 Ver J. Quasten, “Patrología”, Madrid, 1984, I, pág. 121.

693 Acerca de esta obra, ver R. M. Grant, “The Odes of Salomon and the Church of Antioch” en “JBL”, 63, 1944, págs. 363-97; J. H. Charlesworth, “A Critical Examination of the Odes of Salomon”, Duke, 1987; Idem, The Odes of Salomon, Oxford, 1973; J. A. Emerton, “Notes on Some Passages in the Odes of Solomon” en “JTS”, 28, 1977, págs. 507-19;

694 J. Quasten, “O. c.”, I, Madrid, 1984, pág. 163.

695 En favor de la tesis siríaca, ver A. Voobus, “Neues Licht zur Frage der Originalsprache der Oden Salomos” en “Muséon”, 75, 1962, págs. 275-290. Otros autores han sostenido que el griego es la lengua original, por ej. R. H. Connolly, “Greek the original language of the Odes of Salomon” en “JTh St”, 14, 1913, págs. 530 y ss.; o el arameo por ej. A. Adam, “Die ursprüngliche Sprache der Salomo-Oden” en “ZNW”, 52, 1961, págs. 141-156; o incluso el griego traducido

Dado que el tema más sobresaliente de las Odas de Salomón es la salvación[696] descrita en términos de unión místico-extática entre Dios y el individuo que se alcanza mediante el conocimiento y de la que, por tanto, quedan excluidos los ignorantes, se ha percibido en ellas una clara resonancia gnóstica. La misma parece aún más clara al producirse una difuminación al máximo de la figura de Jesús en cuanto personaje histórico.[697] No obstante lo anterior, la adscripción de las Odas al gnosticismo no es aceptada de manera generalizada.[698] Sin embargo, y pese a que se han señalado conexiones con Qumrán,[699] e incluso con el cristianismo de Edesa,[700] de la iglesia de Antioquía[701] o de los apócrifos,[702] lo cierto es que la influencia predominante parece ser la gnóstica, por ej. Odas 19 y 35, y por ello no es de extrañar que el tratado gnóstico llamado *Pistis Sophia* cite como Sagrada Escritura el texto completo de cinco de las odas.

Desconocemos al autor de esta obra. Aunque se han barajado los nombres de Bardesano[703] y Efrén el sirio,[704] lo más prudente es

---

posteriormente al siríaco, por ej. M. Philonenko, "Conjencture sur un verset de la onzième Ode de Salomon" en "ZNW", 53, 1962, pág. 264.

696 Ver X. Alegre, "El concepto de salvación en las Odas de Salomón", Münster, 1977.

697 Para un estudio de las diferencias doctrinales entre el mensaje neotestamentario y el gnóstico, ver C. Vidal, "Los Evangelios gnósticos", Madrid, 2004, Introducción.

698 A favor de la identificación gnóstica, ver W. Stolten, "Gnostische Parallelen zu den Oden Salomons" en "ZNW", 13, 1912, págs. 29-58; L. G. Rylands, "The Beginnings of Gnostic Christianity", Londres, 1940, págs. 23-118.

699 Ver J. Carmignac, "Les affinités qumraniennes de la onzième Ode de Salomon" en "Revue de Qumran", 3, 1961, págs. 71-102; K. Rudolph. "War der Verfasser der Oden Salomos ein" Qumran-Christ? "Ein Beitrag zur Diskussion um die Anfange der Gnosis" en "Revue de Qumran", 4, 1964, págs. 523-555.

700 Ver J. de Zwaan, "The Edessene origin of the Odes of Salomon" en "Quantalacunque. Studies presented to K. Lake", Londres, 1937, págs. 285-302.

701 R. M. Grant, "The Odes of Salomon and the Church of Antioch" en "JBL", 1944, págs. 363-377.

702 Ver J. R. Harris, "The Odes of Salomon and the Apocalypse of Peter" en "Exp T", 42, 1930, págs. 21-23.

703 R. Newbold, "Bardaisan and the Odes of Salomon" en "JBL", 30, 1911, págs. 161-204.

704 J. H. Harris, "Ephrem's use of the Odes of Salomon" en "The Expositor", ser.8, vol. 3, 1912, págs. 113-119; A. J. Wensinck, "Ephrem's Hymns on Epiphany and the Odes of Solomon" en "Ibidem", págs. 108-112.

atribuirlas a un autor desconocido. En cualquier caso, su carácter judeocristiano —hecha la salvedad de la tendencia gnóstica— nos parece innegable. Así la Oda 19 cita conjuntamente al Padre, al Hijo y al Espíritu Santo, a la vez que reproduce una típica interpretación judeocristiana del pasaje de Isaías 7:14, al identificarlo con la concepción virginal del Hijo. De la misma manera la Oda 28 es un relato de la Pasión de Jesús con claras resonancias veterotestamentarias. La Oda 42, finalmente, recoge el tema del descenso del Hijo de Dios al Seol, propio específicamente del judeocristianismo. En relación con la fecha de redacción se ha señalado una comprendida en las últimas décadas del siglo I o primeras del siglo II.[705] De cara al objeto de nuestro estudio, la obra posee importancia ya que sirve de ejemplo de cómo ciertas comunidades de origen judeocristiano evolucionaron, después de Jamnia, hacia el gnosticismo.

Fuentes patrísticas (I): Didajé[706]

La Didajé es el documento más importante de la época posapostólica así como la más antigua fuente de normativa eclesiástica, quizás con la única excepción de las epístolas paulinas denominadas pastorales. Hasta 1883 era totalmente desconocida, siendo publicada en esa fecha por el metropolita griego de Nicomedia, Filoteo Bryennios, a partir de un códice griego en pergamino (1057) del patriarcado de Jerusalén. Aunque su título («enseñanza») haría esperar un compendio de la predicación de Jesús, lo cierto es que se trata de una recopilación de normas éticas y de instrucciones relativas a la vida comunitaria y a la liturgia. La obra está dividida en 16 capítulos que giran en torno a dos divisiones ideales: del capítulo 1 al 10 aparecen las normas relacionadas con las celebraciones y del

[705] A. Diez Macho, "Apócrifos del Antiguo Testamento", I, Madrid, 1984, págs. 208 y ss.; J. Quasten, "O.c", pág. 164 parece inclinarse más bien por la primera mitad del siglo II.

[706] Sobre este escrito, ver J. P. Audet, "La Didachè, instruction des apôtres", París, 1958; R. A. Kraft, "Barnabas and the Didache", Nueva York, 1965; B. Layton, "The Sources, Date and Transmission of Didache 1.3b-2.1" en "HThR", 61, 1968, págs. 343-383; D. Ruíz Bueno, "Padres Apostólicos", Madrid, 1979, págs. 29 y ss.; K. Niederwimmer, "Die Didache", Gotinga, 1988;

11 al 15, las disciplinares. El último capítulo trata sobre la Parusía y la actitud cristiana que debe mantenerse ante la misma.

La primera sección parece ser una instrucción para el catecumenado partiendo su presentación de las reglas de moral de la imagen de los dos caminos. Por primera vez se hace una referencia al bautismo por infusión (7:1-3) así como un precepto explícito al ayuno previo a recibirlo. También en esta obra se conservan las primeras oraciones eucarísticas de que tenemos noticia (c. 9 y 10) así como una descripción de la celebración eucarística dominical (c. 14).

La eclesiología de la Didajé es notablemente arcaica. Los «episkopoi» y «diakonoi» parecen ser semejantes a los del Nuevo Testamento y el concepto del episcopado monárquico es desconocido. El presbítero no es mencionado por lo que lo más posible es que no sea contemplado como una figura distinta de la del obispo.[707] Asimismo siguen teniendo un papel especial en la comunidad los maestros y profetas, otro signo más de antigüedad (15, 1-2), pudiendo éstos últimos celebrar la Eucaristía (10, 7). El concepto de iglesia tiene un tinte claramente universal (9, 4; 10, 5).

En cuanto a la escatología de la Didajé tiene enormes parecidos con la recogida en algunos de los escritos del Nuevo Testamento, pero no es fácil establecer con exactitud su grado de dependencia por cuanto presenta elementos también comunes a la apocalíptica judía.

La discusión sobre la fecha de composición de la Didajé (un escrito que, por otra parte, parece más una compilación que una obra de nuevo cuño) ha sido ininterrumpida desde finales del siglo pasado. Creemos sin embargo que los trabajos de Audet,[708] Glover y Adam han contribuido a despejar en buena medida la cuestión. Audet distingue entre D 1 (1-11, 2), D2 (11, 3 al final) y J (1,3b-2,1; 6, 2 y ss.; 7, 2-4; 13, 3, 5-7). En su opinión, D1 representaría la Didajé original, D2 una continuación y J diversas

---

[707] Ver en el sentido de lo arcaico de esta división la identificación de «epískopos» y «presbíteros» que aparece en Hechos. 20:17 y ss.

[708] Ver A. Adam, "Erwagungen zur Herkunft der Didache" en "ThLZ", 91, 1956, págs. 353-356; R. Glover, "The Didache's Quotations and the Synoptic Gospels" en "New Testament Studies", 5, 1958-59, págs. 12-29; J. P. Audet, "La Didaché. Instructions des Apôtres", París, 1958.

interpolaciones. 1, 4a y 13, 4 serían además glosas más tardías, aunque correspondientes a los primeros siglos. Su origen estaría en una fuente judía (la Doctrina XII Apostolorum) de la que también dependería la epístola de Bernabé.[709] Por lo demás, la Didajé no citaría todavía de los Sinópticos, una tesis que también sostiene Glover. Finalmente, Audet considera que la obra fue compuesta entre los años 50 y 70 en Siria o Palestina frente a la tesis de Adam que sostiene que la Didajé fue compuesta entre los años 70 y 90 en Siria oriental, quizás en Pella.

Desde nuestro punto de vista, se puede admitir la posibilidad de que, efectivamente, la Didajé provenga de un trasfondo semítico (Audet ha señalado incluso los paralelos con la «Regla de las sectas» de Qumrán), judeocristiano por más señas, y que su fecha de redacción deba de situarse en el siglo I sobre todo teniendo en cuenta el desconocimiento de los Sinópticos, el carácter claramente arcaico de la organización eclesial, la ausencia de referencias a la caída de Jerusalén en el 70 y, sobre todo, el papel preponderante de los profetas que ya empezó a ser cuestionado por Pablo en los años cincuenta (comp. 1 Cor. 14:29 y ss.) aunque lo prefiriera al extatismo litúrgico (1 Cor. 14:1-25). En este sentido una fecha entre el 50 y el 60 nos parece posible.

En cuanto al lugar de redacción pudiera ser o bien la tierra de Israel o bien (preferiblemente) las comunidades judeocristianas fundadas en Antioquía[710] o Siria, pero con enorme vinculación con Jerusalén. De ser cierto este último extremo la obra podría haber

---

709 El origen de la Didajé es posiblemente una de las cuestiones más controvertidas en relación con la misma. Para J. A. Robinson, "Barnabas, Hermas and the Didache", Londres, 1920; J. Muilenberg, "The Literary Relations of the Epistle of Barnabas and the Teachings of the Twelve Apostles", Marburgo, 1929; y R. H. Connolly, "The Didache in Relation to the Epistle of Barnabas" en "JThSt", 33, 1932, págs. 237-253, el origen habría que buscarlo en el Pastor de Hermas, tesis difícil de sostener por cuanto esta obra parece más tardía. G. Dix, "Didache and Diatessaron" en "JThSt", 34, 1933, págs. 242-250, apuntó a una dependencia del Diatessaron de Taciano pero creemos que esta posibilidad es aún más difícil de admitir.

710 A nuestro juicio no deja de ser curioso el hecho de que los Hechos señalen la especial importancia del elemento profético en el funcionamiento de la comunidad antioquena por ej. Hechos 13:1-3, y más cuando Didajé 15, 1-3 parece reproducir el esquema preponderante de maestros y profetas del que nos habla Hechos 13:1.

servido de «manual» (en un sentido amplio) de preparación para el bautismo y liturgia. La extrañeza —manifestada por algún autor que, no obstante, acepta la idea de situar la redacción de la obra en el primer siglo[711]— ante la falta de uso de la obra por Pablo o Ignacio de Antioquía no está, a nuestro juicio, justificada. En el primer caso, resulta obvio que Pablo, que pasó una cierta etapa en Antioquía, acabó siendo un tanto crítico en relación con el papel de los profetas en el seno de la comunidad cristiana, como hemos señalado arriba. En cuanto a Ignacio, la Didajé poca importancia podía tener en la medida que contradecía frontalmente su visión de la organización eclesial.

Aún así, la obra gozó de una notable influencia, a nuestro juicio fácil de explicar, hasta el punto de que fue considerada por algunos como parte del canon neotestamentario. La evolución del modelo eclesial, sin embargo, fue muy diferente a la descrita en esta obra y la ausencia de un cuño apostólico que la legitimara facilitó su exclusión del canon. Con todo, todavía Eusebio (HE. III, 25, 4), Atanasio (Ep. fest. XXXIX) y Rufino (Comm. in symb. XXXVIII) tuvieron que insistir en este hecho e incluso el segundo nos ha transmitido la noticia de su uso continuado como material para la instrucción de los catecúmenos.

A nuestro juicio, el valor de esta obra es muy considerable. Posiblemente, es el primer catecismo cristiano que poseemos y, sin duda, su origen es judeocristiano. Permite por ello acceder a lo que el judeocristianismo situado en Israel (que la redactó o del que, más seguramente, depende en forma ideológica) consideraba indispensable para la instrucción del catecúmeno: una vivencia espiritual sencilla, centrada en Jesús y en celebraciones comunitarias,[712]

---

[711] Ver, en este sentido, J. Quasten, "O.c.", págs. 45-46.

[712] Ver, sobre la Eucaristía en la Didajé: J. Quasten, "Monumenta eucharistica et liturgica vetustissima" en "FP", 7, Bonn, 1935-37, págs. 8-13; H. Lietzmann, "Messe und Herrenmahl" en "Arbeiten zur Kirchen geschichte", 8, Bonn, 1926, págs. 230-38; R. D. Middleton, "The Eucaristic Prayers of the Didache" en "J ThSt", 37, 1935, págs. 259-267; H. J. Gibbins, "The Problem of the Liturgical Section of the Didache" en "Downside Review", 55, 1937, págs. 477-489; R. H. Connolly, "Agape and Eucharist in the Didache" en "Downside Review", 55, 1937, págs. 477-489. Acerca de la penitencia en la Didajé, ver: B. Poschmann, "Paenitentia secunda", Bonn, 1940, págs. 88-97.

con un fuerte peso de los ministerios carismáticos en el seno de la comunidad, animada por una esperanza de la Parusía y centrada en la ayuda fraterna y la práctica de la beneficencia hacia los demás.[713]

Fuentes patrísticas (I): Eusebio de Pánfilo

Eusebio de Pánfilo,[714] obispo de Cesarea en Palestina, ha sido denominado con justicia como Padre de la historia eclesiástica.[715] Si exceptuamos al autor del libro de los Hechos, puede decirse que, para lo bueno y para lo malo, el apelativo es cierto. Al parecer Cesarea no fue sólo el lugar de su formación intelectual y su actividad literaria y episcopal, sino también el de su nacimiento hacia el 263 d. C. La ciudad había adquirido una relevancia notable desde que Orígenes fundó allí su escuela, cuya biblioteca amplió el presbítero Pánfilo.[716] A este Pánfilo debía Eusebio su formación científica así como la admiración por Orígenes. Como muestra de gratitud hacia su mentor se hizo llamar Eusebio de Pánfilo y escribió una biografía del mismo, tras su muerte como mártir el 6 de febrero del 310.

Al parecer Eusebio fue elevado a la sede episcopal de Cesarea en el 313, viéndose envuelto casi de inmediato en la controversia arriana. Escribió varias epístolas en favor de Arrio e influyó enormemente en el sínodo de Cesarea que declaró ortodoxa la profesión de fe de Arrio. En el 325, un sínodo antioqueno le excomulgó por rechazar una fórmula que iba dirigida contra el arrianismo. En

---

[713] Sobre la cuestión social en la Didajé ver A. T. Geoghegan, "The Attitude towards labor in Early Christianity and Ancient Culture" en "SCA", 6, Washington, 1945, págs. 122-123.

[714] Como estudios monográficos, ver H. Leclerq, "Eusèbe de Césarée" en "DAL", 5, 1922, págs. 747-775; F. J. F. Jackson, "Eusebius Pamphili. A study of the Man and his writings", Cambridge, 1933; D. S. Wallace-Hadrill, "Eusebius of Caesarea", Londres, 1960; M. J. Rondeau y J. Kirchmeyer, "Eusèbe de Césarée" en "DSp", 4.2, 1961, págs. 1687-1690; J. Moreau, "Eusebius von Caesarea" en "RACh", 6, 1966, págs. 309-345; C. Vidal, "Eusebio de Cesarea" en "Diccionario de Patrística", Estella, 1992.

[715] Ver J. Quasten, "O.c", II, pág. 344. Un buen estudio sobre Eusebio como historiador en A. Dempf, "Eusebios als Historiker" en "Bayerische Akademie der Wissensachaften. Sitzungsberichte Phil. Hist. Klasse", 11, Munich, 1964.

[716] Ver J. Quasten, "O.c", I, págs. 353 y 451.

el concilio de Nicea[717] Eusebio mantuvo una postura conciliadora tendente a reconocer la Deidad de Cristo en términos bíblicos y rechazando la tesis atanasiana del «homoousios» por creer que derivaría hacia el sabelianismo. Finalmente firmó el símbolo conciliar sin convicción interna y, muy posiblemente, por no contrariar al emperador Constantino. Poco duró aquella sumisión nicena porque se alió en breve con Eusebio de Nicomedia y desempeñó un papel muy relevante en el sínodo de Antioquía del 330,[718] que depuso al obispo Eustacio y en el de Tiro del 335 que excomulgó a Atanasio. Contra Marcelo de Ancira redactó dos tratados provocando, al menos en parte, que un año después perdiera su sede episcopal.

Sus relaciones con Constantino resultaron considerablemente estrechas. Al cumplirse los aniversarios vigésimo y trigésimo de su ascenso al poder, Eusebio fue el encargado de pronunciar los panegíricos. La eulogia funeraria del emperador fue también obra de este obispo. No puede decirse que todo fuera positivo en aquella amistad. Por un lado, Eusebio pudo muy bien influir en las medidas tomadas por el emperador contra los obispos ortodoxos; por otro, realizó un retrato del mismo que pesó enormemente en los historiadores posteriores, pero que, seguramente, no deja de ser tendencioso e interesado;[719] finalmente, abrió camino a concepciones acerca de la relación entre el poder civil y la iglesia cuyas consecuencias difícilmente pueden juzgarse como positivas.

Con la excepción de Orígenes, posiblemente sea Eusebio el padre griego más sobresaliente en lo que a erudición se refiere. Trabajador incansable, siguió escribiendo hasta edad muy avanzada. En sus obras se recogen con profusión referencias a obras cristianas y paganas cuyos únicos restos se han conservado gracias a él. Posiblemente sean estas circunstancias las que explican que sus escritos hayan llegado a nosotros pese a ser un simpatizante del arrianismo.

De entre ellos, sólo nos interesa su labor histórica. Sabemos al menos de la existencia de tres obras, la *Crónica*, la *Historia eclesiástica*

717 Ver M. J. Higgins, "Two notes (I. Athanasius und Eusebius on the council of Nicea" en ""Polychronion", Heidelberg, 1966, págs. 238-243.

718 D. L. Holland, "Die Synode von Antiochien" en "ZKG", 81, 1970, págs. 163-181.

719 Al respecto ver A. Kee, "Constantino contra Cristo", Barcelona, 1990.

y los *Mártires de Palestina* (ésta perdida), pero para nuestra área de estudio sólo resulta de utilidad la segunda. En su forma actual, la HE comprende diez libros que van desde la fundación de la iglesia hasta la derrota de Licinio (324). Propiamente la obra, pese a lo que pueda indicar el título, no es una historia de la iglesia. Como el mismo autor indica en la introducción, en primer lugar busca consignar «las sucesiones de los santos» y luego señalar aspectos relevantes como pueden ser los maestros cristianos, la aparición de las herejías, el destino de los judíos, las persecuciones imperiales y los mártires. Resulta pues clara la intención apologética del autor y, sobre todo, su visión de la iglesia que si bien se va a imponer[720] (de hecho, tiene claros antecedentes) es dudoso que pueda engarzarse con el cristianismo primitivo.

Parece indudable que Eusebio reformó en varias ocasiones la obra pasando por diferentes ediciones. E. Schwartz[721] señaló hasta cuatro (312, 315, 317 y 325). H. J. Lawlor[722] apuntó una fecha anterior para la aparición de la obra y, efectivamente, puede ser posible que los primeros siete libros fueron publicados antes de la persecución de Diocleciano en el 303. La obra gozó de un enorme predicamento y además disponemos de tres traducciones de la misma. La más temprana es la siríaca del siglo IV, mucho mejor que la latina de Rufino[723] (403 d. C.). Esta última, que también ha sido atribuida a Gelasio,[724] interpreta equivocadamente el original en varias

[720] Para un intento de aprovechar (lo que resulta lógico) el arsenal apologético de Eusebio en una lectura católica de la historia de la iglesia, ver J. Salaverri, "La idea de tradición en la HE de Eusebio Cesariense" en "Greg", 13, 1932, págs. 211-240; Idem, "La sucesión apostólica en la HE de Eusebio Cesariense" en "Greg", 14, 1933, págs. 219-247 e Idem, "El origen de la revelación y los garantes de su conservación en la Iglesia según Eusebio de Cesarea" en "Greg", 16, 1935, págs. 349-373.

[721] Ver E. Schwartz, "Eusebius'Kirchengeschichte. Kleine Ausgabe", Berlín, 1952 (5.ª edición).

[722] Ver H. J. Lawlor, "Eusebiana. Essays on the Ecclesiastical History of Eusebius", N. York, 1912.

[723] Rufino Sobre Rufino de Aquileia, ver F. X. Murphy, "Rufinus of Aquileia", Washington, 1945, págs. 158-175; M. Villain, "Rufin d'Aquilée et l'histoire ecclésiastique d'Eusèbe" en "RSR", 33, 1946, págs. 164-210.

[724] Ver al respecto H. Grégoire, "Gélase ou Rufin? Un fait nouveau" en "NC", 5, 1953, págs. 472 (favorable a considerar autor a Gelasio); E. Honigmann, "Gélase

ocasiones a la vez que en otras parafrasea en lugar de traducir. No obstante, tiene la ventaja de continuar la historia hasta la muerte de Teodosio el Grande (395), lo que prolonga la obra otros setenta años. En Occidente la HE se conocería precisamente a través de esta traducción.

Sin caer en el maximalismo de W. Bauer,[725] no cabe duda de que la HE es una obra que debe ser leída con un especial cuidado. Ciertamente Eusebio dispuso de una riqueza de fuentes que nosotros no tenemos, pero la lectura (y aún más la selección) de las mismas iba orientada hacia unos fines concretos que, presumiblemente, desvirtuaron en buena medida los datos que nos ofrece. A título de ejemplo digamos que Eusebio da por correcto el arquitrabado eclesial de su época y que, muy posiblemente, lo extrapola hacia el pasado con lo que cuestiones importantes relativas al judeocristianismo palestino quedan oscurecidas. Más aprovechable nos parece la información que proporciona sobre sucesos relacionados con el judeocristianismo sobre todo en la medida que cita la fuente (Hegesipo, Epifanio, etc.). En varios casos, Eusebio es la única vía de acceso que tenemos a la misma.

Desgraciadamente, su área de interés no coincide siempre con la nuestra y sólo nos permite acceder a datos muy aislados aunque no desprovistos de valor. Teniendo presentes estos condicionantes, su HE puede ser utilizada como una fuente de valor relativo para nuestra área de estudio.

---

de Césarée et Rufin d'Aquilée" en "BAB", 40, 1954, págs. 122-161 (contraria a la autoría de Gelasio).

[725] A ver W. Bauer, "Rechtglaubigkeit und Ketzerei im altesten Christentum", Tubinga, 1934, págs. 13-16; 45 y ss.; 66 y ss.; 151-161; 193-195.

CAPÍTULO III

LAS FUENTES ARQUEOLÓGICAS

A diferencia de las fuentes escritas que, prescindiendo de su calidad, resultan relativamente numerosas, las fuentes arqueológicas relacionadas con el judeocristianismo del siglo I en Israel resultan escasas, fragmentarias y, aparentemente, de muy limitada importancia. Por un lado, es clara la ausencia de referencias al judeocristianismo en muchas de las áreas correspondientes a las ciencias auxiliares del historiador. Así, por ejemplo, no poseemos testimonios numismáticos pertenecientes al judeocristianismo. Por otro lado, carecemos prácticamente de enclaves religiosos específicos relacionados con aquel movimiento y, de la misma manera, tampoco disponemos de manifestaciones plásticas relacionadas con el culto judeocristiano, dado que obedeció la prohibición de rendir culto a las imágenes que hallamos en la Torá (Ex. 20:4-5).

Con todo, el judeocristianismo del siglo I en Israel no es un periodo histórico totalmente huérfano de restos arqueológicos. Los mismos existen y, en la medida que lo permite tan magro testimonio, nos ayudan a contrastar de manera definitiva lo consignado en las fuentes escritas.

Hechas estas salvedades, podemos pasar a examinar las fuentes arqueológicas de que disponemos. Para una mayor facilidad de análisis las hemos agrupado en restos funerarios (osarios, tumbas y necrópolis), lugares de devoción (grutas y casas), láminas y, finalmente, el discutido decreto de Nazaret.

Restos funerarios (I): osarios

El primer descubrimiento arqueológico que se produjo en relación con el judeocristianismo tuvo lugar en el año 1873 en Bât'n el-Hawa (monte del Escándalo), en Jerusalén, cuando un árabe encontró varios osarios —una treintena— en una cámara funeraria judía excavada en la roca.

El orientalista Clermont-Ganneau, a quien el árabe mostró el lugar del descubrimiento, emprendió la tarea de copiar las inscripciones e igualmente de redactar una descripción del hallazgo. Originalmente éste fue expuesto en la «Revue Archéologique»[726] y, después, de una manera ampliada en el primer volumen de la traducción inglesa de sus obras.[727] En opinión de Clermont-Ganneau, los osarios contenían los esqueletos de varias generaciones de judíos en el curso de las cuales se podía percibir la adhesión al cristianismo de algunos de ellos.

La base para esta tesis la encontraba Clermont-Ganneau en el hecho de algunos nombres de los osarios (Jesús, Judas, Simeón, Marta, Salomé), las señales (fundamentalmente una cruz, «muy claramente esculpida», bajo el nombre «Judas») y, probablemente también, una X que precedía al nombre «Jesús» escrito en griego.

El arqueólogo señalaba asimismo la posibilidad de distinguir a los judíos de los judeocristianos en la cámara mortuoria. En su opinión, algunos miembros de la familia —no todos— habían abrazado el cristianismo mientras otros habían seguido aferrados al judaísmo.

Inicialmente la tesis de Clermont-Ganneau no obtuvo ningún eco en la comunidad científica, pero en 1896 el arqueólogo británico, de religión protestante, Claude R. Conder[728] reconocía la posibilidad de que, efectivamente, algunos de los osarios fueran judeocristianos y apuntó al hecho de que podrían pertenecer a ebionitas procedentes de Hauran que habrían deseado reposar en

---

[726] Ch. Clermont-Ganneau, "Epigraphes hébraiques et grecques sur des ossuaires juifs inédits" en "Revue Archéologique", 3 serie, 1883, tomo I, págs. 257-268.

[727] Ch. Clermont-Ganneau, "Archaeological Researches in Palestine during the years 1873-4", I, Londres, 1899, págs. 381-412.

[728] C. R. Conder, "Syrian Stone-Lore", Londres, 1896, págs. 259 y ss.

la Ciudad Santa. La presuposición de que no podía haber restos arqueológicos cristianos anteriores al siglo IV en el territorio de Israel hizo, sin embargo, que tampoco la tesis de Conder hallara seguidores. Tanto el P. Vincent[729] como el P. Frey[730] defendieron en su día que los osarios sólo eran judíos y omitieron la idea de una posible vinculación con el cristianismo. Con todo, el P. Vincent había sostenido inicialmente un punto de vista similar al de Clermont-Ganneau (y nunca fundamentó su cambio de opinión) y el P. Frey no llegó nunca a dar una explicación del significado de los signos presuntamente cristianos de los osarios.

En septiembre de 1945, con ocasión de la construcción de un inmueble a lo largo de la carretera de Belén, cerca del barrio de Talpiot, en Jerusalén, se produjo el descubrimiento de una cámara funeraria que contenía un cierto número de osarios. El Departamento de antigüedades del protectorado británico de Palestina encomendó las tareas de excavación a Eleazar L. Sukenik, profesor de arqueología de la Universidad Hebrea de Jerusalén y especialista en cámaras funerarias. Sukenik[731] anunció poco después que se habían descubierto algunas inscripciones cuyo tema era las «lamentaciones de los discípulos por la muerte de Jesús». La base para llegar a esta conclusión la constituía el hecho de que había cruces en uno de los osarios al igual que las palabras «"iou"» y «"alot"» detrás del nombre «Jesús» escrito en dos de los osarios. Los términos mencionados eran, en opinión de Sukenik, onomatopeyas indicando gemidos y dolor.

El hecho de que se hubiera atribuido a Sukenik —algo que él desmintió calurosamente— el haberse ufanado de descubrir en 1931 la tumba de Jesús de Nazaret[732] motivó inicialmente un cierto escepticismo en relación con el nuevo hallazgo y, posteriormente, diversas refutaciones. Así R. W. Hamilton, director de

729 L.H. Vincent, "Jérusalem de l'Ancien Testament", I, París, 1954, pág. 32.

730 J. B. Frey, "Corpus Inscriptionum Iudaicarum", II, Ciudad del Vaticano, 1952, nn. 1305, 1306, 1325, 1327.

731 The Palestine Post", 4 de octubre de 1945.

732 E. L. Sukenik, "Jüdische Graber Jerusalems um Christi Geburt", Jerusalén, 1931. Ver también L. H. Vincent, "Epitaphe prétendue de N. S. Jésus Christ", en "Rendiconti della Pontificia Academia romana di Archeologia", n. 7, 1931, págs. 215-239.

antigüedades,[733] y el P. Abel, profesor de la Escuela bíblica de Jerusalén,[734] admitieron que, efectivamente, aparecían cruces en diversos osarios, pero se negaron a identificarlas con signos cristianos. A su juicio, no se trataba mas que de la letra hebrea «"tau"» y las palabras que supuestamente expresaban dolor no eran sino datos relativos a la filiación de dos fallecidos de nombre Jesús.

En el curso del Primer congreso italiano de arqueología cristiana, celebrado en Siracusa en septiembre de 1950, Sukenik volvió a defender su interpretación e incluso añadió nuevos argumentos en su favor como el hecho de que apareciera en los osarios el nombre de Safira o el epíteto «didaskalos» (discípulo) utilizado por los seguidores de Jesús.[735] Posteriormente Sukenik volvería a expresar opiniones similares en un artículo del «American Journal of Archeology».[736]

A partir de estas dos exposiciones, parece que el eco de su tesis se hizo mayor. Tanto B. S. J. Isserlin[737] como la «Official Guide to Israel»[738] (que databa los restos en el 41-42 d. C. por las monedas encontradas en ellos) apoyaron la interpretación de Sukenik, pero a una mayor aceptación contribuyó de manera indudable el examen a que sometieron los hallazgos los PP. Saller y Bagatti. El primero, si bien reconocía que no se podía conectar los hallazgos con la crucifixión de Jesús, manifestó sin embargo su absoluta convicción de que al menos uno de los osarios era cristiano[739] y, apoyándose en fuentes como el comentario de Orígenes sobre Ezequiel 9:4-6, mostró como la «"tau"» era igualmente un signo cristiano y, más específicamente, judeocristiano. El segundo[740] llegó a conclusiones

---

733 "Palestine Post" de 16 de octubre de 1945.

734 "Rayon d'Egypte" de 11 de noviembre de 1945.

735 E. L. Sukenik, "Atti del I Congresso Nazionale di Archeologia cristiana", Roma, 1952, pág. 267.

736 E. L. Sukenik, "The Earliest Records of Christianity" en "American Journal of Archaeology", LI, 1947, págs. 351-365.

737 Isserlin B. S. J. Isserlin, "Obituary" en "Palestine Exploration Quarterly", n. 85, 1953, pág. 79.

738 "Official Guide to Israel", Tel Aviv, 1950, pág. 247.

739 S. Saller, "Sepulchral Scoops" en "Around the Province", X, 1946, págs. 110-2.

740 B. Bagatti, "Resti cristiani in Palestina anteriori a Costantino?" en "Rivista di Archeologia cristiana", XXVI, 1950, págs. 117-131.

similares partiendo sobre todo del análisis comparativo entre los hallazgos y restos indubitados de origen judeocristiano (la gruta de Jirbet el- `Aá‹án, las cisternas de Beth Nattááf, etc.) así como datos sobre la ubicación de comunidades cristianas en esta zona registrados en las fuentes escritas, de los cuales no era el menor la constancia de obispos judeocristianos en Jerusalén hasta el año 135 d. C.

También en este apartado podríamos incluir los restos de Dominus Flevit o de Jirbet Kilkish a los que nos referimos más abajo.

Restos funerarios (II): tumbas

En la parte septentrional de Jerusalén hay veintiuna cámaras funerarias excavadas en la roca a las que popularmente se ha asociado con los miembros del Sanedrín, de donde proviene el nombre de Sanhédriya dado al barrio. En 1949-50, las grutas fueron excavadas por el Departamento de antigüedades de Israel, bajo la dirección de Jules Jotham Rothschild.[741]

De las ventiuna tumbas, tres se hallaban marcadas con cruces (la X que tenía tres al lado izquierdo de la entrada; la V que tenía una encima de la entrada que lleva a la cámara central y la XIII también con una encima de la entrada). En opinión de J. Jotham Rothschild, la única explicación del hallazgo se encontraba en el hecho de que el complejo en general perteneciera a familias sacerdotales de las que algunos de los miembros habían abrazado la creencia en Jesús como Mesías, siendo enterrados con sus familiares. El hecho, según el mismo autor, tenía una lógica total ya que era un «deshonor no ser enterrado en las tumbas familiares».

En el curso de las excavaciones realizadas en 1949-53, en Betania, bajo la dirección de Silvester Saller, en una propiedad de la Custodia de Tierra Santa, se encontraron algunos materiales relacionados con Bethfagé.[742] Fruto de esta labor fue el hallazgo de algunas tumbas,

---

[741] J. Jotham Rothschild, "The tombs of Sanhedria" en "Palestine Exploration Quarterly", n. 84, 1952, págs. 23-38 y n.86, 1954, págs. 16-22.

[742] Sobre el tema, ver S. Saller, "Excavations at Bethany (1949-53)", Jerusalén, 1957; E. Testa "The Graffiti of Tomb 21 at Bethfage" en "LA", 11, 1960-1,

cuya entrada estaba cerrada por una piedra redonda y en cuyo interior se encontraban inscripciones y símbolos grabados. El arco cronológico cubierto por las mismas iba desde el siglo II a. C. hasta el siglo VIII d. C.

El estudio realizado por E. Testa conectó buen número de los símbolos con el judeocristianismo palestino (X, cruces, etc.) especialmente la tumba 21 cuyos graffiti contienen toda una simbología de corte milenarista: la X (inicial de "jiliontaeterís) en la puerta; referencias a Jesús; la cruz y el árbol de la vida; y claves semánticas relacionadas con el paraíso ganado por Jesús. Sin duda, los restos revisten una enorme relevancia en la medida en que muestran la existencia de judeocristianos que ya poseían toda una rica simbología soteriológica y escatológica. Con todo, resulta dudoso que aquellos puedan encuadrarse en el marco cronológico del presente estudio.

En 1972, una inundación produjo considerables daños materiales en la iglesia de la tumba de la virgen en Getsemaní, Jerusalén. Los trabajos emprendidos para reparar los deterioros sacaron a la luz partes de la tumba que habían permanecido cubiertas durante siglos. A la vez, dejaron de manifiesto el carácter primitivo del lugar.

El descubrimiento principal fue la roca de la cámara funeraria que los cristianos gentiles que construyeron la iglesia del siglo IV-V habían aislado para situarla en el centro de la iglesia. Además se tuvo la oportunidad de observar restos de kojim que se abrían en torno a otra cámara funeraria.

La aparición de estos restos y su comparación con los de la necrópolis de Jacobo (o Santiago) —situada en el mismo lado oriental del valle del Cedrón— han permitido hacerse una idea bastante aproximada del trazado primitivo del lugar en el que, presuntamente, recibió sepultura María, la madre de Jesús. La disposición en forma de kojim así como el tipo de banco funerario de la supuesta tumba de María son, desde luego, características de las necrópolis del siglo I.[743] Por otro lado, parece claro que el lugar estuvo

págs. 251-287; S. Saller y E. Testa, "The Archaeological Setting of the Shrine of Bethfage", Jerusalén, 1961.

743 B. Bagatti, "Nuove scorpete alla Tomba della Vergine a Getsemani" en "Liber Annus", XXII, 1972, págs. 236-90; Idem, "L'apertura della Tomba della

relacionado con el culto judeocristiano desde una fecha anterior al 135 d. C., como ya he indicado en un estudio previo[744] y que los judeocristianos lo asociaban con la madre de Jesús. Que este dato tradicional se corresponda con la realidad histórica de la sepultura de María no es seguro, pero sí muy probable y lo que resulta innegable es su vinculación con el judeocristianismo ya desde el siglo I.[745]

Restos funerarios (III): necrópolis

En la pendiente occidental del monte de los Olivos, en el lugar denominado «Dominus Flevit» por haberse asociado tradicionalmente con el sitio desde el cual Jesús lloró sobre Jerusalén, la Custodia de Tierra Santa inició en abril de 1953 la construcción de un muro cuya finalidad era cerrar un terreno situado entre el camino central y el camino meridional de la montaña. La tarea de echar los cimientos del muro dejó al descubierto un cementerio completamente ignorado hasta la fecha que manifestaba haber sido utilizado en dos periodos de tiempo, el primero hasta el 135 d. C., y el segundo desde el siglo III hasta una época de apogeo en el siglo IV.

El P. Bagatti, encargado por la Custodia de la dirección de las excavaciones, descubrió en el curso de las mismas diversas cámaras que contenían osarios similares a los de Bât'n el-Haua y a los de Talpiot. En ellos aparecía repetidamente la cruz, la X, nombres de eco neotestamentario como Jairo, Marta, María, Simón bar Jona, así como el nombre femenino Shalamzion (Paz de Sión) que ya fue percibido en Bât'n el-Haua por Clermont-Ganneau. Una de las transcripciones de este último nombre aparecía acompañada por una X, grabada con la misma mano que el nombre.

Vergine a Getsemani" en "Liber Annuus", XXIII, 1973, págs. 318-321; B. Bagatti, M. Piccirillo y A. Prodomo, "New Discoveries at the Tomb of Virgin Mary in Gethsemane", Jerusalén, 1975.

744 César Vidal Manzanares, "María en la arqueología judeocristiana de los tres primeros siglos" en "Eph Ma, "v. XLI, 1991, págs. 353-364; Idem, "María" en "Diccionario de las Tres religiones", Madrid, 1993.

745 Se ha señalado una posible relación entre este enclave arqueológico y el apócrifo de la Dormitio Mariae. Para el texto de la versión etiópica del mismo, ver De Transitu Mariae Apocrypha Aethiopice, I, Interpretatus est V. Arras, en "CSCO", 343, págs. V-XIII, págs. 1-54; II, "Ibidem", 352, págs. 75-105.

Las primeras conclusiones acerca de los hallazgos —favorables, tras un cierto escepticismo inicial, a identificar algunos de ellos como judeocristianos— fueron divulgadas en un informe preliminar que apareció en el Liber Annuus.[746]

En el Quinto congreso de arqueología cristiana (Aix-en-Provence, septiembre de 1954) el P. Benoit tomó punto de partida de los hallazgos de «Dominus Flevit» para revisar algunas de las opiniones arqueológicas existentes hasta la fecha en relación con la antigüedad de los signos cristianos;[747] y A. Parrot asimiló estos descubrimientos con los de Sanhédriya insistiendo también en su carácter judeocristiano.[748] En el mismo sentido se manifestaron Sukenik y C. Cechelli,[749] siendo escasas las opiniones contrarias.[750] De hecho, la referencia a estos osarios del siglo I —igual que a los de Talpiot— saltó al campo de la exégesis al conectarla H. G. May (siguiendo presumiblemente también fuentes patrísticas) con la «"tau"» ezequielina —Ezequiel 9:4 y ss.— usada por los primeros cristianos.[751]

Concluidas las excavaciones, Bagatti, junto con el arqueólogo J. T. Milik, entregó a la comunidad científica los resultados en la obra titulada «Gli Scavi del "Dominus Flevit", I, La necropoli del periodo romano».[752] Desarrollando más las publicaciones anteriores y sobre todo añadiendo un capítulo entero en relación con la condición de los difuntos en los primeros siglos, volvía a insistir en el hecho de que algunos de los restos pertenecían a judeocristianos y los situaba

746 B. Bagatti, "Scoperta di un cimitero giudeo-cristiano al "Dominus Flevit", en "Liber Annuus", III, 1953, págs. 149-84. Ver también al respecto "L'Osservatore Romano" de 25 de diciembre de 1953.

747 P. Benoit, "Les découvertes paléochrétiennes en Palestine arabe entre 1939 y 1954" en "Actes du Ve Congrès international d'Archéologie chrétienne", Ciudad del Vaticano-París, 1957, págs. 163-8.

748 A. Parrot, "Golgotha et Saint-Sépulcre", Neuchâtel, 1955, págs. 92-3.

749 C. Cecchelli, "Il trionfo della Croce", Roma, 1954, págs. 63, 161-5.

750 Posiblemente la única de cierta importancia, y aún así no del todo contraría a la identificación judeocristiana de los hallazgos, fuera la de A. Ferrua en "Rivista di Archeologia cristiana", XXX, 1954, pág. 268.

751 H. G. May, "The Book of Ezechiel", en "The Interpreter's Bible", VI, New York, 1956, págs. 112-3.

752 B. Bagatti y J. T. Milik, "Gli Scavi del "Dominus Flevit", I, La necropoli del periodo romano", Jerusalén, 1958, 191 págs. 44 (láminas fuera de texto).

entre los años 33 y 135 d. C., respondiendo brillantemente a las dudas del P. Ferrua.

En términos generales la obra de Bagatti y Milik resultó convincente para la mayoría de los especialistas. Sus tesis fueron incorporadas por R. Motte,[753] R. North,[754] J. van der Ploeg,[755] P. Testini,[756] Ph. Seidensticker,[757] James B. Pritchard,[758] W. F. Albright (que remonta algunos hallazgos a los años 70 del siglo I d. C.),[759] Vicente Vilar Hueso,[760] P. Lebeau[761] y Jack Finegan[762] entre otros. Por el contrario, Francesco Vattioni[763] y R. de Vaux,[764] aún admitiendo lo serio y documentado de la exposición, no terminaron de aceptar sus conclusiones.

En julio de 1960, un anticuario, de nombre Baidun, cuyo comercio se hallaba en la Vía Dolorosa de Jerusalén entregó a los profesores del Studium Biblicum de esta ciudad un objeto pequeño en piedra blanda, adornado con una cruz, un pájaro y otros símbolos, así como con un grabado en forma de escalera. E. Testa identificó varios de los signos con otros pertenecientes a la iconografía paleo-cristiana y Auguste Spijkerman, director del Museo de la flagelación, adquirió el objeto.

A fin de establecer el carácter verdadero del objeto, B. Bagatti rogó al anticuario que le mostrara otros que estuvieran anejos al adquirido. Tras una serie de peripecias, se trasladaron el anticuario

---

753 "Ossuaires" en "Dictionnaire de la Bible", Suplemento, VI, 945-6.

754 "Ossuarium" en "Lexicon für Theologie und Kirche", 7, 1962, págs. 1270-1.

755 Journal of Semitic Studies", V, 1960, págs. 81-82.

756 "Archeologia cristiana", Roma, 1958, págs. 295-8.

757 Ph. Seidensticker, "Ins Heilige Land", Werl, 1955, pág. 166; Idem, "Bibel und Kirche", 14, 1959, págs. 13-19; Idem, "Ein judenchristlicher Friedhof aus apostolischer Zeit. Ein Bericht über die Ausgrabungen des Studium Biblicum Franciscanum in Jerusalem" en "Franziskanische Studien", 40, 1958, págs. 405-12 e Idem, "Echo der Zeit", 1 de marzo de 1959, pág. 16.

758 En American Journal of Archaeology, 64, 1960, pág. 302

759 W. F. Albright en "BASOR", 159, octubre de 1960, pág. 37.

760 "Onomastica neotestamentaria y símbolos cristianos en el cementerio de Dominus Flevit" en "EstBib", 18, 1959, págs. 285-91.

761 "Nouvelle Revue Théologique", 94, 1962, pág. 649.

762 J. Finegan, "The Archaeology of the New Testament", Princeton, 1969, págs. 100-1; 243-9.

763 "Rivista biblica", 7, 1959, págs. 81-3.

764 "Revue Biblique", 46, 1959, pág. 300.

y el P. Spijkerman, el 12 de febrero de 1961, a los alrededores de Hebrón, a un campo, propiedad de Mohammed Dasan el-Rifâ'áá, cerca de Jirbet Kilkish. Las excavaciones preliminares en tres lugares distintos dejaron al descubierto varios amuletos similares al ya conocido a una profundidad de 50 a 80 cm (20-30 pulgadas).

Al mismo tiempo, pero ya en penoso estado de conservación, quedaron al descubierto los restos de lo que había sido una necrópolis con osarios y de la que sólo quedaban algunas de las piedras —reutilizadas por el propietario del campo para construirse una casita— y fragmentos de huesos humanos casi pulverizados. Fue precisamente el estado lastimoso a que se hallaban reducidos aquellos restos una de las causas del escepticismo que acompañó a los descubrimientos.[765]

Con todo hay algunos aspectos que abogan en favor de una identificación judeocristiana para los hallazgos. El primero es el hecho de que su simbología tiene enormes similitudes con la de la comunidad de los arcónticos de los que Epifanio (Adv. Haereses, XL, PG, 41, 677-692) nos refiere que habitaban cerca de Hebrón. Fue precisamente esta semejanza la que permitió a B. Bagatti localizar con facilidad el enclave donde se hallaban los demás amuletos y forzar con ello la confesión del anticuario Baidun.

En segundo lugar, está el hecho de la enorme semejanza que existe entre los hallazgos de Jirbet Kilkish y otros encontrados en las excavaciones clandestinas de Tell Minnis (Siria) o en las dos campañas de excavaciones de Diana Kirkbride en J. Rizqeh, al este de `Aqaba. Tanto E. Testa como M. Nordio[766] han optado a partir de argumentos similares por adscribir un origen judeocristiano, empero de dudosa datación, a los hallazgos.

Lugares de devoción (I): las grutas

Entre las grutas relacionadas con los judeocristianos tiene una especial relevancia la denominada «gruta mística» de Belén. De ella

765 Ejemplos del mismo en "Bíblica", 47, 1966, pág. 283 y "Studi Francescani", 64, 1967, pág. 11.

766 M. Nordio, "Iscrizioni ebraiche su due steli giudeo-cristianc di Khirbet Kilkis", en "Annali" (Instituto Oriental de Nápoles), 35, 1975, págs. 179-200.

sabemos que fue objeto de especial estima por parte de los judeocristianos seguramente desde el periodo apostólico.[767] Literatura apócrifa diversa —el *Pseudo-Mateo*, el *De Partu Virginis* y el *Protoevangelio de Santiago*— describirá posteriormente como el enclave fue invadido por una enorme luminosidad en el momento en que nació Jesús. El relato, muy posiblemente, es una trasposición de ritos religiosos relacionados con el simbolismo de la luz, presente, entre otras fuentes judeocristianas, en el Evangelio de Juan. Esta correlación aparenta aún ser más evidente cuando observamos que las sectas judeocristianas que negaban la Deidad de Jesús no incluían entre sus lugares sagrados la mencionada gruta.

La segunda de las grutas místicas era la del Calvario en torno a la cual se fue desarrollando paulatinamente toda una teología de tipo popular. Partiendo de la tradición que relacionaba este enclave con la sepultura de Adán —en la roca existe efectivamente una roca con una hendidura visible todavía en el día de hoy— los judeocristianos identificaron el lugar con el sitio donde se habría producido el descenso a los infiernos de Jesús.[768] La Patrística —Orígenes,[769] el Pseudo Atanasio[770]— contiene asimismo testimonios que identifican esta tradición teológica con un origen judeocristiano[771] que no tuvo dificultad en conectar la hendidura en la roca con los datos recogidos en Mateo 27:51. Con todo, lo más posible es que el objeto de veneración en que se convirtió el lugar concreto procediera más bien de su cercanía al lugar de la ejecución de Jesús. La lectura posterior —en clave intensamente teológica— del evento pudo haber llevado a los judeocristianos, desde fecha relativamente temprana, a otorgar una especial querencia al lugar.

La tercera gruta mística de los judeocristianos se hallaba encuadrada en el monte de los Olivos. Completando el ciclo iniciado por

---

767 E. Testa, "Le 'Grotte dei Misteri' giudeo-cristiane", en "Liber Annuus", XIV, 1964, págs. 65-144.

768 E. Testa, "Il Golgota, porto della quiete" en "Studia Hierosolymitana in onore di P. Bellarmino Bagatti", I, Jerusalén, 1976, págs. 197-224.

769 "PG", 13, 1777.

770 "PG", 28, 208.

771 I. Mancini, "Adamo sotto il Calvario" en "La Terra Santa", XLI, 1965, págs. 277-282.

el «descensus ad inferos», en este lugar se conmemoraba el nuevo «ascensus» para instruir, tras la resurrección, a Sus apóstoles durante un periodo de tiempo que el Nuevo Testamento fija en cuarenta días (Hech. 1), pero que otras fuentes judeocristianas alargan, de manera más que discutible, hasta doce años. En cualquiera de los casos, resulta evidente la relación primitiva del enclave con el judeocristianismo si tenemos en cuenta las noticias suministradas por diversos apócrifos —ya posteriores al siglo I— como la *Historia de José el carpintero*, la *Historia de la Dormición de la santa Madre de Dios*, la *Epístola de los Apóstoles*, el *Evangelio de Bartolomé*, la *Ascensión de Isaías* y la *Pistis Sofía*. En cualquiera de los casos, parece ser que los ritos originales fueron degenerando en ceremonias de carácter misterioso si aceptamos el testimonio de Orígenes (Contra Celso, VI, 26) que no pudo negar esta acusación formulada por el pagano Celso.

La tradición sería retomada, precisamente a partir del testimonio judeocristiano, por parte de los cristianos gentiles que construirían un santuario en el monte de los Olivos para conmemorar el discurso escatológico de Jesús (Mat. 24-25; Mar. 13; Luc. 11) fundamentalmente.

Aunque desconocemos el momento exacto en que las tres mencionadas grutas comenzaron a utilizarse, parece más que posible que fuera ya en el siglo I. Como hemos mostrado en trabajos anteriores,[772] en el año 130 d. C., el uso con fines religiosos que daban los judeocristianos a estos enclaves era tan evidente que motivó la acción profanadora de Adriano en las grutas de Belén y del Calvario. De hecho, el emperador romano optó por articular cultos sustitutorios —y lejanamente parecidos a algunos aspectos presentes en los judeocristianos— para borrar con mayor seguridad la presencia de aquellos. La acción imperial tuvo, empero, consecuencias diametralmente opuestas puesto que ayudó a mantener la tradición sobre la ubicación de las grutas que ahora eran lugar de residencia de cultos paganos.

[772] César Vidal, “María en la arqueología judeocristiana de los tres primeros siglos” en Eph Mar, 41, 1991, págs. 353-364; Idem, “La influencia del judeocristianismo de los dos primeros siglos en la liturgia mariana” en “Ibidem”, 52, 1992, págs. 115-126.

Orígenes señala como en su época (c. 248) la gruta de Belén estaba claramente identificada incluso para los paganos (Contra Celso I, 51), y encontramos noticias similares en Cirilo de Jerusalén (Cat XII, 20) y Jerónimo (Epist LVIII). Datos semejantes nos proporciona Rufino de Aquileya (HE I, VII) en relación con la gruta del Calvario.

No hay vestigios seguros de una profanación de la gruta del monte de los Olivos, aunque algunos indicios en Eusebio (Vida de Constantino III, 43) han llevado a pensar en la posibilidad de que también fuera objeto de una utilización pagana para la celebración de cultos dionisíacos.[773] Con todo, y a diferencia de lo sucedido con las otras dos grutas, tal posibilidad no está plenamente documentada y tampoco nos permite saber con exactitud el momento desde el que comenzó a ser usada por los judeocristianos.

Lugares de devoción (II): las casas

En 1953, la Custodia de Tierra Santa acometió la tarea de demoler la iglesia de la Anunciación en Nazaret y de iniciar la construcción de un nuevo templo cuya finalidad sería proporcionar una mejor cobertura para las necesidades parroquiales y las de los peregrinos que visitaban la ciudad. Tras derribarse el edificio antiguo, la Custodia encomendó a B. Bagatti la dirección de las excavaciones arqueológicas que comenzó en 1955.

Inicialmente cabía esperar poco de aquellas excavaciones. Tanto G. Le Hardy,[774] como U. Chevalier,[775] C. Kopp[776] o R. Leconte[777]

---

[773] B. Bagatti, "L'Eglise de la gentilité en Palestine", Jerusalén, 1968; A. Storme, "Le mont des Oliviers", Jerusalén, 1971, págs. 39-43.

[774] G. Le Hardy, "Histoire de Nazareth et de ses sanctuaires", París, 1905, pág. 18.

[775] U. Chevalier, "Notre -Dame de Lorette", Paris, 1906, p. 21.

[776] "Beitrage zur Geschichte Nazareths" en "The Journal of the Palestine Oriental Society", XVIII, 1938, págs. 187-228; XIX, 1939-40, págs. 82-119, 253-285. La tesis de Kopp consistía en afirmar que el templo de Nazaret se asentaba sobre un cementerio de la época de Jesús y que, por tanto, la identificación de aquel lugar con un enclave relacionado con el judeocristianismo no sería más que un «fraude pío».

[777] R. Leconte, "Jérusalem et les Lieux saints", París, 1954, pág. 30.

se habían ya manifestado hacia tiempo en contra de la posibilidad de hallar restos cristianos en Nazaret anteriores a la época de Constantino. El hecho de que Eusebio afirmara lo contrario e incluso conservar a la genealogía de la familia de Jesús (HE I, VII, 13-14) en Nazaret era un elemento generalmente despreciado.

Al poco de iniciarse los trabajos quedó de manifiesto que las tesis de Kopp resultaban insostenibles por cuanto no sólo no aparecieron restos de ningún cementerio que pudieran confirmarlas, sino que además se encontraron los restos de una iglesia bizantina cuyos pasillos subterráneos llevaban a silos y bodegas. Los exámenes inmediatos de diversos arqueólogos confirmaron inmediatamente las conclusiones parciales emitidas por el director de las excavaciones. Así P. Benoit[778] reconoció que los hallazgos de cerámica romana y bizantina en los silos y cisternas eran datables desde el siglo I a. C., que no había restos de tumbas como se había supuesto y que existían razones de peso para identificar el lugar con la Nazaret evangélica.

El mismo Kopp, en una publicación posterior[779] a las excavaciones, cambió su punto de vista primitivo y de manera similar se manifestó R. Leconte[780] que consideraba que las excavaciones realizadas por Bagatti[781] ponían punto final a la controversia anterior.

La retirada de los mosaicos de la iglesia bizantina subyacente reveló asimismo la existencia de un sustrato que era anterior a aquella y que había estado claramente relacionado con el judeocristianismo. Hemos estudiado en otros lugares este enclave[782] de especial importancia para el estudio del judeocristianismo y de los orígenes de la mariología.[783] A ellos remitimos al lector para un

---

[778] P. Benoit, "La nouvelle église de l'Annonciation à Nazareth" en "La Vie Intelectuelle", 6, 1955, págs. 26-28.

[779] C. Kopp, "Itinéraires évangeliques", Tours, 1964, págs. 144-5.

[780] R. Leconte, "Jérusalem et les Lieux saints", París, 1954, pág. 30.

[781] Una descripción detallada de las mismas en B. Bagatti, "Gli scavi di Nazareth, I, Dalle origini al secolo XII", Jerusalén, 1967.

[782] César Vidal, "María en la arqueología...".

[783] Un curioso estudio sobre la relación entre la teología de los «pozos de gracia» y el Targum de Isaías puede hallarse en E. Testa, "Il Targum di Isaia 55, 1.13, scoperto a Nazaret e la Teologia sui pozzi dell'Acqua Viva" en Liber Annuus, XVII, 1967, págs. 259-89; Idem, "L'apporto delle iscrizioni nazaretane" en Rivista Biblica, XVI, 1968, págs. 167-85; e Idem, Nazaret Giudeo-Cristiana, Jerusalén, 1969, págs. 79-110.

estudio más en profundidad. No obstante lo anterior, cabe señalar que la sinagoga judeocristiana anterior al templo bizantino difícilmente puede predatarse al siglo II aunque sí es muy posible que la asociación del lugar con alguna forma de culto judeocristiano pueda ser del siglo I. De ser así, nos hallaríamos, como en el caso de los demás enclaves analizados en este apartado, ante una tradición de veneración hacia un lugar relacionado con momentos históricamente claves para los judeocristianos.

De un valor sólo ligeramente inferior al de la denominada casa de María en Nazaret son los hallazgos realizados en el lugar de la iglesia de San José situada en la misma localidad. Los estudios realizados en torno a la misma en 1908 (publicados en 1910),[784] que ya hacían referencia a la existencia de un enclave habitado en el periodo evangélico, se vieron claramente confirmados mediante las excavaciones llevadas a cabo en 1970 por B. Bagatti.[785]

J. Briand ha relacionado —y la posibilidad no es desdeñable— algunas obras realizadas en los silos subterráneos con la adecuación del lugar para la realización de ritos litúrgicos judeocristianos.[786] Con todo, lo más importante del mencionado lugar es con certeza la existencia de una cisterna bautismal con decoración de mosaicos. El mencionado bautisterio confirma los datos que poseemos por otras fuentes en relación con la forma de administración del bautismo e incluso permite especular con cierto grado de verosimilitud sobre el origen de algunas ceremonias bautismales en las iglesias orientales.

La escalerilla de la piscina bautismal, que desciende a lo largo de la pared sur, tiene siete gradas cubiertas de mosaicos. El número siete goza de una amplia simbología en la Biblia[787] y, en este caso concreto, cabe la posibilidad de que se refiriera al descenso del Verbo a través de los siete cielos o quizás a la bajada de Jesús hasta

---

[784] P. Viaud, "Nazareth et ses deux églises de l'Annonciation et de Saint-Joseph", París, 1910.

[785] B. Bagatti, "Scavo presso la chiesa di S. Giuseppe a Nazaret (Agosto 1970)" en "Liber Annuus", XXI, 1971, págs. 5-32.

[786] J. Briand, "L'Eglise judéo-chrétienne de Nazareth", Jerusalén, 1981, págs. 53 y ss.

[787] J. J. Davis, "Biblical Numerology: A Basic Study of the Use of Numbers in the Bible", Grand Rapids, 1991; E. W. Bullinger, "Cómo entender y explicar los números de la Biblia", Tarrasa, 1990, págs. 174 y ss.

los infiernos para consumar la redención. Por el contrario, es bien dudoso que la significación tuviera algo que ver con los dones del Espíritu Santo o con el número de los sacramentos por cuanto la fijación de éstos en número de siete no deriva de la Biblia sino que es una elaboración medieval muy posterior.

Al final de los siete escalones, nos encontramos con un arroyo que no desemboca en ningún lugar y que, presumiblemente, tenía un valor meramente simbólico, aunque no es fácil determinar con facilidad cuál pueda ser éste (el paso del Jordán, la entrada en la Tierra Prometida de la salvación, etc.).

En el ángulo noreste de la cisterna hay una pequeña hondonada que presenta similitudes con la descubierta en la piscina bautismal del santuario de la Anunciación. Cerca de esta hondonada hay una piedra de basalto encastrada en el suelo de la cisterna y resulta muy posible que se evitara que el mosaico la cubriera aunque desconocemos cuál pudiera ser el motivo de ello así como su significado. Se ha pensado en conectar esta piedra con el simbolismo de Jesús-la Roca que figura en 1 Corintios 10:4,[788] pero no deja de ser una conjetura meramente probable.

Tanto la piedra como el resto de la parte baja se hallan rodeados por un mosaico dividido en seis rectángulos de dimensiones desiguales. Se ha asociado este aspecto con el simbolismo de los seis ángeles (Miguel, Gabriel, Uriel, Absasax, Rafael, Renel y Azrael) protoctistos (primeros creados). Tal tesis contaría a su favor con la mención similar en el Pastor de Hermas II, 4, 1-2, de los seis ángeles, pero no resulta definitiva a nuestro juicio.

Tradicionalmente, se ha tendido a identificar estos restos arqueológicos con la supuesta casa de José en Nazaret. A nuestro juicio, tal posibilidad sin que pueda ser descartada «a priori» dista, sin embargo, bastante de hallarse del todo respaldada. Con todo, sí puede señalarse que el lugar en cuestión fue objeto de utilización por judeocristianos, que en él se practicaron ritos bautismales y que gozaba de una especial estima. Si ésta se relacionaba con José es algo que no podemos, en el estado actual de la investigación, colegir de

---

788 J. Briand, "L'Eglise judéo-chrétienne de Nazareth", Jerusalén, 1981, págs. 60 y ss.

manera total, aunque ateniéndonos a la veneración que el judeocristianismo prodigó a lugares asociados con Jesús (y, secundariamente, con María y Pedro) la probabilidad de que así fuera o, al menos, así lo creyeran los judeocristianos, no puede ser rechazada.

Tampoco resulta fácil la datación de los hallazgos. Ciertamente los estratos iniciales pertenecen incluso al siglo I a. C. y fueron utilizados durante el siglo I d. C., pero que en este último periodo recibieran un uso religioso que fuera más allá de la mera veneración asociada con algún episodio de la vida de Jesús, es algo sólo probable y, a nuestro juicio, resulta más fácil situar tal circunstancia ya durante el siglo II.

Con ocasión del XIX centenario de la muerte de Pedro, la Custodia de Tierra Santa decidió adecentar los santuarios relacionados con el apóstol y situados cerca del mar de Galilea, en et-Tabgha y en Cafarnaum. De hecho, en este último lugar y pese a que los evangelistas mencionan a diversos personajes que vivieron allí (Mateo, Jairo, el centurión y Pedro), sólo la supuesta casa de Pedro ha sido identificada mediante la tradición a lo largo de los siglos. La española Egeria[789] (hacia el 400) menciona la conservación del lugar así como su transformación en lugar de culto y un siglo y medio más tarde el *Anónimo de Plasencia* señala que en el lugar se había alzado una basílica.

En 1968, bajo la dirección de V. Corbo, se iniciaron las excavaciones relacionadas con la supuesta situación de la casa de Pedro. Podemos señalar que, efectivamente, los hallazgos confirmaron los datos suministrados por Egeria y el *Anónimo de Plasencia*, pero, y esto es lo más importante para el objeto de nuestro estudio, pusieron también de manifiesto que los mencionados enclaves se hallaban situados sobre una casa utilizada como lugar de culto. Los resultados de las excavaciones han sido publicados de manera concienzuda

---

[789] Sobre Egeria, ver H. Erkell, “Zur sog. Peregrinatio Aetheriae” en “Eranos”, 56, 1958, págs. 41-58; A. A. R. Bastiansen, “Observations sur le vocabulaire liturgique dans l'itineraire d'Ègerie” en “Latinitas christianorum primaeva”, 17, Nimega, 1962; G. F. M. Vermeer, “Observations sur le vocabulaire de pèlerinage chez Egérie et chez Antoine de Plaisance”, Nimega, 1965; G. E. Gingras, “Egeria: Diary of a Pilgrimage”, Nueva York, 1970; “Egeria” en César Vidal, “Diccionario de Patrística”, Estella, 1992.

y extraordinariamente documentada y puede decirse que no han hallado oposición en sus conclusiones por parte de la crítica internacional.[790] En lo que se refiere al objeto de nuestro estudio podemos resumirlas como sigue.

La construcción de la vivienda data del siglo I a. C., pero las reuniones religiosas en su interior pueden documentarse a partir de la segunda mitad del siglo I d. C. En cuanto a los participantes, parece indubitado que eran judeocristianos. Por un lado, el carácter hebreo de las inscripciones delata el origen nacional de los asistentes a estas reuniones, pero, por otro, no es menos evidente el carácter cristiano de los mismos. Así en las inscripciones hebreas aparece repetidamente el nombre de Jesús —al que se asocia con los títulos de Mesías, Señor, Altísimo y Dios— el monograma cristiano, varias cruces de formas diferentes y dos graffiti con el nombre de Pedro.

Presumiblemente, el lugar estuvo en posesión de judeocristianos —muy numerosos en Cafarnaum según sabemos por otras fuentes de la época— hasta Constantino el grande. A partir del reinado de este emperador, los cristianos gentiles pudieron visitar la casa, haciéndose con la posesión de la misma a mitad del siglo V y construyendo con posterioridad en el lugar de la misma una iglesia de planta octogonal.

Fuentes epigráfico-documentales (I): la laminilla del óleo de la fe

En enero de 1963, P. Saller descubrió en la tienda del anticuario Baidun de Jerusalén una laminilla aramea de 60 por 2 mm (2.5 x 1 pulgadas), que, según este último, había sido hallada por varios beduinos cerca de Téqo'a, al sureste de Belén, junto a varias lámparas «herodianas», es decir, del siglo I d. C. Tras un examen de la laminilla, E. Testa

[790] Las excavaciones generales de Cafarnaum (casa de Pedro y sinagoga) se hallan estudiadas en 4 volúmenes: V. Corbo, "Gli edifici della Città", Jerusalén, 1975; S. Loffreda, "La Ceramica", Jerusalén, 1974; A. Spijkerman, "Le Monete della Città", Jerusalén, 1975 y E. Testa, "I Graffiti della Casa di San Pietro", Jerusalén, 1972. El P. Loffreda ha redactado un resumen, acompañado de numerosas ilustraciones, de las excavaciones con el título de "Guide de Capharnaum", Jerusalén, 1976.

recomendó su compra ya que el texto grabado en la misma parecía relacionarse con el rito contenido en Santiago 5:14-15 y la escritura parecía ser anterior al 130 d. C.

Los estudios iniciales de Testa[791] provocaron una reacción de auténtico estupor en la comunidad científica, hasta que, tras cuatro años de trabajo, publicó los resultados finales de su investigación en relación con la laminilla.[792] Testa abordó primero el análisis paleográfico del documento situándolo entre los años 70 y 80 d. C.[793] El análisis iba seguido por una traducción literal y otra libre de la laminilla. En ésta se contendría la descripción del rito de la unción con aceite mediante la cual un hombre espera obtener la sanidad de sus dolencias y el perdón de sus faltas. Con todo, tal interpretación no ha carecido de opositores. Quizás el más destacado haya sido J. T. Milik[794] que propuso una lectura diversa del texto, concluyendo tras la misma que la laminilla no era sino un amuleto judeo-arameo de escaso interés, que podría datarse, aunque con dudas, en los siglos V-VI, sin excluir la Alta Edad Media. J. Starcky —que nunca tuvo acceso a la laminilla— se manifestó, en una recensión del libro de Testa, favorable a las tesis de Milik,[795] pero creemos que las mismas resultan inaceptables. Como pondría de manifiesto posteriormente Testa, existían indicios bastante fundamentados de que Milik había falseado la lectura del texto de la laminilla.[796] Desde luego, es totalmente cierto que Milik nunca la llegó a examinar personalmente. Por si esto fuera poco, Milik había obviado el peso de los textos paleográficos similares a los de la laminilla, así como el hecho de que ésta hubiera sido encontrada al lado de restos del siglo I d. C.

---

791 E. Testa, "Scoperta del Primitivo Rito della Estrema Unzione in una Laminella del I secolo" en "L'Osservatore Romano" de 8 de febrero de 1963 y en "La Terra Santa", 39, 1963, págs. 70-74.

792 E. Testa, "L'huile de la Foi. L'Onction des malades sur une lamelle du Ier siècle", Jerusalén, 1967.

793 En favor del rigor del análisis ver la postura de J. C. Picard en "La Terre Sainte", 1967, págs. 150-2.

794 J. T. Milik, "Une amulette judéo-araméenne" en "Biblica", 48, 1967, págs. 450-1.

795 J. Starcky, en "Revue Biblique", 75, 1968, págs. 278-280.

796 E. Testa, "Una falsificazione della laminella dell'Unzione" en "La Terra Santa", 44, 1968, págs. 55-8 e Idem, "Ancora sulla laminella giudeo-cristiana" en "Biblica", 49, 1968, págs. 249-253.

Estudios posteriores sobre el tema han optado por una postura más distanciada admitiendo lo que el trabajo de Testa significa como contribución a los orígenes del judeocristianismo, pero discutiendo algunas de sus interpretaciones sacramentales.[797]

El 14 de diciembre de 1968, en una conferencia pronunciada en la Casa Nova de Jerusalén, acompañada de la exposición de fotografías nuevas y más claras, Testa volvió a incidir en sus argumentos principales.

Tras realizar[798] un análisis de la mencionada laminilla, nosotros proponemos como traducción del texto inscrito en la misma el siguiente:

1. Oleo de la fe (o de los fieles).
2. En su empuje, Qur'el
3. ha afirmado: «Yo
4. he profundizado tu fosa para tu caída».
5. Sométela al Nombre.
6. Mueve el hisopo
7. Sin recurrir al que sacrifica.
8. (Dos cruces y el Nombre IH)
9. (Dos coronas y tres kaf).
10. (Línea ondulada).
11. (Línea ondulada).
12. (Línea ondulada). (¿Dios?) le ayudó a soportar la prueba.
13. La ceguera y la deuda del que carecía de sabiduría
14. fueron absueltas. Los golpeados serán liberados
15. cuando venga el Retoño (o la Vara).
16. con consolación.
17. ¡Shalom!

---

[797] Ver A. Janssen, en "Ephemerides Theologicae Lovanienses", 43, 1967, pág. 608; J. Daniélou en "Recherches de Science Religieuse", 56, 1968, págs. 119-120; L. M. Orrieux en "Lumière et Vie", 16, 1967, n. 85, págs. 113-5 e Idem, "Ibidem", 17, 1968, n. 86, pág. 122 (donde se aprecia una cierta influencia de las tesis de Milik).

[798] El análisis de la mencionada laminilla fue realizado durante la primavera de 1990 partiendo de las reproducciones de la misma que se hallan en E. Testa, "L'Huile de la Foi", Jerusalén, 1967, págs. 22, 26, 38 y 43, y corroborado con una lectura "in situ" en el Museo de la Flagelación de Jerusalén, en septiembre de 1991.

A nuestro juicio, aunque se puede considerar que algunas de las conclusiones teológicas de Testa (por ejemplo, la identificación prácticamente automática del rito descrito en la laminilla con la extremaunción católica tridentina) resultan cuando menos dudosa y aunque admitamos que su traducción libre[799] peca de cierta imaginación, no resulta menos cierto que, en términos generales, se pueden aceptar muchas de sus posiciones como sustancialmente correctas y, desde luego, también su transcripción del texto.

De igual manera, nos parece claro que hay notables coincidencias entre el cuadro teológico que transmite la carta de Santiago y el reflejado en la laminilla, un extremo, a nuestro juicio, quizás no suficientemente agotado por Testa en sus trabajos. Estos puntos de contacto, de manera breve, podrían resumirse en los siguientes:

1. Utilización del aceite con fines de curación física y salud espiritual: laminilla y especialmente línea 1 y Santiago 5:14 y ss.
2. Sustitución de la intervención de los sacerdotes levíticos («el que sacrifica») —según dispone la Torá— por la intervención de los presbíteros judeocristianos: línea 7 y Santiago 5:14.
3. Creencia en que el rito de la unción unido a la oración de fe tiene una finalidad de curación física: línea 12 y Santiago 5:15.
4. Creencia en que el rito de la unción unido a la oración de fe tiene como consecuencia el perdón de los pecados: líneas 13 y 14, y Santiago 5:15-16.
5. Admisión de la prueba como un elemento que puede producirse en la vida del creyente, pero que no es atribuible a la acción de Dios: línea 2 y Santiago 1:2-17.[800]
6. Proyección de la liberación definitiva hacia el momento de la venida del Mesías o Parusía: línea 14-16 y Santiago 5:7-8.
7. Referencia al shalom: línea 17 y Santiago 3:18.

---

799 E. Testa, "L'Huile...", Jerusalén, 1967, pág. 24.

800 Las conexiones sapienciales —un género al que realmente pertenece la carta de Santiago— con esta visión del mal producida por espíritus malignos es evidente. Para un examen más en profundidad del tema, ver el apartado dedicado a demonología en la tercera parte del presente estudio.

Todos estos elementos confirman a nuestro juicio las tesis de Testa y, como veremos en otra parte del presente estudio, encajan en el contenido de otras fuentes indubitadas del judeocristianismo.

Fuentes epigráfico-documentales (II): el denominado decreto de Nazaret

Quizás una de las fuentes epigráficas más controvertidas en relación con el judeocristianismo sea el denominado «decreto de Nazaret». En el Cabinet des Médailles de París ha estado desde 1879 una pieza inscrita de mármol que formaba parte de la colección Froehner y cuyo único dato acerca de su origen es la nota que figura en el inventario manuscrito del propio Froehmer donde se la califica como «Dalle de marbre envoyée de Nazareth en 1878».

La primera persona que mostró interés por la pieza fue M. Rostovtzeff unos cincuenta años después de que llegara supuestamente a París. El mencionado historiador llamó la atención de F. Cumont sobre la misma y éste procedió a publicarla en 1930.[801] La inscripción está en griego, aunque cabe la posibilidad de que se escribiera en latín originalmente y lleva el encabezamiento de «Diátagma Kaísaros» (decreto de César). Su texto es, traducido del griego, como sigue:[802]

«Es mi deseo que los sepulcros y las tumbas que han sido erigidos como memorial solemne de antepasados o hijos o parientes, permanezcan perpetuamente sin ser molestadas. Quede de manifiesto que, en relación con cualquiera que las haya destruido o que haya sacado de alguna forma los cuerpos que allí estaban enterrados o los haya llevado con ánimo de engañar a otro lugar, cometiendo así un crimen contra los enterrados allí, o haya quitado las losas u otras piedras, ordeno que, contra la tal persona, sea ejecutada la misma

[801] "Un rescrit impérial sur la violation de sépulture" en "Revue Historique", 163, 1930, págs. 241 y ss.

[802] HeMos traducido a partir del texto en griego dado por M. P. Charlesworth, "Documents illustrating the Reigns of Claudius and Nero", Cambridge, 1939, pág. 15, n. 17. El mismo aparece también reproducido en griego en S. G. F. Brandon, "The fall of Jerusalem and the Christian Church", Londres, 1951, pág. 123.

pena en relación con los solemnes memoriales de los hombres que la establecida por respeto a los dioses. Pues mucho más respeto se ha de dar a los que están enterrados. Que nadie los moleste en forma alguna. De otra manera es mi voluntad que se condene a muerte a la tal persona por el crimen de expoliar tumbas».

El análisis paleográfico de la escritura de la inscripción revela que la misma pertenece a la primera mitad del siglo I d. C. Ahora bien, Nazaret está situado en Galilea y esta región sólo fue incorporada a la provincia de Judea —y, consecuentemente, al dominio imperial— en el 44 a. C. Del 37 al 4 a. C. había pertenecido al reino de Herodes el Grande, del 4 a. C. al 39 d. C. a la tetrarquía de Herodes Antipas y del 39 al 44 d. C. al reino de Herodes Agripa. Por lo tanto, si la inscripción pertenece a la primera mitad del siglo I d. C. y no puede ser fechada antes del 44 d. C. el emperador al que se refiere el decreto debe ser forzosamente Claudio.

Por desgracia, no todos los detalles relacionados con el decreto resultan de tan fácil solución. Para empezar, cabría preguntarse si la misma —que fue enviada desde Nazaret a París— fue hallada en la misma Nazaret. De ser así, también sería importante determinar si estuvo fijada en Nazaret y qué motivó que así fuera. No menos problemática de determinar resulta asimismo la «ratio legis» del decreto y la explicación relativa a la severidad de la pena. Por supuesto, el saqueo de tumbas no fue algo nuevo que tuviera sus inicios durante el reinado de Claudio. Pero aquí nos encontramos con una disposición emanada directamente del emperador y que además pretende ser sancionada con el ejercicio de la pena capital.

Una de las explicaciones sugeridas hace referencia al hecho de que Claudio podría ya conocer el carácter expansivo del cristianismo. Si hubiera investigado mínimamente el tema se habría encontrado con que la base de su empuje descansaba en buena medida en la afirmación de que su fundador, un ajusticiado judío, ahora estaba vivo.[803] Por supuesto, la explicación racionalista más sencilla de la historia era afirmar que el cuerpo había sido robado por los discípulos para

[803] Comp. con la actitud de Festo tal y como aparece recogida en Hechos 25:19.

engañar a la gente con el relato de la resurrección de su maestro (comp. Mat. 28:13). Considerando pues el emperador que la plaga espiritual que suponía el cristianismo provenía de un robo de tumba, podría haber determinado la imposición de una pena durísima encaminada a evitar la repetición de tal crimen en la tierra de Israel. La orden —siguiendo esta línea de suposición— podría haber tomado la forma de un rescripto dirigido al procurador de Judea o al legado en Siria y, presumiblemente, se habrían distribuido copias en los lugares de Palestina asociados de una manera especial con el movimiento cristiano, lo que implicaría Nazaret y, posiblemente, Jerusalén y Belén.

Esta tesis fue aceptada por A. Momigliano,[804] aunque posteriormente[805] expresó su rechazo de esta teoría aunque sin mencionar las razones que le habían llevado a cambiar de opinión.[806] El profesor F. F. Bruce[807] ofreció, ya en la década de los setenta, una interpretación de esta fuente arqueológica que podría acercarse probablemente a la realidad. En primer lugar, señala F. F. Bruce, hay demasiado lugar para la incertidumbre en la inscripción como para que podamos ir más allá de una mera conjetura al conectarla con la expansión del cristianismo. Por otro lado, la inscripción de Nazaret (si es que realmente es de Nazaret) no es anterior al 44 d. C., pero pudiera ser también no muy posterior. La fuente de información de Claudio podría haber sido su amigo Herodes Agripa, que se caracterizó, como veremos en la segunda parte de este estudio, por una especial animadversión hacia el judeocristianismo. Poco después de la muerte de éste, Claudio podría haber decidido limitar sus actividades en la tierra de Israel. Con todo, Agripa podía distinguir el judeocristianismo del judaísmo con una facilidad de la que no gozaba Claudio. Cuando la expansión del cristianismo causó problemas dentro de la colonia judía de Roma, Claudio no se molestó

---

804 A. Momigliano, "Claudius", Oxford, 1934, págs. 34 y ss.

805 A. Momigliano, "Claudius", Cambridge, 1961, pág. IX.

806 Más opiniones sobre esta cuestión en H. J. Cadbury, "The Book of Acts in History", Nueva York, 1955, págs. 117 y ss., y E. M. Blaiklock, "Out of the Earth", págs. 32 y ss. Una visión moderada del asunto —con algunas reservas sobre la interpretación indicada del decreto— en F. de Zulueta, "Violation of Sepulture in Palestine at the Beginning of the Christian Era", "Journal of Roman Studies", 22, 1932, págs. 184 y ss.

807 F. F. Bruce, New Testament History, Nueva York, 1980, págs. 302 y ss.

en hacer disquisiciones, sino que ordenó la expulsión de todos los judíos de la ciudad. Aceptando el carácter conjetural y no dogmático de la explicación de F. F. Bruce —que implica asimismo identificar al Chrestus de Suetonio con Jesús— podemos señalar que su tesis presenta un cierto grado de probabilidad sin que, como él mismo reconocía, se le pueda otorgar una certeza absoluta.

Del análisis de las fuentes arqueológicas —muy escasas y no siempre seguras en cuanto a su identificación y datación— examinadas en esta parte de nuestro estudio podemos extraer las siguientes conclusiones parciales que luego contrastaremos con lo que se nos narra en las fuentes escritas en las partes segunda y tercera del presente estudio:

I. No tenemos restos de lugares de culto judeocristiano propios y separados del judaísmo durante todo el siglo I d. C. o, al menos, durante la mayor parte del mismo. Determinar si ello se debe a la desaparición total de los mismos o a la no separación del judaísmo es algo que intentaremos hacer en la segunda parte de este estudio.

II. A inicios del siglo II o finales del siglo I d. C. empezamos a encontrar sinagogas propias, con simbología específica y con elementos arquitectónico-cúlticos procedentes del judeocristianismo.

III. Teniendo en cuenta lo expuesto en I y II parece, no obstante, que ciertos lugares disfrutaron de un especial aprecio entre los judeocristianos prácticamente desde el siglo I, aunque no podemos asegurar que ya en esa época fueron sede de un culto separado como, indiscutiblemente, lo fueron a partir del siglo II d. C. Estos sitios obtenían su especial consideración del hecho de venir identificados con momentos concretos de la vida de Jesús (la estancia de éste en la casa de Pedro en Cafarnaum, su morada en Nazaret, el lugar de su enterramiento cerca del Gólgota, etc.). Sabemos además que, en algunos casos, poseían tal relevancia que Adriano decretó en el 130 d. C. su profanación y la implantación del culto a dioses paganos dotados de lejanas similitudes con la interpretación que de la figura de Jesús daba el judeocristianismo.

IV. Esta ausencia de indicios de un desapego al judaísmo se percibe asimismo en los restos funerarios relacionados con el judeocristianismo. Es normal —si damos por correcta la identificación de los mismos— encontrar situados en clara cercanía de aquellos los restos mortales de judíos y judeocristianos presumiblemente pertenecientes a la misma familia. En algún caso específico, es probable que el judeocristiano en concreto haya incluso pertenecido a alguna familia sacerdotal.

V. No contamos tampoco con restos que aboguen en favor de una celebración cúltica esencialmente distinta de la del judaísmo. De hecho, las piscinas bautismales son, como poco, medio siglo posteriores a la muerte de Jesús y no contamos con indicios de que los judeocristianos hayan violado el mandato de la Torá relativo a la prohibición de hacer imágenes y rendirles culto y

VI. Finalmente, la única fuente mueble que podemos, con una mínima certeza, atribuir a este periodo, va referida a un rito relacionado con la curación física y espiritual de una persona y presenta paralelos notables, a nuestro juicio, con elementos contenidos en la carta de Santiago de indudable adscripción judeocristiana.

APÉNDICE I

UNA APROXIMACIÓN A LOS ESTUDIOS RELATIVOS AL LIBRO DE LOS HECHOS DE LOS APÓSTOLES COMO FUENTE HISTÓRICA

Aproximaciones pre-críticas (siglo II-XVII)

El libro de los Hechos recibió muy poca atención por parte de los comentaristas durante los siglos anteriores a la Reforma del siglo XVI. A. J. y M. B. Mattill[808] han señalado la existencia de diecinueve obras[809] relacionadas con el tema superando así el cálculo elaborado previamente por W. Bieder.[810] A la escasez se sumaba, y es lógico, una finalidad generalmente homilética o expositiva poco o nada preocupada por el aspecto histórico de la obra.

Aunque la Reforma del siglo XVI implicó una renovación de los estudios bíblicos y dio lugar a comentarios sobresalientes del libro de los Hechos como el de Calvino (1509-64),[811] por regla general, estas obras no hacían referencia a problemas como los de la autoría, datación o finalidad de la obra. Mucho menos se adentraban en el terreno de la crítica histórica. El comentario de

---

808 A. J. y M. B. Mattill, "A Classified Bibliography of Literature on the Acts of the Apostles", Leiden, 1966.

809 Las mismas corresponden a los autores siguientes: Orígenes y Pánfilo de Cesarea (siglo III); Efrén el sirio, Dídimo el ciego, Eusebio de Emesa y Eutalio el diácono (siglo IV); Juan Crisóstomo, Cirilo de Alejandría, Ammonio, Hesiquio y Arator (siglo V); Casiodoro (siglo VI); Andrés de Cesarea (siglo VII); Beda el Venerable (siglo VIII); Isho'dad (siglo IX); León Maestro y Ecumenio de Tricca (siglo X); Teofilacto (siglo XI) y Dionisio bar Salibi (siglo XII).

810 W. Bieder, "Die Apostelgeschichte in der Historie", Zurich, 1960, págs. 4-10. Este autor sólo indicaba la existencia de doce.

811 J. Calvino, "Acta Apostolorum", Ginebra, 1552 (vol. 1) y 1554 (vol. 2). La obra se publicó simultáneamente en francés.

Hugo Grocio (1583-1645),[812] aunque significó un claro avance en el terreno de lo lingüístico, no abordó tampoco estos temas.

La única excepción a esta tónica general la proporcionó un comentario de John Lightfoot a los doce primeros capítulos de Hechos[813] en el que se hacía referencia abundante a las fuentes históricas judías y romanas. Lightfoot dedicó buena parte de su vida a la aplicación de conocimientos hebraístas y talmudistas al estudio del Nuevo Testamento y estaba especialmente dotado para la realización de esta obra que, no obstante, pecar de un cierto tono apologético, refleja la utilización de un número notable de manuscritos del libro de los Hechos. La golondrina de Lightfoot no haría verano ni siquiera en su patria. Dos comentarios posteriores, escritos por Henry Hammond (1605-60)[814] y John Pearson (1613-86),[815] volverían a centrar el estudio en torno a temas más teológicos que históricos.

El origen del estudio crítico del libro de los Hechos

Con el siglo XVIII vendría, sin embargo, un acercamiento crítico al libro de los Hechos que no ha concluido hasta el día de hoy. En 1734, aparecían dos obras de especial relevancia: el Nuevo Testamento griego con aparato crítico que iba, prácticamente, a iniciar la andadura de la ciencia de la crítica textual neotestamentaria y el *Gnomon Novi Testamenti*. Las dos se debían a la labor de Johann Albrecht Bengel (1687-1752). Vista con un criterio actual, el estudio que de Hechos realizó Bengel no parece constituir una aportación trascendental. No obstante, fue el primero en señalar dos cuestiones que hoy se dan por aceptadas olvidando a su primer formulador. Nos estamos refiriendo a considerar al libro de los Hechos como una obra que pretende describir como el Cristo resucitado sigue obrando en medio de Sus fieles a través del Espíritu Santo y que

---

[812] H. Grocio, "Annotationes in Acta Apostolorum" en "Annotationes in Novum Testamentum", vol. 2, París, 1646.

[813] J. Lightfoot, "A Commentary upon the Acts of the Apostles", Londres, 1645.

[814] H. Hammond, "Paraphrase and Annotation upon all the Books of the New Testament", Londres, 1653, págs. 330-436.

[815] J. Pearson, "Lectiones in Acta Apostolorum", Londres, 1688.

tiene especial interés en dejar de manifiesto que el evangelio se ha ido extendiendo por todo el imperio culminando su expansión con la llegada a Roma.

La siguiente aportación vendría derivada de las *Horae Paulinae*[816] de William Paley (1743-1805). Este abordó el estudio del carácter histórico de Hechos así como de las cartas paulinas contrastando sus puntos de contacto. La tesis de Paley es que no se podía partir a priori de la veracidad de ninguna de las fuentes y que la coincidencia entre ellas no demostraba *per se* su historicidad si los puntos de contacto indicaban una dependencia de una sobre otra. La conclusión a la que llegó Paley es que Pablo y el autor de Hechos no se habían utilizado recíprocamente como fuente —y eso suponiendo, lo que era dudoso, que la hubieran conocido— y que las coincidencias entre ambos (sobre todo, las relativas a aspectos triviales) evidenciaban la solidez histórica de ambas fuentes.

Junto con los análisis que se servían de la crítica textual (Lightfoot, Bengel) e histórica (Lightfoot, Paley), el siglo XVIII aportó la formulación de algunas de las cuestiones esenciales relacionadas con el estudio de los Hechos como son la relativa a su intención y a la búsqueda de los criterios que llevaron a su autor a seleccionar, elaborar y disponer sus fuentes y material. C. A. Heumann (1681-1764) en una fecha tan temprana como 1721 ya había indicado[817] que el libro de los Hechos era una apología de la religión cristiana, dirigida por su autor a un magistrado pagano llamado Teófilo, probablemente romano o itálico; pero sería J. D. Michaelis (1717-91) el que profundizaría en el tema.[818]

Michaelis llegaría a la conclusión de que el libro de los Hechos era una continuación del tercer Evangelio, que había sido escrito por el mismo autor y que éste podía ser identificado con el médico Lucas,

---

816 W. Palety, "Horae Paulinae: or the Truth of the Scripture History of St. Paul evinced by a Comparison of the Epistles which bear his name with the Acts of the Apostles and with one another", Londres, 1790.

817 C. A. Heumann, "Dissertatio de Theophilo, cui Lucas Historiam Sacran Inscripsit" en "Bibliotheca Historico-Philologico-Theologica", 4, 1721, págs. 483-505.

818 J. D. Michaelis, "Einleitung in die gottlichen Schriften des Neuen Bundes", 2.ª parte, Gotinga, 1750.

el compañero misionero de Pablo, algo que se desprendía del estilo literario, el propio de un conocedor de la medicina. Michaelis rechazaba identificar a Lucas con el Lucio de Hechos 13:1, y señalaba como fecha de composición de la obra el 63 d. C., cerca del final del relato recogido en la misma. El autor no tenía la pretensión de narrar toda la historia de la comunidad cristiana —de ser así hubiera prestado más atención al cristianismo asentado en Israel— y no cita las cartas de Pablo ni los sucesos que protagonizó éste sin la presencia de Lucas, así, por ejemplo, no menciona los naufragios paulinos reseñados en 2 Corintios 11. A fin de cuentas, su interés tampoco era escribir una biografía de Pablo sino cubrir una serie de cometidos como la descripción de la expansión inicial del cristianismo y de su impulso misionero. Históricamente, Hechos era considerado como una fuente histórica totalmente digna de confianza.

El siglo XVIII resultó así de especial relevancia para el examen de los Hechos como fuente histórica. Prácticamente puede decirse que todos los acercamientos (crítico, lingüístico, histórico, etc.) al tema se dieron ya cita en este siglo abordando todos los aspectos relacionados con el mismo (autor, fecha, propósito, etc.). El juicio unánime de aquellos primeros críticos sobre la fiabilidad de Hechos como fuente histórica, aún aceptando sus limitaciones (por ej. en cuanto a no relatar toda la historia primitiva del cristianismo), era claramente positivo.

La visión del libro de los Hechos durante el siglo XIX

1. W. M. L. De Wette, F. C. Baur y la escuela de Tubinga

Las conclusiones favorables en relación con la fiabilidad histórica del libro de los Hechos proporcionadas por los primeros acercamientos críticos al mismo, serían pronto cuestionadas. El primero en hacerlo fue Wilhelm Martin Leberecht de Wette (1780-1849), uno de los críticos y teólogos más influyentes de todo el siglo XIX. De hecho, su «Einleitung in das Neue Testament enthaltend»,[819] publicada en 1826, constituye la primera introducción crítica alemana al estudio del Nuevo Testamento. De Wette acepta la tesis de Heumann de que Hechos es la segunda parte de una «Geschichte des Urchristentums», dirigida a Teófilo, seguramente un romano o italiano distinguido, interesado en el cristianismo o simpatizante del mismo. No cree que el autor sea Lucas y considera que la información relacionada con Pablo es parcialmente falsa según se desprende de una comparación entre Hechos 9:26 y 12:17 (sic) con Gálatas 1:17-18 y de Hechos 11:30 con Gálatas 2:1. De la misma manera, considera que los viajes de Pablo a Jerusalén en Hechos 11 y 15 son dobletes de una sola visita.

De Wette reconoce que la evidencia interna del libro exige una fecha de redacción en torno al 61 o 62 d. C., pero lo fecha después del 70 d. C., basándose en que Lucas 21, escrito con anterioridad a Hechos, tiene que ser posterior a esta segunda fecha. El hecho de que el autor de Hechos interrumpa su historia con la prisión de Pablo, lo atribuye de Wette a que el autor careció de información acerca de los Hechos ulteriores o que no tuvo tiempo para escribir la continuación de la misma. En general, los aspectos discordantes entre de Wette y los críticos que le habían precedido eran escasos y carecían de una fundamentación sólida por parte de aquel. Con todo, harían fortuna en los años posteriores entre los autores de habla alemana.

El más destacado de los mismos fue Ferdinand Christian Baur (1792-1860). Profesor de teología en Tubinga desde 1826 hasta su muerte en 1860 y fundador de la denominada escuela de Tubinga, Baur no era ni exégeta ni crítico del Nuevo Testamento. Tampoco era historiador, sino fundamentalmente teólogo, muy influido además por la dialéctica de Hegel. Según su punto de vista, el cristianismo primitivo se vio desgarrado por la oposición entre la tesis judía (Pedro) y la antítesis gentil (Pablo),[820] conflicto concluido ya en obras tardías del Nuevo Testamento —como Juan— que

[819] El Einleitung era la segunda parte de su "Lehrbuch der historisch-kritischen Einleitung in die Bibel Alten und Neuen Testaments", Berlín, 1825, cuya primera parte (Berlín, 1817) estaba dedicada al Antiguo Testamento.

[820] F. Baur, "Die Christuspartei in der korinthischen Gemeinde, der Gegensatz des petrinischen und paulinischen Christenthums in der altesten KircHE, der

serían una síntesis. Iniciaba así el método de *Tendenzkritik* que aborda el estudio de los escritos contenidos en el Nuevo Testamento a partir de su punto de vista teológico particular. El libro de los Hechos sería así una obra escrita por un partidario de Pablo para defender su misión en contra de los judeocristianos.[821] Aunque Baur partía de presupuestos filosófico-religiosos y no de bases históricas —algo que, presumiblemente, debería haber bastado para cuestionar su metodología y conclusiones— sus tesis harían fortuna.

En 1836, Karl Schrader publicaba el quinto y último volumen de su estudio sobre Pablo.[822] La obra en su conjunto era mediocre y contradictoria, pero la manera en que fue citada continuamente por autores de la época obliga a mencionarla. En la misma defendía la tesis de que Hechos es una obra redactada en el siglo II d. C., destinada a defender las doctrinas y prácticas de la iglesia de esa época y seguía las teorías acerca de tesis y antítesis formuladas por Baur. Schrader insistió en que el Pablo de los Hechos era diferente al de las epístolas aunque limitó la diferencia al hecho de que Pablo aparece en la fuente lucana como inferior a los apóstoles de Jerusalén (algo muy discutible, por otra parte) lo que se contradice además con sus afirmaciones en Gálatas 1 y 2.

Matthias Schneckenburger (1804-48), antiguo alumno de Baur, Hegel y Schleiermacher, coincidió con el primero y con Schrader en afirmar que Hechos era la obra de un paulinista.[823] No obstante, discrepaba de ambos al considerar que el retrato que los Hechos presentan de Pablo es riguroso y fidedigno, así como al sostener que el autor de Hechos, un testigo ocular de buen número de los eventos relatados, buscaba colocar al apóstol bajo una luz que no resultara ofensiva para los judeocristianos. Por ello, Schneckenburger atribuye al autor de la obra no sólo una finalidad preeminentemente histórica sino también el mérito de haber plasmado

---

Apostel Petrus in Rom" en "Tübinger Zeitschrift für Theologie", 5, 1831, págs. 61-206.

821 Idem, "Über der Ursprung des Episcopats in der christlichen Kirche. Prüfung der neuesten von Hrn. Dr. Rothe hierüber aufgestellten Ansicht" en "Tübingen Zeitschrift für Theologie", 11, 1838, págs. 1-185.

822 K. Schrader, "Der Apostel Paulus", Leipzig, 1830-6.

823 M. Schneckenburger, "èber den Zweck der Apostelgeschichte", Berna, 1841.

un retrato de Pablo y de la iglesia primitiva que es básicamente digno de confianza. El libro de los Hechos resulta así ciertamente un «Tendenzschrift» pero no un «Tendenzroman».

En cuanto a las supuestas diferencias entre Hechos y las fuentes paulinas, Schneckenburger las atribuye a la diferencia de trasfondos y no de visión. El Pablo de Hechos está más preocupado por la misión, el de las cartas por la pastoral. De hecho, y en contra de lo señalado por Baur y Schrader, las epístolas presentan trazas de que el relato de Hechos es fidedigno, siendo ambas fuentes complementarias y no contradictorias. El hecho de que ciertos fragmentos de la vida de Pablo mencionados en las epístolas[824] no sean mencionados en Hechos se debe sólo al propósito específico de su autor que busca dar un retrato del apóstol no exhaustivo aunque sí preñado de significado.

En cuanto al supuesto enfrentamiento entre Pedro y Pablo en relación con la doctrina básica, Schneckenburger lo considera fruto de la imaginación. De hecho, Gálatas 2 hace referencia a una cuestión disciplinaria —no doctrinal— relacionada con aspectos que Pedro no negaba sino que reconocía como suyos.

Para Schneckenburger, Hechos debió escribirse después de la muerte de Pablo —interpretaba Hechos 8:26 como un indicio de ser posterior al año 66 d. C.— pero antes del 70 d. C., ya que no hay indicios en toda la obra—como tampoco en Lucas— de que se conociera la destrucción de la ciudad de Jerusalén acontecida en esa fecha.

La aportación de Schneckenburger fue saludada por Baur como una obra de primerísima importancia.[825] Con todo, éste continuó expresando sus dudas sobre la fiabilidad histórica de los Hechos, aunque, de hecho, siguió sin argumentar convenientemente su punto de vista. Este seguiría siendo el mantenido por Baur en los siguientes años[826] y denota, a nuestro juicio, un prevalimiento claro de la tesis apriorística del teólogo sobre la metodología de análisis propia del historiador.

---

824 Resulta interesante notar que Schneckenburger sólo utiliza las cuatro epístolas aceptadas como genuinamente paulinas por Baur: las dos a los corintios, romanos y gálatas. Sólo de manera excepcional menciona la carta a los filipenses.

825 F. C. Baur, "Jahrbücher für wissenschaftliche Kritik", 15, 1841, Col. 369-75.

826 F. C. Baur, "Paulus, der Apostel Jesu Christi", Stuttgart, 1845, págs. 1-14.

Este mismo énfasis es el que se desprende de la obra de Albert Schwegler (1819-57) que constituye un auténtico clásico en relación con la manera en que la Escuela de Tubinga contempló la historia del cristianismo primitivo.[827] Schwegler sitúa cada obra de los tres primeros siglos del cristianismo en una etapa concreta del cristianismo primitivo. La totalidad del Nuevo Testamento es situado en el periodo «postapostólico» y sólo cinco de sus escritos (Romanos, Gálatas, 1 y 2 Corintios, Apocalipsis) son considerados como dotados de cierto valor testimonial en relación con la época apostólica.

Para Schwegler, el cristianismo primitivo (*Urchristentum*) no fue sino una secta judía sólo diferente del judaísmo en creer que Jesús era el Mesías. De ahí se desprende que los ebionitas posteriores fueron los continuadores legítimos de los primeros cristianos y que Pablo fue el que empujó al cristianismo a convertirse en una religión universal. Sin él, hubiera seguido siendo una secta judía.

Schwegler recoge la teoría de Baur en relación con el enfrentamiento petrino-paulino y sostiene que Hechos fue una obra paulinista de tipo conciliatorio en la que aparece de manifiesto cuál fue el segundo periodo de desarrollo del cristianismo paulino en Roma. Su datación correspondería a la segunda o tercera década del siglo II cuando el poder de los judeocristianos estaba siendo cuestionado por primera vez por los gentiles. En cuanto a su valor histórico, se reduce a la situación concreta en que se escribió y no a la que pretende describir.

Esta representación clásica de la escuela de Tubinga que presenta Schwegler en relación con la historia del cristianismo primitivo, es manifestada en relación con el libro de los Hechos por Eduard Zeller (1814-1908), quien escribió una serie de ensayos sobre Hechos para el Theologische Jahrbücher (Th J) entre 1848 y 1851,[828] que, en 1854, aparecerían como libro.[829] Zeller

[827] A. Schwegler, "Das nachapostolische Zeitalter in den Hauptmomenten seiner Entwicklung", 2 vols, Tubinga, 1846.

[828] "Die alteste Ueberlieferung über die Schriften des Lukas" en "Th J", 7, 1848, págs. 528-73; "Die Apostelgeschichte und ihr Charakter. Mit Rücksicht auf die neuern Bearbeitungen dieses Gegenstands" en "Th J", 8, 1849, págs. 1-84; 371-454, 535-94; "Ibidem", 9, 1850, págs. 303-85; "Ibidem", 10, 1851, págs. 95-124; 253-90; 329-88; 433-69.

[829] E. Zeller, "Die Apostelgeschichte nach ihrem Inhalt und Ursprung kritisch Untersucht", Stuttgart, 1854.

se confesaba tributario de la «vida de Jesús» de D. F. Strauss y aplicó a su estudio la metodología de éste. El que de ahí se desprendiera una valoración muy negativa acerca del valor histórico de los Hechos no debería, pues, sorprender. De los siete primeros capítulos del libro de los Hechos, Zeller consideraba como históricas sólo las referencias a Esteban. Negó asimismo los datos sobre la conversión de Pablo y los orígenes de la iglesia antioquena, e identificó la visita de Pablo a Jerusalén de Gálatas 2:1-10 con el concilio de Hechos 15, un punto que se repetirá hasta la saciedad en los autores posteriores y que, como veremos en la segunda parte de nuestro estudio, carece, desde nuestro punto de vista, realmente de base fáctica.

Para Zeller, la finalidad de los Hechos —una auténtica invención desprovista de base histórica— es justificar la existencia de un cristianismo gentil ante los judeocristianos de Roma así como demostrar que el mismo carece de finalidad política y que sólo constituía una secta dentro del judaísmo. Redactado en Roma entre el 110 y el 130, reflejaría una época en que el imperio se iba haciendo progresivamente hostil al cristianismo.

La escuela de Tubinga, como veremos en las páginas siguientes, recibió durísimos ataques principalmente provenientes de los historiadores. Su punto débil —no el único pero sí el más importante— era la ausencia total de un acercamiento histórico a las fuentes y la predisposición a encorsetar los datos en un esquema filosófico previamente decidido. Buena prueba de ello la constituye la conocida anécdota relativa a un libro de B. Weiss, que apareció en 1855 y que fue comentado por Baur. Este último aplicó su método de Tendenzkritik a la obra de Weiss y descubrió en ella una supuesta coherencia ideológica. El problema surgió cuando Weiss negó mantener tal punto de vista y Baur se aferró a su idea inicial en contra de lo manifestado específicamente por el autor. La metodología se había convertido en un altar donde se inmolaban las fuentes, la metodología y las conclusiones propias del método histórico. Precisamente por ello, es dudoso que una metodología que permitía errar tan groseramente a la hora de discernir la opinión de un contemporáneo pudiera tener mucha utilidad aplicada a desentrañar las intenciones de los autores del Nuevo Testamento.[830]

La influencia de la escuela de Tubinga durante décadas se limitó a Alemania y en el curso de las mismas, casi todos los críticos coincidieron en afirmar que su reconstrucción de la historia del cristianismo primitivo así como la mayoría de sus conclusiones críticas resultaban erróneas. Con todo, y pese a su falta de base histórica y a sus apriorismos de corte filosófico, lo cierto es que buen número de sus puntos de vista seguirían —y siguen— siendo repetidos hoy en día pasando por alto la necesidad de desecharlos a la luz de los hallazgos de la investigación histórica posterior.

2. Los críticos de la Escuela de Tubinga

En 1854 aparecía en Gotinga la segunda edición del «Kritisch exegetisches Handbuch über die Apostelgeschichte» de Heinrich Augustus Wilhelm Meyer (1800-73), obra en la que se abordaba desde una perspectiva histórico-gramatical[831] las posturas de la escuela de Tubinga que resultaban, en términos generales, rechazadas.

Meyer sostenía que el libro de los Hechos contenía detalles que precisaban correcciones procedentes de las cartas paulinas, que la historia de Pablo era narrada de manera imperfecta y que en la primera parte del libro había elementos legendarios, pero, a la vez, insistía en que el libro era obra de un compañero de Pablo, cuyo testimonio ocular era perceptible desde el capítulo 16, hallándose reflejado en las «secciones nosotros». En cuanto a las alegaciones tubinguesas de que el libro contaba con elementos falsamente paulinos y que denotaba un desarrollo eclesial ulterior a la época descrita las rechazó como totalmente carentes de base histórica. De la misma manera, Meyer consideraba que la experiencia de Pentecostés tenía base histórica aunque dudaba de que Lucas la hubiera comprendido

[830] C. R. Gregory, "Bernard Weiss and the New Testament" en "American Journal of Theology", 1, 1897, págs. 19-20.

[831] Las líneas maestras del acercamiento crítico de Meyer al texto del Nuevo Testamento habían sido expuestas con anterioridad en su texto griego del mismo, H. A. W. Meyer, "Das Neue Testament Grieschisch", Gotinga, 1829, págs. XXXI y ss.

correctamente y afirmaba que no existía contradicción entre el Pablo de Hechos y el de las cartas, especialmente la epístola a los Gálatas, en lo que se refería al contenido de su mensaje. Precisamente por ello, había que considerar el concilio de Jerusalén como un hecho histórico de autenticidad indiscutible.

Los discursos de Hechos eran, en opinión de Meyer, una reelaboración del autor, pero a partir de un material más antiguo que le había llegado procedente de miembros de la iglesia primitiva. La tradición era oral y escrita y, en el caso de los primeros capítulos, resultaba evidente el trasfondo semítico, más concretamente arameo, de las tradiciones.

Meyer consideró Hechos como un «Privatschrift» dirigido a Teófilo, redactado durante la década de los setenta del siglo I, ya que Lucas 21:20-25 debería fecharse tras la destrucción del templo. El hecho de que Lucas detuviera su relato en la llegada de Pablo a Roma posiblemente cabía atribuirlo a su intención de escribir una continuación en un tercer volumen que no llegó a ser redactada.

Otro de los autores que se opuso radicalmente a las tesis de la escuela de Tubinga fue Johann August Wilhelm Neander (1789-1850), auténtico padre de la historiografía protestante moderna. Su mayor contribución al estudio de la historiografía del Nuevo Testamento fue su «Geschichte der Pflanzung und Leitung der christlichen Kirche durch die Apostel» (Hamburgo, 1832-3) en la que defendía el carácter digno de confianza del libro de los Hechos como fuente histórica que permitiera reconstruir los inicios del cristianismo. Su obra constituye, sin lugar a dudas, la mejor historia del cristianismo apostólico de su época.

Friedrich August Gottreu Tholuck (1799-1877) también criticó las tesis de la escuela de Tubinga en un estudio comparativo de los discursos paulinos de Hechos y de las cartas.[832] Aparentemente la intención de Tholuck era escribir una serie ya que esta obra se limitó a analizar la estancia de Pablo en Éfeso (Hech. 19:11-41) y

[832] F. A. G. Tholuck, "Die Reden des Apostels Paulus in der Apostelgeschichte, mit seinen Briefen verglichen" en "Theologische Studien und Kritiken", 12, 1839, págs. 305-28.

su discurso de despedida en Mileto (20:17-35). Sea como fuere, la conclusión a la que llegó fue la de que los datos de Hechos encajan a la perfección con lo que sabemos de la ciudad por otras fuentes históricas y que el sermón se corresponde con el carácter de Pablo que se refleja en las epístolas.[833] De hecho, este sermón, de carácter pastoral, es el único que, por su trasfondo, puede coincidir con unas cartas también de contenido eminentemente pastoral.

Con todo, la crítica más sólida y documentada dirigida contra la escuela de Tubinga fue la que partió de Albrecht Ritschl (1822-89). Éste había sido discípulo de Baur y partía de sus mismos presupuestos metodológicos, pero la aplicación de principios de investigación propios de la ciencia histórica le llevó a conclusiones diametralmente opuestas a las de su maestro. Su obra «Die Entstehung der altkatholischen Kirche» (Bonn, 1850) aceptó inicialmente la teoría del conflicto entre dos sectores del cristianismo primitivo, pero la segunda edición de 1857 rechazaba ya tal punto de vista y constituía una diatriba fulminante de los principios y tesis de la escuela de Tubinga.

Para Ritschl, las tesis de Tubinga eran, a la vez, demasiado simplistas y demasiado complejas. Eran simplistas en cuanto que centraban a los judeocristianos en torno a Pedro y a los gentil-cristianos alrededor de Pablo. Lo cierto es que ni todos los judeocristianos fueron judaizantes ni todos los gentil-cristianos paulinistas. Además, Baur y sus epígonos, a juicio de Ritschl, planteaban un enfrentamiento de tesis y antítesis que nunca había existido. Si realmente judíos y gentiles tenían tan poco en común en el seno de la iglesia jamás se hubieran reconciliado. Lo cierto es que las fuentes indican que hubo algunas discrepancias de tipo disciplinario en algún caso, pero jamás de carácter teológico o doctrinal, algo que se manifiesta, por ejemplo, en la decisión tomada por el concilio de Jerusalén que no tuvo que hacer referencia a cuestiones doctrinales. De hecho el judeocristianismo que se trasluce en Santiago, 1 Pedro o el Apocalipsis es no-paulino pero en modo alguno antipaulino. Sus ideas

---

[833] Tholuck indica los paralelos entre Hechos 20:18-35 y, entre otros, los pasajes paulinos de 1 Corintios 11:1; 1 Corintios 15:32; 1 Corintios 16:9; 2 Corintios 1:12; 2 Corintios 1:18; 2 Corintios 2:4; 2 Corintios 6:3-4; Filipenses 3:15; Filipenses 3:18; 1 Tesalonicenses 2:10-12.

eran originales y no-paulinas pero tampoco eran incompatibles con el pensamiento de Pablo y mucho menos contrarias a él.

Si Ritschl demostró la unidad esencial de pensamiento entre el judeocristianismo y Pablo, Gotthard Victor Lechler (1811-88) supo profundizar aún más en los puntos de confluencia entre ambas corrientes. Éste sostenía[834] que la iglesia primitiva se caracterizó por una unidad y una diversidad paralelas que, en cualquier caso, no implicó discrepancias doctrinales. Desde su punto de vista, el libro de los Hechos era históricamente fiable y los autores señalados tradicionalmente para los escritos del Nuevo Testamento eran los que, efectivamente, los habían redactado. A su juicio, y, desde nuestro punto de vista, acertaba al señalarlo, Baur había errado al pasar por alto la importancia de la destrucción de Jerusalén y el templo en el 70 d. C. en el desarrollo del judeocristianismo ulterior. Este grave error le había llevado a situar en la mitad del siglo II libros cuyo trasfondo evidente era la década de los setenta del siglo I.

A las anteriores críticas a la Escuela de Tubinga, se unieron las de Heinrich Wilhelm Josias Tiersch[835] (1817-85) y de Johann Peter Lange (1802-84),[836] que no añadían nada fundamental a lo ya señalado. Distinta fue la aportación de Michael Baumgarten (1812-89)[837] que supo discernir hasta que punto la postura de Pablo ante la Torá (que no se oponía a su cumplimiento por parte de los judeocristianos, pero resistía los intentos de imponérsela a los gentiles) había sido captada erróneamente por la escuela de Tubinga hasta el punto de convertirlo prácticamente en un antinomiano, algo que se contradecía con datos como los contenidos en 1 Corintios 10:23.

---

834 G. V. Lechler, "Das apostolische und das nachapostolische Zeitalter. Mit Rücksicht auf Unterschied und Einheit in Lehre und Leben", Haarlem, 1851.

835 H. W. J. Tiersch, "Versuch zur Herstellung des historischen Standpunkts für die Kritik der neutestamentlichen Schriften", Erlangen, 1845, e Idem, "Die Kirche im apostolischen Zeitalter und die Entstehung der neutestamentlichen Schriften", Frankfurt del Main y Erlangen, 1852. La primera de estas obras provocó una réplica de Baur que apelaba más al argumento emocional que al razonamiento científico titulada "Der Kritik und Fanatiker in der Person des Herrn H. W. J. Thiersch", Stuttgart, 1846.

836 J. P. Lange, "Das apostolische Zeitalter", 2 vols, Braunschweig, 1853-4.

837 M. Baumgarten, "Die Apostelgeschichte oder der Entwickelungsgang der Kirche von Jerusalem bis Rom", 3 vols, Halle, 1852.

Con todo, el trabajo más valioso de todo el periodo fue el realizado por E. Lekebusch.[838] Partiendo de la aplicación de una metodología propia de la crítica literaria, Lekebusch llegó a la conclusión de que, primero, el autor del Evangelio de Lucas y el del libro de los Hechos eran el mismo y, segundo, este autor era también el de las «secciones nosotros» de Hechos. Este autor debía ser identificado con el Lucas mencionado en los Hechos y en las epístolas de Pablo y habría redactado la obra poco después de la destrucción de Jerusalén. Al igual que otros críticos de las tesis de la escuela de Tubinga, Lekebusch coincidía en considerar al libro de los Hechos como una fuente histórica fiable para estudiar la historia del cristianismo primitivo.

Con la obra de Lekebusch y otra[839] de J. R. Oertel en la que se examinaba la coincidencia entre el Pablo de los Hechos y el Pablo de las epístolas, se concluía este primer ciclo de críticos de las tesis de la escuela de Tubinga. Su principal aportación fue la demostración evidente de que las tesis de Baur y sus seguidores no eran el resultado de un examen cuidadoso de las fuentes históricas aplicando una metodología histórica, sino el fruto de aplicar un esquema filosófico-teológico completamente apriorístico —quizás no exento de brillantez intelectual, pero totalmente inadecuado— a los escritos del Nuevo Testamento y a otras obras cristianas primitivas. En términos de investigación histórica, el método de la escuela de Tubinga era tan acrítico e inexacto como el de la más espesa ortodoxia religiosa. La diferencia fundamental era que se trataba de una «ortodoxia» nueva.

Todos los críticos coincidieron en señalar que la teoría de Baur de un enfrentamiento entre dos sectores del cristianismo era insostenible históricamente, no sólo porque existía una mayor variedad en la iglesia primitiva que la sostenida por aquel, sino también porque, al lado de esa diversidad, era patente el acuerdo esencial en cuestiones teológicas. Además, algunos de los críticos de Tubinga habían llegado a estas conclusiones aún aceptando como

[838] E. Lekebusch, "Die Composition und Entstehung der Apostelgeschichte", Gotha, 1854.

[839] J. R. Oertel, "Paulus in der Apostelgeschichte", Halle, 1868.

presupuesto de trabajo la tesis bauriana de que sólo cuatro de las cartas paulinas eran auténticas. Finalmente, los críticos eran unánimes en su rechazo de una supuesta contradicción entre el Pablo de las epístolas y el Pablo de los Hechos, concediendo además a este último libro una considerable fiabilidad como fuente histórica para el estudio del cristianismo primitivo.

Un ataque tan bien articulado —y, sobre todo, asentado en bases tan sólidas desde un punto de vista histórico— debería haber debelado de manera definitiva las tesis defendidas por la escuela de Tubinga. Sin embargo, como tendremos ocasión de ver, el resultado fue muy otro.

3. Los descendientes radicales de la Escuela de Tubinga

Durante aquel mismo siglo surgiría una corriente que consideraría erróneo el enfoque de la escuela de Tubinga, pero, precisamente, por considerarlo poco crítico, manifestándose, aún más extrema en su acercamiento al libro de los Hechos.

El primer representante de esta corriente sería Bruno Bauer (1809-88), autor del estudio posiblemente más radical que se había escrito hasta entonces sobre el libro de los Hechos.[840] Bauer sostenía que tanto las cartas de Pablo consideradas auténticas por la escuela de Tubinga como el libro de los Hechos no constituían documentos históricos. Este último no era sino un fruto del proceso de catolización mediante el cual el espíritu judío conservador había entrado en el cristianismo gentil. Su autor escribía ya cuando el enfrentamiento entre judíos y gentiles en la iglesia ya había pasado hacía tiempo y trataba de mostrar como una secta judía se había convertido en una fe universal. Bauer no fundamentaba realmente sus tesis sobre un análisis de fuentes, pero su obra tuvo un éxito notable de difusión hasta el punto de que Nietzsche manifestó públicamente la aceptación de los puntos de vista contenidos en la misma. Su última obra, «Christus und die Casaren», Berlín, 1877,

---

[840] B. Bauer, "Die Apostelgeschichte. Eine Ausgleichung des Paulinismus und des Judenthums innerhalb der christlichen Kirche", Berlín, 1850.

gozaría aún de mayor fortuna porque estaba llamada a convertirse en la interpretación autorizada del cristianismo primitivo para los autores marxistas merced a la absorción de sus puntos de vista por Karl Marx y Friedrich Engels.[841]

No tan crítico como Bauer, pero también muy negativo en su apreciación del libro de los Hechos fue Ernest Renan (1823-92). Dedicó a aquella fuente, los volúmenes segundo y tercero[842] de su monumental «Histoire des origines du christianisme». El hecho de que Renan dedicara más de la tercera parte de la introducción de su estudio sobre Hechos a defender su rechazo del cristianismo ortodoxo dice bien poco a favor de sus planteamientos iniciales comprensibles por su drama personal (había abandonado el seminario tras una crisis religiosa), pero poco fiables desde una perspectiva histórica. Renan aceptaba que el autor de Hechos, una obra redactada hacia el año 80, era Lucas, el discípulo de Pablo, pero, precisamente por su carácter apologético, consideraba que la misma carecía de fiabilidad histórica pese a que su autor era un testigo ocular de los sucesos narrados en la segunda parte y a que las fuentes utilizadas para la redacción de la primera eran excelentes. En cuanto a las supuestas contradicciones entre Hechos y las epístolas, Renan hizo especial hincapié en las supuestamente referidas en Gálatas sin añadir nada nuevo a lo señalado por los autores de la escuela de Tubinga.

Camille Overbeck (1837-1905) contribuiría de manera indirecta al debate sobre los Hechos durante estos años. Encargado de revisar la edición de la obra escrita por de Wette, la remodeló totalmente siguiendo no tanto la línea del autor de la misma cuanto las tesis de Baur y de Zeller. En este libro, publicado en Leipzig en 1870, Overbeck adopta un punto de vista muy negativo hacia los Hechos. Esta obra, escrita en Asia Menor, probablemente en Éfeso, no es, en su opinión, paulinista sino gentil-cristiana y denota un abandono de las tesis paulinas con excepción de la de la universalidad de la salvación. Su propósito es, por un lado, explicar a los cristianos de la segunda o tercera década del siglo II su pasado y, por otro, construir

841 K. Marx y F. Engels, "O. c".

842 E. Renan, "Les Apôtres", París, 1866 e Idem, "Saint Paul", París, 1869.

una apología política dedicada al gobierno imperial. Las fuentes del libro de los Hechos pudieron ser valiosas y las «secciones nosotros» dejan de manifiesto la existencia de una fuente escrita que pudo ser el diario de un compañero de viaje del apóstol, pero el autor de la obra las ha manejado con tanta libertad que es difícil discriminar lo verdadero de lo falso.

Tal enfoque sería profundizado por diversos autores holandeses. El primero de los cuales fue Willem Christiaan van Manen (1842-1905). Van Manen negaba la autenticidad de todas las cartas de Pablo por considerarlas demasiado personales y sostenía en relación con el libro de los Hechos que, aunque algunas de las fuentes pudieran fiables, por ej. el diario de viaje de un compañero de Pablo en las «secciones nosotros», en conjunto la obra —que mostraba una clara dependencia de Josefo— pretendía mostrar a los conversos los fundamentos de la fe cristiana y presentar un retrato apologético ante los romanos. Curiosamente Van Manen sostenía que el Pablo de los Hechos era el verdadero Pablo y que, efectivamente, no existieron diferencias de fe y costumbres entre Pablo y los otros apóstoles.

De menor importancia que la obra de Van Manen fue la aportación de Paul Wilhelm Schmiedel (1851-1935) recogida en la «Encyclopaedia Biblica», I, 1899, cols. 35-57. Este autor declara transparentemente su punto de partida al citar como los autores más importantes en el estudio de los Hechos a Bauer y a Overbeck. Para Schmiedel, el libro de los Hechos surge de un doble propósito apologético-político y estético. Salvo las «secciones nosotros», a su juicio, Hechos no merece confianza como fuente histórica. Sin duda, el autor tuvo a su alcance fuentes fiables (como las que sirven de base a los discursos de Pedro) pero las manipuló de tal forma para favorecer sus propósitos que no se pueden determinar los datos históricos. En la medida en que Hechos se contradice con las cartas paulinas debe ser rechazado.

En su conjunto, los epígonos radicales de la Escuela de Tubinga no realizaron aportes de relevancia al estudio de los Hechos como fuente histórica. En realidad, el examen de sus obras parece ser fruto de una exageración de las tesis tubinguesas ya de por sí difíciles de admitir. Nuevamente, el punto de partida no era el análisis histórico sino la superposición de un esquema filosófico-teológico previo sobre el objeto de estudio, en este caso radicalizando los aspectos más insostenibles de la escuela de Tubinga. Afirmaciones como las de que el autor de Hechos sostiene tesis protocatólicas, que depende de Josefo o que pretende explicar como una fe originada en el judaísmo y ya desarraigada de él ha llegado a ser universal, se siguen repitiendo hoy en día de manera dudosamente crítica. Con ello, se ha alcanzado la paradoja de criticar formalmente a los radicales seguidores de la Escuela de Tubinga, mientras se defienden materialmente muchos de sus puntos de vista menos defendibles desde una perspectiva histórica. Esa sería, una vez más, el área precisamente desde la que procedería el mayor ataque a esta Escuela durante el resto del siglo XIX, pero antes de examinarlo debemos hacer referencia a la crítica alemana del libro de los Hechos correspondiente al final de la centuria.

4. La crítica alemana de finales del siglo XIX

A finales del siglo XIX la "Tendenzkritik" de la Escuela de Tubinga era rechazada de manera unánime por todos los eruditos de talla del momento. La «moda» del momento era la búsqueda del Jesús histórico y, secundariamente, el estudio de la relación entre éste y Pablo, y los que se dedicaron al libro de los Hechos (Bernhard Weiss,[843] Martin Sorof,[844] Paul Feine,[845] Friedrich Spitta,[846] Carl Clemen,[847] Johannes Jüngst,[848] Hans Heinrich Wendt,[849] etc.) tendieron a centrarse en el análisis de las fuentes de las que éste supuestamente había emanado. Las conclusiones a las que llegaron resultaban tan

843 B. Weiss, "Lehrbuch der Einleitung in das Neue Testament", Berlín, 1886.

844 M. Sorof, "Die Entstehung der Apostelgeschichte", Berlín, 1890.

845 P. Feine, "Eine vorkanonische èberlieferung des Lukas im Evangelium und Apostelgeschichte", Gotha, 1891.

846 F. Spitta, "Die Apostelgeschichte: ihre Quellen und deren geschichtlicher Wert", Halle, 1891.

847 C. Clemen, "Die Chronologie der paulinischen Briefe aufs Neue untersucht", Halle, 1893.

848 J. Jüngst, "Die Quellen der Apostelgeschichte", Gotha, 1895.

849 H. H. Wendt, "Kritisch-exegetischer Kommentar über das Neue Testament", 8.ª ed, Gotinga, 1899.

diversas que poco puede decirse que ayudaran a esclarecer —más bien lograron todo lo contrario— la problemática concreta.

Por otra parte, la discusión sobre el libro de los Hechos se centró especialmente en el problema del texto «Occidental» del mismo así como en el de su finalidad. En términos generales, los esfuerzos dedicados al esclarecimiento del primer tema no tuvieron más resultados concretos que los encaminados a aislar las fuentes de los Hechos. Así, Friedrich Wilhelm Blass (1843-1907) sugirió que los dos textos se debían al mismo autor que era responsable de dos «ediciones» distintas de su obra y obtuvo la aquiescencia de Theodor Zahn y de E. Nestlé, pero ahí concluyó la repercusión de su tesis.

Algo más fructíferos resultaron los intentos de reexaminar la finalidad del libro de los Hechos. Johannes Weiss (1863-1914) señaló[850] así que la obra contenía una apología política de cara al imperio así como la predicación de una iglesia que sustituía como pueblo de Dios a Israel. Con la obra de Weiss, comenzaba a consagrarse la «paradoja tubinguesa» a la que hemos hecho referencia antes. Por un lado, se rechazaba su metodología y sus conclusiones de manera formal, pero, a la vez, se incorporaban algunos de sus puntos de vista históricamente muy discutibles. Lo que podríamos denominar como nueva «crítica ortodoxa» asumía así —sin proceder a un examen crítico— la idea de un enfrentamiento entre Pablo y los demás apóstoles, (así como entre los cristianos gentiles y los judeocristianos) al igual que el juicio negativo de Baur y sus seguidores sobre el valor de Hechos como fuente histórica.

La excepción a este punto de vista «crítico-ortodoxo» la constituyó Hans Hinrich Wendt[851] (1853-1928) en su revisión del comentario de H. A. W. Meyer. Wendt señaló que el principal propósito del autor de Hechos fue histórico. Naturalmente aceptaba que el resultado podía no complacer a los críticos, pero negaba que pudiera negarse tal finalidad. Una segunda intención del libro de los Hechos era la edificación. En general, las partes de la narración procedentes de la fuente principal del autor —la obra de un testigo

---

[850] J. Weiss, "Über die Absicht und den literarischen Character der Apostelgeschichte", Marburgo y Gotinga, 1897.

[851] H. H. Wendt, "Die Apostelgeschichte", Gotinga, 1880-1913.

ocular reflejada especialmente en los capítulos del 13 al 28— son totalmente dignas de confianza, aunque haya otras en que el embellecimiento literario haga difícil saber lo que pueda haber de histórico en ellas. Finalmente, Wendt negaba que Lucas dependiera de Josefo dado que los supuestos puntos de contacto eran demasiado generales como para poder estimarlo así.

En términos generales, puede decirse que la crítica alemana de finales del siglo XIX relativa al libro de los Hechos fue poco fecunda. Por un lado, el debate, generalmente estéril, sobre las fuentes de la obra no logró aportar nada decisivo ni clarificador sobre la misma. Por otro, se asumieron acríticamente como «resultados seguros» de la «crítica ortodoxa» conclusiones de la escuela de Tubinga (el enfrentamiento Pablo-apóstoles y judeocristianos —gentil cristianos; la falta de fiabilidad histórica de Hechos, etc.) que distaban de ser verificables mediante un estudio de las fuentes históricas mediante una metodología histórica. Finalmente, la crítica alemana se mantuvo al margen del debate científico sobre Hechos que tenía lugar en otros países, un debate que— como veremos en el siguiente apartado —arrancaba de bases históricamente mucho más sólidas.

5. La crítica británica del siglo XIX

El estudio del cristianismo primitivo en general, y del libro de los Hechos en particular, iba a seguir en Gran Bretaña cauces muy distintos a aquellos por los que había discurrido en Alemania. La razón fundamental estribaba en el hecho de que en suelo británico el análisis histórico iba a partir —lo que parece naturalmente lógico— de un trasfondo histórico y de una metodología del mismo tipo. Lejos de descansar la tarea de investigación científica sobre filósofos o teólogos —como sucedía en el caso alemán— en Gran Bretaña la misma fue emprendida por historiadores, arqueólogos y filólogos.

El pionero de esta fecunda corriente de investigación sobre el libro de los Hechos fue James Smith of Jordanhill (1782-1867), un miembro de la Royal Society. El resultado de sus investigaciones (sobre el terreno) en relación con el relato del viaje de Pablo contenido en Hechos 27 quedó plasmado en su «The Voyage and Shipwreck of St. Paul» (Londres, 1848). Pese a la antigüedad de esta obra sigue siendo hoy en día no sólo un clásico sino una de las mayores aportaciones al estudio arqueológico e histórico del libro de los Hechos. La riqueza de su contenido, derivado únicamente del estudio empírico de las fuentes, debela de manera absoluta la teoría de que el relato de los Hechos en relación con el viaje y el naufragio de Pablo es fruto de la imaginación. Smith demuestra en su estudio que Lucas es un historiador fidedigno y exacto, aunque no profesional, cuyos datos pueden ser contrastados favorablemente con los de otras fuentes históricas.

Con todo, Smith sólo había abordado un aspecto concreto en relación con el libro de los Hechos. El primer examen completo del mismo, con una metodología similar, lo proporcionaría Henry Alford (1810-71). Este había estudiado en Alemania y estaba profundamente familiarizado con la crítica textual germánica, tal y como reconoce en su «Greek Testament».[852] Esta obra fue probablemente el comentario del Nuevo Testamento, escrito por un solo autor, más importante de todo el siglo XIX. En la parte relativa a Hechos, Alford sostiene que el autor fue Lucas y que una de las fuentes utilizadas por el mismo fue Pablo. Los discursos de Hechos son considerados como sumarios de una predicación real aunque reelaborada por Lucas. La finalidad de la obra no fue otra que la narración edificante y veraz de unos Hechos históricos. En cuanto a su datación debía fijarse en torno al 63 d. C.

Aún más influencia que el «Greek Testament» de Alford tendría para el estudio de los Hechos la obra titulada «The Life and Epistles of St. Paul» (2 vols., Londres, 1852) de William John Conybeare (1815-57) y John Saul Howson (1816-85). Conybeare y Howson siguieron la metodología esbozada por Smith y procedieron a pasar el libro de los Hechos por el tamiz de las fuentes históricas escritas y arqueológicas. Al imbricar así la investigación histórica con la crítica neotestamentaria no sólo iniciaban la única senda que, a nuestro juicio, puede ser surcada para discernir el valor de los Hechos como fuente histórica (y para escribir la historia del cristianismo primitivo)

---

852 De esta obra no hemos tenido acceso a la versión original que apareció en cuatro volúmenes entre 1849 y 1861, sino a la de 1958, también en cuatro volúmenes, editada en Chicago con base en la séptima edición de la misma.

sino que también exponían la falacia metodológica típica de concepciones investigativas como las de la escuela de Tubinga. El resultado de sus investigaciones fue una afirmación clara del valor histórico y la fidedignidad de los datos recogidos en Hechos sirviendo así de justo precedente a la obra de Lighfoot.

Joseph Barber Lightfoot (1818-89) fue uno de los autores que más contribuyó a través de sus estudios sobre las epístolas de Pablo[853] y los padres apostólicos[854] a exponer el carácter antehistórico de las conclusiones a las que había llegado la escuela de Tubinga. Tras establecer el carácter auténtico de la primera carta de Clemente (escrita c. 96 d. C.) y de las siete cartas de Ignacio de Antioquía (escritas entre el 98 y el 117 d. C.), Lightfoot dejó de manifiesto que no existía en ninguno de los escritos la más mínima traza de un conflicto paulino-petrino. Este tampoco aparecía en las cartas de Pablo.

Además Lightfoot publicó un par de ensayos acerca de la categoría histórica del libro de los Hechos. El primero, titulado «Discoveries illustrating the Acts of the Apostles» (Londres, 1878) tomaba como punto de partida los recientes hallazgos arqueológicos en Chipre y Éfeso. Los mismos dejaban de manifiesto que el libro de los Hechos era puntillosamente exacto en la denominación de los funcionarios públicos, las referencias históricas a los mismos, la descripción de la vida local y la utilización de términos técnicos de tipo jurídico y administrativo. La conclusión final de Lightfoot en relación con la historicidad de Hechos era que «ninguna obra antigua proporciona tantas pruebas de veracidad; porque ninguna otra tiene tan numerosos puntos de contacto en todos los aspectos con la historia, la política y la topografía contemporáneas, sea griega o romana» (pág. 291).

La segunda contribución de Lightfoot al estudio histórico de los Hechos fue un artículo en la segunda edición del «Dictionary of the Bible» de Smith (vol. 1, Londres, 1893, págs. 25-43). Lightfoot identifica al autor de la «secciones nosotros» de Hechos con el autor del libro y piensa que posiblemente haya que reconocer en él al

---

[853] J. B. Lightfoot, "Galatians", Londres, 1865; Idem, "Philipians", Londres, 1868; Idem, "Colossians and Philemon", Londres, 1875.

[854] J. B. Lightfoot, "The Apostolic Fathers", 5 vols, Londres, 1885-90.

Lucas de Colosenses 4:14. Data la redacción del libro a inicios de la década de los setenta, aunque rechaza la idea de que Hechos 8:26 y Lucas 21:20-24 exijan esa fecha. Con relación a la finalidad de la obra, ésta no es sino proporcionar una historia de la iglesia con propósitos edificantes.

En cuanto al libro de los Hechos, considerado como fuente histórica, presenta algunos aspectos que lo revelan como una obra fidedigna. En primer lugar, están los puntos de contacto entre Hechos y las epístolas paulinas ya indicados anteriormente por Paley y otros. En segundo lugar, nos encontramos con que una comparación de los discursos atribuidos a los diferentes apóstoles (Jacobo, Pedro y Pablo) con las epístolas que llevan su nombre revela un conjunto de sorprendentes e inesperadas similitudes de pensamiento y dicción. Con todo, los mayores argumentos en favor de su historicidad proceden de los resultados emanados de las investigaciones geográficas, históricas y arqueológicas. En palabras de Lightfoot, «el escritor no es nunca traicionado por un error» (pág. 35). Las obras de Frederic William Farrar[855] (1831-1903), un discípulo de Lightfoot; William Kirk Hobart;[856] Joseph Rawson Lumby[857] (1831-95) y Thomas Ethelbert Page[858] vinieron a abundar en estas mismas conclusiones.

A finales de siglo aparecieron asimismo en Gran Bretaña un conjunto de estudios que tendrían una considerable importancia en relación con el análisis del libro de los Hechos como fuente histórica. En primer lugar, nos encontramos con el volumen inicial del «Dictionary of the Bible» de James Hastings, publicado en 1898, en el que aparecía un artículo de Arthur Cayley Headlam (1862-1947) donde se recogían los resultados de toda la investigación británica sobre el tema abonando los resultados obtenidos. A esto se añadieron las «Horae Synopticae: Contribution to the Study of the Synoptic Problem» (Oxford, 1898) de John Caesar Hawkins (1837-1929) —donde se identificaba al autor de las «secciones nosotros» con el

[855] W. Farrar, "The Life and Work of St. Paul", 2 vols, Londres, 1879.

[856] W. K. Hobart, "The Medical Language of St. Luke", Dublín y Londres, 1882.

[857] J. R. Lumby, "The Acts of the Apostles" en "The Cambridge Bible", Cambridge, 1882 y "The Cambridge Greek Testament", Cambridge, 1894.

[858] T. E. Page, "The Acts of the Apostles", Londres, 1886.

del resto del libro de los Hechos y a éste con el del tercer Evangelio— y los importantísimos comentarios sobre Hechos de Richard John Knowling[859] (1851-1919) y de Richard Belward Rackham[860] (1868-1912). El primero constituye una auténtica enciclopedia histórica y lingüística para el estudio de Hechos. Sostiene la tesis del elevadísimo valor de Hechos como fuente histórica y afirma la autoría de Lucas, aunque no entra en la dilucidación de la fecha. El segundo destaca por la razonada defensa que realiza de una fecha de redacción anterior al año 64 d. C. No sólo un libro posterior a esta fecha hubiera carecido del optimismo que caracteriza a Hechos sino que además la teología, la descripción del judaísmo (y de Jerusalén) y la ausencia de referencias a la destrucción del templo obligan a contemplar una redacción previa al 70 d. C. Por otro lado, el pasaje de Lucas 21:20-24 no tiene que ser necesariamente posterior a la destrucción del 70 d. C. toda vez que presenta paralelos claros con las descripciones relacionadas con Antíoco Epífanes o el mismo Nabucodonosor[861] y que los primeros cristianos creían efectivamente en la destrucción del templo.

A estas alturas de la investigación, los diversos eruditos británicos —que partían, al contrario que buen número de sus colegas alemanes, de bases estrictamente históricas, arqueológicas y lingüísticas— habían llegado a una serie de conclusiones comunes: tanto Hechos como Lucas se debían a un mismo autor que, muy posiblemente, era Lucas, el compañero de Pablo; la finalidad de Hechos era describir el crecimiento y expansión de la iglesia; no existían razones para negar la veracidad de los Hechos relatados puesto que Lucas era puntillosamente exacto en su descripción de las personas, las instituciones y las nomenclaturas judías, helénicas y romanas; y, finalmente, las fuentes de las que había partido Lucas habían sido, en general, buenas e incluso excelentes, pero desde el capítulo 20 en adelante nos encontrábamos ante el relato

---

859 R. J. Knowling, "The Acts of the Apostles" en "Expositor's Greek Testament", Edimburgo, 1900, 2, págs. 1-554.

860 R. B. Rackham, "The Acts of the Apostles", Londres, 1901.

861 Ver en este sentido: I Reyes 8:46; Salmo 137:9; Isaías 5:5; 29:3; 37:33; 58:18; Jeremías 6:6; 20:4; 52:4-5; Ezequiel 4:1-3; Daniel 8:13; Oseas 13:16; Zacarías 12:3.

de un testigo ocular. Todas estas conclusiones se verían ratificadas, y aún mejor establecidas, por la obra de William M. Ramsay (1851-1939).

Ramsay fue inicialmente un erudito dedicado al estudio de la Antigüedad clásica y de la arqueología. Como señaló J. G. C. Anderson, Ramsay fue «la autoridad más importante de su día en la topografía, las antigüedades y la historia de Asia Menor en tiempos antiguos».[862] Al inicio de su primer viaje por Asia Menor, Ramsay sostenía las tesis de la escuela de Tubinga en relación con el libro de los Hechos que databa en el siglo II desproveyéndolo de toda importancia como fuente histórica. El cambio comenzó a producirse al analizar los datos contenidos en Hechos 14. Para sorpresa suya, los mismos resultaron ser inesperadamente exactos, desde una perspectiva histórica, geográfica y arqueológica. Comenzó entonces una reconsideración de la obra que duró tres décadas y cuyos resultados llevaron al autor a afirmar que «se pueden presionar las palabras de Lucas en un grado mayor que las de cualquier otro historiador, y soportan el escrutinio más riguroso y el trato más duro, siempre que el crítico conozca el tema y no vaya más allá de los límites de la ciencia y de la justicia».[863]

Por otro lado, Ramsay solventó con facilidad y partiendo exclusivamente del testimonio de las fuentes algunos de los problemas aparentes que presentaba el relato de los Hechos en relación con supuestas contradicciones entre éste y las epístolas paulinas. Así abogó por la tesis del sur de Galacia para los destinatarios de la carta a los Gálatas,[864] identificando —a nuestro juicio correctamente— la visita de Gálatas 2 con la de Hechos 11:30 y no con la de Hechos 15.[865]

La obra de Ramsay gozó —y sigue gozando en medios formados fundamentalmente por historiadores— de un predicamento ampliamente merecido. Partiendo del análisis de todo tipo de

[862] J. G. C. Anderson, "Dictionary of National Biography", 1931-40, pág. 727.

[863] W. Ramsay, "The Bearing of the Recent Discoveries on the Trustworthiness of the New Testament", Londres, 1915, pág. 89.

[864] W. Ramsay, "Historical Commentary on St. Paul's Epistle to the Galatians", Londres, 1899, págs. 1-234.

[865] W. Ramsay, "St. Paul the Traveller", Londres, 1897, págs. 54-64.

fuentes sus conclusiones obligaban a desechar de manera definitiva las teorías de la escuela de Tubinga y puede decirse sin temor a exagerar que todos los estudiosos que han abordado la obra de Ramsay concuerdan en afirmar que sus tesis claves resultan probadas.[866] De hecho, el eco de sus investigaciones pronto se escucharía en suelo alemán.

6. El eco alemán

Las obras de Theodor Zahn (1838-1933) y Adolf Harnack (1851-1930) denotan igualmente el intento de acercarse al libro de los Hechos desde una perspectiva histórica y no a partir de un esquema filosófico predeterminado. T. Zahn se ocupó de las divergencias entre el texto alejandrino y el occidental del libro de los Hechos en el segundo volumen de su «Einleitung in das Neue Testament» (2.ª ed. 1900, págs. 339-60), y desarrolló más a fondo el tema en una monografía[867] y en su comentario al libro de los Hechos.[868] Zahn sostenía que las diferencias entre ambos textos no podían atribuirse a copistas y que además no dejaban de manifiesto contradicciones. Suscribía, por lo tanto, la tesis de que el texto occidental era el más antiguo y que el alejandrino no era sino una revisión del mismo de la que se había suprimido lo no esencial. Zahn creía también que el autor de Hechos había pensado en redactar un tercer libro, pero que su propósito finalmente había quedado frustrado. Hechos tenía la finalidad de narrar la historia de los orígenes del cristianismo a la manera de los historiadores griegos y constituye una obra históricamente digna de confianza como se desprende de su coincidencia con las fuentes clásicas, tanto escritas como arqueológicas, y con las epístolas paulinas.

---

866 Ver en este mismo sentido A. N. Sherwin-White, "Roman Society and Roman Law in the New Testament", Oxford, 1963, pág. 189: «cualquier intento de rechazar la historicidad básica (de los Hechos) incluso en asuntos de detalle debe ahora parecer absurdo»; W. W. Gasque, "Sir William Ramsay", Grand Rapids, 1966, págs. 23-37 e Idem, "A History of the Criticism of the Acts of the Apostles", Tubinga, 1975, c. VII.

867 Zahn, "Die Urausgabe der Apostelgeschichte des Lucas", Leipzig, 1916.

868 T. Zahn, "Die Apostelgeschichte des Lukas", 2 vols, Leipzig, 1918 y 1921.

Adolf Harnack no puede ser considerado bajo ningún concepto como un autor conservador y, de hecho, manifestó a lo largo de su obra un criterio absolutamente independiente. Seguramente fue el teólogo alemán que contó con una mayor influencia tanto dentro como fuera de su país y estaba destinado a convertirse en su tiempo en uno de los mayores defensores de la historicidad de las obras lucanas. Entre 1906 y 1911, Harnack escribió tres importantes estudios sobre los libros lucanos para su «Beitrage zur Einleitung in das Neue Testament». El primero[869] se ocupaba fundamentalmente del problema de la autoría y de si el libro de Hechos podía o no haber sido escrito por Lucas, el compañero de Pablo.

La tradición señalaba en relación al autor de Hechos que era el Lucas de las cartas paulinas, es decir, un griego, un médico, un compañero ocasional de Pablo y un gentil. Partiendo del estudio de los Hechos, Harnack llegaba a la conclusión de que:

1. Lucas no era mencionado nominalmente en Hechos que es lo que cabría esperar de él si fuera el autor.
2. Tanto Hechos como el Evangelio muestran haber sido escritos no por un judío sino por un griego.
3. La forma literaria de la obra señala a un autor de cultura elevada y el estilo y la manera de acercarse al tema señalan que su profesión era la medicina.
4. El autor fue un testigo ocular porque ésa es la única explicación satisfactoria de las «secciones nosotros» y más teniendo en cuenta su unidad lingüística con el resto de la obra.
5. El autor fue un compañero de Pablo en la obra misionera (16:10 y 13).
6. El autor muestra una cierta afinidad con Antioquía, sobre todo, en la primera parte de la obra.

Todo encajaba, por lo tanto, con la tesis tradicional.

En cuanto al valor de Lucas como historiador, no cabe duda de que sería deseable un relato más completo de la comunidad

---

[869] A. Harnack, "Lukas der Arzt: Der Verfasser des dritten Evangeliums und der Apostelgeschichte", Leipzig, 1906.

jerosolimitana, pero, a la vez, no puede cuestionarse la historicidad de su descripción en relación con la misma y, más concretamente, con el funcionamiento de la comunidad, la muerte de Esteban o los motivos de la primera persecución. De hecho, Lucas es mucho más digno de confianza en su comprensión del cristianismo primitivo que los autores que le sucederían sólo unas décadas después. Sus fuentes eran fundamentalmente personales incluyendo a Marcos y Felipe especialmente.

En relación con las supuestas discrepancias entre Hechos y las epístolas, Harnack sostenía que los críticos las habían enfatizado exageradamente y que, de hecho, las coincidencias resultaban enormes.[870] Así la postura hacia el judaísmo del Pablo de los Hechos coincide con Romanos 11; el discurso a los ancianos de Mileto recuerda las cartas a los tesalonicenses y las palabras de 13:38-39 tienen el mismo espíritu de Gálatas y Romanos, etc.

La segunda monografía de Harnack sobre los Hechos[871] constituye uno de los exámenes más exhaustivos de los aspectos cronológico, geográfico, cultural, prosoprográfico y taumatúrgico del libro de los Hechos. En ella Harnack se manifiesta aún más convencido de que Lucas fue el autor de la obra así como de la fiabilidad de la misma como fuente histórica. Esta no es sólo una obra genuinamente histórica en sus líneas maestras sino que resulta «también digna de confianza en la mayoría de los detalles que contiene» (pág. 222). De hecho, las mismas cartas de Pablo son una prueba de la veracidad de la mayor parte de la obra. Lucas puede ser acusado de tender a la brevedad, de ser crédulo en relación con lo milagroso y de estilizar en ocasiones los sucesos importantes, pero en comparación con los historiadores de su época —no digamos ya con los charlatanes religiosos de la misma— se encuentra situado muy cerca de la cima.

Harnack refutaba también en esta obra la tesis de que Lucas pretendía mostrar una imagen favorable de los romanos y negativa de los judíos. De hecho, un examen cuidadoso de Hechos ponía de manifiesto que muchos judíos eran tratados de manera positiva

---

[870] Posteriormente Harnack señalaría en su segundo estudio sobre los Hechos (págs. 199-205) treinta y nueve coincidencias entre los primeros capítulos de este libro y las cartas de Pablo.

[871] Die Apostelgeschichte, Leipzig, 1908.

mientras que buen número de funcionarios romanos eran descritos en forma considerablemente desfavorable. Finalmente, se distanciaba de la opinión expresada en su primera obra sobre Hechos en la que databa el libro en torno al año 80 d. C. Dos años más tarde en un excursus a esta segunda obra daba seis razones para apoyar una fecha temprana aunque no tomaba una postura decidida entre las opciones del reinado de Tito, los inicios del de Domiciano o incluso los primeros años de la década de los sesenta. Sería en su tercera monografía[872] cuando abogaría definitivamente por fechar la redacción del libro en el año 62 d. C.

En 1921, aunque la obra ya estaba concluida a finales de la Primera Guerra Mundial, tuvo lugar una magnífica aportación al estudio del libro de los Hechos como fuente histórica.[873] Esta vez procedía del campo católico y se debía a Alfred Wikenhauser (1883-1960). Este autor abogaba por un criterio de comprobación de la historicidad de Hechos basado en su comparación con las fuentes históricas de que disponemos. A. Wikenhauser señalaba algunas debilidades en el libro como el carácter escueto de la primera parte y la dificultad de conciliar Gálatas 2 y Hechos 15, pero llegaba a la conclusión de que su historicidad quedaba confirmada de manera innegable por la evidencia interna y externa de la obra. Por otro lado, a diferencia de Ramsay, él había abordado el tema no tanto desde aspectos aislados cuanto desde una perspectiva global y generalizada.

Una contribución aún más importante, desde un punto de vista histórico, fue la realizada por Eduard Meyer en su estudio sobre los orígenes del cristianismo,[874] cuyo tercer volumen está dedicado en buena medida al libro de los Hechos. Pese al tiempo que ha pasado desde su redacción, la obra de Meyer sigue resultando impresionante por la cantera de material histórico que contiene. Sus conclusiones fueron similares a las de Ramsay, aunque Meyer es mucho más sistemático en su exposición. Al igual que este último

---

[872] A. Harnack, "Neue Untersuchungen zur Apostelgeschichte und zur Abfassungszeit der Synoptischen Evangelien", Leipzig, 1911.

[873] A. Wikenhauser, "Die Apostelgeschichte und ihr Geshichtswert", Münster, 1921.

[874] E. Meyer, "Ursprung und Anfange des Christentums", 3 vols, Stuttgart y Berlín, 1921-3.

y que Harnack, Meyer manifiesta su oposición al escepticismo de los hipercríticos en relación con el valor histórico de Hechos. Desde su punto de vista, Hechos debería ser tratado como un documento histórico más y aquí es donde, a su juicio, fracasaban los autores en la línea de Baur o de Overbeck ya que se acercaban a Hechos de una forma que no lo haría ningún historiador, por ejemplo, al obviar el estudio de las fuentes contemporáneas como podían ser las arqueológicas. Meyer concluía en su estudio que Hechos era una obra fiable desde una perspectiva histórica, escrita por Lucas en la línea de los historiadores griegos.

La visión del libro de los Hechos durante el siglo XX

La alta crítica no se manifestó abierta a los resultados de los estudios realizados por los autores que hemos examinado en los últimos apartados. W. Ramsay prácticamente fue ignorado en Alemania, T. Zahn fue considerado poco crítico, A. Harnack —alabado por otras aportaciones suyas— fue tachado de superficial en sus estudios sobre Hechos, A. Wikenhauser era católico y E. Meyer fue rechazado porque había estudiado el libro de los Hechos desde la perspectiva de un historiador de la Antigüedad. De esta forma, la «crítica ortodoxa» entró en el siglo XX volviendo la espalda a las aportaciones más importantes del siglo XIX en relación con el libro de los Hechos. Paralelamente, en Gran Bretaña, los estudiosos apoyaban de manera prácticamente unánime el carácter históricamente fidedigno de Hechos, algo que contaba con importantes paralelos al otro lado del Atlántico.

1. La contribución norteamericana

El estudio crítico del libro de los Hechos fue relativamente tardío en el continente americano y por ello no es de extrañar que obras de cierto predicamento como la de Joseph Addison Alexander (1809-1860)[875] no contaran con un trasfondo científico mínimo. Un caso diferente fue el de «A History of Christianity in

[875] J. A. Alexander, "The Acts of the Apostles", 2 vols, Nueva York, 1857.

the Apostolic Age» (Nueva York y Edimburgo, 1897) de Arthur Cushnman McGiffert (1861-1923) que, seguidor originalmente de Baur y Overbeck, había sido ganado finalmente por algunos de los puntos de vista de Harnack. McGiffert sostenía que Hechos era una obra histórica fidedigna, así como que los discursos de los primeros capítulos reproducían la teología de la comunidad jerosolimitana. Apoyaba asimismo la tesis de los gálatas del sur y sostenía que el autor no había sido un compañero de Pablo aunque sí había utilizado un diario de viaje —las «secciones nosotros»— pertenecientes posiblemente a Lucas. La forma final del libro posiblemente habría que datarla durante el reinado de Domiciano.

Desde McGiffert —y pasando por alto a Charles Cutler Torrey (1863-1956) que realizó un magnífico estudio sobre las fuentes arameas de los primeros capítulos de Hechos[876] y que sostenía la existencia de una primera redacción de Hechos hacia el 49 o 50 utilizada por Lucas— no nos encontramos con una aportación de relevancia hasta Henry Joel Cadbury (1883-1974) que trabajó en relación con Lucas-Hechos durante cerca de medio siglo. Sin embargo, la obra de mayor importancia en relación con nuestro tema es «The Beginnings of Christianity» (Londres, 1920-33). Aunque sus editores Frederick John Foakes-Jackson (1855-1941) y Kirsopp Lake (1872-1946) eran británicos, desarrollaban su trabajo en Estados Unidos cuando la obra se publicó y también eran de este país buen número de los participantes en el texto. No podemos detenernos en un análisis pormenorizado de las distintas partes de la obra, pero sí podemos señalar entre sus conclusiones más relevantes las siguientes:

1. el uso de términos médicos en Hechos que no pueden ser explicados sólo como pertenecientes a un vocabulario culto,
2. la existencia de fuentes arameas —al menos dos— detrás de los primeros capítulos,
3. el carácter de instrucción religiosa y apología frente a los paganos de la obra,

[876] C. C. Torrey, "The Translations made from the original Aramaic Gospels" en "Studies in the History of Religion presented to C. H. Toy", ed. por D. G. Lyon y G. F. Moore, Nueva York, 1912, págs. 269-317. Un nuevo estudio sobre la tesis de Torrey en Max Wilcox, "The semitisms of Acts", Oxford, 1965.

4. la inexistencia de contradicciones entre las cartas paulinas y Hechos (ya que la visita de Gálatas 2 debe identificarse con la de Hechos 11) y
5. la negación de la superioridad del texto occidental de Hechos.

El juicio histórico sobre la obra es muy positivo en relación con la segunda parte bien porque el autor fue testigo ocular (Cadbury), bien porque tuvo acceso a documentos de un testigo ocular (Lake). En cuanto a la primera parte, sin llegar al nivel de la segunda, es en conjunto fidedigna subyaciendo en ella fuentes posiblemente arameas (Lake).

De 1916 a 1936 aparecieron en Estados Unidos las obras posiblemente más importantes relacionadas con el libro de los Hechos, siendo «The Beginnings of Christianity» la mejor y más extensa de todas, aunque también tuvieron importancia las aportaciones de la denominada «Escuela de Chicago» y, especialmente dentro de la misma, las de John Knox (1900-), autor de «Chapters in a Life of Paul» (Nueva York y Nashville, 1950). Este proponía, para el estudio biográfico de Pablo, utilizar como primera fuente las cartas y como secundaria, los Hechos. Con todo, consideraba esta última obra como históricamente fiable.

La contribución norteamericana al estudio de Hechos como fuente histórica resultó pues en la primera parte del siglo xx de considerable importancia. Sus conclusiones rechazaban las tesis de la «ortodoxia crítica» y aunque no suscribían —más bien se abstenían de hacerlo— las posturas de los autores británicos —y de Zahn, Harnack o Meyer— en lo relativo a la autoría o datación del libro de los Hechos, sí recogían su visión en relación a su fiabilidad como obra histórica. Pese a lo documentado y enciclopédico de sus exposiciones, las mismas, una vez más, fueron pasadas por alto por la «ortodoxia» de la Alta Crítica.

2. La Formgeschichte

La «Formgeschichte» ha sido considerada como el desarrollo más importante conseguido en el estudio de los Evangelios desde la

Primera Guerra Mundial. La finalidad pretendida por esta metodología es pasar por encima de la forma escrita para llegar a la tradición oral subyacente mediante un análisis del texto concreto. El logro final sería descubrir el «Sitz im Leben» o contexto vital de cada perícopa o dicho en la vida de la iglesia primitiva y, quizás, en la de Jesús. El pionero en la utilización de esta metodología en relación con el libro de los Hechos fue Martin Dibelius (1883-1947) que mediante una serie de ensayos escritos entre 1923 y 1947[877] ha modelado realmente la «crítica ortodoxa» alemana del siglo XX a semejanza de como lo hizo Baur en el pasado.

La metodología de M. Dibelius quedó ya expresada en un trabajo inicial[878] cuyos puntos de vista no se vieron modificados posteriormente. Para Dibelius, en el libro de los Hechos subyacen un cierto número de tradiciones breves que han sido manejadas de forma independiente y que el autor ha ido insertando en su narración, a menudo embelleciéndolas. Dibelius aísla trece de estas unidades literarias breves y se dedica al estudio de las mismas[879] sin proceder a un examen detallado de la obra en su conjunto. A la vez pasa por alto totalmente el debate científico previo iniciando su ensayo con la afirmación de que es inútil intentar un acercamiento histórico al libro y de que el mismo sólo puede ser abordado de acuerdo a la «Stilkritik» propuesta por él. El punto de partida, a nuestro juicio, no puede ser más discutible. De hecho, implica, en primer lugar, despreciar todos los resultados de la investigación histórica previa, y descartar sin motivación justificada la metodología científica que proporciona la historia, para, finalmente, imponer como única vía

---

877 M. Dibelius, "Aufsatze zur Apostelgeschichte", 4.ª ed, Gotinga, 1961, contiene once de estos ensayos.

878 M. Dibelius, "Stilkritisches zur Apostelgeschichte" en "Eucharisterion für H. Gunkel", Gotinga, 1923, 2, págs. 27-49.

879 Estas son la resurrección de Tabita (9:36-42); la conversión de Cornelio (10:1-11,18); la curación del cojo en Jerusalén (3:1-10); la conversión del eunuco etíope (8:26-39); el pecado y el castigo de Ananías y Safira (5:1-11), el enfrentamiento de Pablo y Elimas (13:8-12), la historia de Simón el mago (8:9-24), la resurrección de Eutico (20:7-12), la historia de los hijos de Esceva (19:14-16), la muerte de Herodes (12:20-23), la estancia de Pablo y Bernabé en Listra (14:8-18), la huida de Pedro de la cárcel (12:5-17) y la estancia de Pablo y Silas en la prisión de Filipos (16:25-34).

de acercamiento al texto la creada como un dogma infalible por el autor. Arrancando de aquí, Dibelius podía afirmar lo que deseara y, desde nuestro punto de vista, no se privó de hacerlo. Así sostuvo que Hechos, salvo unas pocas historias, debía atribuirse totalmente a la imaginación del autor al que, no obstante, no tenía inconveniente en seguir considerando historiador. No puede achacarse a todos los seguidores de la Formgeschichte los excesos de Dibelius, pero poco puede dudarse acerca de que su especial enfoque no es en absoluto de recibo si pretendemos abordar el libro de los Hechos desde una perspectiva científica. Por ello no es de extrañar que los principales ataques contra Dibelius hayan procedido de historiadores que analizan el tema desde la perspectiva que proporciona el estudio comparado de las distintas fuentes. Un ejemplo de estos lo constituyó Bertil Gartner[880] que en una brillantísima monografía dejó de manifiesto lo insostenible de las tesis dibeliusinas. Partiendo del discurso pronunciado por Pablo en el Areópago —que Dibelius, contra toda evidencia histórica, atribuye a la imaginación del autor adscribiéndolo a una raíz estoica— Gartner pone de manifiesto, a partir de un análisis comparativo de las fuentes, que el mismo es una adaptación cristiana de las predicaciones judías de la Diáspora, a lo que se une el hecho de que presenta numerosos puntos de contacto con el Pablo de las epístolas. De hecho, no es de extrañar que R. P. C. Hanson tras evaluar los dos puntos de vista optara por aceptar el de Gartner.[881]

Con todo, la nueva crítica «ortodoxa», ligada al método de la Formgeschichte, iba a lanzarse a aplicar la metodología a-histórica de Dibelius con ferviente entusiasmo. Tanto Ernest Haenchen (1894-)[882] como Hans Conzelmann (1915-)[883] constituyen paradigmas de esta actitud. Aunque el primero niega que Lucas fuera el autor de los Hechos —algo que Dibelius estaba dispuesto a admitir— y se aparta de algunas de las conclusiones de Dibelius, los

[880] B. Gartner, "The Areopagus Speech and Natural revelation", Uppsala, 1955.

[881] R. P. C. Hanson, "The Acts", Oxford, 1967, págs. 177-83.

[882] E. Haenchen, "Kritischexegetischer Kommentar über das Neue Testament, vol. 3: Die Apostelgeschichte",10.ª ed, Gotinga, 1956.

[883] H. Conzelmann, "Die Mitte der Zeit", Tubinga, 1954.

puntos de coincidencia, especialmente en lo relativo a la historicidad del libro de los Hechos, son indiscutibles.

En cuanto al segundo, cuya influencia posterior es innegable, llega al extremo de afirmar que todo el relato del viaje de Pablo por las ciudades mencionadas en el libro es pura invención del autor, debiendo darse el carácter de ficticio no sólo al relato en sí sino también a sus detalles (algo prácticamente imposible de afirmar desde la obra de Smith). Los trabajos de Paul Vielhauer sobre Pablo,[884] aunque posteriores, arrancan también de estos mismos puntos de vista.

Una vez más, parecen repetirse algunas de las peores manifestaciones ya contempladas en la escuela de Tubinga: se obvian las fuentes históricas, se abandona la metodología histórica y se encorseta la fuente en un esquema metodológico preconcebido que, lógicamente, da los resultados previstos. A esto se añade un desdén (no nos atrevemos a calificarlo de desconocimiento) del debate y los aportes previos contrarios a su perspectiva específica. El eco de tal postura es innegable, pero es dudoso que, al mismo tiempo, sea deseable y por ello no es de extrañar que su influencia, fuera de Alemania al menos, haya sido más limitada.

3. Los últimos aportes

Excede con mucho el objetivo de este apéndice detallar todas las aportaciones al estudio de los Hechos como fuente histórica posteriores a Dibelius, Haenchen o Conzelman, pero sí resulta obligatorio hacer referencia a las más destacadas antes de señalar algunas conclusiones sobre la investigación mantenida hasta la fecha.

El primer autor de importancia que mencionaremos es W. L. Knox que entre 1925 y 1948 escribió una serie de monografías acerca del cristianismo primitivo de notable relevancia.[885]

---

884 P. Vielhauer, "Zum Paulinismus der Apostelgeschichte" en "Evangelische Theologie", 10, 1950-1, págs. 1-15.

885 W. L. Knox, "St. Paul and the Church of Jerusalem", Cambridge, 1925; Idem, "St. Paul and the Church of the Gentiles", Cambridge, 1939; Idem, "Some Hellenistic Elements in Primitive Christianity", Londres, 1944, e Idem, "The Acts of the Apostles", Cambridge, 1948.

Para Knox, el autor de los Hechos fue Lucas. Las fuentes utilizadas son en su mayoría orales aunque subyace una escrita en los cinco primeros capítulos. Insiste asimismo en que no puede identificarse la visita de Gálatas 2 con la de Hechos 15 y que debería más bien identificarse con la de Hechos 11:30. En cuanto a los datos sobre la teología y la historia del cristianismo primitivo contenidos en la obra son exactos, pudiendo considerarse ésta última fidedigna desde el punto de vista de las fuentes.

Una aportación aún más importante al estudio de los Hechos es la contenida en las obras de F. F. Bruce, posiblemente el mayor especialista en Pablo durante el siglo XX. Autor de tres comentarios sobre el libro de los Hechos,[886] su perspectiva fue estrictamente histórica. Consideró que Hechos es una fuente histórica fidedigna y que los presuntos conflictos entre Hechos y las cartas de Pablo son más aparentes que reales, no pudiendo mantenerse la tesis tubinguista acerca de un enfrentamiento entre Pablo y los judeocristianos. De la misma manera sostuvo que la actitud hacia los judíos del Pablo de las epístolas había sido similar a la del Pablo de los Hechos. Juzgó posible que hubiera una fuente aramea detrás de algunos de los primeros capítulos de Hechos y sostuvo que la obra había sido escrita por Lucas en una fecha temprana, aunque era difícil saber con exactitud en que punto entre el 69 y el 96. Con todo, cabe la posibilidad de que resultara anterior al 70 d. C. con base en que:

1. no hay uso de las cartas paulinas,
2. es la mejor explicación para el final brusco del libro,
3. no hay referencias a la muerte de Pablo,
4. la visión de la autoridad romana hubiera sido mucho peor tras la persecución de Nerón,
5. no hay referencias a la Guerra del 66 d. C. ni a la destrucción del templo,
6. hay una insistencia en temas que eran importantes antes de la caída de Jerusalén y
7. la teología es primitiva.

---

[886] F. F. Bruce, "The Acts of the Apostles", Londres, 1951 e Idem, "Commentary on the Book of the Acts", Grand Rapids y Londres, 1952. En el curso de este estudio hemos utilizado su "The Books of Acts", Grand Rapids, 1990.

A conclusiones muy similares a las de F. F. Bruce, aunque desde una perspectiva independiente, llegó C. S. C. Williams.[887] Este autor insiste en el carácter fidedigno de los Hechos como fuente histórica; en la identificación de la visita de Gálatas 2 con la de Hechos 11:30; en lo convincente de una fecha de redacción temprana (aunque no necesariamente tenga que rondar los años del 62 al 64) y en la veracidad de los discursos contenidos en la obra en cuanto reflejos del pensamiento de Pedro, Esteban y Pablo. Williams sugiere además que quizás el libro de los Hechos pudo preceder a la redacción definitiva de Lucas. En una línea muy similar en cuanto a la calificación positiva de Hechos como fuente histórica también discurren las obras de G. H. C. Macgregor,[888] R. R. Williams[889] y E. M. Blaiklock.[890]

Un estudio notable ha sido también el del suizo R. Morgenthaler[891] que, a la vez que insistía en el carácter fiable de Hechos como fuente histórica, resaltaba los supuestos dobletes a los que juzgaba históricamente ciertos y debidos a la disposición literaria de la obra, un punto de vista que sería desarrollado por M. D. Goulder[892] en relación a los paralelismos entre Hechos y Lucas, y la influencia del Antiguo Testamento sobre ambos.

La obra de Ètienne Trocmé sobre los Hechos,[893] dedicada en buena medida al estudio de las fuentes, considera a este libro como una obra histórica en base a sus fuentes, su despliegue de conocimiento en relación con las instituciones políticas y sociales mencionadas y su uso del lenguaje. La obra persiguió originalmente informar a los cristianos y defender a Pablo de algunos judeocristianos hostiles al mismo que todavía gozaban de autoridad en torno al 80-85 d. C. Con todo, este propósito no disminuye el valor

---

887 C. S. C. Williams, "A Commentary on the Acts of the Apostles", Londres y Nueva York, 1957.

888 G. H. C. MacGregor, "Acts", en The Interpreter's Bible, 9, Nashville y Nueva York, 1954, págs. 3-352.

889 R. R. Williams, "Acts", en Torch Bible commentaries, Londres 1953.

890 E. M. Blaiklock, "The Acts of the Apostles", Londres, 1959.

891 R. Morgenthaler, "Die lukanische Geschichtsschreibung als Zeugnis", Zurich, 1949.

892 M. D. Goulder, "Type and History in Acts", Londres, 1964.

893 E. Trocmé, "Le Livre des Actes et l'histoire", París, 1957.

de los datos históricos en grado alguno. En relación con las fuentes, Trocmé considera que podría existir alguna aramea para los cinco primeros capítulos y que las «secciones nosotros» son el relato de un testigo ocular, quizás el mismo Pablo. Todas estas tradiciones no han experimentado manipulación e incluso en el caso de los discursos de Pedro y Esteban reflejan una notable solidez. Por todo ello, Hechos debe ser considerado como una obra de gran valor histórico. Pese a su enorme interés, la obra de Trocmé que, por supuesto, puede ser discutida en algunos puntos, no parece haber despertado prácticamente ningún eco ni en el mundo germánico ni en el anglosajón.

Posiblemente uno de los intentos más brillantes de reexamen de muchas de las posturas de la «crítica ortodoxa» sea el realizado en varias obras por Johannes Munck.[894] Éste ha señalado muy acertadamente que aunque de manera formal Baur y sus seguidores son rechazados por el conjunto de la comunidad científica, sin embargo sus puntos de vista han seguido siendo repetidos sin someterlos a un examen crítico. Uno de ellos sería la suposición de que existía un enfrentamiento entre Pablo y los judeocristianos cuando la única base en las fuentes se halla en Gálatas 2:9 y este pasaje no se refiere, en realidad, a aspectos doctrinales sino meramente disciplinarios. Tampoco puede sostenerse a partir de las fuentes la afirmación de que los primeros cristianos sólo diferían de los judíos en creer que Jesús era el Mesías. Los judeocristianos eran tan universalistas como Pablo y creían en la predicación de un Evangelio dirigido, primero, a los judíos y luego, a los gentiles. Fue la iglesia posterior la que perdió esa visión volviéndose a predicar sólo a los gentiles y distanciándose de los judíos de manera creciente.

En un comentario posterior sobre Hechos que se publicó póstumamente,[895] Munck apuntó a que la obra se había escrito durante el periodo de prisión de Pablo en Roma y que el autor no había inventado ni incidentes ni discursos sino que se había valido de fuentes

---

[894] J. Munck, "Paul and the Salvation of Mankind", Londres, 1959; Idem, "Christ and Israel", Filadelfia, 1967.

[895] A J. Munck, "The Acts of the Apostles", Garden city, 1967.

tradicionales. Asimismo abogó aún más por el carácter fidedigno históricamente del libro. Munck atacaba en esta obra, partiendo de las mismas fuentes, el carácter insostenible desde un punto de vista científico de la metodología utilizada por Dibelius, Haenchen, Conzelman y otros.

Una óptica muy similar ha sido la seguida también por A. J. Mattil, Jr.,[896] el católico Jacques Dupont[897] y W. Ward Gasque,[898] siendo la primera y la tercera dos magníficos prontuarios de buen número de las posturas mantenidas hasta la fecha con conclusiones favorables a la historicidad de Hechos.

En 1963, se publicó una obra histórica que, a nuestro juicio, resulta de primerísima importancia. Nos referimos a «Roman Society and Roman Law in the New Testament» (Oxford, 1963) de A. N. Sherwin —White. El autor estudia específicamente el proceso de Jesús a la luz del derecho romano, el trasfondo legal, administrativo y municipal del mundo de los viajes de Pablo, así como el social y económico del relato sinóptico sobre Jesús. Sherwin-White concluye que la historicidad del libro de los Hechos está probada más allá de cualquier duda si le aplicamos la metodología de la crítica histórica. En su opinión, resulta imposible que un autor que viviera relativamente más tarde de los sucesos narrados hubiera podido ser tan exacto. Pese a lo notable de este libro, lo cierto es que apenas ha hallado eco fuera del mundo anglosajón e incluso en éste sólo parece que haya sido utilizada a fondo por R. P. C. Hanson.[899] Este último autor, a partir del estudio combinado de las fuentes, llega a una conclusión no sólo favorable a la historicidad de Hechos —salvos algunos errores de detalle de los primeros capítulos— sino también a su descripción del mundo mediterráneo en el periodo comprendido entre el 41 y el 70 d. C. aproximadamente. Para Hanson, la visita de Gálatas 2 debe ser identificada con la de Hechos 11:30.

---

[896] A. J. Mattil Jr.; "Luke as a Historian in Criticism since 1840" (tesis doctoral, Vandelbilt university, 1959).

[897] J. Dupont, "Les sources du Livre des Actes", Brujas, 1960.

[898] W. W. Gasque, "A History of the Criticism of the Acts of the Apostles", Tubinga, 1975.

[899] R. P. C. Hanson, "The Acts", Oxford, 1967.

En la penúltima década del siglo xx, finalmente, el estudio del libro de los Hechos recibió dos aportes de valor proporcionados por las obras de M. Hengel[900] e I. H. Marshall.[901] El primero dejó de manifiesto la unidad literaria de la obra con el tercer Evangelio; la base fáctica de las «secciones nosotros»; la inclusión de la obra dentro de una corriente historiográfica helenística que no sacrifica la veracidad al deseo de edificar; la existencia de una fuente antioquena tras los capítulos 6-15; su carácter fundamentalmente de «monografía histórica» y la imposibilidad de identificar el suceso relatado en Hechos 15 con el señalado en Gálatas 2. En cuanto al segundo, insiste en la notable exactitud histórica del autor (al que identifica con Lucas), la dificultad de acceder a un conocimiento exacto de las fuentes utilizadas, la base histórica de los discursos y la posibilidad de datar la obra en torno a un período de tiempo posterior al año 62 y anterior al 70 d. C. En términos generales, ambas obras presentan una metodología histórica (aunque la de Marshall manifiesta mucho interés asimismo por el análisis teológico) y coinciden en sus conclusiones con un conjunto de autores que van de Jordanhill a Sherwin-White o Bruce, pasando por Ramsay, Zahn, Harnack o Meyer, en estimar los Hechos como una fuente histórica de enorme importancia y considerable exactitud.

Hemos ya expuesto nuestro punto de vista en relación con Hechos como obra histórica en el apartado específico de este estudio dedicado a las fuentes escritas por lo que resulta ocioso repetirlo aquí. No obstante, sí resulta obligatorio señalar dos conclusiones que se desprenden del análisis del acercamiento histórico que ha recibido la obra lucana como fuente especialmente en los tres últimos siglos.

Para empezar resulta claro que el hecho de que, en términos generales, las aproximaciones al libro de los Hechos han partido de una metodología histórica —incluyendo en la misma el empleo de ciencias auxiliares como la arqueología, la geografía, la historia del derecho o la filología— o bien de una filosófico-teológica.

---

[900] M. Hengel, "Acts and the History of Earliest Christianity", Filadelfia, 1980.

[901] I. H. Marshall, "The Acts of the Apostles", Leicester, 1980 (reedición en Grand Rapids, 1991).

La aproximación filosófico-teológica nos proporcionó a Baur y la escuela de Tubinga en el siglo XIX y a Dibelius y sus epígonos en el XX. Por el contrario, la histórica ha contado en su haber con las aportaciones de Smith, Ramsay, Zahn, Harnack, Meyer, Lake, Foakes-Jackson, Cadbury, Sherwin-White, Bruce o Hengel, entre otros.

La primera conclusión a la que llegamos tras este estudio panorámico es la de que, si bien la aproximación histórica puede diferir en detalles menores como la autoría o la datación, en términos generales, llega a conclusiones positivas sobre el valor histórico del libro de los Hechos considerándolo una fuente fidedigna históricamente hablando e incluso, ocasionalmente, extraordinaria en relación con su tiempo. Por el contrario, el enfoque filosófico-teológico —que, en términos generales, es muy negativo en su valoración del libro de los Hechos— ha emitido una serie de teorías sobre el cristianismo primitivo que, pese a su predicamento, no han logrado en el curso de dos siglos ser ni siquiera mínimamente comprobadas desde una perspectiva de estudio de las fuentes, salvo que se recurra a lo que podríamos denominar la «tautología de Dibelius»: «la conclusión A es falsa, los historiadores sostienen la conclusión A pero están errados porque la única manera de acercarse a la fuente es la propuesta por mi». Sin pretender caer en el sarcasmo, ésa es la formulación casi literal de la metodología de Dibelius realizada por él mismo.[902]

Que hay resultados diversos y acercamientos distintos es cierto y a partir de sus causas es como llegamos a la segunda conclusión: sólo la metodología histórica y las conclusiones alcanzadas mediante su uso pueden considerarse legítimamente científicas y aceptables. No pueden rechazarse sin más los aportes de la filosofía o de la teología en relación con el libro de los Hechos en lo que a su contenido se refiere, pero, a nuestro juicio, no cabe duda de que ninguna de estas dos disciplinas —su carácter científico es cuanto menos cuestionable— posee una metodología apropiada para delimitar el grado de veracidad de una obra histórica. En este sentido,

[902] Un análisis reciente (y, profundamente, negativo) de esta metodología al identificarla más con el prejuicio filosófico que con la investigación científica en E. Linnemann, "Historical Criticism: Methodology or Ideology?", Grand Rapids, 1990.

la historia de los estudios sobre Hechos es sólo un botón de muestra. Partiendo de presupuestos imaginativos y brillantes —pero no verificados con las fuentes sino más bien insostenibles a la luz de las mismas— tanto la Escuela de Tubinga como buen número de los sustentadores de la «Formgeschichte» han abordado el tema del valor de los Hechos como fuente histórica y llegado a conclusiones no sólo carentes de base histórica que, por desgracia, se han filtrado de manera acrítica incluso en obras realizadas por historiadores a veces más atentos a los últimos trabajos escritos que al estudio de las fuentes. Es nuestra firme convicción que sólo la metodología propia de las ciencias históricas permite un acercamiento científico a las cuestiones debatidas. Por ello, arrancar desde otras plataformas conduce inexorablemente a una obra que entra más en el terreno de la creación especulativa que en el de la sana investigación. De ahí la importancia que damos en este trabajo al estudio directo de las fuentes por encima de otras aproximaciones y de ahí que resulte inexcusable para historiar los orígenes del cristianismo devolver tal investigación a su metodología adecuada liberándola de corsés como los que le han proporcionado históricamente la escuela de Tubinga o los seguidores de Dibelius.

APÉNDICE II

¿QUIÉNES ERAN LOS MINIM?

La identificación de los «minim» con los judeocristianos ha resultado históricamente mayoritaria, pero no por eso ha discurrido sin discusión. A inicios de siglo, Moriz Friedlander[903] intentó mostrar que los minim, con los que nos encontramos en la literatura talmúdica, no eran judeocristianos, sino herejes judíos cuyo origen tendría que ser situado en tiempos anteriores a la aparición del cristianismo. En favor de tal tesis se hallaba, desde su punto de vista, el hecho de que el significado exacto de la palabra se había perdido, como sucede, hasta cierto punto, con saduceos, esenios y fariseos.[904]

Aunque Friedlander admitió el hecho de que existió toda una política de los fariseos, ya durante el siglo I d. C., encaminada a situar bajo el anatema determinada literatura judía, empero adujo que tal proceso había sido prolongado y que no se había producido de la noche a la mañana.[905] Además, resultaba imposible identificar a los judeocristianos con los minim, teniendo en cuenta que, según su punto de vista, estos últimos negaban la creencia en la resurrección que sabemos que, históricamente, fue de importancia capital para los primeros.[906]

La tesis de Friedlander encontró escasos ecos entre los eruditos y fue, especialmente, rebatida de una manera contundente por

903 M. Friedlander, "Der vorchristliche jüdische Gnosticismus", Gotinga, 1898.

904 M. Friedlander, "Die religiosen Bewegungen innerhalb des Judentums im Zeitalter Jesu", Berlín, 1905, pág. 171.

905 M. Friedlander, "Die religiosen...", pág. 172.

906 M. Firedlander, "Die religiosen...", pág. 178.

R. Travers Herford.[907] Con todo, en periodo relativamente reciente la tesis de Friedlander ha experimentado lo que podríamos considerar una reformulación por parte de autores como G. Vermes,[908] A. Segal[909] y S. Lieberman.[910] En las páginas siguientes abordaremos el problema del origen del término «minim» así como de la identificación de aquellos a quienes se aplicaba.

I. El origen del término «min»

La etimología de la palabra «min» (pl. «minim») ha constituido históricamente un reto para los estudiosos y las posibilidades esgrimidas en relación con la misma han sido diversas.[911] En cualquiera de los casos, existe acuerdo en que el contenido del término es obviamente peyorativo y, por lo tanto, resulta bastante posible que derivara de alguna raíz susceptible de recibir un significado insultante.

Se ha apuntado a la posibilidad de que derive de la raíz árabe, «man» que significa «mentir» o del siríaco —tomado del griego— «manía» que equivale a «estupidez» (Levy); Herford —partiendo de Friedmann— la relacionó con «min» que aparece en el Antiguo Testamento con el significado de «clase» o «especie», pero que —al igual que «zan» y «zanah»— habría experimentado una evolución

---

907 Travers Herford, "Christianity in Talmud and Midrash", Londres, 1903, págs. 122 y 145. Con posterioridad, Herford volvió a tocar el tema ("Jewish Studies in memory of George A. Kohut", Nueva York, 1935, págs. 359 y ss.) y aunque concedió que quizás el calificativo podía tener alguna conexión con algún grupo gnóstico precristiano, siguió insistiendo en que el mismo «cuando se convierte en término de reproche y aguda controversia se refiere a los judeocristianos».

908 G. Vermes, "The Decalogue and the Minim" en "Post-Biblical Jewish Studies", Leiden, 1975, pág. 174. Vermes reconoce que el decálogo fue suprimido del oficio sinagogal como reacción frente a aquellos que tomaban Deuteronomio 5:2 literalmente y que insistían en que ésa era la única ley promulgada por Dios. En su opinión se trataba de gnósticos judíos que habían salido de las filas del helenismo.

909 A. Segal, "Ruler of the world: towards a sociology of Gnosticism", 1976, s. p. En esta obra inédita alude al hecho de que el término es de finales del siglo I y que va referido a aquellos que creían en una mediación divina.

910 S. Lieberman, "How much Greek in Jewish Palestine?" en A. Altmann (ed), "Biblical and other Studies", Cambridge, Mass., 1963, págs. 123-141. Lieberman considera que el término «minim» está referido muchas veces a gnósticos.

911 Al respecto, ver R. T. Herford, "O.c", págs. 362 y ss.

semántica en el período talmúdico viniendo a significar «infidelidad», lo que, en sentido religioso, equivaldría a decir, «apostasía». El término se referiría, pues, a judíos generalmente, aunque, en algunas ocasiones, se aplique a gentiles. Esta misma interpretación le dio Strack partiendo de Génesis 1.[912]

La palabra «min» significaba originalmente «clase» o «especie», sin tener un sentido negativo. Con todo, al igual que sucedió con «goy» (nación), el término habría ido adquiriendo esa connotación con el uso. «Min» sería pues una «especie», se sobreentiende de herejes, que se caracterizaba por seguir más las inclinaciones de su corazón que la enseñanza de los maestros de la Torá.

W. Bacher[913] planteó un punto de vista semejante al de Herford y Strack, aunque su forma de exponerlo parece más sencilla. Partiendo asimismo de Génesis 1 donde «min» es el equivalente del griego «guénos», Bacher llegó a la conclusión de que, en sentido figurado, la palabra había llegado a tener el sentido de «airesis» o herejía. Buena prueba de ello sería el hecho de que los fariseos se referían a los saduceos como «min ha-zedukim» (la secta de los saduceos) y que Josefo (Ant XIII, 10, 6) usa la expresión «Saddukaion guénos» para referirse a «Saddukaion airesis».

La teoría parece plausible, pero deja sin resolver la cuestión de la ortografía diversa que acompaña al término. En Sanh. 37 a, por ejemplo, aparece como «mina», mientras que en Baba batra 25 a se lee «mini». Sifra, por el contrario, lo escribe «m(a)in» y «m(a)inim». Bacher admitió tal circunstancia —aunque sólo referida a Sifra— e intentó explicarla alegando que el originador de esta divergencia ortográfica deliberadamente insertó la «a» en la palabra «minim» para distorsionarla y darle un significado denigratorio. «M(a)inim» o «Mi(a)nim» serían las formas plurales de «ma'en» (Ex. 7:14; 9:2; 10:4) o de «me'en» (Jer. 13:10) utilizados en el sentido de rehusar, negarse o desobedecer. Con todo, lo cierto es que el verbo no parece tener en los casos citados el significado denigrante que aparece en

---

912 H. Strack, "Jesus, die Haretiker und die Christen nach den altesten jüdischen Angaben", Leipzig, 1910, pág. 47.

913 W. Bacher, "Le mot Minim dans le Talmud", en "Revue des études Juives", 1899, pág. 214 y ss.

las fuentes citadas. Esto hace que la tesis de Bacher, aunque posible, no resulte del todo segura.

Junto con estas hipótesis, se ha pensado también en la posibilidad de que proceda de Mani, el fundador del sistema maniqueo, aunque esta última tesis parece carecer de base pese a resultar dotada de cierto ingenio. De hecho, ya fueron refutadas por Herford en su obra clásica sobre el tema.

Otro sector de los investigadores ha defendido la posibilidad de que «minim» sea una corrupción de «maaminim» (creyentes). Esta explicación parece tener cierta lógica y, como señaló M. Joel,[914] podría hacer una referencia al papel sobresaliente que se da a la fe («emunah») en el Nuevo Testamento. Por otro lado, incluso ese término, desde nuestro punto de vista, pudo tener ya un significado negativo en un principio. Los «creyentes» eran aquellos que pretendían centrar todo en la fe, olvidando la Torá.

J. Derenbourgh[915] especuló con la posibilidad de que «minim» fuera el acróstico de «maamine Yeshua nozri» o «min» el de «maamin Yeshua nozri». Tal posibilidad que fue ya negada por Herford, no debería parecernos sin embargo, tan difícil de aceptar teniendo en cuenta la afición de los rabinos a recurrir a los juegos de palabras. Joel llegó incluso a citar un paralelo de la misma en Mussafia (¿1606?-1675). De hecho, no deja de ser significativo que G. F. Moore,[916] pese a mostrarse partidario de la primera explicación que parte de Génesis 1, mencione sin embargo la etimología que viene de «maaminim» citando incluso en apoyo suyo Hechos 5:14. Con todo, y aceptando que la palabra proceda efectivamente de «maaminim» habría que preguntarse porque se produjo la corrupción en «minim» y no otra. De hecho, si «min» no tenía algún significado concreto cuesta trabajo creer que hubiera podido ser utilizado como mote denigratorio.

A nuestro juicio, la solución a la búsqueda de la etimología de «minim» pasa por un punto de vista mixto. Los «minim» pudieron

[914] M. Joel, "Blicke in die Religionsgeschichte zu Anfang des zweiten christlichen Jahrhunderts", Breslau, 1880, v. II, pág. 90.

[915] Derenbourgh, "Essai sur l'histoire et la géographie de la Palestine", vol. I, 1867, págs. 354 y ss.

[916] G. F. Moore, "Judaism in the first centuries of the Christian era", Cambridge, 1930, vol. III, págs. 68 y ss.

ser, originalmente, los «maaminim», es decir, los que se autodenominaban «creyentes» en oposición a los que no lo eran. Sus enemigos no tuvieron ningún problema en corromper la palabra en «min» (género en Génesis 1) dando a entender con ello que, en realidad, no pasaban de ser un «género» o clase de herejes. De hecho, el texto de Sifra quizás podría significar un paso intermedio en esta evolución ya que sólo carece de una letra para contener «maaminim». Naturalmente, esta interpretación no puede ser presentada con cariz dogmático, pero creemos que sería la que mejor permitiría entender el origen y evolución posibles del término y además nos proporcionaría, siquiera en parte, la clave para identificar a los «minim», tema del que nos ocuparemos a continuación.

II. ¿Quiénes eran los «minim»?

Si aceptamos la veracidad de la afirmación de R. Najman contenida en Jul 13b («entre los gentiles no hay minim») deberíamos llegar a la conclusión de que el término sólo resulta aplicable a judíos. Más concretamente, sería aquella «especie» de judíos contaminados por la herejía. Con todo, la solución no es, por desgracia, tan sencilla. De hecho, en algún pasaje (Pes 87b) resulta claro que el min al que se hace referencia es un gentil y cristiano por más señas.

Que los minim tienen que ver con el judeocristianismo es opinión generalizada como señalamos al principio con las excepciones ya reseñadas. Ahora bien, no existe acuerdo en relación a si todos de los textos se corresponden específicamente con judeocristianos. En términos generales, los estudiosos se han dividido al respecto en dos grupos. Para el primero, formado por D. Chwolson,[917] H. Graetz,[918] A. Geiger,[919] A. Schlatter,[920] M. Joel, J. Jocz, F. Manns

917 D. Chwolson, "Das letzte Passmahl Christi und der Tag seines Rodes", San Petersburgo, 1892.

918 H. Graetz, "History of the Jews from the earliest times to the present day", 5 vols, Londres, 1891-92.

919 A. Geiger, "Das Judentum und seine Geschichte", Breslau, 1864.

920 A. Schlatter, "Die Kirche Israels vom Jahre 70-130", Gütersloh, 1898.

y G. Alon,[921] entre otros, los minim son fundamentalmente judeocristianos. El segundo, en el que se encontrarían, entre otros, H. Ewald,[922] J. Hamburger, E. Schürer, A. Wünsche,[923] J. Bergmann,[924] e I. Levi[925] consideran que minim es un término aplicado a los herejes judíos en general, entre los que, lógicamente, se encuentran también los judeocristianos.

Este último punto de vista es, a nuestro juicio, más acertado, pero exige ser matizado en algunos aspectos:

1. Por lo común, el término «minim» va referido a judeocristianos y las excepciones son precisamente eso, excepciones a una regla general.[926] Así los «libros de los minim» se identifican con el Evangelio (Shab 116 a), las referencias a sus enseñanzas contienen citas de las de Jesús (Ecles. R. sobre 1, 8), etc. De modo que no es que «minim» signifique «herejes» y, entre ellos, los judeocristianos. Por el contrario, «minim» es un calificativo típico de los judeocristianos (peyorativo, por supuesto) que luego se extendería a otros grupos.

2. El término «minut» derivado de «minim» se utiliza de manera exclusiva para designar al cristianismo en las fuentes rabínicas.[927] Así R. Eliezer que fue acusado de «minut» (T. Jul 2, 24) lo fue precisamente porque había mostrado su agrado en relación con una enseñanza de Jesús que le comentó un judeocristiano que alegaba «así me lo ensenó Jesús el nazareno».[928] Esto viene a confirmar lo que ya hemos señalado en 1.

3. Las controversias con «minim» que aparecen en las fuentes rabínicas están en una aplastante mayoría relacionadas con enseñanzas cristianas (la Deidad de Jesús, la halajah de los Evangelios, etc.) e incluso en algunos de los casos donde esto no resulta tan

---

921 G. Alon, "The Jews...", págs. 288 y ss.

922 F. C. Ewald, "Abodah Sarah", Nuremberg, 1856.

923 A. WünscHE, "Pesikta des Rab Kahana", 1885.

924 J. Bergmann, "Jüdische Apologetik im neutestamentlichen Zeitalter", Berlín, 1908.

925 I. Lévi, "Le mot minim" en "Revue des Ètudes Juives", 38, 1899, pág. 206.

926 En el mismo sentido, ver Strack, "O.c", pág. 47 y J. Jocz, "O.c", págs. 178 y ss.

927 Ver Bacher, "O.c", pág. 45.

928 En el mismo sentido, ver A. Zar 16b y 17a; Eclesiastés R. sobre 1, 8; Jalq. Shimoni sobre Miqueas 1 y Proverbios 5:8.

evidente existen posibilidades de aplicar los pasajes también a los judeocristianos. Así, TJ Ber 12d y 13a contiene una discusión sobre la Trinidad que sólo puede ser entendida sobre la base de que los que intervienen en ella son judíos y judeocristianos; en Sanh 99a aparece una controversia sobre la venida del Mesías que sólo tiene sentido en el mismo contexto; se habla de que los minim usaban el nombre de Jesús para curar (TJ Shab 14 d; Av. Zar 27 b; etc), etc.

Resumiendo, pues, podemos señalar que, en general, el término «minim» sirve para designar efectivamente a judeocristianos —muy posiblemente, derivando de «maaminim»— y que a partir del mismo se originó, por un lado, el de «minut» que designa al judeocristianismo. Posteriormente, y a medida que el judeocristianismo perdía relevancia, la denominación (siempre con significado denigratorio) se fue aplicando también a otros judíos cuyos puntos de vista disentían de los rabínicos, llegando a designar propiamente a los apóstatas. Sólo de manera excepcional se aplicó a gentiles pero incluso entonces éstos eran cristianos.

ÍNDICE GENERAL

BIBLIOGRAFÍA[929]

"I. FUENTES:"930

"A. Bíblicas."

a) AT: "Biblia Hebraica Stuttgartensia" (hebreo), Stuttgart, 1984.

b) Septuaginta: A. Rahlfs, "Septuaginta" (griego), Stuttgart, 1979.

c) NT: C. Vidal, Nuevo Testamento interlineal griego-español, Nashville (en prensa)

d) He Kainé Diazeké, TBS, Londres, 1994.

e) NT: E. Nestle-K. Aland, "Novum Testamentum Graece" (griego), Stuttgart, 1988.

"B. Clásicas."

a) Suetonio: J. C. Rolfe, "Suetonius", 2 vols, (latín con traducción inglesa), Cambridge y Londres, 1989.

b) Tácito: C. H. Moore y J. Jackson, "Tacitus: Histories and Annals", 4 vols, (latín con traducción inglesa), Cambridge y Londres, 1989.

"C. Talmúdicas."

R. T. Herford, "Christianity in Talmud and Midrash", (hebreo y arameo), Londres, 1905.

"D. Flavio Josefo."

H. St. J. Thackeray, R. Marcus, Allen Wikgren y L. H. Feldman, "Josephus", 10 vols, (griego con traducción inglesa), Cambridge y Londres, 1989.

"E. Patrísticas."

J. P. Migne, "Patrologia Graeca", 162 vols, París, 1857-1886.

J. P. Migne, "Patrologia Latina", París, 1844-1864.

---

[929] Aparecen consignadas en esta bibliografía solamente las obras de carácter general relacionadas con el presente estudio. Para una bibliografía más específica y detallada sobre cada aspecto concreto, remitiMos a la contenida en cada apartado concreto de esta obra.

[930] ConsignaMos a continuación las ediciones de los textos originales que heMos utilizado para la realización del presente estudio.

"II. OBRAS GENERALES:

"F. H. Agnew, "On the Origin of the term Apostolos" en "CBQ", 38, 1976, págs. 49-53. "The origin of the NT Apostle-Concept" en "JBL", 105, 1986, págs. 75-96.

A. del Agua, "El método midrásico y la exégesis del Nuevo Testamento", Valencia, 1985.

C. Albeck, "Untersuchungen über die Redaktion der Mischna", Berlín, 1923. "Einführung in die Mischna", Berlín-Nueva York, 1971.

X. Alegre, "El concepto de salvación en las Odas de Salomón", Münster, 1977.

R. von der Alm, "Die Urteile heidnischer un jüdischer Schrifsteller der vier ersten christlichen Jahrhunderte über Jesus und die ersten Christen", Leipzig, 1865.

G. Alon, "The Jews in their Land in the Talmudic Age", Cambridge y Londres, 1989.

D. E. Aune, "Prophecy in Early Christianity", Grand Rapids, 1983.

M. Avi-Yonah, "Geschichte der Juden im Zeitalter des Talmud", Berlín, 1962.

W. Bacher, "Die Agada der Tannaiten", 2 vols, Estrasburgo, 1884-90.

F. Badia, "The Qumran Baptism and John the Baptist's Baptism", Lanham, 1980.

L. Baeck, "The Faith of St. Paul" en "Judaism and Christianity", Filadelfia, 1960, págs. 139-68.

B. Bagatti, "Resti cristiani in Palestina anteriori a Costantino?" en "Rivista di Archeologia cristiana", XXVI, 1950, págs. 117-131.,

"Scoperta di un cimitero giudeo-cristiano al "Dominus Flevit" en "LA", III, 1953, págs. 149-84.;

y J. T. Milik, "Gli Scavi del "Dominus Flevit" I. La necropoli del periodo romano"; Jerusalén, 1958,

"L'Èglise de la Circoncision", Jerusalén, 1964;

"Gli scavi di Nazareth, I, Dalle origini al secolo XII", Jerusalén, 1967;

"Antichi villaggi cristiani di Galilea", Jerusalén, 1971;

"Nuove Scorpete alla Tomba della Vergine a Getsemani" en "LA", XXII, 1972, págs. 236-90;

"L'apertura della Tomba della Vergine a Getsemani" en "LA", XXIII, 1973, págs. 318-321;

M. Piccirillo y A. Prodomo, "New Discoveries at the Tomb of Virgin Mary in Gethsemane", Jerusalén, 1975; "Antichi villaggi cristiani di Samaria", Jerusalén, 1979;

"Antichi villaggi cristiani di Giudea e Neghev", Jerusalén, 1983.
G. Barbaglio, "Pablo de Tarso y los orígenes cristianos", Salamanca, 1989.
W. Barclay, "The Revelation of St. John", Filadelfia, 2 vols, 1976.
D. Baron, "The Servant of Jehovah", Londres, 1922.
J. Barr, "Which language did Jesus speak?" en "BJRL", 53, 1970-1, págs. 9 y ss.
C. K. Barrett, "The Epistle to the Romans", Londres, 1957.
"The Pastoral Epistles", Oxford, 1963.
"The First Epistle to the Corinthians", Londres, 1968.
"Luke the Historian in Recent Study", Filadelfia, 1970.
"The Second Epistle to the Corinthians", Londres, 1973.
"The Gospel according to St. John", Filadelfia, 1978.
"Freedom and Obligation", Londres, 1985.
"The New Testament Background", Nueva York, 1989.
G. Barth, "El bautismo en el tiempo del cristianismo primitivo", Salamanca, 1986.
K. Barth, "The Epistle to the Romans", Oxford, 1933.
"The Epistle to the Philipians", Londres, 1962.
M. Barth, "Rediscovering the Lord's Supper", Atlanta, 1988.
R. J. Bauckham, "2 Peter and Jude", Waco, 1983.
W. Bauer, "Rechtglaubigkeit und Ketzerei im altesten Christentum", Tubinga, 1934.
"Orthodoxy and Heresy in Earliest Christianity", Filadelfia, 1971.
"New Testament Apocrypha", I, Filadelfia, 1963.
F. C. Baur, "Die Christuspartei in der Korinthischen Gemeinde, der Gegensatz des petrinischen und paulinischen Christenthums in der altesten KircHE, der Apostel Paulus in Rom" en "Tübinger Zeitschrift für Theologie", 4, 1831, págs. 61-206.
"Paulus, der Apostel Jesu Christi", Tubinga, 1846.
"Paul: His life and Works", 2 vols, Londres, 1875.
G. R. Beasley-Murray, "Jesus and the Kingdom of God", Grand Rapids, 1986.
"John", Waco, 1987.
H. H. Ben-Sasson, "History of the Jewish People" (ed.), Cambridge, Mass, 1976.
E. Bikerman, "Sur la version vieux-russe de Flavius Josèphe" en "Melanges Franz Cumont", Bruselas, 1936, págs. 53-84.
J. M. Blázquez, "La romanización", Madrid, 1975.
C. Blomberg, "Healing" en "DJG", págs. 299-307.

M. E. Boismard, "L'Èvangile de Jean", París, 1977.

G. Bornkamm, "Pablo de Tarso", Salamanca, 1978.

W. Bousset, "Kyrios Christos", Nashville, 1970.

J. W. Bowker, "Speeches in Acts: A Study in Proem and Yelammedenu Form" en "New Testament Studies", 14, 1967-8, págs. 96-111.

"The Targums and the Rabbinic literature", Cambridge, 1969.

S. G. F. Brandon, "The Fall of Jerusalem and the Christian Church", Londres, 1951.

"Jesus and the Zealots", Manchester, 1967.

"The Trial of Jesus", Londres, 1968.

J. Briand, "L'Eglise judéo-chrétienne de Nazareth", Jerusalén, 1981.

R. E. Brown, "The Community of the Beloved Disciple", Nueva York, 1979.

"The Epistles of John", Nueva York, 1982.

"The Birth of the Messiah", Nueva York, 1979 (Existe edición castellana: "El nacimiento del Mesías", Madrid, 1982).

F. F. Bruce, "The Epistle to the Ephesians", Glasgow, 1961.

"The Epistles of John", Londres, 1970.

"1 and 2 Corinthians", Londres, 1971.

"¿Son fidedignos los documentos del Nuevo Testamento?", Miami, 1972.

"New Testament History", Nueva York, 1980.

"1 and 2 Thessalonians", Waco, 1982.

"Paul and Jesus", Grand Rapids, 1982.

"The Epistle of Paul to the Galatians", Exeter, 1982.

"The Gospel of John", Grand Rapids, 1983.

"The Epistles to the Colossians, to Philemon and the Ephesians", Grand Rapids, 1984.

"Philipians", Basingstoke, 1984.

"The Epistle of Paul to the Romans", Londres, 1985.

"La Epístola a los Hebreos", Grand Rapids, 1987.

"The Acts of the Apostles", Leicester, 1988.

"Eschatology in Acts" en W. H. Gloer (ed.), "Eschatology and the New Testament", Peabody, 1988.

"New Testament Development of Old Testament Themes", Grand Rapids, 1989.

"Paul: Apostle of the Heart Set Free", Grand Rapids, 1990.

B. Brüne, "Zeugnis des Josephus über Christus" en "Th St Kr", 92, 1919, págs. 139-47.

P. A. Brunt, "Procuratorial Jurisdiction" en "Latomus", 25, 1966, págs. 461-89.

A. Büchler, "Studies in Jewish History", Londres, 1956.
R. Bultmann, "Neuste Paulusforschung" en "TR", 6, 1934, págs. 229-246.
"Kerygma and Myth", Londres, 1953.
"Jesus and Paul" en "Existence and Faith", Londres, 1964, págs. 217-239.
"The Gospel of John", Filadelfia, 1971.
"Teología del Nuevo Testamento", Salamanca, 1981.
C. C. Caragounis, "The Son of Man", Tubinga, 1986.
P. Carrington, "The Early Christian Church", I, Cambridge, 1957.
M. Casey, "Son of Man", Londres, 1979.
C. Clermont-Ganneau, "Discovery of a Tablet from Herod's Temple" en "Palestine Exploration Quarterly", 3, 1871, págs. 132-3.
"Epigraphes hébraiques et grecques sur des ossuaires juifs inédits" en "Revue Archéologique", 3 serie, 1883, I, págs. 257-268.
F. B. Clogg, "An Introduction to the New Testament", Londres, 1940.
Y. Congar, "El Espíritu Santo", Barcelona, 1983.
H. Conzelmann, "Jesus Christus" en "RGG", III, 1959, cols. 619-53.
"Die Apostelgeschichte", Tubinga, 1963.
"1 Corinthians", Filadelfia, 1979.
B. Cranfield, "The Epistle to the Romans", 2 vols, Edimburgo, 1975-9.
J. M. Creed, "The Slavonic Version of Josephus History of the Jewish War" en "The Harvard Theological Review", XXV, 1932, págs. 318-9.
O. Cullmann, "Le probleme littéraire et historique du roman pseudo-clémentin", París, 1930.
"The Earliest Christian Confessions", Londres, 1949.
"Baptism in the New Testament", Londres, 1950.
"El Estado en el Nuevo Testamento", Madrid, 1966.
"El Nuevo Testamento", Madrid, 1971.
"Jesús y los revolucionarios de su tiempo", Madrid, 1971.
"Del Evangelio a la formación de la teología cristiana", Salamanca, 1972.
"Christology of the New Testament", Londres, 1975.
F. Cumont, "Un rescrit impérial sur la violation de sépulture" en "Revue Historique", 163, 1930, págs. 241 y ss.
H. P. Chajes, "Ben Stada" en S. A. Horodetski, "Ha-Goren", Berdichev, 1903, IV, págs. 33-37.
J. H. Charlesworth, "A Critical Examination of the Odes of Salomon", Duke, 1987.
(ed.) "John and the Dead Sea Scrolls", Nueva York, 1990.
D. Chwolsohn, "Das Letzte Passamahl Christi und der Tag seines Todes", Leipzig, 1908.

J. W. Dale, "Baptizo: an Inquiry into the Meaning of the Word as Determined by the Usage of Jewish and Patristic Writers", Filadelfia, 1991.
B. E. Daley, "The Hope of the Early Church: A Handbook of Patristic Eschatology", Cambridge, 1991.
G. Dalman, "Die Thalmudischen Texte (über Jesu)", Leipzig, 1900.
"The Words of Jesus", Edimburgo, 1902.
"Die Worte Jesu", Leipzig, 1898 y 1930.
J. Daniélou, "La théologie du judéo-christianisme", París, 1958.
"Theology of Jewish Christianity", Chicago, 1964.
W. D. Davies, "Paul and Rabbinic Judaism", Londres, 1948.
L. Deiss, "La Cena del Señor", Bilbao, 1989.
Derenbourg, "Essai sur l'histoire et la géographie de la Palestine", París, 1867.
M. Dibelius, "A Fresh Approach to the New Testament and Early Christian Literature", Londres, 1936.
y W. G. Kümmel, "Paul", Londres, 1953.
"Studies in the Acts of the Apostles", Londres, 1956.
y H. Conzelmann, "The Pastoral Epistles", Filadelfia, 1972.
A. Diez Macho, "La lengua hablada por Jesucristo", Madrid, 1976.
"Jesucristo 'único'", Madrid, 1976.
G. Dix, "Jew and Greek: A Study in the Primitive Church", Londres, 1953.
D. S. Dockery, "Baptism" en "DJG".
C. H. Dodd, "The Epistle of Paul to the Romans", Londres, 1932.
"The Fall of Jerusalem and the Abomination of Desolation" en "JRS", 37, 1947, págs. 47-54.
"Historical Tradition in the Fourth Gospel", Londres, 1963.
A. Edersheim, "Prophecy and History according to the Messiah", Grand Rapids, 1980.
"La Vida y los tiempos de Jesús el Mesías", Tarrassa, 1988.
R. Eisler, "Iesous Basileus ou basileusas", 2 vols, Heidelberg, 1929-30.
"The Messiah Jesus and John the Baptist", Londres, 1931.
J. H. Elliott, "A Home for the Homeless", Londres, 1982.
L. E. Elliot-Binns, "Galilean Christianity", Londres, 1956.
E. E. Ellis, y E. Grasser (eds), "Jesus und Paulus", Gotinga, 1975.
"The Authorship of the Pastorals" en "Evangelical Quarterly", 32, 1960, págs. 151-61.
L. H. Feldman, "Josephus", IX, Cambridge y Londres, 1965.
"Studies in Judaica: Scholarship on Philo and Josephus (1937-1962)", Nueva York, 1963.

"Josephus and Modern Scholarship", Berlín-Nueva York, 1984.

P. Fernández Uriel, "El incendio de Roma del año 64: Una nueva revisión crítica" en "Espacio, Tiempo y Forma", II, Historia Antigua, t. 3, Madrid, 1990, págs. 61-84.

y César Vidal Manzanares, "Anavim, apocalípticos y helenistas: Una introducción a la composición social de las comunidades judeocristianas de los años 30 a 70 del s. I. d. de C." en "Homenaje a J. M. Blázquez", Madrid, v. IV, en prensa.

E. J. Fisher, (ed.), "The Jewish Roots of Christian Liturgy", Nueva York, 1990.

J. A. Fitzmyer, "The Languages of Palestine in the First Century AD" en "CBQ", 32, 1970, págs. 501-31.

D. Flusser, "Jesús en sus palabras y su tiempo", Madrid, 1975.

"El Hijo del Hombre" en A. Toynbee (ed.), "El crisol del cristianismo", Madrid, 1988.

F. J. Foakes-Jackson, "The Acts of the Apostles", Londres, 1931.

Z. Frankel, "Darje ha-Mishnah: Hodegetica in Mischnam", Leipzig, 1867.

M. A. Friedman, (ed.) "Cairo Geniza Studies", Tel Aviv, 1980.

A. Frova, "L'iscrizione di Ponzio Pilato a Cesarea" en "Rediconti dell'Istituto Lombardo", 95, 1961, págs. 419-34.

R. H. Fuller, "Foundations of New Testament Christology", Nueva York, 1965.

R. Furneaux, "The Roman Siege of Jerusalem", Londres, 1973.

Geldenhuys, "The Gospel of Luke", Londres, 1977.

B. Gerhardsson, "Memory and Manuscript: Oral Traditions and Written Transmission in the Rabbinic Judaism and Early Christianity", Uppsala, 1961.

S. Gero, "Apocryphal Gospels: A Survey of Textual and Literary Problems" en "ANRW", 2.25-5.3969-96.

W. H. Gloer, (ed.), "Eschatology and the New Testament", Peabody, 1988.

R. Gnuse, "Comunidad y propiedad en la tradición bíblica", Estella, 1987.

J. Gonzalez-Faus, "Clamor del reino: estudio sobre los milagros de Jesús", Salamanca, 1982.

L. Goppelt, "Christentum und Judentum im ersten und zweiten Jahrhundert", Güttersloh, 1950.

"Typos: The Typological Interpretation of the Old Testament in the New", Grand Rapids, 1982.

H. Graetz, "Geschichte der Juden von den altesten Zeiten bis zur Gegenwart", Leipzig, 1908-9.

J. Grau, "Escatología", Barcelona, 1977.
R. Graves, y J. Podro, "Jesus in Rome", Londres, 1957.
K. Grayston, "The Johannine Epistles", Londres, 1984.
R. A. Guelich, "Destruction of Jerusalem" en "DJG".
H. Guevara, "Ambiente político del pueblo judío en tiempos de Jesús", Madrid, 1985.
D. Guthrie, "New Testament Introduction", Londres, 1965.
A. Guttmann, "The Significances of Miracles for Talmudic Judaism" en "HUCA", 20, 1948, págs. 364-406.
A. von Harnack, "Chronologie der altchristlichen Litteratur bis Eusebius", Leipzig, 1893-1897.
"Lukas der Arzt", Leipzig, 1906.
"Die Apostelgeschichte" en "Beitrage zur Einleitung in das Neue Testament", III, Leipzig, 1908.
"Date of Acts and the Synoptic Gospels", Londres, 1911.
P. N. Harrison, "Important Hypotheses Reconsidered: III. The Authorship of the Pastoral Epistles" en "Expository Times", 67, 1955-6, págs. 77-81.
A. E. Harvey, "Jesus and the Constraints of History", Filadelfia, 1982.
A. Hausrath, "Neutestamentliche Zeitgeschichte", I-IV, Leipzig, 1868-73.
G. F. Hawthorne, y O. Betz (eds.), "Tradition and Interpretation in the New Testament", Grand Rapids, 1987.
H. Hegermann, "Jesaja 53 in Hexapla, Targum und Peschitta", Gütersloh, 1954.
M. Hengel, "Property and Riches in the Early Church", Filadelfia, 1974.
"El Hijo de Dios", Salamanca, 1978.
"Acts and the History of Earliest Christianity", Londres, 1979.
"The Charismatic Leader and His Followers", Edimburgo, 1981.
"Between Jesus and Paul", Londres, 1983.
"The 'Hellenization' of Judaea in the First Century after Christ", Londres y Filadelfia, 1989.
"The Zealots", Edimburgo, 1989.
"Judaism and Hellenism", Minneapolis, 1991.
R. T. Herford, "Christianity in Talmud and Midrash", Londres, 1905.
J. Héring, "The Second Epistle of Saint Paul to the Corinthians", Londres, 1968.
K. Hobart, "The Medical Language of Saint Luke", Dublín, 1882.
G. Hoennicke, "Das Judenchristentum im ersten um zweiten Jahrhundert", Berlín, 1908.

D. Hoffmann, "Die Antoninus-Agadot im Talmud und Midrasch" en "MGWJ", 19, 1892, págs. 33-55 y 245-55.
M. Holder, "From Yavneh to Pumbedisa", Nueva York, 1989.
C. Holsten, "Die drei ursprünglichen, noch ungeschrieben Evangelien", Berlín, 1883.
F. J. A. Hort, "Judaistic Christianity", Cambridge, 1894.
P. Humbert, "Le Messie dans le Targoum des prophètes" en "Revue de Théologie et Philosophie", 43, 1911, págs. 5 y ss.
L. W. Hurtado, "One God, One Lord: Early Christian Devotion and Ancient Jewish Monotheism", Filadelfia, 1988.
J. W. Jack, "Historic Christ", Londres, 1933.
J. Jeremias, "The Servant of God", Londres, 1957.
"La Ultima Cena", Madrid, 1980.
"Teología del Nuevo Testamento", I, Salamanca, 1980.
"Abba y el mensaje central del Nuevo Testamento", Salamanca, 1983.
"Jerusalén en tiempos de Jesús", Madrid, 1985.
J. Jocz, "The Jewish People and Jesus Christ: The Relationship between Church and Synagogue", Grand Rapids, 1ª ed. 1949, 3ª ed. 1979.
L. T. Johnson, "Sharing Possessions: mandate and symbol of faith", Filadelfia, 1981.
A. H. M. Jones, "Procurators and Prefects in the Early Principate" en "Studies in Roman Government and Law", Oxford, 1960.
Juel, "Messianic Exegesis: Christological Interpretation of the Old Testament in Early Christianity", Filadelfia, 1988.
E. Jüngel, "Paulus und Jesus", Tubinga, 1962.
J. Juster, "Les juifs dans l'Empire romain", París, 1914.
E. Kasemann, "Commentary on Romans", Grand Rapids, 1980.
K. Kautsky, "Orígenes y fundamentos del cristianismo primitivo", Salamanca, 1974.
H. C. Kee, "Miracle in the Early Christian World", New Haven, 1983.
"Miracle and Magic in the New Testament Times", Cambridge, 1986.
S. Kim, "The Son of Man as the Son of God", Grand Rapids, 1983.
J. Klausner, "From Jesus to Paul", Londres, 1944.
"The Messianic Idea in Israel", Londres, 1956.
"Jesús de Nazaret", Buenos Aires, 1971.
S. Klein, "The Estates of R. Judah ha-Nasi" en "JQR", 2, 1911, págs. 545-56.
H. Koester, "Ancient Christian Gospels: Their History and Development", Filadelfia, 1990.

H. Koster, "Introducción al Nuevo Testamento", Salamanca, 1988.
S. Krauss, "Das Leben Jesu nach jüdischen Quellen", Berlín, 1902.
H. Küng, "Ser cristiano", Madrid, 1978.
O. Kuss, "Die Rolle des Apostels Paulus in der theologischen Entwicklung der Urkirche", Regensburg, 1971.
D. J. Kyrtatas, "The Social Structure of the Early Christian Communities", Londres, 1987.
P. Labriolle, "La Réaction paá‹áenne", París, 1948 (2ª ed.).
E. Ladd, "El Evangelio del Reino", Miami, 1974.
"Crucial Questions about the Kingdom", Grand Rapids, 1974.
"Presence of the Future", Grand Rapids, 1974.
"The Resurrection of Jesus", Grand Rapids, 1975.
"El Apocalipsis de Juan", Miami, 1978.
K. Lake, "The Earlier Epistles of St. Paul", Londres, 1919.
"The Beginnings of Christianity", Londres, 1933.
y S. Lake, "An Introduction to the New Testament", Londres, 1938.
P. Lapide, "The Resurrection of Jesus: A Jewish Perspective", Minneapolis, 1983.
"I Accept the Resurrection of Easter Sunday" en A. W. Kac (ed.), "The Messiahship of Jesus", Grand Rapids, 1986.
R. Laqueur, "Der Jüdischer Historiker Flavius Josephus", Giessen, 1920.
J. Z. Lauterbach, "Mekilta de Rabbi Ishmael", Filadelfia, 1976.
G. V. Lechler, "Apostolic and Post-Apostolic Times", Londres, 1887.
R. Leivestad, "Jesus in his own perspective", Minneapolis, 1987.
J. P. Lémonon, "Pilate et le gouvernement de la Judée", París, 1981.
J. Le Moyne, "Les Sadducéens", París, 1972.
S. H. Levey, "The Messiah: An Aramaic Interpretation", Nueva York, 1974.
L. van Liempt, "De testimonio flaviano" en "Mnemosyne", 55, 1927, págs. 109-116.
J. B. Lightfoot, "The Epistle to the Galatians", Londres, 1865.
B. Lindars, "Jesus Son of Man", Grand Rapids, 1983.
R. L. Lindsay, "A Hebrew Translation of the Gospel of Mark", Jerusalén, 1969.
"A New Approach to the Synoptic Gospels", Jerusalén, 1971.
E. Lohse, "Colossians and Philemon", Filadelfia, 1971.
"Introducción al Nuevo Testamento", Madrid, 1975.
R. N. Longenecker, "Paul, Apostle of Liberty", Nueva York, 1964.
"The Christology of Early Jewish Christianity", Grand Rapids, 1970.
H. Maccoby, "Judaism in the First Century", Londres, 1989.

J. Mac Donald, "The Theology of the Samaritans", Londres, 1964.
A. J. Malherbe, "Social Aspects of Early Christianity", Filadelfia, 1983.
F. Manns, "Essais sur le Judéo-Christianisme", Jerusalén, 1977.
"Bibliographie du Judeo-Christianisme", Jerusalén, 1979.
"Pour lire la Mishna", Jerusalén, 1984.
"La prière d'Israël à l'heure de Jésus", Jerusalén, 1986.
"John and Jamnia: how the Break occured between Jews and Christians c. 80-100 A. D.", Jerusalén, 1988.
T. W. Manson, "The Servant-Messiah. A Study of public ministry of Jesus", Manchester, 1953.
"Studies in the Gospel and Epistles", Manchester, 1962.
I. H. Marshall, "Luke: Historian and Theologian", Exeter, 1970.
"The Acts of the Apostles", Leicester, 1980.
"Last Supper and Lord's Supper", Grand Rapids, 1980.
"1 and 2 Thessalonians", Londres, 1983.
"Son of Man" en "DJG".
R. P. Martin, "An Early Christian Confession", Londres, 1960.
J. L. Martyn, "The Gospel of John in Christian History", Nueva York, 1979.
K. Marx, y F. Engels, "Sobre la religión", Salamanca, 1979.
A. Meeks, (ed.), "The Writings of St. Paul", Nueva York, 1972.
"Los primeros cristianos urbanos", Salamanca, 1988.
J. P. Meier, "Antioch and Rome", Nueva York, 1983, págs. 92 y ss.
"Jesus" en "NJBC", p. 1328 y ss.
A. Merx, "Der Messias oder Ta'eb der Samaritaner", Tubinga, 1909.
B. M. Metzger, "A Reconsideration of Certain Arguments against Pauline Authorship of the Pastoral Epistles" en "Expository Times", 70, 1958-9, págs. 91-4.
E. Meyer, "Ursprung und Anfage des Christentums", I, Sttutgart-Berlín, 1921.
W. Michaelis, "Einleitung in das Neue Testament", Berna, 1954.
W. E. Mills, (ed.), "Speaking in Tongues", Waco, 1973.
J. P. Miranda, "Communism in the Bible", Nueva York, 1981.
A. Momigliano, "Claudius", Cambridge, 1961.
C. G. Montefiore, "Judaism and St. Paul", Londres, 1914.
H. W. Montefiore, "Sulpicius Severus and Titus' Council of War" en "Historia", 11, 1962, págs. 156 y ss.
"Josephus and the New Testament", en "Novum Testamentum", Leiden, 5, 1969, p. 139.

J. Montserrat, "La sinagoga cristiana", Barcelona, 1989.
L. Morris, "The Apostolic Preaching of the Cross", Grand Rapids, 1956.
"The First and Second Epistles to Thessalonians", Londres, 1959.
"The First Epistle to the Corinthians", Grand Rapids, 1979.
C. F. D. Moule, "The Birth of the New Testament", Londres, 1981 (3ª ed.).
S. Mowinckel, "El que ha de venir: mesianismo y mesías", Madrid, 1975.
Muñoz León, "Dios-Palabra: Memra en los Targumim del Pentateuco", Valencia, 1974.
F. J. Murphy, "The Religious World of Jesus", Nashville, 1991.
J. Murphy O'Connor, y J. H. Charlesworth, "Paul and the Dead Sea Scrolls", Nueva York, 1990.
R. Nash, "Christianity and the Hellenistic World", Grand Rapids, 1984.
J. Neusner, "A Life of Yohanan ben Zakkai", Leiden, 1962 (2ª ed. 1970)
"Judaism in a time of Crisis: Four Responses to the Destruction of the Second Temple" en "Judaism", 21, 1972, págs. 313-327.
"Eliezer ben Hyrcanus. The Tradition and the Man", Leiden,
1973, 2 vols.
"Invitation to the Talmud", Filadelfia, 1984.
"Judaism in the Beginning of Christianity", Londres, 1984.
"Judaism in the matrix of Christianity", Filadelfia, 1986.
"Judaism and Christianity in the Age of Constantine", Chicago, 1987.
W. S. Green y E. Frerichs, "Judaisms and Their Messiahs at the Turn of the Christian Era", Cambridge, 1987.
K. F. Nickle, "The Collection: A Study in Paul's Strategy", Londres, 1966.
K. Niederwimmer, "Die Didache", Gotinga, 1988.
M. Nordio, "Iscrizioni ebraiche su due steli giudeo-cristiane di Khirbet Kilkis" en "Annali", 35, 1975, págs. 179-200.
P. T. O'Brien, "Colossians, Philemon", Waco, 1982.
A. Pelletier, "L'originalité du témoignage de Flavius Josèphe sur Jésus" en "RSR", 52, 1964, págs. 177-203.
G. Perelmutther, "Siblings: Rabbinic Judaism and Early Christianity at Their Beginnings", Mahwah, 1989.
M. Pérez Fernández, "Tradiciones mesiánicas en el Targum palestinense", Valencia-Jerusalén, 1981.
"La lengua de los sabios", I, Valencia, 1992.
N. Perrin, "The New Testament", Nueva York, 1974.
O. Pfeiderer, "Das Urchristenthum", Berlín, 1887.
H. G. Pflaum, "Les carrières procuratoriennes équestres sous le Haut-Empire romain", 4 vols, París, 1960-1.

S. Pines, "The Jewish-Christians of the Early Centuries of Christianity according to a New Source" en "Proceedings of the Israel Academy of Sciences and Humanities", 2, 1966, págs. 1-73.

"Un texte judéo-chrétien adapté par un théologien musulman" en "Nouvelles chrétiennes d'Israël", 2-3, 1966, págs. 12-20.

"An Arabic Version of the Testimonium Flavianum and Its Implications" en "Proceedings of the Israel Academy of Sciences and Humanities", 2, 1966.

J. Podro, y R. Graves, "Jesus in Rome", Londres, 1957.

P. Prigent, "La fin de Jérusalem", Neuchâtel, 1969.

R. A. Pritz, "Nazarene Jewish Christianity", Jerusalén y Leiden, 1988.

G. Puente Ojea, "Ideología e historia: La formación del cristianismo como fenómeno ideológico", Madrid, 1984.

W. M. Ramsay, "A Historical Commentary on St. Paul's Epistles to the Galatians", Londres, 1899.

"St. Paul the Traveller and the Roman Citizen", Londres, 1920.

B. Reicke, "The New Testament Era", Filadelfia, 1968.

"Synoptic Prophecies on the Destruction of Jerusalem" en D. W. Aune (ed.), "Studies in the New Testament and Early Christian Literature: Essays in Honor of Allen P. Wikgren", Leiden, 1972.

S. Reinach, "Orpheus", Londres, 1931.

K. H. Rengstorf, "Complete Concordance to Flavius Josephus", Leiden, 1973.

J. Reumann, "The Supper of the Lord", Filadelfia, 1985.

D. M. Rhoads, "Israel in Revolution: 6-74 C. E.", Filadelfia, 1976.

J. Ribera Florit, "El Targum de Isaías", Valencia, 1988.

G. C. Richards, "The Composition of Josephus Antiquities" en CBQ, 33, 1939, págs. 36-40.

A. Richardson, "Las narraciones evangélicas sobre los milagros", Madrid, 1974.

H. N. Ridderbos, "Paul: An Outline of his Theology", Grand Rapids, 1975.

H. Riesenfeld, "The Gospel Traditions and Its Beginnings", Londres, 1957.

A. Ritschl, "Die Entstehung der altkatholische Kirche", Bonn, 1850.

J. A. T. Robinson, "Redating the New Testament", Filadelfia, 1976.

"The Priority of John", Londres, 1985.

J. M. Robinson, y H. Koester (eds.), "Trajectories through Early Christianity", Filadelfia, 1964.

J. H. Ropes, "The Singular Problem of the Epistle to the Galatians", Cambridge, Mass, 1929.
J. J. Rothschild, "The Tombs of Sanhedria" en "Palestine Exploration Quarterly", 84, 1952, 23-38 e "Ibidem", 86, 1954, págs. 16-22.
C. Rowland, "The Open Heaven", Londres, 1985.
"Christian Origins", Londres, 1989.
J. B. Russell, "Satan: The Early Christian Tradition", Ithaca, 1981.
L. Sabourin, "The Divine Miracles Discussed and Defended", Roma, 1977.
S. Saller, y E. Testa, "The Archaeological Setting of the Shrine of Bethfage", Jerusalén, 1961.
E. P. Sanders, "Paul and Palestinian Judaism", Minneapolis, 1977.
"Jesus and Judaism", Filadelfia, 1985.
"Paul, the Law and the Jewish People", Filadelfia, 1989.
S. Sandmel, "The Genius of Paul: A Study in History", Nueva York, 1970.
P. Schaeffer, "Studien zur Geschichte und Theologie des Rabbinischen Judentums", Leiden, 1978.
A. Schalit, "Zur Josephus-Forschung", Darmstadt, 1973.
H. J. Schoeps, "Theologie und Geschichte des Judenchristentums", Tubinga, 1949.
"Aus frühchristlicher Zeit", Tubinga, 1950.
"Paul: The Theology of the Apostle in the Light of Jewish Religious History", Londres, 1961.
G. Scholem, "Major Trends in Jewish Mysticism", Nueva York, 1988.
H. J. Schonfield, "The History of Jewish Christianity", Londres, 1936.
"According to the Hebrews", Londres, 1937.
"Passover Plot", Nueva York, 1965. (Existe edición española: "El Complot de Pascua", Barcelona, 1977).
"El partido de Jesús", Barcelona, 1988.
"El Nuevo Testamento original", Barcelona, 1990.
H. Schrekenberg, "Bibliographie zu Flavius Josephus. Arbeiten zur Literatur und Geschichte des hellenistischen Judentums", Leiden, 1968.
"Die Flavius Josephus Tradition in antike und Mittelalter", Leiden, 1972.
E. Schürer, "The History of the Jewish people in the Age of Jesus Christ", Edimburgo, 1987.
"Josephus" en "Realenzyclopadie für die protestantische Theologie und Kirche", IX, 1901, págs. 377-86.
E. Schüssler Fiorenza, "Invitation to the Book of Revelation", Grand Rapids, 1981.

E. Schweizer, "The Letter to the Colossians", Minneapolis, 1982.

A. N. Sherwin-White, "Roman Society and Roman Law in the New Testament", Oxford, 1963.

R. H. J. Shutt, "Studies in Josephus", Londres, 1961.

M. Simon, "Verus Israel: Ètudes sur les relations entre Chrétiens et Juifs dans l'empire romain", París, 1964.

S. S. Smalley, "1, 2 and 3 John", Waco, 1984.

E. M. Smallwood, "The Jews under Roman Rule", Leiden, 1976.

M. Smith, "Jesús el mago", Barcelona, 1988.

M. Sordi, "Los cristianos y el imperio romano", Madrid, 1988.

E. Stauffer, "Zum Khalifat des Jacobus" en "ZRG", 4, 1952, págs. 193-214.

"Jesus and His Story", Londres, 1960.

W. R. Stegner, "Narrative Theology in Early Jewish Christianity", Louisville, 1989.

G. Stemberger, y H. L. Strack, "Introducción a la literatura talmúdica y midrásica", Valencia, 1988.

K. Stendhal, "Paul among Jews and Gentiles", Filadelfia, 1976.

D. H. Stern, "Messianic Jewish Manifesto", Jerusalén, 1991.

Stern, "The Period of the Second Temple" en H. H. Ben-Sasson (ed.), "History of the Jewish People", Cambridge, Mass, 1976.

H. L. Strack, "Jesus, die Haretiker und die Christen", Leipzig, 1910.

y P. Billerbeck, "Kommentar zum Neuen Testament aus Talmud und Midrasch", 5 vols, Munich, 1922-56.

y G. Stemberger, "Introducción a la literatura talmúdica y midrásica", Valencia, 1988.

E. L. Sukenik, "üdische Graber Jerusalems um Christi Geburt", Jerusalén, 1931.

"The Earliest Records of Christianity" en "American Journal of Archaeology", LI, 1947, págs. 351-365.

R. O. P. Taylor, "The Groundwork of the Gospels", Oxford, 1946.

H. M. Teeple, "Mosaic Eschatological Prophet", Filadelfia, 1957.

E. Testa, "Il Simbolismo dei Giudeo-Cristiani", Jerusalén, 1962.

"Scoperta del Primitivo Rito della Estrema Unzione in una Laminella del I secolo" en "La Terra Santa", 39, 1963, págs. 70-4.

"Le 'Grotte dei Misteri' giudeo-cristiane" en "LA", XIV, 1964, págs. 65-144.

"L'huile de la Foi. L'Onction des malades sur une lamelle du Ier siècle", Jerusalén, 1967.

"Ancora sulla laminella giudeo-cristiana" en "Biblica", 49,

1968, págs. 249-253.
"Nazaret Giudeo-Cristiana", Jerusalén, 1969, págs. 79-110.
"I Graffiti della Casa di San Pietro", Jerusalén, 1972.
H. St. J. Thackeray, "Josephus the Man and the Historian", Nueva York, 1967.
"Josephus", III, Londres, 1979.
G. Theissen, "The Miracle Stories of the Early Christian Tradition", Filadelfia, 1983.
"Estudios de sociología del cristianismo primitivo", Salamanca, 1985.
C. P. Thiede, "Simon Peter", Grand Rapids, 1988.
A. Toynbee, (ed.), "El crisol del cristianismo", Madrid, 1988.
G. Vermes, "Jesús el judío", Barcelona, 1977.
C. Vidal, Más que un rabino, Nashville, 2020.
Apóstol a las naciones, Nashville, 2021.
"Ángel" en "DTR".
"Apóstol" en "DTR".
"Bautismo" en "DTR".
"Belcebú" en "DTR".
"Cielo" en "DTR".
"Demonios" en "DTR".
"Dragón" en "DTR".
"Eucaristía" en "DTR".
"Hijo del Hombre" en "DTR".
"Infierno" en "DTR".
"Jesús" en "DTR".
"María" en "DTR".
"Memra" en "DTR".
"Mesías" en "DTR".
"Nombres de Dios" en "DTR".
"Pablo" en "DTR".
"Parusía" en "DTR".
"Resurrección" en "DTR".
"Siervo de YHVH" en "DTR.
"Templo" en "DTR".
Diccionario de Jesús y los Evangelios, Estella, 1992.
El Documento Q, Barcelona, 2004.
Jesús y los Documentos del mar Muerto, Barcelona, 2005.
Jesús y Judas, Barcelona, 2006.
Pablo, el judío de Tarso, Madrid, 2006.

Jesús el judío, Barcelona (en prensa).
"La figura de María en la literatura apócrifa judeocristiana de los dos primeros siglos" en "Ephemerides Mariologicae", 41, 1991, págs. 191-205.
"María en la arqueología judeocristiana de los tres primeros siglos" en "Ibidem", 41, 1991, págs. 353-64.
"La influencia del judeocristianismo en la liturgia mariana" en "Ibidem", 42, 1992, págs. 115-126.
"Los Evangelios gnósticos", Barcelona, 1991.
"Diccionario de Patrística", Estella, 1992.
"El Primer Evangelio: el Documento Q", Barcelona, 1993.
"Los esenios y los rollos del mar Muerto", Barcelona, 1993.
y Pilar Fernández Uriel, "Anavim, apocalípticos y helenistas: Una introducción a la composición social de las comunidades judeocristianas de los años 30 a 70 del s. I. d. de C." en "Homenaje a J. M. Blázquez", Madrid, v. IV, en prensa.

P. Vidal-Naquet, "Ensayos de historiografía", Madrid, 1990.
P. Vielhauer, "Geschichte der urchristlichen Literatur", Berlín, 1981.
L. Wallach, "Colloquy of Marcus Aurelius with the Patriarch Judah I" en "JQR", 1940-1, págs. 259-86.ÜdÜC. Weizsaecker, "Das apostolische Zeitalter der christlichen Kirche", Friburgo, 1886.
D. Wenham, y C. Blomberg (eds.), "The Miracles of Jesus", Sheffield, 1986.
(ed.), "The Jesus Tradition Outside the Gospels", Sheffield, 1985.
W. Whiston, "Josephus", Grand Rapids, 1978.
M. Wilcox, "The Semitisms of Acts", Oxford, 1965.
R. L. Wilken, "The Christians as the Romans Saw Them", New Haven y Londres, 1984.
W. Willis, (ed.), "The Kingdom of God in 20th Century Interpretation", Peabody, 1987.
P. Winter, "On the Trial of Jesus", Berlín, 1961.
A. WünscHE, "Der jerusalemische Talmud in seinem haggadischen Bestandtheilen zum ersten Male in's Deutsche übertragen", Leipzig, 1880.
J. H. Yoder, "The Politics of Jesus", Grand Rapids, 1979.
B. H. Young, "Jesus and His Jewish Parables", Nueva York, 1989.
T. Zahn, "Introduction to the New Testament", Edimburgo, 1909.
F. de Zulueta, "Violation of Sepulture in Palestine at the Beginning of the Christian Era" en "JRS", 22, 1932, págs. 184 y ss.

ÍNDICE DE ABREVIATURAS

AB	Anchor Bible
ABQ	American Baptist Quarterly
AGJU	Arbeiten zur Geschichte des antiken Judentums und des Urchristentums
AGSU	Arbeiten zur Geschichte des Spatjudentums und Urchristentums
AJBI	Annual of Japanese Biblical Institute
AJSL	American Journal of Semitic Languages and Literatures
AJT	American Journal of Theology
ALBO	Analecta lovaniensia biblica et orientalia
ALGHJ	Arbeiten zur Literatur und Geschichte des hellenistischen Judentums
ALUOS	Annual of Leeds University Oriental Society
An Bib	Analecta Biblica
AnGreg	Analecta Gregoriana
AnOr	Analecta Orientalia
ANRW	Aufstieg und Niedergang der romischen Welt,W. Haase y H. Temporini (eds.), Berlín, 1979-84.
ASNU	Acta seminarii neotestamentici upsaliensis
ASTI	Annual of the Swedish Theological Institute
AT	Antiguo Testamento
ATANT	Abhandlugen zur Theologie des Alten und Neuen Testaments
ATR	Anglican Theological Review
BA	Biblical Archaeologist
BAC	Biblioteca de Autores cristianos
BAR	Biblical Archaeologist Reader
BARev	Biblical Archaeologist Review

BASOR	Bulletin of the American Schools of Oriental Research
BeO	Bibbia e Oriente
Bib	Biblica
BibO	Biblica et Orientalia
BibRes	Biblical Research
BIOSCS	Bulletin of the International Organization for Septuagint and Cognate Studies
BIZ	Biblische Zeitschrift
BJRL	Bulletin of the John Rylands University Library of Manchester
BO	Bibliotheca Orientalis
B Rev	Bible Review
BSac	Bibliotheca Sacra
BTB	Biblical Theology Bulletin
BZ	Biblische Zeitschrift
BZNW	Beihefte zur Zeitschrift für die Neutestament liche Wissenschaft
CBQ	Catholic Biblical Quarterly
CCWJCW	Cambridge Commentaries on Writings of the Jewish and Christian World 200 B. C. to A. D. 200
CGTC	Cambridge Greek Testament Commentary
CII	Corpus inscriptionum iudaicarum (1936-52).
CQR	Church Quarterly Review
CRINT	Compendia rerum iudaicarum ad novum testamentum
CSCO	Corpus scriptorum christianorum orientalium
DAL	Dictionnaire d'Archéologie Chrétienne et de Liturgie, E. Cabrol y H. Leclercq (eds.), París, 1907-1953.
DJG	Dictionary of Jesus and the Gospels, J. B.Green, S. McKnight e I. H. Marshall (eds.), Downers Grove y Leicester, 1992.
DRev	Downside Review
DSP	Dictionnaire de la Spiritualité, M. Viller (ed.), París, 1932 y ss.
DTR	Diccionario de las tres religiones, César Vidal Manzanares, Madrid, 1993.
EB	Ètudes Bibliques
EBT	Encyclopedia of Biblical Theology
EDNT	Exegetical Dictionary of the New Testament
EGT	Expositor's Greek Testament

EHPR	Ètudes d'Histoire et de Philosophie Religieuse
EKK	Evangelisch-katholischer Kommentar zum Neuen Testament
EncB	Encyclopedia Bíblica
EncJud	Encyclopedia Judaica
EvQ	Evangelical Quarterly
ENTT	E. Kasemann, Essays on New Testament Themes, Londres, 1964.
Eph	Ma Ephemerides Mariologicae
Ephem Théolo	Ephemerides Theologicae
ExpT	Expository Times
Greg	Gregorianum
GTJ	Grace Theological Journal
Herm	Hermeneia
HeyJ	Heythrop Journal
HNT	Handbuch zum Neuen Testament
HSS	Harvard Semitic Studies
HUCA	Hebrew Union College Annual
HZ	Historische Zeitschrift
IBC	Interpretation Bible Commentary
IBS	Irish Biblical Studies
IEJ	Israel Exploration Journal
Int	Interpretation
IRT	Issues in Religion and Theology
JAOS	Journal of the American Oriental Society
JBL	Journal of Biblical Literature
JBR	Journal of Bible and Religion
JCSR	Journal of Comparative Sociology and Religion
JETS	Journal of the Evangelical Theological Society
JJS	Journal of Jewish Studies
JNES	Journal of Near Eastern Studies
JPOS	Journal of the Palestine Oriental Society
JQR	Jewish Quarterly Review
JR	Journal of Religion
JRE	Journal of Religious Ethics
JRS	Journal of Roman Studies
JSJ	Journal for the Study of Judaism in the Persian, Hellenistic and Roman Period
JSNT	Journal for the Study of the New Testament

JSP	Journal for the Study of the Pseudepigrapha and Related Literature
JSS	Journal of Semitic Studies
JTS	Journal of Theological Studies
LB	Liber Annuus
LTS	La Terra Santa
MGWJ	Monatschrift für Geschichte und Wissenschaft des Judentums
MBTh	Münsterische Beitrage zur Theologie
NCB	New Clarendon Bible
NJCB	New Jerome Biblical Commentary, Englewood Cliffs, 1992.
NovT	Novum Testamentum
NRT	Nouvelle Révue Théologique
NT	Nuevo Testamento
NTOA	Novum Testamentum et Orbis Antiquus
NTS	New Testament Studies
PBSR	Papers of the British School at Rome
PCB	Peake's Commentary on the Bible, Londres, 1962.
PEQ	Palestine Exploration Quarterly
PTR	Princeton Theological Review
RACh	Reallexikon für Antike und Christentum
RB	Revue Biblique
RE	Real Encyklopadie der Klassischen Altertumswis senschaft
RevQ	Revue de Qumran
Rev. Sc. Ph. Th.	Révue des Sciences Philosophiques et Théologiques.
RGG	Religion in Geschichte und Gegenwart
RHPR	Revue d'histoire et de philosophie reliegieuse
RHR	Revue d'Histoire des Religions
RSR	Recherches de Science Religieuse
RST	Regensburger Studien zur Theologie
SAJ	Studies in Ancient Judaism
SANT	Studiem zum Alten und Neuen Testament
SBEC	Studies in the Bible and Early Christianity
SBLASP	Society of Biblical Literature Abstracts and Seminar Papers
SBT	Studies in Biblical Theology
ScrHier	Scripta hierosylimitana
SCJ	Studies in Christianity and Judaism

SE	Studia Evangelica
SJ	Studia Judaica
SJLA	Studies in Judaism in Late Antiquity
SNTSMS	Society for New Testament Studies Monograph Series
SJT	Scottish Journal of Theology
StudLit	Studia Liturgica
Th St Kr	Theologische Studien und Kritiken
THR	Theologische Rundschau
TI	Theological Inquiries
TJ	Trinity Journal
TLZ	Theologische Literaturzeitung
TR	Theologische Rundschau
TS	Theological Studies
TSFBul	Theological Students Fellowship Bulletin
TU	Texte und Untersuchungen
TynB	Tyndale Bulletin
TZ	Theologische Zeitschrift
ZNW	Zeitschrift für die neutestamentliche Wissens chaft
ZRG	Zeitschrift für Religionsund Geistesgeschichte
ZTK	Zeitschrift für Theologie und Kirche
ZWT	Zeitschrift für wissenschaftliche Theologie